点亮未来

大学生科学研究与创业行动计划研究报告论文集

（2015）

POWER YOUR FUTURE

北方工业大学教务处
主编

中国发展出版社
CHINA DEVELOPMENT PRESS

图书在版编目（CIP）数据

点亮未来：大学生科学研究与创业行动计划研究报告论文集（2015）北方工业大学教务处主编．—北京：中国发展出版社，2017.4
ISBN 978-7-5177-0574-1

Ⅰ.①点… Ⅱ.①北… Ⅲ.①大学生—科学研究工作—研究报告—中国—2015—文集 ②大学生—创造教育—研究报告—中国—2015—文集 Ⅳ.①G644－53 ②G640－53

中国版本图书馆 CIP 数据核字（2016）第 222402 号

书　　名：点亮未来：大学生科学研究与创业行动计划研究报告论文集（2015）
主　　编：北方工业大学教务处
出版发行：中国发展出版社
（北京市西城区百万庄大街 16 号 8 层　100037）
标准书号：ISBN 978-7-5177-0574-1
经 销 者：各地新华书店
印 刷 者：北京市密东印刷有限公司
开　　本：700mm×1000mm　1/16
印　　张：36
字　　数：684 千字
版　　次：2017 年 4 月第 1 版
印　　次：2017 年 4 月第 1 次印刷
定　　价：99.00 元

联系电话：（010）88919581　68990692
购书热线：（010）68990682　68990686
网络订购：http：//zgfzcbs. tmall. com//
网购电话：（010）88333349　68990639
本社网址：http：//www. develpress. com. cn
电子邮件：370118561@ qq. com

序　言

当前高等教育的目标已不再停留在“传道、授业、解惑”的层面，我们无数教育者一直致力于培养学生的综合能力、提升学生的整体素养，在倡导学生参与更多科学研究项目的同时，启发学生开启自我创新的源动力，点亮属于自己的未来。

创新是以新思维、新发明和新描述为特征的一种概念化过程，它起源于拉丁语，原意为创造新的东西、更新或改变。创新是一个民族进步的灵魂，是一个国家兴旺发达的不竭动力，而科技创新更是社会生产力发展的源泉。引导学生在创业计划中，通过科学项目的研究激发个人的创新能力，对于我们的科技、我们的社会、我们的民族发展，都有着深远的意义和重要的影响。

在这个收获的季节里，又一部凝结着大学生科学研究与创业成果的文集呈现在我们面前。自2009年“北京市大学生科学研究与创业行动”项目启动以来，我校完成立项和参与人数逐年提升，并结集出版多部优秀作品，传递着科技创新的热情和能量，也展现着北方工业大学学生的激情与能力。

本文集收录了结题项目中的作品，这些作者来自北方工业大学下属9个学院的不同专业。伴随着学生的实践与探索，北方工业大学校、院、系三级共同支持的学生科研平台的规模越来越大，越来越多的具有创新意识与创造能力的学生参与进来，越来越多的实践教学和科研场所面向学生开放，越来越多的高水平指导教师在默默地支持着学生的科研活动。这一切是那么的喜人，我们正凭借着这个良好的平台朝着向中国大学教育最需要培养的方向——培养学生创意、创造、创新、创业能力的目标不懈前进。

我希望读者能够对学生的成果给予支持和帮助，因为这些成果是学生在科学实践中总结的点滴体会——略显稚嫩却凝结汗水，偶有青涩却瑕不掩瑜。这对于学生未来的发展，有着不可估量的激励作用。我相信，我们的学生一定会在未来的科学研究里不断成长、再创佳绩。让我们一起期待！

目　录

家用清扫机器人的设计与实现

北方工业大学：刘强　刘林凯　洪岩松　冯军浩　杨笑
指导教师：张贵辰 实验师

［摘　要］本课题以 STM32f103 单片机为控制芯片，在此基础上对电源输出、机器人的运动及转向控制等方面进行设计讨论并研制了一台家用清扫机器人样机。该家用清扫机器人使用 7.2V 充电电池运作，机身设置红外线传感器，可实现自动清扫、避障等功能。

［关键词］家用清扫机器人；单片机；传感器；STM32f103

1. 选题背景——家用清扫机器人的发展史

家用清扫机器人，又叫扫地机，通常由智能程序和真空清洁系统组成。家用清扫机器人的发展历史较短，国内用户近几年才慢慢开始接触到这类产品。1997 年，第一台扫地机诞生自瑞典伊莱克斯三叶虫专业家电制造商，它在英国 BBC 的科学节目《Tomorrow's world》上展出。

2001 年，英国老牌技术公司 Dyson（戴森）构建和演示了一个代号为 DC06 的吸尘机器人，然而由于价格昂贵，最终没有向市场发布。

2002 年，美国行业领先的机器人科技公司 iRobot 推出了 Roomba 地板吸尘机器人。起初，iRobot 公司只生产了 15000 多台，但在发布会上就售出了 10000 多台。iRobot 预感 Roomb 的强烈市场需求，意识到这是个广阔的市场，于同年圣诞节生产了 50000 台 Roomba 以满足节日市场需要。之后，美国 4000 多家门店都上架了Roomba。

2002 年后，扫地机机器人不断出现一些新的变化，红外线、超声波、激光镭射等技术被也应用在扫地机上，但并没有划时代的伟大产品诞生。

2014 年，Dyson 宣布回归智能吸尘器市场，并高调推出 Dyson 360 Eye。和 iRobot 及 Neato 的产品不同，360 Eye 通过安装的一个 360 度的摄像头为机器人提供清洁方向。

家用清扫机器人可能是最受欢迎的家用机器人，未来的家用清扫机器人很可能变成一个家庭服务机器人，它们在帮助人们做基本的清洁工作的同时，还能做一些其他的家务，所以说智能清洁机器人在未来将会有很大的发展空间。

基于此，本课题设计并制作一款自动进行房间地面清洁的自主吸尘式家庭服务机器人，以期实现清扫机器人在地面的自由移动，并将行进路线上的纸屑等垃圾吸起。另外清扫机器人应具备自动避障功能，可在执行清扫路径的过程中判断障碍物并进行避障。

2. 研究过程——家用清扫机器人的结构设计及程序编写

2.1 家用清扫机器人的总体方案设计

2.1.1 控制芯片的选择

控制芯片是整个硬件的核心。市场上芯片种类多种多样，我们初步选择的有Stm32 单片机和 K60 单片机两款。STM32 系列基于专为要求高性能、低成本、低功耗的嵌入式应用专门设计的 ARM Cortex-0 内核[1]。STM32 的优点是性价比高、配置丰富灵活、低功耗。K60 单片机的优点是技术很成熟、应用较为广泛，dsp 的运算速度要远远快于 STM32。由于本课题组成员对 STM32 单片机较为熟悉，并且 STM32 单片机完全可以满足扫地机器人的功能需求，所以选用 STM32 单片机。

2.1.2 硬件系统方案设计

本课题组的家用清扫机器人以 STM32F103VC 为控制核心；采用市场上常见的三轮式，前面一个万向轮，后面两个轮子分别由两个电机控制。机器人用五个电机控制，两个控制边刷，边刷旋转方向相反，将灰尘扫到机器人的中心区域，还有一个电机控制滚刷，滚刷负责将灰尘扫到集尘盒中。电机型号为飞思卡尔 c 组车用电机。

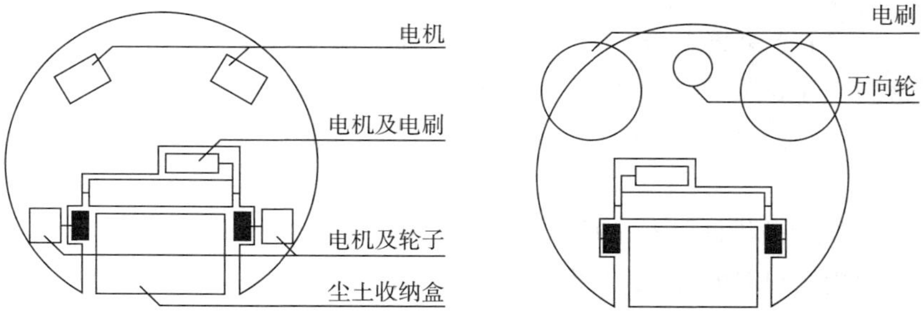

图 1.1 底盘结构设计的正面　　图 1.2 底盘结构设计的反面

此外机器人采用五个红外传感器进行避障。红外传感器是利用红外线的物理性质来进行测量的传感器。红外线又称红外光，具有反射、折射、散射、干涉、吸收等性质。任何物质，只要本身具有一定的温度（高于绝对零度），都能辐射红外线。红外线传感器测量时不与被测物体直接接触，因而不存在摩擦，并且有灵敏度高、反应快等优点[2]。我组使用的红外传感器型号为 GP2Y0A21YK0F，此传感器为模拟传感器，可测量距离为 10～80 厘米。机器人选用原子的 TFTLCD 显示屏显示机器人数据。选用 BTN7971B 芯片驱动电机。总电路图见附录。

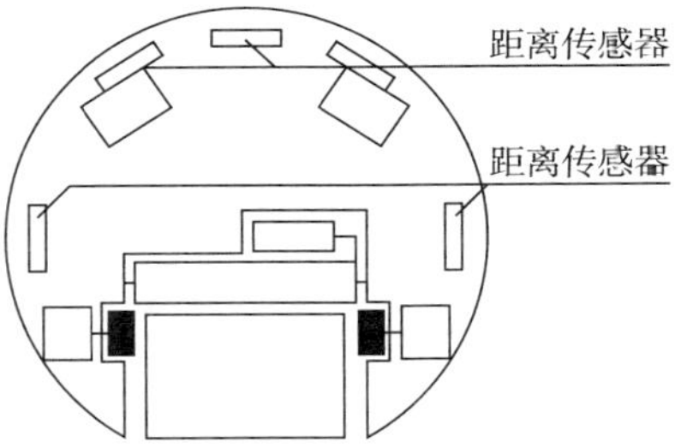

图 1.3　红外距离传感器分布

2.2　高频低压数字电源的硬件设计

2.2.1　电源设计

机器人所使用的电源为 7.2V 电池，STM32F013VC 芯片的供电电压为 3.3V，为便于计算，电路采样参考电压设计为 3.0V，除此之外，电路还用到了 5.0V 电压和 7.2V 电压（电源电压），用于给 BTN7971B 和 74HC244D 芯片供电，所以电源设计时，将 7.2V 电压转换为 5.0V，再将 5.0V 电压分别转换为 3.3V 和 3.0V。

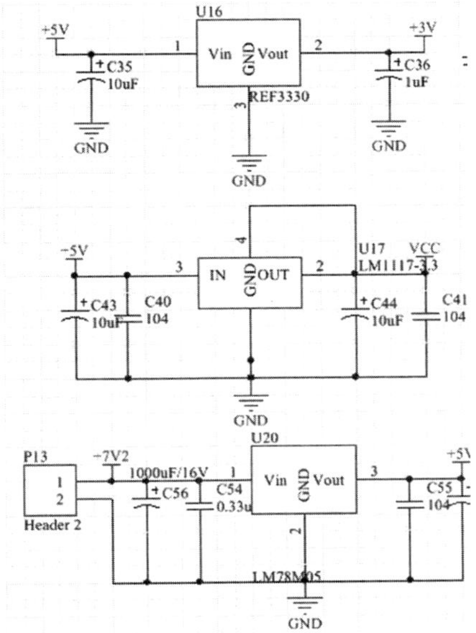

图 2.1　电源回路设计图

2.2.2 最小系统设计

最小系统电路包括晶振电路、复位电路、程序下载端口，将 STM32F103 芯片的相应端口接上电源和地。

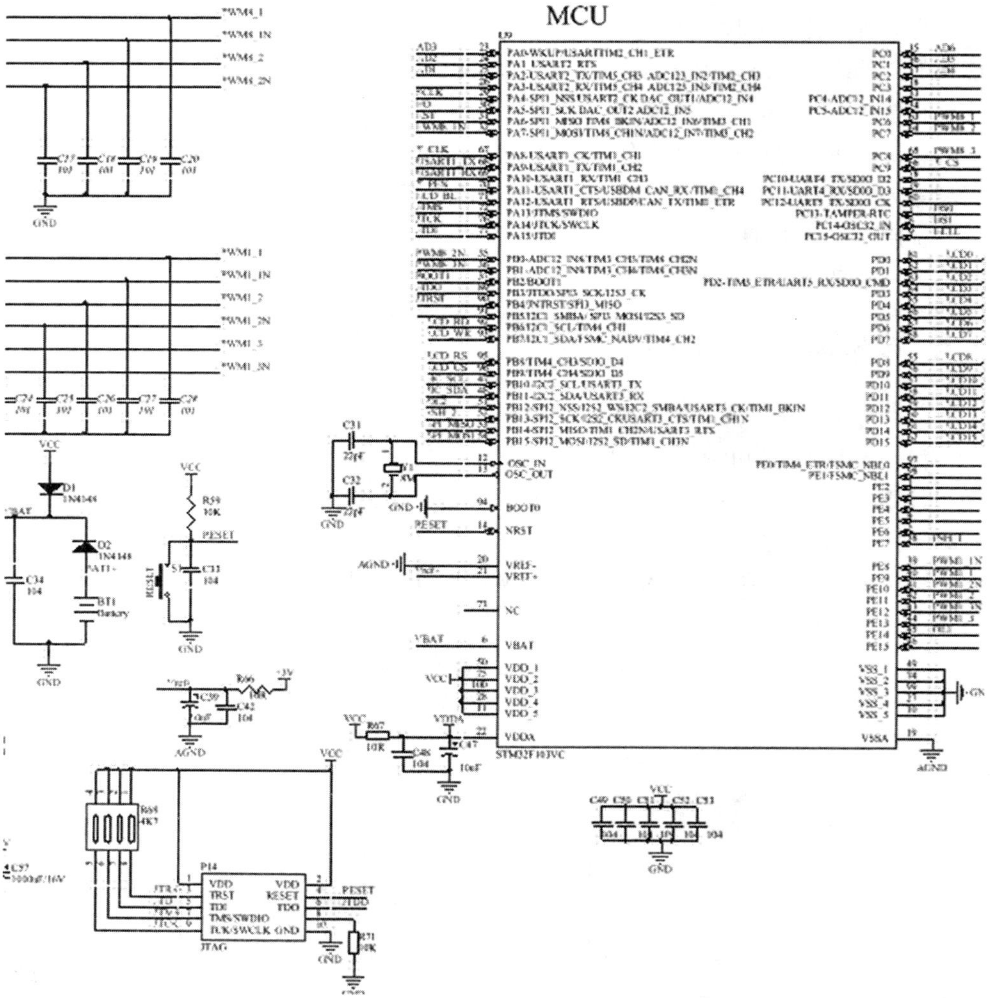

图 2.2 最小系统电路

2.2.3 红外线传感器电路设计

GP2Y0A21YK0F 红外线传感器接 5V 电压时才能进行正常的工作，采集的电压从 1 端输出，再经过 RC 滤波电路对采样电压滤波处理，得到比较稳定的电压值。

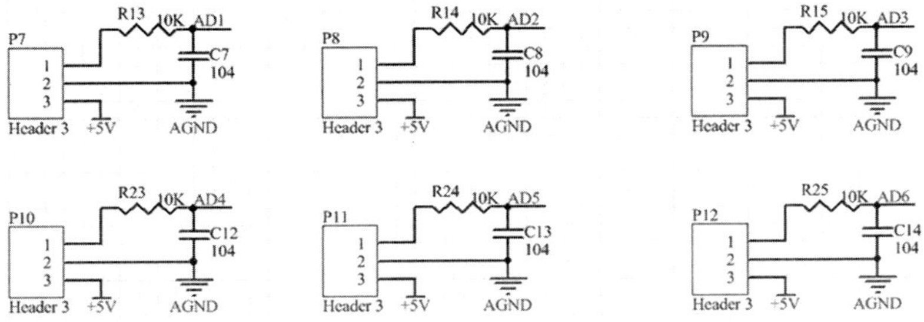

图 2.3　采样电路

2.2.4　电机驱动电路设计

本电路采用 BTN7971B 芯片驱动电机，两个 BTN7971B 输入互补的 PWM 波驱动一个电机，因为 BTN7971B 芯片输入的高电平是 5V，STM32f103 输出电压为 3.3V，所以要经过 74HC244D 芯片将 3.3V 转换成 5V。

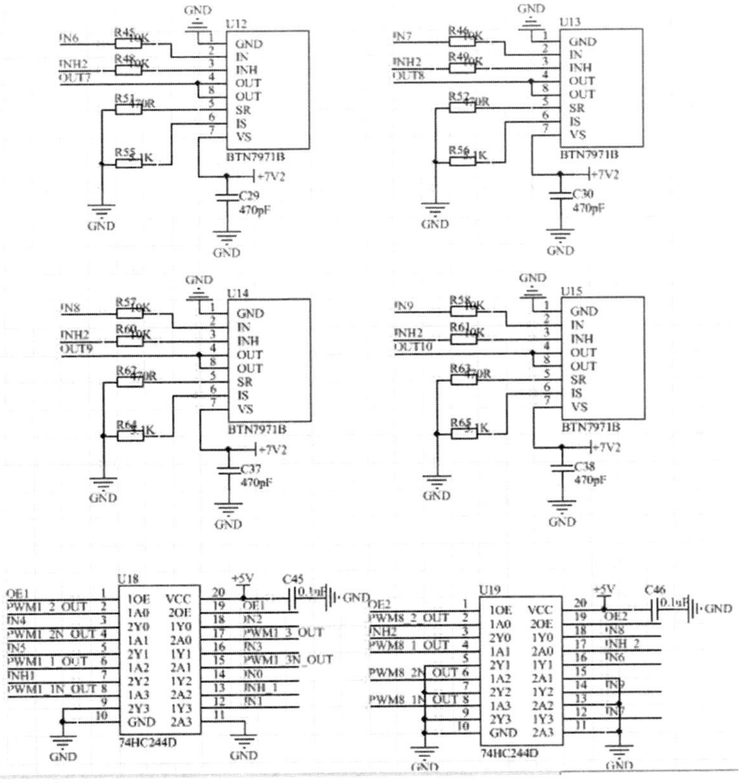

图 2.4　电机驱动电路

2.3 家用清扫机器人的软件测试

2.3.1 软件开发环境

单片机开发中除必要的硬件外，同样离不开软件，我们写的汇编语言源程序要变为 CPU 可以执行的机器码有两种方法，一种是手工汇编，另一种是机器汇编，目前已极少使用手工汇编的方法了。机器汇编是通过汇编软件将源程序变为机器码，用于 MCS－51 单片机的汇编软件有早期的 A51，随着单片机开发技术的不断发展，从普遍使用汇编语言到逐渐使用高级语言开发，单片机的开发软件也在不断发展，Keil 软件是目前最流行开发 MCS－51 系列单片机的软件，这从近年来各仿真机厂商纷纷宣布全面支持 Keil 即可看出。Keil 提供了包括 C 编译器、宏汇编、连接器、库管理和一个功能强大的仿真调试器等在内的完整开发方案，通过一个集成开发环境（uVision）将这些部分组合在一起。运行 Keil 软件需要 Pentium 或以上的 CPU，16MB 或更多的 RAM，20M 以上空闲的硬盘空间，Win98、NT、Win2000、WinXP 等操作系统。对于 MCS－51 系列单片机的爱好者来说，Keil 软件是十分必要的工具，如果使用 C 语言编程，那么 Keil 将是首选，即使不使用 C 语言而仅用汇编语言编程，其方便易用的集成环境、强大的软件仿真调试工具也有着其巨大的优势。Keil C51 软件提供丰富的库函数和功能强大的集成开发调试工具、全 Windows 界面。另外重要的一点，只要看一下编译后生成的汇编代码，就能体会到 Keil C51 生成的目标代码效率非常高，多数语句生成的汇编代码很紧凑，容易理解，在开发大型软件时更能体现高级语言的优势。

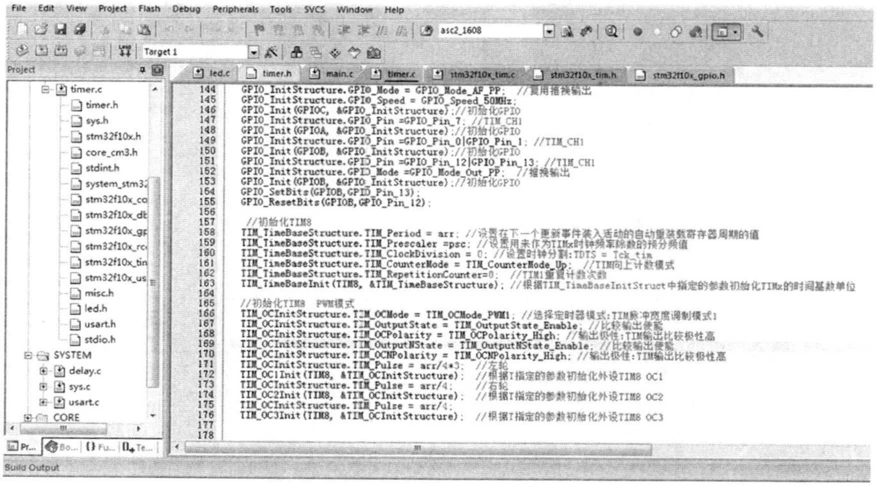

图 2.5　程序截图

2.4 制作工具——PCB 制板工具介绍

2.4.1 PCB 介绍

PCB（PrintedCircuitBoard），中文名称为印制电路板，又称印刷电路板、印刷线路板，是重要的电子部件，是电子元器件的支撑体，是电子元器件电气连接的提供者。由于它是采用电子印刷术制作的，故被称为“印刷”电路板。

2.4.2 绘图工具选择

Altium Designer 是业界首例将设计流程、集成化 PCB 设计、可编程器件（如 FP-GA）设计和基于处理器设计的嵌入式软件开发功能整合在一起的产品，是一种同时进行 PCB 和 FPGA 设计以及嵌入式设计的解决方案，具有将设计方案从概念转变为最终成品所需的全部功能，能让用户自由地探索新的设计构想。

结合以上优点，Altium Designer 拥有强大的功能和方便的快捷键设计，因此我们决定选用 Altium Designer 软件制作电路板。

制板流程：创建 PCB 工程文件；创建或添加原理图文件，包括添加所需元件库；连线并重新标注元件标识。编译通过后创建 PCB 文件，导入原理图，进行合理安排元器件及布线。布线完成后，我们就得到了我们可用的 PCB 电路板。

2.4.3 项目成果

通过查阅相关资料设计电路原理图，并通过 Altium Designer 软件绘制电路图和 PCB 图，最后制作调试电路板，达到了预计的设计要求。PCB 板图及镀铜之后版图见附录。

3. 项目活动总结与展望

本次活动期间，本课题组查阅了大量的技术资料，在实验室的各位老师和师兄的指导下，熟悉 STM32F013VC 芯片、BTN7971B 和 74HC244D 芯片的相关开发流程。对相关芯片有了较为深入的了解以后，我们初步设计了电源、最小系统、红外线传感器、电机驱动等相关电路图，并通过 Altium Designer 软件绘制电路图和 PCB 图，最后制作调试电路板，达到了预计的设计要求；然后设计清扫机器人外形及各部件的排布，以期机器人在体积尽量小的情况下达到预期功能；最后将印刷电路板与清扫机器人实物结构组合，进行程序编写与调试。

我们设计并制作的这款自动进行房间地面清洁的自主吸尘式家庭服务机器人，能够实现清扫机器人在地面的自由移动，并将行进路线上的纸屑等垃圾吸起，另外还具备自动避障功能，可在执行清扫路径的过程中判断障碍物并进行避障。但该清扫机器人还不具备“回”字形路径规划功能，不能减少转弯次数，清洁效率不是很高。

通过这次活动，我们不仅学习到了很多电力电子知识，比如学习并且熟练运用 Matlab、Altium Designer，了解电路设计知识，初步熟悉了 STM32F013VC 芯片、BTN7971B 和 74HC244D 芯片等，了解了红外线传感器和电机的应用。最重要的是磨炼了我们的毅力，虽然经历了很多次失败，但我们始终没有放弃，并且从中领悟了很多道理，实在是收获颇丰。

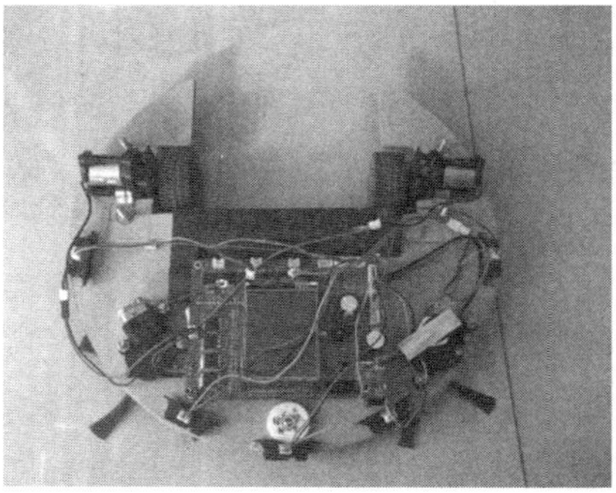

图 3. 1

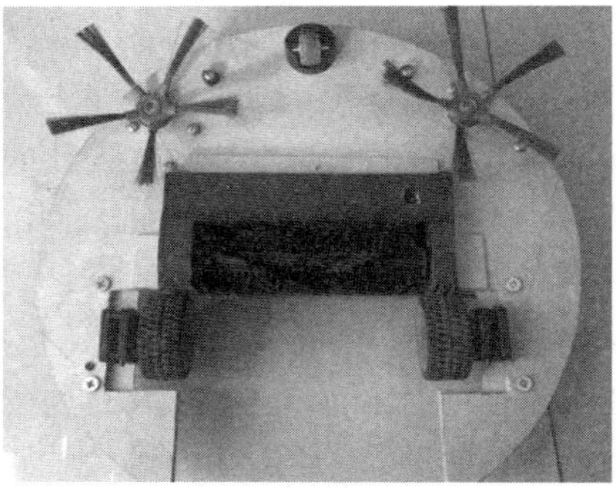

图 3. 2

参考文献

[1] STM32. 意法半导体官方网站，2014

[2] 红外线传感器的原理．红外线供应网，2012-12-12

基于 Arduino 的交通信号控制平台开发

北方工业大学：李凯龙　王鸣远
指导教师：修伟杰 助理实验师

[摘　要] 使用开源的 Arduino 控制单元设计信号控制平台，用于验证传统交叉口的控制模式。本次试验采用 Arduino 控制模块搭建信号控制平台，并且使用改进以后的 Arduino Wifi 小车，完成交叉口的定时控制与感应控制状态验证。将采集到的数据处理以后对比发现，和实际交叉口信号控制系统一样，感应控制更优与定时控制。

[关键词] Arduino；信号控制系统；无线通信

1. 设计理念

交通信号控制系统是现代城市交通控制和疏导的主要手段。作为城市交通基本组成部分的平面交叉路口，其通行能力的高低是能否解决城市交通问题的关键，而交通信号灯又是交叉路口必不可少的交通控制手段。随着计算机技术和自动控制技术的发展，以及交通流理论的不断发展完善，交通运输组织与优化理论、技术的不断提高，国内外逐步形成了一批高水平、有实效的城市道路交通控制系统。

目前京津冀一体化发展战略的实施，为改善京津冀地区交通环境提供了强有力的政策支持，同时也对京津冀地区城市道路通行能力提出了更高的要求。因此各高校都在进行对应的研究。由于传统的交通控制方式受制于固定地点的交通状态信息采集方法，很难高效稳定地实现对交通流及其状态变化的实时响应与优化控制。在这种情况下，城市道路高峰时段交通堵塞、绿灯空放等现象严重，进而导致道路交通通行效率低下、秩序混乱，并且存在诸多安全隐患。

近年来，随着无线通信技术和智能车控制技术的发展，车路协同系统成为各国研究缓解城市交通压力的新方向。车路协同系统是指基于无线通信、传感探测等技术获取车辆和道路信息，车辆和路侧设施之间通过车车、车路通信进行信息交互与共享，实现车路信息融合与协同控制，从而达到充分利用交通资源、提高道路交通安全、缓解交通拥堵的目的。这一技术为缓解京津冀一体化过程中所带来的交通难题提供了一个新的研究方向。本次设计就是基于 Arduino 的信号控制平台开发，整个平台的设计理念采用先进的车路协同技术来模拟实际交叉口的通行，采用更加合理的方案来控制交通流，减少延误、拥堵、污染，让出行者有更好的交通环境。

国内应用和研究城市交通控制系统的工作起步较晚，20 世纪 80 年代以来，国家一方面进行以改善城市市中心交通为核心的 UTSM（Urban traffic systerm manage）技术研究；另一方面采取引进与开发相结合的方针，建立了一些城市道路交通控制系统。以北京、上海为代表的大城市，交通控制系统主要是简易单点信号机、SCOOT 系统、TRANSYT 系统和 SCATS 系统其中几个结合使用；而如湘潭、岳阳等的国内中小城市，交通控制系统主要还是使用国产的简易单点信号机和集中协调式信号机，用于实验教学的比较少，而且各种型号不相统一，协调使用存在弊端，实验教学中所涉及的研究方向比较少，本次设计 Arduino 可以满足所需，完成很好的控制。

2. 设计理念

2.1 研究现状

目前国际上比较流行的几种控制系统为 SCOOT、SCATS、ACTRA、HiCon、日本京三等，在世界各大城市都有应用，经过长时间的改进可以适应各自的交通现状，并且在交通管理与控制方面起到了很好的作用。近几年交通向智慧化发展，各科研机构、高校等都在努力研究，为交通运行提供更加优异的服务，展示出先进的控制理念，可以为协调道路交通需要的人、车、路、环境和能源，为绿色智能交通提供优质服务，方便交通参与者的出行，提高交通运行效率，改善环境，节约资源。

UTC/SCOOT 通过安装于各交叉路口每条进口道上游的检测器所采集的车辆到达信息，联机处理形成控制方案，连续地实时调整绿信比、周期长和相位差 3 个控制参数，使之与变化的交通状况适应。系统根据交通模型进行实时信号优化配时。交通模型包括交通环境、交通过程和交通预测 3 个部分。交通环境指受控区域的道路网结构及参数，并注明检测器位置，由此形成模型的基本几何结构。交通参数用来描述交通过程，如车队在各路段上通行时间、饱和占有率、信号相位组合及顺序、绿灯时间间隔、最大最小绿灯时间等。这些都是静态参数，预先存储在 SCOOT 数据库中。交通环境和交通过程服务于交通预测，交通预测是形成配时参数的最直接来源。

交通控制系统（SCATS）的优点是其自动适应交通条件变化的能力，通过设在路上的大量传感器以及视频摄像机随时获取道路车流信息。ANTTS 是其重要子系统，该系统通过几千辆出租车装有的 ANTTS 电子标签与设在约 200 个交叉路口处的询问器通话，通过对出租车的识别，SCATS 系统能够计算旅行时间并对交通网的运行情况进行判断。

ACTRA 系统平台主要由系统主机（centre）、通信服务器（port server）、数据库服务器（data base server）组成，为满足未来信号控制规模迅速扩大和平台集中监控的需求，保障系统良好的可靠性、安全性和扩展性的需要，系统硬件总体架构和各功能模块设计都采用了模块化，使系统硬件具有良好开放性和升级扩展能力，该系统路口的扩展能力为5000，并且在无须增加新模块和系统软件的条件下可以无限地增加客户工作站数量。

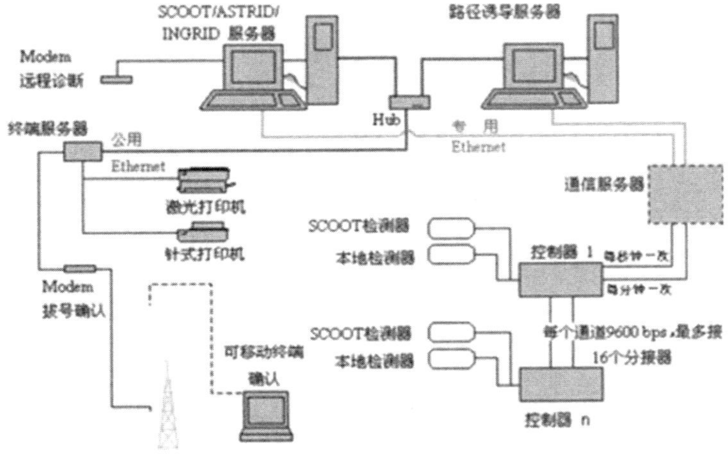

图 2.1　SCOOT 控制系统机构图

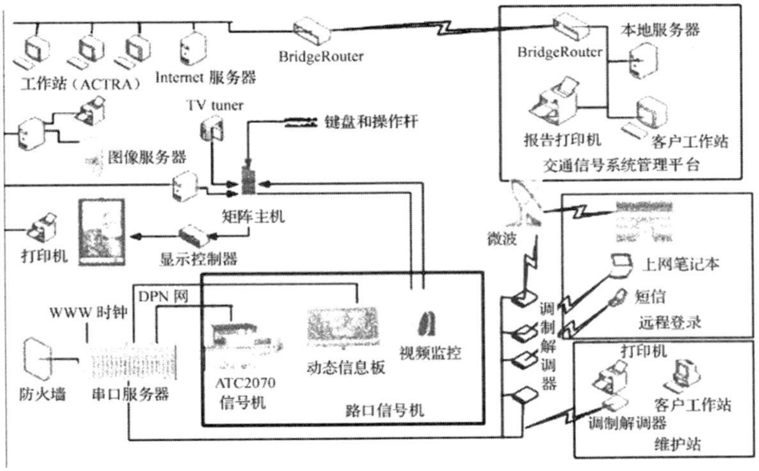

图 2.2　ACTRA 控制系统机构图

2.2 Arduino 介绍

Arduino 是一个基于开放原始码的软硬件平台，构建于开放原始码 simple I/O 界面版，并且具有使用类似 Java、C 语言的 Processing/Wiring 开发环境。Arduino 包含两个主要的部分：硬件部分是可以用来做电路连接的 Arduino 电路板。在本次设计中主要采用 Arduino Uno 控制单元来完成主控单元的设计，满足信号控制平台的通行要求，可以有效地进行相应的控制操作，实现平台对智能车的控制。

2.3 Arduino Wifi 小车

控制平台设计时采用智能小车来检测控制系统的可行性，小车包含的检测器有摄像头、RFID、红外、超声波等。可以实现实时与信号机的通信，完成数据的传输，进而有信号机下发指令，然后车辆按照信号灯的变化来行进，完成一次出行，同时可以通过蓝牙将车辆运行时产生的数据传输到笔记本电脑端，然后进行人工数据分析，不断优化控制方案，以满足车辆的通行。

车辆自身的运动控制由四个电机控制，有两个舵机控制摄像头判断车辆的前进方向，识别当前信号灯的颜色，为车辆的运动状态采集数据，并且可以利用其他传感器，完成车辆自身与环境的信息交互，更好地控制运行，达到车路协同的要求，可以很好地应用于实验教学。京津冀一体化建设要求本身也是有益，可以在实验室模拟各种情形，完成大量的数据采集、分析过程，为以后的系统设计提供更加便利的技术支持。

3. 信号控制平台研究

3.1 硬件设备

整个平台的设计主要借助车路协同理念，设计过程中考虑到车流的动态性，利用先进检测器实时通信和数据采集，用于控制系统的不断优化。信号控制平台利用不同的颜色区分道路、路侧行人通道和绿化，并且包括平面十字交叉口，在路口设有红绿灯，可以进行车辆的运行状态控制，模拟实际交通。

3.2 平台控制系统

信号控制平台是基于 Arduino 的嵌入式系统开发，测试平台主要基于典型信号交叉口环境搭建，包括南北和东西两个方向的信号机以及智能微缩车。通过实时数据采集与分析，可以得到不同交通流下的车辆运行状态，完成智能车的运行控制，实时检验平台工作的效率。按照 PC 端采集到的运行数据和实际数据的对比可以优化控制算法，试验工程中还考虑到不同的车流状态，设置了定时控制和感应控制，来解决不同车流所对应的问题，能模拟实际交通流的状态，微型车路协同技术可以完善实际中问题的解决方案，提高实际工作的效率，并且实验操作性很好，不会由于长时间的调试而影响正常的交通运行，为车路协同技术提供便利的服务，整个平台的设计如下图：

图 3.1　Wifi 智能小车

图 3.2　信号控制平台

3.3　数据采集系统

整个系统中应用的数据采集包括摄像头、RFID 和超声波检测器，为车路协同信号控制平台的开发提供了数据支持，这些数据是不断优化控制算法的前提，为平台的正常运行提供了技术支持。智能车的视频检测器模块既可以采集路口信号灯色的变化，控制自身的运行状态，又可以为手机端 APP 的操作提供视觉，便于人工操作。超声波检测器用于检测路侧障碍物，弥补视频检测器的不足，提高智能车运行效率。以上两种检测器可以更好地服务于车路协同系统，完成智能车的自主运行，减少延误、排队、污染和能源浪费等。

3.4　路侧通信系统

整个信号控制平台中主要的通信方式有 Wifi、RFID、蓝牙、红外和超声波等。由安装在下车上的 Wifi 发射器来连接手机端，可以人工控制小车的行进。蓝牙和 RFID 是车路协同技术中车辆和路侧控制单元通信的关键设备，是进行智能控制的前提，能很好地进行车辆运行状态的检测以及数据采集。蓝牙和超声波检测器则是车辆和路侧控制设备的二级通信设施，用于检测路侧的其他障碍物，使车辆顺利通行。

3.5 手机端APP和PC端控制软件开发应用

主要借Java语言开发简易的手机端APP控制车辆的运行，可以进行智能车的图像采集工作，在手机端可以控制视频模块云台来进行视频检测器的位置调整，同样可以由手机控制车辆的运行状态，也是智能车开发的另一用处，手机端APP界面如下图：

图3.3 手机端APP控制界面图

图3.4 PC端控制界面图

4. 研究结果分析

在设计好的控制平台下利用定时控制和感应控制模式，分别对各进口道通行车辆的平均延误、平均停车次数、平均停车时间进行评价，结果如图3.4、图4.1和图4.2所示，其中红色曲线代表感应控制时的仿真结果（西进口、北进口），蓝色为定时控制仿真结果（东进口、南进口）。

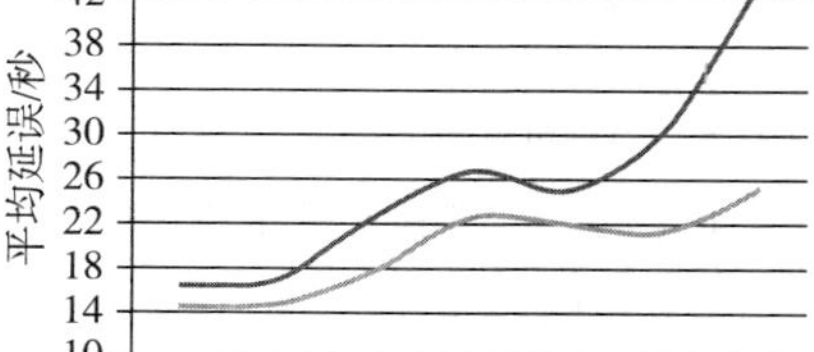

（a）东西方向

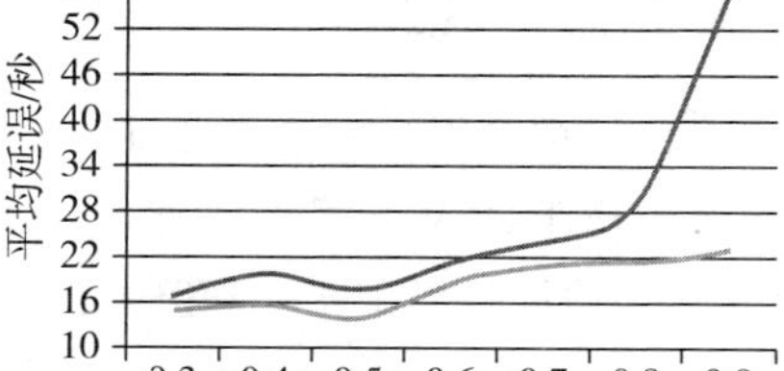

（b）南北方向

图4.1 平均延误图

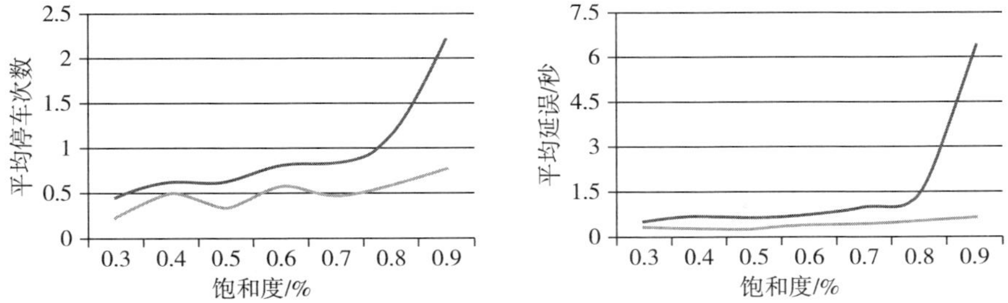

（a）东西方向　（b）南北方向

图 4.2　平均停车次数图

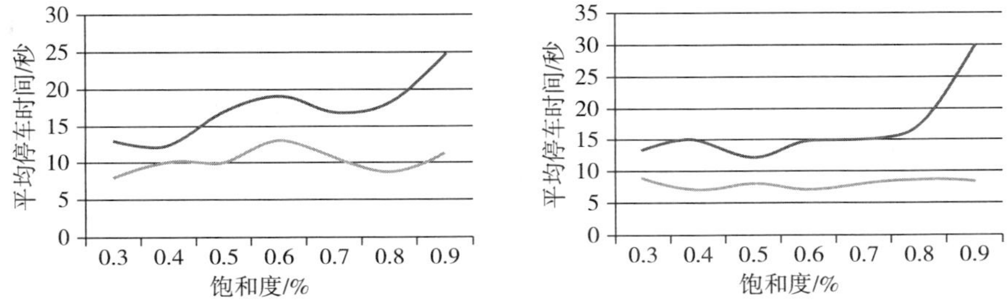

（a）东西方向　（b）南北方向

图 4.3　平均停车时间图

表 4.1　交通评价数据的优化幅度

进口道方向	平均延误	平均停车时间	平均停车次数
北进口/南进口	24%	48%	58%
东进口/西进口	21%	39%	43%

以上验证结果可以看出：

（1）北方向比南方向、西方向比东方向，经过基于车路协同的车速引导，在完全相同的运行条件下，平均延误、平均停车时间、平均停车次数和排队长度均有明显下降，交叉口通行效率有了很大的提升。

（2）通过对低饱和度及高饱和度运行状态下的数据对比，可以看出本引导策略对道路处于高饱度和状态下的情况效果尤为明显，可以对未来京津冀一体化所带来的交通压力起到较好的缓解作用。

5. 创新点

基于 Arduino 的信号控制平台开发主要是利用先进的检测技术、通信技术以及信息处理系统来完成，整个平台可以有效地提高工作效率，完善实际路口实验性差的不足，能更好地适应未来交通的发展方向，为车路协同技术的发展提供了实际操作的条件。

5.1 设计理念创新

采用微型控制芯片可以有效地降低实验成本，并且芯片也是开源操作，可以减少学习的时间，有更多的时间来进行平台的调试。以目前实验室的设备来看，有必要增加一块新型主控芯片的控制器，从而对比设计出更加优秀的控制系统。本次试验中所设计的运行模式有定时控制和感应控制，在这两种方式中都是车辆通过视频检测器来识别信号灯色，控制车辆的运行，而感应控制在中路面和车辆都装有 RFID 卡用于通信，提高运行效率，不断改善控制算法。

5.2 硬件设计创新

使用已有的硬件平台并加以改装，有效地减少了试验成本，通过自己设计的硬件电路来控制平台上的信号灯，并且在路侧装有一定数量的障碍物，这样小车就可以通过摄像头来采集图像，然后根据环境之间颜色的区别来完成车辆的正常运行。在设计过程中增加多款检测器，方便数据采集工作，同时也是算法优化的必要选择。

5.3 软件开发创新

在设计平台的同时开发出手机控制车辆 APP 和 PC 端控制器，可以手动控制车辆的运行状态，这是本次实验之外的附加功能，这样可以将智能车的作用发挥出来，主要是利用车上固定的 Wifi 发射器来连接手机，可以人为控制车辆的运动。平台设计过程包括了自检功能，可以通过采集到的数据来判断自己的运行状态，为控制做出反馈，使整个信号控制平台成为闭合回路，有利于自身的不断完善。

6. 应用前景

6.1 实验教学模拟平台

本次实验设计基于 Arduino 控制芯片的设计，满足了信号交叉口控制的基本要求，有效地实现了车辆在交叉口按照信号灯色的通行，并且在实验教学中这是一款全新的嵌入式芯片，可以增加教学的多样性，而且 Arduino 芯片是开源设计可以有效地提升工作效率。在平台设计时增加了通信系统、检测系统、信号传输系统，可以有效地模拟实际交叉口的运行，增加了控制平台的实际操作性。

6.2 车路协同平台

设计的平台还可以依托京津冀一体化构想，模拟实验车路协同技术，改善现有交通问题，不断完善现有控制理念，设计出符合当前交通流现状的控制方式。试验中所采用的数据采集方式、数据传输系统、数据处理系统以及信息发布系统都是当前车路协同技术所研究的热门领域，可以满足智能交通发展的方向，在实践中不断完善平台。

7. 结论

本次设计中，理论研究借助前人的基础并有所创新。从控制理念上选择定时控制和感应控制模式，可以满足目前城市道路大多数交叉口的要求，而且试验中的智能车也是根据实际社会车辆的运行状态模拟，增加了实验的真实性。通过实验数据分析可以明显地看出，实验结果表明基于 Arduino 的信号控制平台可以满足交叉口的需要，对车路协同技术的研究有促进作用，整个平台包括完整的通信系统、检测器系统和控制单元，基本满足设计要求，运行效果明显。

参考文献

[1] 刘金明．基于多目标规划的城市道路交叉口信号配时研究．北京交通大学，2011

[2] 李世武，王琳虹，郭栋，孙文财，杨志发．基于机动车排放的自适应信号控制模型．华南理工大学学报：（自然科学版），2011，39（3）：101-105

[3] 赵伟涛，杨威，岳一博．考虑车辆排放的城市信号交叉口优化控制研究．武汉理工大学学报（交通科学与工程版），2012，36（5）：911-915

[4] 杨晓光，朱彤，姚佼等．道路交叉口车路协调实验系统设计与实现．交通信息与安全，2010，28（2）：47-51

[5] 姚佼，杨晓光，朱彤，等．基于全息信息环境的车路协调系统试验平台．公路交通科技，2009，26（S1）：39-43

[6] 李鹏凯，吴伟等．车路协同环境下多车协同车速引导建模与仿真．交通信息与安全，2013，2（31）：134-139

[7] 张存保，陈超等．基于车路协同的单点信号控制优化方法和模型．武汉理工大学学报，2012，10（34）：75-79

[8] 王庞伟，王云鹏，余贵珍，等．基于滑模控制的车车协同主动避撞算法．北京航空航天大学学报，2013，40（2）：268-273

附录一：智能微缩车路协同测试平台 CAD 图

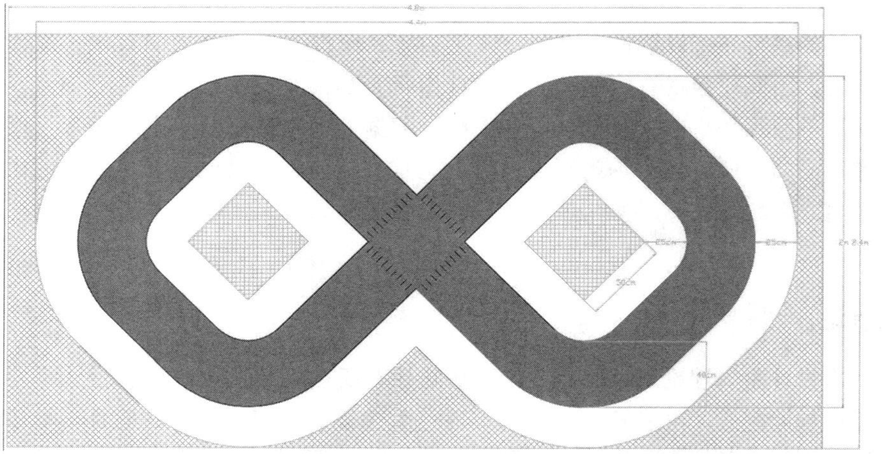

附录二：智能微缩车路协同测试平台外观图

基于 Wifi 网络的智能硬件开发平台

北方工业大学：李达 陈昊 郭凯文 王国斌 赵明月
指导教师：翟维枫 讲师

［**摘　要**］本项目研究设计了一款物联网实验平台，并利用平台上的姿态检测和无线通信分别设计出可通过手机 APP 控制监测的可调光 LED 灯和可通过实验平台姿态信息控制行进并能将路况视频信息发回实验平台的智能车。

［**关键词**］无线通信；物联网；智能家居；智能车

1. 引言

随着信息化时代的来临，互联网已经成为人们生活中必不可少的信息来源渠道。在最近的几年中，伴随着互联网大潮应运而生的物联网已经成为时代发展的崭新内容。物联网，顾名思义，通过互联网实现物质之间的连接，进行信息交换和通信，以实现智能化识别、定位、跟踪、监控和管理，现如今已然成为世界信息产业发展的第三次浪潮。

本次项目立足于时代发展的大背景之下，充分结合自动化专业的相关技术与实验室资源，提出设计一种基于 Wifi 网络的智能硬件开发平台。该平台以 ARM Cortex－M4 为内核的高性能单片机作为主控芯片，通过 I2C、SPI、UART 外扩陀螺仪、气压高度计等传感器，同时具有 PWM 控制模块，使用 UART 接入 Wifi232 无线通信模块，实现硬件平台的无线通信功能。开发安卓系统上的 APP 应用程序，结合智能手机的无线通信功能，完成智能手机对智能硬件平台的数据监测以及控制功能，使此平台能够快速直接地充当智能家居、物联网、机器人等产品的主控器。

2. 方案论证

本项目旨在设计一款能够检测姿态、气压、高度、磁力等多项数据，并实现Wifi无线通信和控制的多功能集成化智能硬件平台，充分应用于物联网和智能家居的开发和试验性应用。基于以上的设计要求和功能实现，采用分步设计、制作、应用验证的方法，实现对该平台的设计开发。

第一步，整体设计智能硬件平台，包括主控器模块、供电模块、陀螺仪、气压高度计、磁力计等采集模块。为了使成本和效能达到最优配比，主控器采用以ARM Cortex-M4为内核的STM32主控芯片，满足同时开展多项监测和控制的要求；供电采用外接5V电源供电和纽扣电池供电方式；陀螺仪采用MPU6050；气压高度计采用BMP085；磁力计采用HMC5883。

第二步，使用Wifi232模块，通过串口实现对控制器的无线通信扩展功能，由此完成对智能硬件平台部分的设计。

第三步，以LED调光控制和运动姿态数据采集为应用背景，使用智能硬件平台进行相应的功能开发。在LED调光控制中，设计并编写Android手机平台APP，使用Wifi网络与控制器连接并通信，实现手机对智能硬件平台的实时监控，达到对LED遥控调光的目的。在智能车的姿态控制与视频采集中，通过姿态解算与蓝牙通信，实现以控制平台的姿态信息控制智能车的行进，并使车载摄像头的视频信息传输到控制平台显示屏。

最后，根据功能开发达到的效果，得到该平台在实际应用中的可靠性程度和相关数据，通过进一步分析，探索硬件平台的进一步优化。

3. 研究过程

在方案论证的基础上，首先完成了平台的原理图设计并交付制作，通过软件调试，平台各部分均能正常工作，满足下一步功能开发的要求。

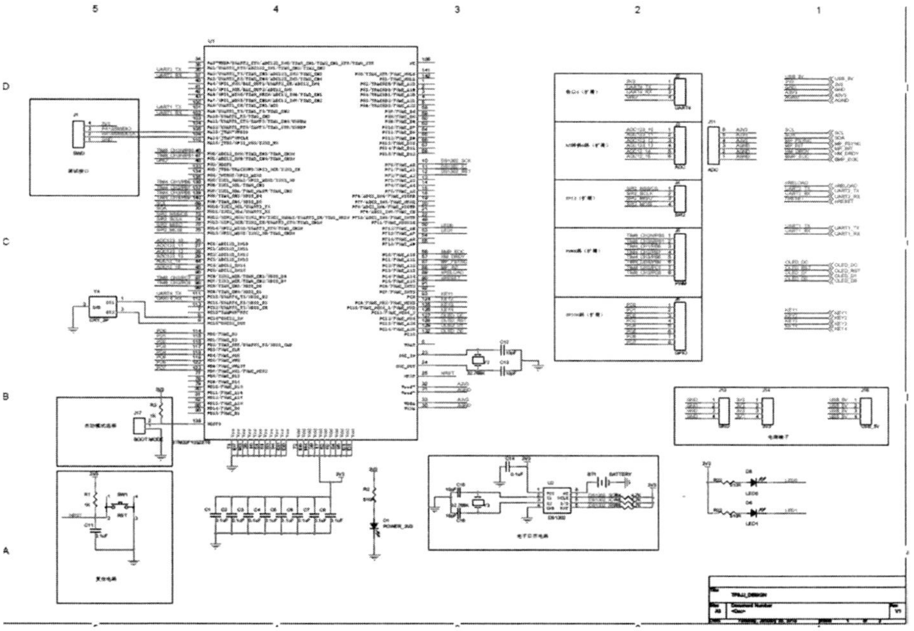

图 3.1 智能硬件平台全图一

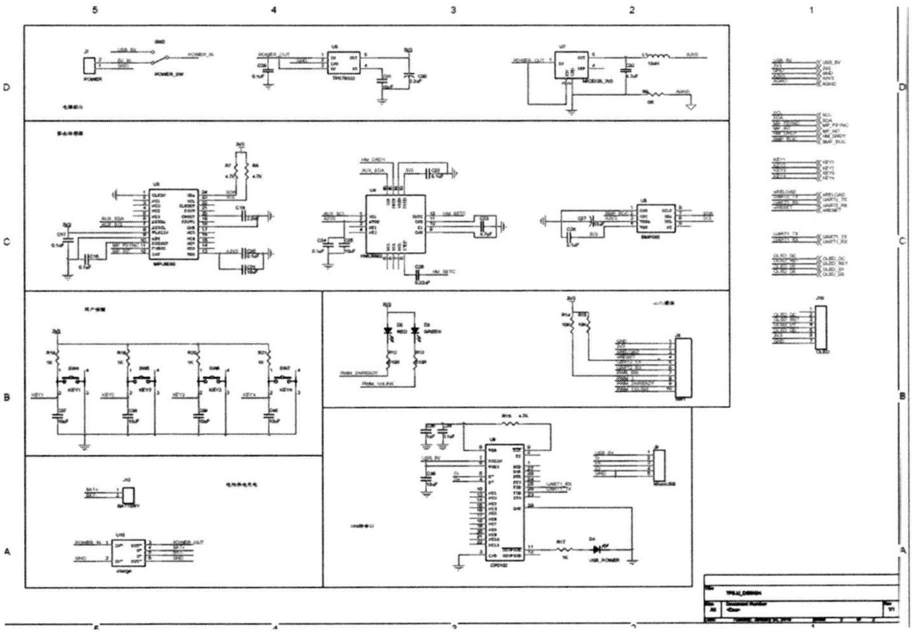

图 3.2 智能硬件平台全图二

3.1 基于 LED 调光控制的功能验证及开发

3.1.1 系统方案

整个台灯由照明灯、智能硬件平台、光敏元件、电源、驱动模块等部分组成，结合手机 APP 进行远程控制。

（1）照明灯

采用飞利浦 LED 灯带，护眼的同时降低功耗，节省电能，可根据环境改变照明范围。

（2）智能硬件平台（涉及部分）

CPU 为 STM32F103ZET6 型芯片，可同时满足一种功能多种控制的要求。

姿态传感器 MPU6050。通过拍打实验平台使之振动，根据 Y 轴向的角速度差值是否大于阈值控制台灯的开关和亮度调节，振动控制的亮度调节为由暗到亮单向循环模式。

PWM 扩展接口。采用 CPU 内置定时器产生固定频率、不同占空比挡位的 PWM 波形，用以电压驱动电路调整台灯供电电压。

Wifi232 模块。接收手机平台控制信号并转换为串口数据送给 CPU。

OLED 显示屏。上电后，在手动模式下实时显示亮度挡位，在自动模式下实时显示亮度值。

（3）光敏元件

采用手机 BH1750FVI 光敏集成元件，感知和采集外部光线强度，使亮度始终维持在程序设定的恒定值附近。

（4）电源

采用 220VAC-12VDC/5VDC 转压模块，12V 用于驱动模块供电，5V 用于控制台供电和驱动模块高电平基准电压。

（5）驱动模块

驱动模块采用 BTN7971B，采用 12V 供电，5V 电压作为高电平基准电压（通过转压模块转换而来），依据输入 PWM 波形的占空比将 12V 电压转换成与占空比例对应的电压输出，对 LED 灯带进行供电。

（6）手机 APP

将控制台灯的相关功能制作成为一款手机客户端，实现运用手机对台灯的远程控制。

第一，控制台灯开关。

第二，转换亮度调节模式，在手动模式与自动模式之间切换。

第三，调节亮度。可在手动模式下进行增大亮度或减小亮度的调节；在自动模式下输入目标亮度值，监测跟踪环境光照度，通过闭环控制使灯光亮度维持在恒定值附近。

3.1.2 功能与指标

（1）开关控制

手机 APP 控制。借助手机 APP 连接控制台上的 Wifi 模块，可以远程遥控直接实现开关台灯。当手机平台与控制台连接后，点击“LED 开启”按键，台灯开启并默认进入最高等级亮度；点击“LED 关闭”按键，台灯关闭。此方法应用于较远距离不便直接接触或者周围环境黑暗不便于直接操作的情况，可以体现设计的安全性、便捷性和创新性。

振动控制。上电初始化后，台灯处于关闭状态，振动一次台灯开启进入最低等级亮度。当亮度处于最高等级，下一次振动将执行关闭台灯操作，若再振动将开启进入最低等级亮度。

（2）亮度调节

亮度调节分为手动模式和自动模式，振动控制与手机 APP 控制属于手动模式，光敏自动调节属于自动模式。

在手动模式下，通过软件编程预先设定五挡 PWM 占空比，对应 1 ~ 5 的亮度等级，亮度逐级增大；自动模式不拘泥于上述五个等级。

振动控制。利用 MPU6050 姿态传感器 Y 轴向角速度，以本次扫描与上次扫描值之间的差值为判断依据，设置阈值为 2，沿 Y 轴向拍打控制台，当差值大于阈值即会引起台灯跳转至下一等级亮度，若已达到第 5 级，下一次振动将灭灯，再次拍打时台灯开启并进入第 1 等亮度，如此循环。

手机 APP 控制。在手机 APP 界面上点击“LED 开启”按键，台灯默认进入手动调节模式。在平台界面设置“增加”与“减小”两按键，按下一次可实现亮度跳变一个等级。当亮度处于最高第 5 等级，点击“增加”，亮度将维持现状，同理亮度处于最低第 1 等级，点击“亮度减小”，亮度将维持现状。

光敏自动调节。通过点击 APP 界面上的“自动模式”按键进入自动模式控制，系统将根据界面窗口中输入的目标亮度值自动调节，使台灯亮度维持在目标值附近，并通过 OLED 实时显示当前光照度值。

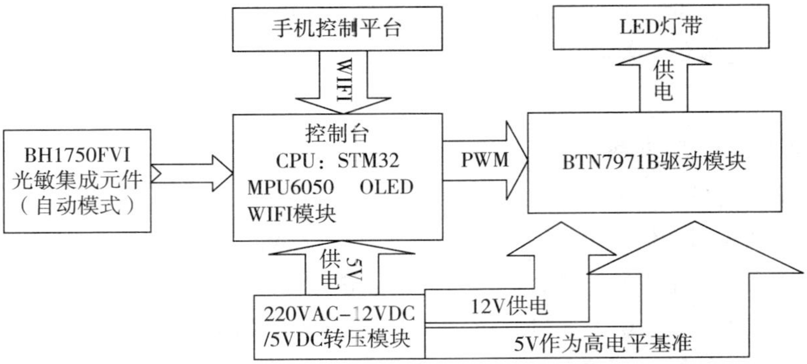

图 3.3 LED 调光控制系统框图

3.2 基于无线通信技术的视频采集车的开发设计

3.2.1 系统方案

（1）总体方案

整个系统主要由控制主板和智能车组成，视频采集的信息再由控制主板接收。控制主板上的姿态传感器对主板的姿态信息进行实时监控，CPU 将姿态信息的数据经无线通信模块（本平台使用的是蓝牙技术）发送给智能车，控制智能车的运动。智能车使用位于车体上的摄像头采集视频信息，并将其发回给控制主板进行显示。

（2）各模块介绍

主控制板：控制主板所使用的 CPU 为 32 位 STM32F103ZET6，姿态传感器为 MPU6050，显示装置为 OLED 显示屏，采用 SWD 进行程序下载。外扩有蓝牙接口和 Wifi 模块接口（本课题使用的为蓝牙接口）。MPU6050 对控制主板的姿态进行监测，以水平放置时为初始位置，其空间位置信息用 x、y、z 三个变量表示，将控制主板的姿态变化，信息传送给 CPU，CPU 将姿态数据发送给智能车。

智能车：本课题中使用的智能车为飞思卡尔智能车 C 型车模，CPU 采用的为飞思卡尔公司 32 位 MK60FX，摄像头使用的是野火鹰眼，同样采用蓝牙通信进行数据传输。智能车接收到控制主板发送的数据后，经过解算进行移动。车体上的摄像头将采集的视频发送给控制板。控制人员可根据控制板上视频信息在不可视的情况下对车体的运动进行调整。

3.2.2 功能与指标

（1）车体控制

改变控制主板的姿态，智能车能做出相应动作：当前压控制板时，车体前行；后抬控制板时，车体倒行；左偏控制板时，车体舵机左转；右偏控制板时，车体舵机右转。根据姿态改变的程度，车体会有不同速度。

（2）视频采集

车体的摄像头可以正确采集图像信息，并能发回到控制板的显示屏上。

3.2.3 硬件框图

（1）控制部分

该部分有以下模块：CPU、姿态传感器、电源、OLED、SWD 下载口、外扩无线模块。

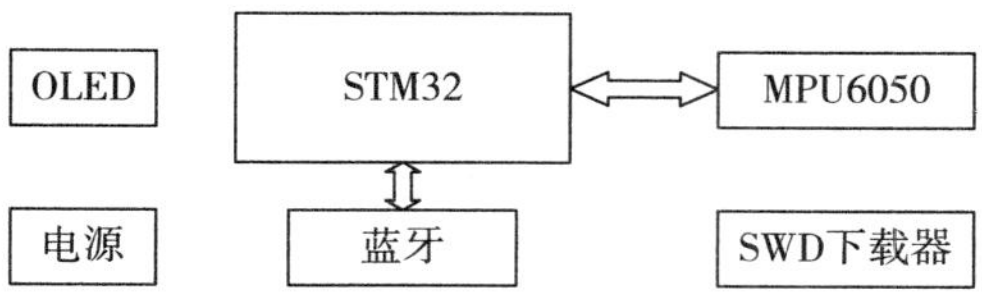

图 3.4 硬件平台所用资源框图

（2）执行机构

该部分主要为智能车，包括：小车 CPU、摄像头、无线模块、舵机、电机。

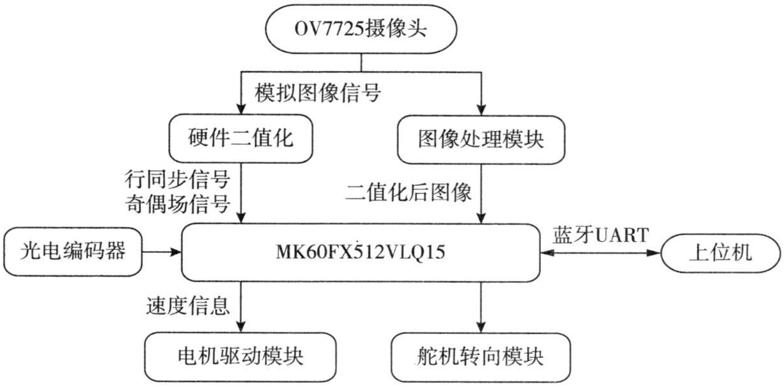

图 3.5 智能车控制系统框图

4. 研究结果与创新性

本项目中设计开发的智能硬件平台在自身调试与功能验证环节均工作正常，达到了预定的设计要求。

在 LED 调光控制的功能验证中，通过手机 APP 能够完成对开关、亮度的调节和自动调光状态下预定值的设置，表明了 Wifi 通信模块能够满足手机对智能平台的无线通信和控制，进而可以应用到智能家居和工厂设备管理等方面，实现集成化客户端对一定范围内物质的通信与控制，这是创新点之一；通过振动拍打，能够完成对开关、亮度调节的控制，通过在控制台内置姿态传感器，依据轴向的振动角速度差值与阈值的对比达到控制要求，打破了按键或旋钮的固定位置点控制台灯的局限，使用更加方便和安全，这是创新点之二。

在无线通信视频采集车的设计过程中，车辆能够实时采集图像，并通过无线通信把图像信息发送给上位机；上位机能通过陀螺仪加速度计把姿态信号无线发送给车载主板，对车进行远程无线运动控制，一切执行正常。本实验利用重力感应和无线通信对小车进行控制。无须按键，简化了操作方式，使用更加方便，同时无线通信在一定程度上减少了操作环境和操作距离的成本和限制，这是其中一项创新点；另外智能车前方的路况信息会显示在OLED屏幕，操作人员可以通过采集的视频信息在无法直接观察到的地方调整与控制，可用于搜集人类无法到达地方的环境信息，这是另一创新之处。

5. 结论

实验结果表明，无论是在家庭生活还是较为专业的应用，物联网技术都是必不可少的，有着很大的发展空间。在实验中，本项目设计制造的实验平台能够很好地完成相应模块的功能，其所具备的功能能够满足较多的物联网技术需求，并在已经实验的智能家居和智能机器人的应用方面显示出巨大的潜力。

参考文献

[1] 李勇，洪志刚. AVR单片机在LED遥控灯中的应用. 工业控制计算机，2010，05：104+106

[2] 张其，袁纵横，梁丁，宁运琨，赵国如. 基于MPU6000的低功耗无线人体传感器网络节点设计. 计算机测量与控制，2014，02：539-541+547

[3] 刘江义，孙书鹰. 基于STM32的多通道PWM旋变信号发生器. 测控技术，2014，06：93-95+99

[4] 张晓辉. 串口转Wifi/GPRS数据双网模块开发. 西安科技大学，2011

[5] 李文峰，顾敦清. 基于ARM11平台的串口转Wifi/GPRS双网模块设计. 电子器件，2013，01：80-84

[6] 宁运琨，熊显名，赵国如. 基于nRF905和MSP430的惯性传感器无线数传系统设计. 传感器与微系统，2013，05：138-141

[7] 段珂瑜. OLED显示技术专利分析. 电子元件与材料，2013，08：68-71

[8] 陈厚文. 智能室内照明. 华南理工大学，2013

[9] 赵晶. 单片机控制OLED显示系统研究. 重庆大学，2006

[10] 刘辉. OLED驱动控制电路的研究. 中国科学院研究生院（长春光学精密机械与物理研究所），2005

[11] 龚伦峰. 基于物联网的嵌入式室内安防监控系统的研究与设计. 湖南大学，2013

[12] 黄凯龙．基于飞思卡尔单片机的智能车及其调试系统设计．湖南大学，2014
[13] 李英芝，欧阳高，李海燕，杨磊．基于嵌入式系统的智能探测小车的创业探索．科技与企业，2014，03：285
[14] 刘金国，王越超，李斌，马书根．灾难救援机器人研究现状、关键性能及展望．机械工程学报，2006，12：1-12
[15] 段珂瑜．OLED 显示技术专利分析．电子元件与材料，2013，08：68-71
[16] 赵晶．单片机控制 OLED 显示系统研究．重庆大学，2006
[17] 龚伦峰．基于物联网的嵌入式室内安防监控系统的研究与设计．湖南大学，2013
[18] 黄凯龙．基于飞思卡尔单片机的智能车及其调试系统设计．湖南大学，2014
[19] 邵贝贝．单片机嵌入式应用的在线开发方法．北京：清华大学出版社，2004
[20] 王晓明．电动机的单片机控制．北京：北京航空航天大学出版社，2002
[21] 童诗白，华成英．模拟电子技术基础．北京：高等教育出版社，2001
[22] 阎石．数字电子技术基础．北京：高等教育出版社，2000
[23] 谭浩强．C 程序设计．北京：清华大学出版社，2003
[24] 尹勇．Protel DXP 电路设计入门与进阶．北京：科学出版社，2004
[25] 卓晴，黄开胜，邵贝贝．学做智能车：挑战“飞思卡尔”杯．北京：北京航空航天大学出版社，2007
[26] 阂革勇，冯玉才，宋恩民，刘宏，梁鸯．地图自动识别系统中识别提取虚线的算法及实现

行人闯红灯事件检测系统研究报告

北方工业大学：付强　廖雯琦　郭子慧
指导教师：张师林 讲师

[**摘　要**] 本文分析了我国以行人闯红灯为代表的非机动车交通违法行为的现状，利用视频检测和信息处理技术，研发了非机动车闯红灯警告与抓拍装置。该装置已经在唐山市丰南区和滦南县成功应用，得到当地媒体的广泛关注，在很大程度上缓解了非机动车闯红灯的现状。为了解决投资成本的问题，该装置允许通过网络远程添加交通宣传信息或商业广告，并利用绿灯间隙播放，解决了运营成本并实现了丰厚的经济回报。本装置适用于各城市路口，一方面缓解非机动车违法现象，另一方面加强交通安全宣传并实现商业盈利，具有较好的应用前景。

[**关键词**] 行人闯红灯；违法抓拍；行人检测；工业相机；信号检测器

1. 选题背景

我国每年在交通事故中死亡的人数超过 6 万，其中 80% 是由于行人及非机动车违法造成的。行人及非机动车闯红灯是造成我国交通事故发生的重要原因之一。由于行人及非机动车自身的“从众心理”和管理部门的“法不责众”，行人及非机动车闯红灯在我国已经习以为常，成为“中国式过马路”。行人及非机动车闯红灯不仅具有重大安全隐患并严重影响交通效率，行人及非机动车违反交通规则既损害我国的交通形象又影响我国的国民素质。面对众多路口、不间断时间、连续大面积的行人及非机动车闯红灯现象，仅依靠交警自身人工维持秩序，远远不能满足需求。

本装置通过基于视频检测的行人及非机动车闯红灯自动检测和报警，结合语音提示等措施，在不需要人工介入的前提下实现行人及非机动车过街的规范管理，减少行人及非机动车闯红灯现象，降低交通事故发生概率，构建安全和谐的城市交通出行环境。在此基础上，利用绿灯时间和无人违法的红灯时间播放交通安全宣传信息和商业广告，降低运营成本实现商业价值，具有较好的经济效益和推广价值。

非机动车目前在全国各城市都还没有纳入管理范围。非机动车的违法交通行为，严重影响交通安全和交通运行效率。本文中所提到的非机动车包括行人、自行车和摩托车等，在基于视频检测的方法中都是以行人检测为基础的，因而本文所提到的非机动车闯红灯或行人闯红灯如无特殊说明指的是同一问题。

关于行人闯红灯抓拍系统的研究在我国2008年就已经出现，当时所采用的技术是基于红外幕帘的检测技术。随着视频检测设备价格的下降和检测算法的发展，目前基于视频检测技术的抓拍系统已经出现。下面本文根据检测技术的不同分别阐述。

1.1 基于红外幕帘的行人闯红灯检测

基于红外幕帘的行人闯红灯检测技术，最早见于2008年江苏南通和上海地区。

该技术由于投入成本较高，检测准确率较低，误报率较高，并存在一定的扰民现象，因而在2008年之后，该技术并没有推广起来，随后若干年并未见诸跟踪报道。

图1.1 基于红外幕帘的行人闯红灯报警装置

1.2 基于视频检测的行人闯红灯抓拍

基于视频检测的行人闯红灯抓拍系统在2013年以河北石家庄、内蒙古呼和浩特、广西北海等地区为代表。图1.1是河北石家庄地区新闻媒体所报道的路口运行情况。该技术由于检测准确率相对提高，并且通过屏幕给予行人一定的警告，所以比红外幕帘有了一定的进步。但上述检测装置一方面缺乏良好的商业运营模式，其建设成本较高；另一方面在检测准确率上都还没有达到工业级别要求。本文作者和相关参与人员实地考察了上述地区的系统运行情况，系统并未发挥实际作用。

综上所述，目前市场上行人闯红灯抓拍技术并不成熟，抓拍准确率达不到工业要求，缺乏较好的商业运营模式，因而非机动车的监督监管缺乏行之有效的技术手段。本文所研发的非机动车闯红灯抓拍与警告装置准确率接近100%，具有良好的商业运营模式，并成功在唐山丰南和滦南地区连续运行半年以上，是目前国内几乎唯一能实际运行的行人闯红灯抓拍装置。

2. 方案论证

本装置整体组织结构如图2.1所示，每个路口包括高清网络相机、行人及非机动车事件分析仪器和LED全彩屏。

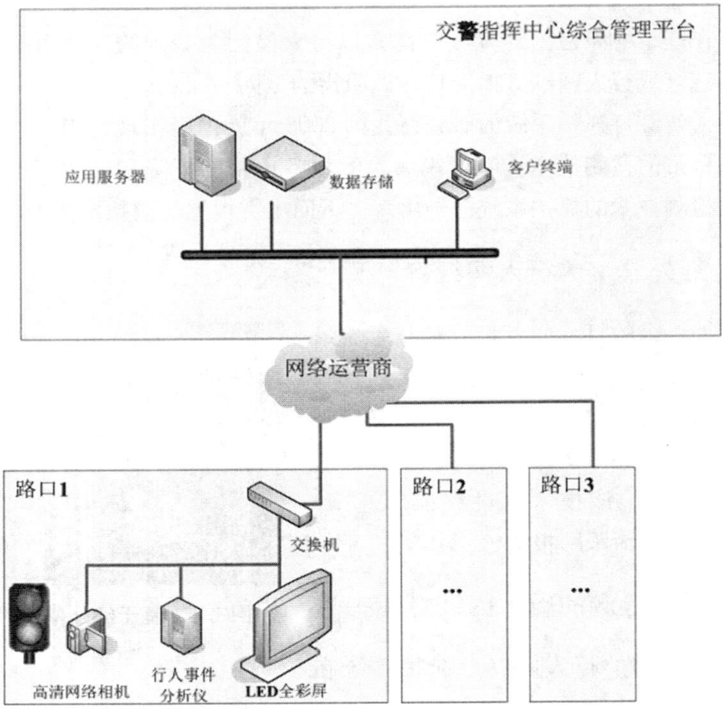

图 2.1 非机动车抓拍部署结构图

每个路口的系统结构如图 2.2 所示：

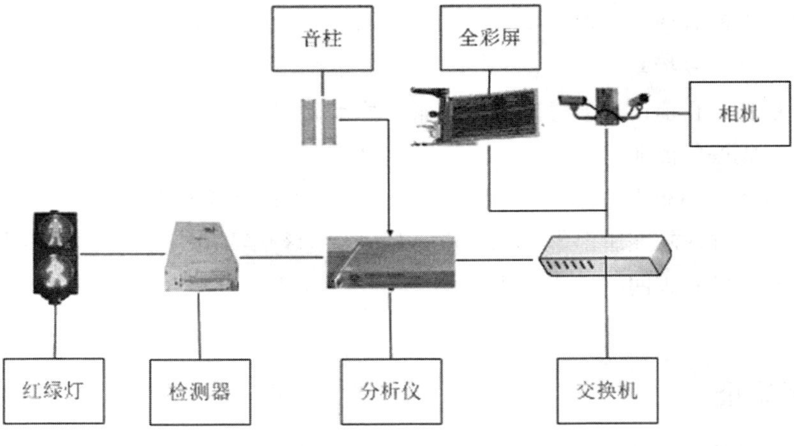

图 2.2 路口实施结构图

2.1 装置的主要功能

该装置实现准确的违章行人及非机动车抓拍功能。可根据用户所设置的检测区域，并根据用户设置的抓拍图像存放宽度和高度，支持 7×24 小时交通违法图像抓拍。该装置通过规则设置，可以实现在检测区域内被检测的行人及非机动车的违规类型，如检测区域内站立、抢红灯、不按斑马线行走等。如图 2.3 所示。

图 2.3　路口行人闯红灯抓拍

为了实现抓拍的警示作用，该装置将抓拍图像实时投放到 LED 显示屏上。根据 LED 大屏的类型不同，系统可以通过软件、视频服务器以及发送卡和 LED 大屏幕保持通信，如图 2.4 所示。

图 2.4　抓拍图像的实时警告

路口检测到行人及非机动车闯红灯时，该装置能实时进行语音提醒及预警。针对特殊群体，提供有针对性的语音提示，保障交通安全。绿灯时间的显示屏提供行人及非机动车闯红灯的宣传教育功能，循环播放；也可提供商业广告播放功能。行人及非机动车闯红灯具有最高优先级，一旦发生将立即投放到大屏幕，打断现有视频等形式的广告提醒行人及非机动车注意安全，并抓拍显示。绿灯和没有违法行为时候，一直播放各种广告视频和图片，如图 2.5 所示。

图 2.5　绿灯时间广告交通安全广播与商业广告播放

3. 研究方法

基于视频目标检测技术的行人闯红灯抓拍与 LED 联网信息播放装置，包括：①利用相机的切换技术实现两个方向路口的行人闯红灯抓拍；②利用 LED 全彩屏实现行人违章抓拍的显示与广告视频的循环播放；③行人检测设备配合红绿灯信号检测器实现准确的违章行人抓拍；④通过联网定期控制方式实现广告内容的动态更新；⑤利用音频功放设备实现行人闯红灯的实时语音提示；⑥利用行人轨迹特征实时将抓拍图像投放到 LED 全彩屏上。

3.1　整体流程图

本装置的主要处理流程如图 3.1 所示：

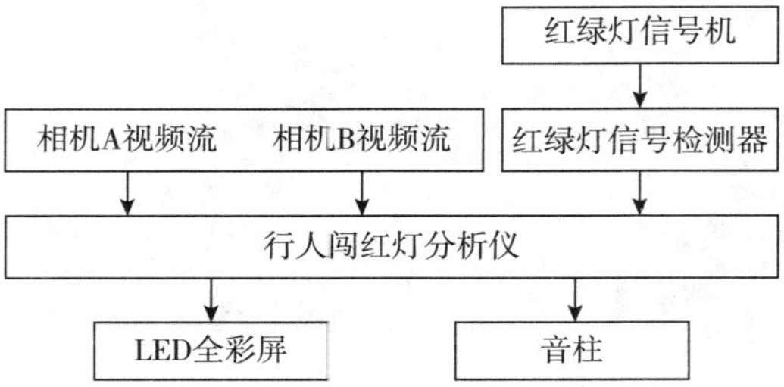

图 3.1　非机动车闯红灯流程图

系统初始时需要人工标定信号灯所在区域。根据区域内图像信息的变化，该装置通过信号检测器，利用串口编程方式自动判断信号灯的状态。行人闯红灯分析仪是北方工业大学具有自主知识产权的基于视频目标特征和轨迹分析相结合的行人检测设备。

3.2 抓拍与联网信息的切换

用户可以定义检测的时间段，比如上班时间8点~17点等。在检测时间段内行人及非机动车及非机动车抓拍和播放广告灵活动态切换，如图3.2所示。

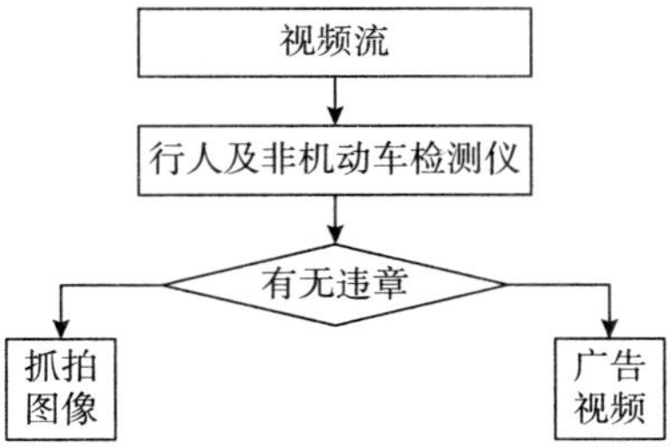

图3.2 违法抓拍与联网信息或广告的切换

3.3 抓拍结果的分析与处理

该装置所抓拍的结果可以为路口交通事故中行人及非机动车闯红灯的责任认定提供辅助，一旦发生交通事故，系统提供有针对性的视频检索，为交通事故责任认定提供视频证据，比如是否行人及非机动车正在闯红灯等。系统提供违法图片取证功能，信息包括：①违法地点；②违法行为；③违法时间；④违法照片体现的全过程位移；⑤图片的防伪码及编号。

针对某个路口或者某个地区的行人及非机动车闯红灯事件进行统计分析，以可视化图表的形式展现行人及非机动车闯红灯事件在一天内数量变化的情况，如图3.3所示。

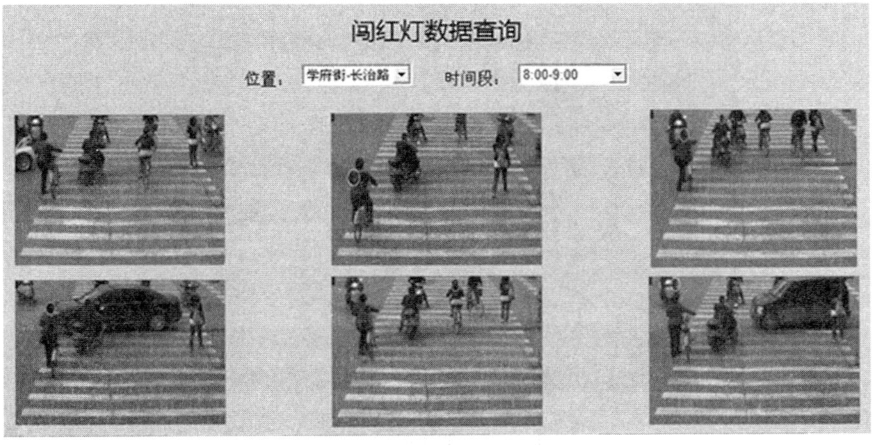

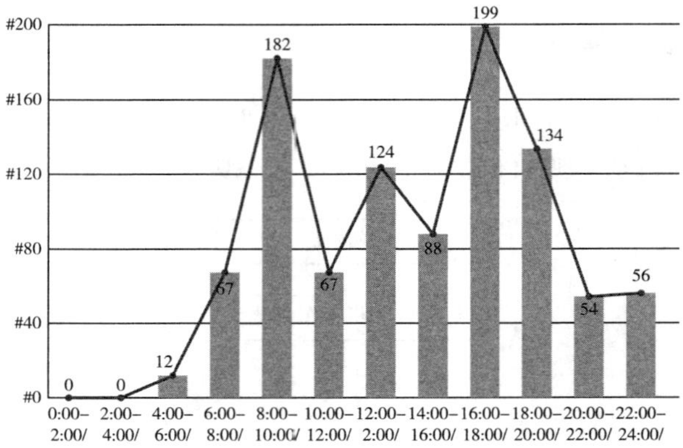

图 3.3　交通违法信息查询与统计

4. 研究结果

4.1　现场运行情况

本装置在唐山市丰南和滦南两个地区安装实施，系统连续稳定运行 6 个多月。现场情况如图 3.4 所示。系统运行被当地电视台报道，现场运行录像请参见优酷网视频：

http：//v. youku. com/v_ show/id_ XODE3Njk1Mzgw. html（滦南）

http：//v. youku. com/v_ show/id_ XOTE0NDI3NTU2. html（丰南）

图 3.4　现场运行情况

4.2 系统运行效果分析

本装置安装运行以来，每天非机动车闯红灯数量降低约30%以上，路口交通秩序良好，车辆通行效率得到提高，此外该装置利用绿灯间隙为交通管理部门免费播放交通信息，为赞助商播放商业广告，给本装置投资者带来每路口每月10000元以上的经济收入。

5. 创新点

非机动车的监管是目前各城市交通管理中的空白，而非机动车的违法交通行为又带来极大的安全隐患并严重降低了通行效率。本文所研发的非机动车闯红灯警告与抓拍装置在一定程度上缓解了非机动车违法交通行为，实现了准确的闯红灯等违法行为的抓拍，并结合联网信息播放功能，实现商业运营和良好收益，具有很好的市场前景。

致谢

本文得到2015年北方工业大学“大学生科学研究与创业行动计划项目计划”资助，同时受国家自然科学基金资助，项目名称“基于深度信息和深度学习的车载视觉行人检测方法研究”，编号：61403004。

参考文献

[1] 行人闯红灯抓拍系统．河北网络电视台，河北石家庄，2014

[2] 行人闯红灯自动识别抓拍系统．安防知识网，广州科缔欧电子科技有限公司，2015

[3] 一种行人闯红灯自动报警监控系统．国家发明专利，CN101739809A，2010

[4] 基于达芬奇架构的行人闯红灯视频检测方法及装置．国家发明专利，201210449175，2012

智能节能插座开发研究报告

北方工业大学：梁真　王梦依　孟玉　兰馨蕊　方乐乐
指导教师：张志芳

[摘　要] 本作品是以树莓派（Raspberry Pi）为主控单元、利用采样检测电路，搭建的智能插座模块，实现电压测量、电流测量、功率计算、实时控制等功能。使用户能对用电设备的使用情况有直观的了解和便捷的控制。作品可按要求接入电网运行，兼具节能和便捷两大重要特点：用户可以异地实现插座的通断电。

[关键词] 智能节能插座；树莓派；采样检测电路

1. 选题背景

最近几年，智能家居（Smart Home）频繁出现在各大媒体上，成了人们耳熟能详的词汇。目前通常把智能家居被定义为利用电脑、网络和综合布线技术，通过家庭信息管理平台将与家居生活有关的各种子系统有机地结合的一个系统。在家庭网络的操作系统的控制下，通过相应的硬件和执行机构，实现对所有家庭网络上的家电和设备的控制和监测。通过一定的媒介平台，构成与外界的通信通道，以实现与家庭以外的世界沟通信息，满足远程控制/监测和交换信息的需求。智能家居的最终目的都是为满足人们对安全、舒适、方便和符合绿色环境保护的需求。因此，本小组决定对智能家居的其中一类——“智能插座”为选题进行研究和设计。选题使用树莓派为主控搭建了智能节能插座模块。

2. 方案论证

在方案论证方面，本小组对两种方案进行了比较与论证。两种方案分别为：

（1）以 HLW8012 为智能插座主控的模块；

（2）以树莓派为智能插座主控块。

以下是对两种方案的介绍：

2.1 “HLW8012”主控方案介绍

HLW8012 为插座厂家和智能家居厂家提供了一个高度精确且成本低廉的电能测量解决方案。该集成芯片专为住宅用单相电能表或智能插座设计，可精确测量电流有效值 IRMS 和电压有效值 VRMS、有功功率和电量。

HLW8012 的内部结构

HLW8012 的内部结构如图 2.1 所示。它由 2 个可编程增益放大器、2 个 Δ－Σ 调制器、配套的高速滤波器、功率计算、功率监测、串行接口及相应功能寄存器等组成。两个可编程放大器采集电压和电流数据，Δ－Σ 调制器对模拟量采样处理，滤取可用电压、电流数字信号，并将计算的功率值、电压有效值和电流有效值通过脉冲指示方式对外输出。

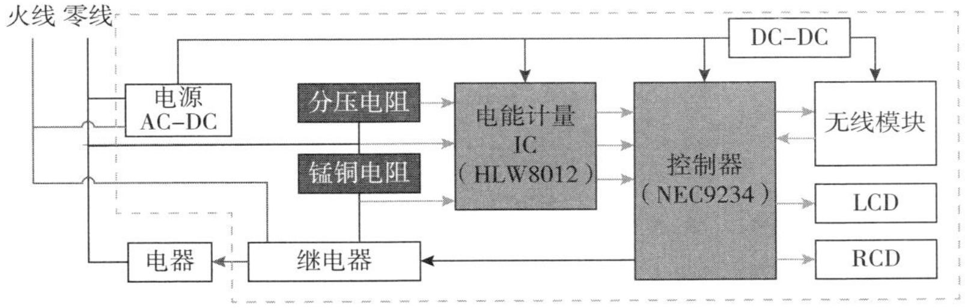

图 2.1 HLW8012 的内部结构

2.2 “树莓派”主控方案介绍

树莓派是一款基于 ARM 的微型电脑主板，以 SD 卡为内存硬盘，卡片主板周围有两个 USB 接口和一个网口，可连接键盘、鼠标和网线，同时拥有视频模拟信号的电视输出接口和 HDMI 高清视频输出接口，以上部件全部整合在一张仅比信用卡稍大的主板上。树莓派配备一枚博通出产的 700MHz ARM 架构 BCM2835 处理器，512MB 内存。

主控模块的主芯片为博通 BCM2835，模块电路如图 2.2 所示。

树莓派的主要功能是控制继电器并实现与用户的人机交互。其通过 GPIO 连接继电器控制端口，通过改变 IO 口电位实现继电器的通电与断电；在人机交互方面，通过使用轻量级服务器“WEBrick”并运行相应 Python 脚本，实现这一功能。用户可使用终端连接树莓派并利用任何浏览器对其进行控制。

智能节能插座由电源模块、主控制器模块、电能信号采集电路组成。主控器为树莓派。电源部分采用 AC-DC 电路，电能信号采集模块由电流互感器、整流电路等模块组成，并将采样信号传递给树莓派。后者通过 GPIO 总线扩展器连接并控制继电器。

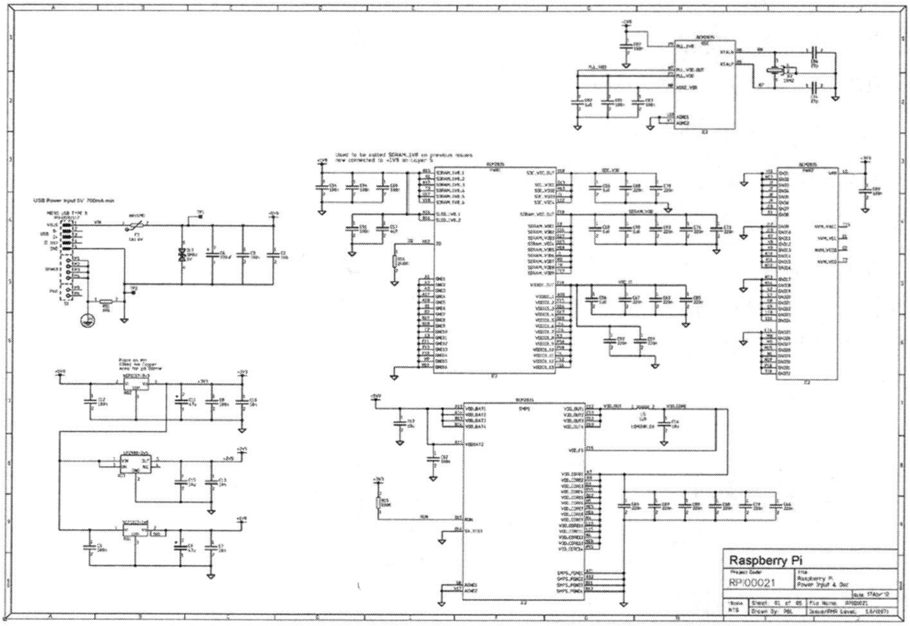

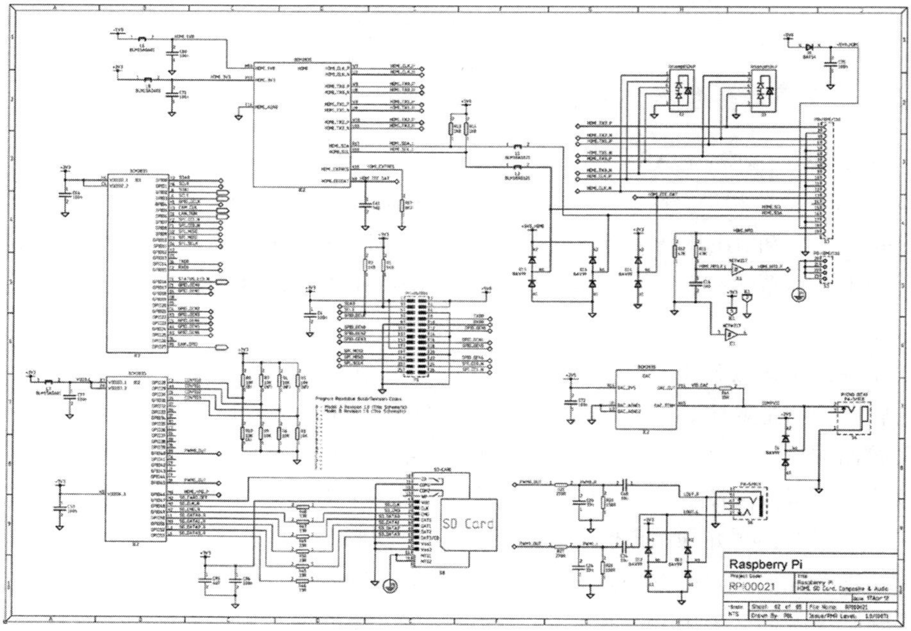

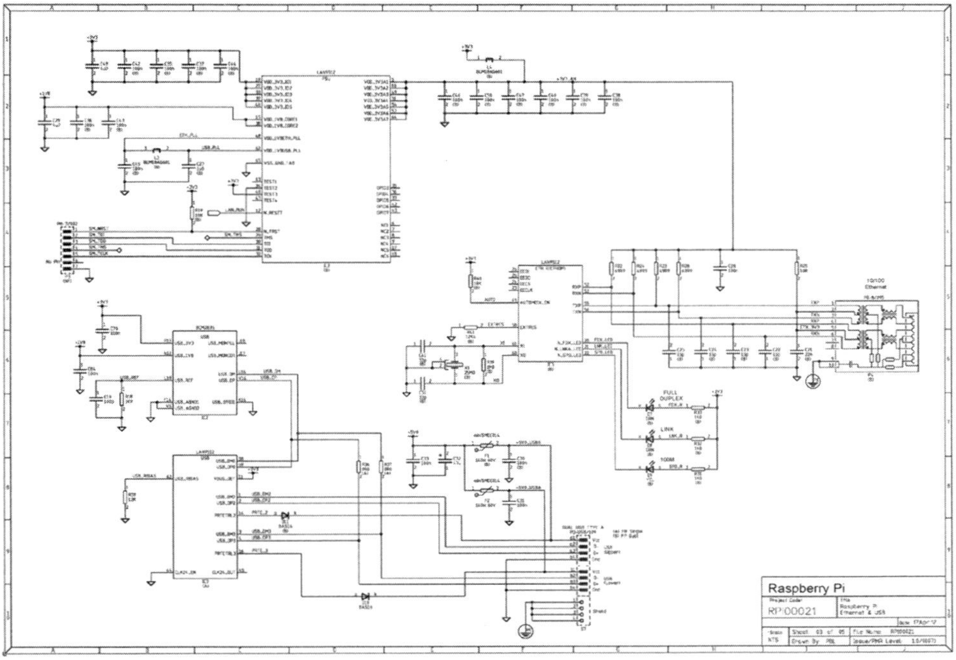

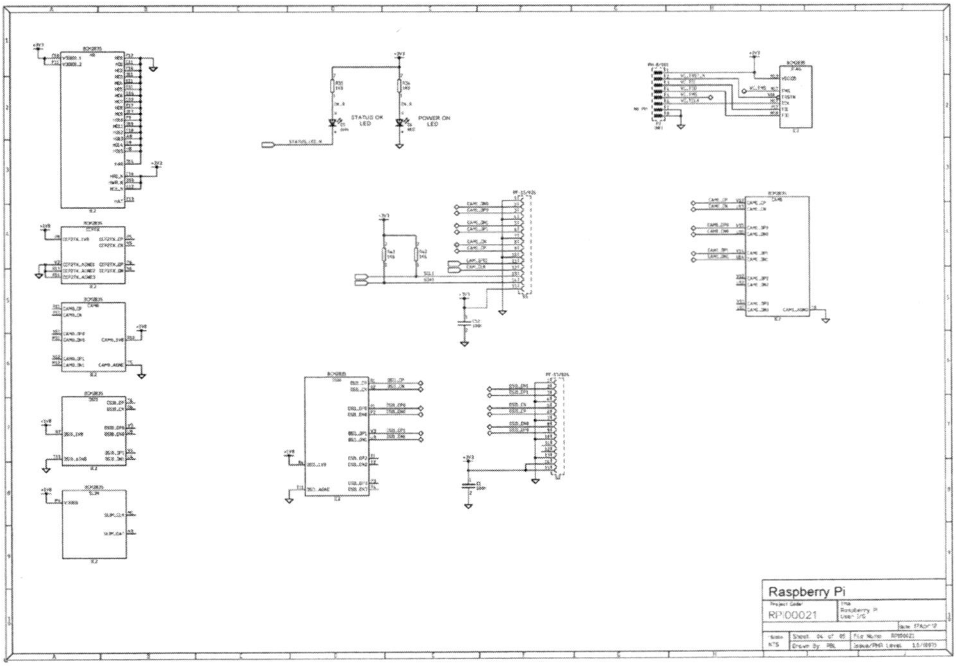

图 2.2 树莓派主要电路图

2.3 方案比较及选定

本组经研究决定使用“树莓派”方案进行设计和制作，原因如下：

（1）树莓派具有“开源”这一特点，对创新这一方面更为有利。

（2）树莓派具有更好的可扩展性，能够扩展更多模块，在智能家居这一方向具有更多优势。

（3）树莓派方案制作出的产品相比 HLW8012 等单片机具有更好的人机交互形式，用户能够更方便地对产品进行操作。

3. 系统总介绍

系统框图如图 3.1。

图 3.1　系统框图

本系统由硬件模块和软件程序两部分组成。

上图的电能测量、继电器控制、A/D、I/O 共同组成了硬件模块，实现电能信号采集，插座通断电等功能。

软件程序主要在树莓派的 Lunix 系统上运行，实现 I/O 控制、采样信号读取与计算、WEBrick 服务器运行等功能。

4. 硬件模块设计

4.1 电能信号采集模块

电能信号采集模块由电流互感器 acs712elctr-20 和 MCP3008 搭建而成。

电流互感器模块如图 4.1 所示，其原理是依据变压器原理制成的。电流互感器是由闭合的铁心和绕组组成。它的一次侧绕组匝数很少，串在需要测量的电流的线路中，因此它经常有线路的全部电流流过，二次侧绕组匝数比较多，串接在测量仪表和保护回路中。电流互感器一端串入 220V 主回路，另一端经过分压将信号传给 MCP3008。

MCP3008 为模数转换芯片，如图 4.2 所示，电压信号由电流互感器产生，经分压电路传入。MCP3008 将传入的模拟电压量转换为数字电压量，经 SPI 接口传给树莓派主控板。

如图 4.2 所示，ACS712 原边串接在插座的主回路中，ACS712 通过霍尔效应由 VIOUT 输出一个和原边电流值对应的信号并将信号传给 MCP3008。

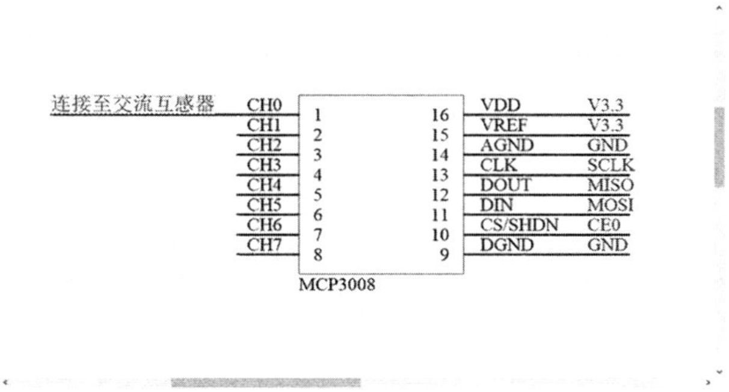

图 4.1　电流互感器模块

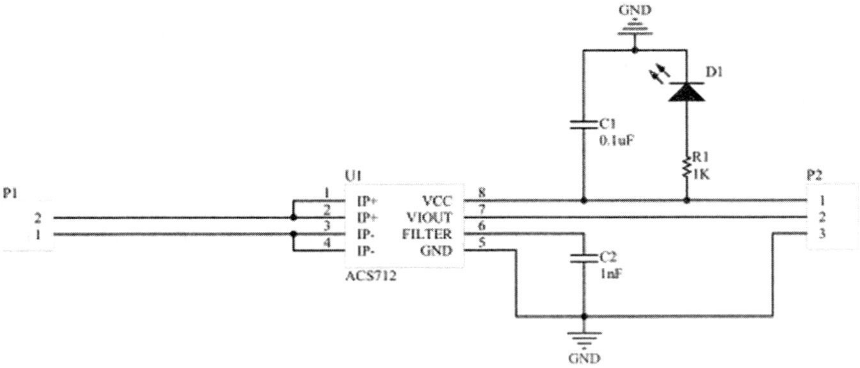

图 4.2　MCP3008 连接图

4.2　继电器控制模块

继电器控制模块的主要功能是控制插座的通断电，树莓派通过 I/O 口连接继电器，通过改变 I/O 口高低电平状态控制继电器的主触点的通短。

5. 软件设计

本作品运行环境为 Lunix 操作系统，需要编写 Python 等脚本文件运行。

程序主要具有 IO 口控制、WEBrick 服务器配置、SPI 通信等功能。

5.1 程序框图

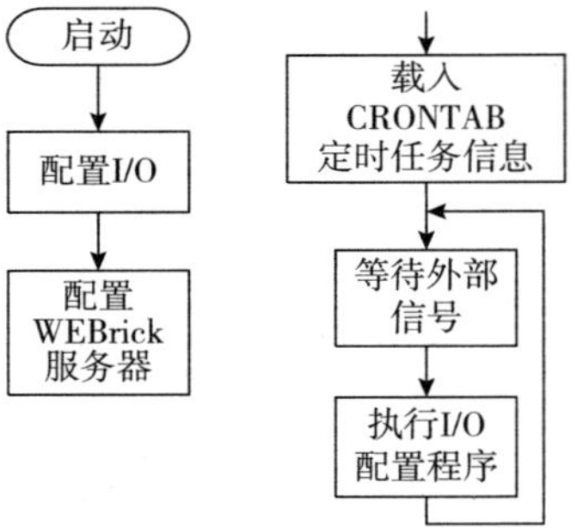

图 5.1 程序框图

5.2 程序功能介绍

当用户通过终端给系统输入信号后，程序将根据用户输入内容执行相应的脚本文件，脚本文件可配置 I/O 口状态，从而实现控制插座通断电的功能。

WEBrick 服务器是一种轻量级的服务器，适合运行在像树莓派这种类型的小型系统上。其中的 Ruby 库提供的简单的 HTTP 服务。WEBrick 可通过开源软件搭建模型。WEBrick 服务器提供 HTTP、HTTPS 等协议。WEBrick 服务器可以在树莓派搭载的 Lunix 系统上运行。

CRONTAB 为 Lunix 指令，其作用是提供任务定时执行的功能，配置 CRONTAB 后系统可以按设置时间自动运行脚本文件，脚本文件可配置 I/O 口状态，从而实现插座的定时开关功能。

5.3 程序节选（见附录 1）

6. 项目总结

6.1 结论

作品实现如下功能：

（1）电流测量功能；

（2）电压测量功能；

（3）功率测量功能；

（4）可调整的定时开关功能；

（5）网络连接后可控功能；

6.2 创新点

（1）本作品可以利用移动终端进行控制，控制形式较其他产品更为方便；

（2）本作品在今后的创新项目中还可作为一模块进行扩展；

（3）参考文献（见附录2）。

附录

附录1：程序节选

```
#! /bin/bash
#Description: command Line tool to turn on/off a device
#You must have the GPIO pins set up first. Use gpio-setup. sh
#Use : . /cmd-ctl. sh on | off
#Turn on
  function on {
        /bin/echo 1 > /sys/class/gpio/gpio4/value
        sleep 1
        /bin/echo 0 > /sys/class/gpio/gpio4/value
        # Create a file to indicate current outlet state
        /bin/echo power-on > outlet-status
}
# Turn off
  function off {
     /bin/echo 1 > /sys/class/gpio/gpio17/value
     sleep 1
     /bin/echo 0 > /sys/class/gpio/gpio17/value
     # Create a file to indicate current outlet state
     /bin/echo power-off > outlet-status
}
$1
```

```
#! /usr/bin/ruby
# Description : Ruby Webrick html server and gpio setup
# this app will run out of one directory self contained
# ensure on. cgi, off. cgi and index. html are in the same dir

# Include
require 'Webrick'
include WEBrick

#Set up the Webrick
dir = Dir:: pwd
port = " 80"
access_ log_ stream = File. open ('access. log', 'w')
access_ log = [ [ access_ log_ stream, AccessLog:: COMBINED_ LOG_ FOR-
MAT ]]

puts " Access at : -"
puts " URL: http: //# {Socket, gethostname} : # {port} "

# run a script to configure gpio
puts " Setting up GPIO on pid:"
pipe = 10. popen (" ./gpio-setup, sh" )
puts pipe. pid

server = HTTPServer. new (
  : Port          = > port,
  : DocumentRoot  = > dir,
  : AccessLog     = > access_ log
)
# trap exit safely and start the Webrick
trap (" INT" ) {server. shutdown }
```

```
puts "  Running. . Hit Ctrl + c to stop. "
server. start
```

附录 2：参考文献

[1] Brendan Horan. Practical Raspberry Pi. PPSTS&TELECOM PRESS，2014

[2] Simon Monk. Raspberry Pi CookBook. 北京：机械工业出版社，2015

[3] Simon Monk. Raspberry Pi Python 编程入门. 北京：科学出版社，2014

作品图片

单片机最小系统

级联型储能电池充放电控制器

北方工业大学：黄伟超　孟庆楠

指导教师：梅杨 副教授

［**摘　要**］本项目研究级联型储能电池充放电控制器实现对级联 Buck-Boost 电路的可靠控制，通过搭建级联型储能变换器主电路、驱动保护电路、信号采样调理电路和控制电路，同时对其展开系统的理论研究和应用探索，为提高储能装置的运行性能提供理论和实验依据。

［**关键词**］级联型 Buck-Boost 变换器；电池充放电；PI 控制算法

1. 绪论

1.1　选题背景

随着社会的发展，能源问题越发引人注意，可再生能源（风能、太阳能、海洋能）发电虽然具有可永续利用、清洁无污染等优势，但同时受自然条件限制，功率波动较大，给电网的稳定性和调度带来了极大的困难。储能装置可以平滑可再生能源发电的功率波动，为电网运行提供必要的电压、功率支撑，是可再生能源接入电网中不可或缺的环节。但是，储能所需的蓄电池单元往往是整个系统中的一个脆弱的环节，所以在整个系统中，实现平滑能量的波动的同时保护蓄电池不受功率波动的冲击、保证蓄电池应有的寿命就尤为重要，因此，级联型储能变换器用于储能电池的充放电尤为重要，而其中储能电池充放电控制器是储能装置的核心组成部分。

1.2　基本设想

本课题将设计并实现一台级联型储能电池充放电控制器，同时对其展开系统的理论研究和应用探索，为提高储能装置的运行性能提供理论和实验依据。其主要研究内容包括以下几点：①设计充放电控制器的基本电路拓扑，并确定相关参数；

②研究控制策略并进行仿真验证；③设计并完成储能变换器主电路、驱动保护电路、采样调理电路和控制电路；④编写控制程序并进行调试；⑤进行完整的系统联调和实验测试。在上述工作的基础上，实现一台高性能的级联型储能电池充放电控制器样机，可作为工业产品原型机。

2. 总体方案的确定

2.1 拓扑及控制方式的确定

非隔离型双向 Buck-Boost 电路，其电路拓扑如图 2.1 所示。

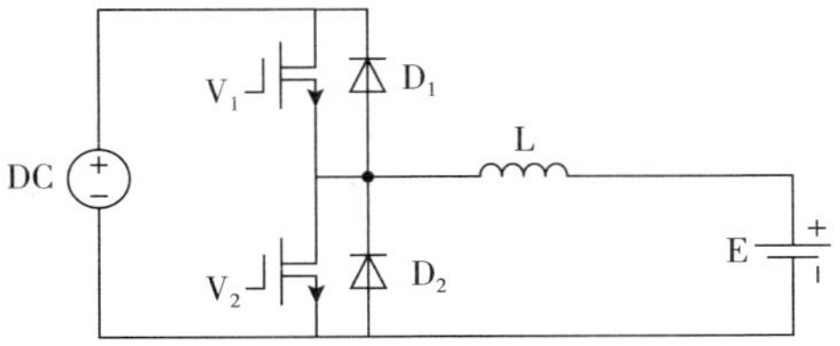

图 2.1　非隔离型双向 Buck-Boost 电路拓扑

通常情况下，对一个装置进行控制，最为经典的就是 PI 调节器，对于双向 Buck-Boost 变换器而言，往往使用双闭环 PI 调节器，控制框图如图 2.2。

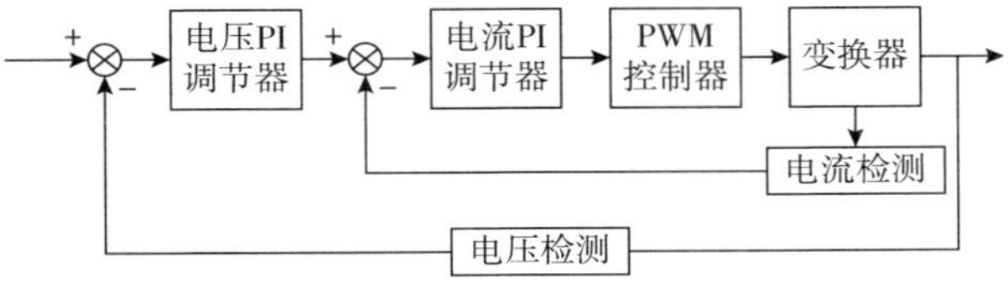

图 2.2　电压电流双闭环 PI 调节器控制框图

PI 调节器是一种线性的调节器，它主要是利用了给定的参考值与实际所需的输出值之间的偏差，将偏差的比例值（P）和积分值（I）通过一个组合构成最后的控制量，从而实现对被控对象进行控制。电压电流双闭环 PI 调节器的电压外环通过测量的电压与电压给定值之间的偏差来给出电流给定值，电流内环通过测量得到的电流与电流给定值之间的偏差来给出最终的控制信号。而通常最终的控制是使用 PWM（Pulse Width Modulation，脉冲宽度调制）技术。

因此，施加于开关管上的信号也就是 PWM 信号，其控制方式是对开关器件的通断进行控制，使输出端得到一系列幅值相等的脉冲，用这些脉冲来代替我们所需要的波形。

根据电力电子技术的相关知识，当双向 Buck-Boost 变换器工作于 Buck 模式时，下桥臂的开关管保持关断，上桥臂开关管受微控制器控制，能量从直流母线传到电池端，其输出电压的理论值存在以下关系：

$$U_{BA} = \alpha U_{DC} \tag{1}$$

工作于 Boost 模式时上桥臂的开关管保持关断，下桥臂开关管受微控制器控制，能量从电池端传到直流母线，其输出电压的理论值存在以下关系：

$$U_{DC} = \frac{1}{1-\alpha} U_{BA} \tag{2}$$

其中，U_{BA}为电池电压，α 为 *PWM* 波的占空比，U_{DC}为直流母线电压。

从公式中很容易可以看出，单级的双向 Buck-Boost 变换器若要实现较大的电压变比，其开关管将处于极限占空比下，占空比的小幅度变化就会引起电压电流的大幅变化。同时，开关器件的电压电流的应力较大，需要高耐压高电流的电力电子器件。

若采用级联型双向 Buck-Boost 变换器，前后两级电路可以工作于不同的电压电流等级下，可以根据不同位置的器件选择不同的器件型号以满足要求，同时，两级双向 Buck-Boost 变换器中间的电容器将有利于平衡功率波动，对于装置的可靠运行是有利的。其拓扑如图 2.3 所示。

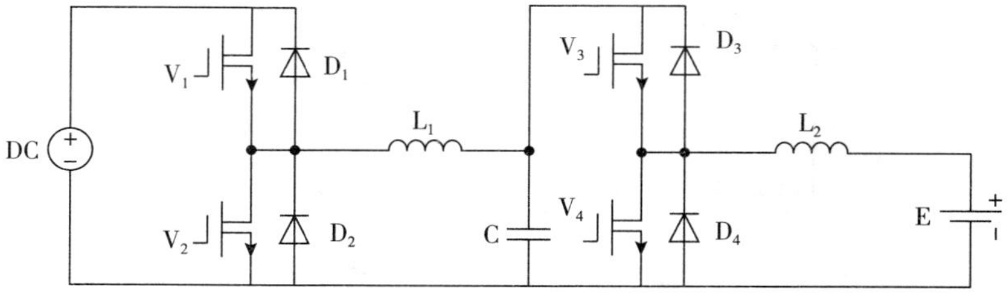

图 2.3　级联型双向 Buck-Boost 电路拓扑

为了实现级联型双向 Buck-Boost 电路的控制，最为简单易行的方法就是两级电路分别采用双闭环 PI 调节器进行控制，每级电路分别有自己的设定值，根据每级电路各自的电压电流进行相对独立的双闭环 PI 控制，为了避免两级电路因为中间公共连接点处发生冲突而造成系统不稳定，需要仔细调节相关 PI 参数，避免系统可能处于或在特定条件下可能出于不稳定的发散的状态，造成系统发生震荡。

2.2 对确立的方案进行仿真验证

应用 MATLAB-Simulink 搭建的级联型储能电池充放电仿真平台如图2.4所示。仿真平台按照实验的规划进行设置，电池选择了电压为20V的锂离子电池模型，在基本实验中，母线电压的目标值为80V，两级电路中间电容的电压的目标值为40V。仿真中的开关频率为20kHz，控制程序的执行频率也是20kHz。

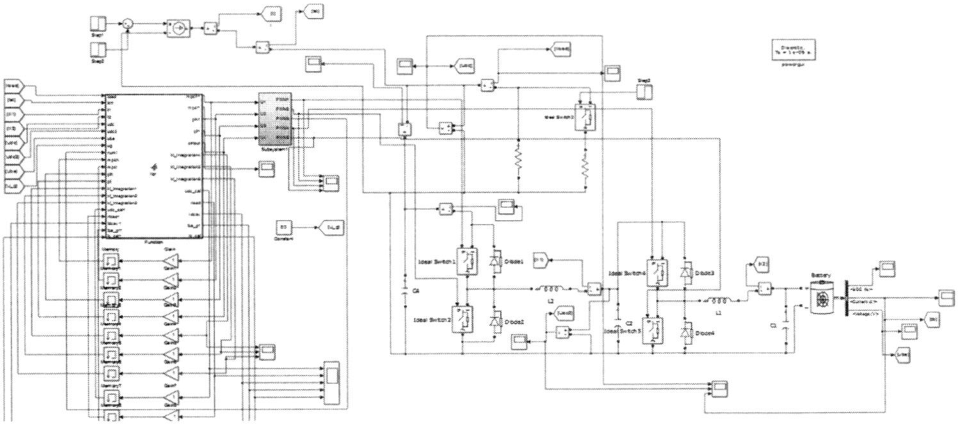

图2.4 级联型双向 Buck-Boost 变换器仿真模型

首先对电流内环以恒流充放电为目标进行仿真，确定电流单闭环PI控制参数稳定可靠后，加入电压外环PI控制算法，对直流母线进行稳压时采用电压电流双闭环PI控制，控制算法上采用增量式PI算法，通过理论计算和多次仿真实验得出一个较好的PI参数。

在动态阶跃实验中，与电池相连的第一级双向 Buck-Boost 变换器以维持中间缓冲电容的电压在一定范围内为控制目标，而与直流母线相连的第二级双向 Buck-Boost 变换器以维持直流母线电压恒定作为控制目标，在0.2s处直流电源进行一次给定的阶跃，在0.4s处进行一次负载的投切。经过仿真，得到的仿真结果如下图2.5所示。

图中，第一条波形为母线电压的波形，可见母线在阶跃扰动下超调量较小，大约为3%调节时间约50ms。

相对的，第二条波形是中间的电容的电压，超调量达到了15%，而且可以看出其第一个尖峰上是有两个不同的变化过程的，由此可以看出不论是直流母线的扰动还是电池电流突变形成的扰动，在一定程度上都能被两级电路中间的电容吸收。

第三条波形为电池上的电流，电流变化较为平滑，响应快速，能够在数毫秒内就达到期望值。

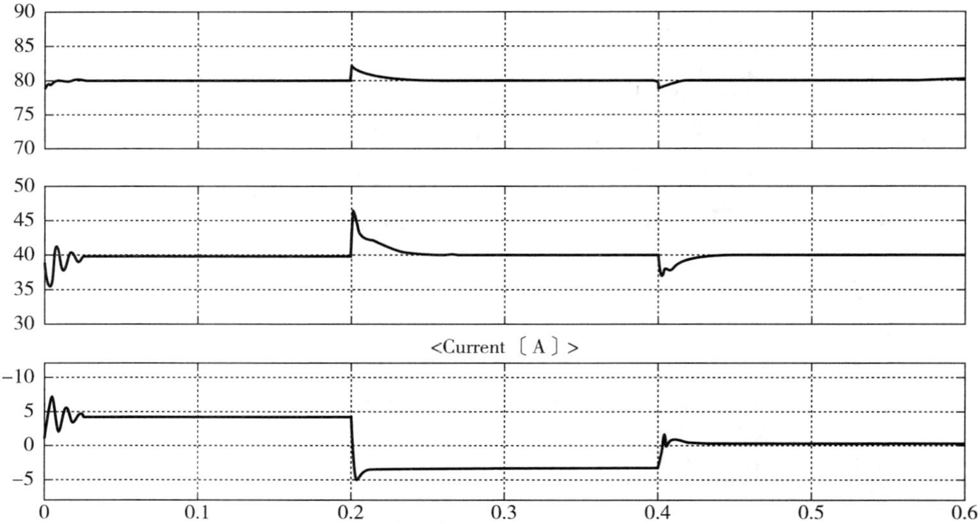

图 2.5　级联型双向 Buck-Boost 变换器仿真结果

3. 硬件设计

3.1　核心控制电路

本系统在研制的初期使用采用了 ARM COTEX-M0 + 核的微控制器，ARM 微控制器是 32 位微控制器，具有较高的性能、内部资源丰富等特点，虽然其运行速度、内部 AD 的转换速度等性能可能不如 DSP，但由于其使用较为简单、功能足够，故选择飞思卡尔的 MKL26Z256VLL4 微控制器作为主控制器，在主电路板上板载一片 MKL26Z256VLL4 微控制器用于监控装置的运行状况，另外使用一个 MKL26Z256VLL4 作为主控制器用于主电路的控制。

在本次研究的实验过程中，发现前述的微控器性能可能出现瓶颈，为了进一步提高控制性能更换了 MCU，使用了 TI 公司的 TMS320F28335 作为控制器。

3.2　显示模块

显示模块选择了串口液晶屏，具有自行刷新屏幕、自带字库、可任意显示图片等功能，所有显示更改操作只需通过串口发送指令即可实现，由于选用的微控制器内部有串口模块，而且市场上有蓝牙串口模块可以进行蓝牙与串口之间的转接，收发数据操作简单、使用方便。因此，我们选用了一块具有触摸功能的串口液晶屏加以改造，通过在电路板上额外增加一个蓝牙模块，使液晶屏无须与主电路连接信号线，只需要一个5V的电压即可实现实时显示装置的运行参数，既实现了通信、显示、控制的功能，同时也与主电路完全隔离，保证使用者的安全。显示屏的界面如图3.1所示。

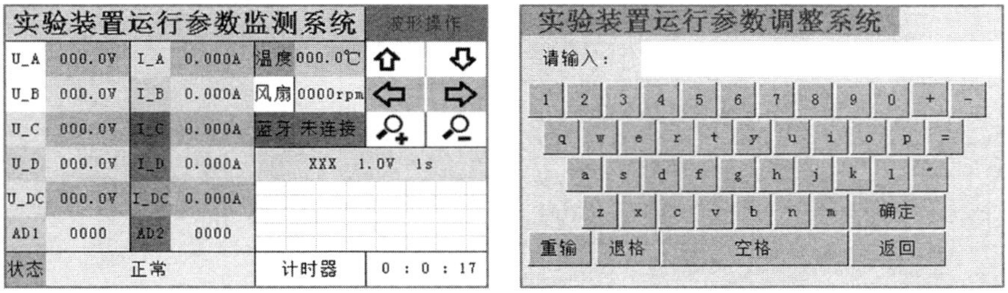

（a）监测界面　　（b）指令调试界面

图3.1　显示屏的界面

3.3　电压电流采样调理电路

为了简化电压电流采样电路，我们选择使用电阻采样的方式。一方面将毫欧级电流采样电阻放于各个端子的电压负极一侧，通过精密调理电路进行电压的放大和抬升，如图3.2所示，通过利用精密轨对轨运放和精心设计布局的精密差分放大电路；另一方面，使用数兆欧的精密电阻进行分压测量电流。经过严格的测试，无论是电压采样调理还是电流采样调理，其精度和带宽都能满足要求。

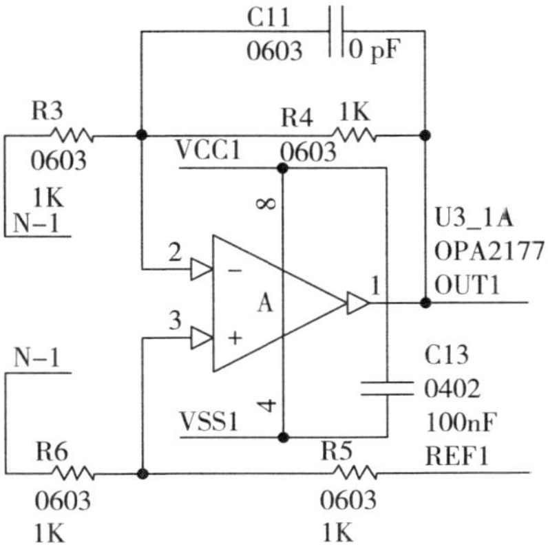

图3.2　差分放大电路

3.4　功率器件、驱动及其保护电路

DC-DC变换器需要的是全控型电力电子器件，最为常用的是IGBT或者MOSFET，在本次研究中，因为功率等级较低，我们选择了图3.3所示的意法半导体的STL24NM60N这款MOSFET作为开关器件，相对于IGBT，MOSFET具有开关速度快、驱动功率较IGBT低、体积小等特点，利于装置的小型化。

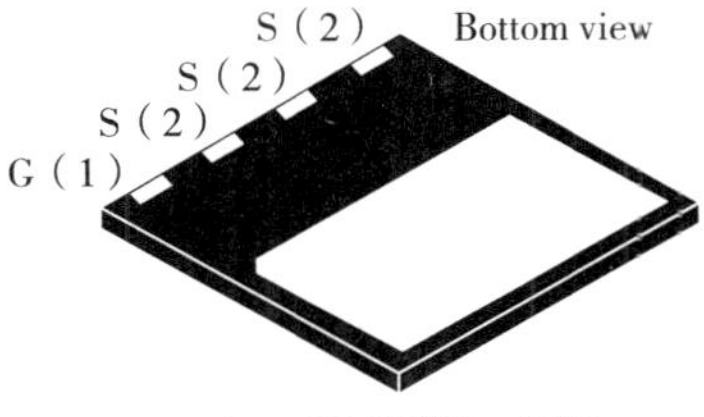

PowerFLAT™ 8×8HV

图3.3　STL24NM60N的封装模型

在驱动器上，我们使用了IRF公司的半桥驱动器IR2101S，它所构成的驱动电路如图3.4所示，它可以驱动MOSFET和小功率的IGBT所构成的半桥电路，在有隔离电源的情况下，它可以分别、独立地驱动半桥的上、下管。

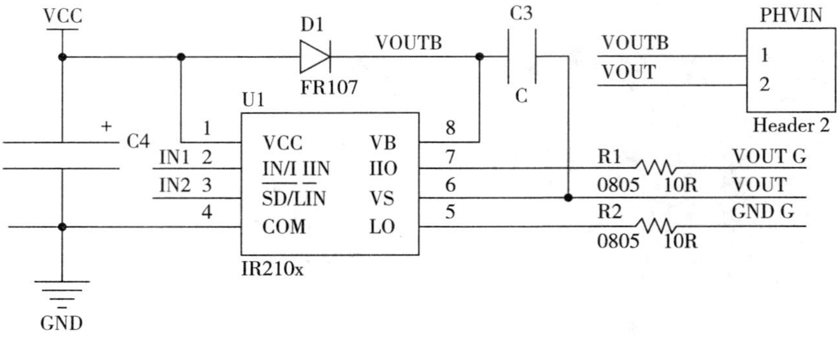

图3.4　IR2101构成的MOSFET驱动电路

为了实现对主电路的保护，设计了一种通过直接监测MOSFET上电流的监控电路，一旦发现MOSFET有超出允许值的过流的情况，电压比较器会立即输出故障信号给驱动保护控制电路，通过RS触发器锁存故障，并立即通过高速逻辑电路封锁所有MOSFET的驱动信号。经过测试，该保护方案能够对多数过流事件进行可靠保护。

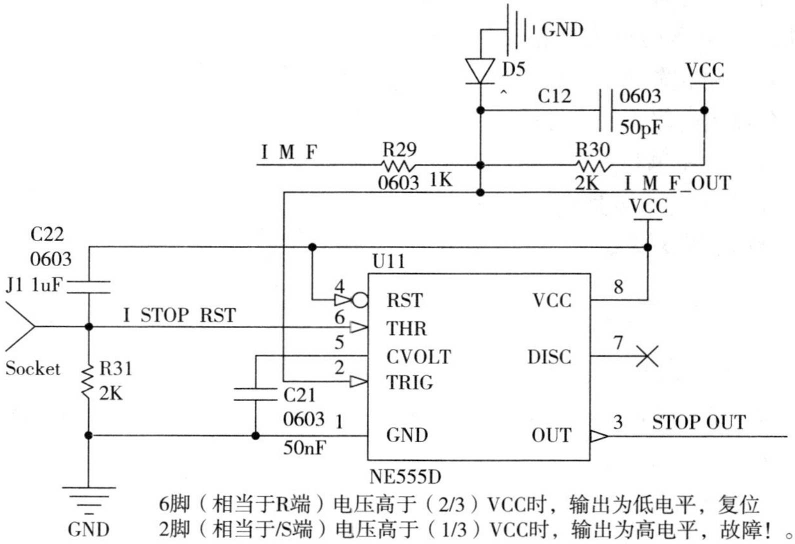

图3.5　使用NE555构成的RS触发器

3.5 实验装置的设计

基于上述的主要电路，设计的级联型双向 Buck-Boost 实验板如图 3.6 所示。

基于上述的工作，将各个部分进行焊接组装并进行调试，在各个部分经过了独立的调试和验证后，组装成最终用于实验的级联型双向 Buck-Boost 实验平台，如图 3.7 所示。

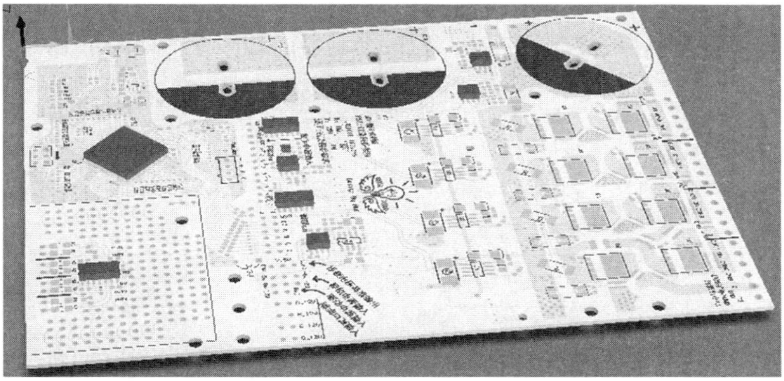

图 3.6 级联型双向 Buck-Boost 实验板的 3D 视图

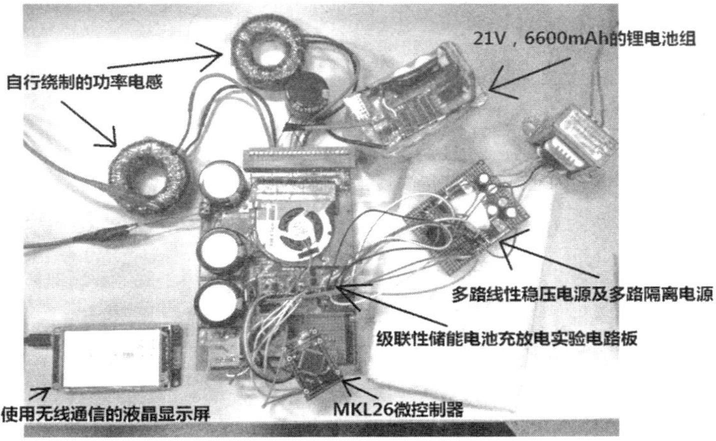

图 3.7 级联型双向 Buck-Boost 实验平台

4. 系统软件程序的设计

本次设计的级联型储能电池控制器系统中，为了实现较为复杂的功能，也是为了将经常进行实验的主电路的调试控制等功能和通常不需要修改的监测功能分开，便于系统的统一管理和芯片的编程，我们使用了两个可编程的微控制器。

4.1 实验电路板板载微控器的程序设计

实验电路板板载的一颗微控制器主要用作参数监测用途，主要处理如调理电路的输出数据检测、系统的温度控制、散热器风扇的调速控制、实时地通过蓝牙向监控系统传输装置的运行状态并接受从触摸屏发回的指令、处理装置的异常状况等，但它不直接参与主电路的控制。板载监控微控制器的程序框图如图4.1。

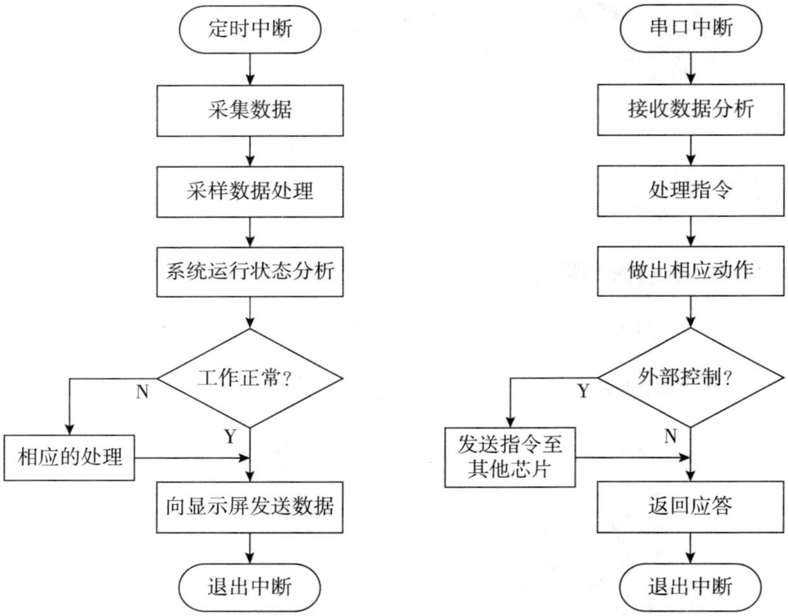

图4.1 监控程序的中断程序框图

4.2 主控制器的程序设计

作为主控制器的微控制器根据工作的状态不同，在恒压输出、恒压充放电时采用电压电流双闭环PI控制，控制算法上采用增量式PI算法。主程序处理不需要严格时序的工作状态的分析等事务；定时中断主要处理AD采样、分析计算采样数据、PI调节器的参数运算、对PWM波占空比的寄存器进行修改等对频率比较敏感的事务。其中几乎所有的事务均在中断程序内执行，其中断程序框图如图4.2。

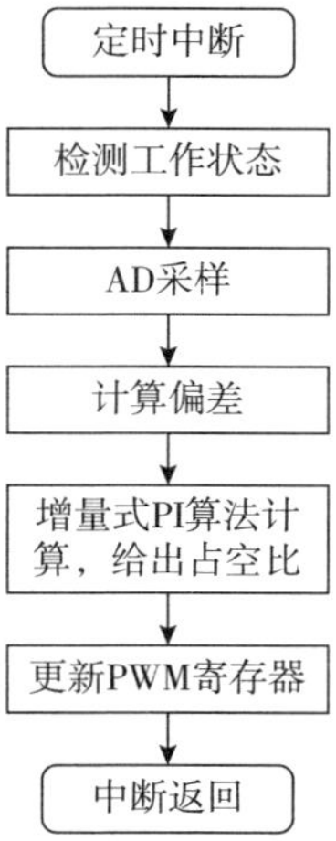

图 4.2　PI 控制算法的中断程序框图

5. 研究结果

实验测试过程中主要用到的仪器见表 1。

表 5.1　测试仪器

仪器名称	用途
台式万用表	电压基准校准和测量使用
手持式数字万用表	测量使用
LRC 数字电桥	对自制电感器进行测量
高带宽四通道数字示波器	测试使用
程控直流电源	提供直流稳压电源

5.1　电路的稳态指标的测试结果

除了额外说明，均指环境温度 $T_A = 23℃$，电池电压 $U_1 = 17.5V \sim 20.5V$。

表 5.2　测试数据

测试项目	测试条件	测试值	单位
最大电池电流 I_1	SOC≈50%，充或放	≥5	A
最高母线电压 U_{MAX}	$U_1 = 20V$，$P_{load} = 10W$	360	V
充电效率[注1] η_1	$U_2 = 40V$，$U_{DC} = 80V$	92.1%[注1]	–
放电效率[注1] η_1	$U_2 = 40V$，$U_{DC} = 80V$	91.2%[注1]	–

注 1：使用电阻负载，70%额定电流，不计算控制器消耗的功率，采用普通万用表测试后计算得出。

5.2 充放电实验的测试波形

除了额外说明，均指环境温度 $T_A=23℃$，电池电压 $U_1=19.5V\sim20.5V$，中间电容电压的控制期望值 $U_2=40V$，直流母线电压的控制期望值 $U_{DC}=80V$。

测试的波形如图 5.2 所示。

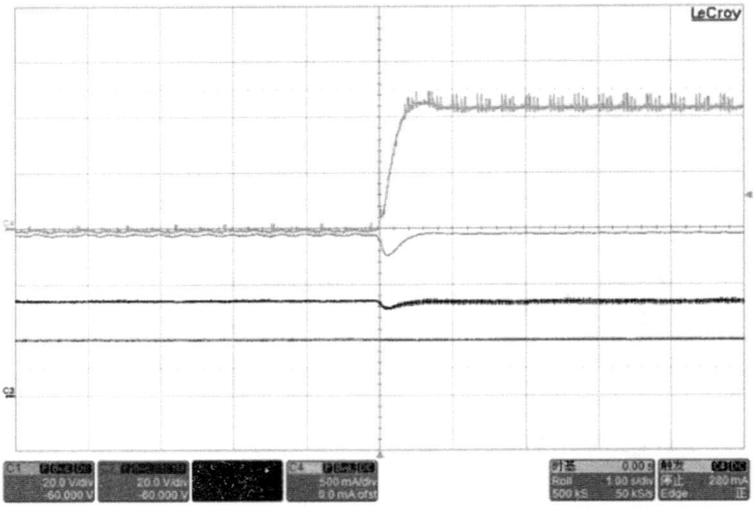

图 5.1 突加负载阶跃电池放电

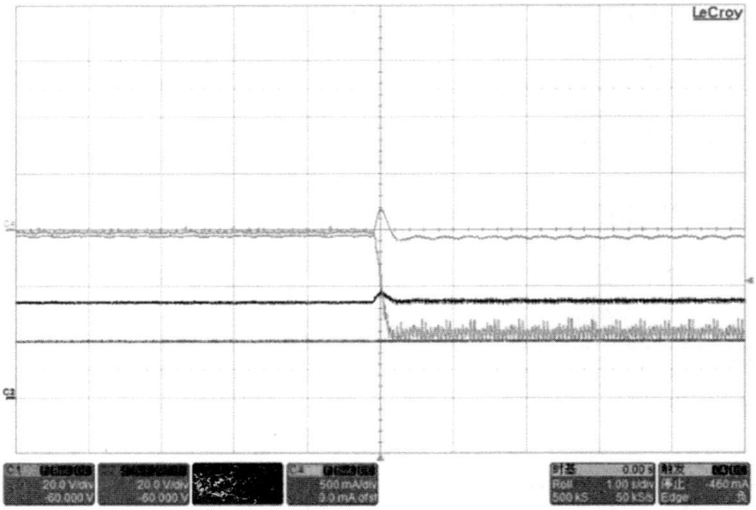

图 5.2 突加功率阶跃电池充电

图 5.1 为在电池电流为 0 时突然增加直流母线的负载的实验波形，在母线电压发生跌落时，系统检测到母线电压和给定值之间存在一个偏差，这个偏差通过电压外环 PI 调节器调节电池电流给定，电流内环 PI 调节器调节输出占空比，使电池放电，补偿母线的功率不平衡，直到母线的电压重新回到给定值。

同样，图 5.2 为在电池电流为 0 时突然增加直流电源的输入，系统检测到母线电压和给定值之间存在一个偏差，这个偏差同样通过电压外环 PI 调节器调节电池电流给定，和电流内环 PI 调节器调节输出占空比，使电池进入充电的状态，吸收一部分功率，使直流母线的电压重新回到给定值。

图 5.3 为在电池原本工作在放电状态，突然较大幅度增加直流电源的输入功率，电池迅速转入充电的状态，吸收直流电源输入的功率，使直流母线的电压重新回到给定值。

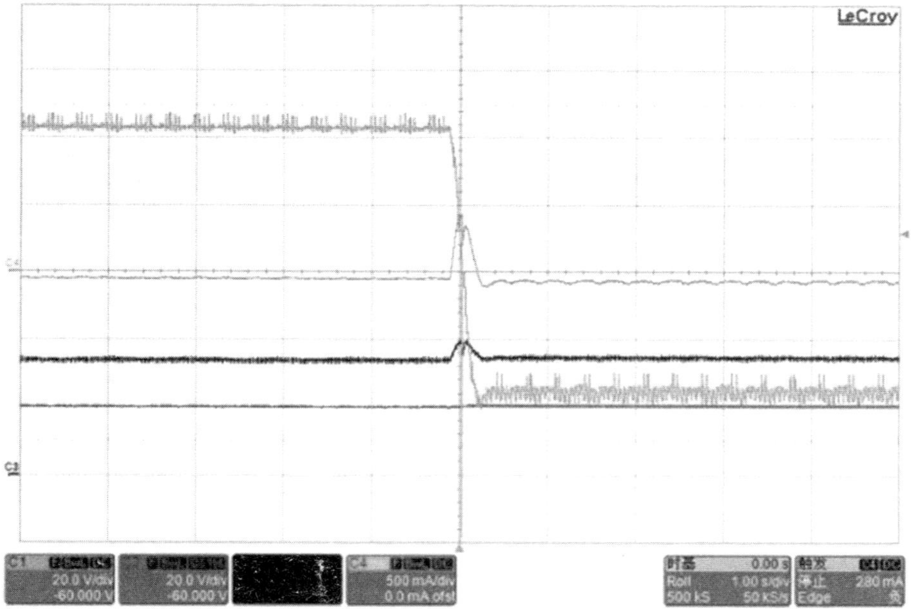

图 5.3 突加功率阶跃电池由放电转充电

综合上面的波形可以得出，本次设计的级联型储能电池充放电控制器具有良好的控制特性，较好地实现了平衡直流母线的功率的基本功能。

5.3 更换高性能控制器后的实验波形

在使用 TMS320F28335 作为控制器后，由于控制器的计算性能得到大幅提升，可以实现相对稍高的控制频率，再连续两次进行母线的功率阶跃。第一次为在电池放电时程控直流电源突然向直流母线输入功率，电池迅速转为充电；第二次为在电池充电时直流母线上突然增加负载，电池迅速转为放电。实验波形如图5.4所示。

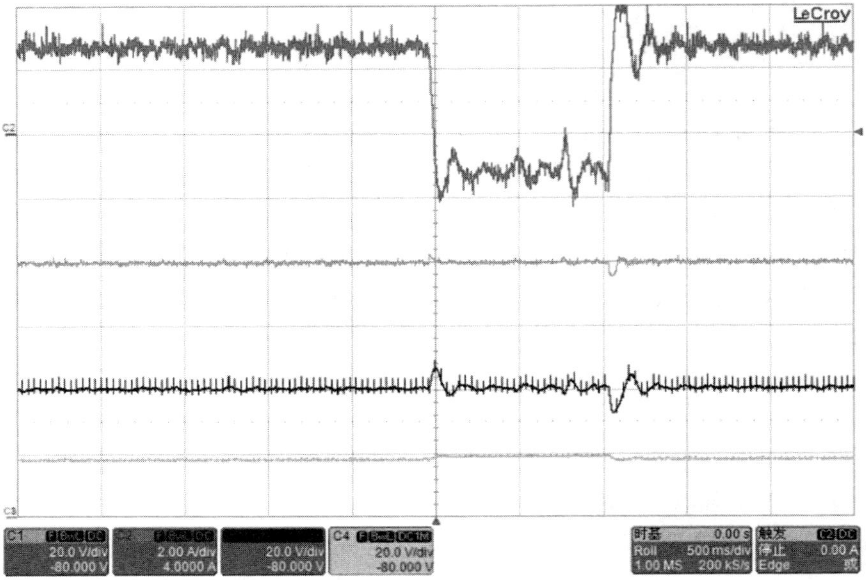

图5.4　DSP作为控制器时的两次阶跃响应的实验波形

图5.4中可以很明显看出，在500ms每格的时间分度的情况下，80V的直流母线只有一个时间在几十毫秒，大约5%的电压抖动，而中间级的电压超调达到了15%以上，与之前的MATLAB的仿真波形较为接近，由此可以证明，级联储能电池充放电系统中，能够利用中间的电容来平滑直流母线上的功率波动，保证直流母线的电压稳定。同时，也体现了本次研究的级联型的储能电池充放电控制器具有非常好的控制性能。

5.4　母线电压阶跃实验的测试波形

由于级联型的储能电池充放电系统能够实现很高的电压变比以适应不同的工况，因此进行了一次高电压变比的母线电压阶跃实验，该次实验以支持宽电压输入的10W高亮度LED驱动电源作为负载，该负载在输入电压变化较慢时一定程度上可近似的认为是一个恒功率的负载。因此，为一个母线电压的给定值由从电池电压的20V在2秒内线性地升至290V的电压，维持30秒后停止。从实验所得到的波形图中可以看出，本次设计所做的级联型的储能电池充放电系统完全能够支持很高的电压变比，在很宽的电压范围内跟随给定电压。

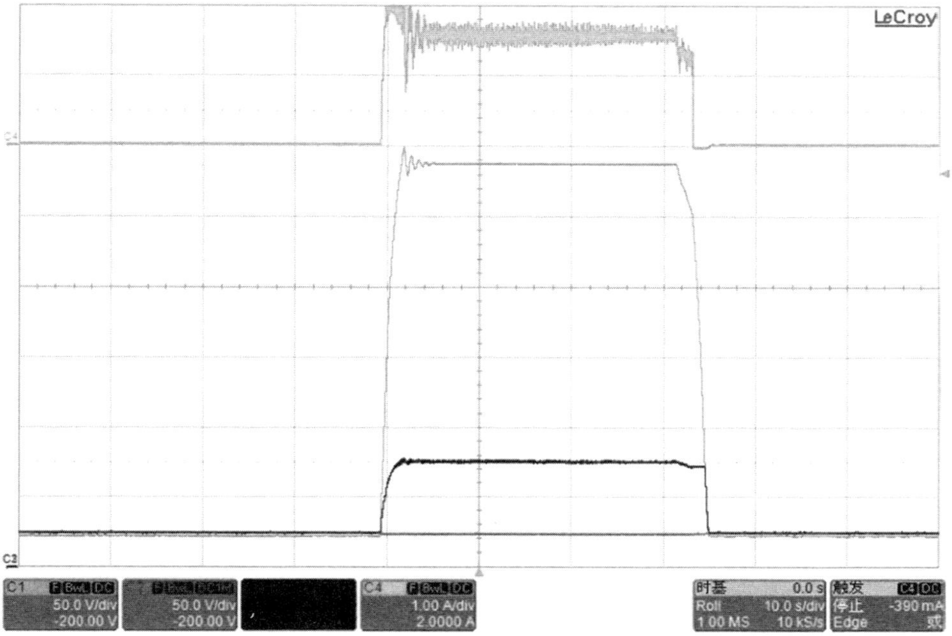

图 5.5　电池放电情况下的高电压阶跃实验波形

6. 总结

本课题设计并实现一台级联型储能电池充放电控制器，建立了一套级联型 DC - DC 变换器的实验平台，完成了充放电控制器的电路拓扑的选择和参数的选择、控制策略的仿真验证、储能变换器各电路部分的设计制作，并通过编写、调试控制程序，进行了系统联调和实验测试。在此基础上，对其展开了系统的理论研究和应用探索，为提高储能装置的运行性能提供理论和实验依据。一方面可以继续研究控制算法，比如在传统 PI 控制的基础之上，引入先进的预测控制算法等；另一方面，可以扩展级联型储能电池充放电控制器的用途，经过简单的修改就可以进行普通单级 DC - DC 实验、交错并联 DC - DC 实验、单相逆变或 PWM 整流实验。除实验用途外，它还可以实现类似于后备应急电源、数字程控电源、数控电子负载等功能，具有广泛的应用前景。在上述基础上，本次课题所实现一台高性能的级联型储能电池充放电控制器的样机具有体积小，结构紧凑、合理，功能齐全多样的特点，可作为工业产品原型机。

参考文献

[1] 王兆安，李进军．电力电子技术．北京：机械工业出版社，2009
[2] ADI 大学计划编译．高速设计技术．北京：电子工业出版社，2010
[3] 沙占友，王彦明．开关电源实用技术 500 问．北京：中国电力出版社，2011
[4] 黄争，李琰．TI 模拟技术丛书运算放大器应用手册——基础知识篇．北京：电子工业出版社，2010
[5] Marcus O'Sullivan. 改进低值分流电阻的焊盘布局．优化高电流检测精度．Analog Dialogue，2013，46（2）：25-27.

室内空气控制装置设计及其能耗研究

北方工业大学：华腾　李蒋　周洪涛　杨荣强
指导教师：王捷 讲师

［摘　要］采用空气净化环境，通过检测空气中的PM2.5和PM10来进行空气质量的研究，并通过对净化滤网的电能消耗来确定能耗研究。通过传感器和上位机的通信实现实时数据传输，并且基于Visual Basic编程语言的基础上设计出一款空气质量与能耗数据显示界面作为数据分析。

［关键字］PM检测；能耗；串口通信；Visual Basic；数据库

1. 选题背景

随着经济的快速发展，环境问题也日益严重，空气质量也成了一项衡量环境质量的重要指标，在一些大型城市出现的雾霾等环境问题也越来越受到人们的关注，而PM2.5和PM10在空气中的含量则成了衡量空气质量的重要参数，净化这些有害的空气则成为一项热门的话题与研究，空气净化装置应运而生。但是，中国的室内空气污染改善的相关公共产品的普及率还不到0.1%。这意味着存在一个极具想象空间的巨大市场。此项研究也成为了一项新颖并且具有实际意义的话题。

2. 方案论证

本设计围绕着“室内空气控制装置设计及其能耗研究”，从两个方面入手进行设计和实验。一是空气净化器的净化对象，即监测空气中PM2.5及PM10的含量；二是空气净化器对电能的消耗检测，即实验过程中净化器工作时对电能的消耗。

设计一共分为以下几个部分：硬件环境的搭建、数据采集系统软件设计、空气净化器使用实验。

硬件部分选购了PM2.5粉尘传感器模块和电能监测模块，并建立与计算机的串口通信，提供实时数据的采集。

软件部分基于 Visual Basic 编程语言，设计了一款“空气净化器能效采集系统”，该系统功能包括：PM2.5 和 PM10 含量的实时采集显示并绘制趋势曲线，以及净化器工作时的工作功率采集显示并绘制趋势曲线，以便实时显示当前消耗的电能；实时数据记录和保存历史数据，通过建立与 Access 数据库的连接，将实验中采集到的数据保存，以便数据分析时使用。软件还设计了其他一些实用功能，比如自定义数据采集频率，自定义串口号，显示系统时间，历史数据导出等功能。

2.1 硬件模块部分

（1）空气质量检测模块，如图 2.1。

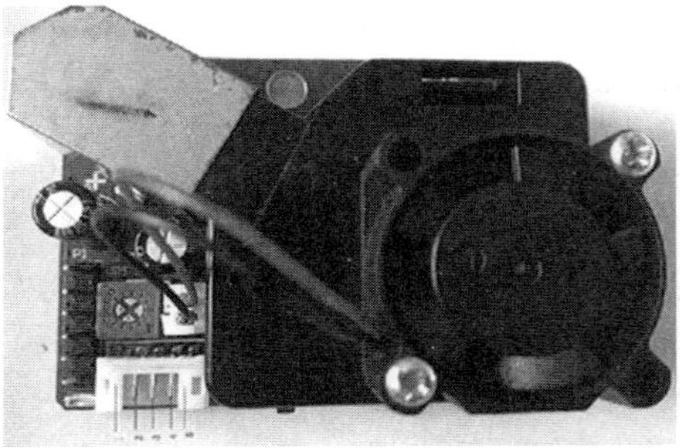

图 2.1

如图 2.2 所示为串口调试助手发送和接收传感器数据示例。

图 2.2 串口助手接收传感器数据

（2）电能检测模块，如图 2.3。

图 2.3

（3）分流器及其参数，如图 2.4。

图 2.4　单片机最小系统

本次选用的是 5A，75mV 的分流器，通过多次实验证明本规格的产品可以实现我们的检测功率的要求。

分流器精度为：0.5 级，规格范围：5A。

实验中具体连接线，如图 2.5。

图 2.5

如图 2. 6 所示为电能监测模块在工业控制串口调试工具 Commix 下的调试结果。

图 2. 6

（4）空气净化器功能介绍。实验使用的空气净化器为 FFU 风机过滤单元，由风机和净化滤芯组成，经测试净化效果明显，噪音较小，净化效率较快，适合本设计的实验部分。产品介绍如下所示。

产品基本参数：

材质：箱体采用优质镀铝锌板制作；

FFU 配置优质直驱式离心风机，风速三档可调；

风机电源：220V 50Hz；

配铝框无隔板高效过滤器（1170 * 570 * 69）；

过滤效率：99. 99% 0. 5um；

风速：0，40 ~ 0. 65m/s ±20%（三档可调）；

噪音：38 ~ 46db ± 3db；

额定功率：120 ~ 240W。

特点：

第一，采用进口直驱式高效离心风机，具有工作时噪音低、震动小，可无级调速等优点。

第二，箱体和高效过滤器采用分体式设计，安装、更换更加高效简便。

第三，箱体采用冷轧钢板制成，表面静电喷塑处理，有不锈钢板、铝板结构可供选择。

箱体及滤芯实物图如图 2. 7 所示。

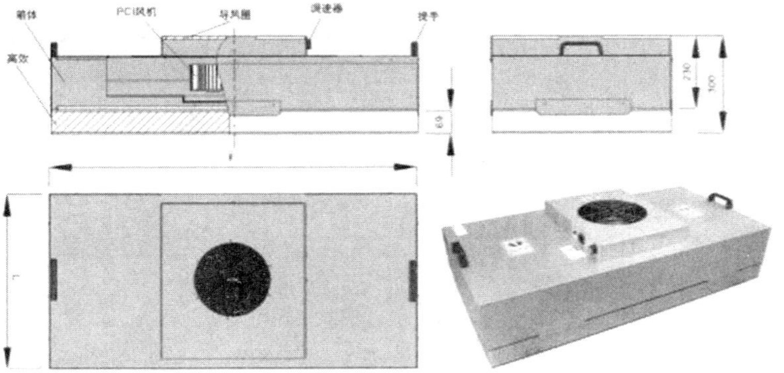

图 2.7 净化过滤箱体

2.2 数据采集系统软件设计

2.2.1 Visual Basic 编程软件介绍

Visual Basic 是一种常用的编程开发工具。它的程序是一种基于窗体的可视化组件安排的联合，并且增加代码来指定组建的属性和方法。因为默认的属性和方法已经有一部分定义在了组件内，所以程序员不用写多少代码就可以完成一个简单的程序。

窗体控件的增加和改变可以用拖放技术实现。一个排列满控件的工具箱用来显示可用控件。每个控件都有自己的属性和事件。同时，VB 使用引用计数的方法来进行垃圾收集，这个方法中包含有大量的对象，提供基本的面向对象支持。因为越来越多组建的出现，程序员可以选用自己需要的扩展库。

2.2.2 窗体部分

编写 VB 程序首先要根据需要创建一个良好的可视化界面，因此 VB 程序界面是由窗体（Form）和一些必要的控件元素（Control）构成的。由于 VB 属于面向对象编程，也可以将窗体、控件都称为对象。

欢迎窗体（Frmsplash 窗体）就是程序的闪屏，用于在打开程序时美化程序，还有一个重要的工作就是完成 FORM_ load 等后台工作，像一些正规的软件（例如 Word 等）都有 Frmsplash 窗体，在本软件中利用到 Frmsplash 窗体在软件之初起到美化和介绍作用。如图 2.8 所示。

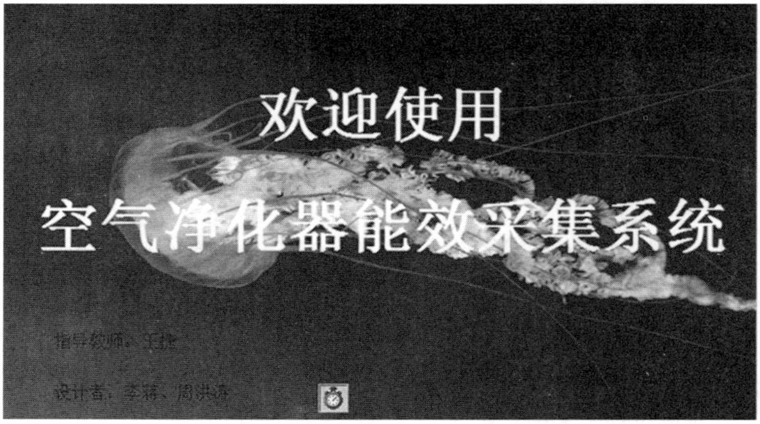

图 2.8

主窗体包括的功能有：显示实时数据（pm2.5、pm10 和功率）、显示系统时间、串口设置、数据记录设置、实时数据显示和保存、实时曲线显示等。

历史数据查询窗体包括的功能有：查询日期选择、查询结果显示、导出查询结果。

程序退出或者关闭时有“是否退出”的提示，防止误操作。

主窗体截图如图 2.9。

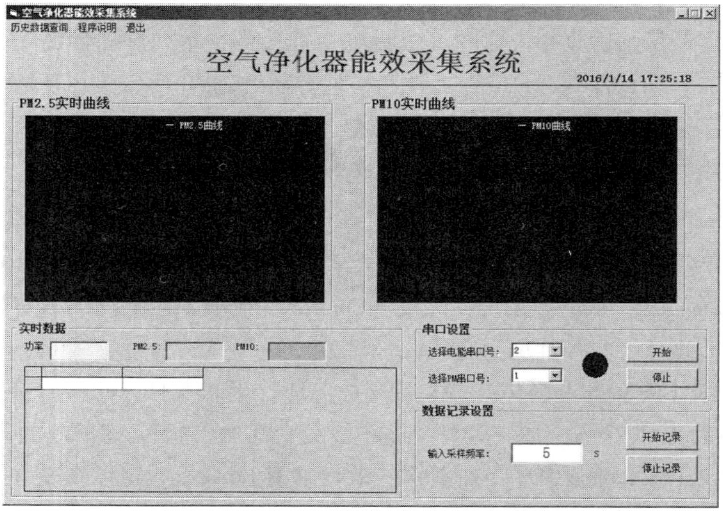

图 2.9

历史数据查询窗体如图 2.10。

图 2.10

2.2.3 串口通信模块部分

VB 提供了通信控件 MSCOMM，文件名为 MSCOMM. VBX。该控件可设置串行通信的数据发送和接收，对串口状态及串行通信的信息格式和协议进行设置。在通信过程中可以触发 OnComm 事件，在该事件过程进行数据检验处理及检错，还可以通过编程访问 CommEvent 属性来了解通信的情况，进行收发数据的处理。通信控件的事件及基本属性：

事件（OnComm）：通信控件只提供了一个事件，该事件的触发可以对串口的通信事件及错误进行处理。通过对 CommEvent 属性的判断可知当前的通信错误和事件，分别对每个 CommEvent 值进行编程就完成了对各个错误和事件的处理。如：CommEvent = MSCOMM—EV—SEND 表示发送事件。这些信息可从 VB 提供的常量文件 CONSTANT. TXT 中查出。

程序设计方案：

（1）分别依照 pm 检测传感器和电能监测模块的通信协议设置相应的事件和属性。

（2）分别通过两个 MSComm 控件向下位机发送读取命令。

（3）通过 MSComm on comm 事件读取下位机返回的两组数据。

（4）pm 数据处理：通过函数截取接收数据中需要的部分。

功率数据处理：通过自定义函数将十六进制转化为10进制。

2.2.4　数据显示模块

VB编程过程中，通过引发Timer事件，Timer控件可以有规律地间隔一段时间执行一次代码。Interval属性是Timer控件最重要的一个属性，它以千分之一秒为单位指定Timer事件之间的间隔，理论上可以认为最少可设置为1毫秒触发一次Timer事件，另外一个重要属性是Enabled属性，它决定计时器是否开始工作。

Curve Graph控件：

Graph采用ActiveX技术开发，用于显示仪器采集进来的数据，在计算机中屏幕上进行波形连续滚动显示，实现虚拟示波器的功能，非常适合应用在工业控制中数据的图形化显示。

功能：绘制实时曲线（类似Windows任务管理器CPU使用率曲线）。

3. 研究结果

3.1　实验环境

小型实验室：10m * 5m * 3.5m。

室温：25 ±1 摄氏度。

因设备及环境与专业设备有所差别，一切数据仅供参考。

3.2　空气净化器使用实验

程序编写完成后，进行系统整体调试，调试步骤如下：

A. 分别将pm检测模块和电能监测模块连接到上位机。pm是USB接口，电能也是USB接口。

B. 负载选择净化器，将其连接到电能检测硬件组件的插线板上。

C. 使用5V恒压电源给pm检测模块供电，220V家用电源给电能监测模块供电。

D. 打开“空气净化器能效采集系统”，选择串口号，打开串口，设置采样频率，开始采集。

E. 观察数据记录是否合理，人为检测pm传感器的灵敏度和稳定性，观察曲线变化是否合理。

如图3.1所示为前期软件调试的截图

图3.1为前期的制作VB界面，只显示PM2.5和PM10的图示，图中突起部分为认为增加空气颗粒含量，方法是在检测口抖动有灰尘的纸巾。

安装完空气净化装置后采集数据，观测所需净化效率及其图示，如图 3. 2。

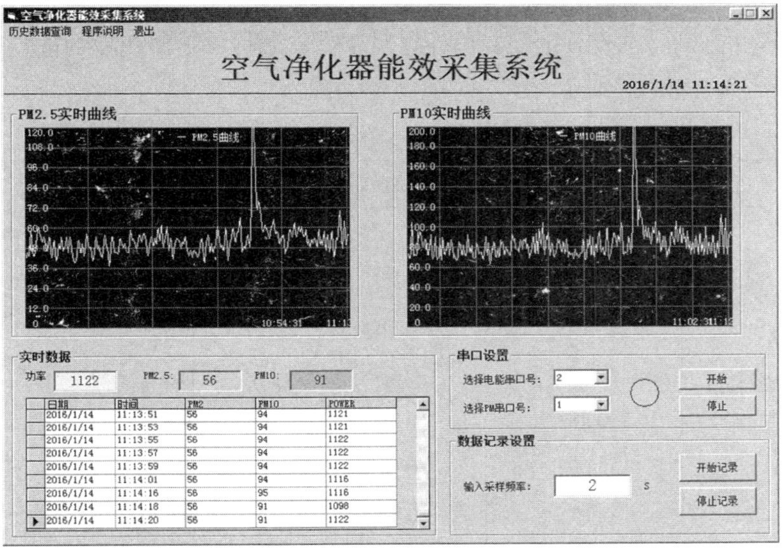

图 3. 1

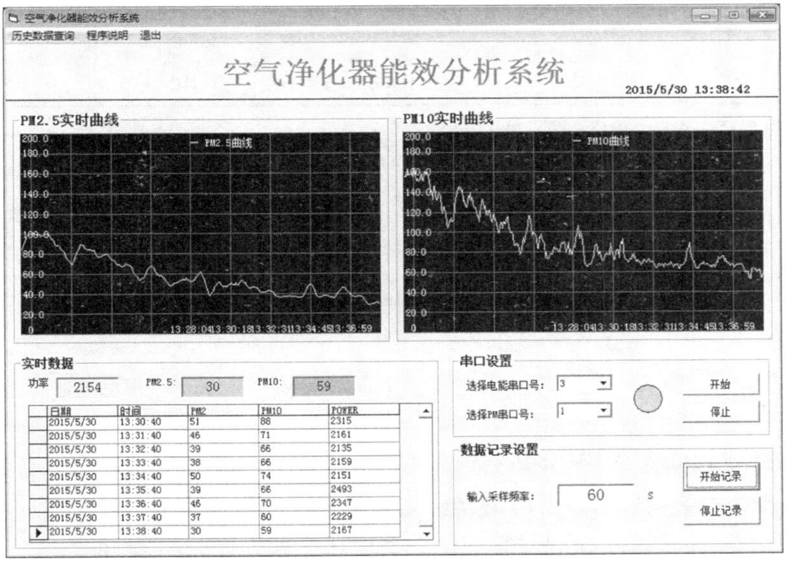

图 3. 2

由图 3. 2 显示 PM2. 5 及 PM10 的图示，空气中 PM2. 5 及 PM10 的含量减小了，说明空气净化是成功的，并且效率也达到了预期目标。

3.3 空气净化器能耗分析

通过分析总结十天的实验，我们计算了不同空气标准下净化器的能耗数据，制作成如下表3.1以供参考：

表3.1　空气净化器能效分析统计表

能耗分析	35（优）	30	25	20
10月27日	0.063	0.133	0.17	0.2
10月28日	0.1	0.112	0.134	0.17
10月29日	0.049	0.074	0.118	0.146
10月30日	0.067	0.078	0.114	0.179
10月31日	0.03	0.056	0.064	0.123
11月1日	0.095	0.116	0.137	0.185
11月2日	0.018	0.032	0.054	0.101
11月3日	0.037	0.06	0.078	0.109
11月4日	0.033	0.048	0.059	0.081
11月5日	0.072	0.088	0.126	未达到
平均值	0.056	0.08	0.105	0.144

横排为PM2.5含量　单位：微克每立方米。
竖排为实验天净化器的能耗　单位：kw·h（度）。

由上表可知，室内环境相同的情况下，要使室内空气指数达到不同标准，空气质量要求越高，空气净化器所消耗的能量越多，由此可知空气净化器的能源消耗情况。

4. 创新点

同时检测PM2.5及PM10在空气中的含量，综合分析空气的质量，避免单一数据检测数据不准影响实验结论的情况；对电能进行检测并且实时显示当前电能功率值，在净化空气的同时达到节能的目的，实现真正意义上的节能环保。

本设计围绕空气净化器的能效采集分析，选择了合适的硬件设备，利用VB编程语言设计了一款空气净化器能效采集系统，选择合适的空气净化器进行实验，同时验证了软件的可用性。

5. 实验分析

5.1 实验中所出现的影响因素

空气净化器的净化效果很大一部分取决于净化器的滤芯，选择优质的滤芯可以大大增加净化器的净化效率，本设计实验使用的滤芯应为优质滤芯，节省了实验时间。

总结影响空气净化器净化效率的因素有以下几点：被净化屋体的空间体积，这是重要因素；室外空气质量以及天气，这也是家庭中使用空气净化器的原因之一；室内人员流动，人员频繁的进出会对净化效果造成即时的影响；其他设备的使用，比如空调、电风扇等。

总结引起空气净化器能效采集系统数据误差的因素包括：相关传感器的稳定性和灵敏度，这对数据的采集起决定性作用。实验进行前传感器的“预热时间”，待数据稳定后再进行记录。通信上产生的未知错误，会得到明显错误的数据，应剔除。

参考文献

[1] 卫昱含．VB 基础与 RS－232C 通信技术柏逢明．北京：机械工业出版社，2014
[2] 胡英，姜延丰，刘春梅．Visual Basic 程序设计．北京：清华大学出版社，2014
[3] 陈立元，范逸之，廖锦棋．Visual Basic 2005 与自动化系统监控：RS－232 串行通信．北京：清华大学出版社，2008
[4] 赵万龙．Visual Basic 程序设计．第三版．北京：中国铁道出版社，2012
[5] 张辉．Visual Basic 串口通信及编程实例（附光盘）．化学工业出版社，2011
[6] 罗朝盛，余文芳，余平．Visual Basic6.0 程序设计教程．北京：人民邮电出版社，2009
[7] 孙秀梅，巩建华．Visual Basic 开发实战 1200 例（第 2 卷）．北京：清华大学出版社，2011
[8] 张欣．Access 数据库基础案例教程．北京：清华大学出版社，2010
[9] 叶卫平，方安平，于本方．Origin 7.0 科技绘图及数据分析．北京：机械工业出版社，2004
[10] 许明镐等译．空气净化技术手册．北京：电子工业出版社，1985

PM2.5 空气环境质量监测系统设计

北方工业大学：王瑛杰　晏思奇
指导教师：胡敦利

［摘　要］本项目设计了 PM2.5 空气环境质量监测系统。此系统以 MSP430F149 为主控芯片，并集成了温湿度传感器、PM2.5 传感器及 GPRS 通信模块的下位机，实现数据采集、处理、显示、报警与传输；通过 C#语言编写了上位机监控界面，建立了采集数据的数据库，能够实现采集数据的统计、查询、打印、曲线显示等功能，让用户直观地了解自己所处环境的空气质量。

［关键词］空气质量监测；单片机系统；PM2.5

1. 选题背景

随着生活水平的不断提高，人们对环境的关注越来越越多，尤其是当下环境日益恶化，环境污染已经成为每个人必须面对的问题，而空气质量更是与人们日常生活息息相关。

近年北京空气质量受到人们越来越多的关注，尤其是以 PM2.5，即可吸入悬浮颗粒物为主的空气状况指标受关注的程度最为明显。2012 年，国家在北京、天津、河北和长三角、珠三角等重点区域以及直辖市和省会城市开展 PM2.5 和臭氧监测；2013 年在 113 个环境保护重点城市和环保模范城市开展监测；2015 年在所有地级以上城市开展 PM2.5 监测；2016 年，新监测标准要在全国实施，届时全国各地都要按照新标准监测和评价环境空气质量状况，并向社会发布监测结果。同时，京津冀、长三角、珠三角等重点区域要率先实施环境空气质量新标准，争取早日和国际接轨，使监测结果与人民群众感受相一致。此前，北京在积极治理 PM10 的同时，针对 PM2.5 等更高标准的污染浓度监测，已经开始进行设备采购、人员培训等工作。同时普通民众也对空气质量的实时监控也提出了新要求。

因此，小组成员构想设计一个旨在做到对 PM2.5 含量以及包含温度、湿度等其他一些环境指标的实时监测、显示及报警的监测系统，使人们更清楚直观地认识到所处环境的空气质量状况，更好地指导人们进行健康生活。

2. 系统方案论证

首先分析了空气质量检测的技术参数要求，确定了本系统的技术参数以及选择了相应的传感器。微处理器方面，选择 Ti 公司生产的低功耗系列的单片机 MSP430F149，它是一款性价比较高并具有超低功耗的混合型单片机；温度与湿度传感器方面，选择了 DHT11 数字温湿度复合传感器，它有极高的可靠性和卓越的长期稳定性；显示方面，选择了 3.2 寸触摸大液晶屏幕作为的显示模块，提高了下位机人机友好性。然后利用所选择的传感器和微处理器设计了采集信号的调理电路，微处理器最小系统；接下来研究了传感器检测数据的处理方法，设计了数据采集电路、处理电路、显示电路、报警电路，最后利用无线模块实现将采集的数据传输到上位机。其中无线通信方面，通过调查无线传输技术常见的主要包括红外线、蓝牙、WIFI、Zigbee、GPRS 和 3G 通信。几种无线传输技术的区别见表 2.1。考虑到此设计是面向大众的灵活性系统，所以选择能够进行远距离传输且技术成熟的 GPRS 通信方式。GPRS 系统是利用移动公网的资源，但是基于 IP 的网络，传输速率较高，理论上可以达到 171.2Kb/s，且传输延时小、系统性能稳定。现在中国移动的 GPRS 网络已经基本覆盖了全国，采用 GPRS 实现监控推广方便。GPRS 通信是按流量计费，因此通信资费低廉。更重要的是 GPRS 网络作为 2.5G 的移动通信系统，是 GSM 网向 3G 宽带移动通信网平滑过渡的中间阶段，网络的升级对于用户应用是透明的，未来可为用户提供更高的传输速率和更广阔的应用空间。

表 2.1

无线传输技术	红外线	蓝牙	Wifi	GPRS	3G	Zigbee
传输距离	短	10 米左右	约 90 米	几公里		10-75m 最多 2km
传输速度	4M&16M	1Mb/s	11Mbps-108Mbps	56 ~ 115Kbps	几百 Kbps	40-250kbit/s
工作频段	*	2.4GHz	2.4GHz ~ 5G	850/900/1800/1900MHz	806 ~ 960MHz, 1710 ~ 1885MHz, 2500 ~ 2690MHz	2.4GHz
传输功率	*	中	10 毫瓦到 100 毫瓦	*	约 100 千瓦（WiMAX）	小
终端的价格	低	低	低	高	高	低

续表

无线传输技术	红外线	蓝牙	Wifi	GPRS	3G	Zigbee
数据安全性	高	高	低	高	高	高
技术特征	不能穿透物体，遇到障碍会反射					可自组网，无限扩展
适用领域	适于室内传输控制	移动设备、外设	小规模接入组网	长距离通信或控制	长距离通信或控制	工业控制、医疗等

用户界面是基于 C#语言设计与实现。C#是微软公司发布的一种面向对象的、运行于 . NET Framework 之上的高级程序设计语言，是一种安全的、稳定的、简单的、优雅的，由 C 和 C + +衍生出来的面向对象的编程语言。它在继承 C 和 C + +强大功能的同时去掉了一些它们的复杂特性。C#综合了 VB 简单的可视化操作和 C + +的高运行效率，以其强大的操作能力、优雅的语法风格、创新的语言特性和便捷的面向组件编程的支持成为 . NET 开发的首选语言。

3. 系统设计

3.1 系统方案选择

选择的空气质量监测系统的方案由监测终端、GPRS 通信网络和上位机三大部分组成，其结构如图 3.1 所示。

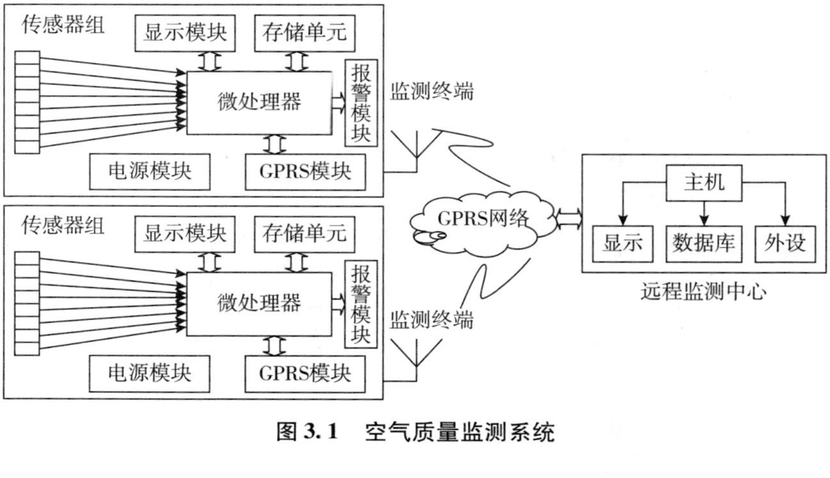

图 3.1 空气质量监测系统

上一部分对方案进行了很好地论证，这套方案虽然有一定的难度，但总体上算是切实可行，下面是对最终方案的整体介绍。

检测终端安装在检测现场，主要通过各种传感器采集空气质量的数据，并分析存储采集的数据，检测终端通过 GPRS 网络作为数据传输的通道，将采集的数据传送到监测主机。检测终端包括两个部分：一是空气质量数据采集模块，负责对空气质量的数据进行采集；二是 GPRS 通信模块，该模块建立通信链路，实现数据的无线传输。

GPRS 通信网络是数据监测中心与检测终端之间的数据传输的桥梁，各自的 GPRS 数据终端将数据打成 IP 包，经 GPRS 模块接入无线 GPRS 网络，由移动服务商转接到 Internet，最终通过各种网关和路由到达统一的数据处理主机。使检测终端的空气质量参数能够及时传送到用户的计算机中。

上位机软件为用户提供一个可视化界面，实时监测各地的空气质量参数。通过此软件，可查询历史数据库，查看各地气象信息的历史记录和统计曲线，从而清楚地了解观测点的综合信息，还能实现空气污染报警。

3.2 系统硬件的设计

系统硬件设计即下位机设计，主要分为控制模块、数据存储模块、传感器模块、通信模块和电源模块。

3.2.1 控制模块

（1）单片机最小系统

选用的单片机微控制器是 Ti 公司生产的低功耗系列的单片机 MSP430F149，MSP430 系列是一个 16 位、具有精简指令集、超低功耗的混合型单片机，在 1996 年问世，由于它具有极低的功耗、丰富的片内外设和方便灵活的开发手段，已成为众多单片机系列中一颗耀眼的新星。MSP430 单片机之所以有超低的功耗，是因为其在降低芯片的电源电压及灵活而可控的运行时钟方面都有其独到之处。

如图 3.2 所示，首先，MSP430 系列单片机的电源电压采用的是 1.8 ~ 3.6V 电压。因而可使其在 1MHz 的时钟条件下运行时，芯片的电流会在 200 ~ 400uA 左右，时钟关断模式的最低功耗只有 0.1uA。

其次，独特的时钟系统设计。在 MSP430 系列中有两个不同的系统时钟系统：基本时钟系统和锁频环（FLL 和 FLL +）时钟系统或 DCO 数字振荡器时钟系统。有的使用一个晶体振荡器（32768Hz），有的使用两个晶体振荡器。由系统时钟系统产生 CPU 和各功能所需的时钟。并且这些时钟可以在指令的控制下打开和关闭，从而实现对总体功耗的控制。

由于系统运行时打开的功能模块不同，即采用不同的工作模式，芯片的功耗有着显著的不同。在系统中共有一种活动模式（AM）和五种低功耗模式（LPM0 ~ LPM4）。在等待方式下，耗电为 0.7uA，在节电方式下，最低可达 0.1uA。故这款芯片更加适合无人区的供电不方便的地方。

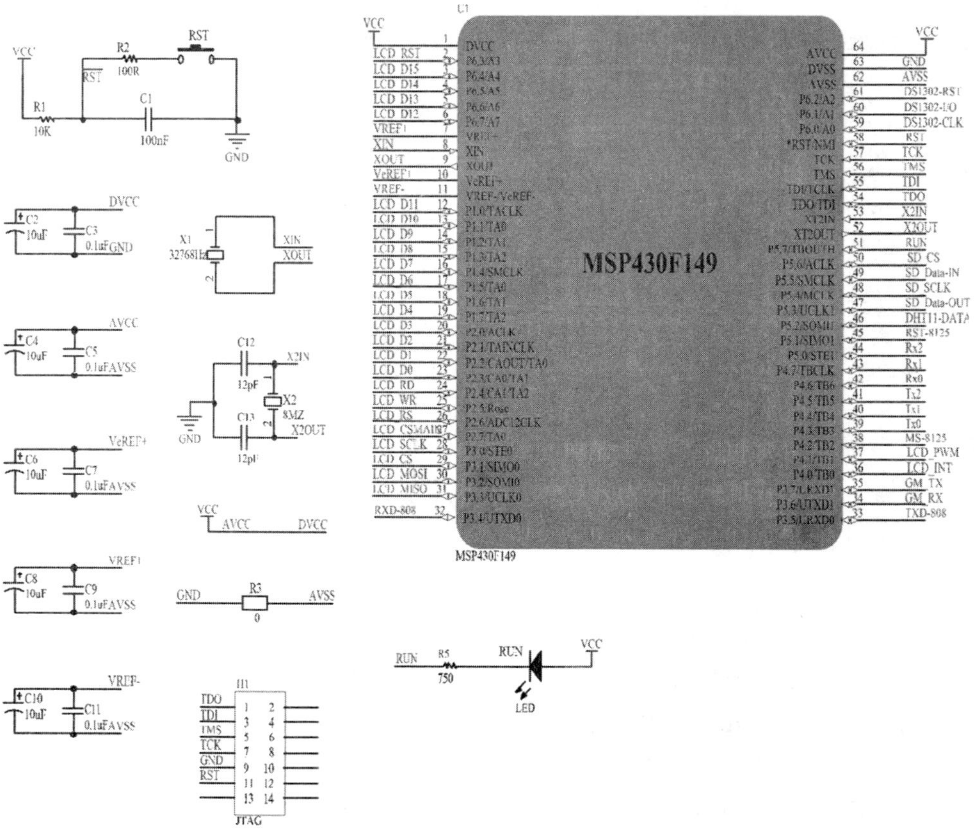

图 3.2　MSP430F149 最小系统原理图

3.2.2　下位机临时数据存储模块

因为调试的需要需要存储器，现在流行采用 Micro_ SD 来对数据进行存储，这类存储器的好处在于掉电不丢失，能够防止发生意外情况时的数据丢失。可以采用 SPI 的串行通信的方式，迅速读取或者存储数据信息。原理图如图 3.4。

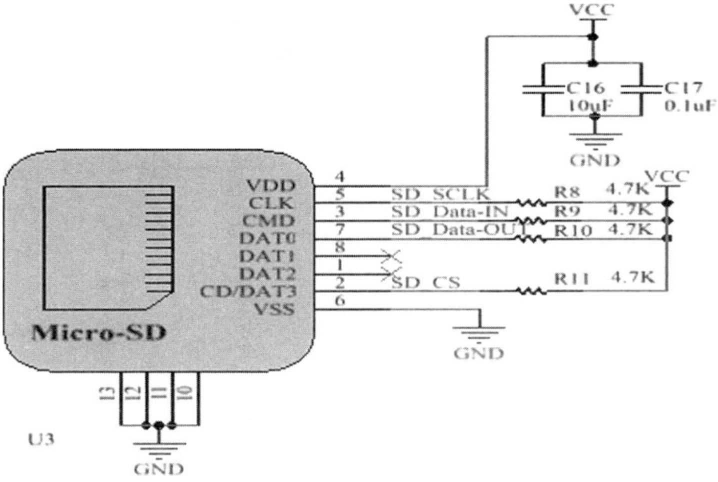

图 3.3 临时数据存储模块

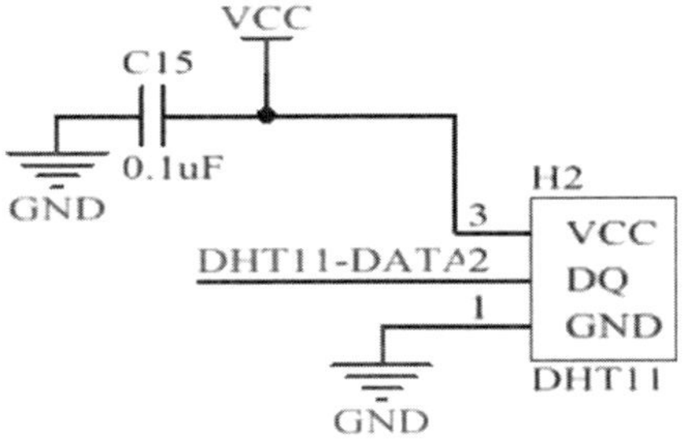

图 3.4 温度湿度传感器模块原理图

3.2.3 传感器模块

（1）温度湿度传感器模块

DHT11 数字温湿度传感器是一款含有已校准数字信号输出的温湿度复合传感器，它应用专用的数字模块采集技术和温湿度传感技术，确保产品具有极高的可靠性和卓越的长期稳定性。传感器包括一个电阻式感湿元件和一个 NTC 测温元件，并与一个高性能 8 位单片机相连接。因此该产品具有品质卓越、超快响应、抗干扰能力强、性价比极高等优点。每个 DHT11 传感器都在极为精确的湿度校验室中进行校准。校准系数以程序的形式存在 OTP 内存中，传感器内部在检测型号的处理过程中要调用这些校准系数。单线制串行接口，使系统集成变得简易快捷。超小的体积、极低的功耗，使其成为该类应用中在苛刻应用场合的最佳选择。产品为 4 针单排引脚封装，连接方便。

（2）模块化 PM2. 5 传感器部分

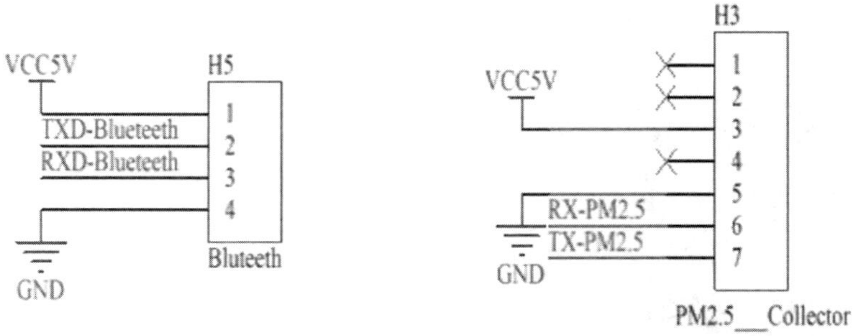

图 3. 5　模块化 PM2. 5 传感器原理图

PM2. 5 传感器是一款基于激光检测原理进行工作的模块，由专用的激光模块产生一束特定的激光，当颗粒物经过时，其信号会被超高灵敏的数字电路模块检测到，通过对信号数据进行智能识别分析得到颗粒计数和颗粒大小，根据专业的标定技术得到粒径分布与质量浓度转换公式，最终得到跟官方单位统一的质量浓度。通过串口发送给单片机进行数据的采集。

3. 2. 3　通信模块

GPRS 通信部分，SIM808 可以实现将下位机的数据发送到电脑服务器进行管理的作用，其供电电压门限较宽，可以直接采用 3. 7V 的锂电池进行驱动，便于使用。采用串口与单片机进行数据交换，也方便迅速开发。

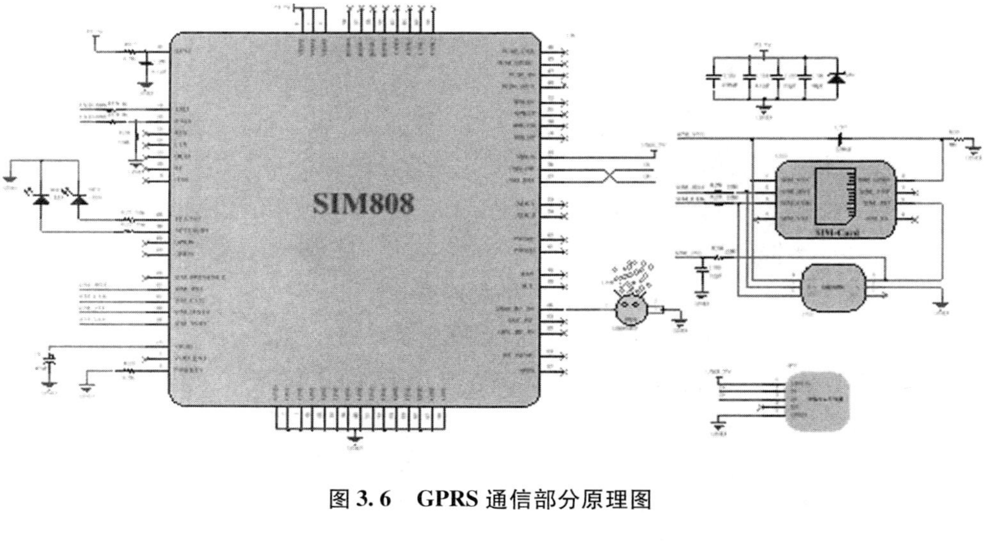

图 3. 6　GPRS 通信部分原理图

3.2.4 电源模块

电源方面用 3.7V 锂电池对整个系统进行供电，3.7V 锂电池直接给 SIM808 芯片供电。通过 ASM1117 线性电源降价 3.3V 给整套系统供电，ASM117 很普及且便宜，所以很容易买到，便于使用。

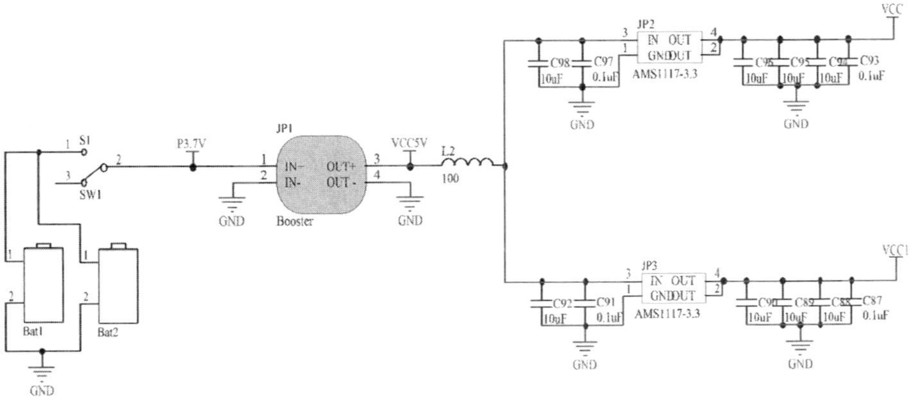

图 3.7 电源模块原理图

3.2.5 显示模块

为了便于调试数据参数，下位机采用的一款可触摸式 3.2 寸大液晶屏幕，其通信协议 8080 的 Intel 总线占据的 I/O 口较多，16Bit 的数据总线，4 根 WR、RD、DC、CS 控制总线，还有 SPI 接口的触摸驱动。

发的一转五的串口扩展芯片。其五个副串口可以单独工作，也可以同时工作。

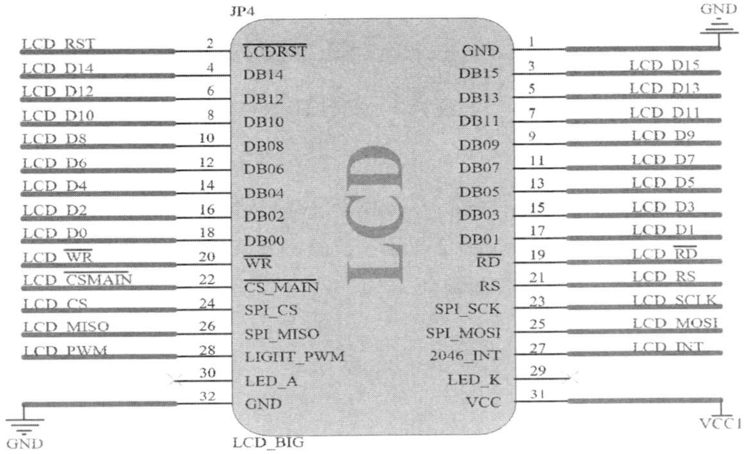

图 3.8 LCD 大液晶屏幕原理图

4. 软件的设计

软件设计分为上位机软件和下位机软件。上位机基于 C#设计了一款可供用户查看数据绘制曲线及对下位机进行简单控制的软件。下位机主要包括单片机软件的时序中断等设计。

4.1 上位机设计

上位机软件系统主要由通信子模块、数据库子模块、数据处理子模块和主界面模块四部分组成。本系统中软件具备以下功能：主界面、监测点信息、数据查看及绘制曲线等功能。

（1）主界面

主界面身为兰中显示软件的所有功能，如图 4.1。

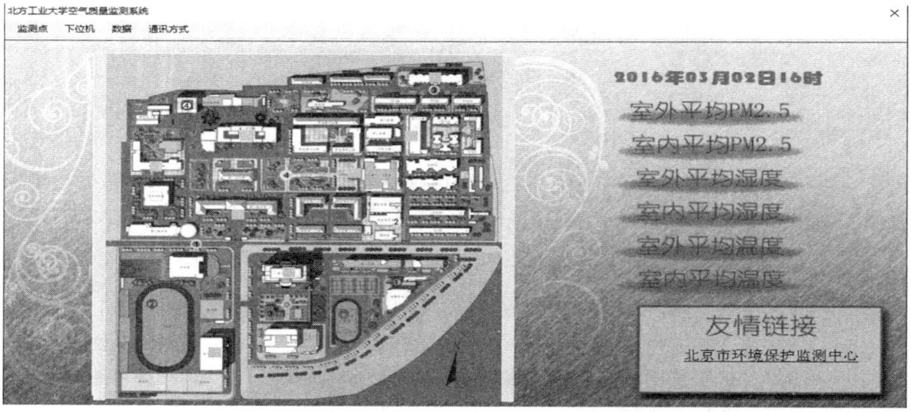

图 4.1　主界面

（2）监测点信息

监测点信息是整个远程自动监测系统的核心，其他所有的功能都是与监测点信息相关联的。监测点的信息要包括监测点号、监测点名称、安装位置、总量报警值、总量预警值、浓度报警值、浓度预警值。

（4）曲线的生成

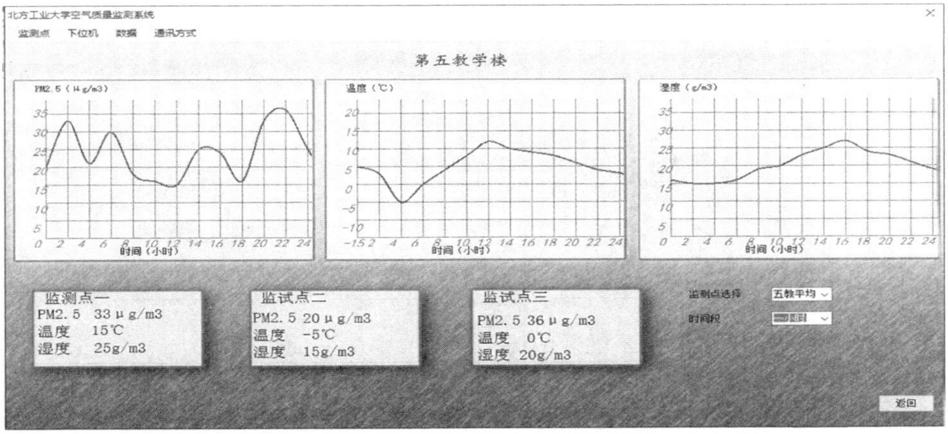

图 **4.3** 绘制曲线图

5. 研究结果

（1）设计了具备数据采集、处理、显示和报警功能的下位机电路板。

图 **5.1** 第一版下位机

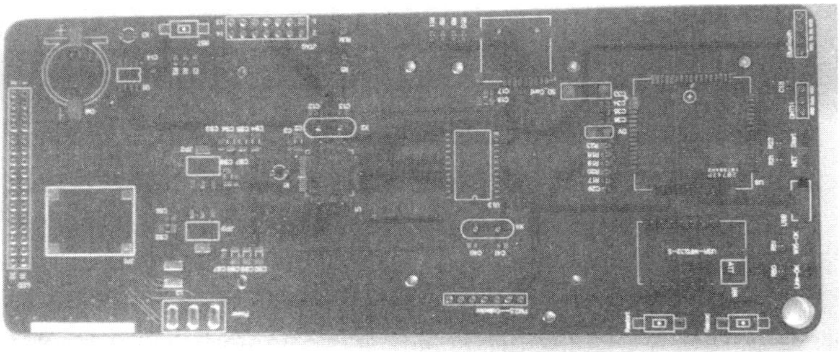

图 **5.2** 最终版下位机电路板（便携式）

（2）设计了上微机用户软件。

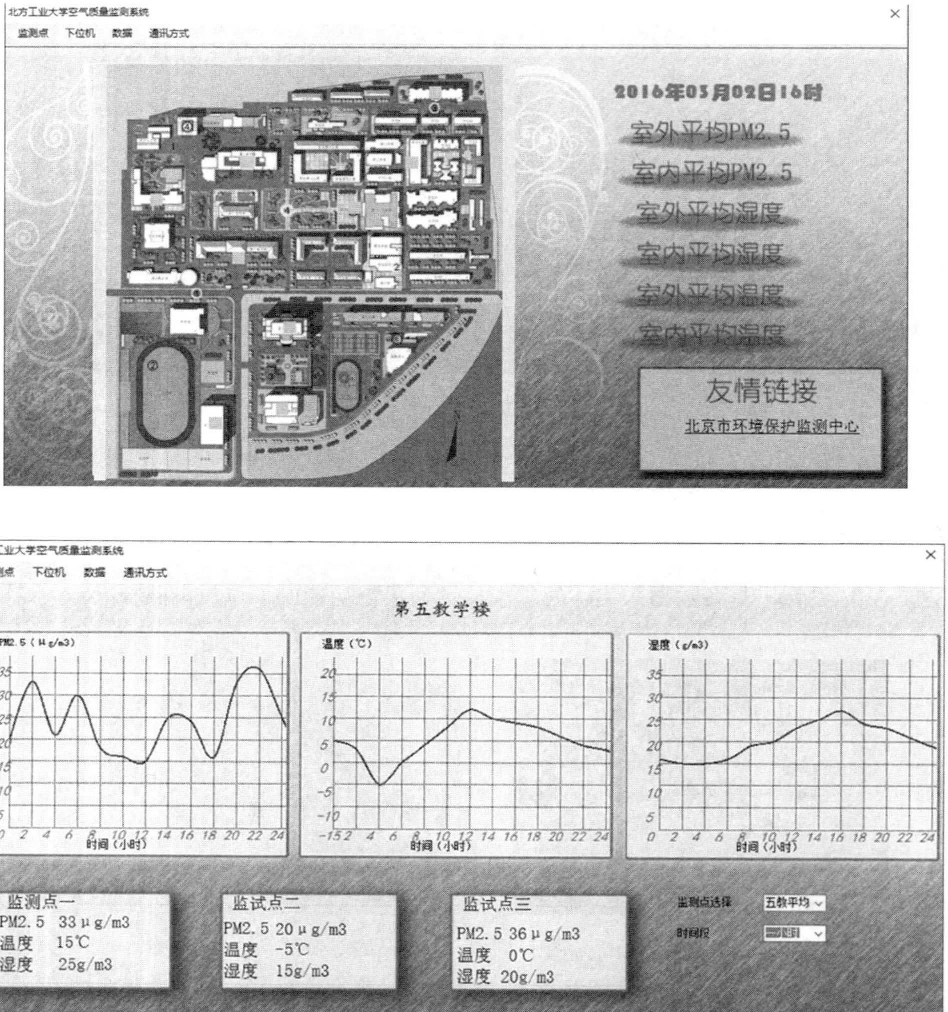

图 5.3　上位机用户软件

6. 创新点

（1）控制芯片便宜，MSP430F149 每片只需 20 元，而现在应用比较广泛的 STM32f4 需要 40 元。

（2）硬件系统小型化集成化，适合家庭使用。

参考文献

[1] Daniel M. Solis. C#图解教程（第四版）. 北京：人民邮电出版社，2013

[2] 陈学平. Altium Designer10.0 完全学习手册. 北京：清华大学出版社，2012

[3] Andrew Stellman&Jennifer Greene. Head First C#（中文版）. 北京：中国电力出版社，2010

[3] 童诗白，华成英编著. 模拟电子技术基础（第四版）. 北京：高等教育出版社，2006

工业产品创新设计

北方工业大学：孙海楠　杨恬
指导教师：黄春滨 讲师

[摘　要] 随着人民生活水平的提高，家居产品也被人们所关注，好的家居产品能让人生活的更加舒畅。这样的情景也曾出现在我们的生活中：半夜睡觉醒来上厕所、喝水，此时大家是处于半睡眠的状态，要去开灯比较不方便，且照明灯会很快亮起来，我们的眼睛适应不了瞬间由黑转亮的过程，就会出现眩晕，同时这样也会影响人的再次睡眠。针对这样的现象，我们的做了一款关于夜灯的设计，它的特点就是同儿时的记忆相融合，通过勾起使用者儿时的回忆，达到触景生情的效果，同时这款灯具的意义就得到了升华。我们利用光影关系，充分考虑了人的情感，在使用过程中富有交互乐趣。

[关键词] 光影关系；情感化设计；使用体验；儿时记忆

1. 选题背景

我国的皮影遍及各地，材料、称呼各不相同。如北京的“纸窗影”、湖南的“影子戏”、福建的“皮猴戏”、甘肃陇原的“牛窑戏”和黄河流域的“驴皮影”等。

影戏脱胎于影灯，初成于唐末五代，始盛于宋，广播于元明清。

影灯，是隋唐以来“上元灯会”中的上等灯品之一。影灯，亦称“灯影”，刘肃《大唐新语》卷八云：“神龙之际，京城正月望日盛世灯影之会。”唐冯贽《云仙杂记》卷四：“洛阳人家，上元以影灯多者为上，其相胜之辞曰‘千影万影’。”宋范成大《吴郡志·风俗》：“上元影灯巧丽，他郡莫及，有‘万眼罗’及‘琉璃球’者，尤妙天下。”至宋代，影灯不仅表现静态故事人物，还有呈动态的。《武林旧事》中：“若沙戏影灯，马骑、人物，旋转如飞”。这沙戏影灯就是“走马灯”，从固定的灯面上绘画人物到连贯而成故事，进而到自身可转动的灯面上绘画人物故事。

1.1　社会背景

随着社会的发展，灯具的发展历程可分为三个层面。

1.1.1 能用的灯具

早在明朝时期，就有史书记载灯的发展历史。尽管仅仅是传说，不过从中仍能够了解到原始灯具的制作目的就是为了照明。因此，在设计师进行灯具设计的时候，自然一切目的都是要以照明为出发点。单纯的起到照明作用，这是人们早期对灯具唯一的要求。

1.1.2 好用的灯具

由于目前技术水平的不断发展，人们在使用灯具的时候，不再只是单纯地要求它的亮度，而逐渐地开始对其外观提出要求。因此，这就需要设计师大胆创新，设计出符合使用者审美要求的灯具。而这个时候，外观精美、功能先进的灯具便出现了。

1.1.3 感性的灯具

下面我们所讲述的则是能让人微笑的产品。目前我们生活在一个科技时代，生活节奏变得越来越快，而这种生活方式却使人们变得缺少情调。不过如果能够拥有一支具有创造力的灯具，会给人们的生活带来久违的温馨体验。影在好用的灯具当中只是光的辅助品，很少受到设计者的重视，而且在一些情况下要尽量不出现影子。

不过在感性灯具中情况就完全不一样了，影此时的地位和光一样的重要。在刚开始设计的时候，首要任务便是根据用户的心理想法入手，要发掘出用户心里的某些需求，并根据这些需求创立设计主题，最后再利用光影烘托出浪漫的气氛。

1.2 市场商业背景

现阶段的市场中对于灯具的要求已经不仅仅局限在照明的基本功能层次上，人们更多的关注造型、色彩、交互方式等，所以在多样的商业要求下，做情感化的灯具设计就显得尤为重要。

从产品情感化设计的角度出发，人与灯具需要多方面的交互，可以从灯具的开启方式、照明强弱的控制和可变化的造型等方面来提高灯具的交互性能。这样不仅可以增加产品的用户体验，而且可以拉近人和灯具之间的距离，使灯具不再只是一个冷冰冰的照明器具。具有丰富交互功能的灯具可以增加产品使用的趣味性，良好的交互会给消费者带来美妙的情感体验。

其中再现回忆就是情感化设计的一个重要部分。记忆是人对过去的行为、事件、感受、经验在大脑中的储存，通过回忆来再现场景，我们可以回忆天真无邪的童年生活，也能够回忆令人潸然泪下的伤感往事，在灯具设计中，如果产品能够勾起使用者的某种回忆，达到触景生情的效果，那么这款灯具的意义就得到了升华。

2. 研究方法

2.1 人机工程分析

在市场经济的背景下，设计中考虑人机功效学因素，做“宜人”的设计，是设计师职业素养和社会责任的表现。产品的每一个细节都体现设计师对使用者的人文关怀。

亮度、色彩、形状等方面在人的视觉和心理接受范围内，对视觉形成温和的刺激，例如仅使用1～3种色彩、和谐的造型等。通过对灯罩的设计，光线受到合适的遮挡、削弱或反射，从而形成合理的灯光分布。为了防止眩光反射，灯头的角度应该适当，反射光线和视角避免重合。

如果灯具的使用对象是儿童，我们就要考虑儿童的特点，他们具有爱幻想、好奇心强、喜欢动手操作的特点，所以儿童灯具的形态设计应形态浅显易懂、故事性强、受限制小。考虑到安全因素，儿童灯具大多是吊灯、壁灯，或者利用电池供电的小灯。灯具造型多变，开关等部件的位置灵活，对人机因效提出新的要求。儿童灯具形态设计保证儿童能触碰到的部位绝缘、低温。例如吊灯使用绝缘的吊绳，使用全密封的灯罩。

由于频繁的明暗适应转换而造成的视力疲劳。在室内光环境中，可能会遇到许多明暗变化的情况，健康的人对此是能够适应的，但如果环境亮度变化过大，应考虑在变化区段内设置必要的过度空间，使人眼能有足够的适应时间。

2.2 灯具规范

作为照明工具，选择何种光源是很重要的，现有的可供家庭使用的光源如表2.1。

表2.1

种类	炽灯	卤素灯	荧光灯
最高效率（LM/W）	22	27	104
平均寿命（小时）	1000	2000	2000
特点	易安装、使用方便、形式多样、瞬时启动、反光灯可聚光束	小型高亮度、白光、安装简便较普通白炽灯寿命长	光色选择范围广、可获得高的亮度、使用经济性好
典型应用范围	家中一般照明、装饰照明、局部照明、重点和装饰照明	重点照明、泛光照明	各种商业和公共建设、街道照明、家庭照明

其次是灯罩材料的选用，灯罩材料的反光性能与透光性能的强弱对光线的强弱及柔和度有很大关系。表2.2列出的是一些常用饰面材料的反光系数和透光系数。

表2.2 常用饰面材料的反光系数

材料	反光系数p值
普通玻璃	0.08
压花玻璃	0.15~0.25
磨砂玻璃	0.15~0.25
乳白玻璃	0.6~0.7
镜面玻璃	0.88~0.99

常用透光材料的透光系数

材料	厚度（mm）	透光系数
普通玻璃	3~6	0.78~0.82
钢化玻璃	5~6	0.78
磨砂玻璃	3~6	0.55~0.6
压花玻璃	3	0.57
乳白玻璃	3	0.6
无色有机玻璃	1	0.85
乳白有玻璃	2~6	0.2

2.3 调研内容

实地调研：在宜家中进行产品造型、材质、颜色等观察和记录，分析灯具产品的设计思维；在emoi基本生活体验店中，体验蘑菇情感灯、智能情感音响灯等。它们的产品基于对环境、人们生活方式和产品之间关系的理解，从品牌概念、产品设计、产品制作、产品销售出发，尽可能选择天然环保素材。在保持产品使用持久性的同时，也考虑产品的可循环利用。提出“产品的发展是基于人们的生活方式”的理念。

3. 研究结果

3.1 分析结果

3.1.1 影的意义

如果从产品的语义学方面分析，它所表达的含义能够起到让使用者了解使用方法的作用。而如果根据文化角度，产品要拥有一定的代表性，让人在看到以后，能够出现一些遐想，并由此产生非常炫目的感官刺激和心理体验。要想利用影子来对灯具进行创作，则一定要把影当成真实存在的元素，而且一定要利用好语义学原理，根据对影的形态方面的设计，以此缔造一个光彩夺目的光影世界。

人类若想感受到这个世界的美妙，就必须要借助光的作用。如果没有光，就不会感受到任何物质的存在，人类也将会生活在黑暗之中，而人们在面对无尽黑暗的时候，往往弥漫着畏怯的心理。在人类对大自然进行摸索的时候，光都起到了被动或者主动的作用。而影则是紧紧跟随着光，如果没有光，也不会有影。两者结合，才让人类感受到了这个世界。而在探究光的历程中，人类也了解到了影的重要意义。

3.1.2 如何塑造影的形态

有关影的形态的创造，一定要从以下几个方面来进行，分别是灯源、灯具以及投影。影的清晰度，通常与投影光与环境光的明亮差异有直接的关系。而在经过了折射以后，灯具的外观就会对影的形态产生决定性的影响。而且不仅仅只有灯具的外观，灯具所使用的材料、投影面的材质都能够决定影的形态。不过要值得注意的是，在塑造光的形态的时候，光的边界清晰度会对光形态的塑造起到非常重要的影响。而光在传播的时候，光线难免会受到遮蔽，这样就产生了光的边界，如果边界明晰，那么光的形态就会显的硬朗；而边界如果微茫的话，光的形态就会显得柔和。举个例子，设计师若想创作出具有朦胧效果的影子，那么就可以考虑采用半透光材料。

3.1.3 如何对光影进行设计

光的设计。假设将光当成现实存在的物质，那么灯具设计者便能够给予它各式各样的形态，并让它不断的扩展，最终与环境交融。而这种情况下，灯具的设计就会晋升为光的设计，并且对于光的设计也会变得更加具体。

光的形态设计。如果在灯具的设计上能够满足亮度、频闪等方面的要求，那么在能用和好用的层面上来讲，它就算是合格的设计。不过要是从感性的角度来讲，就没那么简单了。对它的要求就变成必须能够设计出富有意境的灯具，而不能只是去注重它的照明效果如何。因此这就要求设计者在对光形态的把握上要下足功夫才可。光源从出现到消散所构成的形态叫作光的形态。在设计灯具的时候，如果能够利用好光的形态的话，设计师就可以把一个毫无心引力的灯具变成观赏性十足的艺术品。而设计师在对光的形态进行创意构思的时候，必须要考虑到客户的要求。可以说，一个结合了用户和设计师共同想法的灯具才真正地具有美感。而设计师在设计的过程中，如果能够按照用户的需要营建一种现场气氛，之后再根据设计的主题去充分地进行扩展，那么结合光的形态塑造的灯具，就会变得更加有创意。而在技术上，利用光源的造型、灯罩等也可以塑造出光的形态。

3.2 设计定位

此款夜灯采用木材和塑料两种材质相结合，体现简约时尚的设计风格。以光影变化作为设计特色，希望可以唤起人们对童年的美好回忆，把使用方法与人的情感变化联系起来，满足了人们在使用灯具过程中的情感需要。同时，作为夜灯也具有柔和的光线，在夜间不会影响使用者的休息，同时也能为使用者在室内的行动提供合适的光源。另外该灯还可通过更换部件，增加使用者的交互体验，丰富实用乐趣。

此款夜灯主要的使用人群为充满生活热情、注重精神生活的人们。

3.3 概念设计

3.3.1 草图

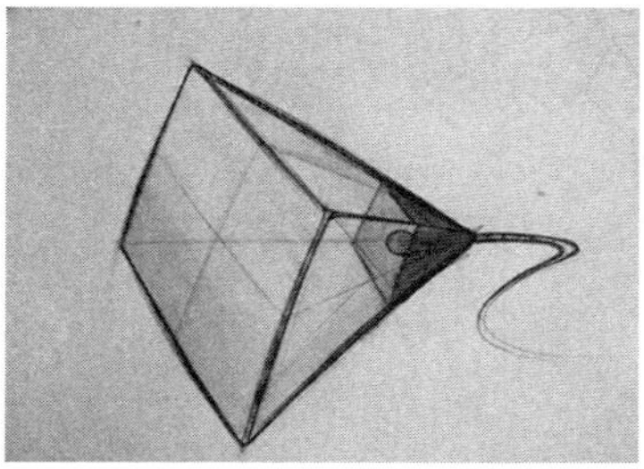
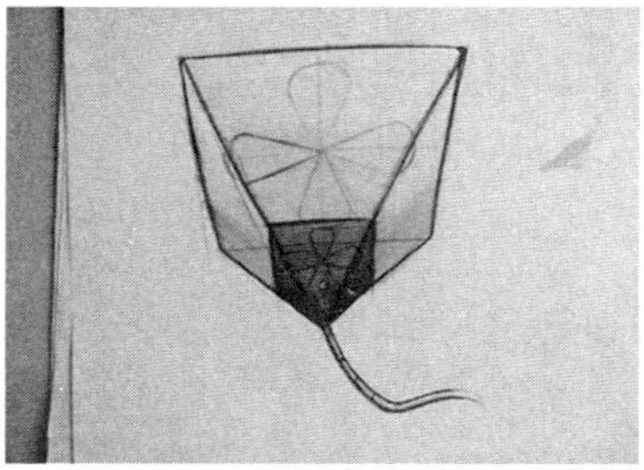
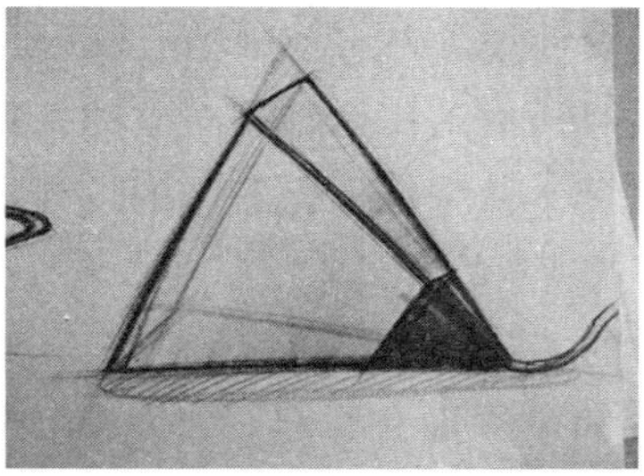
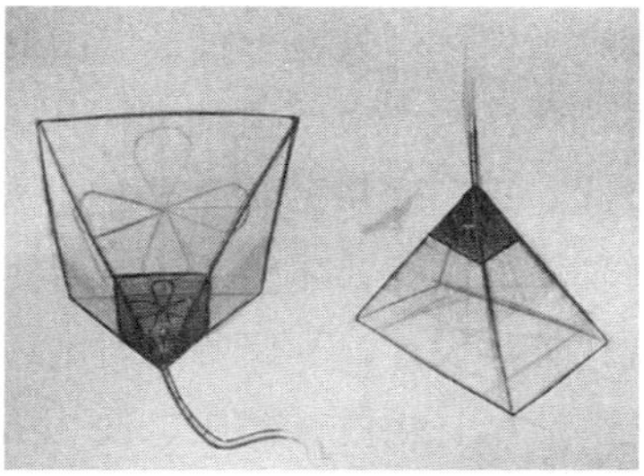

3.3.2 纸模型

3.3.3 计算机辅助设计模型

在形体推敲阶段，通过制作纸模型，进行形体和功能的推敲；在设计阶段，借助 Rhino 和 Keyshot 等软件进行 3D 模型的建立。目前为止，结合中国传统文化中的影灯、手影戏等，进行情感化设计，制作出现代版的影灯模型，造型简约、语义明显、功能可实现。

但是，一直以来，将概念实物化都是我们团队的目标，从“纸上谈兵”式的画创意草图到 2D 效果图，从 3D 建模到纸模型，都只能起到推敲的作用，并不是实物。还有一些制作材料和制作工艺方面的具体问题是需要通过将 3D 模型实物化才能实现，所以接下来我们进行了实物的制作。

3.4 结论

利用光影来设计灯具，一直是中国灯具设计理念不可或缺的一部分。从盘古开天辟地之时，就已经产生了天地和阴阳，并且所有的事物都是对立的，其中也包括光和影。因此，只有遵从万物生长的客观规律，从中汲取光和影的设计灵感，做到光影与人类环境的共存，才能设计出另使用者满意的灯具。

对于现代灯具设计，不仅要能满足用户的实际需求，更应该考虑灯具带给人们的情感变化。造型、颜色、材质、使用方法四个方面是灯具设计的四个重要因素，在灯具设计过程中，把这四个因素与使用者的情感进行紧密联系，体现使用者的情感需求，引起使用者的情感共鸣，才能设计出一个真正的好的灯具。此设计把人的动作参与到灯具的造型设计当中，符合了消费者求新求变、娱乐性十足的情感特征。

4. 创新点

本产品的创新点在于利用光影设计灯具，汲取光和影的设计灵感，做到光影与人类环境的共存。同时利用人们小时候对手影游戏的喜爱，通过这样的方式来唤起儿时记忆，进行情感化设计。

参考文献

[1] 王受之编著. 世界现代设计史. 北京：中国青年出版社，2002

[2] 吴翔编著. 产品系统设计. 北京：中国轻工业出版社，2002

[3] 国家认证认可监督管理委员会. 国家认监委 2009 年第 48 号公告《关于灯具产品执行 GB7000.211－2008 等六项标准有关要求的公告》[EB/OL]. (2009-10-12) [2010-03-29]

[4] GB 7000.12-1999. 嵌入式灯具安全要求 [S]

[5] 唐纳德·A·诺曼. 情感化设计. 北京：北京电子工业出版社，2005

[6] 赵建新. 中国影戏溯源. 兰州大学学报，1995

助熔剂体系下 NLO 晶体 δ-$LiZnPO_4$ 的结晶特性及晶体结构

北方工业大学：朱广伟　汪海军
指导教师：焦志伟 副教授

[摘　要] 研究了 LiF 助熔剂下 $LiZnPO_4$ 的结晶特性，发现了该体系中存在 $LiZnPO_4$ 和 $Li_4Zn(PO_4)_2$ 共晶现象，并且通过 XRD 衍射分析和元素分析确定了共晶体的组成。通过水热法，获得了 $LiZnPO_4$ 单晶，利用 X-射线单晶衍射方法测定了 $LiZnPO_4$ 的晶体结构，结果显示所得晶体具有非中心对称结构，结构分析表明 $LiZnPO_4$ 是由 PO_4、ZnO_4 和 LiO_4 构筑成的具有类似 ABW 型分子筛结构的化合物。

[关键词] 非线性光学晶体；$LiZnPO_4$；共晶；晶体结构；相变

1. 前言

近年来，随着材料和激光技术的发展，很多材料中发现了非线性光学效应。激光的出现带动了 20 世纪科学技术的变革，激光在存储、显示、通信和计算中具有大容量和高速的特点，为信息技术的发展提供了广阔的前景，而非线性光学晶体作为目前扩展激光波段的首选材料，可以满足人们对于不同波长激光光源的需求，成为功能材料领域一个重要的研究方向，激励人们在信息处理中利用非线性光学现象，从而大大推动了非线性光学现象、器件和理论的研究。

2. BiB_2O_4F 晶体的制备

BiB_2O_4F（BBF）是最近发现的一种化合物，该物质具有非中心对称结构，是一种潜在的具有优良非线性光学性能的晶体材料，目前尚没有该物质详细的晶体结构、晶体生长和晶体光学性能相关的报道。本项目前期以 BiB_2O_4F 为研究对象，利用固相反应和降温生长相结合的晶体制备方法，以期获得大块的能用于激光倍频转化的

BBF 单晶材料。但是最终只获得 BiB_2O_4F 的粉末，并未获得单晶，无法获得大块晶体，不能研究其光学性能。

2.1 实验

通过阅读文献得知 BiB_2O_4F 是一种非中心对称结构，但是并没有文献提到用固相法进行合成，且没有合成单晶，所以尝试采用固相法合成 BiB_2O_4F，选取 BiF_3、Bi_2O_3和 H_3BO_3为原料进行研磨、烧结、制备。根据化学计量比，用电子天平称取 5.32g BiF_3、9.32g Bi_2O_3和 7.44g H_3BO_3放入研钵中均匀研磨，然后将研磨好的药品放入 6 个刚玉坩埚中，放在马弗炉中加热。用 3.5h 由室温升至 300℃，取一次样，40min 升温至 400℃，再取一次样，40min 升温至 500℃，再取一次样，40min 升温至 600℃，再取一次样，继续升温至 700℃，再取一次样，观察样品未熔化，继续升温，大约在 750℃时观察到样品熔化，然后用 50h 降温至 700℃，再用 10h 降温至 680℃，然后自然冷却至室温，取出样品，进行 XRD 测试，结果显示 300℃时未发生反应，而 400℃、500℃、600℃发生了反应且成分一样，而 700℃时成分不同，可能是已完全反应或者产物二次分解。由于第一次实验得到的熔体黏度较大，故加入 10% 的 PbO 作为助熔剂再次进行实验，但结果并不理想，通过多次改变原料配比仍未获得 BiB_2O_4F 的单晶。

从而改用水热法进行合成单晶的实验，根据查阅文献可知在有水的情况下不能得到 BiB_2O_4F，故采用文献所述方法用酒精代替水进行试验，实验结果仍没有单晶产生。再次尝试采用掺杂稀土元素的方法获得单晶，并观察是否能够产生荧光现象，在紫外分析仪下没有发现荧光现象，将所得产物进行 XRD 测试，得到的粉末衍射图谱与参考文献中的图谱基本吻合，故得到了 BiB_2O_4F 的粉末。最后通过重结晶的方式对样品进行重结晶实验仍未得到单晶，然后采用加入矿化剂方法进行重结晶，实验结果有晶体产生，但是测试结果显示晶体并非 BiB_2O_4F 的单晶[1]。

3. $LiZnPO_4$的合成

经过多次实验，并采用多种方法均未合成 BiB_2O_4F 的单晶。但在实验过程中我们发现与 BBF 性能相近的一类化合物，同样具有非线性光学性能。化学式为 $ABPO_4$（A 为正一价阳离子，B 为二价阳离子）的磷酸盐材料由于具有良好的结构特性和光电性能而受到了人们的广泛关注[2-4]。如研究发现，单斜晶系 $NaZnPO_4$具有 ABW 型分子筛结构，是一种新型的多孔材料[5]；含有锂离子的 $ABPO_4$类化合物还是新型锂离子电池材料的研究热点[4,6]。另外，这类磷酸盐材料还是一种性能优良的荧光基质材料，通过不同的稀土或过渡金属离子掺杂可实现不同的荧光发射[7,8]。同时，很多 $ABPO_4$类磷酸盐属于非中心对称结构，是一类有待深入研究开发的非线性光学材料[9]。

$LiZnPO_4$属于 $ABPO_4$类型化合物，目前该化合物作为荧光基质材料、锂离子材料、非线性光学材料等其相关特性均引起了研究者的重视并开展了相关的研究，但是由于 $LiZnPO_4$具有多个不同的相结构，其结构的差异导致了不同相化合物的物化性能不同。1986 年 Trevino 和 West 系统研究了 Li_3PO_4-Zn_3（PO4）$_2$二元体系的相图，通过热分析发现相图中存在 α-$LiZnPO_4$和 β-$LiZnPO_4$两个有限固溶区，但是并未得到常温下的 β-$LiZnPO_4$纯相化合物[10]。Elammari 和 Bu 等人分别于 1989 年和 1996 年先后获得了 α-$LiZnPO_4$和 β-$LiZnPO_4$单晶并准确测定了其晶体结构[11,12]；1995 年 Harrison[13] 和 Jensen[14] 利用煅烧除去 $LiZnPO_4$□ H_2O 结晶水的方法得到了另一种 $LiZnPO_4$结晶相：δ-LiZnPO4，但是他们得到的 δ-$LiZnPO_4$均是粉末状，无法通过单晶衍射手段准确获得晶体结构。本文通过研究助熔剂体系下的 $LiZnPO_4$化合物的结晶特性，首次通过固相反应得到了 δ-$LiZnPO_4$结晶，并利用单晶衍射解析了晶体结构，并研究了晶体的非线性光学性能。

3.1 实验

首先通过固相法合成 $LiZnPO_4$，以 Li_2CO_3、ZnO 和（NH_4）H_2PO_4为原料进行研磨、烧结、制备。根据化学计量比，用电子天平称取 1.48g Li_2CO_3、3.24gZnO 和 4.6g（NH_4）H_2PO_4，然后放入研钵中充分研磨，然后将研磨好的药品放入 4 个刚玉坩埚中，放在马弗炉中加热。用4h 由室温升至 450℃，然后保温 30min，然后取出研磨，然后 3h 升温至 800℃，保温 1h，取出样品后分别按 $LiZnPO_4$∶LiF 比例为 9.5∶1、9∶1、8∶2、7∶3 加入相应量的助熔剂，再次充分研磨，做好标记，放入马弗炉中继续加热，用4h 升温至 1050℃，并稳定在这一温度。当温度高于 800℃时，每升高 50℃观察一次，看是否熔化，升温至 1050℃时只有第一组未熔化，其他三组均熔化，然后设置降温程序，在记录的熔化区间内缓慢降温，保持 1h/1℃的速率。试验结束后在产物中发现晶体存在，挑选出部分晶体进行 XRD 测试，测试结果显示所得结晶相中主要为 δ-$LiZnPO_4$和 Li_4Zn（PO_4）$_2$和共析晶，但是可以挑出少量 δ-$LiZnPO_4$单晶体并用于单晶结构测试。

由于固相法获得的晶体不纯，且晶粒较小，所以尝试水热法合成单晶。以 LiOH · H_2O、Zn（NO_3）$_2$ · $6H_2O$ 和 H_3PO_4为原料，通过水热法合成 δ-$LiZnPO_4$单晶体。合成步骤如下：用电子天平称取 1.6784g LiOH · H_2O，放入装有 25ml 去离子水的烧杯中，然后再称取 2.9745g Zn（NO_3）$_2$ · $6H_2O$ 加入烧杯中，再加入 5ml 去离子水。最后用滴定管量取 1ml H_3PO_4加入烧杯中，再将烧杯放在磁力搅拌器上均匀搅拌 10min。按照上面步骤做三组试剂，然后再用 pH 计测量三组溶液此时的 pH 值，然后用 H_3PO_4调节溶液的 pH 值，三组溶液 pH 值分别调节为 4、3.5、4.5 时，然后将烧杯中溶液加入反应釜中。将装好溶液的反应釜置于电鼓风干燥箱中，设置程序：用 4h 由室温升至 180℃，在 180℃条件下保温 72h，最后用 72h 将温度降至室温。试验结束后搅拌溶液，然后取少许溶液放置光学显微镜下，第二组样品明显观察到有结晶现象出现，在显微镜下可看到晶莹透明的块状晶体。将三组所得反应产物溶液从反应釜中全部取出烘干，用 4h 从室温升到 150℃，在 150℃下保温 5h，然后自然冷却至室温。取出药品用 XRD 单晶衍射仪进行测试，测试结果显示所得晶体的衍射图谱与标准衍射图谱各个峰均拟合，所以获得晶体为的纯净的 δ-$LiZnPO_4$单晶体。

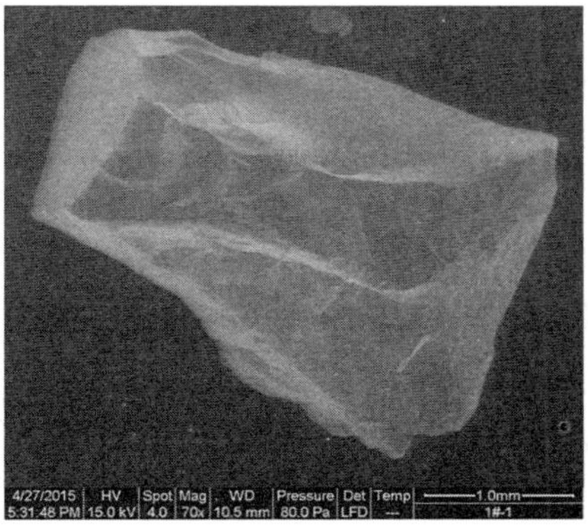

图 3.1

图 3.2

4. 结果与讨论

4.1 晶体制备

以 LiF 为助熔剂制备 δ-$LiZnPO_4$单晶体时，在结晶后的熔体中发现了大量的块状晶体，经 XRD 分析发现该晶体是 δ-$LiZnPO_4$和 $Li_4Zn(PO_4)_2$的共晶体，元素分析结果表明该共晶相中锂含量为 7.25%，Zn 离子含量为 36.28%，计算出共晶相成分含量为含 56% 的 δ-$LiZnPO_4$和 44% 的 $Li_4Zn(PO_4)_2$。这一结果说明助熔剂体系下 δ-$LiZnPO_4$和 $Li_4Zn(PO_4)_2$两相体系中，要想获得 δ-$LiZnPO_4$单晶，熔体组分应处于 $LiZnPO_4$大于 56% 的富区域。我们在 LiF 为助熔剂的 $LiZnPO_4$化学计量比熔体组分中分离出了极少量 δ-$LiZnPO_4$单晶用于单晶结构测试。

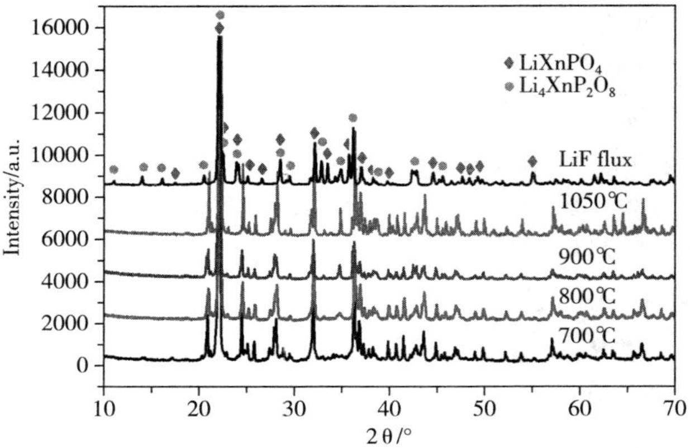

图 4.1 Li：SBO 的粉末 XRD 图谱和标准图谱的对比

用水热法制备 δ-$LiZnPO_4$单晶体时，通过调节溶液的 pH 值，在实验结束后发现了大量的块状晶体，经 XRD 分析发现该晶体是 δ-$LiZnPO_4$单晶体，这一结果说明 pH 值对于 δ-$LiZnPO_4$单晶体的形成有促进作用，主要原因是在之前实验结果获得的晶体中有 β-Li_3PO_4杂质的产生，而 β-Li_3PO_4溶于酸，所以加入 H_3PO_4可溶解 β-Li_3PO_4，降低 pH 值有利于 δ-$LiZnPO_4$的合成。

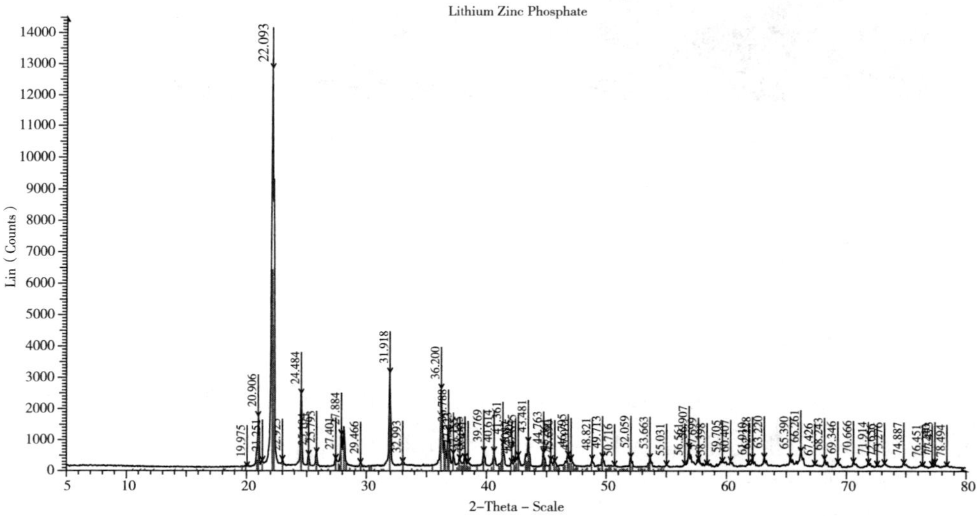

File: 1215-2 15-12-28.raw - Type: 2Th/Th locked - Start: 5.000 ? - End: 80.008 ? - Step: 0.020 ? - Step time: 17.7 s - Temp.: 26 癈 - Time Started: 7 s - 2-Theta: 5.000 ? - Theta: 2.500 ? - Chi: 0.00 ? - Phi: 0.00 ? - X: 0.0 mm - Y: 0.0 Operations: Smooth 0.050 | Import

01-089-4699 (C) - Lithium Zinc Phosphate - LiZn(PO4) - d x by: 1. - WL: 1.5406 - Monoclinic - a 17.29620 - b 9.77530 - c 16.19890 - alpha 90.000 - beta 98.953 - gamma 90.000 - Base-centered - Cc (9) - 32 - 2705.47 - I/Ic PDF 1.6

图 4.2

4.2 δ-$LiZnPO_4$结构分析

δ-$LiZnPO_4$晶体结构中分别含有 1 个独立的 Li 原子、1 个 Zn 原子和 1 个 P 原子，4 个独立的 O 原子。晶体的晶胞结构如图 4.3 所示。由图可知，δ-$LiZnPO_4$晶体结构是由 LiO_4、ZnO_4和 PO_4通过共用顶角氧原子构成的三维网络结构（如图 4.4）。

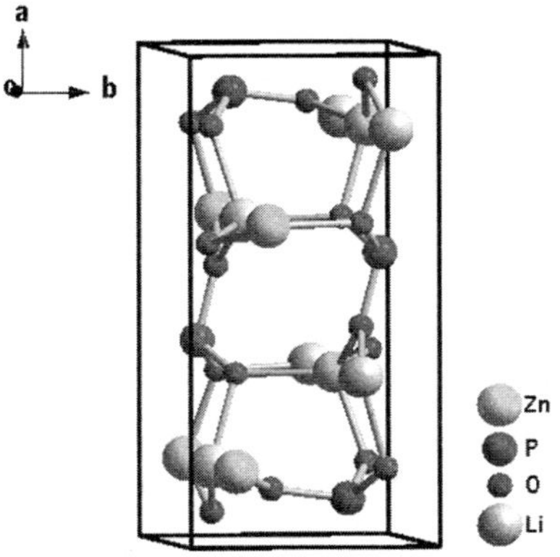

图 4.3

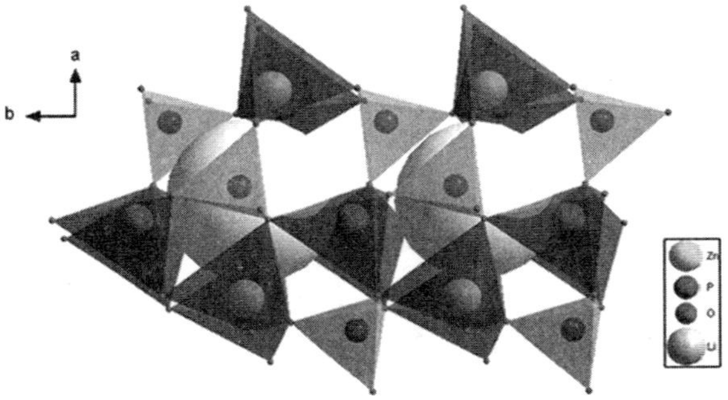

图 4.4

LiO_4、ZnO_4和 PO_4通过共用顶角氧原子构成了具有三维孔洞结构的 ABW 分子筛构型化合物。分子空洞直径可达 4.9Å（图 4.4），属于介孔分子筛范围。图 4.5 是 δ-$LiZnPO_4$结构堆积图，由图 4.5（a）可以看出，结构中的 ZnO_4和 PO_4通过共用顶点交互排列的方式构成单位结构，该结构在特定方向上可以发现贯穿的孔道（图 4.5（b））。

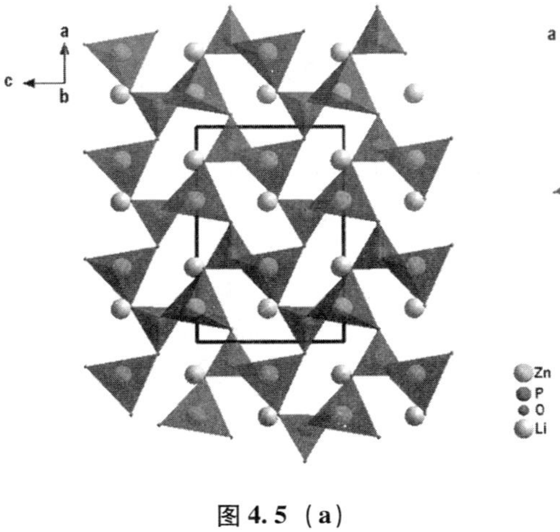

图 4.5（a）

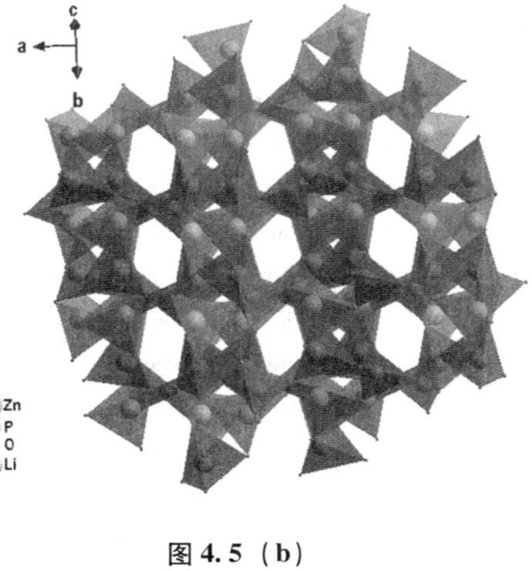

图 4.5（b）

4.3 倍频测试和热分析测试

由于所得到的 δ-$LiZnPO_4$为非中心对称化合物，且结构分析表明 LiO_4、ZnO_4和 PO_4均有一定程度的畸变，这一特点可能使得 δ-$LiZnPO_4$具有一定的非线性光学效应，因此还需进一步对晶体的倍频特性进行了测试和热分析测试。

5. 结论

通过前期关于 BiB_2O_4F 的合成制备，发现只获得 BiB_2O_4F 的粉末，无法合成单晶，不能进行晶体生长以及研究光学性能。经过多次实验，并采用多种方法均未合成 BiB_2O_4F 的单晶。

通过做 BiB_2O_4F 合成实验积累的经验，以及老师的指导下，在 $LiZnPO_4$的合成过程中取得一定的成果。通过固相法实验，以 LiF 为助熔剂制备 δ-$LiZnPO_4$单晶体时，在产物中发现晶体存在，并挑选出部分晶体进行 XRD 测试，测试结果显示所得结晶相中主要为 δ-$LiZnPO_4$和 $Li_4Zn(PO_4)_2$和共析晶，但是可以挑出少量 δ-$LiZnPO_4$单晶体并用于单晶结构测试。用水热法制备 δ-$LiZnPO_4$单晶体时，通过调节溶液的 pH 值，在实验结束后发现了大量的块状晶体，经 XRD 单晶衍射仪进行测试，测试结果显示所得晶体的衍射图谱与标准衍射图谱各个峰均拟合，所以获得晶体为的纯净的 δ-$LiZnPO_4$单晶体。

通过对 $LiZnPO_4$的结构分析，发现 $LiZnPO_4$是由 PO_4、ZnO_4和 LiO_4构筑成的具有类似 ABW 型分子筛结构的化合物，具有很大的应用价值。

参考文献

[1] Linyan Li, Guobao Li, Yingxia Wang. Bismuth Borates: One-Dimensional Borate Chains and Nonlinear Optical Properties, Chem. Mater. 2005, 17: 4174-4180.

[2] Thuraman E G, Galen D S. Low-temperature synthesis of hydrated zinco (beryllo) -phosphate and arsenate molecular sieves , Nature, 1991, 349: 508-510.

[3] Lin C C, Tang Y S, Hu S F, et al. $KBaPO_4$: Ln (Ln = Eu, Tb, Sm) phosphors for UV excitable white light-emitting diodes . Journal of Luminescence. 2009, 129: 1682-1684.

[4] Wubulikasimu Y, Gabriele G, Arianna M, et al. Synthesis and characterization of Zn-doped $LiFePO_4$ cathode materials for Li-ion battery. Materials Chemistry and Physics, 2015, 155: 191-204.

[5] Hunt Y N, William T A H. Monoclinic $NaZnPO_4$-ABW, a new modification of the zeolite ABW structure type containing elliptical eight-ring channels. Microporous and Mesoporous Materials, 1998, 23: 197-202.

[6] Gu Y X, Wang H L, Zhu Y J, et al. Hydrothermal synthesis of 3D-hierarchical hemoglobin-like $LiMnPO_4$ microspheres as cathode materials for lithium ion batteries. Solid State Ionics, 2015, 274: 106-110.

[7] Gou J, Wang J, Ye S F, et al. Luminescence and microstructural features of Dy^{3+}-activated $KZnPO_4$ phosphors. Materials Research Bulletin, 2015, 70: 827-831.

[8] . Yang C M, Ma S, Rao Y, et al. LiZnPO4: Tb^{3+}, Ce^{3+} green phosphors with high efficiency. Journal of Rare Earths, 2012, 30: 637-640.

[9] Liang C S, Eckert H, Gier T E, et al. Compositionally induced phase transitions and nonlinear optic response in $ABCO_4$ crystal solution phases $ALiPO_4$ (A = Sr, Ba, Pb). Chemical Materials, 1993, 5: 597-603.

[10] Trevino G T, West A R. Compound formation, crystal chemistry, and phase equilibria in the system Li_3PO_4-$Zn_3(PO_4)_2$. Journal of Solid State Chemistry, 1986, 61: 56-66.

[11] Elammari L, Elouadi B. Structure ofα-$LiZnPO_4$. Acta Crystallographica Section C, 1989, C45: 1864-1867.

[12] Bu X H, Gier T E, Stucky G D. A new form of lithium zinc phosphate with an ordered phenakite structure, $LiZnPO_4$. Acta Crystallographica Section C, 1996, C52: 1601-1603.

[13] Harrison W T A, GierT E, Nicol J M, et al. Tetrahedral-framework lithium zinc phosphate phases: Location of light-atom positions in $LiZnPO_4 \cdot H_2O$ by powder neutron diffraction and structure determination of $LiZnPO_4$ by ab initio methods. Journal of Solid State Chemistry, 1995, 114: 249-257.

[14] Jensen T R, Norby P, Stein P C. Preparation, structure determination and thermal transformation of a new lithium zinc phosphate, δ-$LiZnPO_4$. Journal of Solid State Chemistry, 1995, 117: 39-47.

精密运动滑台的设计报告

北方工业大学：贾冕　王允　高琼　谢倩倩　王佳明

指导教师：景作军 副教授

［**摘　要**］基于直线电机驱动的精密运动滑台是一种典型的精密机械结构。本文介绍了直线电机的原理及应用，分析直线电机运动系统的性能和应用特点，在此基础上设计了一种精密运动滑台并分析其动态特性，旨在为直线电机运动平台在精密加工等工业方面的应用提供参考。

［**关键词**］直线电机；精密运动滑台；动态特性

1. 引言

直线电机可以将电能直接转换为直线运动机械能而不需要任何中间转换机构。采用此种结构，所有机械传动部件（滚珠丝杠副、齿条与齿轮、传动皮带/皮带轮以及齿轮箱等）均被取消，消除了由机械传动带来的反向间隙、柔度以及与之相关的其他问题，其效率可以大幅度提高[1]。

现代传动系统正向高精密、高速、复合、智能、环保的方向发展，要求更高的动态特性和控制精度、更高的加速度、更低的振动噪音和更低的磨损。随着先进制造技术的发展，精密工程的加工过程对于精密化、自动化等的要求也越来越高。传统的传动链虽然通过不断的改进使传动系统性能提高，但只有“直接驱动”取消了中间传动环节，使传动系统性能实现革命性突破，较之旋转电机具有独特且明显的优势，可以适用于诸多领域，如数控加工，信息与自动化，精密测量、半导体及液晶制造设备，交通与民用，物流设备，军事，航天，医学及其他方面[2]。

当前，精密加工、检测或扫描等工业应用中对于微米级精度的直线运动模块具有很大的需求，此类应用对运动系统的精度稳定性、往复运动速度等方面具有相当高的要求。本文面向工业应用，开发一种三维精密运动滑台，此设计结构紧凑、性能优良，具有一定的应用价值与现实意义。

2. 精密运动滑台的机械总体结构设计

2.1 机械系统设计

精密运动滑台总体结构如图 2.1 所示。其中，其中滑台的 X 方向的基座尺寸为 430mm × 430mm，立柱高度为 120mm，Y 方向负载平台的尺寸为 190mm × 190mm，Z 方向的基座尺寸为 300mm × 100mm。精密运动滑台的机械系统主要构件包括直线电机、直线导轨、反馈装置、机械限位、电气限位以及拖链装置等。

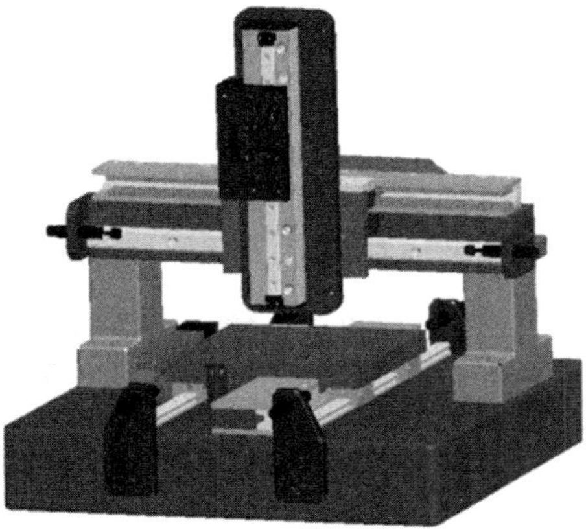

图 2.1 精密运动滑台总体结构图

直线导轨具有定位精度高、磨耗少、摩擦产热较小等优点，适用于高速运动；直线驱动结构简单，不需要任何转换装置，运行可靠，传动效率和加工精度高，并且运行时无机械接触，运行传动零部件无磨损，刚度高，机械损耗低[3]。因此，此精密运动滑台具有以下基本特点：

（1）工作台保持水平，运动平稳且无爬行；

（2）直线运动精度和重复定位精度高；

（3）高速运动时发热量较少；

（4）直线导轨的刚度能够满足实际工作中使用条件的需要。

2.1.1 直线电机选型及参数

最常用的直线电机类型是平板式、U 形槽式和管式。U 形槽式直线电机有两个介于金属板之间且都对着线圈动子的平行磁轨。动子与定子之间无直接机械接触，动子是非钢的，意味着无吸力且在磁轨和推力线圈之间无干扰力产生。非钢线圈装配具有惯量小，允许非常高的加速度。平板式直线电机除具有普通直线电机的优点外，推力更大，运动更加平滑，磁损耗少，发热小。以上两类直线电机理论上行程可无限长。而管状直线电机设计的一个潜在的问题，当行程增加，由于电机是完全圆柱的而且沿着磁棒上下运动，唯一的支撑点在两端。保证磁棒的径向偏差不至于导致磁体接触推力线圈的长度总会有限制。

本文中的直线电机运动平台的电机均选用 U 型槽式直线电机。精密运动滑台各方向电机的运动参数见表 2.1。

表 2.1　　精密运动滑台运行参数

	电机型号	持续推力 Fc/N	峰值推力 Fp/N	最大速度 v/（mm/s）	最大运行加速度	负载能力 Kg
X	SMI-2-408	21	150	2500	2G	30
Y	SMII-2-408	43	310	2500	2G	30
Z	SMI-2-272	21	150	2000	2G	10

2.1.2　反馈元件

精密运动滑台采用美国 MicroE 公司的直线光栅编码器作为反馈元件。其中，X、Y 方向选用的型号为 MII1600，Z 方向选用的型号为 MII4000，这两种型号的直线光栅编码器的主要技术指标如表 2.2 所示。美国 MiroE 公司的光栅编码器不仅具备微型化、高精度、集成度高等特点，同时还拥有安装与调试方便、智能可编程等功能，是滑台信号反馈的核心部件。

表 2.2　　反馈元件参数

型号	特性	主要技术指标
MercuryII1600 系列编码器	数字输出； 微型读数头；粘贴式零位； 安装调试简单	线性分辨率：5um，1um，0.5um 输出信号：A-quad-B， 带零位光栅：线性金属光栅
MercuryII4000 系列编码器	分辨率和输出频率均可编程控制； 微型读数头；粘贴式零位和限位； 安装调试简单	线性分辨率：5um-0.0012um 旋转分辨率：20k CPR-268M CPR 输出信号：A-quad-B，零位，双限位，以及报警信号 光栅：直线或旋转玻璃光栅，金属直线光栅

2.1.3　直线导轨的选型

此滑台选用 HIWIN 公司的直线导轨，各个方向导轨型号特点及应用如表 2.3 所示。直线导轨可以理解为是一种滚动导引，是由钢珠在滑块跟导轨之间无限滚动循环，从而使负载平台沿着导轨轻易地高精度线性运动，并将摩擦系数降至平常传统滑动导引的五十分之一，能轻易地达到很高的定位精度。滑块跟导轨间末制单元设计，使线形导轨同时承受上下左右等各方向的负荷[4]。

表 2.3　直线导轨型号特点及应用

	型号	特点	应用
X	EGH20	高刚性、高负荷；四方向等负荷；自动调心功能；可吸收安装面的装配误差。	自动化装置；高速运输设备；精密量测仪器；半导体设备；木工机械等。
Y	HGH15	相较于其他之直线导轨提升了负荷与刚性能力；具备四方向等负载特色及自动调心的功能，可吸收安装面的装配误差，得到高精度的诉求；高速度、高负荷、高刚性与高精度化。	机械加工中心；工具机；冲床；精密加工机，自动化装置；重型切削机床；运输设备；磨床等。
Z	MGNR12	体积小、轻量化；滑块、导轨材质提供不锈钢及合金钢两种；不锈钢材质之直线导轨，包含滑块、导轨及其他金属配件如钢珠、保持器等，皆使用不锈钢材质，具备防锈的特性；采用哥德型四点接触设计，可承受各方向负荷，具备刚性强，精度高等特性；有钢珠保持器设计，在精度允许下具备互换性。	半导体制造设备；印刷电路；IC 组装设备；医疗设备机器手臂；精密量测仪器；办公室自动化设备；其他小型直线滑动装置。

2.2　伺服驱动及控制

本设计选用型号为 HAR-5/60 的 ELMO 伺服驱动器，其各项参数如表 2.4。ELMO 伺服驱动器拥有标准的电流环，速度环与位置环的控制环路，支持模拟量电压信号输入，PWM 信号，脉冲信号与软件控制等多种方式的控制，支持 RS232 与 CANOpen 通信方式，并支持标准的 DS301、DSP305、DSP402 通信协议。

表 2.4　伺服驱动器参数

ELMO 驱动器型号	最小供电电压（V）	额定电压（V）	最大供电电压（V）	最大连续输出功率（W）	直流连续电流（A）
HAR-5/60	10	50	59	250	5

ELMO 伺服驱动器拥有目前最高的功率密度和最小的体积，其创新技术的驱动器支持各种编码器反馈类型，具有简单的操作界面与多轴通信控制能力，不仅性能卓越，而且易于安装，保养成本低。Elmo 将各类产品所有的关键参数成功的配置到运动控制中：电流控制、速度控制、位置控制和高级位置控制。系统控制部分的设计

如图 2. 2 所示。

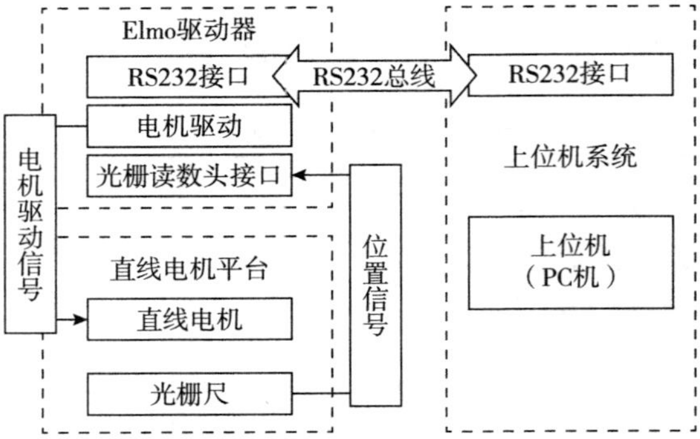

图 2. 2　系统控制部分设计框图

3. 实验数据分析

针对精密运动滑台的 Z 方向的线性模组，通过 Composer 软件对 ELMO 伺服驱动器进行增益调整，得到精密运动滑台线性模组速度环的动态响应曲线，如图 3. 1 所示。

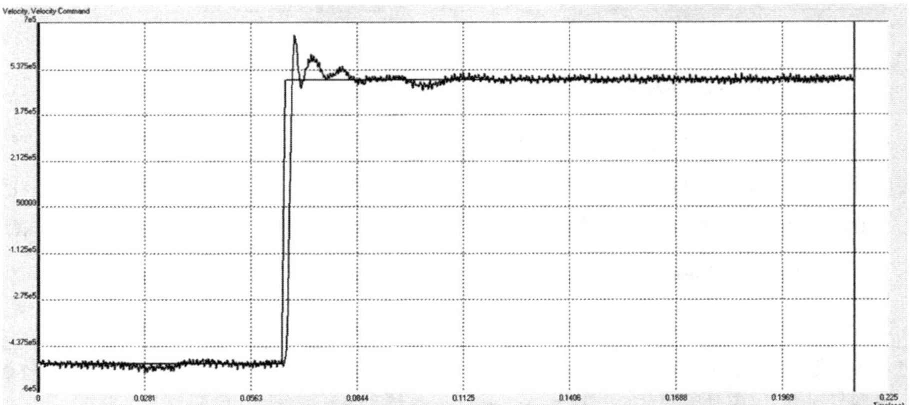

图 3. 1　速度环动态响应曲线

通常，系统的性能指标是根据系统对单位阶跃输入的响应而给出的。分析此动态响应曲线，得到线性模块的各项性能指标如下：

（1）上升时间为 2. 94e－3s

（2）峰值时间为 3. 6e－3s

（3）最大超调量为10%。最大超调量是评价系统平稳性的性能指标之一，发生在峰值时间处。

（4）调整时间为2.61e－2s。

由以上数据可知，此精密运动滑台响应速度快，超调量在要求范围内，具有非常好的性能，适合高速的工业加工条件。

在三维软件Pro/E中进行建模，然后将其导入DAMS中，对导入的之后的模型定义各个零件的名称，添加零件的材料属性，添加重力，从而模拟真实环境[5]。导入之后的模型中各个零件相互之间处于独立的状态，需给零件之间添加以下约束关系使得一个构件限制另一个构件的运动，即对X、Y、Z方向的电机动子和定子之间添加移动副，其他零件之间添加固定副。为了模型能够模拟真实运作情况，需添加驱动函数，消除运动副没有约束住的自由度。X、Y方向的驱动函数设为零。Z方向运动行程为60mm，故其驱动函数为 $s=-30\sin(4\pi t+0.33\pi)$。设定时间为6s，步数为200。

最后，在调整之前打开的ADAMS/View的自检结果表，检查模型内的零件信息和零件之间的约束关系，检查所添加的约束关系和自由度是否正确，为运动学仿真奠定基础。进而通过仿真及实验数据得到如图3.2所示的位移与速度曲线图，曲线基本吻合，仿真模型正确，可以模拟真实的实验运动。

位移曲线图：

仿真：

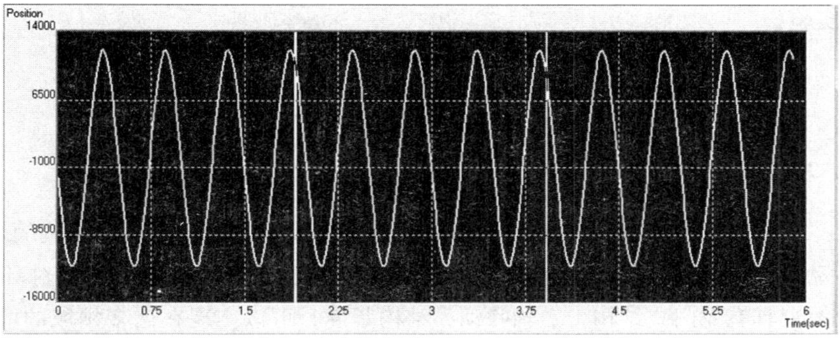

实验：

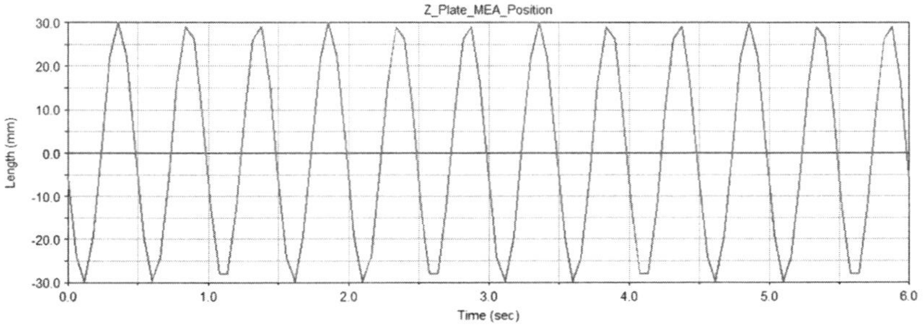

速度曲线图：

仿真：

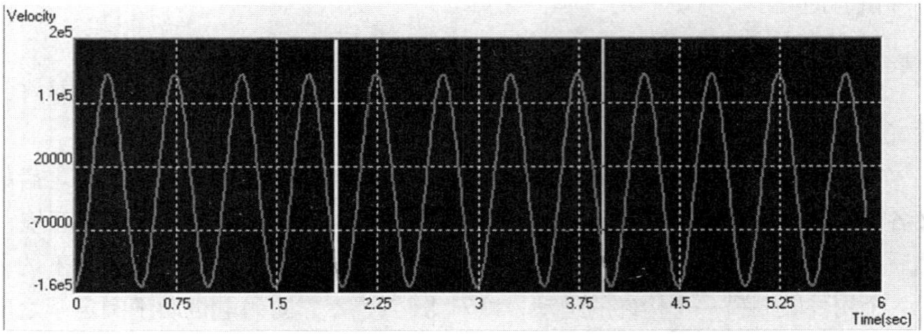

实验：

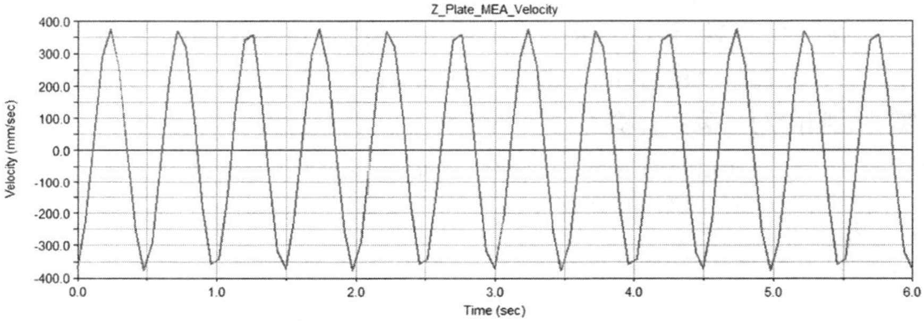

图 3.2　仿真与实验位移、速度曲线图

4. 结语

本文设计了一种精密运动滑台，滑台由直线伺服电机驱动，结构简单，无中间传动环节，运行速度快、精度高、无摩擦磨损、噪音低、寿命长，对环境无污染。此滑台具有龙门式结构，三轴联动，结构紧凑，可以实现在诸多领域的应用。同时，在此滑台上增加力矩电机即可构成四轴平台系统，扩大应用范围。此精密运动滑台采用精密光栅编码器直接拾取位置信号和速度信号并反馈给系统，控制回路简单可靠。

通过 Composer 软件得到系统的性能指标，同时应用 ADAMS 机械系统动力学软件建立紧密运动滑台的运动模型，通过仿真分析，模拟滑台的运动情况，为精密运动滑台的设计提供可靠的数据。

参考文献

[1] 王光能. 现代直驱技术. 世界制造技术与装备市场, 2013 (1): 85-92

[2] 宋书中, 胡业发, 周祖德. 直线电机的发展及应用概况. 控制工程, 2006, 13 (3): 199-201

[3] 龚乘龙. 二维龙门式直线驱动气浮精密定位平台的运动特性研究. 广东工业大学, 2014

[4] 张庆和. HIWIN 直线传动产品在精雕机中的应用. 伺服控制, 2008 (7): 92-93

[5] 罗锦华, 章程, 赵成宏. 基于 Pro/E 和 ADAMS 的动力学联合仿真研究. 船电技术, 2011, 31 (9): 69-71

微颗粒对空蚀影响的实验研究

北方工业大学：曾箐雨　闫东东　易海佳　吴纪洲　彭欢
指导教师：刘峰斌 副教授

[摘　要] 通过分析不同微颗粒对空蚀实验的影响，发现了微颗粒影响空蚀的规律，并探究了其影响机理。同时，通过振动空蚀实验，发现了一种在一定条件下生成铁基纳米结构的方法。研究结果既对开发抑制空蚀破坏技术具有参考价值，也提供了一种低成本、高效率的铁基纳米功能材料潜在的制备方法。

[关键词] 微颗粒；空蚀；纳米结构

1. 引言

在工程上，把静止的或流动的液体在一定温度下降低压力使其形成蒸汽或气体空泡的汽化现象称为空化。由于空泡在溃灭时产生很大的瞬时压强，当溃灭发生在固体表面附近时，水流中不断溃灭的空泡所产生的高压强的反复作用，可破坏固体表面，这种现象称为空蚀[1]。在水轮机中，空蚀磨损的常见症状是叶片表面大面积出现空蚀麻点，表面变得粗糙不平，甚至出现较深的裂纹和孔洞[2]。空蚀磨损已经严重影响到水轮发电机组、高速轴承、船用螺旋桨、水力机械等高速机械的正常运转。

已有研究发现微颗粒与空蚀有很大关系。一方面，液体中的微颗粒或者微颗粒表面的缝隙起到了空泡形成中气核的作用[3,4]；另一方面，微颗粒改变液体的性质，在空蚀过程中直接冲击表面引起破坏[5]。研究者在文丘里管型实验装置中添加直径在亚毫米级的塑料颗粒，发现空泡的射流减少，溃灭的历时增大，在一定程度上会减轻空蚀破坏的程度[6]。也有学者通过计算来分析空泡溃灭过程对颗粒运动的影响，发现微小的颗粒更容易被带动获得较高的速度[7]。在空蚀发生机理上，汪家道等学者提出了一系列新的假设，提出空蚀是否发生取决于微颗粒、微空泡、表面微凸体等三个因素。其中，微颗粒是影响空蚀的主要因素[8]。其后陆续有研究人员实验证实了微颗粒在空蚀过程中的重要影响[9,10]。虽然已有研究结果表明微颗粒在空蚀中的确扮演重要的角色，但是都没有给出相关作用机理的解释。另外，已有研究全部是基于旋转圆盘空蚀实验装置，基于超声振动空蚀实验装置的关于微颗粒影响研究鲜见报道。

基于此，本项目在超声振动空蚀实验装置上进行不同粒径、不同材料、不同质量分数等一系列和微颗粒性质相关的实验，比较试样形貌在空蚀前后的变化，获得微颗粒对超声振动空蚀的影响规律，并阐明其影响机理。

2. 实验设计

振动空蚀实验装置是利用超声波细胞粉碎机改装而成，起到磁致伸缩仪的作用。其利用压电传感器在交变电流作用下变换长短，使驱动换能器的末端在工作介质中高频振动。振动时产生的超声波在工作介质中传播，导致工作介质不同局部的压力剧烈的变化，从而致使空泡的产生和溃灭，产生的高能量的微射流打击到试样的表面，造成空蚀破坏。图 2. 1 为振动空蚀实验台及试样。实验条件为：设备功率 400W，振荡器的频率为 20KHz，峰值振幅 12μm，振动头距离试样间距为 10mm。实验介质置于 200ml 烧杯中，外套一个 1500ml 盛满自来水的烧杯用于冷却。装置的工作模式为连续工作 5s，间隔 1s。试样由 Q235 钢材料制成，表面抛光至镜面粗糙度。微颗粒的选择集中在非规则形状亚微米尺度的微颗粒，涉及的微颗粒种类为 SiC、Al_2O_3 两种。为了从统计意义上通过微观区域采样而有效反映整个试样情况，需要多点采样观测。综合考虑统计和分辨要求，选择在试样表面上采样观测 5 个区域，每个采样区域长度为 1. 4mm，宽度为 1. 2mm。采样区域放大倍数为 400 倍。此采样区域密度可以在统计意义上反映整个试样空蚀坑数量和分布规律。

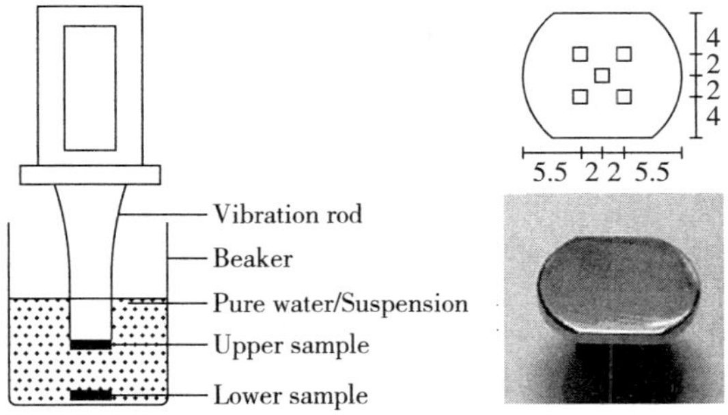

图 2. 1　振动空蚀实验台及试样

空蚀前后的试样表面形貌由扫描电子显微镜（FEI 250G）检测，成分和结构分别由 EDS 能谱（INCA）和拉曼光谱（Raman 2000）检测；微颗粒的粒度由激光粒度仪（Easysizer2000）检测。

3. 结果与讨论

3.1 悬浊液质量分数对实验的影响

在超声振动空蚀实验中按照质量分数分别为 0.0125%、0.025%、0.05%，0.1%、0.2%的顺序独立添加的 SiC 和 Al_2O_3 微颗粒，微颗粒的标定粒径均为 5μm。形状均为不规则的薄片状或者块状，表面凸凹不平（见图 3.1）。

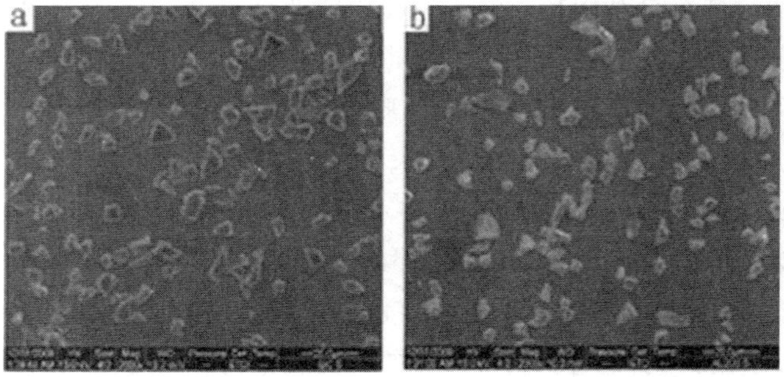

图 3.1 粒径为 5μm 的（a）SiC 和（b）Al_2O_3 微颗粒的扫描电镜图片

对比各实验组的试样表面微观形貌的 SEM 照片（以图 3.2 的 SiC 微颗粒组的结果为例）可以发现，不同质量分数的微颗粒悬浊液对应的实验组试样的空蚀破坏程度是不相同的。不论是哪个实验组的试样，试样表面都会出现大量的突起的网状结构，且此结构在各种实验组对应的结果上没有明显的区别。此结构被认为是空蚀破坏造成的塑性变形结果[11]。SEM 照片上出现的不同程度的白色斑点区域就是空蚀坑所在的位置，类似的结构在碳钢空蚀特性研究中都有很多报道[10,12,13]。白色斑点区的中间是一个黑色的点，也就是空蚀造成的蚀坑。白色斑点区域在绝大多数空蚀破坏中都随着空蚀坑一起出现，而且都分布在空蚀坑的外围。可以认为白色斑点区域就是 Q235 钢空蚀发生的标识。

图 3.3 为两种微颗粒对应实验组的试样上采样统计区的空蚀坑数量。结果显示，随着悬浊液的微颗粒质量分数的增大，不同微颗粒实验组对应的试样出现空蚀坑数量的变化规律是相似的。SiC 和 Al_2O_3 微颗粒对应实验组的试样表面空蚀坑数量随着悬浊液的微颗粒质量分数的增大而出现先增大后下降的变化趋势。这和报道过的悬浊液的微颗粒质量分数变化影响空蚀破坏结果类似[10]。从本实验结果来看，质量百分数为 0.05% 是变化的转折点。这可能和悬浊液的微颗粒质量分数增大导致的颗粒团聚有关。如果发生明显的团聚，那么实际影响空蚀的微颗粒数量将下降。

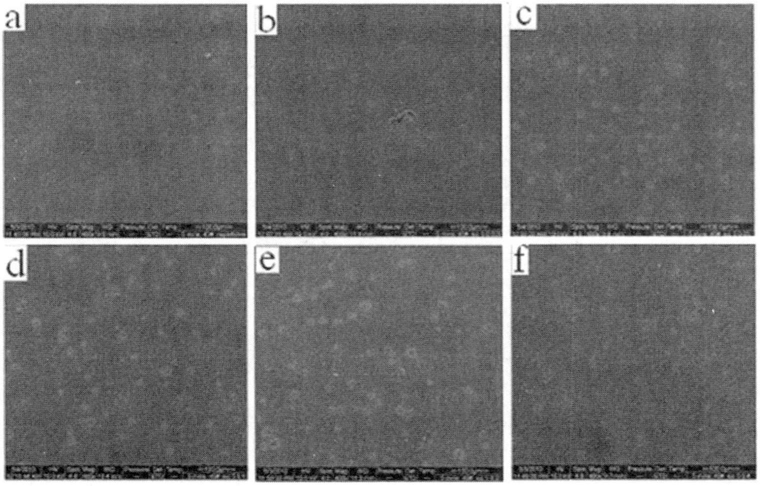

图 3.2　不同浓度 SiC 颗粒对 Q235 钢空蚀破坏的影响：
（a）0%；（b）0.0125%；（c）0.025%；（d）0.05%；（e）0.1%；（f）0.2%

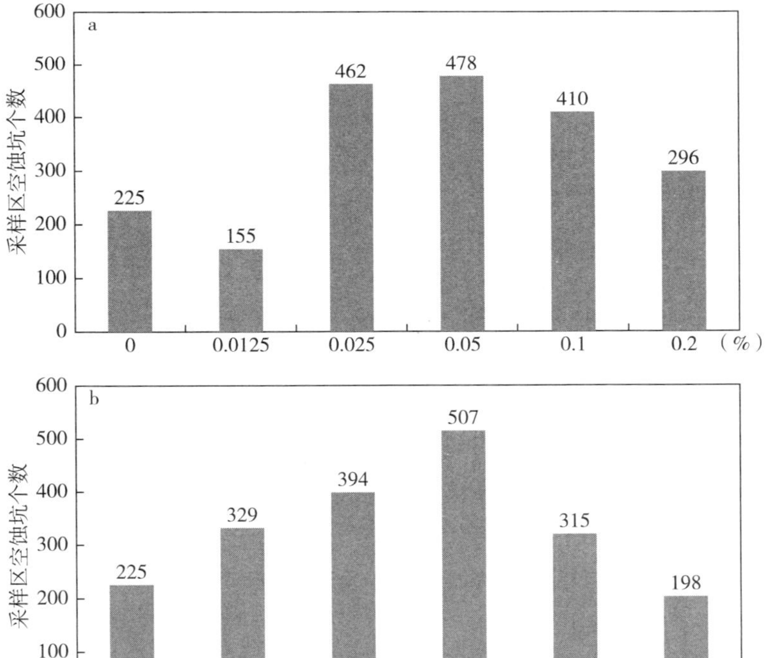

图 3.3　微颗粒对应实验组的试样采样统计区的空蚀坑数量：（**a**）**SiC**；（**b**）Al_2O_3

3.2 不同粒径微颗粒的实验

悬浊液的微颗粒质量分数均为0.1%，在超声振动空蚀实验中按标定粒径从小到大的顺序分别添加0.8μm、2.5μm、5μm、7μm和10μm的五种SiC微颗粒，通过激光粒度分析仪测量得到的粒径分布图的粒径中值的结果见表3.1。

表3.1　五种SiC微颗粒的粒径值

颗粒材料	SiC				
标注粒径	0.8	2.5	5	7	10
实测粒径	0.8	2.5	5.5	8.9	11.4

图3.4显示的是各种粒径SiC微颗粒对应实验组的试样上统计采样区的空蚀坑数量。随着微颗粒粒径的增大，不同微颗粒实验组对应的试样出现的空蚀坑数量逐渐减少。5μm、7μm和10μm的SiC微颗粒对应的结果变化不大。所有添加了微颗粒的实验组中试样的空蚀破坏都要比不添加微颗粒的实验组严重。

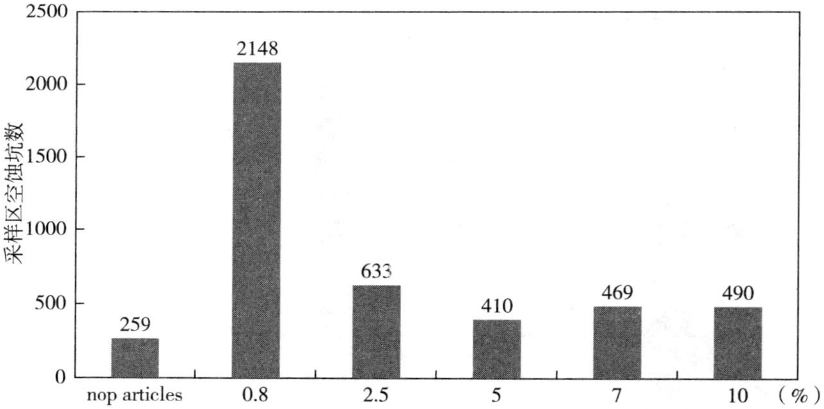

图3.4　各种粒径SiC微颗粒对应实验组的试样上统计采样区的空蚀坑数量

从试样空蚀破坏的实验结果看，悬浊液中的微颗粒粒径的变化将导致试样的超声振动空蚀破坏程度变化。微颗粒粒径越大，那么其对应实验组试样的空蚀破坏将越不严重。已有类似的研究结果被报道[3]。此结果可能是和微颗粒的粒径不同导致的数量不同有关。

3.3 彩虹环现象本质

在大量的实验研究过程中，我们发现部分材料表面发生的空蚀破坏会出现在光镜下可观测的彩虹环结构。这样的彩虹环区域出现在空蚀坑的外围，一般呈圆形。图3.5是彩虹环光镜照片以及放大的彩虹环SEM照片。可以发现，这些空蚀坑周围形成的环状区域其实是所谓的“毛状”结构，将这些毛状结构高倍放大看，实际是一种150~250nm厚的纳米结构。该纳米结构呈现三明治状层状结构而且很明显，不同区域的“毛状”结构的分布和排列紧密程度是不同的。对“毛状”结构的X射线能谱分析（EDS），显示其化学组成和试样的表面十分相似，除了有些区域会出现少量的氧成分（图3.6）。因为空蚀坑处的能谱分析也显示有少量氧的存在，而且很多研究也表明空泡溃灭过程中的直接打击造成的高温可能使材料的表面发生了局部的氧化[14,15]，所以“毛”状区域能谱上出现的氧也许是空蚀坑中原始材料先被打击并被氧化而后喷出所致。进一步通过拉曼光谱分析表明，三明治状纳米结构为γ-FeOOH和α/β-FeOOH。

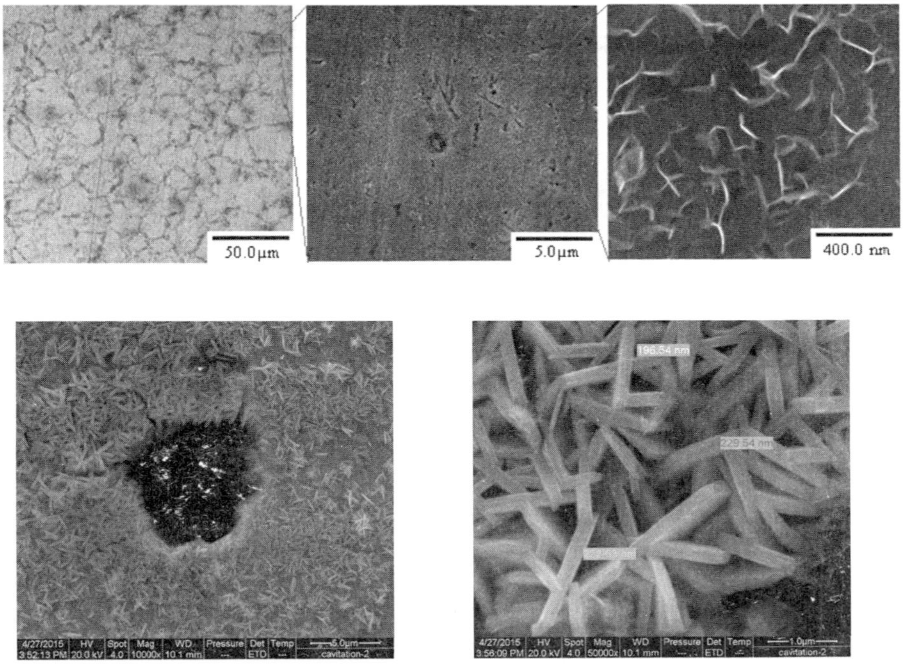

图3.5 彩虹环光镜照片以及放大的彩虹环SEM照片

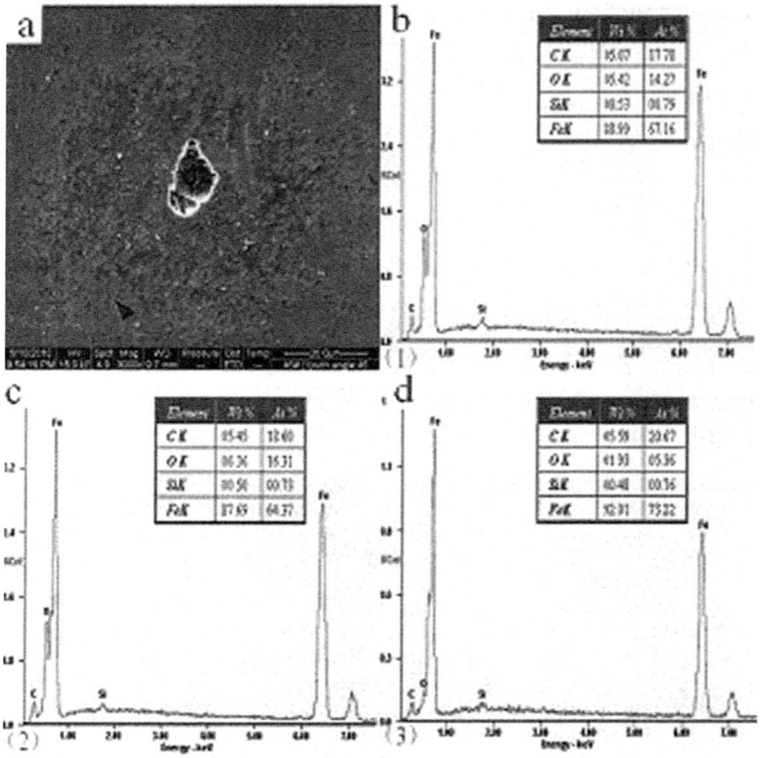

图 3.6　空蚀坑及周围 EDS 谱图

4. 结论

（1）悬浊液的微颗粒质量百分数的变化导致试样的超声振动空蚀破坏程度变化，但是变化不是单调的线性关系。小于某质量分数百分数时，空蚀破坏随着质量分数增大而增大，但大于该值后，空蚀破坏却随着质量分数增大而减少。对于不同粒径微颗粒而言，粒径越大，对应实验组试样的空蚀破坏将越不严重。

（2）证明利用光镜观测的彩虹环结构和利用 SEM 观测到的“毛状”结构是同一事物。彩虹环的基本组成结构是三明治状 γ-FeOOH 和 α/β-FeOOH 纳米结构。

5. 创新点

（1）获得了微颗粒对空蚀破坏的影响规律，所获得结果对开发有效抑制空蚀破坏的技术具有参考价值。

（2）获得了一种潜在的铁基纳米结构的制备方法，对开发低成本、高效率的纳米功能材料提供了理论指导。

参考文献

[1] 黄继汤．空化与空蚀的原理及应用．北京：清华大学出版社，1991

[2] 柯乃普，戴利，哈密托．空化与空蚀．北京：水利出版社，1981

[3] M. Arora，C. D. Ohl，K. A. Mrch，Cavitation Inception on Microparticles. Phys. Rev. Lett. 2004，92：174501

[4] 王金照．气泡成核的分子动力学研究及纳米颗粒对成核的影响：[博士论文研究]．清华大学，2005

[5] 黄景泉．空泡溃灭时的流场．应用数学和力学，1989，10：247

[6] 陆力．液流中边壁附近的空泡溃灭研究．水力学报，1992，3：65

[7] 黄景泉，韩成才．气核尺度对空化现象的影响．应用数学和力学，1992，13：341

[8] 汪家道，陈皓生，秦力，等．水力机械空蚀中微颗粒的关键作用．科学通报，2007，22：2686

[9] 李永健．空蚀发生过程中表面形貌作用机理研究：[博士学位论文]．清华大学，2008

[10] 秦力．空蚀发生机理的实验研究：[硕士学位论文]．清华大学，2005

[11] 刘诗汉．空化微射流冲击作用下材料表面破坏机理研究：[博士学位论文]．清华大学，2007

[12] V. G. Plotnichenko，V. O. Sokolov，E. M. Dianov. Hydroxyl groups in high-purity silica. J. Non-Crystal. Solids. 2000，261：186-194

[13] 陈昭运．空蚀破坏的微观氧化过程．哈尔滨工程大学学报．2007，28：1056

[14] C. C. Wu，P. H. Robert，Shock-wave propagation in a sonoluminescence gas bubble，Phys. Rev. Lett. 1993，70：3424

[15] C. F. Ying，L. An，High temperature and high pressure distribution in gas bubbles generated by sound cavitation，Sci. China A，2002，32：305

小型 V12 柴油机模型的建模与制作

北方工业大学：王文奇　邓生辉　侯雨豪　耿宇轩　李刘平
指导教师：刘瑛 副教授

［摘　要］本课题主要是小型 V12 柴油机模型的建模与制作，根据所学的知识利用 Solidworks 建构三维模型。了解柴油机的构造、工作原理和工作流程，并利用小型数控机床、3D 打印等技术加工出实物模型。

［关键词］柴油机；Solid Works；小型数控机床；PPCNC

引言

柴油发动机的优点是扭矩大、经济性能好。柴油发动机的工作过程与汽油发动机有许多相同的地方，每个工作循环也经历进气、压缩、做功、排气四个冲程。不同的是柴油发动机的气缸中的混合气是压燃的，而非点燃的。本课题对于小型 V12 柴油机的建模主要用 Solid Works 软件设计，可以简单直观地看出柴油机的构造。零件的加工采用了小型数控铣床来加工，部分复杂零件采用了 3D 打印来加工，以增加效率。

1. 绪论

1.1　选题背景及研究意义

随着科技的进步和国际自由贸易的深化，各国之间的相互依赖不断增加，国际贸易大幅度增长，制造业的全球化趋势越来越明显，并表现出一些新的特征。未来制造业的发展趋势将呈现出五大趋势，即生产全球化、技术高级化、产业集群化、生产绿色化和产业融合化。

随着本校学生实验室设备的不断发展，已有传统数控中心的大型加工中心、数控车床、数控铣床等，在此基础上，学生实验室又引进了小型的数控铣床 PPCNC

(Personal portable CNC), machine，即个人便携式数控机床和 3D 打印机等先进设备。并且开放了 arduino 实验室、CAD/CAM 实验室、3D 打印实验室等面向全体学生开放的实验室项目，让学生在学习课本理论知识的同时走进实验室将理论知识利用实验室设备得以进一步实践和巩固。

本课题的研究意义：

(1) 通过对柴油机部件利用 Solid Works 进行三维建模、装配、运动仿真来达到对柴油机的工作原理的深入了解认识，并对后面学习柴油机运动状态和工作原理的同学提供更好的、更有趣、更直观的一个途径。尤其是最后做的运动仿真导出的动画，可以很容易且直白地了解柴油机的一些运动上的理论。

(2) 通过用小型数控机床 PPCNC 和 3D 打印结合 MAstercam 等软件来加工零件，使我们对小型机床的操作更加熟练，对 Mastercam 的使用也更加的得心应手。

(3) 通过对零件的三维建模以及加工安装，利用机械制图和机械设计相关知识对所加工零件进行进度检验、零件配合等方面的操作，巩固熟练相关精度要求和配合要求。

1.2 本课题的主要研究内容和方法

(1) 研究内容：本课题主要根据互联网上小型 V12 缸发动机模型的制作视频得以启发，从而萌生利用 PPCNC 结合 3D 打印和 Mastercam 制作该发动机模型的想法。

(2) 方案拟定：

第一，从网上购买该发动机模型的二维图纸；

第二，组员分工利用 Solid Works 制图软件对图纸进行三维建模；

第三，零件三维模型组装仿真；

第四，根据零件加工难易程度分别利用 PPCNC 和 3D 打印进行各零件的实体加工；

第五，对所加工零件进行精度检验和零件配合检查；

第六，发动机模型组装运行检察。

2. 柴油机各部件三维建模

柴油机的主要部件是指燃烧时部件（活塞、气缸、汽缸盖）、曲柄连杆机构（连杆、曲轴等）、机架、机座和贯穿螺栓等部件。这些部件构成柴油机的主体，它们工作的好坏不但直接影响柴油机的技术性能指标的高低，而且还和安全航行密切相关。

2.1 机体总模型

本次所建模的 V12 缸柴油发动机模型非标准件共有 64 件，其中按加工件数分类：单个加工零件35个，双份零件14个，四份零件1个，五份零件1个，六份零件4个，十二份零件8个。

所建模之柴油机模型如图2.1所示。

图2.1　V12缸发动机三维图

2.2　杆类典型零件的实体建模

利用SolidWorks完成如图2.2杆类件的三维建模。

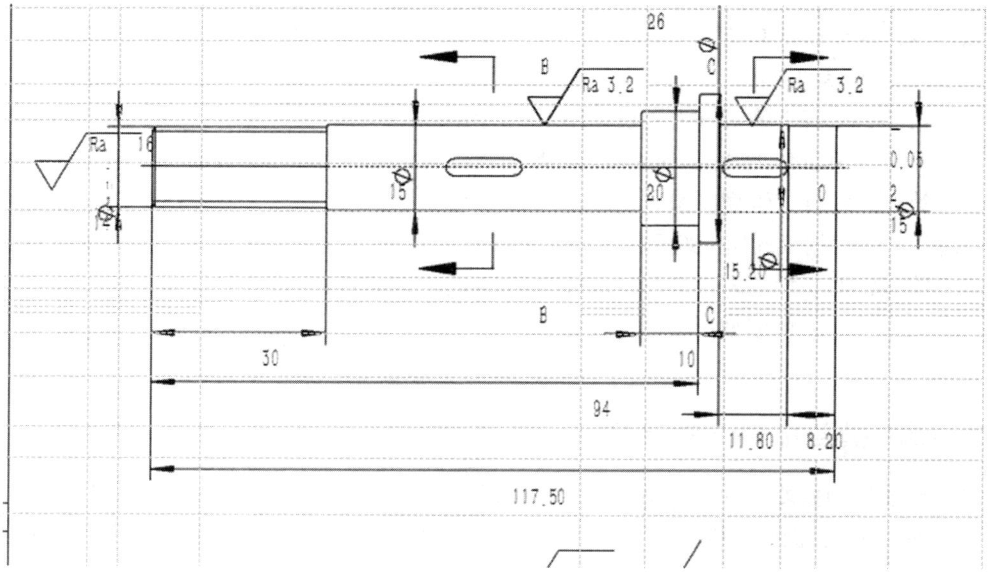

图2.2　典型杆类件二维图具体步骤：

（1）打开Solid Works软件新建一个文件选择“单一设计零部件的3D展现”；

（2）以前视基准面维基础平面做中心线；

（3）根据二维图所标注尺寸画出杆件一半的二维图像；
（4）以中心线为旋转轴做实体旋转命令，做出杆件三维实体；
（5）以前视基准面做基准面 plne1 、plne2；
（6）分别在两个基准面上做出两键槽图形用拉升切除做出键槽。

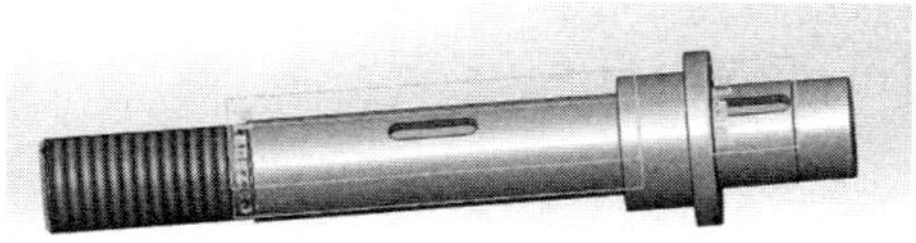

图 2.3　典型杆类件的三维图

2.3　盘类典型零件的三维实体建模

利用 Solid Works 完成如下盘类件的三维实体建模。

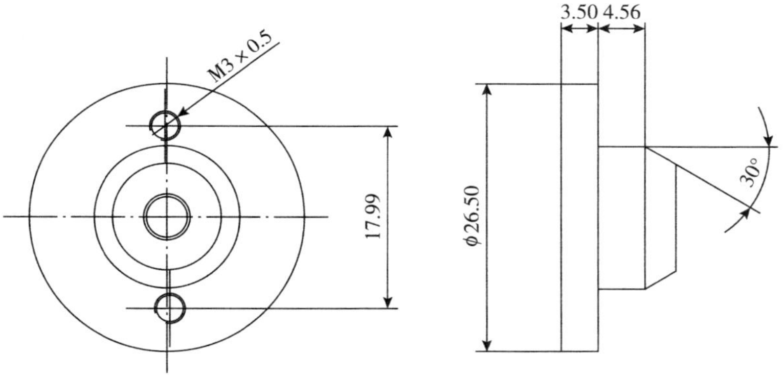

图 2.4　典型盘类件二维图

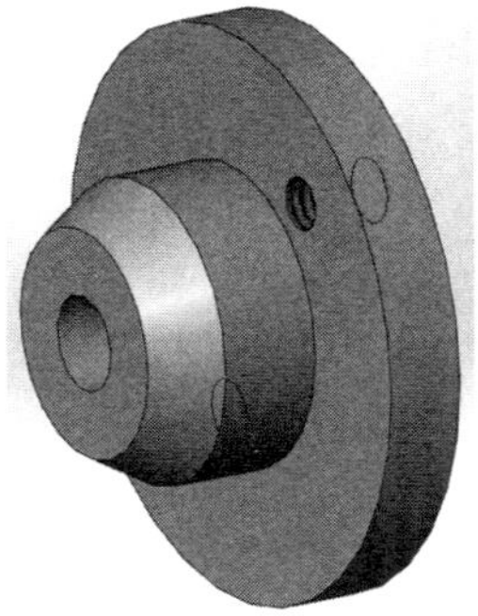

图 2.5　典型盘类件三维图

（1）在草图平面做出 Φ26.5 圆；
（2）拉升增料做出底部圆盘；
（3）利用同样方法做出上部圆盘；
（4）利用倒角命令做出∠30 倒角；
（5）领用拉升切除做出圆柱通孔；
（6）利用异型孔向导做出两个 M3 螺纹孔。

2.4 柴油机其他零部件三维建模

通过以上 2.2 和 2.3 的典型零件三维建模步骤展现，柴油机其他零部件的三维建模亦是异曲同工，首先通过二维图纸，在草图界面绘出零件部分二维图像，通过对二维图形进行旋转、拉升等操作，建立出三维模型，然后亦可在三维模型上进行拉升增料，拉升除料、阵列、镜像、圆角以及倒角等操作，完成对零件三维建模工作。

柴油机三维建模装配完成见图 2.1V12 缸发动机三维图。

3. 柴油机的实体加工

3.1 柴油机零件的工序编制和实体仿真

所完成的三维建模实体根据其加工难易程度可选择利用 PPCNC 加工或者结合 3D 打印进行实体制作；区分原则是可以两面加工的零件即利用 PPCNC 进行加工，需要三面及以上加工的零件则选用 3D 打印进行实体加工。

利用 3D 打印的零件需将 Solidworks 文件另存为“GIES”格式，利用 3D 打印制作的零件需将 Solidworks 文件另存为“matrix”格式以方便相关编辑软件的导入和程序处理。

3.1.1 利用 PPCNC 进行典型杆类件的加工

（1）打开 MastercamX3 选择默认机床，材料设定建立毛坯，设定参数 72X42X15mm。

（2）选择“打开文件”按钮从文件夹中导入“GIES”格式的杆类件。

（3）工序划分，如表 3.1。

表 3.1

工序号	刀具类型	主轴转速	进给速度	工序描述
1）曲面粗加工挖槽加工	25X6Φ6 立铣刀	2500	500	利用立铣刀进行粗加工，铣出杆件外形

续表

工序号	刀具类型	主轴转速	进给速度	工序描述
2）曲面精加工等高外形加工	25X6Φ3 球头刀	2500	500	多杆件进行精加工，打磨杆件至光滑
3）曲面精加工等高外形精加工	25X6Φ2 球头刀	2500	500	进行键槽部位加工

（4）加工仿真模型

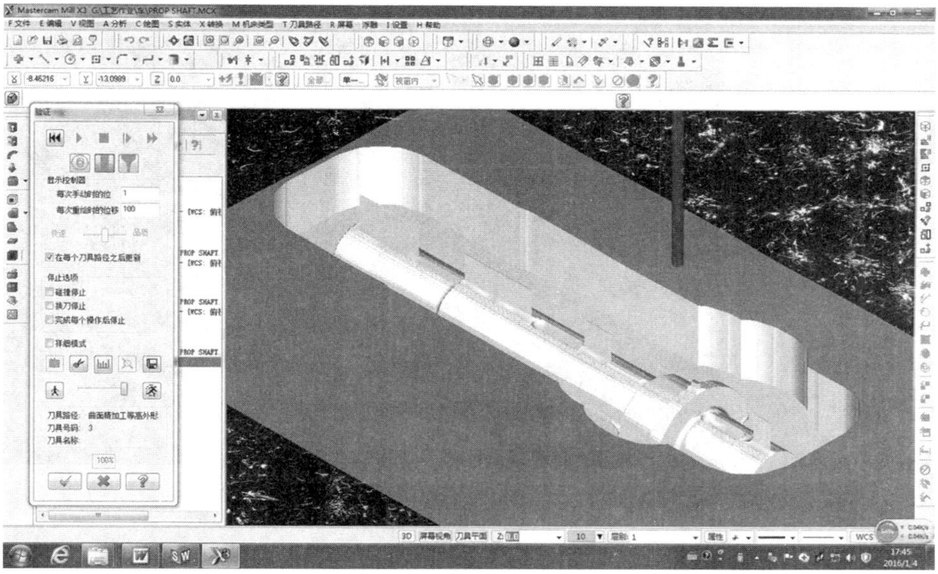

图 3.1　杆类件仿真模型

（5）生成的 NC 文件见附录 1。

3.1.2　典型盘类件的加工与仿真

（1）选择默认机床，材料设定建立毛坯，设定参数 72×42×15mm。

（2）工序划分，如表 3.2。

表 3.2

工序号	刀具类型	主轴转速	进给速度	工序描述
1）曲面粗加工挖槽加工	25X6Φ6 立铣刀	2500	500	利用立铣刀进行粗加工，铣出盘件外形
2）曲面精加工等高外形加工	25X6Φ3 球头刀	2500	500	多杆件进行精加工，打磨盘件至光滑

续表

工序号	刀具类型	主轴转速	进给速度	工序描述
3）曲面精加工等高外形精加工	25X6Φ2 球头刀	2500	500	进行通孔加工

（3）仿真模型

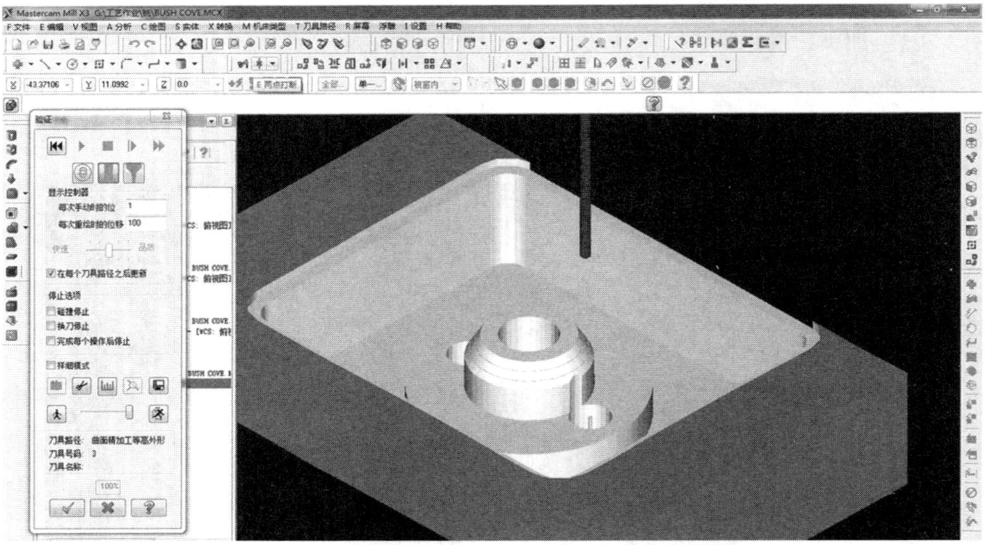

图 3.2　盘类件仿真模型

（4）NC 文件见附录 2。

3.2　利用 PPCNC 进行零件的实体加工

3.2.1　PPCNC 小型数控铣床原理和简介

工作原理如下：PPCNC 是一种进行微小零件进行数控加工的便携式小型数控铣床，其英文全称为 Personal Portable CNC machine。本次在 PPCNC 加工零件基于 Solidworks 三维建模、Mastercam 刀路编辑模拟、NC 数控加工等多项技术。其中核心是利用 Mastercam 软件辅助设计刀路，利用 Mastercam 软件不仅可以实现计算机辅助 NC 程序编制，还可以实现计算机辅助设计制造一体化。

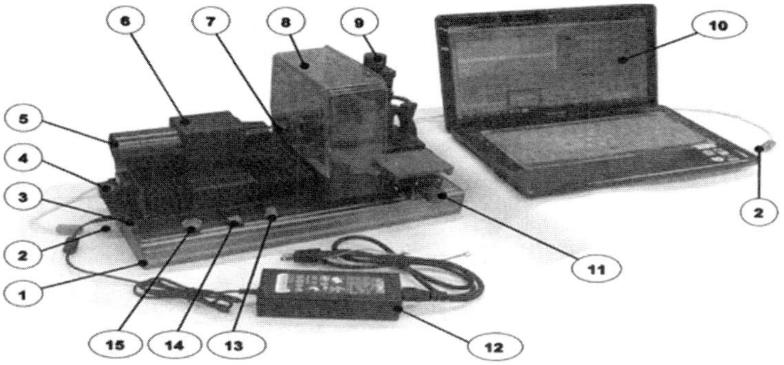

图 3.3　PPCNC 及计算机结构图

1. 电气箱体　2. USB 数据线　3. 机床底座　4. Z 轴电机与手轮　5. 主轴电机　6. 主轴箱体　7. 刀具夹头　8. 防护罩　9. Y 轴电机与手轮　10. 控制端 PC　11. X 轴电机与手轮　12. 电源适配器　13. 调速旋钮　14. 总电源开关　15. 急停开关

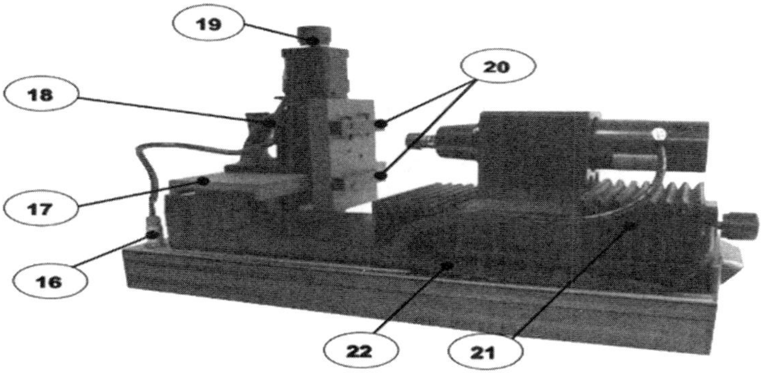

图 3.4　PPCNC 结构图

16. Y 轴插头与插座　17. X 轴滑台　18. Y 轴底座　19. Y 轴滑台　20. 工作夹台　21. Z 轴防尘罩　22. 拖链

3.2.2　PPCNC 小型数控铣床加工优点分析

PPCNC 小型数控铣床工作行程：X 轴 72 mm、Y 轴 402mm、Z 轴 66 mm，适用于加工一些小型零件并能保证一定精度，而且 MasterCAM 软件实现铣削、车削、线切割的仿真加工，同时提供相关的加工情况报告，检测加工过程中可能出现的碰撞、干涉、过切等问题，避免实际加工时错误的走刀轨迹给零件加工带来的损失，节省材料并避免了错误操作带来的危险。例如：利用 PPCNC 进行加工的零件浇道对称模版，其工艺尺寸为 53×26×10，其外形和尺寸全部满足 PPCNC 小型数控铣床的加工范围，故选用此加工方式。并且采用 MasterCAM 软件的后处理程序可自动生成 NCI 刀具文件或 NC 数控代码，大大节约了加工时间。

3.2.3 PPCNC 实物加工

（1）打开PPCNC操作软件。此PPCNC配套软件具有自动、手动直接输入操作模式以及刀偏设置、刀路模拟、诊断等机床显示状态。装夹好工件材料，为了固定工件和避免铣刀碰撞到机床端面，可在工件背后沾上一块长方块或者垫一块，以起保护作用。点击刀偏设置，调整工件坐标。将机床工件X、Y坐标调至零点，同时利用工具进行Z轴方向上的对刀，机床操作界面如图所示。

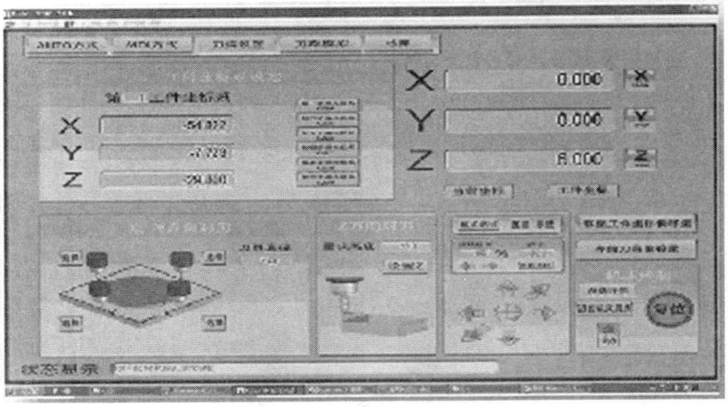

图3.5 PPCNC软件操作界面图

（2）导入在Mastercam生成的NC代码，点击启动，机床将开始对工件进行企切削加工。加工过程如图所示。点击刀路模拟，在加工过程中观察软件对刀路进行的模拟，与实物进行比对，如果发现错误可点击“停止”按钮或者按机床上的红色急停开关进行停止维护。

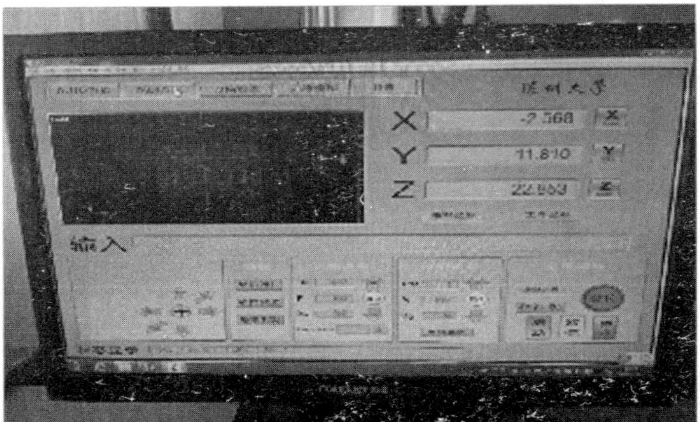

图3.6 零件浇道对称模版刀路模拟

3.2.4　柴油机模型的装配

在完成柴油机所有非标准件的加工及精度检验之后，选择合适标准件与之配合，进行模型的装配，以检验所加工零件之配合程度及进行运行检验。

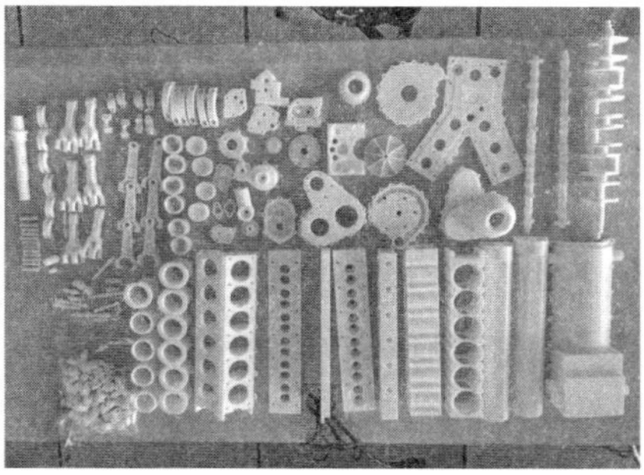

图 3.7　柴油机模型零件

图 3.8　装配中的底座连杆和活塞

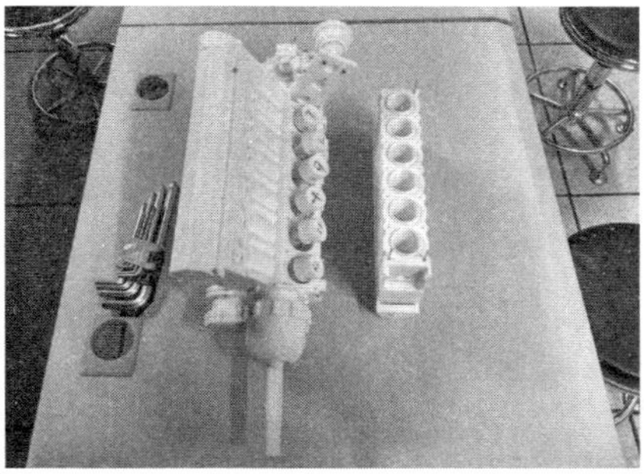

图 3.9　装配完成的模型（一半留作参考）

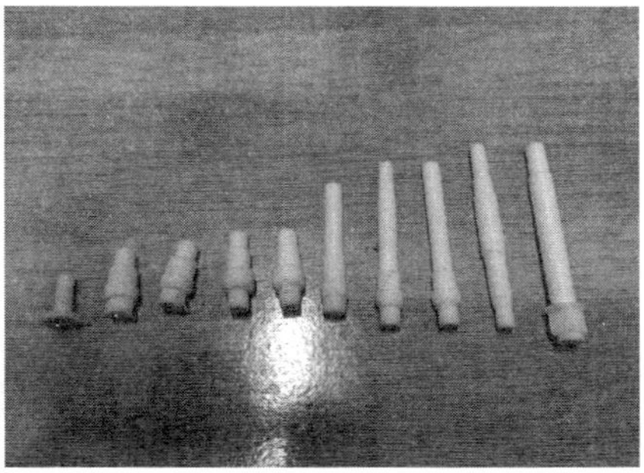

图 3.10　轴

5. 小结

本项目以三维软件 Solidworks 为设计平台，以小型 V12 柴油机为设计对象，分析其结构、原理；并对其进行三维数字化建模和装配，运动仿真，性能优化。得出以下结论：

（1）通过 Solidwork 对柴油机的建模，能够快而熟练地掌握该软件，同时对柴油机本身的结构，原理都会有很深的认识，对以后从事柴油机设计方面的工作有很大的帮助。

（2）通过用小型数控机床 PPCNC 和 3D 打印来加工零件，使我们对小型机床的操作更加熟练，对 Mastercam 的使用也更加的得心应手。

（3）本次实践项目不仅巩固与加深了上学期计算机辅助设计课程中所学习的知识，更加培养了我们的学习能力，创造能力以及协作能力。同时，还让我们学会如何综合运用以前所学的多门课程，将计算机辅助设计知识，计算机绘图知识，机械制造及工艺知识，数控技术及数控编程等多种知识融汇到课程设计中。我们经行复杂零件的二维图形绘制、三维曲面建模、三维实体造型、数控加工及数控加工自动编程等过程中，遇到了各种各样的问题。这反映出我们对 CAD/CAM 基本概念、基本原理及技术运用等方面掌握的还不是很全面，操作也不够娴熟。然而，在老师细心、耐心的帮助下，我们的问题都得到圆满的解决。

参考文献

[1] 李斌. 船舶柴油机. 大连：大连海事大学出版社，2008
[2] 孙培廷. 主推进动力装置. 北京：人民交通出版社，2002
[3] 日本轮机协会年度报告。MARINE ENGINEERING PROGRESS，1995—2005
[4] 刘永长. 内燃机原理. 武汉：华中科技大学出版社，2001
[5] 周龙保. 内燃机学. 北京：机械工业出版社，2006
[6] 孙恒，陈作模，葛文. 机械原理（第七版）. 北京：高等教育出版社，2008
[7] 吴宗泽，高志，罗圣国等. 机械设计课程设计手册（第四版）. 北京：高等教育出版社，2012
[8] 何铭新，钱可强，徐祖茂. 机械制图（第六版）. 北京：高等教育出版社，2007

基于 Arduino 的多轴飞行器

北方工业大学：吕作明　曹安东　秦蓉　孙松林　郭可可
指导教师：吕洪波 讲师

［摘　要］近年来，随着人工智能技术、MEMS 技术及控制理论技术的日益成熟和发展，多轴飞行器已能够垂直起降、遥控或自主飞行并能执行复杂任务，多轴飞行器有了广阔的应用前景。本项目以多轴飞行器为背景，搭建了四周飞行器实验平台。并对四轴飞行器的设计和应用进行了学习和讨论。

［关键词］四旋翼飞行器；传感器；Arduino

1. 选题背景

近年来，由于多轴飞行器的结构简单、易维护、价格低廉、方案成熟，得到了长足的发展，而多轴飞行器中尤以四轴飞行器为主。随着人工智能技术、MEMS 技术及控制理论技术的发展，多轴飞行器的可靠性和效率越来越高，在军事领域和国民经济中地位逐渐升高。

世界主流国家都在研制能自主飞行的智能多轴飞行器，商用机器人尤以我国深圳 DJI（大疆）公司为最，其在世界范围内占据着70%的销量，是航拍和四旋翼飞行器领域的领头羊。而随着多轴飞行器控制方案越来越成熟，其应用也在不断延伸，例如：结合图像处理进行城市违章车辆信息采集、三维地图扫描构建、不规则地形的测距等应用。

2. 方案论证

本课题以多轴飞行器中的四旋翼飞行器为基础平台，搭建教学实验平台以及进一步的应用。

平台式惯性导航系统虽然已经达到很高水平，但其造价高昂，维修费用高，而捷联式惯性导航系统随着 MEMS 技术的发展也进入较快的发展期，捷联式惯性导航系统是将惯性敏感器（陀螺、磁力计和加速度计）直接安装在运载体上，不再需要稳定平台和常平台架系统的惯性导航系统。[1-1]

多旋翼飞行器是一种垂直起降机，是固联在刚性交叉结构上，由多个独立电机驱动的螺旋桨组成的6自由度系统。尽管有多个驱动，但因为四旋翼飞行器具有6个坐标输出，并且多个螺旋桨一般都朝一个方向，所以多旋翼飞行器往往是欠驱动和动力不稳定的系统。为了确保飞行器在飞行过程中保持稳定性，需要实时的检测飞行器的姿态，以用于调整驱动电机的转速，对飞行器的姿态进行控制。飞行器姿态角（俯仰角和横滚角）在静态时可以通过加速度传感器计算，但飞行时，加速度传感器的数据会受到非重力加速度的影响，使计算不准确。所以，一般可用利用陀螺仪和加速度计的组合来完成姿态角的检测。陀螺仪动态性能好的特点，用于进行实时控制，而加速度计的静态性能好，用于进行校正。

根据 MEMS 传感器的输出特性和对姿态的控制需求，飞控算法将姿态融合分为五步，其总体结构如图 2.1 所示。第一步，将 MEMS 加速度计的输出直接发给核心解算微控制器进行综合处理，滤除高频噪声和温度补偿后，输出三轴加速度；第二步，将外部 GPS 提供的东北天方向速度利用卡尔曼滤波器建模解算出东北天方向加速度；第三步，将东北天方向加速度、地速和 MEMS 陀螺直接测量的角速率信号，采用卡尔曼滤波器算法输出三轴角速率；第四步，将三轴加速度、三轴角速率和地速相结合，利用互补滤波器融合得到滚转角和俯仰角；最后，解算出的三轴加速度、三轴角速率、滚转角和俯仰角通过 I2C 或 ISP 输出。

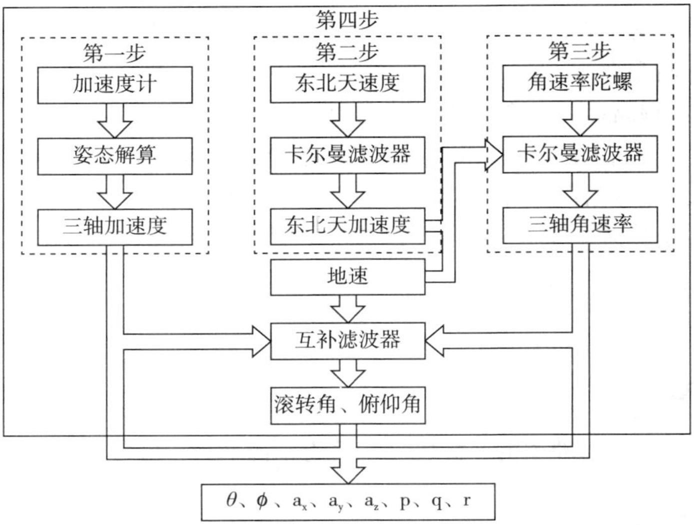

图 2.1　姿态融合步骤

在对姿态融合之后，再对姿态进行解算，得到电机需要的输出值，进而控制飞行器的姿态达到遥控器的预期。

3. 研究工作

3.1 硬件平台搭建

对于四旋翼飞行器，我们搭建最为普遍的“X”形结构，前方为机头方向，机头方向右上方螺旋桨为1号，然后以逆时针定义2号、3号、4号桨，如图3.1所示。螺旋桨1和3为逆时针旋转而螺旋桨2和4为顺时针旋转。这样只要四个螺旋桨旋转速度相同时即可抵消四个螺旋桨各自产生的扭矩并提供足够的升力，使四旋翼垂直起降。

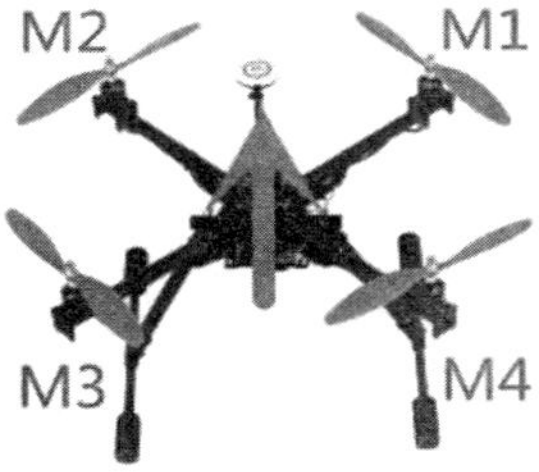

图3.1 “X”形结构四旋翼

3.3.1 微处理器

前期系统采用Arduino Pro微控制器，处理器核心是ATmega328P，工作在3.3V、8MHz或5V、16MHz。同时具有14路数字输入/输出口（其中6路可作为PWM输出），6路模拟输入，一个电池插座，预留位置没有预装的电源开关、ICSP Header和大量引脚。板上还有一个6脚Header可以与FTDI线或扩展板相连，如图3.2。

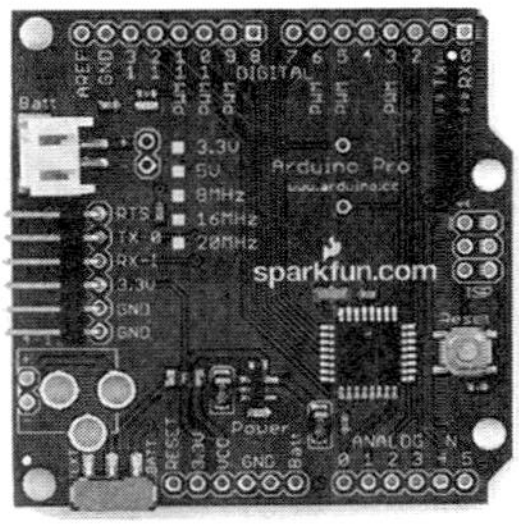

图3.2 Arduino Pro

后期由于考虑到参加RoboMaster比赛，改用STM32F10X系列的STM32F103VCT6，是基于ARM Crotex-M3内核的微控制器。最大时钟频率72MHz，程序FLASH256KB，数据RAM48KB，具有80个输入/输出端口。

3.1.2 主板

主板的主要功能包括：微控制器最小系统板的安装、加速度计、陀螺仪、磁力计以及各外围模块的接口，Arduino主板原理图参见图3.3，STM32F103VCT6主板原理图参见图3.4。

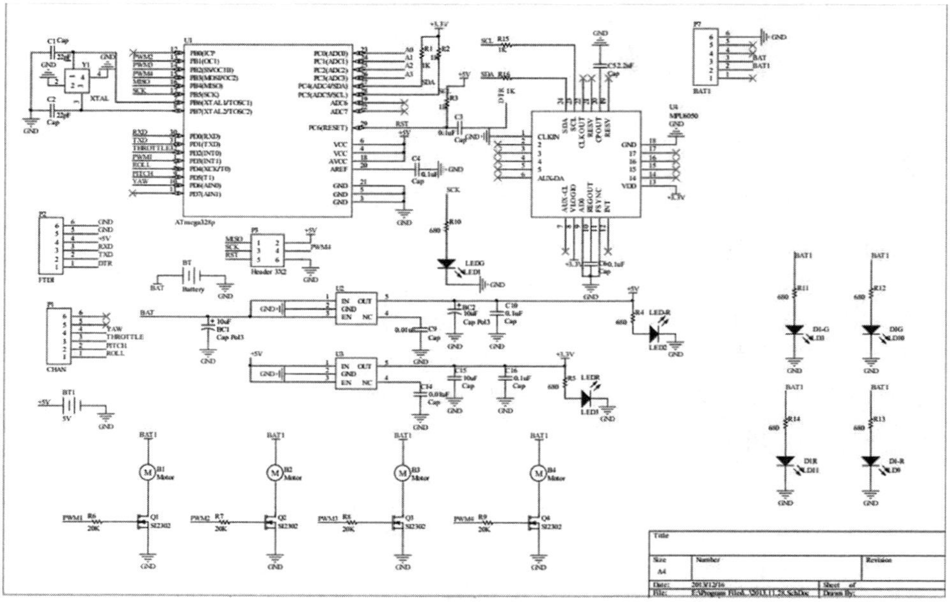

图 3.3　Arduino 主板原理图

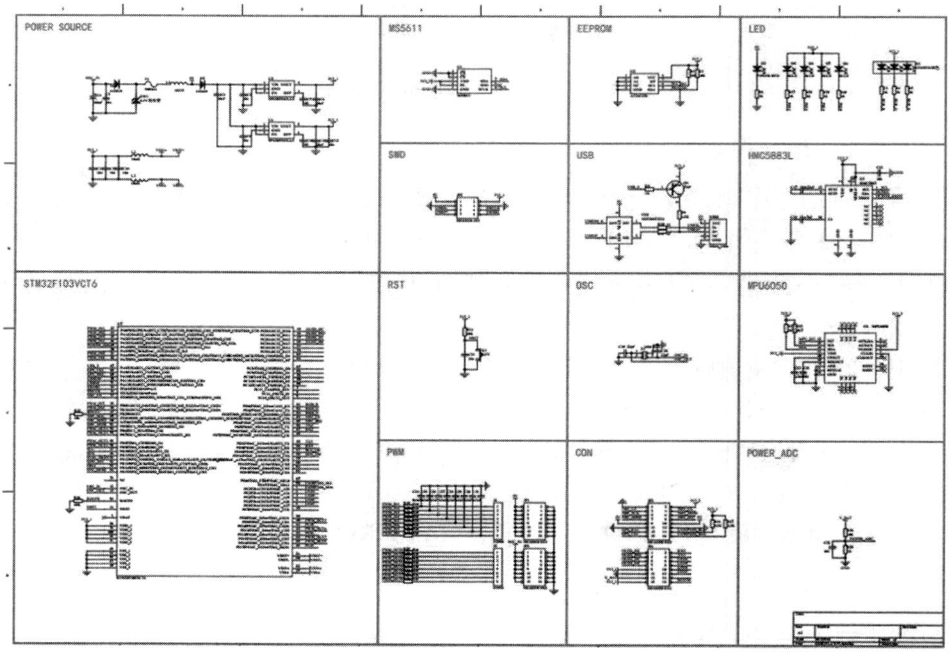

图 3.4　STM32F103VCT6 主板原理图

3.1.3 执行器——电调和电机

系统的执行器包括直流无刷电机 HT2212（图 3.5 左）和好盈乐天电调 XRotor（图 3.5 右）。HT2212 是 960KV 直流无刷电机，KV 值是无刷直流电机的转速参数，即电动机的驱动电压每增加 1V，电动机所增加的转速值。电机的转速（空载）=KV 值乘以电压；例如 KV1000 的电机在 10V 电压下它的转速（空载）就是 10000 转/分钟。电机的 KV 值越高，提供出来的扭力就越小。

好盈乐天电调 XRotor 电调，持续电流为 20A，瞬间电流 30A，一般采用 3 节锂电池（11.1V）供电即可。直流无刷电机是通过调节直流电压来控制速度的。电压越高，转速越快；电压越低，转速越慢。由于单片机并不能输出可调的直流电压，所以采取脉宽调制（PWM）方式来控制电机的输入电压。PWM 占空比越高，等效电压就越高，占空比越低，等效电压就越低。但是单片机给出的 PWM 波形只是控制信号，而且最高电压也只有 5V，其能量并不足以驱动无刷直流电机，所以必须要再接一个功率管来驱动电机。功率管可以是 MOSFET（场效应管），也可以是 IGBT（绝缘栅双极晶体管）。而无刷直流电机转动的换相问题主要就是根据电机的转动来进行控制 MOS 管的开关实现换相。[1-2]

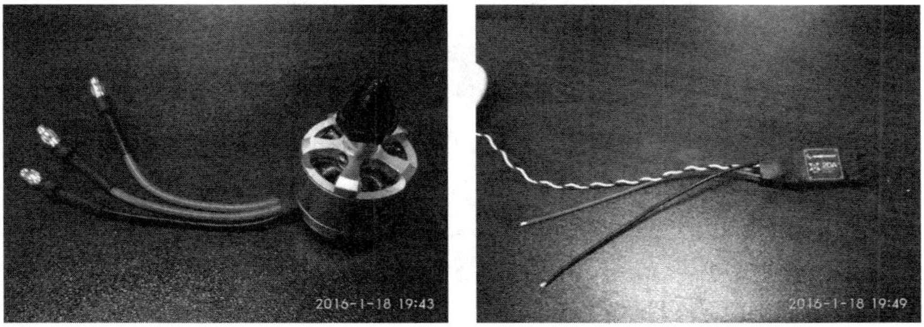

图 3.5 系统执行器（左：直流无刷电机，右：电调）

3.1.4 传感器

MPU-6050 为全球首例整合性 6 轴运动处理组件，相较于多组件方案，免除了组合陀螺仪与加速器时之轴间差的问题，减少了大量的封装空间。MPU-6050 的角速度全格感测范围为 ±250、±500、±1000 与 ±2000°/sec（dps），可准确追踪快速与慢速动作，并且，用户可程式控制的加速器全格感测范围为 ±2g、±4g ±8g 与 ±16g。产品传输可透过最高至 400kHz 的 IC。MPU-6050 可在不同电压下工作，VDD 供电电压介为 2.5V ±5%、3.0V ±5% 或 3.3V ±5%，逻辑接口 VVDIO 供电为 1.8V ±5%。直接以数字输出 6 轴或 9 轴的旋转矩阵、四元数、欧拉角格式的融合演算数据。

霍尼韦尔 HMC5883L 是一种表面贴装的高集成模块，并带有数字接口的弱磁传感器芯片，应用于低成本罗盘和磁场检测领域。HMC5883L包括最先进的高分辨率HMC118X系列磁阻传感器，并附带霍尼韦尔专利的集成电路包括放大器、自动消磁驱动器、偏差校准、能使罗盘精度控制在1度~2度的12位模数转换器、简易的I2C系列总线接口。HMC5883L是采用无铅表面封装技术，带有16引脚，尺寸为3.0×3.0×0.9mm。选用HMC5883L的原因是其采用霍尼韦尔各向异性磁阻技术，该技术的优点是其他磁传感器技术所没有的，在业内是灵敏度较高和可靠性较好的传感器。

3.1.5 螺旋桨

采用ATG 10X4.7型号螺旋桨（直径为10英寸，螺距为4.7英寸），顺时针旋转产生升力的桨是反桨，逆时针旋转产生升力的为正桨。必须严格按照电机转向匹配安装，如图3.6所示。

图3.6 ATG 10X4.7型号桨

3.1.6 遥控器通信

使用MC7S型号遥控器（如图3.7），频段2.4GHz，编码方式为PPM，电源电压9.6~12V，配套接收机电源电压4.8~6V。

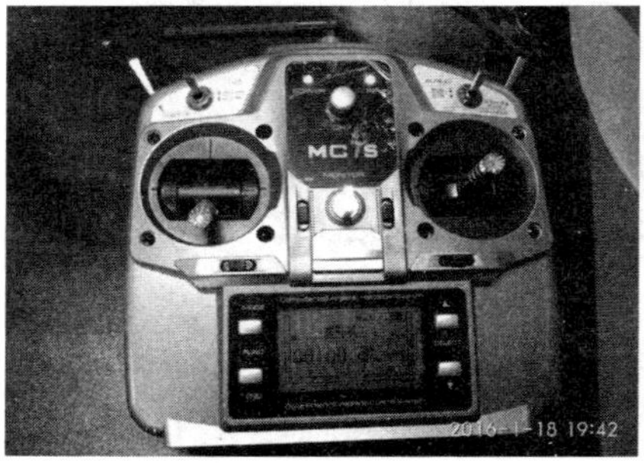

图3.7 MC7S型号2.4GHz遥控器

3.2 飞行控制程序

飞控程序是整个四旋翼飞行器的核心，四旋翼最终能否正常、平稳飞行全部依赖飞控程序。飞控程序的设计流程是依据四旋翼飞行器的飞行原理，挑选硬件资源，再通过硬件资源设计硬件电路，最终完成程序的编写。基本的思想是能够读取遥控器的指令，检测飞行器当前姿态，改变电机的转速，最终改变飞行器的姿态达到预期目标。

飞控程序执行：读取遥控器控制数据，读取三轴加速度计、陀螺仪和磁力计数据减去零偏并进行滤波处理，进行姿态解算得到比较可靠的当前飞行器姿态数据，然后进行 PID 控制达到预期目标，PID 控制流程如图 3.8。

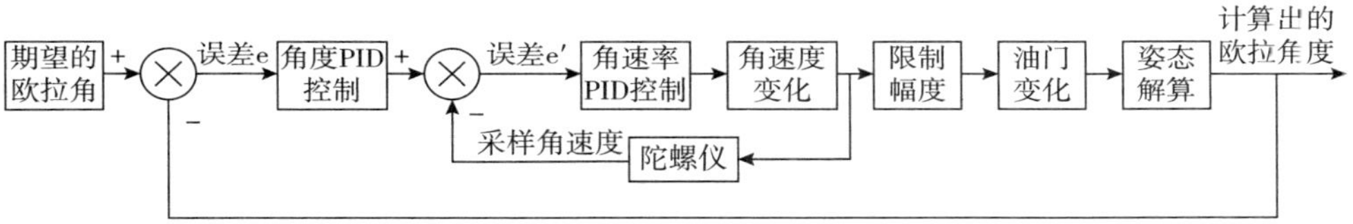

图 3.8 PID 控制流程

4. 成果

完成了四旋翼飞行器教学实验平台的搭建。

5. 不足及展望

不足：

（1）没有掌握室内光流定高和室外 GPS 定位技术，需要进一步学习。

（2）没有设计出自主导航壁障系统。

展望：

（1）完成 GPS 定位和光流定高，并设计自主导航壁障系统。

（2）在实际比赛中检验方法。

参考文献

[1] 张树侠，孙静．捷联式惯性导航系统．北京：国防工业出版社，1992：12-12

[2] 赫丛奎．四旋翼机器人姿态控制系统及控制方法研究．北方工业大学，2014：23-24

MVC1000 数控铣床虚拟加工环境构建及数控技能竞赛零件的加工应用

北方工业大学：汪鹏　刘润飞　姜鑫　康鑫
指导教师：魏领会 讲师

［摘　要］数控多轴加工技术是数控加工的发展方向，在工业生产等很多领域都发挥重要作用。利用 CAXA 制造工程师与 VERICUT 把计算机设计、制造和加工环境功能有机地结合起来，效果逼真。利用 VERICUT 完成现有机床原型 MV1000 的虚拟机床构建与系统配置，完成典型工件的仿真应用，包括质量检测、仿真优化并创建工艺报表实现无纸化应用。利用虚拟仿真的方法，可以减少机床的加工时间，减少实际的切削验证，并减少废品和重复工作，可以大幅度提高加工效率，改善加工质量，降低生产成本，对现代制造业的发展具有重要意义。

［关键词］虚拟制造；MVC1000；加工实践

1. 构建数控加工虚拟环境

虚拟制造技术是以虚拟现实和仿真技术为基础，对产品的设计、生产过程统一建模，在计算机上实现产品设计、加工和装配、检验、使用整个生命周期的模拟和仿真。这样，可以在产品的设计阶段就模拟出产品及其性能和制造过程，以此来优化产品的设计质量和制造过程，优化生产管理和资源规划，以达到产品开发周期和成本的最小化，产品设计质量的最优化和生产效率最高化，从而形成企业的市场竞争优势。

数控加工仿真系统 VERICUT 采用了三维显示及虚拟现实技术，对数控加工过程的模拟达到了极其逼真的程度，并且机床的运行过程和虚拟工厂环境也能被模拟出来，以检验加工过程中可能存在的问题，为用户避免不必要的损失。

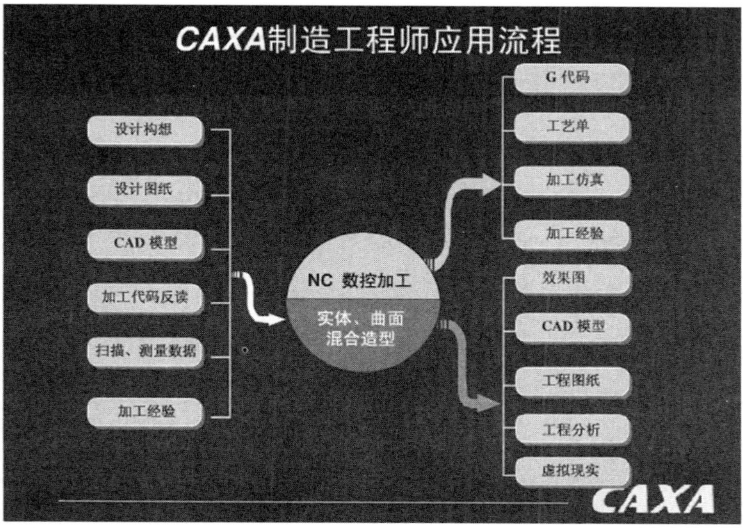

图 1.1 CAXA 制造工程师应用流程

CAXA 制造工程师把计算机设计和制造功能有机地结合起来。CAXA 与 VERICUT 相结合的方法对数控加工进行虚拟的模拟与仿真，效果逼真。利用 VERICUT 完成数控加工中心现有机床原型 MV1000 的虚拟机床构建与系统配置，完成典型工件的仿真应用，包括质量检测、仿真优化并创建工艺报表实现无纸化应用。

1.1 数控铣床 MVC1000 的虚拟环境构建

一个完整的虚拟加工系统由虚拟加工环境和虚拟加工过程组成。构建虚拟机床也就是构建虚拟加工环境，主要分为机床模型创建和虚拟环境配置两个步骤。本文利用 SolidWorks 软件完成模型创建，用 VERICUT 软件完成机床配置。

1.1.1 数控加工实验环境

本次实践活动中，利用学校 MVC1000 数控铣床，通过实际测量，将机床各个主要部件利用大一所学 SolidWorks 软件完成模型创建，并保存为 STL 格式输出。

表 1.1 机床参数表格

规格	最小行程（mm）	最大行程（mm）
X 轴	-1000	1000
Y 轴	-460	460
Z 轴	-500	500
工作台尺寸	宽度（mm）	长度（mm）

续表

规格	最小行程（mm）	最大行程（mm）
	405	1370
工作台最大承重（Kg）	600	
	最小范围	最大范围
主轴转速（RPM）	60	600
主轴端面至工作台面距离（mm）	50	550
	锥孔	
主轴锥孔	PT40	
主轴中心到立柱导轨距离（mm）	460	
机床净重（Kg）	4000	

表 1.2　　机床主要部件尺寸

部件名称	长/mm	宽/mm	厚/mm
保护罩	3200	2200	2530
控制面板	320	300	150
x	1370	405	20
Y	1320	400	20
z	800	420	200
立柱导轨	1500	520	120
机身	800	750	400

机床结构和各运动轴及其运动关系是虚拟环境构建的机床，本次实验中机床环境以 MVC1000 为实验环境进行构建。

下图 1.2 为机床实物图：

图 1.2　三轴数控铣床 MVC1000

MVC 1000 三轴数控铣床的运动部分由前后运动部件 Y 轴、左右运动部件 X 轴和上下运动部件 Z 轴及其附带的主轴、刀具组成，其中 X 轴依附在 Y 轴上，X 轴和 Z 轴的运功是独立的，但 Y 轴运功会带动 x 轴同时运动。所以，这些是我们在之后建立机床的基础和原则。

1.1.2 构建 MVC1000 虚拟加工环境

模型包括机床主题部分和保护罩部分，机床主体部分又包括机身、主轴、操作台等，其模型树如图 1.3 所示。

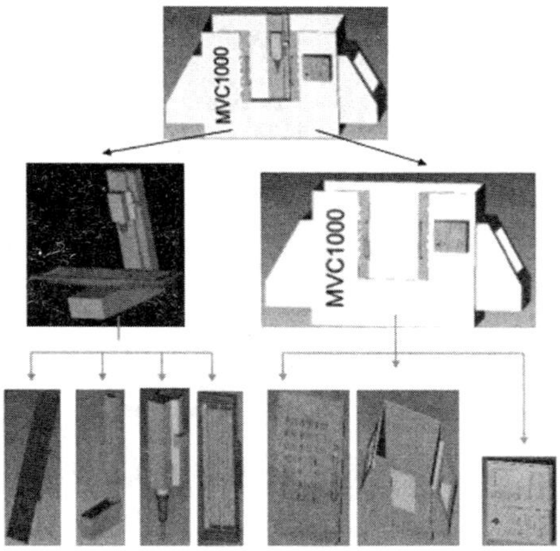

图 1.3 机床模型树

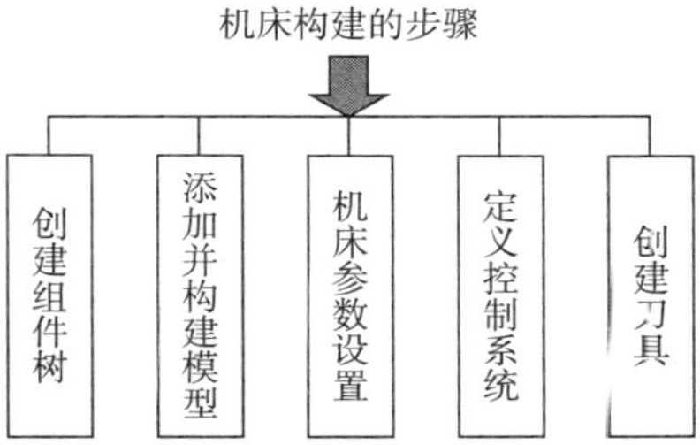

图 1.4 机床的构建步骤

为使配置后的机床模型能够完全仿真原机床进行加工，组件模型的尺寸大小、坐标位置关系必须与实际机床结构完全相同，并以此作为干涉、碰撞检查的主要依据。

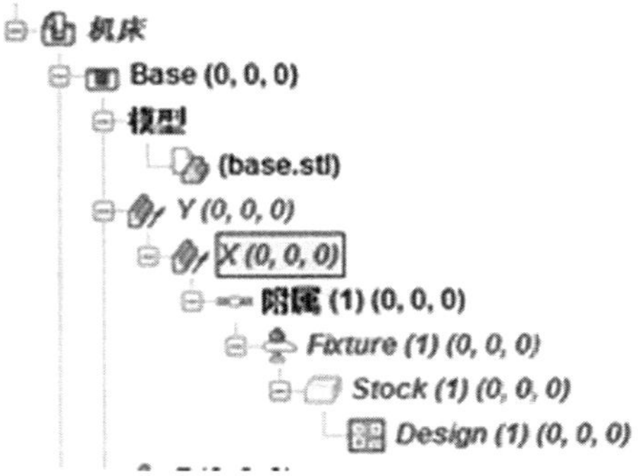

图 1.5 机床组件运动关系

(1) 首先由各组件的关系，组件 x 依附在组件 y 上，但与 z 不相关（z，y 之间的运动不存在关联），而组件 Fixture 位于 X 轴节点内部，组件 Stock 又依附于组件 Fixture，组件 Fixture 跟随 X 轴运动，而 X 轴在左右运动的同时又跟随着 Y 轴前后移动。

(2) 刀具、主轴、z 轴三者关系密切，刀具依附在主轴上，同时主轴依附在 z 轴上。

(3) 移动 attach 组件。将 attach 粘贴在 x 轴下。

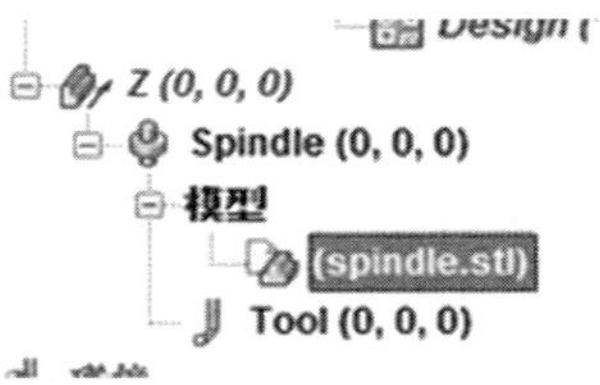

图 1.6 刀具、主轴、Z 轴关系

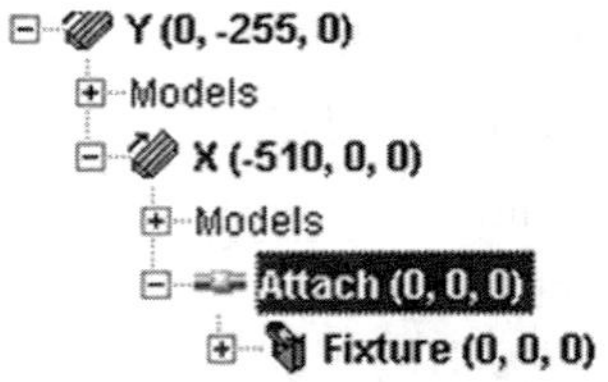

图 1.7 附属组件

（4）添加模型文件

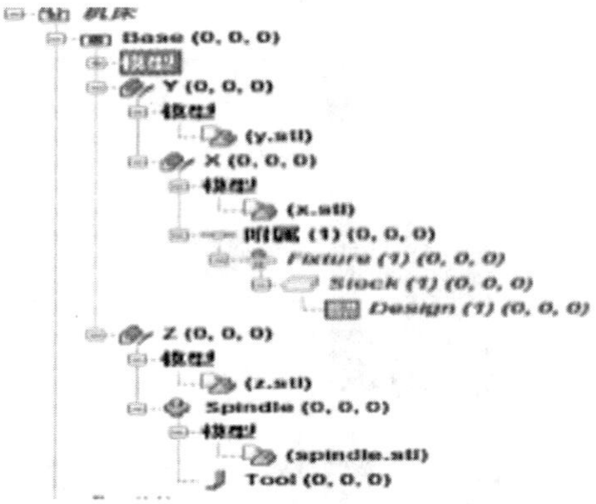

图 1.8 添加模型文件

机床的原点选在主轴端面的正下方，完成机床几何建模后存成 stl 格式建模后导入 Vericut 中的组件树中，由于每个物体在虚拟三维空间的位置是由程序中物体各表面上点坐标决定的，要想得到一个虚拟三维空间中整体机床装配图形，在设计机床各部件时就应该综合地考虑到每个小部件上各装配面的几何尺寸、配合方式和装配面各点的坐标。因此我们必须在三维建模软件中以同一个坐标系原点为建模原点建立出 base 模型、X 模型、Y 模型等。同时在建模过程中通过点击工作栏上的按钮，来对模型进行旋转、缩放、平移等操作，以便更好地观察建模效果。在机床所有部件几何模型建立后，只需将这些部件通过坐标变换变换到相应的位置，并实施装配，就可建立虚拟机床的几何模型。机床的原点选在主轴端面的正下方，完成机床几何建模后的完整组件树全部展开完成后如下图 1.9 所示：

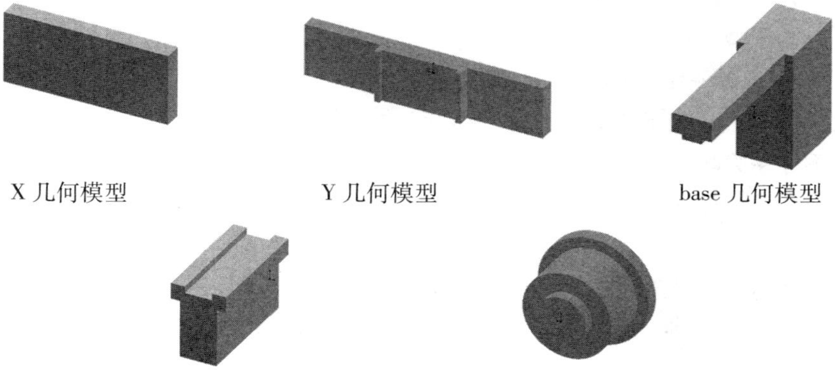

图 1.9 机床部件模型

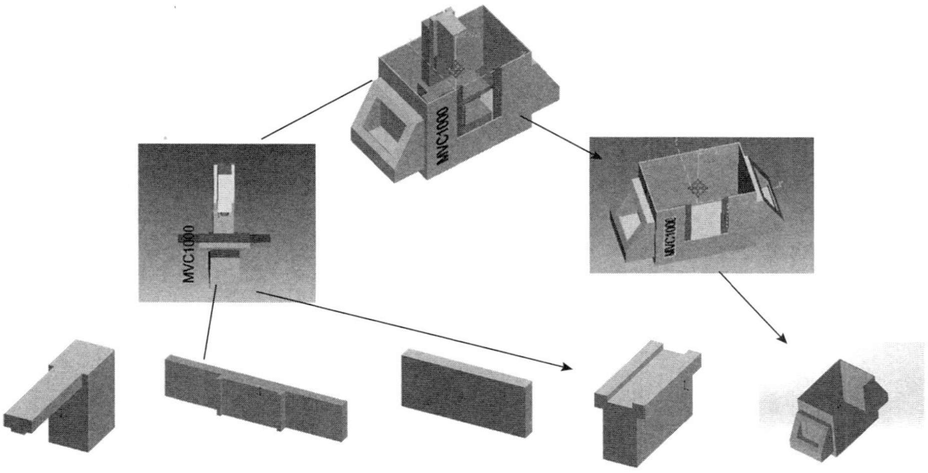

图 1.10　机床模型树

机床参数设置，在以上建立好的机床上，必须进行机床参数的设置，主要有碰撞检测、机床初始位置、换刀位置、参考位置、行程极限、轴优先等。

碰撞检测：主要作用在检查机床各个组件之间的碰撞，例如加床刀具和 x 轴间在机械加工过程中不可以碰撞，否则会损坏刀具。

表 1.3　　机床的干涉检查设置

组件一	组件二	临界间隙
X 轴	Y 轴	0.1
X 轴	Z 轴	0.1
Y 轴	Z 轴	0.1

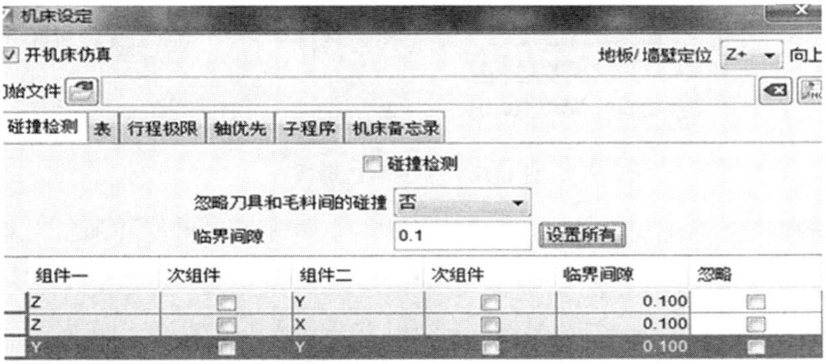

图 1.11　机床干涉设置

行程极限：规定了各组件能够运动的最大距离。

表 1.4　　机床行程极限表

	最小行程（mm）	最大行程（mm）
X 轴	-1000	1000
Y 轴	-460	460
Z 轴	-500	500

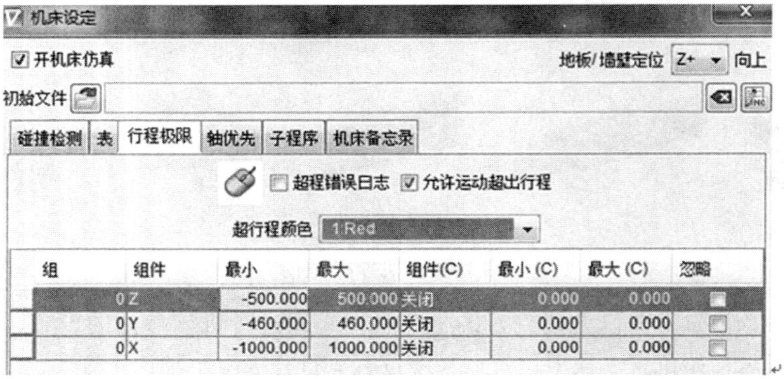

图 1.12　行程极限设置

定义系统：设置好数控机床的组成和结构以及初始参数后，选择相应的数控系统，因为不同的系统会有不同的操作指令，最直接的影响就是数控程序的编制与程序的后置处理，本机床选择 fan1500im 控制系统。

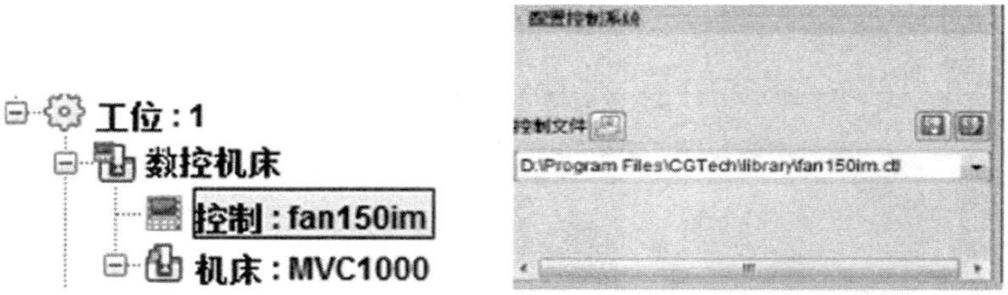

图 1.13　控制系统选择

刀具的创建：在打开的 VERICUT 软件中，点击项目树里的【加工刀具】——【刀具管理器】，在其对话框中，点击菜单栏中的【添加】——【刀具】——【新】——【铣刀】

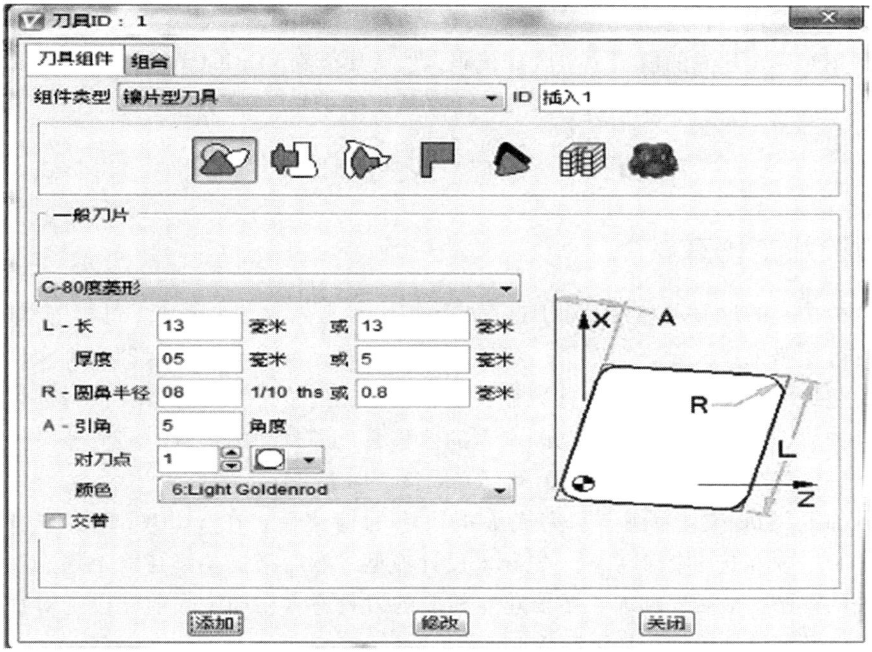

图 1.14 创建刀具

在新的对话框中，选择组件类型为“旋转型切刀”，并输入直径为 10，高度为 80；刃长为 50；刀柄直径为 16，然后点击【添加】按钮点击刀具管理器对话框中的【添加】——【刀具组件】，在对话框中的组件类型中选择【刀柄】，并选择【旋转】，得到刀柄生成对话框，并创建刀柄，设置装夹点，确定刀柄和刀具的安装关系，完成刀具组件的创建，

图 1.15 为完成的刀具库。

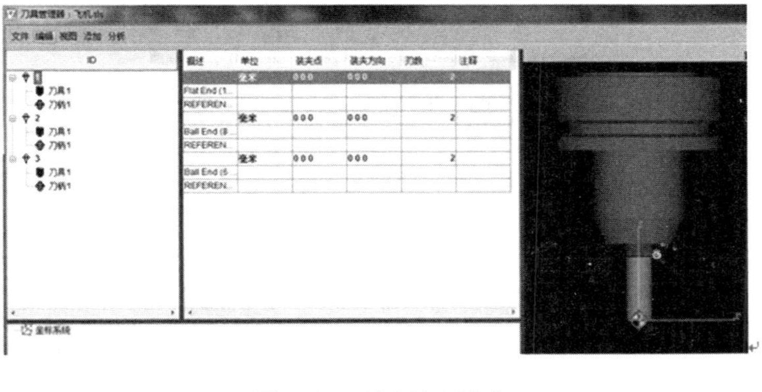

图 1.15 创建的刀具库

添加数控程序，定义毛坯。

利用CAXA建立的模型，生成G代码，然后导入到VERICUT中，在STOCK组件中定义毛坯大小，并且在G代码偏置中定义从组件TOOL到STOCK上表面中心位置。完成对刀。

2. 数控加工仿真

数控仿真的过程是对实际加工过程的模拟，在充分考虑实际加工过程的基础上，首先进行初始位置设置，即对刀；然后读入数控程序经译码后生成的数据文件，此文件中包含加工过程中各轴坐标数据、主轴转速、进给速度等；接着根据进给速度及各轴的总进给量，计算每次动画刷新的位移量，进行动画仿真；完成一段程序后读入下一段程序，如此循环往复，即可完成整个加工过程。

以加工飞机模型为例。在完成虚拟机床的构建后，在VERICUT软件中加载MVC1000三轴机床和控制系统，先导入设计模型，然后根据模型建立毛坯、夹具以及相关的程序。最后根据加工要求建立相应的刀具库。在加工之前先设定对程序中的碰撞以及报警处检查，如下图2.1所示：

图2.1 防碰撞设置

2.1 机床刀具库的建立

利用VERICUT系统的刀具建模模块，建立所需的刀具库，刀具库包含刀具的刀刃、刀杆和刀柄等部分信息，如图2.2所示。用户可以根据自己的需要建立铣刀、车刀等。加工飞机模型分为三个工位，分别是粗加工、精加工、清角加工。每个工位所用的刀具分别是1号、2号、3号刀。

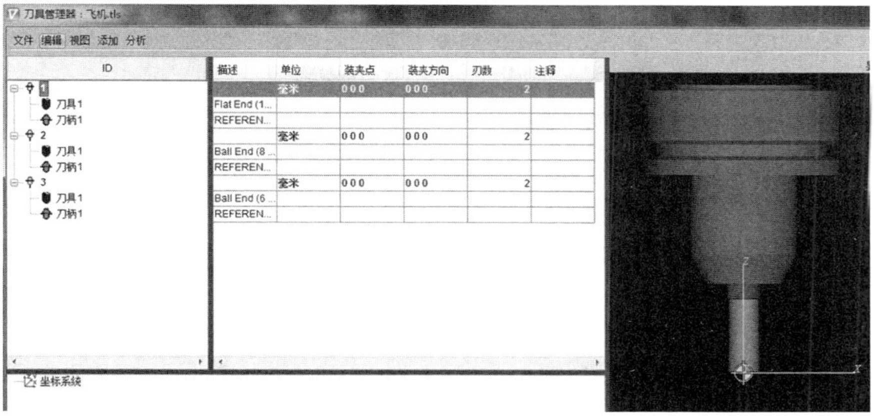

图 2.2　加工所用刀具情况

2.2　飞机的仿真加工

加载 MVC1000 三轴机床和控制系统，然后导入设计模型以及相关的程序，根据模型建立毛坯、夹具等。在毛坯的对刀点建立一个坐标系，再进行对刀。点击仿真按钮进行仿真。

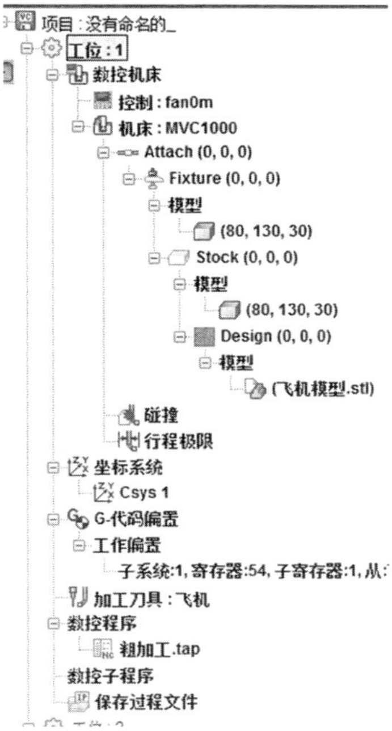

图 2.3　第一工位情况

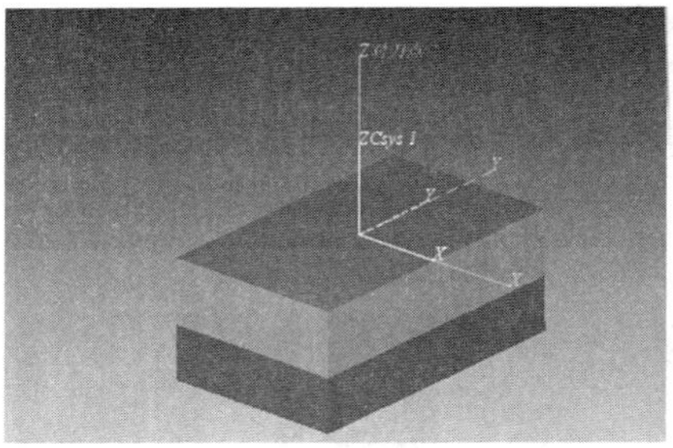

图 2.4　仿真前

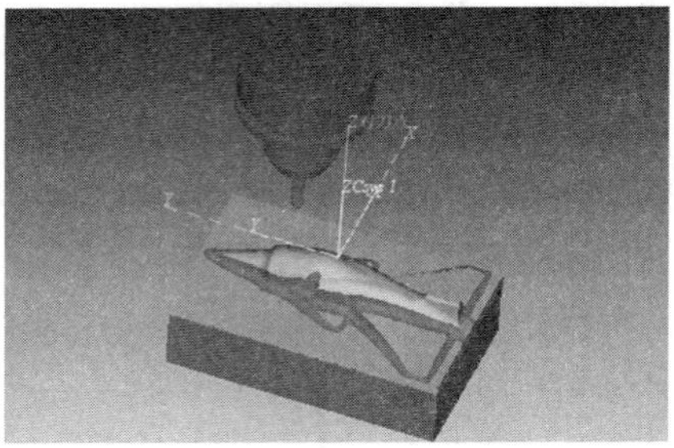

图 2.5　仿真后

3. 切削模型精度分析及生成加工报表

仿真完成后，还要进行测量，自动比较来检验切削模型与设计模型之间的尺寸误差以及切削模型的过切和残留情况。然后和配刀表、定位装夹表等一起反馈给操作人员，以便于提高加工效率。

数控技能竞赛零件毛坯装卡方案：

在实际加工过程中，装卡方案十分重要，只有将毛坯牢固的装卡，才能实施下一步的加工过程，我根据实际加工，合理简便的设计了装卡方案，如下图 3.1 所示。

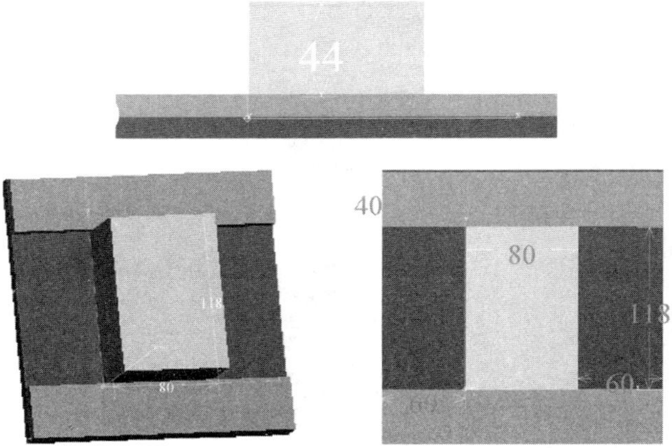

图 3.1　数控技能竞赛零件的装夹

检测报告如表 3.1 及图 3.2。

表 3.1

符号	特征	标识符	仪器	公差	几何公差	测量	刀具名
	壁厚	A1	卡尺	35.28	±0.30		1
	半径	A2	比较测定器				2

续表

符号	特征	标识符	仪器	公差	几何公差	测量	刀具名
	基准面	B					
	角度	B1	比较测定器	40.87			2
	表面精确度	B2	表面测试器				2
	表面精确度	B3	表面测试器				
	表面精确度	B4	表面测试器				2
	表面精确度	B5	表面测试器				2
	腹板厚度	B6	超音波	35.72	±0.30		2
	基准面	C					
	距离	C1	弯脚规	20.02	±0.20		3
	距离	C2	弯脚规	20.00	±0.20		2
	角度	C3	比较测定器	90.00			3

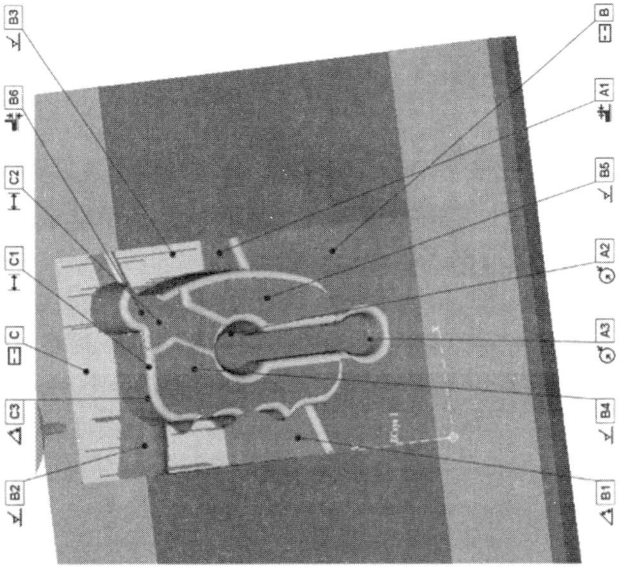

图 3.2

无链条自行车的设计

北方工业大学：何润坤　汪靖铭　吴晓裕　张文一　乔思远
指导教师：谭晓兰 副教授

［摘　要］本课题主要设计制作了一款无链条的自行车，解决了传统自行车容易脱链、断链、夹住裤子、润滑油弄脏衣裤等问题。该无链条自行车的设计包括了行星轮系的设计、飞轮的设计、锥齿轮的设计、轴和踏板以及车架的设计。

［关键词］无链条；自行车；行星轮系；飞轮

1. 引言

随着我国国力经济水平的提高，现如今人们的生活水平越来越高，大多数人都拥有了私家车。但随着机动车数量的急剧增加，长时间的堵车、严重的环境污染等一系列问题伴随而生。人们希望找到一种既能代步又不会产生上面问题的交通工具。于是自行车这个既不会造车堵车，又能保护环境，还能锻炼身体的交通工具再次成为许多人的出行首选。

传统的自行车是依靠安装在中轴上的轮盘通过链条带动自行车后轴上的飞轮，再通过飞轮带动自行车后轮转动而运动的，虽然结构简单，但在骑行过程中，脱链、断链、夹住裤子、润滑油弄脏衣裤等现象屡见不鲜。而且链传动还有一些明显的缺陷，如只能实现平行轴间链轮的同向传动，由于多边形效应这一固有特性，会出现运动不均匀性及产生动载荷，运转时不能保持恒定的瞬时传动比，磨损后容易发生跳齿、工作时有噪声等。由此可知用链条作为传动的自行车也有改进之处。

为此，本课题要设计出一款无链条的自行车，使其能够做到不掉链、断链、不夹裤、维修保养容易，制造简单，从而实现健康、安全、简便出行。

2. 总体方案的设计

本课题的主要内容是设计无链条自行车的传动机构以及整体结构的改进。该机构不仅舍弃了链传动机构的缺点，并且可达到更高的传动效率。通过分析和研究发现，自行车的运动主要由增速机构、单向驱动机构和往复运动机构三部分组成。然而由于每个机构可以完成自身功能的选择有很多，所以设计出以下几种方案进行比较分析，以期得到最佳方案。

2.1 往复运动机构方案的设计

以锥齿轮作为往复运动机构，锥齿轮传动是用来传递两相交轴之间的运动和动力，而且加工、测量和安装比较简便，生产成本低廉。

2.2 单项驱动机构方案的设计

采用棘轮机构作为单向驱动机构，其运动可靠，棘轮的转角可以根据需要进行调节，并且还具有止动功能。

2.3 增速机构方案的设计

以行星轮系作为增速机构。行星轮系不仅具有齿轮传动的优点，而且其具有传动效率高、传动比大、结构紧凑的优点。

3. 主要零部件的设计计算

3.1 往复运动机构：锥齿轮的设计

锥齿轮的特点是有很强的承载能力，可以在恶劣的工作条件下正常的工作，便于成型，重量轻，易于润滑，寿命长，故其在工业生产制造和传动结构中得到了广泛的应用。直齿圆锥齿轮（如图3.1）是圆锥齿轮中最常见的一种。

图3.1 直齿圆锥齿轮

对于本设计来说，采用圆锥齿轮的目的是为了实现往复运动，并不用于传递动力，仅仅用于传递运动过程，不会承受很大转矩，再考虑到安装于自行车上，所需的转速并不是很大，属于低速、轻载的情况。所以在选择圆锥齿轮的类型时，选择直齿圆锥齿轮就能满足需求。设计啮合所需各参数如图3.2。

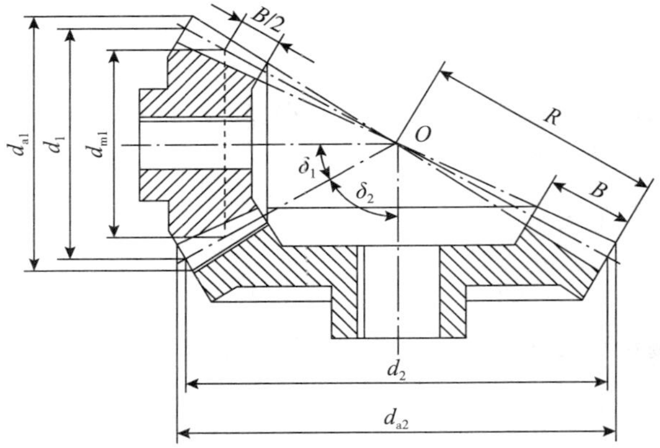

图 3.2　直齿圆锥齿轮参数图

3.2　单项驱动飞轮的设计

对于普通自行车来说，飞轮（如图 3.3）是必不可少的部件。飞轮与链轮保持在同一运动平面上，并且通过链传动中的链条与链轮相连接，其固定是通过其内螺纹旋转拧在后轴的右端，构成自行车的驱动系统。飞轮起到了单向驱动的功能，从结构上可分为单级飞轮和多级飞轮。

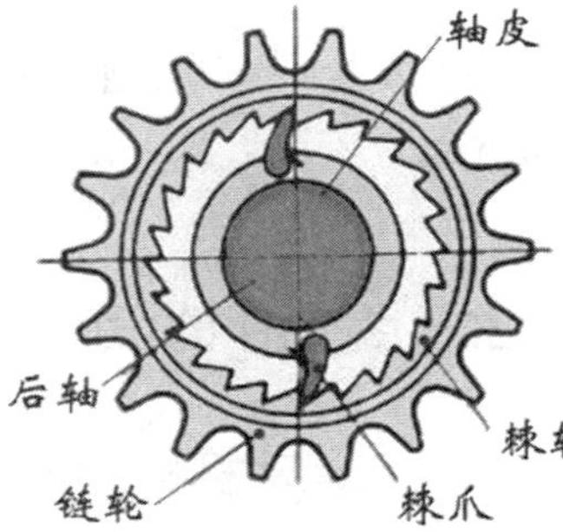

图 3.3　自行车飞轮结构图

本设计主要用到飞轮中棘轮棘爪配合形成的超越离合器，超越离合器是利用主动部分、从动部分的速度变化或者旋转方向的变换，具有自动离开闭合功能的装置。它是伴随着机电一体化技术的发展产品的出现而产生的基础性零件，它一般是作用于原动机和工作机之间，或是机器自身内部主动轴和从动轴之间的动力传递与离开闭合功能的重要部件。

超越离合器又称单向超越离合器或自由轮离合器，与其他离合器的区别是单向超越离合器无须控制机构，它是依靠自身所具有的单向锁止原理就可以完成固定或连接作用的，而且它产生的力矩的传递是单方向的，我们可以很清楚的分辨出它是固定还是脱离，其连接和固定过程完全由与之相连接元件的受力方向所决定，当与之相连接元件的受力方向与单向超越离合器的锁止方向相同时，该元件就会被固定或连接；当受力方向与单向超越离合器的锁止方向相反时，该元件就会被释放或脱离连接。如果在一个系统内，主动轴与从动轴之间，主动轴只能使从动轴作一个方向回转，而另一方向会有空转机能。

3.3 增速机构：行星轮系的设计

行星轮系（如图 3.4）是指可以完成增速运动的轮系，其特点是只有一个机构；原动机构（中轮或系杆）与行星齿轮接触从而带动行星齿轮的运动。这样，行星齿轮会同时存在两种运动，即在自身围绕轴线进行自转运动的同时，由于行星齿轮固定在行星架 H 上，故它还会随着行星架做公转运动。行星轮系具有以下工作特点和优势：机构整体紧凑、整体结构尺寸小、质量轻、能承受较大的力、工作中噪音小、传动比大而且可调范围大、传递效率高、零件更换简单、维修方便。

图 3.4　行星轮系

3.4 轴的设计

轴是机械运动中必不可少的零件，其作用是支撑转动零件或与之一起转动，以传递运动、扭矩或弯矩。轴是与轴承内圈或齿轮等圆柱形零件相配合的，所以是圆柱形的，做成各种不同的直径。但根据与它配合零件的形状不同，轴的形状也越来越多样。

我们比较常见的轴的材料一般是碳素钢，35、45、50 等优质碳素结构钢，因为其有很强的综合力学性能，故应用的十分多，其中以 45 钢应用得最为广泛。为了进一步提高其力学性能，还可以进行正火或调质处理。对于不重要或受力较小的轴，也可采用 Q235、Q275 等碳素结构钢。

在本设计中，轴并不随传动机构转动，主要起到固定其上零件的轴向位置和支撑零件的作用，不承受扭矩，只承受弯矩。故设计了如图 3.5 所示的轴。

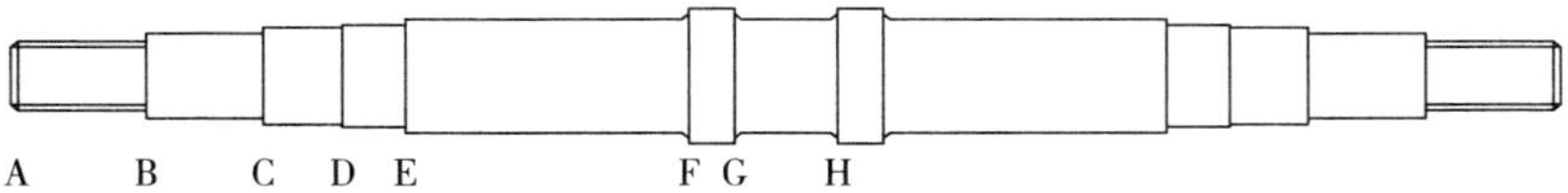

图 3.5　轴的结构图

AB 段有外螺纹，其与螺母配合后，固定在后轮车架上，使轴不随传动机构转动。BC 段上与车架上的固定板配合，CD 段上装有套筒，DE 段上装有踏板，EF 段上装有齿轮，其上的零件要进行转动，故在此段上涂上耐磨涂层。一般采用热喷涂，把细微而分散的金属或非金属的涂层材料，以一种熔化或半熔化状态，沉积到一种经过制备的基体表面，形成某种喷涂沉积层。它是利用某种热源（如电弧、等离子喷涂或燃烧火焰等）将粉末状或丝状的金属或非金属材料加热到熔融或半熔融状态，然后借助焰留本身或压缩空气以一定速度喷射到预处理过的基体表面，沉积而形成具有各种功能的表面涂层。FG 段是起到定位作用的轴肩，轴肩的高度为（0.07 ~ 0.1）d。本设计中 EF 段的直径为 d = 20mm，所以轴肩高为 2，FG 段的直径为 d = 24。GH 段用于与轴上盘配合，起到支撑和定位的作用，轴上盘并不进行转动。

3.5 踏板的设计

由于无链条自行车相较于普通自行车传动方式和传动机构的改变，所以对踏板机构也要进行改进，普通的自行车的踏板是把转轴和踏板紧固在一起，进行圆周转动。无链条的自行车踏板与行星架连接在一起共同完成转动，运动形式转变为上下往复运动。

踏板与行星架的配合，在踏板的盘上做出三个成 120 度分配的通孔与行星架上三个支撑行星齿轮的轴采用螺纹配合，为了保持踏板结构的稳定，加上一个支架与踏板成 60 度角。

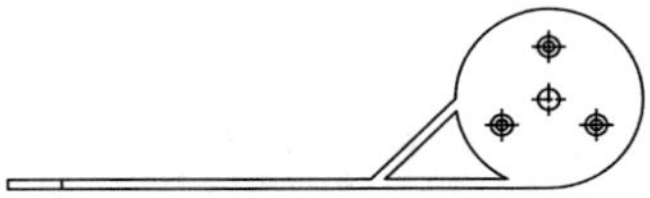

图 3.6 踏板的结构

踏板结构如图 3.6 所示。

3.6 车架结构的设计

本设计的车架（如图 3.7）采用弯梁连接替代三角支架，把弯梁车座架及后轮支架做成一体，可以提高车架的结实程度。后轮的支撑把上下叉架改为弧形叉架和固定板一体的结构。保证支撑的稳定，后轮车座也与固定板焊接在一起。

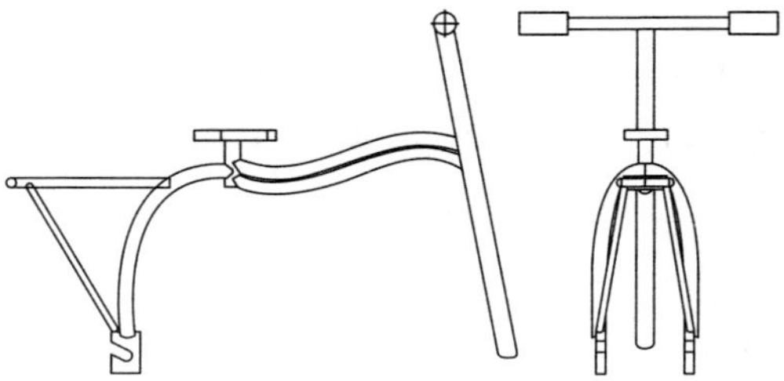

图 3.7 车架的结构

4. 机构的仿真

利用 SolidWorks 三维绘图软件绘制了各零件图及装配图，并实现了运动仿真。

4.1 往复驱动机构

一对锥齿轮如图 4.1 所示。

4.2 单项驱动机构

飞轮如图 4.2 所示。

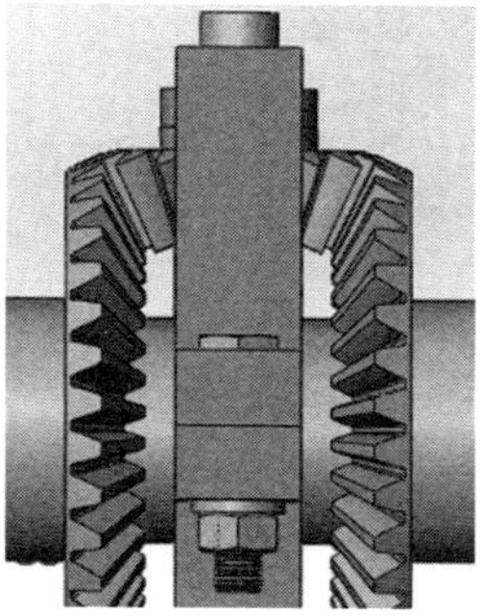

图 4.1 一对锥齿轮

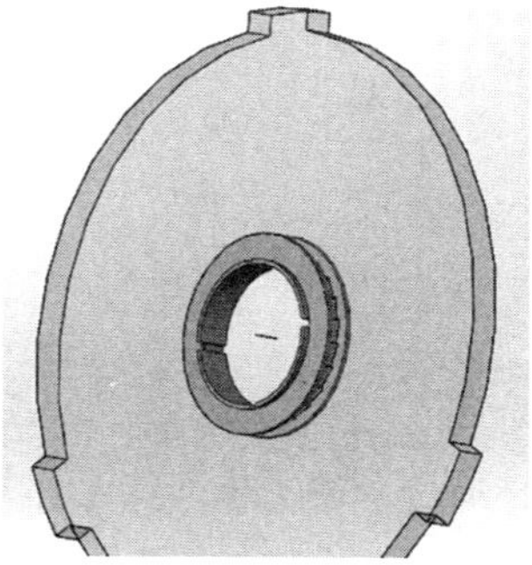

图 4.2 飞轮

4.3 增速机构

行星轮系如图 4.3 所示。

4.4 传动机构

传动机构如图 4.4 所示。

图 4.3 行星轮系

图 4.4 传动机构

4.5 装配体

自行车整体如图 4.5 所示。

图 4.5　自行车整体图

5. 加工与装配

设计完成后，通过本校工程训练中心和联系的不同厂家，对各个零件进行了加工，最终装配完成的样车实物如图 5.1 所示。

图 5.1　自行车实物照片

6. 结束语

随着社会日益强调环保、低碳、绿色的话题。清洁无污染同时又能锻炼身体的自行车再一次引起人们的重视。因此设计的这种新型无链条自行车顺应行业的发展，有较大的扩展空间。虽然目前自行车的种类很多，但无链条传动的自行车并不多见，也不完善，此设计能在一定程度上填补这方面的空白。而且它所用零件制造简单，可以进行大批量生产。总之，设计此无链条自行车，在理论方面完全合理的情况下，符合实际情况。因此，此次设计不仅具有实质性优势，有市场价值，且对项目组的所有学生来说，是一次非常好的创新性实践锻炼，收获很多。

参考文献

[1] 濮良贵，纪名刚．机械设计．北京；高等教育出版社，2006
[2] 孙恒，陈作模，葛文杰．机械原理．北京：高等教育出版社，2013
[3] 成大先．机械设计手册2（第5版）．北京：化学工业出版社，2008
[4] 钱克强．机械制图（第二版）．北京：高等教育出版社，2007
[5] 吴宗泽．机械设计实用手册．北京：化学工业出版社，2004
[6] 徐灏．机械设计手册第二版第三卷．北京：机械工业出版社，2000
[7] 陆玉，何在洲，佟庭伟．机械设计课程设计．北京：机械工业出版社，2000
[8] 曹国安，毕宝庆，沈维蕾等．机械设计与制造．北京：机械工业出版社，2001
[9] 周伟平．机械制造技术．武汉：华中科技大学出版社，2002
[10] 程友联．机械原理．北京：中国农业出版社，2007
[11] 阎邦椿．机械设计手册（第五版）第2卷机械零部件设计（连接、紧固与传动）．北京：机械工业出版社，2010
[12] 郑文纬，吴克坚．机械原理（第七版）．北京：高等教育出版社．1997
[13] 陈峰．创造思路的探索及其在无链传动自行车设计中的应用．洛阳工学院学报，1999，（20）：93.-96
[14] 田源．机械设计中配制配合的应用研究．农家科技，2010，(4)
[15] 王杰．程明远．李士晓．浅谈机械设计加工中应注意的几个问题．科技信息，2011，(11)
[16] 阚海辉．蜗轮蜗杆无链自行车：中国，201320547607. 2. 2013-09-10
[17] 熊滨生．现代连杆机构设计．北京：化学工业出版社，2004
[18] 张晓玲，沈韶华．实用机构设计分析．北京：北京航空航天大学出版社，2005
[19] 阚海辉，颜廷财．变速锥齿轮无链条自行车的设计．科技资讯，2012 (34)
[20] 颜廷才．变速锥齿轮无链自行车：中国专利 ZL201020247828. 4. 2011-03-09
[21] 陈建民．踏板无链条自行车齿轮传动装置．中国，95233478，1997-03-12
[22] 周性堂．无链条自行车．中国，200620073938，2007-08-08
[23] 董绍明，李祥满．齿轮传动装置无链条自行车传动装置．中国，96226277，1997-12-31
[24] 商明洁，商春成，郭慧云．前驱动后转向无链条自行车．中国，00247066. 7，2001-12-19
[25] 王祯，王慧奇．折叠式无链条自行车．中国，96201285. 8，1998-01-14
[26] Maurice J. Doran. Chainless bicycle. US 612315 A，1989-10-11
[27] Derick T. Hartmann. Multiple speed planetary transmission for pedal-powered vehicles. US 4666172 A，1987-05-19
[28] Vince Dennis. Airless，Chainless Bicycle. US 20100295264 A1，2010-11-25
[29] AlexanderSearch，DeanSchneider. Planetary gear mechanism for a bicycle. US 20110177912 A1，2011-07-21

基于软件工程思想的校园订餐系统分析与设计

北方工业大学：闫琪　毛文祥　崔仕明
指导教师：郭峰 讲师

［摘　要］在校园订餐系统开发过程中，应用了软件工程思想和原则，取得了较好的效果。进行了可行性研究、需求分析和系统设计、版本控制这几项工作，可行性研究方面进行了软件规模估算和进度计划安排，需求分析中明确与其他软件范围上的区别，在开发过程中采用版本控制工具来管理变更，并采用了敏捷开发方法，提高了系统开发效率和软件质量。

［关键字］软件工程；需求分析；订餐系统

1. 引言

目前，网上订餐服务的发展非常迅猛，与订餐相关的应用主要有几种类型：一是点评网站，二是团购网站，三是具体某一餐饮企业的订餐系统，四是目前最引人注目的服务于中小餐饮企业的订餐平台，类似于餐饮业的淘宝平台，出现了美团外卖、饿了么等知名的站点。在这种背景下，由北方工业大学计算机专业三名本科生组成的开发小组，决定开发服务于高校师生的移动订餐服务平台。

在当前软件开发实践中，为追求进度，开发团队对写代码比较重视，往往忽略软件开发过程中的组织管理等工作，容易在工程进度、工程质量方面造成负面影响。本项目在开发过程中遵循软件工程的原则[1]，取得了较好的效果。

2. 系统概述

基于 Android 系统开发服务于高校学生的移动订餐服务平台，该平台汇集校内各餐厅菜品信息，为学生提供餐厅、菜品的选择与评价、订餐及送餐服务。主要内容包括以下几方面：

（1）校园餐厅的信息维护：由系统管理人员登录服务器更新相关信息；

（2）学生订餐：学生通过 Android 客户端选择餐厅档位订餐；

（3）送餐服务：系统接受订单，安排人员提供送餐服务；

（4）订单管理：客户注册会员后，可在系统订餐，并对订单状态进行管理跟踪；

（5）评价功能：学生可以对订购的菜品从价格、质量、服务等各方面做出评价。

3. 软件工程方法的应用

本节从工程角度讨论项目开发过程中遇到的一些问题和解决方法。

3.1 系统的可行性论证

在提出方案之后，首先做了可行性研究。可行性研究包括经济、技术、法律和社会等方面。技术可行性分析至少要考虑以下几方面因素。

（1）在给定的时间内能否实现需求说明中的功能。如果在项目开发过程中遇到难以克服的技术问题，轻则拖延进度，重则断送项目。

（2）软件的质量如何？有些应用对实时性要求很高，如果软件运行慢如蜗牛，即便功能具备也毫无实用价值。有些高风险的应用对软件的正确性与精确性要求极高，如果软件出了差错而造成客户利益损失，那么软件开发方可要赔惨了。

（3）软件的生产率如何？如果生产率低下，能赚到的钱就少，并且会逐渐丧失竞争力。在统计软件总的开发时间时，不能漏掉用于维护的时间。软件维护是非常拖后腿的事，它能把前期拿到的利润慢慢地消耗光。如果软件的质量不好，将会导致维护的代价很高，企图通过偷工减料而提高生产率，是得不偿失的事。

技术可行性分析可以简单地表述为：做得了吗？做得好吗？做得快吗？

从技术角度，本课题涉及 Android 开发、数据库技术和 Java 技术，这些技术都属于主流和热门的技术，容易获取大量的参考资料，有比较多的获得帮助的渠道，开发小组成员都有较强的编程和学习能力，技术上有较为充分的准备。在经济方面，主要进行了软件规模与成本估算，采用代码行估算发对软件的代码量做了估算，并根据 IBM 模型确定了项目持续时间约为 8 个月，需要开发人员 3 名，而本课题获得北京市大学生科研与创业项目的资助，资助周期为 1 年，并且已经组成了有 3 名成员的开发团队，经济方面是可行的。从社会角度讲，本课题的开发有助于提高开发小组成员的编程能力和软件开发能力，并提高校园餐厅的服务水平。本课题的开发所采用的开发语言，运行环境和数据库系统都是免费的，不存在违法之处。经过论证，本课题是可行的。

3.2 需求分析

按照软件工程的观点，明确用户需求是软件开发中最重要的任务。软件需求是指用户对目标软件系统在功能、行为、性能、设计约束等方面的期望。通过对应问题及其环境的理解与分析，为问题涉及的信息、功能及系统行为建立模型，将用户需求精确化、完全化，最终形成需求规格说明，这一系列的活动即构成软件开发生命周期的需求分析阶段。需求分析是介于系统分析和软件设计阶段之间的桥梁。一方面，需求分析以系统规格说明和项目规划作为分析活动的基本出发点，并从软件角度对它们进行检查与调整；另一方面，需求规格说明又是软件设计、实现、测试直至维护的主要基础。良好的分析活动有助于避免或尽早剔除早期错误，从而提高软件生产率，降低开发成本，改进软件质量。

需求分析的任务是通过详细调查现实世界要处理的对象，充分了解原系统工作概况，明确用户的各种需求然后在此基础上确定新系统的功能。确定对系统的综合要求，虽然功能需求是对软件系统的一项基本需求，但却并不是唯一的需求，通常对软件系统有下述几方面的综合要求。

（1）功能需求；

（2）性能需求；

（3）可靠性和可用性需求；

（4）出错处理需求；

（5）接口需求；

（6）约束；

（7）逆向需求；

（8）将来可能提出的要求。

在需求分析过程中，需求是分层次的，通常分为业务需求、用户需求、功能需求和非功能需求。业务需求代表了需求链中最高层的抽象，它为软件系统定义目标和范围。业务需求是本课题最关键的任务，相对于其他订餐网站，本课题要实现的订餐平台有其特殊性，最主要的区别在于，校园餐厅在最繁忙的时间段没有精力提供送餐服务，因此必须采用和其他订餐网站不同的业务模式，也就是说校园餐厅的各个档口应当不再本系统的范围之内。在此基础上，才能去确定具体的业务流程。

3.3 版本控制

在软件开发过程中，会产生大量的文档和代码，这些文档和代码会反复修改，如果不能有效地记录和跟踪文档和代码的变化，将会对软件开发带来灾难性的影响。软件过程的输出主要分为三类：程序，包括源代码和可执行程序；文档，包括分析、设计、测试和用户指南等；数据，总称为软件配置。随着软件过程的进展，软件配置项迅速增长，这个增长是两方面的，一是种类增加，二是不断地变化，导致配置项版本的增加。因此有必要对软件配置进行管理。软件配置管理是软件质量保证的重要环节，主要目的是控制变化。关键的过程有：配置项标识、版本控制、变化控制、配置审计和配置变化报告。版本是在明确定义的时间点上某个配置项的状态，它记录了软件配置项的演化过程。版本管理是对版本的各种操作进行控制，包括检出和登入控制、版本历史记录和版本发布等。对于大型的软件开发项目，无控制的变化必将导致项目失败。如果项目需要变化，首先是提交变化请求，由专门的组织或人员进行评价，由变化控制审核者进行审核。如果同意变化，则下达变化指令，指令详细描述要进行的变化、注意的约束以及复审和审计的标准。实施变化时，将需要改变的配置项从项目版本数据库“检出”，进行修改后将其“登入”项目版本数据库，并使用合适的版本控制机制建立软件的新版本。

本课题开发过程中采用了 VisualSVN Server 作为版本控制服务器，TortoiseSVN 作为客户端，这两者都是免费的。文件保存在服务器端的中央版本库，除了能记住文件和目录的每次修改以外，还可以将文件恢复到过去的版本，并且可以通过检查历史知道数据做了哪些修改、谁做的修改。

3.4 开发方法

本课题的特点是规模较小、周期短、项目成员少。从软件开发过程的角度来讲，目前主要有两种类型的过程模型：一是 RUP，二是敏捷方法模型。RUP 是一个二维的软件开发过程模型，一维反映过程展开的生命周期特征，主要包括周期、阶段、迭代和里程碑；另一维是展开的逻辑活动，主要包括活动、产品、工作者和工作流。模型支持 6 项核心的最佳实践：迭代地开发软件、管理需求、应用基于构件的构架、为软件建立可视化的模型、不断地验证软件质量、控制软件的变更。

在 RUP 中，项目生命周期被划分为四个阶段：①初始阶段（Inception）；②细化阶段（Elaboration）；③构造阶段（Construction）；④交付阶段（Transition）。

每个阶段开始时都有特定的目标，结束时有里程碑。在每个阶段中存在一个或多个迭代。在每个迭代中，可以有多个工作流。

一些经验丰富的软件设计师在应对快速交付、需求易变的开发要求实践中分别总结出自己独特且有效的软件开发方法，被业界概括为敏捷软件开发方法。其中以“极限编程”最为流行。敏捷软件开发方法其实不是一个具体的过程，而是一个涵盖性术语。用于概括那些应需而生的具有类似价值观的软件开发方式和方法，这些方法一般都具有以人为核心、循环迭代、响应变化等特点，着眼于能高质量地快速交付客户满意的工作软件。敏捷的软件开发方法的理念是，在保证软件开发有成功产出的前提下，尽量减少开发过程中的活动和制品的方法；在满足软件质量要求的前提下，力求适应变化和提高开发效率。

本课题适合采用敏捷开发方法[2]。本课题在开发过程中，采用了极限编程和Scrum相结合的方法。在软件过程上采用了Scrum中的迭代周期，具体的实现技术上采用了极限编程的最佳实践，如隐喻、简单设计、测试驱动的开发、平稳的工作效率、持续集成、结对编程等。

4. 研究成果

本项目在Android平台上设计和实现了校园订餐系统，发表学术论文两篇。

该系统分为Android客户端和提供后台服务的服务器端两个部分。Android客户端通过网络通信访问后台服务，后台访问数据库。用户在Android手机客户端进行操作如订餐，发送订单等与后台数据库进行交互时，首先通过移动通信网络，采用HTTP协议把数据传入后台服务器中。后台服务器通过对数据的增、删、改、查操作。数据库将数据显示给后台服务器。后台服务器取得数据后，将数据通过移动无线网络，采用HTTP协议返回给客户端，完成用户的操作。

本系统的系统构架图如图4.1。

图4.1　基于Android平台的手机订餐系统架构图

根据图4.1对软件进行了详细的设计，最终得到了本软件的结构图，用图4.2表示。

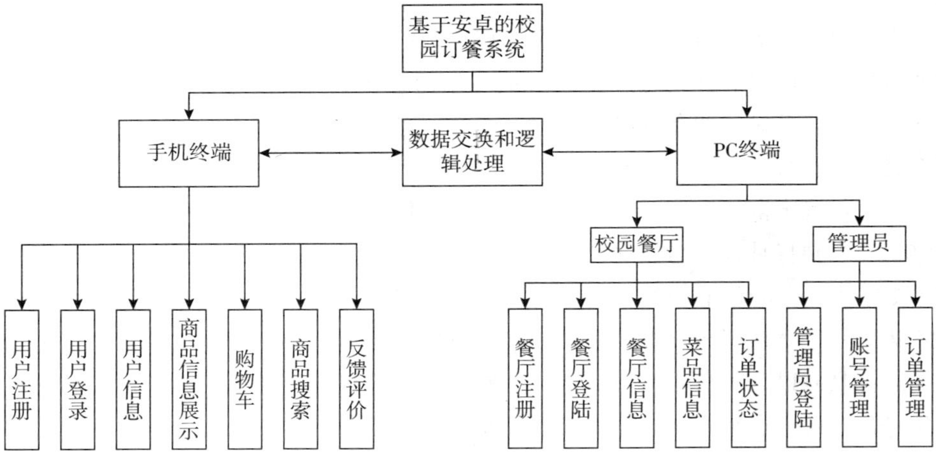

图4.2　软件结构图

5. 创新点

本课题设计并实现了针对大学校园餐厅的外卖系统。不同于目前流行的美团外卖、饿了么等的通用型的订餐平台，本课题针对校园餐厅的特点分析系统的范围和功能及约束条件，在此基础上实现的校园餐厅外卖系统，具有更强的适用性。

参考文献

[1] 普雷斯曼著，郑人杰等译．软件工程，实践者的研究方法．北京：机械工业出版社，2011
[2] 桑大勇，王瑛，吴丽华．敏捷软件开发方法与实践．西安：西安电子科技大学出版社，2011

微博挖掘与情感分析方法研究

北方工业大学：王小宾　史建军

指导教师：段建勇 副教授

［摘　要］ 微博（MicroBlog）作为新型社交媒体近几年积累了各领域的海量数据，对这些数据的舆情分析，特别是情感倾向判定研究，将会带来很大的社会和商业价值。本文提出使用概话题率模型对微博海量数据中的隐含话题进行聚类，并通过在基础情感词典上扩充以构建微博情感词典的方法来应对新特征词汇的情感判定问题。最终实现微博的内容挖掘和情感分析。

［关键词］ 微博情感分析话题聚类；概率模型；情感词典

1. 引言

微博作为新型社交平台，极大地促进了信息的传播和共享，其巨大的商业价值与社会价值开始显现。目前许多企业都开有官方微博，围绕企业产品及公司公关的话题提供了丰富的情感数据，又如由微博发起的“人人都是麦克风，人人都是记者，人人都是新闻传播者”主题，促进了热点事件的广泛讨论。群众对于热点话题的反应各不相同，如何从微博中进行观点挖掘，分析情感走向，从而达到市场调查、舆情分析的目的这都是重要的研究课题。

因为有大量用户的使用，每天都会有海量的微博内容产生，这些信息涉及人们日常生活的方方面面。这造就了微博数据量的迅速膨胀，这些海量数据中存在无数可供挖掘的有价值信息，所以对于微博的相关研究获得了学术界和工业界的广泛关注。

情感分析，也称为观点挖掘，就是对这些信息进行有效的分析和挖掘，识别出其情感趋向——高兴、伤悲，或得出其观点是“赞同”还是“反对”，甚至情感随时间的演化规律。这样就可以更好地理解用户的消费习惯，分析热点事件的舆情，为企业、政府等机构提供重要的决策依据。

然而微博不同于传统的博客、文本，它主题发散，写法简洁，又有140字的字数限制，所以表现出很强的稀疏性、发散性和网络性。主要表现在：第一，部分微博中的内容语言使用不规范，经常出现省略主谓宾的情况，可能会造成隐藏话题特征的情况；第二，对于一段时间内的微博消息来说，其内容是交错存在的，时间点相邻的消息可能属于不同的话题；第三，微博中用语过于口语化，经常会出现一些网络流行用语而且包含一些表情符号、图片以及链接，用户经常使用表情符号表达感情。以上特点造成微博文本与传统文本的很大不同，在挖掘文本信息的时候不能完全套用传统方法。所以如何对微博文本进行特征提取，对微博内容进行话题聚类处理以及选取适合的方法进行情感分析都是目前相关研究的难点和创新之处。

2. 相关工作

谢丽星等人采取以支持向量机 SVM 为核心的多策略分析方法，研究者首先把情感词划分为正向情感词和负向情感词，但考虑到如果将拥有不同情感极性词的句子作为整体赋予极性并用于分类器的训练会影响最终效果，所以采用基于分句和不分句两大策略。Omar ElTayeby 等人针对英文 Twitter 进行基于最大期望算法的情感分析研究，目的是将分配每条推文所表达的观点聚类，其中包含那些很可能相似的以及被同一原因影响的其他观点。其主要内容是从一个流行的话题中分派情感类别根据 AFINN 分数列组成情感矩阵然后用于 EM 算法最终完成情感表达的聚类。

基于词典的方法主要策略是根据已收录的词语集和词语知识库为基础，拓展构建为情感词汇本题，用于对句子的语义分析、情感判定。朱嫣岚等人提出的基于 HowNet 的两种情感词汇计算方法，即通过与情感基准词进行计算比较，得出测试词汇与基准词之间的关系紧密程度，从而构建词典。孙建旺等人通过已有资源构建情感词典以及极性副词词典，在此基础上通过 TF-IDF 算法计算特征极性的位置权重，进一步增加了文本情感分类的准确性。

3. 主要方法

3.1 话题概率模型

LDA（Latent Dirichlet Allocation）是一种主题模型，属于一种非监督学习技术，它的基本原理是将一篇文档看作是由多个主题构成的多项分布，而每个主题又是许多词组成的概率分布，即一篇文档是从一个概率模型中生成的。LDA 模型广泛地适用于大型语料集的隐藏主题信息的识别工作，因为它采用的词袋方法，即将一篇文档理解为特定词语的词频分布，所以可以将文字文档转化为易于建模的概率分布信息。LDA 模型定义了一篇文档的生成过程：

（1）根据 Dirichlet 分布 $\varphi \sim Dir(\beta)$ 随机取样得到离散变量 φ；

（2）根据 Dirichlet 分布 $\theta \sim Dir(\alpha)$ 得到该文档的主题分布向量 θ；

（3）根据泊松分布 Possion（ξ）得到单词数目 V；

（4）对每一篇文档，从主题分布中 θ 抽取一个主题 z；

（5）从上述被抽到的主题所对应的单词分布中抽取一个单词 w；

（6）重复上述过程（4）～（5），直至遍历文档中的每一个单词。

LDA 模型生成算法如表 3.1 所示。

表 3.1　LDA 模型生成算法

```
For all the topics i∈1，…，k
Choose a word distributionφk ~Dirichlet（φ|  β）；
End for
For all the documents dmwhere m∈1，…，M
ChooseVm ~Possion（ξ）；
Choose a topicdistributionθm ~Dirchlet（θ | α）；
For all the wordswn，mwhere n∈1，…，Vm
Choose a topiczm，n ~Mult（z | θm）；
Choose a wordwm，n ~Mult（w|  φzm，n）；
End for
End for
```

该模型结构用图 3.1 表示。

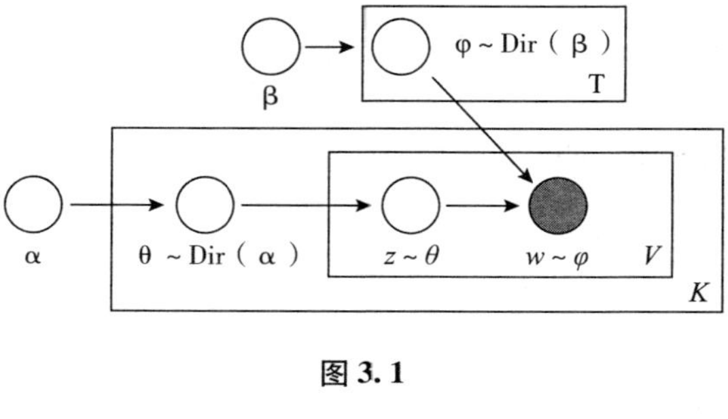

图 3.1

图中符号含义如表 3.2 所示。

表 3.2　符号意义

符号	含义
α	θ 的超参数
β	φ 的超参数

续表

符号	含义
θ	文本—主题概率分布
φ	主题—词概率分布
z	词的主题分配
w	词
D	文本数
T	主题数
V	词数

LDA 模型属于一个三层贝叶斯概率模型，包括文档、主题和词汇三层。对于一个语料库，对于其中的文档表示为 D = $\{d_1, d_2, ..., d_n\}$，对应的文档中的词汇表示为 V = $\{w_1, w_2, ..., w_n\}$，对语料库 D 中的每个文档 d，对应到不同主题的概率 $\theta_d = \{\theta_1, \theta_2, ..., \theta_n\}$，对 T 中每个主题 t，对应生成词汇的概率 $\varphi_t = \{\varphi_1, \varphi_2, ..., \varphi_n\}$。同时该模型受到参数 α 和 β 影响，α 是 Dirichlet 分布超参数，代表主题生成概率，β 是每个主题的词汇概率分布矩阵 $p(w \mid z)$。

LDA 模型中核心的计算公式：

$$p(w \mid d) = \sum_{t=1} p(w \mid t) \cdot p(t \mid d)$$

语料库中的每个文档由词汇的多项分布表示为 d = $\{w_{d\,1}, w_{d2}, ..., w_{d\,n}\}$，公式整理后如下：

$$p(w_{d1}, w_{d2}, ..., w_{dn}) = \prod_{i=1}^{dn} \sum_{z=1}^{D} p(w_i \mid z) p(z \mid d)$$

该模型还有两个参数需要推断，分别是文本—主题概率分布 θ 和主题—词概率分布 φ，为了使用马尔科夫链蒙特卡洛方法对参数进行模拟，得到唯一的稳态分布，本文采用 Gibbs 采样法。Gibbs 采样法是一种特殊情况的 Metropolis-Hasting 算法，一般用作于通过条件分布组成贝叶斯图模型。算法细节如下：

$$p(w, z \mid \alpha, \beta) = \iint_{\theta\ \varphi} p(w, z, \theta, \varphi \mid \alpha, \beta)\, d\theta d\varphi$$

当确定 LDA 模型下的 z 和 w 的概率分布后，可根据下式计算条件概率：

$$p(z_i = j \mid w, z?_i, \alpha, \beta) = \frac{p(z, w \mid \alpha, \beta)}{p(z?_i, w \mid \alpha, \beta)} \propto \frac{n?_{i,j,v} + \beta}{n?_{i,j,\cdot} + V\beta} \cdot \frac{n?_{i,m,j} + \alpha}{n?_{i,m,\cdot} + K\alpha}$$

当得到稳态分步后，可对参数 θ 和 φ 进行估值：

$$\theta_m = \frac{n_{m,j} + \alpha}{n_{m,\cdot} + K\alpha}$$

$$\varphi_z = \frac{n_{j,v} + \beta}{n_{j,\cdot} + V\beta}$$

其中 $n_{j,v}$ 是第 v 个词指派在第 j 个主题中的次数，$n_{m,j}$ 是文档 m 中指派给第 j 个主题的次数。

3.2 情感词典

情感词典构建的主要任务为词语情感倾向计算，目标是将词语按照情感倾向分为褒义、中性或者贬义。该任务的研究对于情感分析研究有着非常重要的意义。例如，情感词典的构建能够给大粒度文本（如句子级、篇章级文本）的分类任务提供基础，例如，大量无监督篇章级文本情感分类方法都是基于一些已知情感类别的词语集合，这个词集合一般被称为种子情感词（Seed Words）。此外，进行词语级情感分析对于词语语义理解和消歧具有重要的意义。例如，Wiebe 等人指出情感倾向性可以与词义定义相关联的，并实验验证了情感倾向性计算有助于传统的词义消歧（Word Sense Disambiguation）任务。

本文以台湾大学总结整理的中文情感词典 NTUSD 为基础。同时由于微博用词的新潮化、网络化，所以会出现未收录的各个方面的情感词，比如“大赞”的意思是形容非常称赞，属于正向情感，为了使研究工作更加具有针对性与准确性，需要对基础词典进行拓展，并结合社交网络中符号表情构成适用于微博语言的情感词典。本文采用 HowNet 情感相似度计算法对候选情感词进行倾向性判定。

知网（HowNet）是一个以汉语和英语的词语所代表的概念为描述对象，以揭示概念与概念之间以及概念所具有的属性之间的关系为基本内容的常识知识库。知网是一个知识系统而不是一部语义词典。知网的全部的主要文件包括知识词典构成了一个有机结合的知识系统。例如，主要特征文件、次要特征文件、同义、反义以及对义组的形成，以及事件关系和角色转换等都是系统的重要组成部分，而不仅仅是标注的规格文件。知网的建设方法的一个重要特点是自下而上的归纳的方法。它是通过对全部的基本义原进行观察分析并形成义原的标注集，然后再用更多的概念对标注集进行考核，据此建立完善的标注集。

义原间的相似度是通过两个义原的路径计算的，两个义原 p_i 和 p_j 之间的语义距离公式：

$$Sim_p(p_i, p_j) = \frac{\alpha}{d_{ij} + \alpha}$$

对于两个概念 s_1, s_2 根据其相关的 t 个义原 $p_1, p_2, ..., p_t$ 的相似度，概念 S_1, S_2 之间的相似度计算公式如下：

$$Sim_s(S_1, S_2) = \frac{1}{t_1 t_2} \sum_{i=1}^{t_1} \sum_{j=1}^{t_2} \frac{1}{2^{(t_1-j+1)+(t_2-i+1)}} sim(p_{1i}, p_{2j})$$

对于单词 w_1 包含 m 个概念 $S^1{}_1, S^1{}_2, ..., S^1{}_m$；单词 w_2 包含 n 个概念 $S^2{}_1, S^2{}_2$，

$\ldots, S^2{}_n$。单词 w_1, w_2 的语义相似度计算公式为：

$$Sim_w(w_1, w_2) = \max_{i,j} Sim(S^1{}_i, S^2{}_j)$$

词汇间的情感倾向性比较是通过待测词汇与基准词之间的语义相似度判断的，而基准词集又分为正向情感种子词集和负向情感种子词集，这些种子词都是由具有强烈的情感倾向词汇构成。本文基于 Google 搜索返回 Hits 值从高到低排序，并去掉语义相同的词之后选取的 30 对具有代表性的褒贬义种子词，如表 3.3 所示。

表 3.3　　种子词集

正向情感种子词集					
正确	美丽	成功	快乐	善良	真实
温柔	自信	出色	廉洁	健康	安全
好	容易	喜欢	幸福	积极	文明
诚信	和平	优秀	精英	美妙	先进
完美	嘉奖	著名	勤俭	亮点	英雄
负向情感种子词集					
错误	丑陋	失败	伤心	邪恶	虚假
暴力	自负	讨厌	脆弱	腐败	无情
坏	差	肮脏	消极	无能	低谷
恶毒	动荡	非法	事故	悲惨	落后
仇恨	不当	差劲	浪费	痛恶	讽刺

假设正向情感种子词集为 P，负向情感种子词集为 N，那么对于词汇 w，其与基准词之间的情感相似度计算公式为：

$$o(w) = \frac{1}{K}\sum_{k=1}^{K} sim(w, P_k) - \frac{1}{L}\sum_{l=1}^{L} sim(w, N_l)$$

K，L 为种子词集 P、N 中的词汇个数。若 $o(w) > 0$，则词汇 w 情感倾向性为正，若 $o(w) < 0$，则词汇 w 的情感倾向性为负。

微博作为新型社交网络，其内容中除文字语言外，还会经常使用符号语言来表达情感，所以构建基于符号表情的情感词典对微博的情感分析研究十分重要。微博拥有自带的符号语言表情库，并且带有中文释义标签，本文选取表情库中能明确表达正负向情感的符号，并人工标注其情感极性。文本对微博表情库中的 90 个表情符号进行整理，共选取情感极性明确的 56 个表情符号构成情感符号词典。部分表情符号如表 3.4 所示。

表 3.4　　　　部分情感符号

情感符号	标签释义	极性
	嘻嘻	+1
	咒骂	-1
	赞	+1
	生病	-1

4. 实验数据分析

4.1　评价指标

采本文以正确率、召回率、F 值和覆盖率作为评价指标。具体计算公式如下。

正确率用来计算系统判定出的情感倾向结果与人工标注的情感倾向性结果匹配数占系统话题聚类后微博数量的比例：

$$precision = \frac{N_{correct}}{N_{classify}} \times 100\%$$

召回率用于计算系统判定出的情感倾向结果与人工标注的情感倾向性结果匹配数占人工标注话题的微博数的比例：

$$recall = \frac{N_{correct}}{N_{manual}} \times 100\%$$

F 值计算公式：

$$F_1 = \frac{precision \times recall \times 2}{precision + recall}$$

覆盖率用于计算系统划分出话题的微博数占人工标注话题的微博数的比例，作为考察话题聚类结果的指标：

$$coverage = \frac{N_{classify}}{N_{menual}} \times 100\%$$

4.2　实验数据

本文利用微博文本爬取系统抓取生活、娱乐、新闻三个领域已标注的微博数据共 10 万条。对微博数据进行预处理构成语料库，包括去掉重复、无意义的微博，如仅有“转发微博”字样或 URL 链接等内容；去除掉格式符号，如“【”和“】”“//”和 URL 链接，以及话题标签“#”和其所带内容。最后利用分句工具，进行语料分句处理，并标注词性。如图 4.1 所示。

图 4.1　实验语料库

4.3　实验结果及对比

概率话题模型调试过程中的参数设置如图 4.2 所示。

图 4.2

话题聚类实验结果为四个概率迭代结果文件，tassign 文件是训练语料中单词的主题指定（文档——词——主题分布），每一行是一个语料文档，. phi 文件存储词语

——主题分布，每一行是一个主题，列内容为词语。. theta 文件是主题文档分布，每一行是一个文档，列内容是主题概率。. twords 文件作为模型参数结果推断出了每一个主题下最优的 topN 个词项及其概率，如图 4. 3 所示。

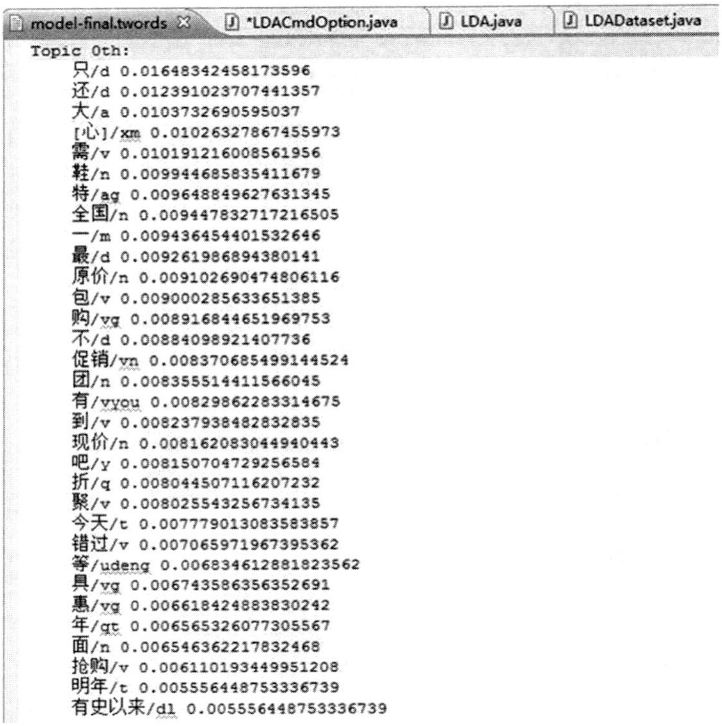
model-final.twords ☒ | *LDACmdOption.java | LDA.java | LDADataset.java

```
Topic 0th:
    只/d 0.01648342458173596
    还/d 0.012391023707441357
    大/a 0.010373269059503 7
    [心]/xm 0.010263278674559 73
    需/v 0.010191216008561956
    鞋/n 0.009944685835411679
    特/ag 0.009648849627631345
    全国/n 0.009447832717216505
    一/m 0.009436454401532646
    最/d 0.009261986894380141
    原价/n 0.009102690474806116
    包/v 0.009000285633651385
    购/vg 0.008916844651969753
    不/d 0.008840989214077 36
    促销/vn 0.008370685499144524
    团/n 0.008355514411566045
    有/vyou 0.008298622833146 75
    到/v 0.008237938482832835
    现价/n 0.008162083044940443
    吧/y 0.008150704729256584
    折/q 0.008044507116207232
    聚/v 0.008025543256734135
    今天/t 0.007779013083583857
    错过/v 0.007065971967395362
    等/udeng 0.006834612881823562
    具/vg 0.006743586356352691
    惠/vg 0.006618424883830242
    年/gt 0.006565326077305567
    面/n 0.006546362217832468
    抢购/v 0.006110193449951208
    明年/t 0.005556448753336739
    有史以来/dl 0.005556448753336739
```

图 4. 3

情感词典构建结果部分如表 4. 1 所示。

表 4. 1

编号	情感大类	情感类	词汇
1	乐	快乐（PA）	喜悦、欢喜、笑眯眯、欢天喜地
2		安心（PE）	踏实、宽心、定心丸、问心无愧
3	好	尊敬（PD）	恭敬、敬爱、毕恭毕敬、肃然起敬
4		赞扬（PH）	英俊、优秀、通情达理、实事求是
5		相信（PG）	信任、信赖、可靠、毋庸置疑
6		喜爱（PB）	倾慕、宝贝、一见钟情、爱不释手
7	怒	愤怒（. A）	气愤、恼火、大发雷霆、七窍生烟

续表

编号	情感大类	情感类	词汇
8	哀	悲伤（.B）	忧伤、悲苦、心如刀割、悲痛欲绝
9		失望（.J）	憾事、绝望、灰心丧气、心灰意冷
10		疚（.H）	内疚、忏悔、过意不去、问心有愧
11		思（PF）	思念、相思、牵肠挂肚、朝思暮想
12	惧	慌（.I）	慌张、心慌、不知所措、手忙脚乱
13		恐惧（.C）	胆怯、害怕、担惊受怕、胆战心惊
14		羞（.G）	害羞、害臊、面红耳赤、无地自容
15	恶	烦闷（.E）	憋闷、烦躁、心烦意乱、自寻烦恼
16		憎恶（.D）	反感、可耻、恨之入骨、深恶痛绝
17		贬责（..）	呆板、虚荣、杂乱无章、心狠手辣
18		妒忌（.K）	眼红、吃醋、醋坛子、嫉贤妒能
19		怀疑（.L）	多心、生疑、将信将疑、疑神疑鬼
20	惊	惊奇（PC）	奇怪、奇迹、大吃一惊、瞠目结舌

实验中采用的对比方法为使用SVM分类器，通过构建训练集对分类器进行训练，之后对实验语料进行话题划分并判定微博的情感极性，从而获得话题的情感倾向。实验结果如表4.2。

表4.2　　对比实验结果

	正确率		召回率		F值		覆盖率	
	本文方法	SVM	本文方法	SVM	本文方法	SVM	本文方法	SVM
标注话题1	71.16%	66.24%	68.77%	63.94%	69.94%	65.07%	86.65%	80.82%
标注话题2	74.24%	68.43%	70.54%	64.13%	72.34%	66.21%	87.06&	81.22%
标注话题3	73.05%	67.83%	69.75%	62.34%	71.36%	64.97%	86.96%	79.63%
标注话题4	69.47%	64.63%	64.41%	57.06%	66.84%	60.61%	80.42%	75.35%
标注话题5	70.56%	65.14%	67.58%	59.38%	69.04%	62.13%	81.48%	76.48%
标注话题6	68.96%	63.95%	63.58%	57.14%	66.16%	60.35%	79.84%	74.55%

从表中可以看出，本文所采用的方法对比SVM方法在正确率、召回率、F值和覆盖率这四种指标数值上普遍有了较大的提高，尤其在覆盖率上提高更加明显，说明本文采用的方法，在识别隐藏话题并判断其整体情感倾向上要优于使用SVM的话题分类及情感判断。主要原因分析如下：①微博语料过于碎片和不规整导致文本维数很高，LDA模型比SVM分类器在处理此类文档集时更能有效降低向量的维数，建立低维的向量空间从而提高分类的精度；②SVM对于样本过于依赖，需不断保持样本训练，才能获得较好的效果，但对于微博语料中新文本数量很繁杂的情况，并不

能保证样本学习的及时补充；③SVM 对于情感的多分类较情感词典法存在实现上的难点，因为最优分隔超平面左右的点位置容易出现较大误差，导致效果的不理想。

5. 结论

微博的情感分析是目前互联网舆情分析中的研究热点，针对微博的特点本文提出了基于话题概率模型与扩展情感词典及滑动窗口计算相结合的方法。目的是为了解决微博特点所带来的问题，其中包括针对高维的文本数据，所设计的 LDA 模型能够有效降低维度并识别隐含话题从而达到微博的话题聚类。接着针对微博使用语言的网络化和符号化，设计了扩充情感词典的方法，保证了在词汇情感极性的判定中词典的丰富度。以一段时间内获取的多个领域微博作为语料，通过对比性实验可以看出，本文的策略在话题聚类并分析其情感倾向上有良好的表现。不过在实验中发现有些微博转发内容虽是同一话题，但却因特征过少，导致没有被正确聚类，所以考虑转发等因素的影响也是十分重要的。

参考文献

[1] 文坤梅，徐帅，李瑞轩，辜希武，李玉华．微博及中文微博信息处理研究综述．中文信息学报，2012，26（6）：27-37

[2] 谢丽星，周明，孙茂松．基于层次结构的多策略中文微博情感分析和特征抽取．中文信息学报，2012，26（1）：73-83

[3] Omar ElTayebya，Peter Molnarb，Roy Georgeb. Measuring the Influence of Mass Media on Opinion Segregationthrough Twitter. Procedia Computer Science，2014 ，36：152-159

[4] 朱嫣岚，闵锦，周雅倩，黄萱菁，吴立德．基于 HowNet 的词汇语义倾向计算．中文信息学报，2006，20（1）：14-20

[5] 张志飞，苗夺谦，高灿．基于 LDA 主题模型的短文本分类方法．计算机应用，2013，33（6）：1587-1590

[6] 李凤岭，朱保平．基于 LDA 模型的微博话题发现技术研究．计算机应用与软件，2014，31（10）：24-26

[7] Jiguang Liang，Ping Liu，Jianlong Tan，Shuo Bai. Sentiment Classification Based on AS-LDA Model. Procedia Computer Science，2014 ，31：511-516

[8] WenmingGuo，Tianlang Deng. Topic Mining for Call Centers Based on LDA // 10th International Conference on Natural Computation，2014：839-244

[9] 傅向华，刘国，郭岩岩，郭武彪．中文博客多方面话题情感分析研究．中文信息学报，2013，27（1）：47-55

[10] 徐军，丁宇新，王晓龙．使用机器学习方法进行新闻的情感自动分类．中文信息学报，2007，21（6）：95-100

基于 LBP 和 PCA 特征提取的人耳识别

北方工业大学：唐婉冰　关瑜　王子豪
指导教师：李琛博士 讲师

［摘　要］本文研究了一种新的基于局部二值模式（LBP）和主成分分析法（PCA）的人耳识别方法。该方法结合 PCA 在提取全局特征方面的优势及 LBP 在提取局部纹理细节方面的优势，能从人耳图像中提取出较好的用于识别的特征。相对于原始的 LBP 和 PCA 方法，结合 LBP 和 PCA 的人耳识别方法在识别率方面有明显提高。

［关键词］人耳识别；特征提取；主成分分析；局部二值模式

一、引言

随着当今科学技术的发展，信息安全和公共安全等社会问题日益突出，访问人的身份识别问题成为保障信息安全和公共安全的重要手段。使用人体所固有的特征来进行身份鉴定的生物特征识别由于其自身独特的优势吸引了大量研究者的兴趣。可用做身份识别的生物特征主要包括：视网膜、指纹、人脸、人耳、掌纹、步态、虹膜、手形、签名、语音和击键等。目前已有的生物特征识别系统对环境的要求较高，然而在实际应用中，常常需要实现对被监控个体的远距离非打扰识别。研究发现人耳具有特征稳定，不受化妆、表情、年龄变化等因素影响的特征，并且人耳数据可以方便地从视频或照片信息中获取，易实现远距离、非打扰式的识别使其吸引了越来越多专家及学者致力于此。

目前常用的特征提取的方法有主成分分析（PCA）、局部二值模式（LBP）和局部线性嵌入（LLE）等，这些方法均取得了一定的识别效果。考虑到 PCA 在提取全局特征方面的优势及 LBP 在局部在提取局部纹理细节方面的优势，本文研究了一种结合局部二值模式和主成分分析的人耳特征提取方法，经过充分的实验证明，该方法能够从人耳图像中提取出较好的用于识别的特征。

二、主成分分析法

基于主成分分析的特征提取（PCA）是一种常用的基于协方差矩阵对信息进行处理、压缩及提取的有效方法[1]。其将人耳作为一个整体处理，通过求解训练样本散布矩阵的特征值问题，利用线性变换提取主元，以一组数量小于样本空间维数的正交基为特征空间，识别时将测试的人耳图像投影到此空间，得到一组投影系数，用于表达人耳。PCA 方法通过降低特征维数，使得特征表达更为紧凑，并且可使用人耳图像的原始灰度数据直接用来识别，降低计算强度。

对图像使用 PCA 降维获取特征的步骤如下[2]：

（1）假设训练集有 n 幅人耳图像，每个图像样本大小为 M ∗ N，则训练样本矩阵 X 为：

$$X = (X_1, X_2, \ldots, X_i, \ldots, X_n)^T \tag{1}$$

其中向量 X_i 为由第 i 个图像的每一列向量堆叠成一列的 MN 维向量，即把矩阵向量化。

计算训练图片的平均耳 Ψ：

$$\Psi = \frac{1}{n}\sum_{i=1}^{n} X_i \tag{2}$$

并计算每幅人耳图像的差值耳 d_i：

$$d_i = X_i - \Psi, (i = 1, 2, \ldots, n) \tag{3}$$

（2）计算图像数据的协方差矩阵 C：

$$C = \frac{1}{n}\sum_{i=1}^{n} d_i d_i^{\ T} = \frac{1}{n} A A^T \tag{4}$$

其中差值耳矩阵

$$A = (d_1, d_2, \ldots, d_n) \tag{5}$$

（3）对协方差矩阵进行奇异值（SVD）分解得到图像的特征值 λ_i 和特征向量 V_i，并找出前 n 个最大特征值对应的特征向量 u_i：

$$u_i = \frac{1}{\sqrt{\lambda_i}} A v_i (i = 1, 2 \ldots, n) \tag{6}$$

则特征脸空间 W 为：

$$W = (u_1, u_2, \ldots, u_n) \tag{7}$$

（4）将每一幅人耳图像的差值耳矢量投影到“特征耳”空间 Ω_i，即

$$\Omega_i = w^T d_i (i = 1, 2, \ldots, n) \tag{8}$$

三、基于局部二值模式的人耳表达

LBP 是一种用来描述图像局部纹理特征的算子，其基本思路是通过比较圆形邻域内的像素点与其领域内像素灰度值的大小，并用二进制模式表示的比较结果来表述局部纹理特征。LBP 理论在描述纹理特征方面有显著的效果。图像的局部纹理 T 的分布可假设认为是灰度级为 P（P >0）的图像中所有像素的灰度联合分布密度。局部纹理 T[3] 可表示为：

$$T = t(h_c, h_0, \cdots, h_{p-1}) \tag{9}$$

其中 h_c 表示图像局部邻域中心像素点的灰度值，$h_p(p = 0, \cdots p-1)$ 是在半径为 R（R >0）的圆形对称区域内 p 个相等空间像素灰度值。

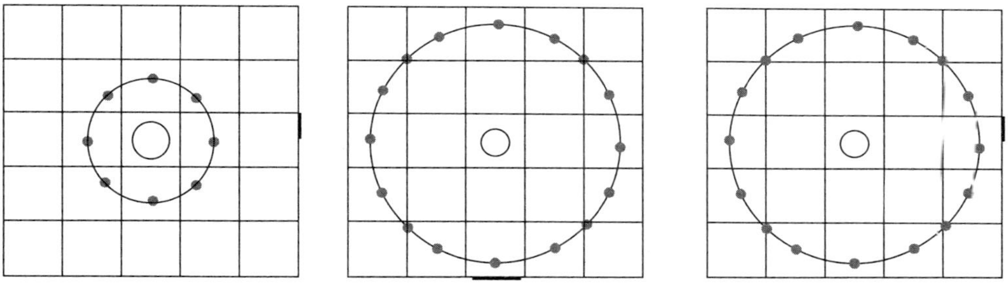

（a）P=8,R=1　　（b）P=8,R=1　　（c）P=16,R=2

图 3.1　不同 P，R 值对应的 LBP 算子

基本的 LBP 算法是定义 3 ×3 窗口的中心像素为阀值，将剩余的 8 个像素的灰度值依次与阀值比较，大于中心点像素的，则标记为 1，否则标记为 0。最后将中心像素点周围的 8 位二进制数转化为十进制数，即为此窗口的 LBP 值。若中心像素值为 i_p 周围的八个像素，像素值依次为 $i_1 \sim i_8$，则 LBP 值[4] 为：

$$LBP(x_c, y_c) = \sum_{p=0}^{p-1} 2^p s(i_p - i_c) \tag{10}$$

其中 (x_c, y_c) 代表 3 ∗3 邻域的中心元素，它的像素值为 i_c，i_p 则代表邻域内其他像素的值。$s(x)$ 是符号函数，当 $x \geq 0$ 时，$s(x) = 1$，否则为 0。

算法过程如下图 3.2。

根据 LBP 算子可实现不同人耳图像的 LBP 编码图像[5]，如图 3.3 所示。

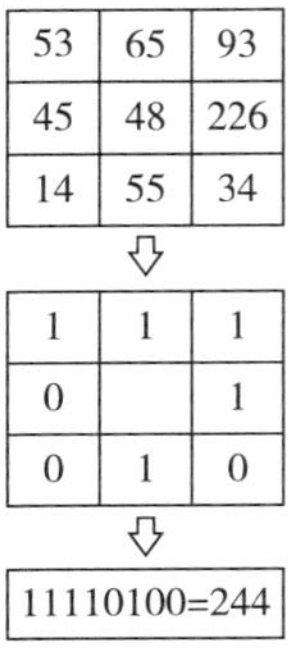

图 3.2　基本 LBP 算子示意图

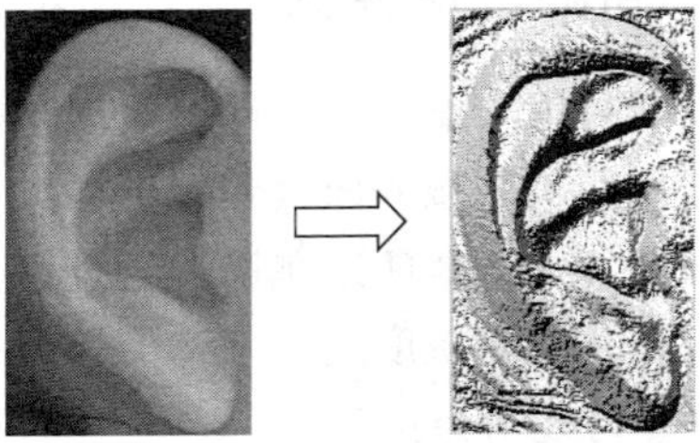

图 3.3　人耳图像及其 LBP 编码图像

四、结合 PCA 的 LBP 降维

基于 LBP 和 PCA 的人耳识别过程如图 4.1[6]所示。

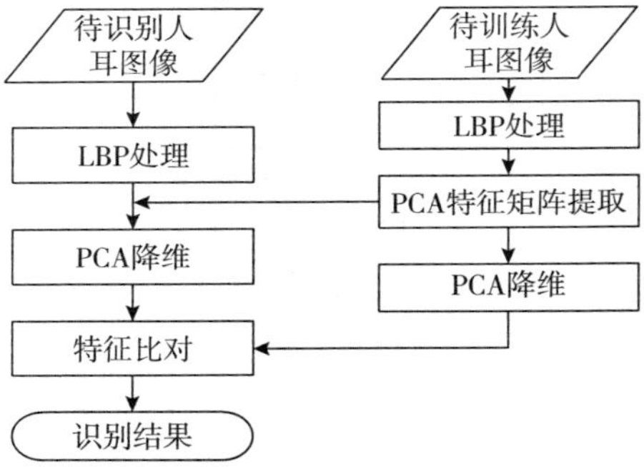

图 4.1　基于 LBP 和 PCA 的人耳识别流程图

第一，对人耳图像提取 LBP 特征，得到 LBP 特征矩阵，即图 3.3 所示的 LBP 编码图像。第二，将所有经过 LBP 处理过的人耳图像按列提取，将这些特征从大到小排列，提取出前 120 个特征值和对应的特征向量作为最终 PCA 提取的特征矩阵。第三，将 LBP 处理过的按列提取的图像矩阵分别与最终 PCA 提取的特征矩阵相乘，得到最终用于识别的特征。

在识别阶段，我们将测试集图像做 LBP 特征提取处理，并使用训练集中 PCA 提取的特征矩阵降维，最后我们采用欧氏距离来计算测试集与训练集的相似度。

五、最小距离分类器

最小距离分类器是监督分类的方法之一，其基本思想是利用试验训练集生成一个可表示该类别的中心向量 U_k（$k=1,2,...,n$；n 是类别数）对于每个待分类的元素组 X，计算其与 U_k 的距离 d_k^2，根据计算的距离，把 X 归入到与之距离最近的类。这里 $X=[x_1,x_2,...,x_m,f]$，$U_k=[u_{k1},u_{k2},...,u_{km},f]$，其中 f 表示类别，f 属于 $[f_1,f_2,,,f_n]$。

本文中最小距离分类器使用的是较为常见的欧氏距离。

欧式距离（Euclidian Distance）：欧式距离，也称为泛数，是一个通常采用的距离定义，可表示为在 K 维空间中两个点之间的真实距离。也常被用于度量向量间的距离：

$$d_k^2=(X-U_k)'(X-U_k),\text{即}\ d_k^2=\sum_{i=1}^{m}(x_i-u_{ki})^2 \tag{11}$$

采用欧氏距离的最小分类器由于不用计算属性的方差和协方差，所以分类速度较快，分类时间较短。

六、实验分析

本文采用北京科技大学 USTB 人耳图像库（3）作为实验对象，包含有 79 个人的 395 张人耳侧面图像，图像采集显示分辨率为 768×576，正侧面光照恒定。并分别通过 LBP、PCA、LBP + PCA 三种方法对其进行比较验证。本实验的目的在于测试不同算法条件下对人耳识别率的影响并改进出最优的识别方法以便提高识别率。

图 6.1 为一对一识别曲线，本次实验的人耳库为 USTB79 人人耳库，在识别过程中使用每个人的第五张人耳图像作为训练集，第二张作为测试集。

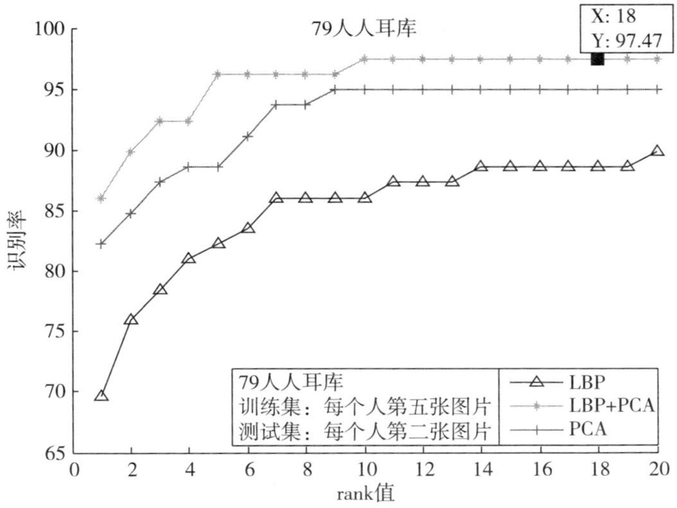

图 6.1 三种算法在 79 人训练集上的 CMC 曲线

图 6.2 为一对多的识别曲线，本次实验的人耳库为 USTB79 人耳库，在识别过程中使用每个人的第五张人耳图像作为训练集，第一张及第二张作为测试集。

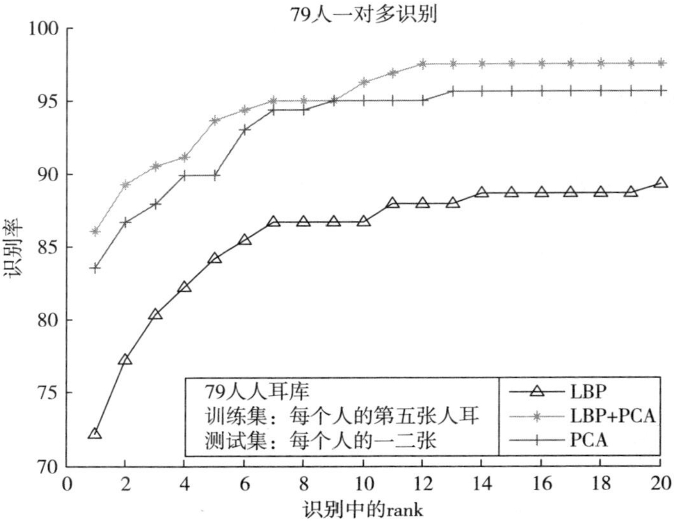

图 6.2　三种算法在 79 人训练集上的 CMC 曲线

由图 6.1、图 6.2 可得出各种算法识别结果的差别。无论是一对多还是一对一的识别过程中，基于局部二值模式的 LBP 算法识别率最低，最高只能达到 89%。而本文研究的 PCA 与 LBP 相结合的方法，得到的识别率最高可达到 97% 左右。在实际运用中基本以第一次识别为准，即 rank1 的结果。通过对 rank1 的比较可以看出，在一对多的识别中，运用单独 LBP 或者单独 PCA 的算法所得到的识别率均受到影响，比如 LBP 的首次识别率下降至 69%。而本文研究的新算法首次识别率相对稳定，在实际运用中会得到更好的效果。

七、实验结论

本文研究了一种结合局部二值模式和主成分分析的人耳识别方法，实验结果表明，相对于原始的 LBP 和原始的 PCA 识别方法，结合 LBP 和 PCA 的人耳识别方法能有效降低计算复杂度，同时可以提高识别率，尤其是对于训练集个数较少的图像库，本文研究的方法表现出明显优于 PCA 和 LBP 方法的优势。

参考文献

[1] 穆志纯，敦文杰，生物特征识别技术－人耳自动识别，信息科学技术学术著作丛书，北京：科学出版社，2012

[2] 李昆仑，王命延．基于 PCA 和 LBP 的人脸性别分类方法．电脑知识与技术，2009（10）

[3] 韦妍，基于改进 LBP 的人脸表情识别方法，现代计算机，2011（7）

[4] 齐永锋，张家树，火元莲．一种基于肤色与改进的 LBP 的人脸检测方法．光电子·激光，2009（20）

[5] 王志秦，董翠英，周浩森．一种基于 LBP 的人耳特征提取方法．唐山学院学报，2009（03）

[6] 熊承义，李丹婷，笪邦友．基于 LBP 和 PCA 特征提取的人脸识别．中南民族大学学报（自然科学版），2011（6），76-79

[7] 张海军，穆志纯，危克．人耳识别技术研究进展综述．计算机工程与应用，2004（33）

[8] 张海军，穆志纯，张克君，等．基于主元分析的人耳图像识别方法．北京工商大学学报（自然科学版），2005（11）

[9] 袁立，穆志纯，曾慧，基于人脸和人耳的多模特生物特征识别．北京科技大学学报，2007（12）

[10] 袁立，穆志纯，徐正光，等．基于人耳生物特征的身份识别．模式识别与人工智能，2005（6）

[11] 王玮，黄非非，李见为，等．使用多尺度 LBP 特征描述与识别人脸．光学精密工程，2008（4）

[12] 王宪，张彦，慕鑫，等．基于改进的 LBP 人脸识别算法．光电工程，2012（7）

[13] 李一波，曹景亮，张海军．一种基于张量 PCA 的人耳识别的改进方法．计算机工程与应用，2011，47（25）

[14] 赵怀勋，徐锋，陈家勇．基于多尺度 LBP 的人脸识别，计算机应用与软件．2012（1）

[15] 封筠，穆志纯，毛晚堆．基于局部二值模式与滤波器融合的人耳识别．计算机工程与应用，2010，46（35）

[16] 刘嘉敏，刘强，朱晟君．基于二维主成分分析与神经网络的人耳识别方法．2009，（12）

[17] 刘嘉敏，朱晟君，复杂背景下的人耳检测方法．光电工程，2009（3）

[18] 黄金钰，张会林，闫日亮．LBP 直方图与 PCA 的欧式距离的人脸识别．计算机系统应用，2012，21（06）

远程交互式虚实合作会议展现系统研究报告

北方工业大学：张伟强　文明云　赵佳　黎佳雪　黄凯斯
指导教师：宋伟 讲师

交互式虚拟合作系统，将人物信息提取出来作用于虚拟的会议场景中，从而实现虚拟环境中人物之间的交互。本系统主要包括三个部分：前景分离技术、远程传输技术、虚实融合技术。首先通过前景分离技术，将摄像头捕捉到的人物分离出来；然后将我们所需要部分提取出来，通过数据传输，将得到的像素传到服务器；最后将虚拟的人物和场景结合到一起，通过全息幻象的方式展示出来，实现交互式虚拟合作系统。

随着互联网时代的崛起和计算机技术的飞速发展，尤其是互动媒体的出现，颠覆了人们的现代生活方式，各种各样的基于互动媒体的研究与应用也随之产生。前景分离技术是计算机视觉领域中的一个研究热点，它在诸多的应用领域中都扮演着重要的角色，而在面向互动媒体的应用系统中，前景分离的实时性、准确性对于用户的体验具有非常重要的意义。首先确定运动的人体前景目标，然后实现对确定的人体目标进行识别、除噪等后处理。因此，运动人体区域的分离结果影响到虚实合作的效果。

常用的运动前背景分离算法有：光流法、帧间差分法和背景减除法等。光流法计算复杂度高、抗噪性能差，不容易实现实时性图像处理。帧间差分法在目标移动速度缓慢的情况下，不能够很好地将运动目标完整的抠图出来，可能还会出现漏检或者错捡的情况。背景减除法是将当前的视频序列中的图像与背景模型进行差分，通过计算来检测到前景运动目标。相比较其他的前背景分离方法，背景减除法运算简单且速度较快。因此，本系统中中将采用背景减除的方法来进行前背景分离，从而提取所需要的运动人体目标。

在对图像进行处理时，本系统中采用 CPU 编程。GPU 本质上就是个类似 CPU 的硬件设备，基于此的图形编程，是一个新的需要了解的方向。GPU 使显卡减少了对 CPU 的依赖，并进行部分原本 CPU 的工作，尤其是在 3D 图形处理时。GPU 所采用的核心技术有硬体 T&L、立方环境材质贴图和顶点混合、纹理压缩和凹凸映射贴图、双重纹理四像素256位渲染引擎等，而硬体T&L技术可以说是GPU的标志。GPU最大的优势在于其提供的并行运算。通俗讲，就是增加了处理图形计算的计算单元，但是它不同于多核CPU，根据东京大学的研究（by Takeyoshi Dohi）表明，它的速度至少超过多核CPU的70倍以上。与CPU不同，CPU要做得很通用。CPU需要同时很好地支持并行和串行操作，需要很强的通用性来处理各种不同的数据类型，同时又要支持复杂通用的逻辑判断，这样会引入大量的分支跳转和中断的处理。这些都使得CPU的内部结构异常复杂，计算单元的比重被降低了。而GPU面对的则是类型高度统一的、相互无依赖的大规模数据和不需要被打断的纯净的计算环境。GPU更注重并行计算，通过CUDA，GPU可以很方便地被用来进行。CUDA是一种由NVIDIA推出的并行计算架构，该架构使GPU能够解决复杂的计算问题。它包含了CUDA指令集架构以及GPU内部的并行计算引擎[1]。随着显卡的发展，GPU越来越强大，在计算上已经超越了通用的CPU。如此强大的芯片如果只是作为显卡会造成计算能力的浪费，因此NVIDIA推出CUDA，让显卡可以用于图像渲染以外的目的。在CUDA程序架构中，主程序由CPU来执行，而当遇到数据并行处理的部分，CUDA就会将程序编译成GPU能执行的程序，并传送到GPU。GPU在特定的科学计算方面比CPU有更强大的运算能力，运用CUDA的计算能力，可以很显著地提高计算速度，具有广阔的应用前景。

通过图像处理技术将得到的图像处理，通过某些算法对前背景分离出的图像进行去除噪声、增强、复原、分割、提取特征等处理的方法和技术。常用的算法有基于数学形态学的开运算和闭运算算法、Floodfill（漫水填充）算法和隐马尔科夫随机场算法。开运算是先腐蚀后膨胀的过程，闭运算是先膨胀后腐蚀的过程。开运算可以用来消除图像中的“斑点”噪声，且能确保图像内的较大区域依然存在，闭运算能够排除小型黑洞（黑色区域）。但是这种算法处理时间太长，从而导致图像处理效率低下。Floodfill算法操作的结果总是某个连续的区域，可能会存在小的区域无法填充的现象，从而导致最终还会存在很多噪声，并且处理速度慢。隐马尔科夫随机场算法是一种基于统计学理论的图像分割方法，具有顾及局部像素之间的相关性，充分利用了先验知识，模型参数较少并且容易与其他方法相结合等优点，所以该方法在图像处理领域得到广泛的研究和应用。因此，本系统利用隐马尔科夫随机场来进行图像处理，消除分离出的图像中存在的噪声并且填充存在的黑洞。

我们将分离的图像利用全息幻象的方式展示出来，如下图1.1所示。全息幻象系统主要由投影仪、全息膜等组成。首先，被分离出的图像由投影仪投影，然后通过发射原理将投影反射到全息膜，被摄物体在激光辐照下形成漫射式的物光束；另一部分激光作为参考光束射到全息底片上，和物光束叠加产生干涉，把物体光波上各点的位相和振幅转换成在空间上变化的强度，从而利用干涉条纹间的反差和间隔将物体光波的全部信息记录下来。记录着干涉条纹的底片经过显影、定影等处理程序后，便得到了一张全息图。

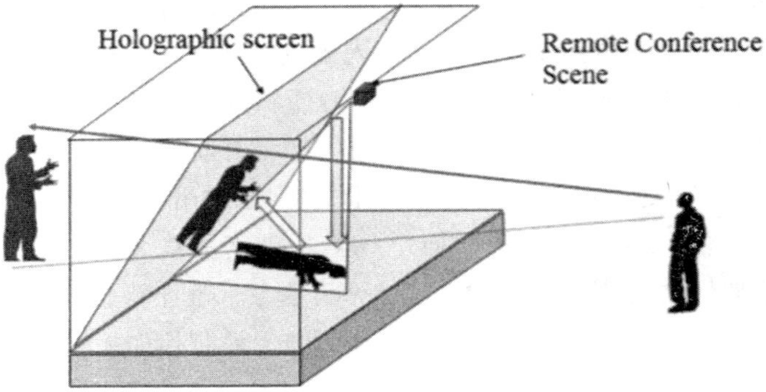

图 1.1

在进行远程传输时，我们采用 TCP/IP 技术，TCP 提供的是一种可靠的数据流服务，采用“带重传的肯定确认”技术来实现传输的可靠性。TCP 将它的信息送到更高层的应用程序，例如 Telnet 的服务程序和客户程序。应用程序轮流将信息送回 TCP 层，TCP 层便将它们向下传送到 IP 层，设备驱动程序和物理介质，最后到接收方。

虚实合作技术是一门综合计算机图形技术、多媒体技术、传感器技术、人机交互技术、网络技术、立体显示技术以及仿真技术等多种科学技术而发展起来的计算机领域的新技术。在虚实合作过程中，用户可以在一个看似真实的模拟环境，通过多种传感设备，用户可根据自身的感觉，使用人的自然技能对虚拟世界中的物体进行考察和操作，参与其中的事件，同时提供视、听、触等直观而又自然的实时感知，并使参与者“沉浸”于模拟环境中。在图 1.2 中介绍了系统的实现的过程，首先我们在客户端通过摄像头捕捉到图像，然后通过前景分离技术得到我们需要的图像，通过 TCP/IP 将图像传输到服务器端，与虚拟图像进行融合。

通过将前景分离技术，远程传输技术，虚实融合技术等技术的应用，我们很好地完成了远程交互式虚实合作会议展现系统，在未来将有很大的发展空间和应用前景。

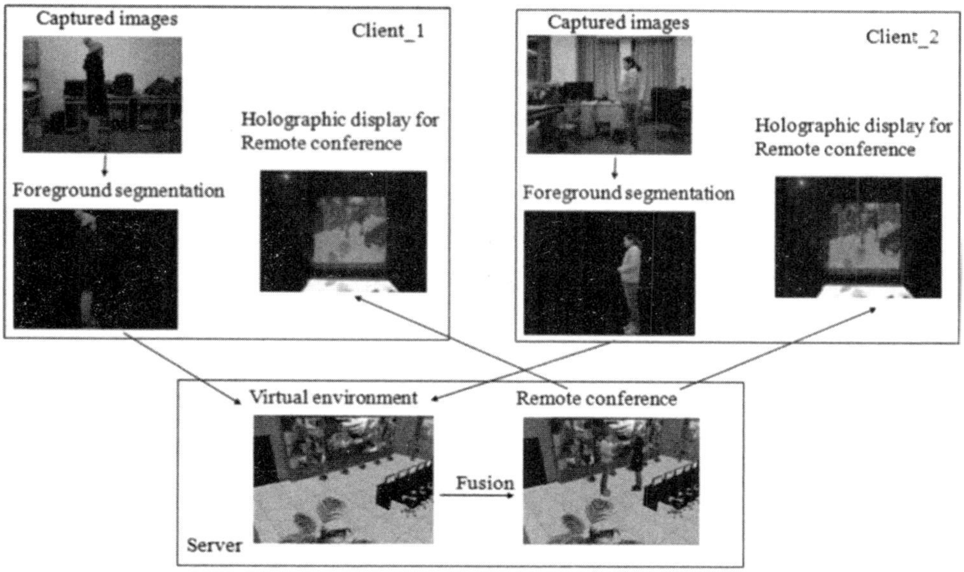
Captured images
Client_1
Holographic display for
Remote conference
Foreground segmentation
Captured images
Client_2
Holographic display for
Remote conference
Foreground segmentation
Virtual environment
Remote conference
Fusion
Server

图 1.2

习惯养成 APP 的设计与开发

北方工业大学：付强　兰军　鱼丽源
指导教师：胡燕 讲师

[摘　要] 每个人的生命是有限的，生命中的美好瞬间是弥足珍贵的。快节奏的生活，让人们有时候无暇顾及自己身边那些美丽的东西。记录生活，热爱生活，这看似简单很容易完成的事情，对于现在的人们来说变得不再那么轻而易举。然而养成热爱生活，记录生活的习惯，对于人们来说更是无比艰难。本研究的目标是通过一款 APP 帮助用户培养一个记录和回顾日常点滴生活的习惯，进而帮助用户形成一个积极、乐观的生活态度。

[关键字] 习惯；养成；APP

1. 研究背景

当我们长期坚持做一件事情，这件事情就会演变成一种习惯。在现今快节奏的生活中，由于高强度的学习、工作和不规律的生活状态，很多人养成了一些坏习惯（如晚睡晚起、冲动消费、爱丢东西、不守时等），这些习惯不同程度地对我们的健康、生活、学习和工作产生了负面影响。上班、下班、熬夜……这些词语成了当代人的主旋律。我们每个人的生命是有限的，生命中的美好瞬间也是弥足珍贵的。但是正是因为快节奏的生活，让人们有时候无暇顾及自己身边那些美丽的东西。有时候我们想驻足，把那些美好的事物尽收眼底，但是各种客观原因往往让我们无法停下脚步。记录生活，热爱生活，这看似简单很容易完成的事情，对于现在的人们来说变得不再那么轻而易举。而养成热爱生活、记录生活的习惯，对于人们来说更是无比艰难。

2. 研究目标及内容

2.1 项目目标

本项目以智能手机应用为载体，为用户提供养成一个好习惯的一体化解决方案。我们从生活中最常见的坏习惯出发，结合心理学知识，通过提醒、指引、及时鼓励、行为限制、心理暗示等多种方法帮助用户改正一个坏习惯。个人习惯养成 APP 能结合用户的自身情况和对坏习惯的依赖程度，在一段特定的周期内，从易到难、循序渐进地引导用户每天完成特定的任务，将进度与效果进行量化并实时展现。除此以外，我们还鼓励朋友之间一起培养好习惯，通过所引入的社交平台，用户可以将量化的分数分享给朋友进行比赛，从而起到互相监督、促进的作用，也给原本枯燥的习惯养成过程添加乐趣。

个人习惯养成 APP 旨在切实帮助那些想要使自己的生活状态变得更好的人，指引他们去培养一个好习惯，而不是被单纯的约束和管理。一个好习惯看起来微不足道，但可能带给人深远的影响。其实人们往往非常清楚自己有哪些不好的习惯，但由于惰性很难改变。当人们迫于自我控制力等因素无法及时改掉这些坏习惯的时候，身心会变得更加疲惫。所以我们相信，通过本项目可以帮助用户培养一个好习惯，可以让人们对自己的生活进行重新思考，可以帮助人们拥有更美好的生活。

2.2 解决思路

我们在所申报的选题“习惯养成 APP”这一大前提下，计划通过一款 APP 帮助用户培养一个记录和回顾日常点滴生活的习惯，并拥有一个积极、乐观的生活态度。如今记录类型的应用大多是文字形式为主，这种传统的记录方式往往需要占用人们较多时间，而且这种形式不够方便也不够直观，难以取得预想的效果，用户也很难坚持使用。在快节奏的现代生活中，人们更倾向于选择一种更加简单、快速、明了的方式来记录生活中的点滴，并且能够吸引人们坚持长期使用，以养成习惯。

首先，我们想到以图片为主，少量文字为辅的形式让用户培养这一记录生活的习惯。我们利用拍照简单、快捷、易操作的优势，最大程度上简化用户的记录负担和时间成本。同时，这一形式使得用户所记录的内容显得更加直观，有着很好的效果。

其次，由于我们设计的是一款习惯养成应用，所以能够让用户坚持使用从而养成习惯是我们需要解决的核心问题，针对这一问题，我们提出了双人记录的模式。

通过两个人共同记录、相互完善、相互提醒的方式促使用户坚持长期使用。在加入这一社交属性后，用户的习惯培养过程不再因孤独使用而变得难以坚持。有了一位好友的陪伴，两个共同养成记录生活的习惯，有趣而简单。

除此以外，我们希望有一些对内容的编辑创作的元素能够增加用户黏性和趣味性。两人发布的内容可以结合用户自身创意进行编辑，形成属于两个用户自己独特的生活记录方式。我们还希望在应用中加入分享、主题活动和精品推荐等辅助功能，使整个应用变得完善。

3. 项目成果展示

3.1　成果名称及标识

双拼记
TwoGather
两朋友间的生活记录与创作平台

图 3.1　双拼记标识

3.2　成果概述

双拼记是一个两朋友间的生活记录与内容创作平台。通过双拼记，我们希望培养人们记录和回顾日常点滴生活的习惯，并拥有积极、乐观的生活态度。

3.3　主要功能

（1）基本功能：两位用户通过注册账户并绑定形成朋友关系。两个用户作为一个关系，每个用户最多可以分别和 3 位朋友建立关系，每个关系相互独立且各自私密。在每个关系中两用户可各自发布图片和文字内容并利用应用中提供的工具进行创作。

（2）照片创意拼接：通过两个人协商好主题后，在一个人已经上传了一张照片

（已编辑）的基础上，另一位用户可以上传自己的照片与原有的照片进行拼接。同时双拼记中会提供自由拼接、固定格式拼接等模板帮助用户完成创意拼接。图片下可标注少量文字。

（3）图文混排：两个用户各自上传图片，在图片旁边写下文字（感想、感悟或反思等），通过应用双拼记中提供的图文混排模板进行搭配，完成创作。

（4）提醒：当其中一名用户发布内容时，可以通过双拼记中的提醒中心功能发布提醒，从而提醒另一名用户及时对其内容进行创意拼接或图文混排。

（5）分享：经两个用户同意后，其中一名用户可将两人共同完成的创意作品发至第三方社交平台中分享。

（6）推荐：两个用户可以将一些自己认为优秀的作品进行标记，双拼记会经过筛选、投票等活动挑选出一部分创意作品进行全网推荐。在推荐版块中，用户可以看到来自世界各地用户创作的作品。

（7）DIY 记录册：当坚持两位用户坚持使用双拼记到达一定天数时，双拼记会为其生成一部两人创意作品的电子记录册，方便两个用户回顾与收藏。

3.4 创新性

（1）新形式。相对于其他生活记录软件，我们选用图片为主的记录方式。通过拼接图片和图文混排这样简单的方式简化用户记录生活的形式，减轻其记录的负担。

（2）双人社交平台。双拼记创造性地推出了两个人共同记录的方式，让原本枯燥无味的记录，因另一个人的加入变得有趣，这一社交属性的加入不仅能够使两朋友之间的关系变得更加亲密，而且从很大程度上解决了一个人坚持培养习惯带来的困难。

（3）鼓励创意。我们鼓励用户通过双拼记将自己的创意加入到图片中，我们塑造了双拼记这一记录形式，但不想限制用户的灵感发挥。用户可以使用多样的主题、模板和工具，结合两人的智慧，共同创造出独特而富有创意的记录作品。

（4）习惯养成。通过双拼记，让用户每天一点点的坚持和投入聚沙成塔，在养成记录生活这一习惯的同时，也能真正地改变生活。

3.5 风格

“简单、清新、温暖”是双拼记的主要风格。

（1）简单：我们希望为用户营造一个具有良好用户体验生活记录平台，双拼记的逻辑与交互操作简单易学。根据软件初次的指引，人人都能轻轻松松地与你的朋友一同完成记录过程。

（2）清新：双拼记的视觉设计干净、整洁、精致，配色明快、优雅，给人以清新之感。我们希望能让用户的充分享受记录过程，而不是单纯为了完成某项任务。

（3）温暖：用户的记录内容本身就饱含情感。就像用户的生活一样，我们希望打造一个温情记录环境，双拼记中所记录的一切都温暖而真挚。

3.6 受众人群

双拼记受众群体范围较广，主要适合于那些想要记录生活但一直没能坚持并且想要使自己的生活状态变得更好的人。我们心目中理想的典型受众群体，按应用中的两用户关系分为以下三组：

（1）在同城和双城之间生活的亲密朋友；

（2）处于热恋中的情侣；

（3）父母与子女（不同辈的亲属）。

4. 完成研究采用的技术和方法

4.1 技术与实现方案综述

双拼记应用主要采用 C/S 架构（即 Client/Server 或客户/服务器模式）实现。在客户端，我们使用 Eclipse 开发的 Android 应用程序。在服务器端，我们采用基于 Web 的最佳组合“LNMP 模式”（即 Linux 操作系统、Ngaix 网络服务器、MySQL 数据库、PHP 语言），结合 PHP 和 MySQL 进行开发。

4.2 客户端技术与实现方案

我们使用 Eclipse 开发环境开发基于 Android 的客户端应用程序。

双拼记选择 Android 进行开发平台，Android 是一种基于 Linux 的自由及开放源代码的操作系统，主要使用于移动设备，如智能手机和平板电脑，由 Google 公司和开放手机联盟领导及开发。目前，全世界采用这款系统的设备数量已经达到 10 亿台。首先，Android 平台有着开放、便于开发、用户数量多、使用范围广、硬件平台丰富等特点，这些特点是我们选择其作为首发平台的重要原因。其次，我们团队的程序设计工程师非常熟悉 Android 平台的应用开发，在这方面有着一定的经验。

双拼记客户端平台的选择本着“少而精”原则，我们首先着重完善 Android 平台客户端，待功能完善后会考虑利用 Xcode 移植到 iOS 平台上。

我们所选择的开发环境 Eclipse 是一个开放源代码的、基于 Java 的可扩展开发平台。就其本身而言，它只是一个框架和一组服务，用于通过插件组件构建开发环境。Eclipse 附带了一个标准的插件集，包括 Java 开发工具（即 Java Development Kit，简称 JDK）。除此以外，Eclipse 还包括插件开发环境（即 Plug-in Development Environment，简称 PDE），这个环境主要针对希望扩展 Eclipse 的开发项目，允许构建与 Eclipse 环境无缝集成的工具。Eclipse 的上述特性非常符合双拼记的实际情况并且有利于其开发和后期维护。

4.3 服务器端技术与实现方案

在服务器端，双拼记采用 PHP + MySQL 并且结合“LNMP”模式进行开发。“LNMP”即 Linux 操作系统、Nginx 网络服务器、MySQL 数据库、PHP 语言：

（1）Linux 是一套非常流行的免费和自由传播的类 Unix 操作系统，是一个基于 POSIX 和 UNIX 的多用户、多任务、支持多线程和多 CPU 的操作系统。它能运行主要的 UNIX 工具软件、应用程序和网络协议。

（2）Nginx 是一个高性能的 HTTP 和反向代理服务器，也是一个 IMAP/POP3/SMTP 代理服务器。

（3）MySQL 是一个关系型数据库管理系统。在 WEB 应用方面，MySQL 是最好的 RDBMS（Relational Database Management System，即关系数据库管理系统）应用软件之一。其由于其体积小、速度快、成本低和开放源码等特点，成了许多初创网站及应用程序的第一选择。

（4）PHP 是一种在服务器端通用的执行嵌入 HTML 文档的脚本语言。其语法吸收了 C 语言、Java 和 Perl 的特点，入门门槛较低，易于学习，使用广泛，主要适用于 Web 开发领域。

上述这四种软件均为免费开源软件，将其组合到一起就成为一个免费、高效、扩展性强的网站服务系统，有利于双拼记服务器端的开发后期维护。其主要有点如下：

（1）技术成熟、开发迅速。PHP + MySQL 是目前最为成熟、稳定、安全的企业级 WEB 开发技术，广泛应用于超大型站点（百度前端使用 PHP，可输入：www. baidu. com/index. php）。其成熟的架构、稳定的性能、嵌入式开发方式、简洁的语法，使得系统能迅速开发。

（2）高效执行、安全可靠。PHP 结合 MySQL 运行于 Linux 平台，执行效率相对其他语言更高；安全性较 NT（Windows）平台更强。PHP 在安全性的性能表现不俗，账号、密码以 MD5 数据加密技术的采用，确保数据账号信息安全。关键数据采用多层加密技术，有效保证数据安全。

（3）跨平台移植、无附件成本。PHP + MySQL 可跨 UNIX、Linux、Windows NT 等平台运行，降低了系统及数据迁移的风险。如果架设 Linux/UNIX 服务器，可节约操作系统费用，降低了软件成本。

（4）B/S 结构，N 层模块式开发，无限扩展。应用的浏览模式采用 B/S 结构（Browser/Server 结构，即浏览器和服务器结构）。CMS 系统开发采用 N 层分布式结构实现，在核心层之上，各项功能按模块进行编写，便于扩展新功能或对进行升级。

图 4.1　B/S 结构及 N 层模块式开发示意图

在 CMS 层之上，还叠加了搜索引擎优化技术和工具层、行业特色解决方案层。

图 4.2　CMS 叠加层示意图

5. 总结

通过本次项目，我们了解了一款手机 APP 开发的流程，掌握了开发所需的基本技术，结合本项目的方向，我们理解了促进用户养成习惯的几种主要因素，并了解了当下社交软件的主要方向与趋势，对将来的学习和就业有很大的帮助。

参考文献

[1] 官建文. 指尖上的生活——智能手机应用100例. 北京：科学普及出版社，2013

[2] 孙更新，宾晟，孙海伦. Java ME 手机应用开发大全. 北京：科学出版社，2008

[3] 柳贡慧. 3G智能手机创意设计——首届北京市大学生计算机应用大赛获奖作品精选. 北京：电子工业出版社，2011

基于教育差异背景下小学周边交通及其出行的调查研究

北方工业大学：朱旭　张阳　何子怡　钱阔
指导教师：宋睿 讲师

[摘　要] 由于北京“首堵”模式常年难以改观，使得北京市民在高压的生活状况中要花费大量时间投入于交通出行中。对此，本组成员经过多方面调研发现于住职分离、距离远、功能分散、跨区上学问题等因素下，教育资源的分配不均衡也是导致北京市交通压力难以降低的一项重要因素。本文通过对中关村第三小学及石景山实验小学的实地调研，采用问卷调查、数据统计分析、数据模型、现场访谈等方式，发现教育分布不均导致的交通问题，分析问题原因，并得出改进建议，为未来北京交通出行建言献策，从教育资源分配管理上力求提供有利建议。

[关键词] 交通；教育分配；出行方式

1. 选题背景

近些年来，北京“大城市病”越来越重，机动车保有量537.1万辆、常住人口达2069.3万人，城市布局的不合理加重了“首堵”模式。根据北京教科院最新研究显示，本市在居住地之外的区县就学的中小学生已达到13.6万人以上。从区域发展特征分析，面积大、商业性开发和居住区发展迅猛是两区的共同点，但相对于资源雄厚的核心城区，基础教育的发展速度明显不能满足集聚增长的输入家庭的需求。庞大的上学大军每天穿梭于城市的大街小巷，不仅增加了交通拥堵的社会成本，也使孩子和家长不堪重负。跨区就学的根本原因是优质教育资源发展不均衡。通过对北京市公共交通出行方式的调查，了解北京公共交通现状，分析出北京拥堵原因，进而为北京交通优化提出可行性意见。

2. 研究方法

本次研究中我们首先确定调研范围中关村第三小学与石景山实验小学片区（以所选学校为圆心，周围一公里内的区域）及调研对象上班通勤族、学生通勤族、退休人员、其他人员，而后调研分为预期调研和正式调研两部分。

在预调研过程中发放纸质问卷60份，回收问卷51份；正式调研中发放电子版本卷300份，回收问卷289份。之后运用观察法、交流访谈法等收集实地交通信息，分析两所学校的交通现状、用地性质等状况。完整调研过程见以下流程图图2.1。

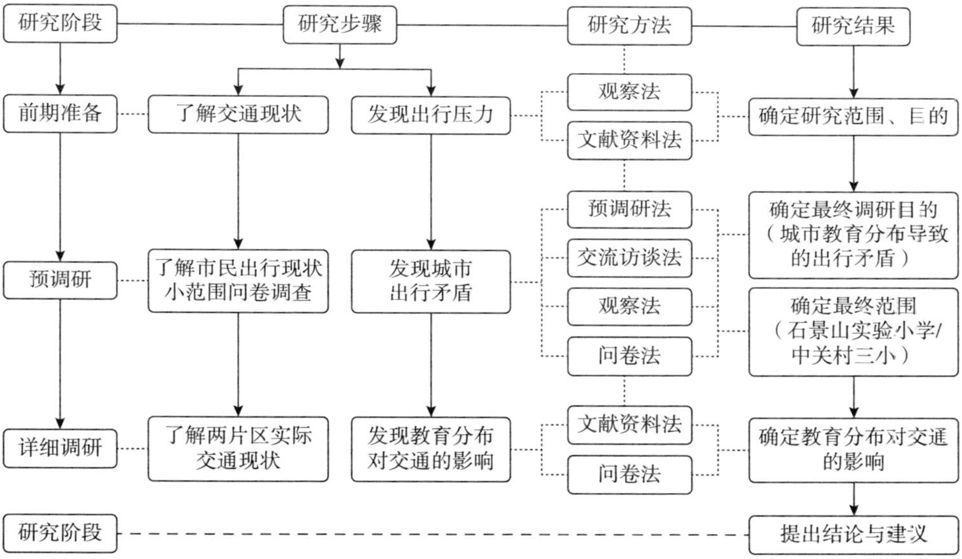

图2.1 流程图

3. 研究分析及结果

3.1 调研范围内的交通现状及用地性质

通过我们的实地调研，将远大路片区和八角地区的站点分布在地图上标识出。八角地区方格网形的布局是极具北京特色的，而远大路地区则选择多交叉口的布局方式，同时不难看出远大路地区道路网密度是高于八角地区的。八角地区和远大路地区用地类型多为居住区、商业区。石景山实验小学西北部分为居住区，南部为商业区，东部有大片绿地公园。中关村三小西部多为商业区，北、东、南部被居住区包围。

3.2 调研人群分析

3.2.1 人群特征分析

学生族：具有较为固定的作息时间，上下学时间通常不会有变化，尤其是幼儿园和小学生上下学时段容易对周围交通造成影响。出于对调查目的的研究，我们选择小学生作为调研人群并以此来分析交通情况的变化。

上班族：时间比较固定，早晚高峰通勤，由于职住分离，在工作日高峰时往返，数量庞大。目前，北京市688.32万就业人口中白领阶层的就业人数达到397.35万，已超过就业人数的一半，就业比重高达57.73%。

3.2.2 学生族与上班族出行时间对比

出行时间：小学生上学时段约为7:30～8:00；小学生放学时段约为3:30～4:00；上班高峰时段约为7:00～8:00；下班高峰时段约为17:00～19:00。

问题：学生和上班族早晨出行时段基本重合，使得北京早高峰的面临双倍压力，儿童在这样的环境下容易患上拥挤恐惧症；放学高峰和下班高峰处于错峰状态，相对于早高峰给了儿童较轻松的出行空间。

表3.1　出行时间对比

	6:00~7:00	7:00~8:00	8:00~15:00	15:00~17:00	17:00~19:00
		上学高峰		放学高峰	
		上峰高班			下班高峰

3.2.4 行为及路径分析——跟踪法调查

路径跟随实验主要研究人行走路径的特征，从区域环境对人行为的影响分析方面阐述人的行为特点。随机抽取一些区域内的行人，追踪他们的步行路线，现场绘制路径图，记录人行走时的停留地点。

我们记录了家长接送孩子的路线，进行跟随实验，将人们的路径进行分析，得出人的活动规律。在所有的调查者中抽取了四个具有代表性的实验样本。

表 3.2　　路径跟踪记录表

时间	跟踪对象	区域	路径	描述
16:30 ~ 16:40	接孩子放学的父亲	远大路地区		除在等红绿灯时停留外，还在学校门口停留了一会儿，接到孩子后进入小区（步行）
15:30 ~ 16:00	接孩子的母亲	远大路地区		经过学校门口没有停留，走到农商银行取了钱，从八角南路离开（穿行）
15:00 ~ 15:30	接孩子放学的母亲	八角地区	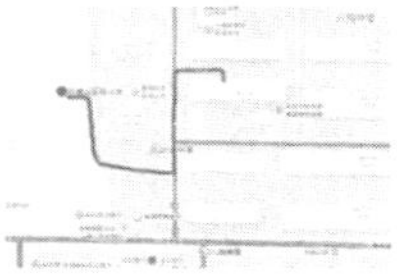	接到孩子后去了周围小区的停车场，开车离开（私家车）
15:00 ~ 15:20	路过男青年	八角地区	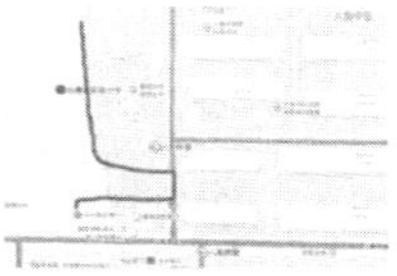	在学校门口等候了十分钟，接到孩子后走到泉宗路拦下一辆出租车后离开（出租车）

3.2.5　出行心理分析

表 3.3　　人群出行分析

研究方法	人群	出行心理
 自然观察法		老年人人群有明显“羊群心理”，决策趋同化和从众行为严重。在决定做某件事时，很大程度上会受过去的（较陈旧的）方式思维。老年人在行动上的另一种表现是：小心谨慎，不愿意冒风险
 调查法		年轻人人群思想、行为独立，对于公共交通出行会更多地考虑运输的便利性；此类人群收入差异较大，经济性也会成为其考虑因素。年轻人的心理特点：独立思考、做事果断，本身能动性较高。对有小孩的群体而言，安全性是首要因素
 个案法		儿童群体出行有其自身的局限性和特殊性，家庭成员的意见对出行方式选择往往起决定性作用。男童倾向于独立性和活动性较强的出行方式；女童则喜欢环境封闭、安全性高的出行方式

3.2.6　出行因素分析——调研问卷分析

结合预调研问卷与正式问卷对象的分类，为更好地认识不同类型的人群的出行行为特征，我们将人群分为以下五类，如表3.4。国内已完成的有关市民出行问题的定性研究中，基本都是从宏观和微观两个层面、空间和非空间两个视角着手。社会学从非空间角度入手，研究城市的社会经济文化环境对市民行为和意识的影响；城市社会地理学从空间角度入手，分析城市空间形态和城市机理与人行为之间的互动关系。

表3.4　　　　人群出行分析

人群类别	出行率	出行目的（由主到次排布）	出行时间（0:00～24:00）	出行花费（元）				出行方式			
				<50	50～150	150～250	≥250				其他
 无带小孩能力老人	2.03次/天	1.购物 2.休闲健身 3.看病	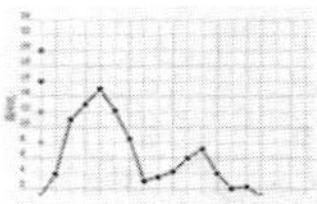	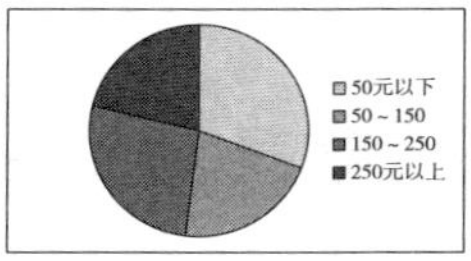				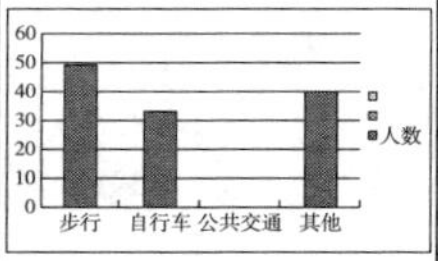			
 有带小孩能力老人		1.购物 2.休闲健身 3.看病 4.接送孩子	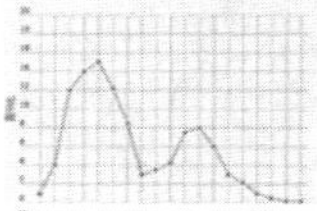								
 无小孩年轻人	2.34次/天	1.上班 2.购物 3.休闲健身	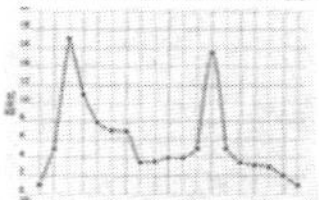	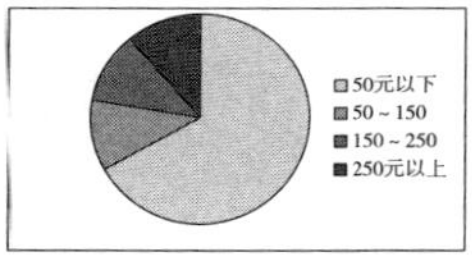				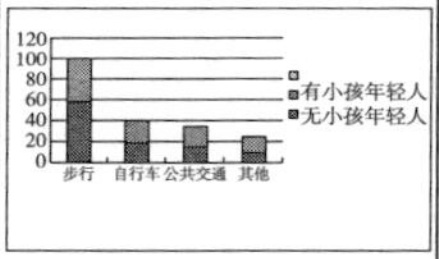			
 有小孩年轻人		1.上班 2.接送孩子 3.购物	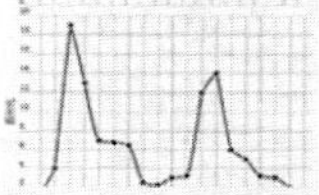								
 儿童	1.8次/天	1.上下学	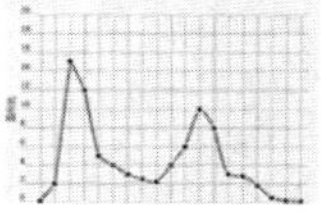	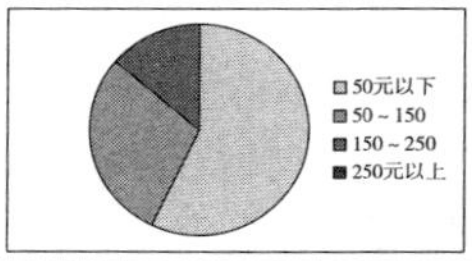				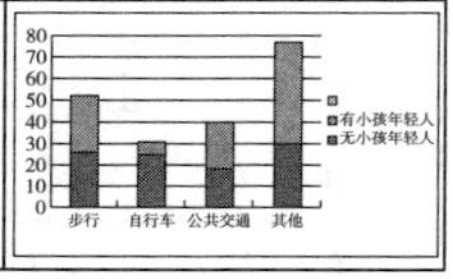			

3.2.7　交通方式因素的分析——实地调研、自然观察法

（1）静态交通分析——机动车OD预测法、实地调研、文献资料法

停车需求的研究对于缓解小学周边交通压力是规划上的重要内容，也是制定停车场设施建设方案及停车管理制度的重要基础。影响停车需求的因素包括城市和区域土地利用的开发强度、进入区域的机动车流量和交通发展引导性政策等。

第一，学校停车现状。

中关村三小：临街，门口车辆停车时长超过20分钟；规划车位供不应求，出现多排并停的现象，且每天持续半个小时以上。

石景山实验小学：位于小区内，停车问题在小区内消化，对支路通行没有太大影响；学生多为就近上学，80%以上家长步行、自行车接送孩子，车位供求较平衡。

表 3.5　　学校周边停车状况

	停车位分布	停放车形式	停车场分布	照片	
中关村三小	 ——停车点 ★调研小学	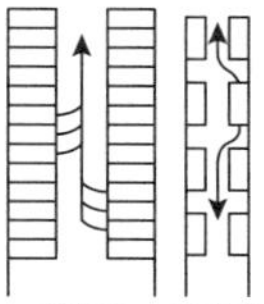 垂直式　平行式	 ★调研小学 ■停车场		
石景山实验小学	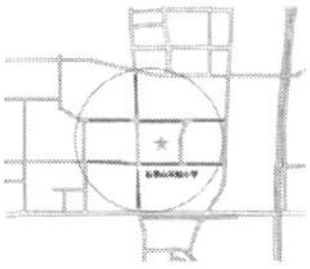 ——停车点 ★调研小学	 斜角式	 ★调研小学 ■停车场		

第二，停放车形式。

垂直式：充分利用空间，不便于停进开出。

平行式：充分利用空间，便于停进开出，占道宽度小泊位较少。

斜角式：占用宽度大，对往来通车影响大，不宜设置在机动车道边。

第三，停车场设置。

研究表明，停车者步行时间为 5 ~ 6min，距离不宜超过 500m。

经过实地调研，我们发现两所小学附近没有预留出停车地带，随意停放现象严重，例：中关村三小放学高峰时段有四排车辆并停在东西向支路上，错车空间极为狭小，有甚者随意调头，场面十分混乱，对儿童的安全构成极大威胁。

（2）路径追踪与公交站点分析——自然观察法、跟踪法、样本法

通过我们自身经验以及查阅有关资料后得知各种交通方式都有自己的特性。我们从其便捷性和安全性两方面进行对比，出行距离分为 2 公里以下、2 ~ 5 公里、5 ~ 8 公里、8 ~ 10 公里、10 ~ 20 公里及 20 公里以上。基于数据统计和实地观察，我们发现对于家与学校距离小于等于 5 公里的人群，他们的出行方式易于向自行车、步行等方式转移，而对于距离在 20 公里以上的人群而言公共交通及步行的竞争力会严重降低向小汽车转移（个人收入也是重要的影响因素）。所以我们认为解决跨区域上学问题是最有效缓解教育分布对北京交通影响的方法。

第一，路径分析：中关村三小沿南北向支路南侧到城市主干路，北侧到万柳地铁站，放学人流多向南北分散；因正门前不通公交车，所以私家车接送孩子的家长多向东西方向分散；石景山实验小学位于小区内，小区门前支路为东西向，人流方向单一。

第二，公交站点：万柳中路南口/巴沟南路：534 路、539 路、611 路、644 路、699 路、992 路、运通 114；

火器营/蓝靛厂：437 路、481 路、运通 124；

八角西路：325 路、399 内/外、472 路、527 路、598 路、663 路；

八角路：318 路；

石景山雕塑公园：663 路。

表 3.6　调研范围内公交站点分布及线路追踪

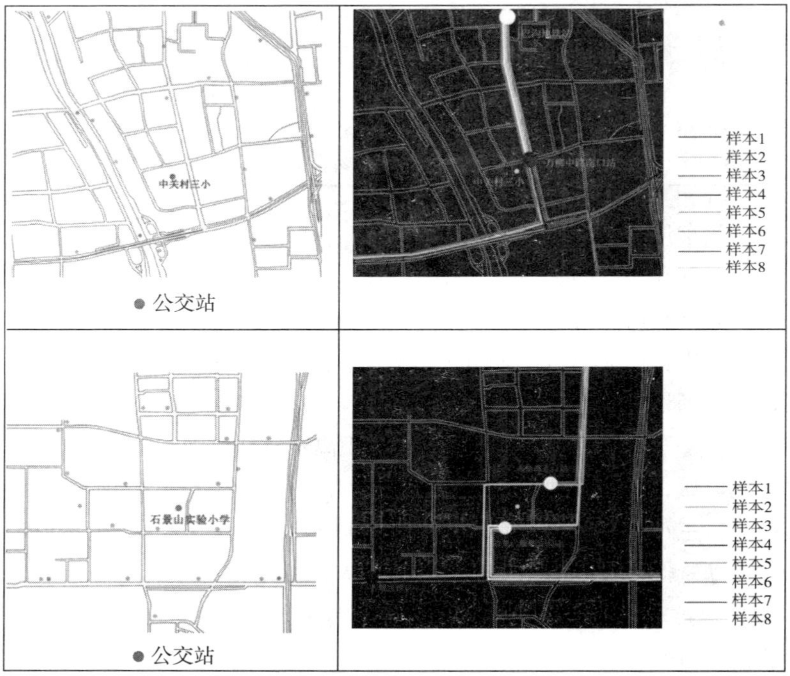

（3）道路断面形式分及交叉口分析——实地调研

两学校周边都为单幅路，便于周围居民的日常出行，但缺少合理规划，断面形式应于道路功能相协调，尤其缺少考虑车行道临时停车的便捷性。又因为学校周边支路直接与大流量的四幅路相接，不能保证充足的交通量供给。

城市道路的通行能力往往不决定于路段而取决于网络系统结点及道路交叉口的通行能力。交叉口范围内路面的交通负荷一般为两相交道路交通量之和。所以我们对中关村三小以及石景山实验小学附近道路进行了调研和分析。根据现有路况和交通情况，不同人的选择以不同的方法分析，得出结论。

表 3.7　　　　　调研范围内道路及断面形式和存在问题

地图	学校附近道路断面形式	存在问题
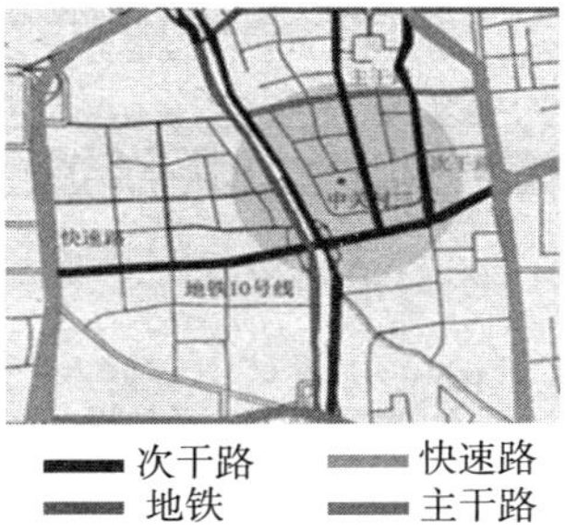 中关村二小附近	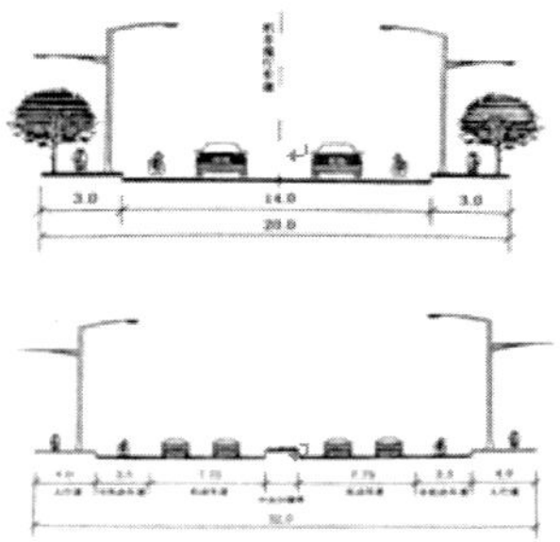	校门口前为单幅路，常被车辆非法占道，影响学生通行，降低交通通行量，因支路尽头为四幅路交通流量瞬时增大，在早晚高峰时段易造成严重拥堵
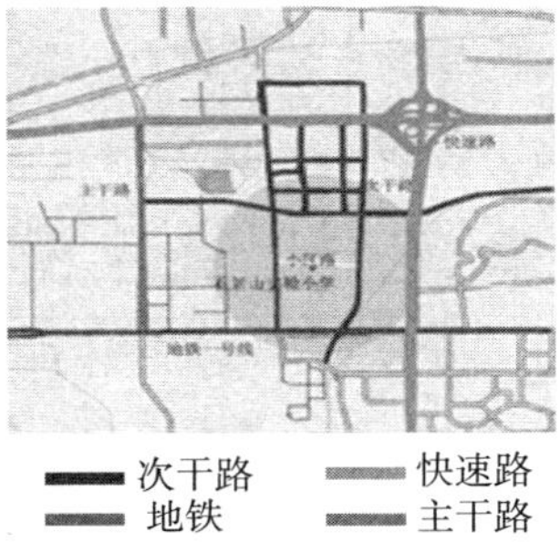 石景山实验小学	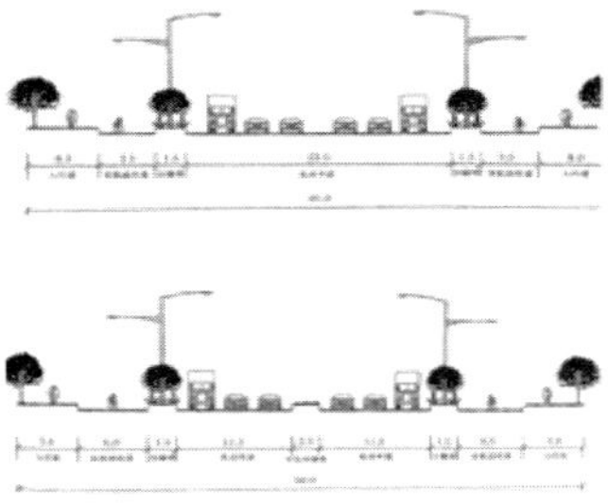	位于小区中，校门前面是住户的停车位。在早晚上学高峰时间段，狭窄的路上容易发生拥堵，造成住户车不能开出小区，接送孩子的车无法进入小区

3.2.8　教育资源选择影响因素——访谈法、样本法

通过对两所学校规模及师资客观情况的对比分析，从图表中可以明显看出，中关村三小的整体教学情况较石景山实验小学而言相对好一些，所以中关村三小择校学生是石景山实验小学的三倍多。由此可见学校的师资及硬件条件对家长选择学校的影响很大。

表 3.8　　　　　调查学校对比情况

学校规模对比	在校人数对比	师资条件对比
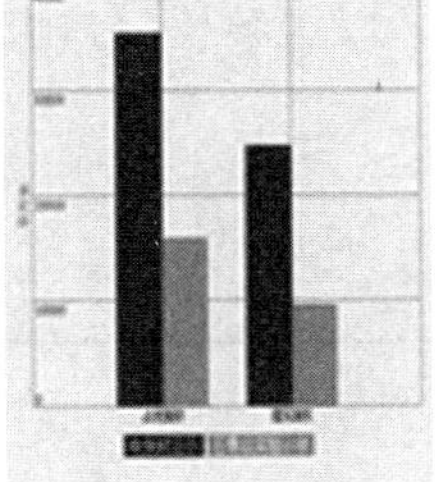	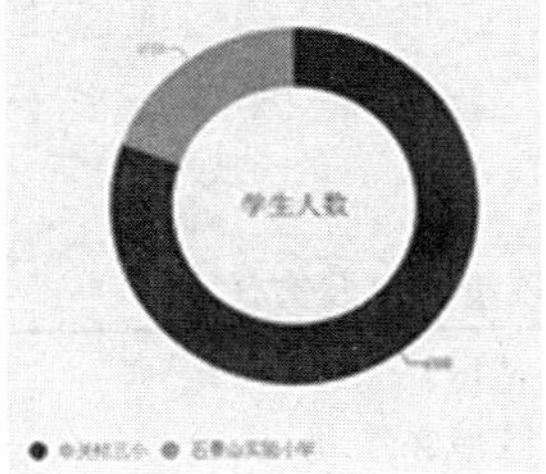	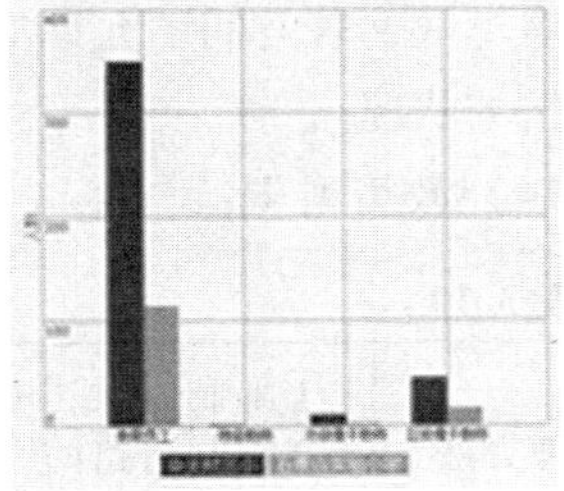

通过对在校小学生、家长及老师的采访来了解不同人群对学校选择的看法，以此来反应各项影响因素。

表 3.9　　调查学校的样本对比

中关村三小			石景山实验小学		
样本 1	样本 2	样本 3	样本 4	样本 5	样本 6

学校的“桥·全球教育共同体”对外交流使我获益匪浅，非常感谢三小的教育	三小的作业确实很多，从一年级看，我非常心疼孩子，经常要写到晚上九点多	三小注重关注所有学生，关注所有学生的全面发展，关注发展中的个性发展，让孩子们头顶艺术，脚踩文学，怀揣梦想	学校兴趣班很多，而且全部免费，我可自己选择喜欢的小组，我参加过航模、车模、剪纸	我家住在石景山区八角北里，离实验小学比较近，而且在它的划片范围内，所以让孩子来这里上学	石景山实验小学实行 1+1 的教育思想；1+1 的课程设计：1+1 的课堂结构：1+1 的兴趣培养，给了我们教育孩子的方向，让我们共同进步

3.3　结论

（1）预调研结论：现存的交通问题有职住分离问题，高峰期拥堵问题，跨区上学问题等，通过预调研问卷的发放及整理我们分析出了现有交通出行中所存在的有关教育分配而导致的出行问题。在后期调研中我们针对因教育资源分配导致的交通拥堵问题，通过对中关村三小及石景山实验小学的实地调研，以问卷法和观察法完成此次交通调查研究。

（2）公交站点分布优化：我们通过实地调研利于观察法预测各片区内公交 OD 分布情况，结合片区内交通需求、道路网条件等因素优化公交站点排布。

（3）停车方式优化：①调节区域交通流量的时间分布，以调控道路交通流的峰谷值，减缓高峰时期的交通压力，并提高停车设施利用率；②学校应严格规定学校门口的停车数量，不用让多余的车辆占用车道；③对于临街的学校，应考虑设置港湾式停车区，若空间不允许应考虑设置放学高峰时段潮汐车道，以缓解校门口机动车拥挤的状况。

（4）政策展望：

表 3.10　　政策展望及方法

物理方法	①限制行驶速度和交通容量； ②限制道路网络，交通区域系统化； ③控制路边停车场容量，控制停车容量

续表

法规方法	①强化对考取驾照的限制：严格考试制度、重罚违规行为、提高年龄限制； ②限制汽车拥有量，限制家庭拥有量； ③限制进入道路区间或地域：限制车牌号进入方式、采取许可证进入方式； ④禁止路边停车
经济方法	①提高对汽车拥有的税收； ②对利用道路空间征收费用； ③征收燃油税； ④利用停车费来控制

4. 创新点

本文的创新之处首先在于选题。我们将目光着眼于教育问题与城市交通出行问题的关联性上，并通过一系列的理性分析和调研方法来挖掘其相关性。但是在谌研之初开展的并不顺利，如何将我们获取的信息进行有效的交叉分析是难点。

参考文献

[1] 张政，毛保华，刘明君等．北京老年人出行行为特征分析．交通运输系统工程与信息，2007
[2] 张蕊，林霖，杨静，学龄儿童出行方式特征及其影响因素．城市交通，2014
[3] 潘泰陶，吕东江．7—12 岁儿童动作协调能力测试结果分析研究．西安体育学院学报，2001
[4] 过秀成等．城市交通规划．南京：东南大学出版社，2010
[5] 石飞．出行心理与决策，南京大学建筑与城市规划学院，2011
[6] 王雷．轨道交通方式选择影响因素分析．科技视界，2014
[7] 刘辉，晏克非．路边停车的设置形式与延误分析．交通与运输（学术版），2009

都市针灸学视角下的历史街区保护与更新研究——以北京大栅栏地区为例

北方工业大学：李小康　解春辉　修琳洁　李响　徐芳洲

指导教师：任雪冰 讲师

［摘　要］如何在不破坏历史街区原真性的基础上让历史街区保持应有的魅力和活力一直是困扰我们的难题。本文以北京大栅栏为例，尝试从传统中医理论引申出的都市针灸学视角，对历史街区的现状问题进行深入剖析，并在此基础上通过运用小尺度介入的手法，形成五行学说、经络学说、精气血津和腧穴学说一系列针对现状问题的空间改造设计策略，从而形成大栅栏街区的保护与更新规划方案。期望通过设计策略的实施，探索一条北京大栅栏地区文化复兴的可持续发展之路。

［关键词］都市针灸；介入；保护与更新

引言

历史街区在经历了建设性破坏和保护性破坏两个阶段之后，小尺度渐进式的有机更新模式在满足街区更新多元化发展的前提下，以更灵活、更有针对性的方式促进着历史街区潜移默化的发展。“都市针灸”是在这一模式下将更新方法提升为一种城市设计策略的手段，通过更细微、更有针对性的介入，来改善历史街区整体的环境质量，以促进历史街区的和谐发展。

1. 都市针灸的含义及在历史街区保护更新规划中运用的意义

“都市针灸”是广义建筑学领域的一个概念，最早是由西班牙建筑师及城市学家马拉勒斯在 1982 年结合巴塞罗那城市再生战略提出来的。他认为，“都市针灸”是小尺度介入的城市发展战略，对历史街区来说，一方面通过介入直接起作用，另一方面是通过接触反应来影响和带动周边区域。这种小尺度介入有一定的限制前提：

一是对介入物要严格的加以限制；二是这种介入要有在短期内实现的可能性；三是介入具有扩大影响的能力。

"都市针灸"的作用原理借鉴了我国古老中医针灸学精髓：即在最关键的部位用最微小的气力使肌体获得最大的调理，从而获得最大的效益。历史街区作为城市这一有机体的一部分，其健康形态在于能保持动态平衡和自组织特性而稳固发展，当这种"有机秩序"被打破时，城市就生"病"了。"都市针灸"就是通过不断给城市以良性刺激，使城市保持自我调节，保持动态平衡和自组织活力。具体来讲，就是在把握历史街区的整体脉络的前提下，通过对有机体的特定"穴位"进行小尺度的干预，以激发其潜能，再通过"脉络"的连接和带动作用，从而唤醒整个历史街区的活力，促使街区更新发展并能在更大的城市区域范围内产生影响，进而达到治疗城市疾病的目的[1]。如图 1.1 都市针灸学作用原理示意图。

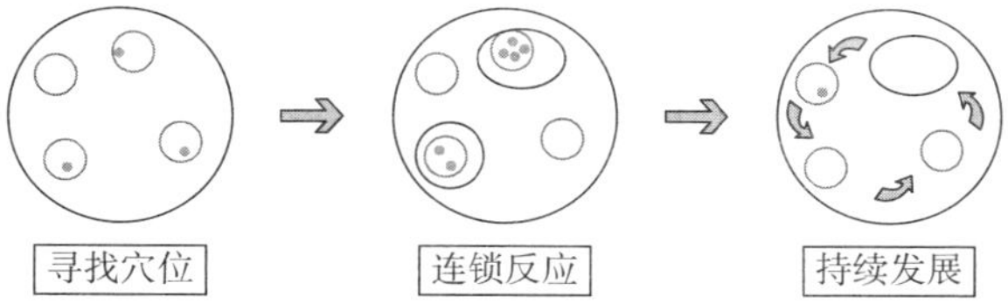

图 1.1　都市针灸学原理示意图

2. 北京大栅栏地区的都市针灸策略

大栅栏地区属于 25 片历史文化保护区之一，是目前北京市保留最完好的历史文化街区，传统建筑、街巷、商业、民俗、文化内涵保留之多在北京现代化大都市中绝无仅有。自 20 世纪 80 年代以来，随着传统商业的衰落，这一地区逐渐失去了往日的繁华[2]。

我们选择大栅栏最具代表性的东北地段作为研究对象，该地段北起前门西河沿街，南至大栅栏西街，东西两侧分别与煤市街以及延寿街相邻，总占地约 28. 23 公顷。这一区域现状功能以居住和商业为主，经过深入而细致的调研，我们从其中内部的人群构成、业态构成、传统风貌、交通组织及深层次的产权结构等方面分析目前存在的症结，并在此基础上提出诊治策略。

2. 1　问诊大栅栏

历史街区与人体同样是一个有机的整体，其内部的病变可以反映到体表。故通过诊察疾病显现于外的各种迹象，就可以求得疾病的原因、性质等认识，为辨证医治提供依据。随着时代的变迁，大栅栏现在诸多杂症集结，更新迫在眉睫。

2.1.1 肌体变质——人群构成多元

今天的大栅栏已经变成了人群多元的大栅栏。居住在这里的不再只是北京土著，还有大量的外地来京打工的租户。随着大栅栏文化吸引力的日益升高和商业街开发，越来越多的游客前来大栅栏体验传统购物消费、娱乐的文化。北京设计周在此举办后，越来越多的艺术家又在此汇聚。这些人群组成了人口多元的大栅栏。人群的多元虽然一方面不利于传统生活方式的延续，但另一方面也为大栅栏带来了生机与活力，促进其从内部进行区域更新。

分析多元人群活动特点，寻找他们的共性及特性，梳理出他们的活动空间是解决大栅栏肌体变质的良策。通过调研我们将大栅栏人群大致分为两类，即居住人群以及活动人群。居住人群包括土生土长的原住民、外来租户以及他们的后代；活动人群包括来此旅游的外地游客、购物休闲的本地游客、发扬传统文化的民间艺术家以及文化学者。分别分析各类人群主要活动类型，进而进行有条理的空间组织就成为大栅栏更新的重要推力。如图 2.1 人群构成及其活动示意图。

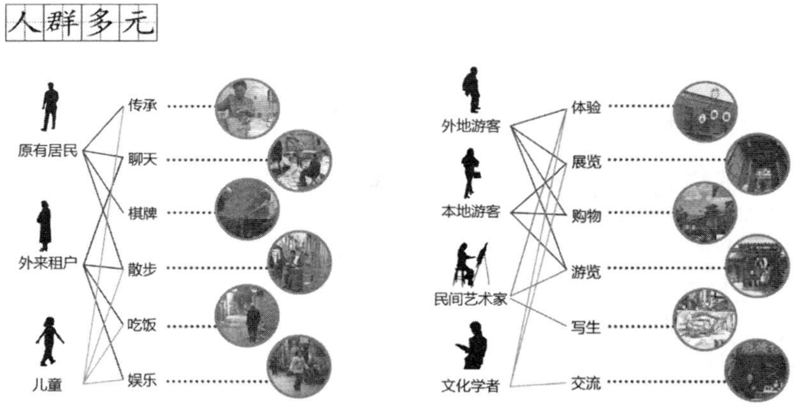

图 2.1 人群构成及其活动示意图

2.1.2 气血瘀阻——风貌破坏，记忆断裂

大栅栏历史街区风貌主要由胡同以及四合院格局构成。胡同是历史街区的重要肌理构成，大栅栏胡同格局保存较好，但四合院加建现象严重，导致风貌严重破坏。多数建筑古迹如寺庙、会馆、名人宅邸等以划为文化保护单位及挂牌院落进行保护，但保护力度并不到位。而很多史料记载的大栅栏原有的很多寺院、会馆和名人宅邸现已不存。

胡同本身的狭窄已经让大栅栏内部交通问题严重，四合院的加建使得大栅栏地区的安全隐患更为严重。同时，大栅栏的公共活动空间也随着加建的增加而减少。大栅栏历史街区由于其空间的局促，造成的交通问题、公共空间不足等，既是空间上的阻碍，又是文化交流传播的阻碍，就如同人体的气血瘀阻。如图 2.2 风貌延续示意图。因此，空间梳理也是大栅栏历史街区复兴的重要环节。

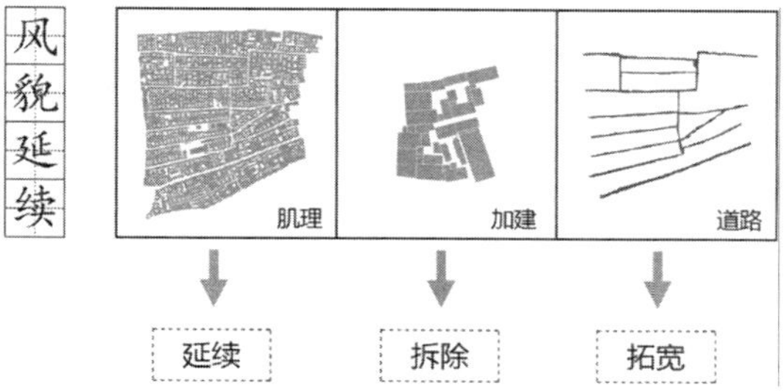

图 2.2

2.1.3 脏腑失衡——产权混杂，权责不清

大栅栏现状产权混杂，主要产权类型为政府公房以及私产房，分布极为散乱，增加了大栅栏更新改造的难度。同时由于加建等原因，产权边界逐渐模糊不清。从而也造成了居住外部环境无人管理的局面。如图 2.3 产权边界混杂示意图。

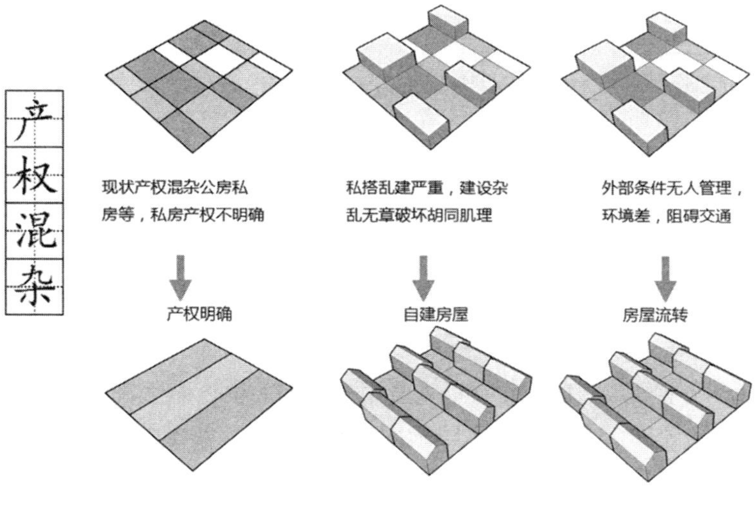

图 2.3　产权边界混杂示意图

大栅栏的产权混杂，各方权责无法明晰，政府、公众与第三方三者之间无法达成共识，使得大栅栏的更新改造难以进行，这就如同人体脏腑失衡一样，使得整个肌体紊乱。因此明确大栅栏的各方主体权责，是大栅栏历史街区更新改造的原

动力[3]。

2.1.4 前穴未效——功能缺失，文化断裂

《北京历史纪年》记载，康熙九年（1670 年），因廊房四条集中了许多大商家，栅栏修得比别处高大，故老百姓习惯称这条胡同为“大栅栏”。清政府明令禁止在内城设市场、开戏院。大栅栏及其周边地区虽在外城，但因其所处的地理位置靠近皇城衙署，便日渐成为京城最繁华的地段。如图 2.4 大栅栏多元文化示意图。

图 2.4 大栅栏多元文化示意图

大栅栏“老字号”云集。北京最早由中国人办的银行诞生在这里。著名的“同光伶十三绝”和“四大名旦”“四大须生”等都曾住在大栅栏。纪晓岚、王士祯等名流的故居也在这里。曾经的会馆，居住在这里的应试举子难以计数[4]。如图 2.5 文保单位示意图。

随着现代商业的兴起，大栅栏传统行业逐渐凋零，大栅栏现状以居住、小型零售业娱乐为主，但彼此相对缺乏联系、互动，彼此分离。从前的大栅栏是北京最繁荣的商业街，但今天的大栅栏除了大栅栏商业街“假古董”的繁荣，其他地区商业

业态低端。文化优势无法在现有业态中体现出来。如图2.5大栅栏多元功能共存示意图。

如今大栅栏功能缺失，文化断裂，急待从空间上寻找一些节点恢复其文化价值、置换功能，以点刺激周边空间，再现其活力，多点共同带动大栅栏复兴。

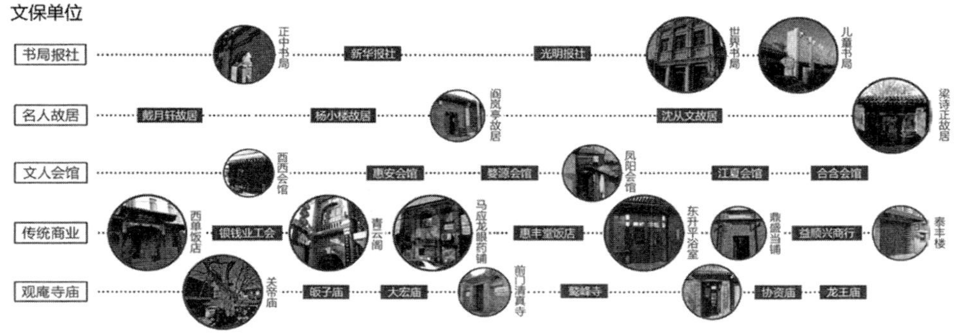

图2.5　文保单位示意图

2.2　医治大栅栏

针对目前该区域存在的问题，我们提出了寻找穴位——疏通经脉——调和络脉的复兴过程，具体实施策略如图2.6大栅栏针灸施针示意图。

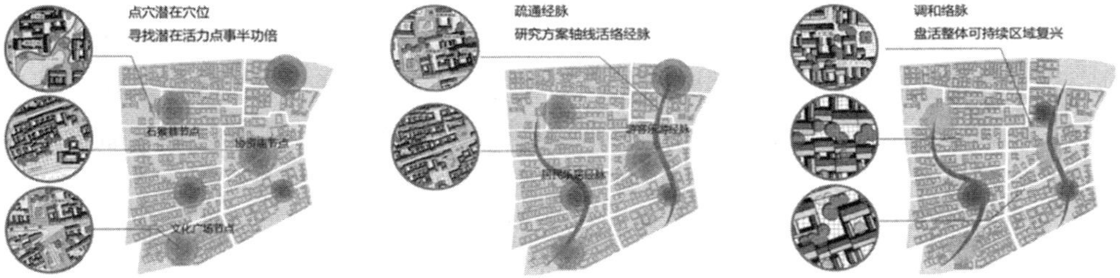

图2.6　大栅栏针灸施针示意图

2.2.1　五行学说——针灸肌体变质，多元活动路线提升大栅栏活力

五行学说是古代哲学理论中以木、火、土、金、水五类特性及其生克制化规律来认识、解释自然的系统结构和方法论的学说，同时也是解释人体内脏之间的相互关系、脏腑组织器官的属性、运动变化及人体与外界环境的关系的基础。五行的元素就像是大栅栏的多元人群，它们相互交融，同时又存在一些矛盾[5]。

针对前来大栅栏的人群类型以及活动在地段内部设计三条路线。文化旅游路线针对体验大栅栏文化的外来人群，联系各个古迹、博物馆以及旅游服务设施等。传统商业路线针对前来大栅栏购物娱乐的人群，联系传统商业店铺以及餐馆梨园等。人文体验路线针对体验北京原汁原味的土著生活人群，联系内部社区公共服务设施、原住民公共空间等，通过一系列活动的策划，梳理凌乱的空间结构。如图 2.7 大栅栏活动策划示意图。

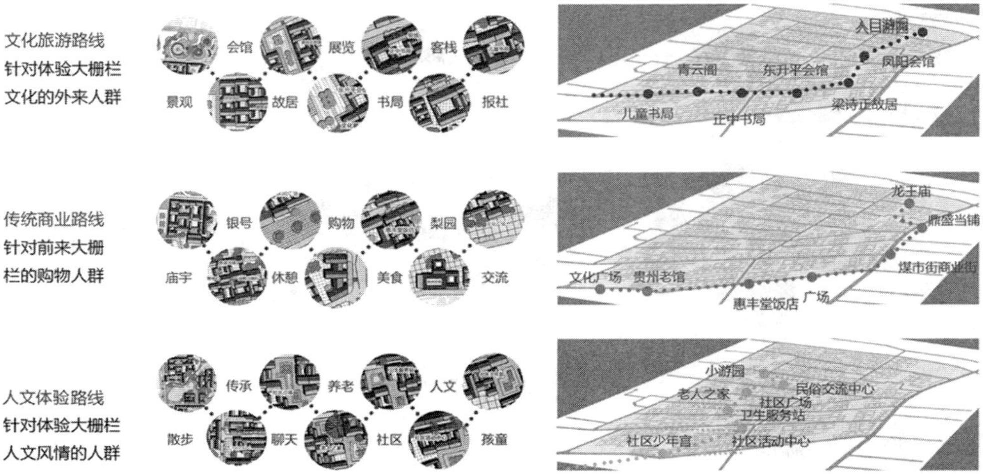

图 2.7　大栅栏活动策划示意图

2.2.2　经络学说——针灸气血阻塞，延续旧城风貌疏通大栅栏空间

经络学说认为人体除了脏腑外，还有许多经络，其中主要有十二经络及奇经八脉。每一经络又各与内在脏腑相联属，人体通过这些经络把内外各部组织器官联系起来，构成一个整体。大栅栏的胡同空间组织就像经络一样，但今天由于加建、缺乏公共空间等原因，大栅栏的经络已多处阻塞，急待疏通[5]。

针对空间我们提出以下几个疏通方式。道路空间上拓宽北火扇胡同以及耀武胡同，使之能够通车，同时拆除其他胡同搭建，拓宽通行空间。对于院落空间分为院落形制较好和形制不好两类进行分类整治，院落形制较好的拆除搭建，还原肌理；对于院落形制不好的院落采取拆除以新四合院填补其空间或成为开放空间。对于街区整体空间我们提出增加内部开放空间、在公共建筑周边组织传统文化活动，古树周边营造环境清幽的活动空间，院落组团空隙以景观小品的方式进行填充来满足居民对活动空间的需求和停车需求。如图 2.8 大栅栏空间疏通方式示意图。

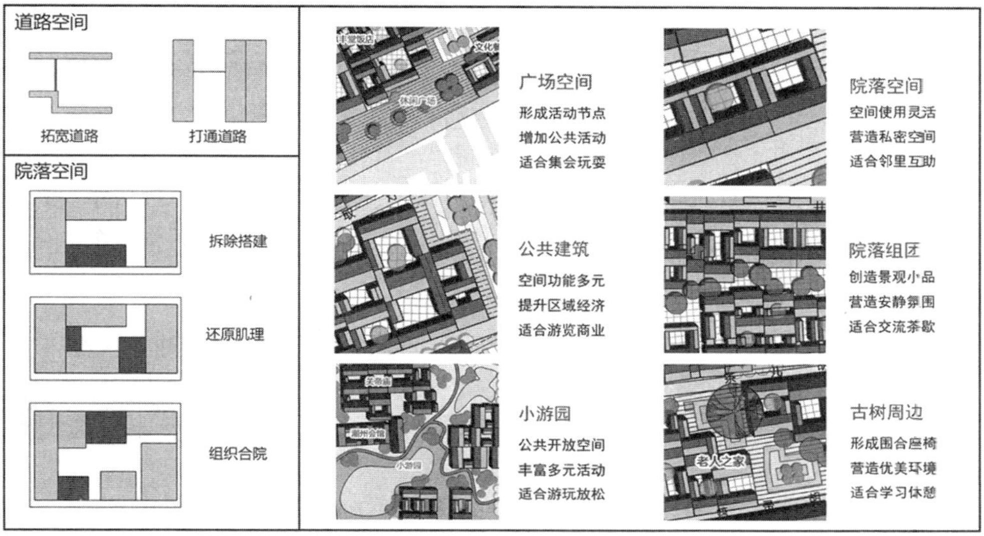

图 2.8　大栅栏空间疏通方式示意图

2.2.3　精气血津——针灸脏腑失衡，明确三方权责提升大栅栏更新动力

精气血津是相互影响的，若一方失常其他三方都会受到影响，一方失常人的身体就不能正常运转，就是出现病症。这就像大栅栏的更新实施主体——即政府、公众、第三方三者存在着诸多利益冲突[5]。如图 2.9 大栅栏开发策略示意图。

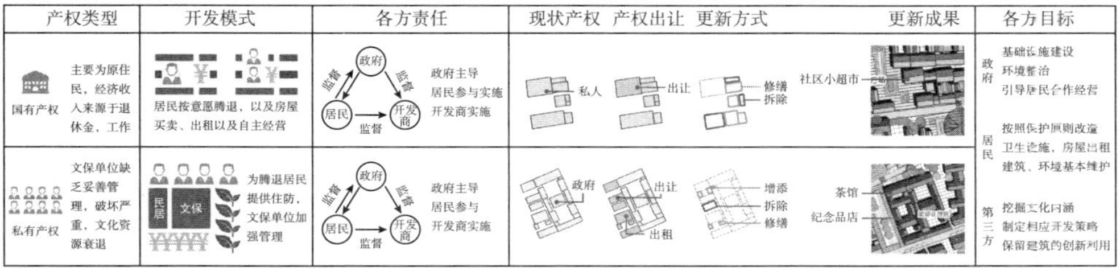

图 2.9　大栅栏开发策略示意图

我们希望通过多方合作和权力制衡与监督对大栅栏进行复兴的过程中，政府以基础设施建设、环境整治、引导居民合作经营为目标；居民按照保护原则改造，对卫生设施、房屋出租以及环境进行基本维护；第三方挖掘文化内涵、制定相应开发策略，保留建筑创新利用。三方各自分工权责分明，共建大栅栏，最终在共同维护历史环境的基础上，营造街区环境，让文化作为主要推动力，使大栅栏复兴得以良性循环。

2.2.4 腧穴学说——针灸前穴未效，以点带面多点联动刺激大栅栏复兴

腧穴指人体经络线上特殊的点区部位，多为神经末梢和血管较多的地方，中医可以通过针灸刺激相应的腧穴治疗疾病。大栅栏有很多人群聚集的公共空间，同时也是问题的集中点，这些空间就是大栅栏的腧穴[5]。

我们根据现状人群诉求设置社区服务、开放空间、游客体验、民俗传承、文物保护节点，以节点分别带动片区发展，恢复其活力，整体联动从而刺激整个大栅栏发展。如图 2.10 大栅栏针灸节点示意图。

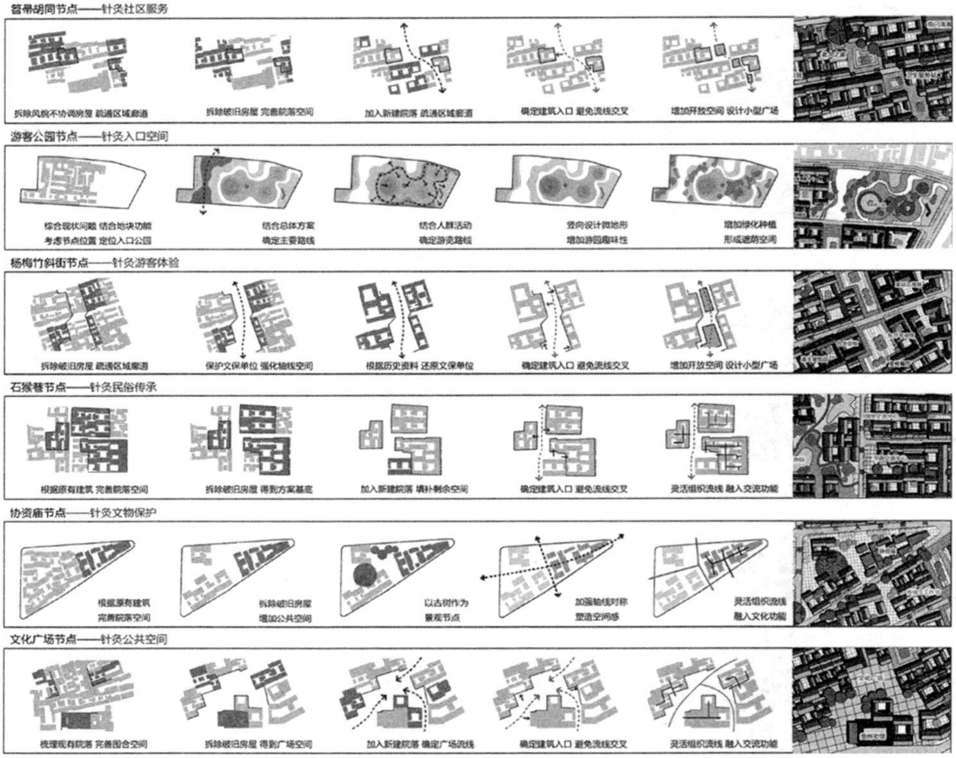

图 2.10 大栅栏针灸节点示意图

3. 都市针灸下的大栅栏规划设计

3.1 空间规划结构

规划结构方面，保留文保单位、挂牌院落，维护一般院落，拆除风貌不协调、

院落形制较差、建筑结构破旧的院落，通过疏通两条纵向轴线，作为整个片区的经脉，分别以民俗旅游和人文生活为主题；横向以胡同连接两经脉的节点作为片区络脉，剩余空间作为公共空间或以新四合院进行填补。整个片区经脉络脉纵横交错，形成严密的规划网络，活化经络，整体带动大栅栏发展。如图3.1大栅栏规划结构示意图。

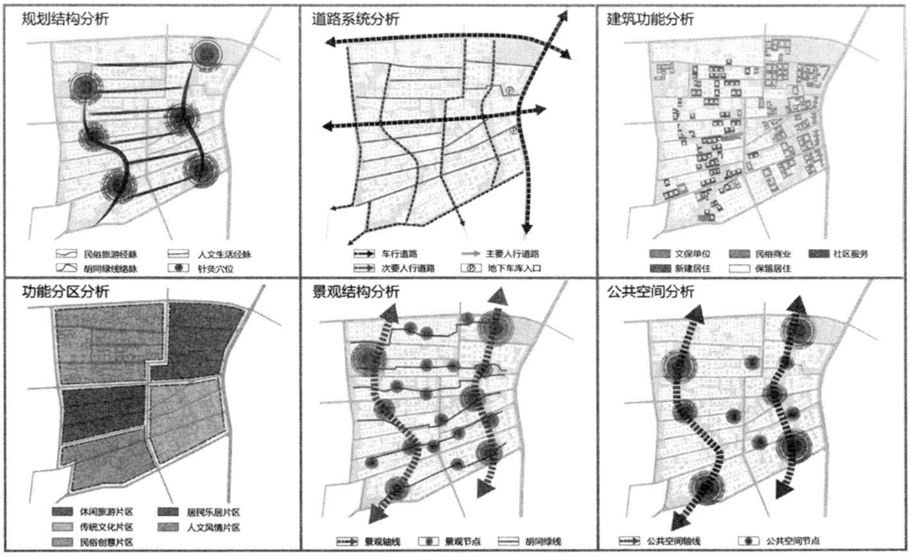

图3.1 大栅栏规划结构示意图

道路系统方面，延续原有胡同肌理，以步行道路为主；拓宽北火扇胡同和耀武胡同以及前门西沿河胡同来解决机动车通行，煤市街商业步行街入口设置地下停车场以改善内部停车问题。

功能分区方面，将片区分为五个主题片区，共同复兴居民乐活游客乐游的大栅栏。如图3.2大栅栏功能分区示意图。

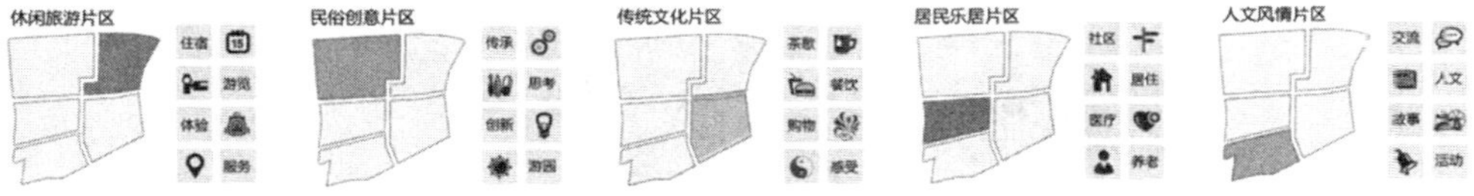

图3.2 大栅栏功能分区示意图

休闲旅游片区位于设计地段东北部。囊括现有商业步行街，开放程度较高。以游客服务为主要功能，其中包括为游客服务的游客中心、酒店等。开放现有文保单位，带动区域旅游业发展。

传统文化片区位于设计地段东南部。结合大栅栏文化，设置民俗手工作坊、曲艺中心等体验馆以丰富游客体验且售卖大栅栏文化商品，带动区域商业、旅游业发展。同时为游客提供餐饮、广场等设施，是整个地段最有活力的片区。

民俗创意片区位于地段西北部以保护大栅栏非物质文化遗产为主题，设置文化交流中心以及小游园增加文化交流，传承民俗文化。该片区位于大栅栏内部，环境较为安静，以提供激发民俗创意的氛围。

居民乐居片区位于地段西侧中部，是较为清幽的居民生活片区。利用剩余空间设置居民日常休闲健身场所方便居民日常交流休闲，增强社区凝聚力，自下而上复兴大栅栏。同时提供完善社区服务设施，强调公共参与，创造居民乐活的大栅栏。

人文风情片区位于地段西南部，是居民与游客交融的片区。设置促进居民与游客进行文化交流的设施，游客可以进一步体验大栅栏人文风情，居民与游客共同交流大栅栏故事。同时也为当地居民提供社区活动设施，丰富居民生活。

3.2 规划总平面图

将空间改造手段落实到具体的地块中，形成最终的规划设计方案。如图3.3（a）大栅栏规划总平面图、图3.3（b）大栅栏规划鸟瞰图。

（a）

(b)

图 3.3　大栅栏规划总平面图

3.3　公共空间及细部节点

公共空间组织上，设置两个小游园，即较为开放的入口游园以及内部供居民休闲的小游园。在院落之间的缝隙空间增加种植，形成遮荫空间，为人们提供活动场所。重点在两条轴线上设置开放空间，以增强步行体验以及文化交流，同时也保证内部居民生活的相对私密。如图 3.4 大栅栏公共空间及细部节点效果图。

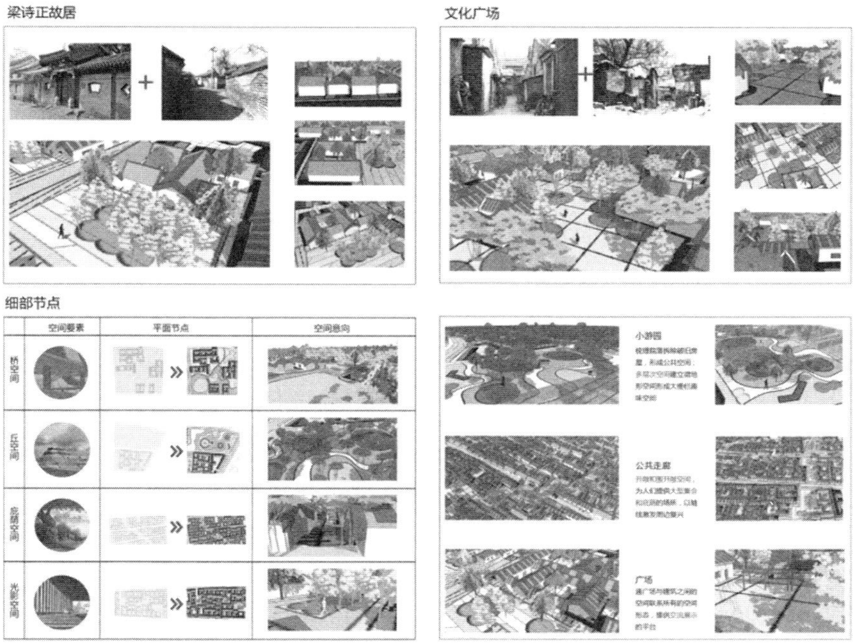

图 3.4　大栅栏公共空间及细部节点效果图

4. 结论

中国几十年的旧城改造实践让我们明白，本着历史街区文化的保护，原有肌理的延续、浓厚活力的塑造等方面必须考虑，历史街区复兴不能采用那种“手术刀”式的更新之路，而应采取“微创式”的引导式更新方法，注重过程和调理，而这种导向恰与中医针灸学的价值观相符。

针灸大栅栏、医治大栅栏使得大栅栏得到可持续的文化复兴，形成滚动更新良性循环。复兴后的大栅栏由于优美的环境，优良的设施优越的传统文化特征，展现在世人面前，成为北京老城有机更新的又一典范。

参考文献

[1] 蔚枫睿智．基于“城市针灸”的旧城更新探索．重庆大学硕士学位论文，2011：33-42

[2] 王庆．北京大栅栏传统商业区的保护与发展．北京建筑工程学院硕士学位论文，2003：8-11

[3] 黄瑛．城市传统民居型历史地段的产权体系构建与保护更新研究．南京大学博士学位论文，2012：66-70

[4] 蒋韡薇．大栅栏：由生活变成回忆．中国青年报，2006. 4. 5

[5] 印会河．中医基础理论．上海：上海科学技术出版社，1984

北京文化类建筑空间设计及利用率研究
——以博物馆、图书馆建筑为例

北方工业大学：段奇闻　张屹然　王晶　夏宇杰　王诗阳　隆晨
指导教师：张娟 副教授

[摘　要] 本研究以北京地区文化类建筑公共空间为研究对象，以资源节约理念为指导，选取典型博物馆、图书馆建筑案例，进行实地调研与信息采集。分析建筑空间利用率的影响因素，探讨空间设计与其利用率的关联性问题。总结并提出提高建筑空间效能的设计方法及改进方案。

[关键词] 北京地区；文化类建筑；空间利用率；空间设计

1. 选题背景

本项目以北京地区文化类建筑空间设计及利用率为研究主题。一般而言，文化类建筑主要包括展览馆、博物馆、大剧院、图书馆、音乐厅等类型，涉及范围较为广泛。为加强研究的针对性与深化度，本项目研究选取北京地区博物馆、图书馆两种重要建筑类型为对象。在资源节约及适应性设计理念的指导下，针对其使用类型与空间特色的不同，结合多种实地调研方法，采用数据统计、对比分析等方式，对建筑公共空间利用率及其影响因素进行归纳、分析。并通过与设计实践相结合，探讨建筑设计与空间使用率的关联性问题，进而提出有利于提高不同建筑空间使用效能的适应性设计方法。

2. 方案论证

2.1　选题目的

近年来随着北京文化类建筑发展模式的调整，建筑规模不断扩大，空间走向趋于大空间模式。大量的财政投入和有限的资源是一对矛盾的命题，高效能的使用空间则是平衡二者的桥梁。

因此，本研究选题意在以观测、记录使用者的感官体验及行为模式为基础，对建筑内部空间使用率进行评价，以此来分别验证、分析博物馆、图书馆类建筑空间的活力和使用效能。从建筑设计的角度切入，探讨形成高使用率的空间营造方法。

2.2 选题意义

本选题研究将对设计实践具有指导性意义：第一，发现既有的北京地区典型博物馆、图书馆建筑空间利用率中存在的普遍问题；第二，针对发现的不妥之处，从空间布局及关系角度提出改善的方法；第三，从建筑设计角度提出提高北京地区博物馆、图书馆建筑空间效能的策略，望能在设计之初，规避可能存在的问题，均衡建筑的空间效能；第四，将理论研究、调研成果与课程设计实践相结合，形成多视角、互动式的学习模式。

2.3 北京地区博物馆建筑空间特征现状分析

调研中我们发现，北京地博物馆建筑已经历了从“贵族化”向“精英化”再到“大众化”的蜕变进程。至21世纪初，特别是北京奥运会期间，博物馆建筑已发展为开放性、多维度、弹性化的新局面。

主要表现为：①突破传统的开放型空间；②突破传统的混合型空间；③突破传统的多维度空间；④突破传统的弹性化空间

2.4 北京地区公共图书馆建筑空间特征现状分析

20世纪80年代以前，中国的图书馆采用传统的建筑空间方式，具有严肃封闭、空间界定明确、辅助空间欠缺等特点。自80年代后，是中国图书馆建筑的转型过渡时期，逐渐开始提倡以阅为主，“藏阅一体”的开架管理的新模式。至20世纪90年代，模数式大空间的设计模式应运而生，图书馆的发展进入现代化进程。

主要表现为：①传统空间特征的遗留；②不断发展的开放性空间特征；③趋于人性化的空间设计

3. 研究方法

本课题以北京地区博物馆、图书馆两种重要文化类建筑为研究对象，根据二者在使用功能、空间特征等方面的共性与差异，选取多种研究方法，分别对其具体案例的空间使用情况进行实地调研、归纳分析、研究总结，并结合我们的课程设计实践对已有研究成果进行验证。

3.1 基础资料调研分析法

此方法主要包括文献资料分析及案例调研分析两部分内容。首先通过查阅国内外关于博物馆及图书馆的建筑设计相关领域的专著、期刊、论文、网络资源等资料的广泛收集、分析；进一步通过对北京地区不同规模、类型的典型建筑的实地调研，分析、总结其空间特征与使用现状，为后续深化研究提供基础。

3.2 行为观测评价法

选取人流量最大的一天（周六）中不同时段、不同空间，对博物馆、图书馆内使用者的行为特征，人流分布、空间使用频率等方面做数据记录，调查分析其内部空间的实际使用情况，并完成北京自然博物馆、首都博物馆两个典型案例的参观人员入馆之初10分钟内的行为路径图，合计211份（如附录1）；以及朝阳区图书馆和首都图书馆二期两个典型案例的行为地图（如附录2，合计36份）及人数统计。

3.3 量化分析与验证法

量化分析法作为本项目研究中较重要且具特色的方法，是通过Depthmap软件平台，量化分析不同类型空间的可达性与可理解性。并将之前记录所得的10分钟人流路径做有效路径叠加图，之后与Depthmap分析的视线整合度图做吻合度比较（如图3.1、图3.2），从而验证Depthmap软件对建筑空间效能分析的可行与准确性。为今后评价建筑空间效能提供量化、理性的分析依据。

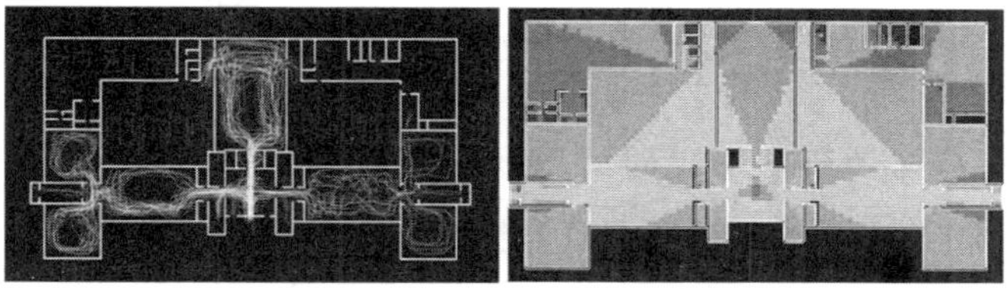

图3.1　北京自然博物馆路径验证结果与视线整合度对比图

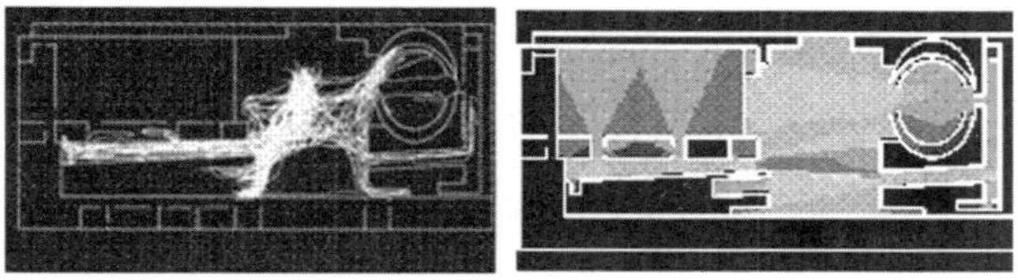

图3.2　首都图书馆路径验证结果与视线整合度分析对比图

3.4 问卷调查法

在对朝阳区图书馆及首都图书馆二期两座典型图书馆的深入调研中，我们采用问卷调查及认知地图的方式，从使用者对不同空间的选择及使用的看法，了解其对于图书馆内部空间的性体验认知情况，结合量化分析结果，分析在空间设计上影响使用者对空间认知的影响因素。两座图书馆各发放问卷80余份（如附录3）。

3.5 设计实验法

总结前期大量案例分析、实地观测，及数据分析、比较等研究方法所得结论，结合本学期课程设计中的博物馆建筑设计方案（三个）的实践，探讨并分别提出提高不同建筑空间效能的方案改进方法，及适应性设计策略（详见章节4.3）。

4. 研究结果

4.1 发现的问题

本次研究中，分别选取北京自然博物馆、首都博物馆、首都图书馆、朝阳区图书馆，作为典型案例进行深入调研，并结合定性化与定量化的分析方法，发现其空间利用率方面存在的问题，亦可反映当今文化类建筑空间设计与使用存在的一些普遍现象。

4.1.1 博物馆调研中发现的问题

（1）入口大厅空间尺度不能满足负荷；

（2）部分展厅空间的空间利用率较低；

（3）辅助空间欠缺，配套设施落后。

4.1.2 图书馆调研中发现的问题

在本次调研中，我们着重选取了朝阳区图书馆新馆（2013年开放）、首都图书馆二期（2012年开放），两座代表现阶段北京地区公共图书馆设计水平与发展趋势的典型案例重点研究。总结并发现其存在的一些不足。

（1）指示牌可见性较差，对空间的辨识与使用产生影响；

（2）辅助设施数量与布局方式待优化；

（3）特定人群阅览空间的使用存在问题。

4.2 如何提高建筑空间使用率

4.2.1 博物馆空间使用率问题的解决方案

（1）增加公共空间的可达性。

对于规模较大的博物馆可以采用同标高多入口及不同标高入口方式，同时强化和明确垂直向交通空间，有效地将人流分配到各层。

（2）增强空间的可理解性，注意空间的融合和渗透。

在非必要实墙隔断时，可采用“透明性”隔断、开放界面或高差限定等进行空间划分，提高参观者对空间及展示内容的整体把握与辨识性，并尽量避免局促的尽端空间。

（3）优化辅助设计，提高空间整体利用率。

指示标识应布置在高可理解性的空间内，尤其是在可理解度差值较大的空间交界处，即连接度分析图中红部分，最容易被参观者所看到。

休息区的位置根据休息时间、目的不同有所区别。对于随时短暂休息，宜布置在高可达性空间；对于休息兼观展的休息区，应选择可视性良好的区域；对于较长时间休息区，应考虑私密性，及对周边环境品质和设施要求。

4.2.2 图书馆空间使用率问题的解决方案

（1）增强空间的可识别性。

提高空间的可理解性，使其空间使用更高效。与围合封闭的空间相比，开敞的大空间更不利于读者对特定区域的辨识，则应注意结合环境的标识的合理布局。

（2）在大规模、开放性空间设计理念下，注重私密性空间的营造。

随着入馆目的从仅借书向阅览和自习的逐渐转变，读者在有足够阅览空间选择的条件下，将更青睐有独立位置的“小空间”进行学习。

（3）空间容量的合理分配。

对于某一空间中的座位空间容量，应满足国际图书馆协会联合会的藏书面积比率建议，并结合实际情况对不同停留时间、不同使用目标的空间设施数量与布局进行合理化分类设计。

4.3 研究应用——结合课程设计做研究结果的验证与深化

通过对前期研究成果的理解与深化，以空间句法的量化分析和实际调研得出的多组数据结论为依据，分别对课程设计题目——“北京民俗文化博物馆设计”，所做的三个方案的建筑空间效能进行验证与分析，调整并分别提出各自的适应性改进方案。如下：

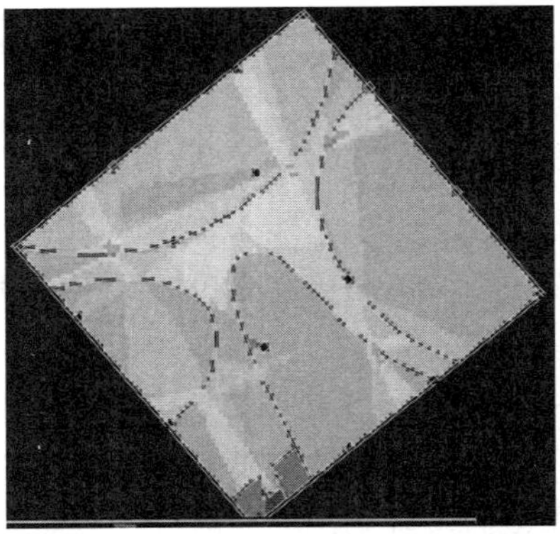

图 4.1 空间连接度分析图（方案一调整前）

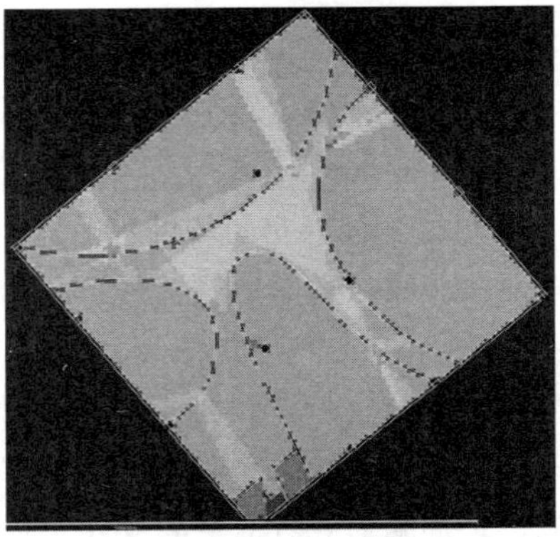

图 4.2 视线整合度分析图（方案一调整前）

4.3.1 设计方案一

通过 Depthmap 软件的量化分析我们发现，该方案的建筑空间连接度（connectivity）存在问题（如图 4.1），且其视线整合度（Visual Integration）较低（如图 4.2）。即需要对其展厅部分空间组织加以调整。

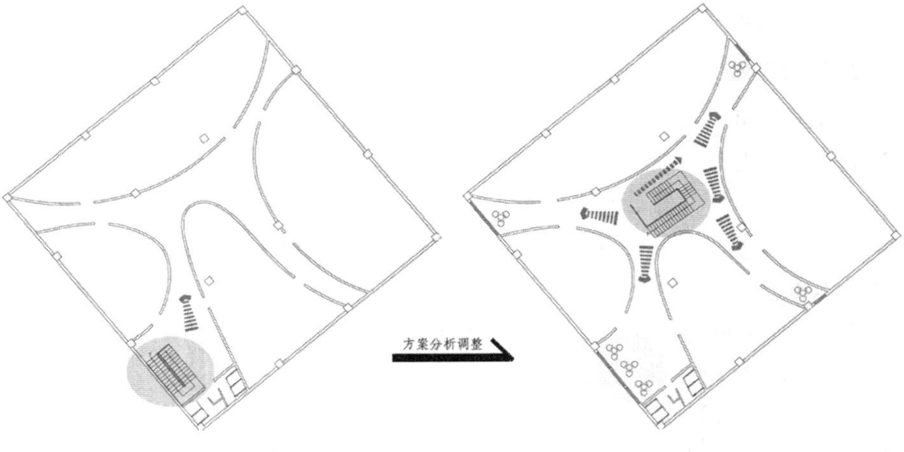

图 4.3 方案一平面调整方案（1）

结合空间句法分析结论，我们将分别以两种方式对原方案进行平面调整。方式一（如图 4.3）：修改中，将交通核调整置于空间连通性较高的位置，提高视线整合度，使得参观者空间可选择性多元化。方式二（如图 4.4）：修改后我们将展厅出入口稍作调整，使视线更通畅，提高空间连通性。

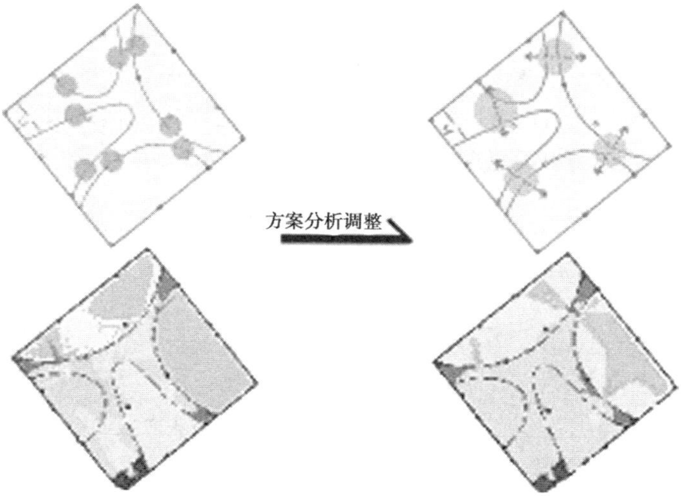

图 4.4　方案一平面调整方案（2）

4.3.2　设计方案二

通过前面研究结论可知，是否具有较高可达性的出入口及交通的布局，以及是否具有较高可理解性的空间界面（开敞程度、围合形式、体量布局）是能否解决问题的关键。经对比分析，在该设计方案中体验空间以及门厅部分存在着可理解性低的情况。为此我们对方案进行了修改，首先对体验空间的墙体界面开敞程度以及围合形式进行调整，即通过围合界面组构方式及材质的虚实变化来增强该空间的可理解性，进而通过视野开阔程度的提高增强了空间的可理解与可达性。门厅部分则通过空间尺度的增大及布置的改变，增加其通透性，进而提高交通空间的可达性（如图 4.5，其中蓝色表示门厅，绿色表示展厅，黄色表示辅助空间配套设施）。

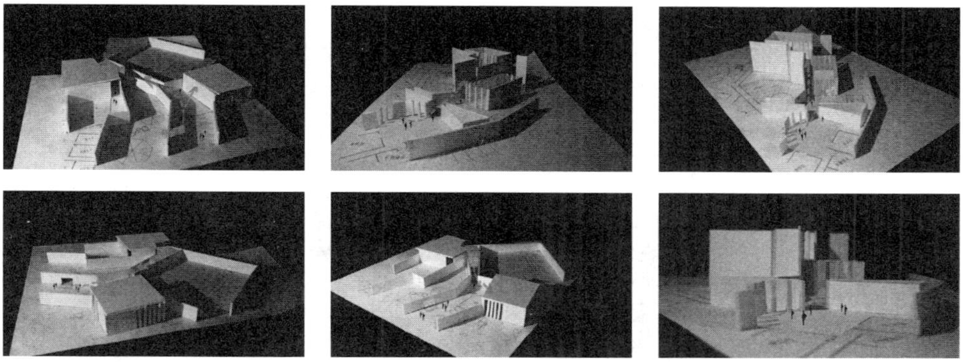

图 4.5　方案二调整方案模型示意

4.3.3 设计方案三

通过空间句法对原方案进行分析可知，存在空间效能偏低的问题。因此我们尝试四种改进方案，拟通过改变空间界面的开敞程度、空间界面的围合形式，以及入口处的布局来提高博物馆的建筑空间效能。具体如表4.1、表4.2。

表4.1　　博物馆空间改造方案对照表

	博物馆空间示意图	改动之处	说明
原方案	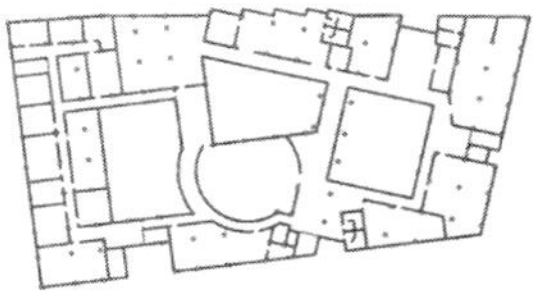	无	作为对现状的客观描述，是以下对比方案的参考坐标
改进方案1	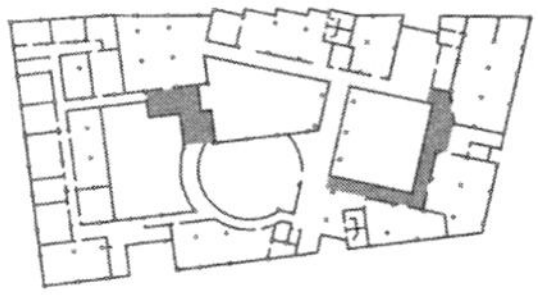	增加各连廊的宽度	分析连廊开敞程度对空间视线整合度的影响
改进方案2	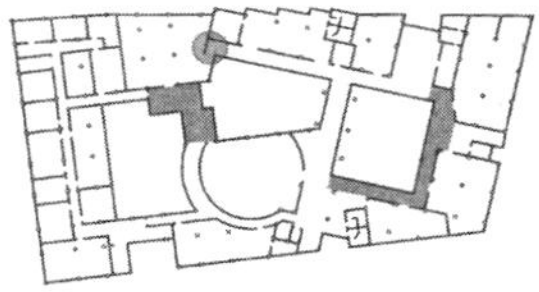	在上一个基础上，在西侧展厅入口处增加墙体	分析空间连接处开敞程度对空间整体性的影响
改进方案3	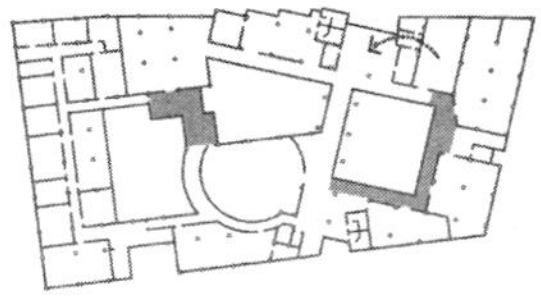	在改进方案1的基础上将门厅移至主要交通轴线上	分析门厅位置对于这个方案空间整体性的影响
改进方案4	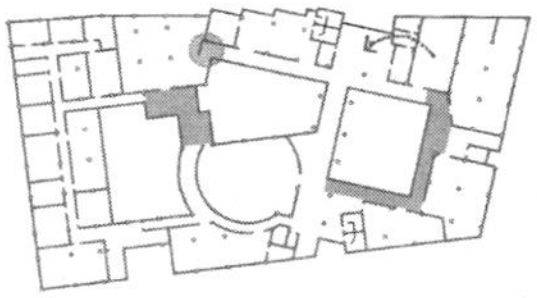	在改进方案2的基础上将门厅移至主要交通轴线上	分析门厅位置对于这个方案空间整体性的影响

表4.2　　博物馆空间改造方案空间连接度分析比较表

	博物馆空间示意图	分析说明
原方案	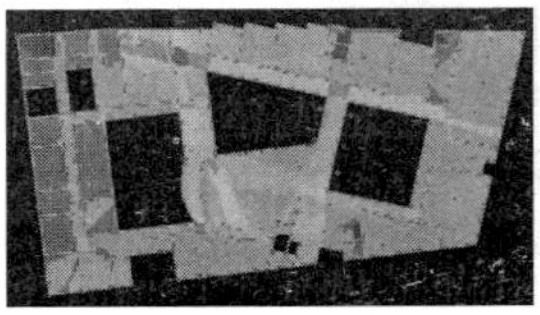	现行方案冷色调区域较多，在建筑的主要交通节点处暖色调偏多，以此为原型进行修改，得到下面四个方案

续表

	博物馆空间示意图	分析说明
改进方案 1		增加连廊宽度与错开轴线使暖色区域有所增加，但总体变化不明显。整体可理解性变化不大
改进方案 2	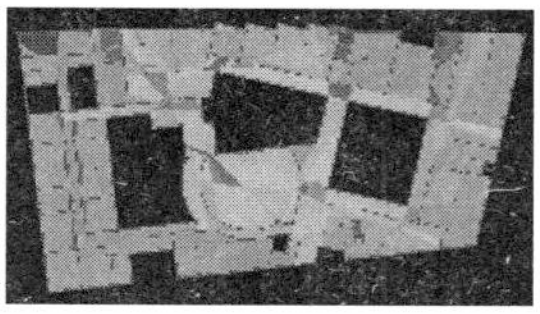	改进方案 3 改进效果十分明显，相对于现行方案，冷色调区域减少较多，暖色调区域从交通节点向外扩散，黄色区域均匀分布，已经算是一个优化的方案
改进方案 3	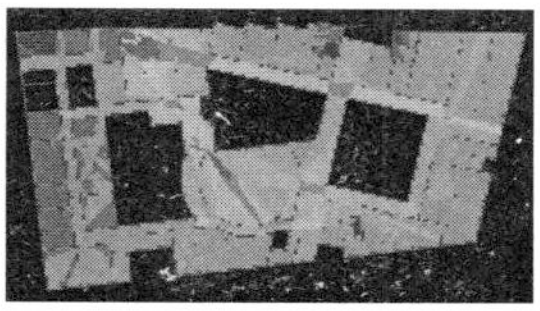	改进方案 3 与改进方案 1 做对比轴线的位置发生改变，暖色区域分布更加均匀，整体上可理解性有所增加
改进方案 4		改进方案 4 与改进方案 2 做对比，暖色调分布变得更均匀，整体可理解性增加

5. 结语

在这次对北京地区典型博物馆、图书馆建筑空间现状的调查研究相中，我们借助书籍、网络资料，多种对实地调研方法、软件学习、跨领域协作，这样一种多学科的方法应用与互动，提高在建筑学领域问题的发现、分析、解决的能力。有逻辑有计划地对文化类建筑中博物馆、图书馆两种既有共性又具个性的重要领域进行深入探索，完成调研、资料整理、二次调研、改进、分析到设计的过程。形成了理论研究、社会调查、课程设计实践相结合的研究成果。在工作中学会了与人合作的方式方法。

尽管在研过程中仍有不足之处，如借助 Depthmap 平台对文中案例进行空间分析时使用到了大量的数学变量，需要以建筑术语来解释统计学和概率论的各变量和分析所得结果，并用于描述建筑空间的含义，一定程度上仍存在个人理解上的差异，以及在分析结论与模拟试验的指导下，应更强调深入化的多方案的比较与调整。希望本项目的研究能够从设计之初预判并提高文化类建筑空间利用率贡献绵薄之力。

参考文献

[1] 段奇闻，张娟，谢羽瑶．空间句法用于建筑空间可理解性分析的验证［J］．山西建筑，2015（23）：P3～4

[2] 张屹然，张娟，王婧，等．空间句法用于公共图书馆建筑空间设计研究［J］．安徽建筑，2015（6）：P27～29

[3] 深圳大学建筑研究所．空间句法简明教程．深圳大学建筑研究所，2015

[4] 段进，比尔·希列尔等．空间句法与城市规划［M］．第一版．南京：东南大学出版社，2007

[5] 比尔·希列尔．空间是机器——建筑组构理论［M］．第一版．北京：中国建筑工业出版社，2008

[6] 芦原义信著．尹培桐译．外部空间设计［M］．北京：建筑工业出版社，1985

[7] 崔愷．构筑城市的客厅－首都博物馆［J］．世界建筑，2006（9）：138～146

[8] 比尔·希利尔，克里斯·斯塔茨．空间句法的新方法．世界建筑．2005（11）：P54～55

[9] 谢雨瑶．资源节约理念下的建筑空间设计研究——以北京地区博物馆为例［D］．北方工业大学，2015

[10] 吕济民．中国博物馆志［M］．北京：紫禁城出版社，2004

[11] 茹斯·康罗伊·戴尔顿．空间句法与空间认知．世界建筑，2005（11），P41～45

[12] 泰特美术馆．伦敦，英国．世界建筑，2005（11），P66～69

[13] 叶君放．建筑空间结构的分析与评价——基于空间可达性与可理解性［D］．重庆大学，2007

附录 1：路径跟踪记录表——北京自然博物馆（部分，共 109 份）

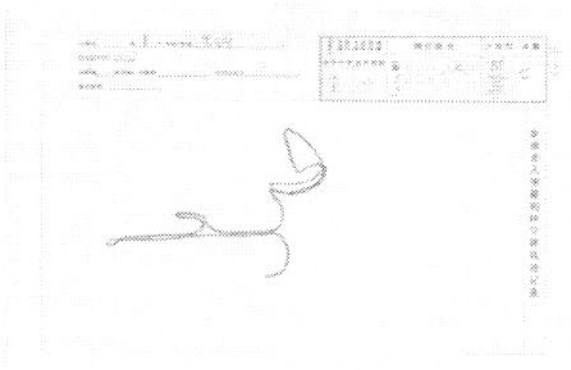	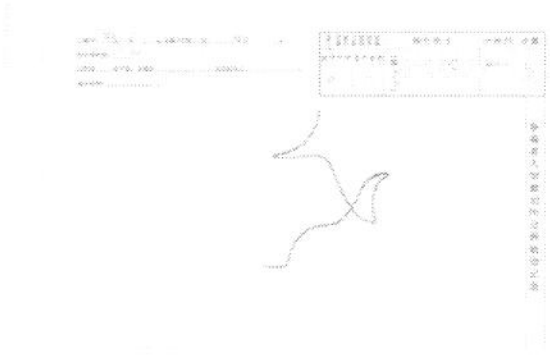
	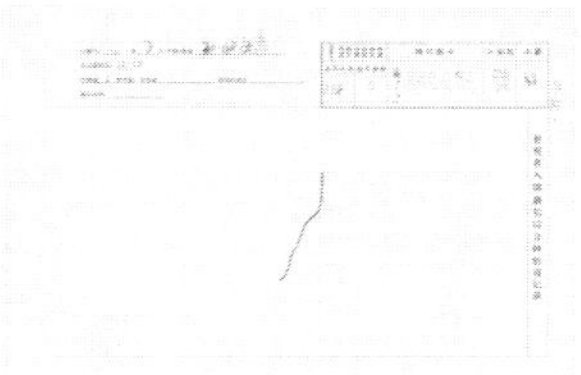
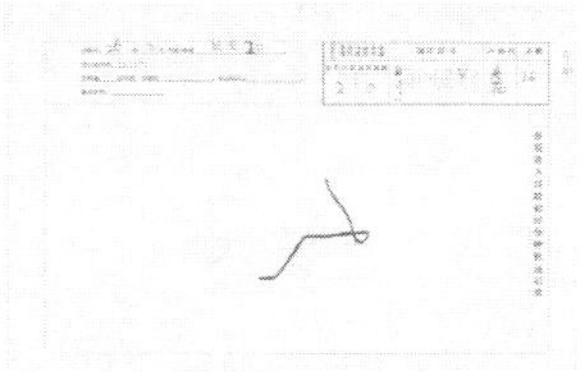	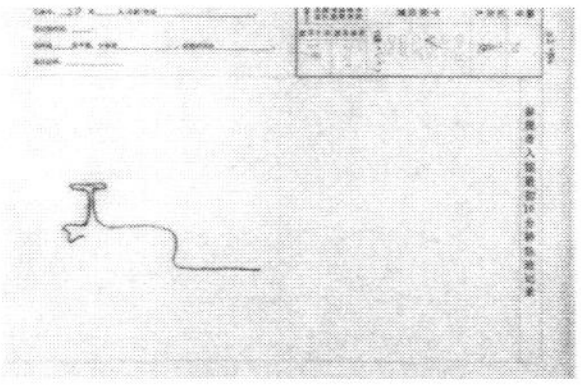
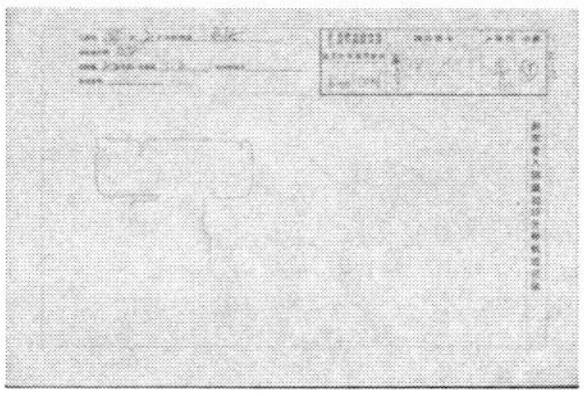	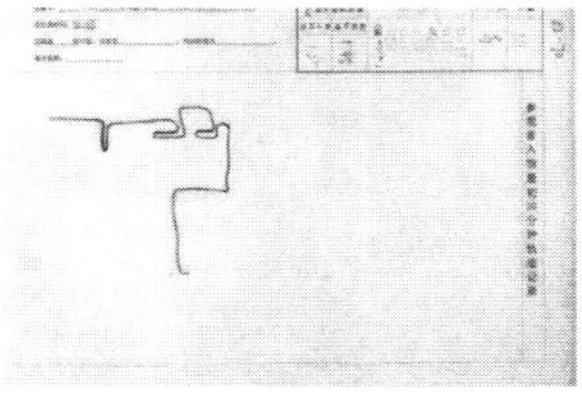
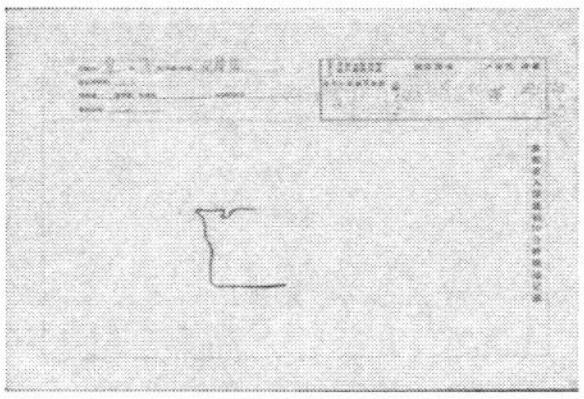	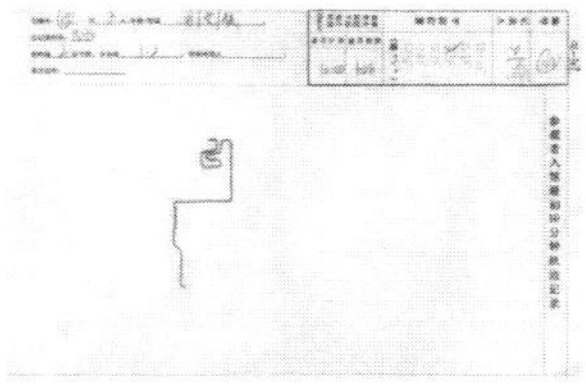
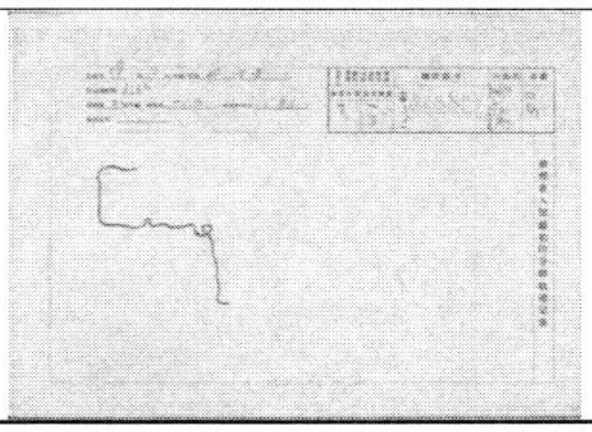	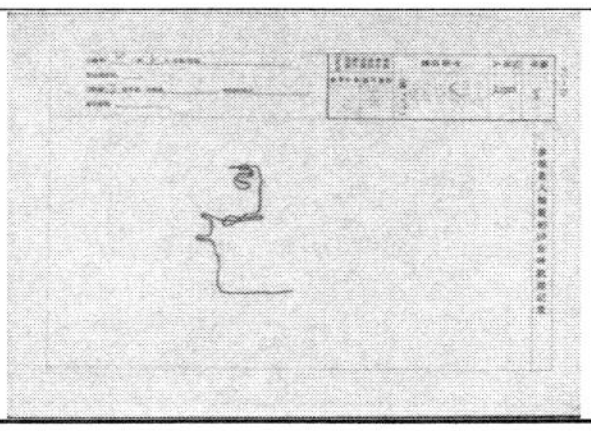

附录2：读者行为地图记录——首都图书馆二期（部分）

	2F	3F
平面图	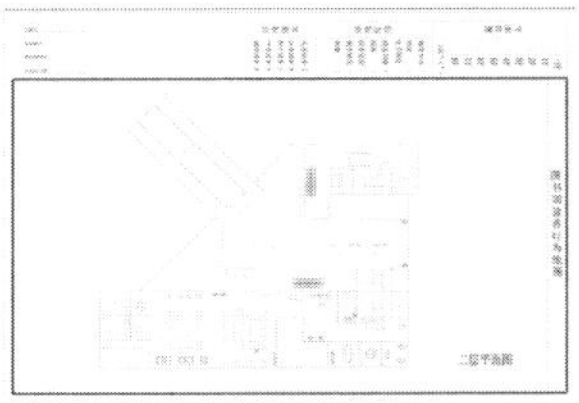	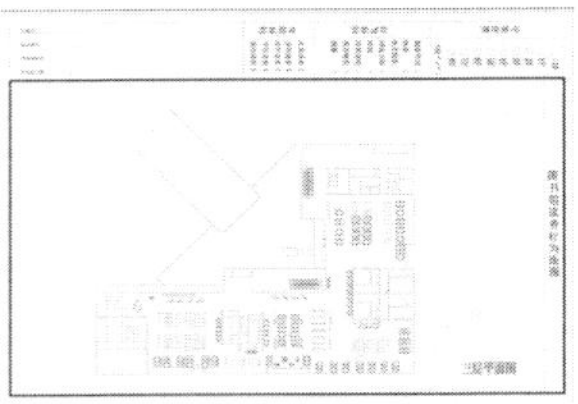
11：00	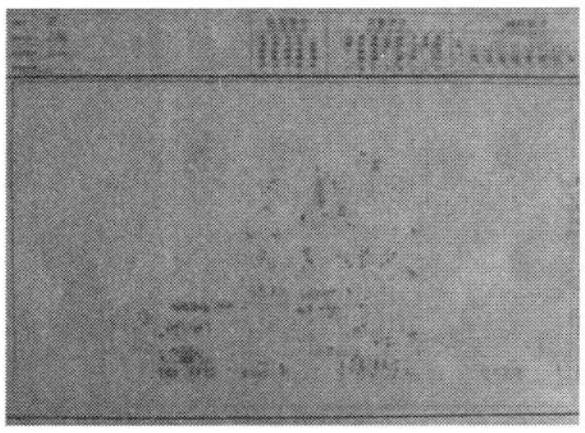	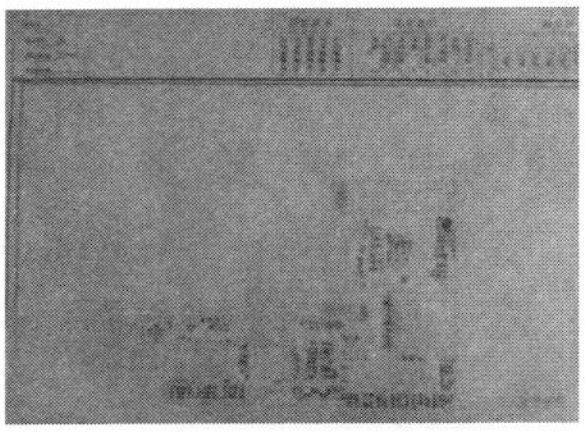
13：00	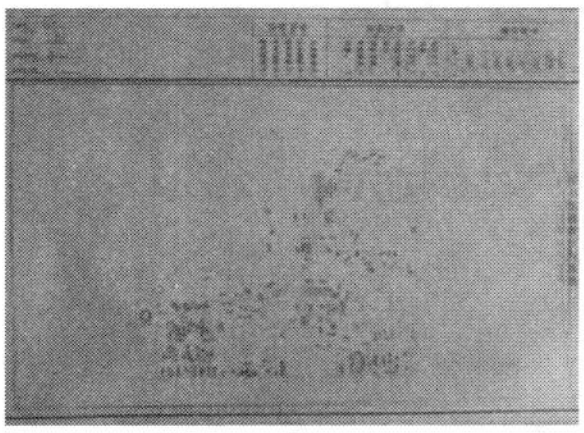	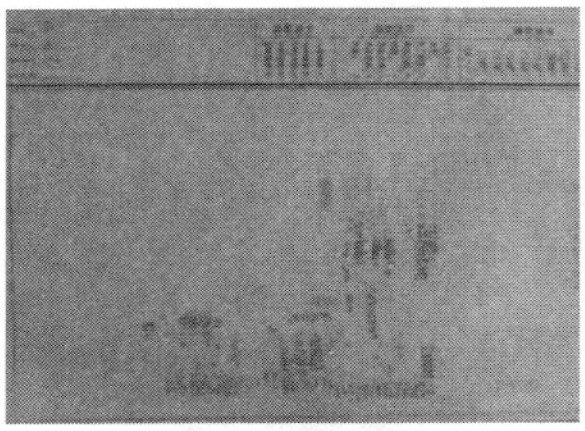
15：00	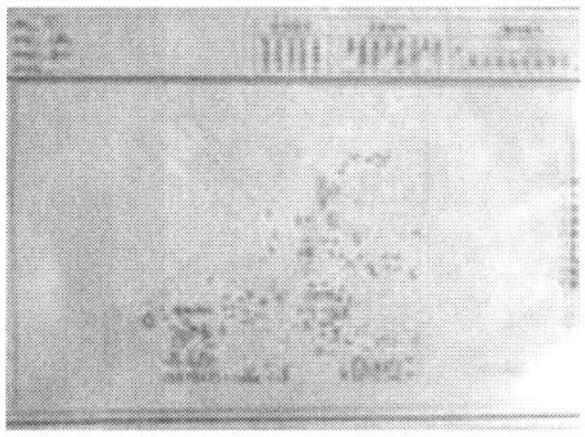	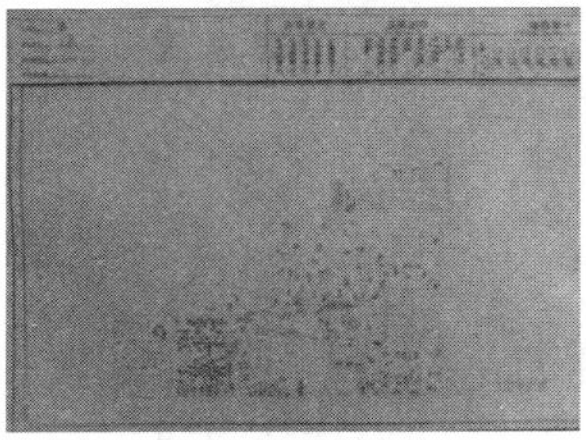
17：00	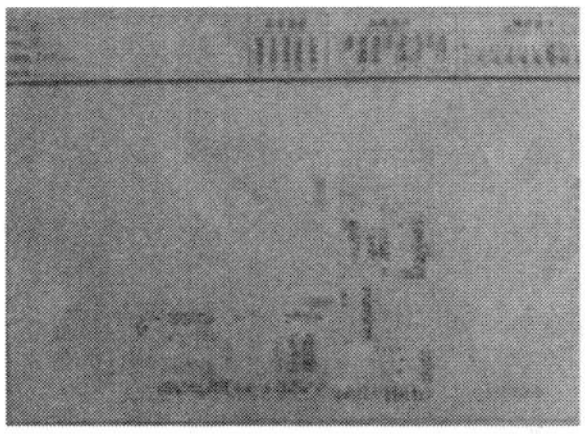	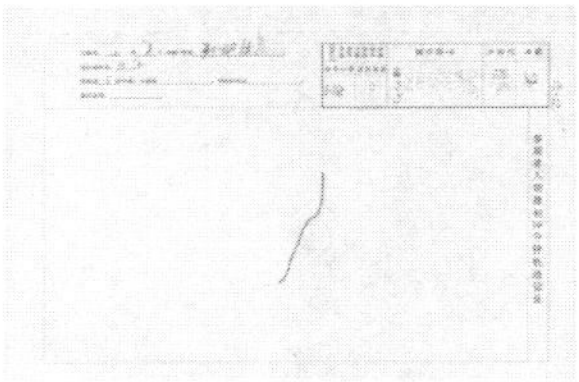

附录3：朝阳区图书馆读者问卷调查统计表

图书馆读者空间使用率基本情况统计	是否经常选择此刻位置停留	是	30.9%
		否	69.1%
	选择该位置的原因	离目标借书区距离近	50%
		配有电脑、电源插座等设施	23.5%
		周围人少	26.5%
		周围人满	4.4%
		环境安静舒适	57.4%
		空间及家具设计独特	2.9%
		便于交流	7.4%
		其他	2.9%
	选择入座位置的首要原因	离目标借书区距离近	26.5%
		配有电脑、电源插座等设施	16.1%
		周围人少	19.1%
		周围人满	—
		环境安静舒适	30.9%
		空间及家具设计独特	—
		便于交流	7.4%
		其他	—
	最吸引您前往活动的空间	二层公共读者阅览空间	80.9%
		儿童阅览室	7.4%
		老人阅览室	11.7%
		盲人阅览室	—
		爱心邮局	—
		入口大厅	—
	对该图书馆整个空间布局评价	简洁明了，容易理解	88.2%
		烦琐难懂，不易理解	2.9%
		不了解	8.9%

续表

图书馆内部空间综合评价情况统计	主要公共活动空间	入口大厅交流休闲空间环境	较舒适安静	85.3%
			较吵闹不适	7.4%
			交流空间环境有趣味性	11.8%
			交流空间环境乏味	19.1%
		该图书馆中最理想的交流空间	阅览室	30.9%
			大厅	26.5%
			公共走廊	19.1%
			展览空间	17.6%
			其他	5.9%
		卫生间是否存在问题	很好，没有问题	70.6%
			位置较偏远，不好找	25%
			厕位数量少，等候时间长	—
			面积较小	4.4%
	阅览室空间	阅览区桌椅码放情况	整齐有序，不影响读者通过	86.8%
			比较混乱，读者不易通过	—
			数量充足	20.6%
			数量太少	20%
		阅览区环境	光照充足	63.2%
			亮度不够	10.3%
			比较安静	63.2%
			比较嘈杂	5.9%
		更希望阅览室空间为哪一种	集中开放的阅览空间	41.1%
			相对独立的阅览环境	57.4%
			其他	1.5%
	交通空间（楼梯、走道、	交通空间形式	兼顾休闲与交流性	57.4%
			缺乏休闲与交流性	26.5%
			兼顾文化展览	23.5%
			缺乏功能复合	14.7%
		交通空间位置	位置醒目	57.4%
			位置较偏，不太好找	25%
			数量充足	26.5%
			数量太少，总要等待	8.8%

续表

图书馆内部空间综合评价情况统计	连廊）标志设施	交通空间尺度	舒适方便	58.8%
			狭窄局促	13.2%
			视野开阔	35.3%
			视野封闭	14.7%
	标志设施	标志设施是否醒目	比较醒目	57.4%
			不太醒目	42.6%
		指标牌导向性是否明确	比较明确	80.9%
			不太明确	19.1%
	公共服务设施	物品储存柜	位置方便到达	33.8%
			位置偏远不明显	45.6%
			数量充足	13.2%
			数量太少	19.1%
		休息座椅	数量充足	39.7%
			数量较少	50%
			摆放位置较安静	29.4%
			摆放位置较吵闹	—
			座椅设计较舒适	45.6%
			座椅设计不太舒适	2.9%
		书目查询机及自助借还机	数量较充足	36.8%
			数量较少	54.4%
			位置摆放较合理	48.5%
			位置摆放较偏，不太好找	4.4%
		需要补充或加强的服务设施	物品储存柜	29.4%
			休息座椅	41.2%
			书目查询机及自助借还机	23.5%
			垃圾桶	8.8%
			开水间	35.3%
			饮料贩卖	36.8%
			ATM 自动取款机设施	19.1%

漫画创作研究

北方工业大学：平鸿恩
指导教师：石千里 讲师

［**摘　要**］漫画是一种艺术形式，是用简单而夸张的手法来描绘生活或时事的图画。一般运用夸张、比喻、象征的方法，构成幽默诙谐的画面，以取得讲述或讽刺的效果。具有较强的社会属性。当今漫画有较强娱乐性，以讲述故事和道理为主线，用搞笑的人物和动物的造型来传达作者的意图。

通过对其文案的改编、人物造型的设定、故事的创作等具体的实践来学习和研究漫画，使得本课题的研究具有实际意义。

［**关键词**］漫画；创作；数码软件

1. 漫画的创作背景

漫画是绘画艺术的一个门类，它常用夸张、比喻、象征、拟人等手法，直接或间接地表达作者对事物的理解及态度，含有讽刺或幽默的效果。我们所指的漫画不包括日本式漫画，而是主要以简单造型、故事取胜为主的漫画形式。漫画和其他绘画门类相比，不太讲究绘画技法和技巧，而从内容上看，漫画的思想性和警世力都是很鲜明的。漫画按照其呈现的形式上可以分为独幅漫画的、四格漫画、多格漫画、连载故事漫画和绘本漫画等。

随着社会节奏的加快，人们生活水平的提高，人们对精神层次有了更高的追求，那么如何迎合读者的阅读心理呢？实际上，网络上越来越多的漫画创作的出现揭示了“轻阅读时代”的到来。轻阅读在形式与内容传播上注重轻快明了，适合都市年轻人阅读的需要。读上几句温馨并不乏哲理的文字，看上几段搞笑幽默的漫画，以此来感受生活，体验生活的乐趣是当代人休闲和放松的一种方式。市场上有很多畅销的漫画书籍，但随着信息技术的发达，媒体传播形式的多样化，手机、网络、移动电脑等方式观看漫画成为主流，论坛和博客等媒体推近了作者和读者的联系和沟通，良好的反馈将推动漫画的发展，给漫画创作带来了无限生机与可能。

2. 漫画的风格

网络的快速传播和开放为漫画创作的内容打开了更加广阔的创作空间，漫画的内容也是发生了巨大的变化。传统漫画画风固定，多以讽刺现象、叙述故事等单格或多格的创作形式出现。画风主要有写实和夸张，在视觉体验上易于接受。而现如今漫画无论从内容还是风格都有了极大的突破，例如流行于网络的暴走漫画（如图2.1），画风简单粗陋，但内容却不失恰到的讽刺，虽然是以恶搞形式出现，却出乎意料获得了广大网友的一致认可。这说明随着网络时代的快速传播，人们对于视觉体验的接受限度扩大了。暴走漫画一经出现，便在网络迅速传播，并衍变成一种潮流模式，恶搞粗俗的创作形式成为人们追捧和认同的模式。当然，暴走漫画正是打破了常规漫画风格和认同形式，迎合了广大网友“猎奇”的心理，基于大众对于漫画创作内容大于形式的基本诉求，创意和文案更引起了广大网友的共鸣，让读者纷纷放下对其美感的要求。和暴走漫画一样，打破传统审美的漫画很多，这类漫画多半以文案取胜。还有一些漫画的题材很生活化和娱乐化，也能引起相关人群的共鸣，比如校园类漫画伟大的安妮《妮玛！这就是大学》（如图2.2）和母婴类漫画《花生米在长大》（如图2.3），有些漫画经常用叙事的方式来记录社会问题，讽刺的手法不像传统的那么直接，但是更为犀利和深刻。如为上班族创作的张小盒（如图2.4）等作品。这些漫画在风格上主要采用明快效果，人物造型很可爱。这类漫画多以短篇为主，每个故事之间没有什么联系。长篇的故事类漫画在文案的起草和前后的逻辑上更为考究，比如朱德庸的系列漫画和蔡志忠的中国传统文化系列漫画。尤其针对较为平淡的文案，要想做出笑点和卖点，必须在人物造型上有很大的突破，在故事的编排上做较大的调整，做到既引人入胜，又不失文章灵魂。

图2.1 暴走漫画

图2.2 《妮玛！这就是大学》

图 2.3 《花生米在长大》

图 2.4 张小盒漫画系列

3. 漫画的创作过程

漫画创作并不是简单的搞笑，还要在这之后显示出令人回味的哲理性内涵。在平日学习中，我们必须有意识地逐步培养积累的兴趣，可将生活中的琐事用绘画的方式记录下来，并且有意识地将生活中枯燥的小事变成趣事，头脑中积累的素材多了，自然就为漫画创作能力的提高打下了坚实的基础。日本的漫画家高木直子喜欢用漫画的方式记录生活（如图 3.1），为此积攒了大量的素材，为她后来出了相关系列的书籍打下了坚实的基础。

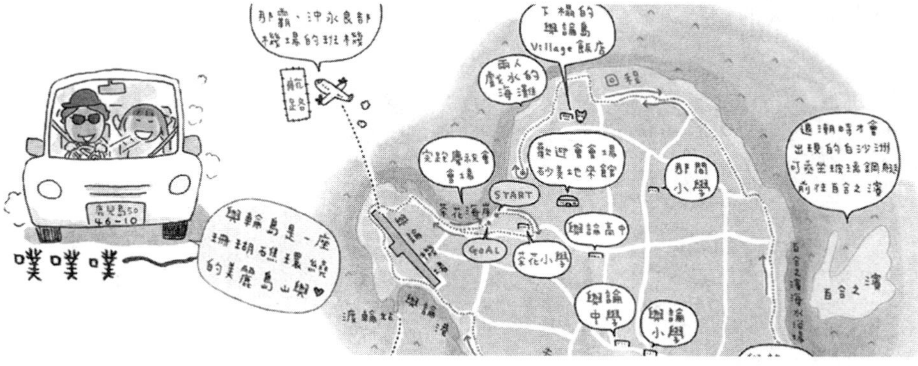

图 3.1 高木直子漫画作品

创作漫画前，首先考虑对漫画主题的理解是否深刻、内容和形式是否符合主题。在漫画创作阶段，即使有了比较新颖的想法，但表现方法、表现技巧不适合表现内容，也是不可取的。漫画的切入点表达的是否准确恰当也十分重要。漫画不同于日式漫画和中国连环画，不能将生活素材一一展现，因此，漫画需要对原素材需要找到一个切入点。也就是说，漫画不同于其他画种将素材累积后再提炼形成，而是将原素材切开，找到与漫画的接口。这正是人们看到的漫画往往是以小见大的真正原因。

漫画顾名思义"漫"字更意味深长，漫画本身追求的"合乎情理之中，出乎意料之外"的情节便是对漫画漫字作用的肯定，让人好像能联想到情节，但结局是意料之外的。要想画好漫画，仅仅在绘画方面训练是不够的，还要在文案构思等方面深思熟虑，对故事结局进行反向推理。漫画的创作还需要生活体验，才能收集生活素材，凭空捏造是弄不出真正的作品的。有了素材，却又找不到合适的切入点，也是不能形成漫画的，把情节都画下来就成了连环画了。有素材，有了切入点，那么还需要注入喜剧的元素。这样才是一幅完整的、真正的漫画。

对漫画的文案和结构有了深入的剖析后，就要设计人物造型，决定设计风格是写实还是夸张，夸张的主要功能在于强化性和幽默性，强化就是要使人物形象的特征更加明显，特点突出，可以从人物的身材和服装上进行夸张（如图 3.2）。对于一个故事中的多个人物造型，要区分他们的高矮胖瘦和各自特点，才能使得人物记忆深刻，好的人物造型是故事情节的基础。我们此次漫画创作以 5 格为主，在绘制漫画故事的过程中要充分考虑这 5 格画面所表达的内容，让他们在逻辑上符合起承转合的顺序。我们的文案主要以条例和守则为主，所以在笑点和趣味上无法有更大的突破，只能以叙事的方式将条例中的要点强化，并在画风上做到夸张和幽默。

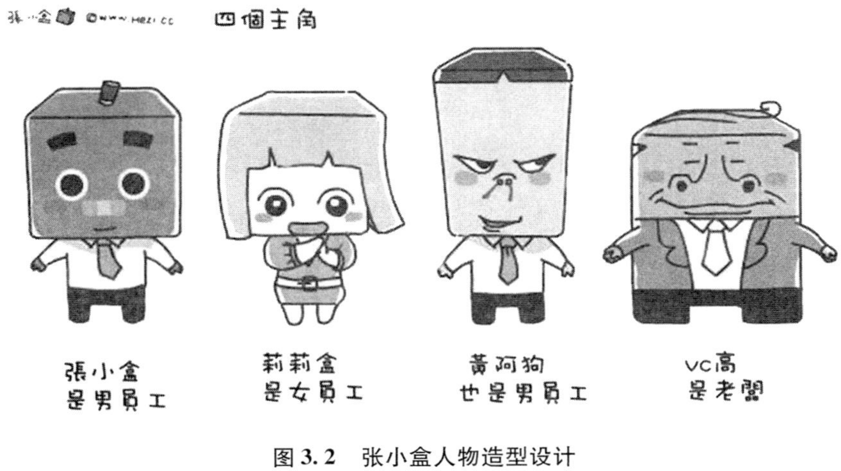

图 3.2　张小盒人物造型设计

我们前期的创作主要由大家一起讨论，并画各自喜爱的风格和表现方式，然后大家在多种风格中挑选，定下最为合适的风格样式。每个人创作4~5个故事，由老师调整更改，在完稿阶段由一名同学统一线稿，一名同学上色，上色之前要设定每个人物的基本色值，如果是印刷的话，还需要在色卡纸上进行颜色的设定。所有完成的稿件再根据页数和篇幅排版设计，最后打印完成。

4. 漫画的数字创作

相对于传统漫画创作来说，目前网络运行的漫画其中的创作流程及方法要相对于传统漫画更加方便快捷。市面上的传统漫画的创作流程主要为故事文案、草稿绘图、调整造型、定稿上色等等一系列相对烦琐的步骤，并且人力资本很高，工作量大，往往需要一个几人到几十人的团队来共同合作完成。目前用软件制作漫画更加节约成本，制作方法快捷方便。节约了纸张和画笔的消耗，仅仅需要一台装有绘画软件的电脑和一个数位板便可轻松完成漫画创作的整个流程。与此同时，漫画的创作者可以在电脑上保留源文件进行反复修改、复制和粘贴，极为方便。

在平面绘画软件中，Photoshop、Sai主要用来绘制位图插画、Illustrator主要用来绘制矢量插画。这些设计软件不仅拥有着跨平台特性，多格式文件的支持和兼容，统一、友好的用户界面，强大的图形操作处理的能力，完善的文字排版功能，而且各自还都拥有优势特点。

4.1 Photoshop

Photoshop是使用频率最高的一款CG处理软件，同时也是世界上最畅销的图像软件之一。Photoshop的强大体现在它可以使用画笔绘画，通过改变笔刷的大小和形状，可以展示多种绘画效果，并且有强大的滤镜系统，可以修改和制作图像。

4.2 Easy Paint Tool SAI

这套软件相当小巧，约3M大，是专门用来绘图的软件。许多功能操作较Photoshop更为简单，保存jpg和psd文件方便。最重要的是它有强大的墨线功能和手抖修正功能，使得画出的线条笔直刚硬富有变化，相比Photoshop的钢笔压力来说更为锐化。矢量化的钢笔图层，能画出流畅的曲线并像Photoshop的钢笔工具那样任意调整。很多漫画家多半使用该软件来画线稿。

4.3 Illustrator

Illustrator是矢量绘图软件，矢量图像由于没有像素的变化，无论放大或缩小到任何的尺寸，图形图像的精细度都不会产生变化。因此，矢量图形图像非常的适合大尺寸的印刷。矢量的图像过渡柔和，画面干净，也可以模仿很多手绘效果，上色技术操作上略有难度，需要一定的时间掌握。

5. 结语

当今的漫画创作呈现着蓬勃发展的趋势，互联网的发展为其提供了更加广阔的市场平台。但是漫画创作繁荣的背后，一些问题的缺失也应该引起足够的重视。由于新时代漫画的特点，漫画创作的门槛大大降低，越来越多的漫画爱好者参与其中，但是成熟的值得回味的漫画作品越来越少，很多人盲目追风追求视觉刺激，不免有些哗众取宠。一些低俗、不健康甚至是血腥暴力漫画也逐渐充斥市场，为漫画事业未来的发展带来了很多不利影响。漫画的创意跟社会因素和人们的生活状态分不开的，我们要发挥自己独特的优势，把握时代脉络发展，适应市场需求转变，在题材内容、文字和审美情趣上符合中国文化气息，弘扬正能量，走出个人特色。

传统家具的传承与创新

北方工业大学：郭斯聪　郭启辰　付仁　李俊武

指导教师：王湘 副教授

[**摘　要**] 在当今社会发展当中，传统家具的发展与应用变得越来越为匮乏。作为一种难得保存下来的精神文化实物，中国传统家具更应该得到完善和发展。本课题通过研究传统家具的理论和实物，拓展大学生思维动手能力，促进中华传统手工艺和文化的发展。

[**关键词**] 传承与创新；榫卯；传统家具

1. 序言

开题近一年的时间，本课题组通过翻阅书籍、参观博物馆、研究历史文物、与木匠艺人家具商人攀谈、亲身制作等方式，对明式家具的历史、工艺等有了相对透彻的了解，发现了明式家具作为中国家具的巅峰所具备的诸多艺术上和功能上的优点，并将这些加以提炼，运用于富有现代气息的新中式家具的设计中。

2. 项目分组

第一组：郭斯聪，郭启辰

第二组：付仁，李俊武

（排名不分先后）

3. 主要任务

第一组：实地调研、参观展览、资料查询、参与制作、理论研究、任务安排与统筹、项目报销及核算；

第二组：实地调研、参观展览、资料查询、参与制作。

4. 理论叙述、前期调研、参观展览

4.1 理论叙述

图4.1 北京市高碑店古典家具街正门

明式家具是指明代到清代初期的硬木家具，由于其在明代出现，并在明代达到最高水平，故被称为明式家具，明式家具不管从艺术还是使用方面都是难以企及的高峰，这源于明代的社会文化氛围，明式家具最初的设计者往往都是文人士大夫，这个阶层所代表的审美情趣也是当时中国主流精英文化的审美情趣，明代艺术注重简约，注重在家具的形态上做文章，展现木制家具完美自然的材质和优雅稳重的形态，只在家具的某些节点上稍加雕刻，镶嵌或其他工艺的装饰，并将注意力放在家具与人的配合当中，使人在使用家具时达到最舒适的状态，这也可以看成是明代艺术家，文人和匠人对“人体工学”的完美阐释。

图4.2 清华大学美术学院展览现代木椅

除造型之外，明式家具的做法和用料也占据了中国家具的巅峰，是最完善的一套家具做法体系，包括采木、放线、开料、破板、风干、选料、下料、拼板、找平、刨花、画线、开榫、雕刻、组装、打磨、打蜡、编棕等工序。其中，传统榫卯的做法更是中国木艺文化中的亮点，古人的非凡智慧也深深地影响着现代的设计。

但是，现代家具行业中，明式家具似乎代表了一种高端奢华的生活层次，无论是古董家具还是现代仿制明式家具，都价格不菲，有时候家具甚至脱离了使用的本质，变为了艺术欣赏和收藏的对象，明式家具这些优秀的文化离我们的生活越来越远，变为了精英阶层的独享产物，所以，依据现代社会状况，对明式家具进行改进，在传承传统、华贵的明式家具之外，设计一系列包含明式家具内涵的实用性更强，价格适中的新中式家具，使其重新回到我们的生活中来是一件亟待解决的事。

通过研究和实验，我们认为，明式家具中多样的榫卯结构和与人体相适应的独特曲线是明式家具的灵魂所在，这两点也是现代家具中非常需要的，榫卯结构象征设计的智慧，与人体相适应的曲线则象征功能与审美，现代新中式家具设计应充分提炼这两点，将其与新的材料和技术相结合，使明式家具的智慧在现代社会中重新焕发活力。

图 4.3　木易实验室仿明代圈椅实物

除上述所说的对明式家具的传承外，现代家具的选材则可以跳出明式家具的范畴，选择更加环保和平易近人的材料，例如组合板、PVC、金属、杂木等，削弱材料的贵重性、增加设计的功能性、并使用新的热弯曲、注塑等工艺，降低产品的成本和价格，使其成为有着明式家具血脉的任何人都消费得起的中国家具，使明式家具回归普通人的生活，得到更加长久的传承。

4.2　前期调研、参观展览

地点：北京市高碑店古典家具街（第一组）；中国国家博物馆（第一组、第二组）；中国美术馆（第一组、第二组）；首都博物馆（第一组、第二组）；清华大学美术学院（第一组、第二组）。

5. 理论研究、家具设计与制作

5.1　第一组

家具制作方向——古典家具还原与理论研究。

5.1.1　第一阶段

（1）理论叙述

经过前期大量调研与理论研究，我们根据实际情况选择了比较稳妥的方式——理论研究与古典家具还原。通过这样的方式，我们寄希望于总结归纳出中国古典家具的特色，以此方式加强对明代家具的认识，并协助第二组完成进一步的设计升华与实物制作。我们在第一版当中还原了明代经典古典家具条凳，其比例为一比一，材料为榉木。制作第一版的主要目的在于初步认识明代古典家具的构造，了解明代古典家具的比例与尺寸，基本掌握中国古典家具榫卯的做法。为第二版的熟练度和尺寸变化创造条件。

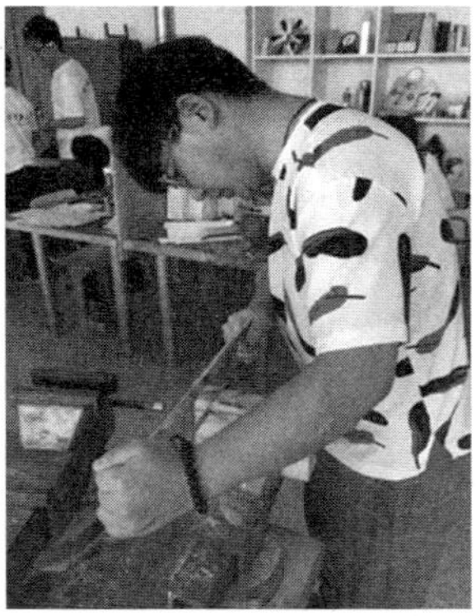
图 5.1　开榫

图 5.2　安装

在第一版当中，受限于实验室工具和个人手工能力，我们省去了条凳的牙板结构。

（2）成果展示

成果如图 5.3。

图 5.3

（3）问题与总结

尺寸测量不准确，导致实物过于庞大和臃肿和结构不精确；榫卯结构过于粗糙，其原因技术掌握不成熟以及木料和工具的限制。

5.1.2　第二阶段

（1）理论叙述

我们汲取第一版的教训，做出了比例缩小为一比三的第二版。其材料为硬杂木。第二版的制作与第一版有所不同，由于尺寸变小了，相应的条凳的结构也更为难以掌握。前期我们总结并熟练掌握了条凳的做法和比例运算，使得第二版条凳的主要部件成熟速度很快。但是由于实验室工具等条件的限制，我们小组依旧没有办法将条凳的压板部分较完美的做出来。

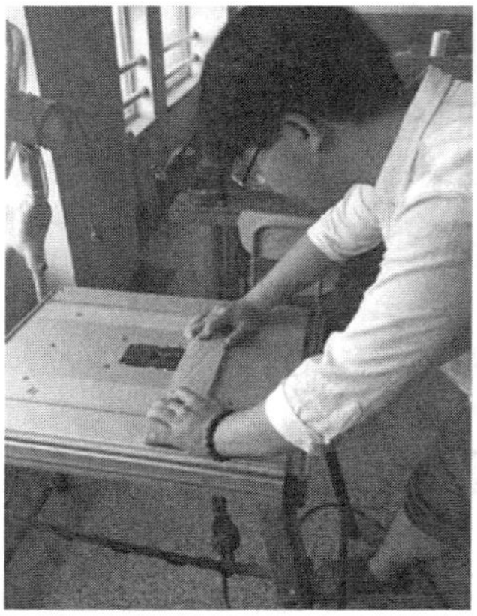

图 5.4　开榫

（2）成果展示

成果如图 5.5。

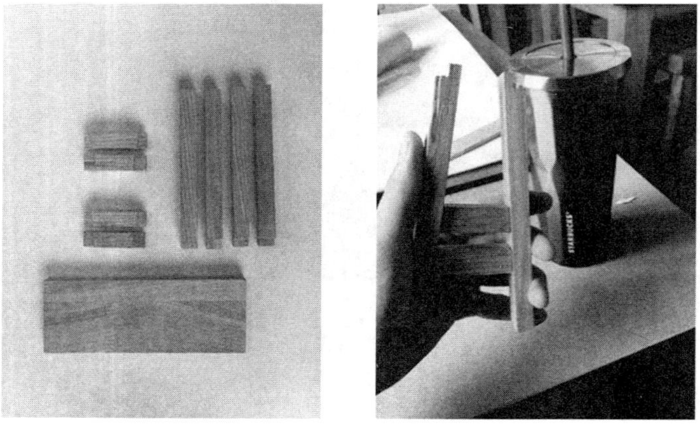

图 5.5

（3）问题与总结

工具掌握不牢固，使用起来手生，导致榫卯结构出现问题；由于木料原因，导致开裂和间隙且无法弥补。

5.2 第二组

家具制作方向：家具再设计。

5.2.1 第一阶段

（1）理论叙述

在第一阶段里，我们以木艺实验室的明式圈椅作为出发点，从观其造型、量其尺寸以及亲身试坐中我们得知，明式圈椅的“C”形扶手和“S”背板是十分的符合人体工程学的设计，人坐上去手臂以环抱的姿态自然放置，背部和腰部也与背板的弧度紧紧地贴合在了一起，十分舒适。但是为了造型美观大方，其整体尺寸略大，体型中等偏大的人坐上去空当很多。考虑到经济节约环保，我们适当地牺牲了它的美观，整体缩小了其尺寸并做了适当减法。先画好图纸，再下料，利用简单圆榫加上乳胶粘合木料，做出的椅子造型虽拙可相对美观，只是质量不尽人意，详见《第一板椅子存在的问题》。在查阅相关资料以及经王老师的指点以后，我们萌生了自己的想法，准备以明代圈椅展开设计，将继承明代家具造型简练、结构严谨、装饰适度、纹理优美的特征，同时结合现代人们的新需求和现代工艺加以创新。开始画设计草图，再用软件建模。如此便产生了第一个版本。

图5.6 请实验室师傅帮忙开料

图5.7 打磨

首先通过前期大量调研和与老师的探讨，确定了制作方向——以宋代圈椅为基础，结合现代设计手法进行创作。然后进行设计，并利用电脑软件将设计体现出来，进行一比一实物参照。接着在实验室进行了实物制作，一共进行了两版设计。第一版将设计直观地表现出来，主要目的是验证方案是否可取，分析设计中存在的不足，并总结归纳进行第二版设计。说起制作木质家具，一开始便毫无头绪，但是一切的研究绝非始于空想，只有不断地行动与思考才能找到目标，如此才可以进行接下来的研究和实践。数夜苦思冥想，用心思考之后我们找到了研究的方向，并从中找到了家居设计的几个关键性的步骤：潮流——样式——方法——细节——关注度。

（2）成果展示（第一版）如图 5. 8

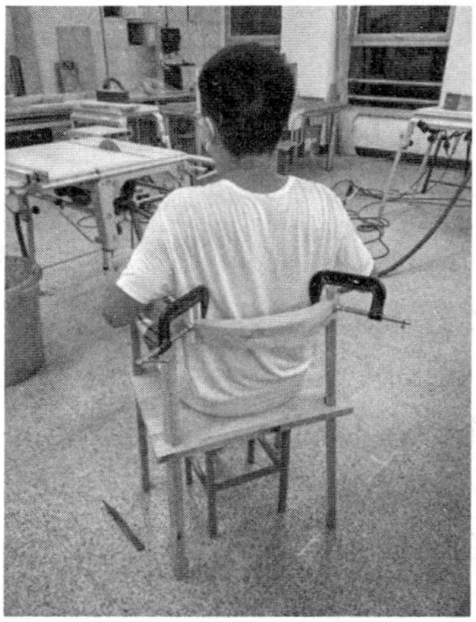

图 5. 8

（3）问题与总结

前腿的角度有问题；腿与座面板的位置不合适，可以考虑改变座面板的形式（不需要在座面板上凿孔）；扶手与四条腿之间的角度不合适（包括水平和垂直方向：前后腿都有一定的角度，不是标准的水平和垂直，而弯曲的扶手是按照水平和垂直摆放，所以在两者的衔接上要考虑角度问题）；后腿下方与地面的衔接再考虑一下（连接后腿下方的弯曲木棍）；腿与座面板的厚度不成比例（座面板比较厚）；所有衔接的部分都存在问题；形式上可以再改进；

图 5. 9　打磨

5.2.2 第二阶段

(1) 理论叙述

第二阶段是将第一版椅子拆除，在其旧料上切割并重新打榫，制成第二版椅子。第一板椅子四条腿插入座板向四面岔开，座板以下的十字插接固定存在着四边角度与尺寸不对的问题，打榫时的角度可谓差之毫厘，失之千里。因此我们用“Sketch up”软件反复试验，确定了尺寸，打榫时又格外小心，最终将误差缩小到最小。同时将原来的长方形座板缩小改变为十分圆滑的梯形，不再让四条腿穿入座板，而将座板直接固定于十字插接上，这样既美观简洁，又节约省料。最后打磨插榫粘合，用绳与胶带使劲捆绑，经过一夜后拆开，误差果然在木头韧性范围内，第二版椅子既牢固稳定，又美观大方。

图 5.10 连接

在第二版设计中克服了以上存在的不足，同时将局部进行了调整，最终的效果挺不错。但是依然存在一些问题，所以说仍然需要我们不断地进行分析和改进，再接再厉，争取制作出更完美的作品。

(2) 成果展示

成果如图 5.11。

图 5.11

(3) 问题与总结

所有衔接的部分都存在问题，后来使用白乳胶进行固定；形式上可以再改进，坐着有些生硬；人体体验不够完善。

6. 课题总结

（1）潮流：决定整体的走向

在古典与现代之间，木质家具设计的总体思想有着明显的区别。

古典的设计思想偏向于保守，同时更加追求文化的传承，线条更加丰富，多于变化。

现代的设计思想更趋于奔放，重视简洁的美感和空间感，总体样式简化，含义深远。

但是古典与现代之间又有许多相同之处，归根结底都是让人们使用更加舒适的家具，同时追求于完美的人体工程学和流畅的线条。前者可以给人们的生理需求以较为舒适的保障，后者则可以给人们的审美需求以一定的满足。

我们在确定了这个前提以后才能进行设计创作，所以经过讨论后决定结合古典的官贵圈椅造型和现代的简洁美感进行造型创作。

（2）样式：奠定灵魂的重点

用什么木材的纹理需要慎重的考虑，必须要满足大众的不同需求，如此就需要采用一种符合潮流的纹路样式。一篇好的文章将就“凤头”“猪肚”和“豹尾”，寓意为华丽开头引人入胜、内容丰富耐人寻味还有收尾简介有力度，木质家具同样也有这个道理。所以最后我们采用了黄花梨木的坚硬造型和圆滑线条来打板。

（3）方法：团队合作的默契

既然是第一版造型，那么肯定就没有机器协助我们成批量的加工，只能借助一些手工进行最初的定型。这时就能体现出来一个团队的重要性，简单地进行分工之后，大家井然有序完成自己的工作，这样既不会干扰到其他的步骤，也可以在发现错误后追究源头，找到并改正。历经数次的修改磨合，不仅是家具的造型，而且我们整个团队也在合作中浑然一体，更加默契。

（4）细节：决定成败的关键

将原本的板材分割成大小合适的木料，然后进一步画线打磨，最后打孔进行精细加工，这就是将“木”通过“手”的打造产生出的造型。俗话说：“细节决定成败”，哪怕是一丝丝轻微的角度变化，也会产生许多不可预料的后果，所以刚刚涉猎家具制作的我们就是在这一环节吃到了不少教训。在一遍遍的失败中我们对家具制作的细节有了更深刻的认识，同时对于受力的强度和扶手的舒适度等知识有了自己的见解。

（5）关注度：潜心静气的执着

失败是成功之母，在一遍遍的失败中发现错误，找到改变的方法。心中怀着执着的意念，不断地用心钻研，这就相当于将“木”转而用“心”去分析。失败并不可怕，但是只要我们“用心”，所有的事情都是值得的。在不断地努力下，我们终于完成了明代家具的制作，精诚所至，金石为开，应该就是最重要的一点。

参考文献

[1] 原研哉．原研哉－白．桂林：广西师范大学出版社，2012
[2] 王世襄．王世襄明代家具集．北京：三联书店，2013
[3] 王正书．明清家具的年代鉴定．上海：上海书店出版社，2007
[4] 赵广超．一章木椅．香港：三联书店，2007

专利数据挖掘方法初探研究报告

北方工业大学：李梦瑶　刘彤　刘帅　张利鹏　仇洁洁
指导教师：蒋贵凰 副教授

[摘　要] 知识是技术创新的基础，统计表明专利数据库中包含了90%～95%的发明创造成果，这意味着专利是最大的技术和知识的信息源。随着我国自主创新意识愈来愈强，人们对专利分析，特别是基于专利文献的文本挖掘愈来愈重视。本研究将对专利数据挖掘现状、方法和软件应用现状等展开研究，对专利数据挖掘的发展状况做出总结。由于专利数据挖掘是建立在数据挖掘基础上的，本项目首先综述了数据挖掘的研究现状，介绍专利挖掘以及其与数据挖掘的关系，之后重点介绍目前专利挖掘的现状、研究方法和分析软件，并对其难点进行剖析，预测其未来的发展趋势。

[关键词] 数据挖掘；专利挖掘；专利软件

前言

随着经济的发展和社会的进步，专利是技术信息的一种有效载体，它能够切实反映技术的发展前景，进一步为国家科技和经济的发展作出贡献。相比较一般的信息，从专利中提取而来的信息更加可信。专利挖掘作为一种对专利进行保护和深度研究的技术手段，在当今这个科技和经济高速发展的时代具有其存在的重要意义和价值。通过专利挖掘，可以更加准确地了解企业技术创新成果的主要发明点，对专利申请文件设计，提升了专利申请的综合质量；可以对技术创新成果进行全面、充分、有效的保护，梳理并掌握可能具有专利申请价值的各主要技术点，避免出现专利保护的漏洞；通过专利挖掘，可以培育巩固企业自身的核心竞争力，也可以与竞争对手形成有效对抗甚至在相关技术要点上构成反制；能够尽早发现竞争对手有威胁的重要专利，便于企业进行规避设计以规避专利风险。简言之，对于企业而言，做好专利挖掘有利于实现法律权利和商业收益最大化、专利侵权风险最小化的目标。

专利挖掘中与专利相关的数据和文本是数据的一种，所以专利挖掘是基于数据挖掘发展而来的。数据挖掘（Data Mining）简单来说是从大量数据中发掘潜在规律、提炼知识的方法和技术．由于数据挖掘与数据库密切相关，所以又被称为数据库知识发现（Knowledge Discovery in Databases，KDD）。知识发现（KDD）是从数据中发现有用知识的整个过程，数据挖掘则被认为是过程中的一个特定步骤，它用专门算法从数据中抽取模式。[1]

本研究报告首先从数据挖掘入手，简单介绍数据挖掘的现状，然后通过分析得出数据挖掘与专利挖掘的关系，比较出两者的异同，最后重点剖析专利挖掘的方法、现有软件现状以及未来的发展方向等。

1. 数据挖掘的现状与发展趋势

1.1 数据挖掘研究现状

随着科学技术的不断发展，储存在电子设备中的数据量正以指数速度增长，大量数据中包含着许多有效信息，但是在数据当中，可利用的有用数据少之又少。因为人们希望从大量数据中分析出知识，所以需要一种高效、快速、准确的数据分析方法从大量数据当中提取出所需要的知识，数据挖掘技术应运而生。

在国外，数据挖掘技术已被广泛地应用在许多领域，其中一些典型应用是加州理工学院喷气推进实验室与天文科学家合作开发的 SKICAT 系统。该系统的作用是帮助天文学家发现遥远的类星体，是人工智能技术在空间科学和天文学上的首批成功应用之一；生物学研究中用数据挖掘技术对 DNA 进行分析；利用数据挖掘技术识别顾客的购买行为模式，对客户进行分析；银行或保险公司经常发生的诈骗行为进行预测；IBM 公司开发的 AS（Advanced Scout）系统针对 NBA 的比赛数据，帮助教练优化战术组合等[2]。

在学术研究上，人工智能、数据库、信息处理等领域的国际学术刊物也出现了数据挖掘专题或专刊，如 IEEE 的 Knowledge and Data Engineering 会刊领先在 1993 年出版了数据挖掘技术专刊。在互联网上还有不少数据挖掘电子出版物。其中以半月刊 Knowledge Discovery Nuggets 较为权威，另一份较为权威的在线周刊为 DS3（DS 代表决策支持），1997 年 10 月 7 日开始出版。

相比于国外，国内对数据挖掘领域的研究则显得稍晚。1993 年国家自然科学基金首次支持了数据挖掘领域的研究项目。目前，国内的许多科研单位和高等院校已经竞相开展了数据挖掘和知识发现的基础理论及其应用研究。这些单位包括清华大学、中科院计算技术研究所、空军第三研究所、海军装备论证中心等。

1.2 数据挖掘研究方向

由于数据挖掘涉及的学科领域和方法很多，所以有不同的分类分支。根据挖掘任务可以分为：分类或预测模型发现、关联规则发现、数据总结与聚类发现、序列模式发现等；根据挖掘对象可以分为：空间数据库挖掘、时态数据库挖掘、文本数据源挖掘、多媒体数据库挖掘、Web 数据挖掘、文本挖掘等；根据挖掘方法可以分为：机器学习方法、统计方法、聚类分析方法等；根据数据挖掘所发现的知识可以分为：挖掘广义型知识、挖掘差异型知识、挖掘关联型知识、挖掘预测型知识、挖掘异常型知识、挖掘不确定性知识等[3]。

1.2.1 多媒体数据挖掘

多媒体数，包括图形、图像、文本、文档、超文本、声音、视频和音频数据等，数据类型复杂。随着信息技术的进步，人们所接触的数据形式越来越丰富，多媒体数据的大量涌现，形成了很多海量的多媒体数据库[5]。很多数据都是非结构化的，所以首先要将这些数据转化为结构数据研究者提出了多媒体数据挖掘的系统原型 MDMP，主要过程是将多媒体数据的建模、表示、存储和检索等多媒体数据库技术与数据挖掘技术结合在一起，采用多媒体图像数据的相似性搜索、多维分析、关联规则挖掘、分类与聚类分析等挖掘方法。

1.2.2 时序数据挖掘

时序数据挖掘是通过研究数据的时间特性，深入发掘事物演变机制，揭示其内在规律，成为获得知识的有效途径。时序挖掘技术的关键是要寻找一种合适的序列表示方式，根据点距离和关键点建立时序序列是常用的方法。时序数据挖掘的主要技术有趋势分析与相似搜索，在宏观经济预测领域、市场营销、客流量分析、股票价格波动等众多领域得到了应用。在专利数据挖掘领域，专利的编号，年份等信息可以利用时序数据挖掘技术进行检索分析。

1.2.3 Web 数据挖掘

随着网络技术的快速普及和飞速发展，在网络上可获得数量庞大的信息，但通过这种方式获得的数据普遍都是量大、分布广泛的、全球性多样的和动态变化的。面对如此大量的网络数据，如何在这样全球化的大的数据集合中发现有用信息成为 Web 数据挖掘研究的热点。

1.2.4 文本挖掘

文本挖掘被定义为从文本中挖掘出有意义的知识方法和技术，是数据挖掘的一个分支。文本挖掘根据知识类型的不同可以分为以下四类：文本总结、文本分类、分布分析和趋势分析等。

（1）文本总结。文本总结就是从文本中抽取一些关键的信息，对文本的内容进行概括，这样用户不需要阅读文本的全文就可以大致了解到文本中所涉及的内容。

（2）文本分类。文本分类指的是根据带有特定关键信息的样文，根据样文中的关键信息对数量庞大的文本进行分类，通过限制检索范围的方法使得检索更加精确。

（3）分布分析和趋势分析。分布分析和趋势分析就是对文本某一特定方面，得到数据在历史时期和现在的情况并根据此情况分析出未来的发展趋势。

1.3 数据挖掘的发展趋势

1.3.1 Web 挖掘

随着 Web 技术的发展，电子商务成为一项热门行业。电子商务中各大公司都非常重视网站的建设，电子商务网站中每天有大量的顾客进行在线交易，数据库中有大量的数据，这些数据不仅包含了顾客的个人信息和资料，还可以根据顾客的交易记录分析出顾客的喜好以及购买模式，甚至可以根据顾客的趋势分析出顾客的某次消费是否是冲动型消费。根据这些信息可以让公司对网站进行更好的完善，尽量使得更多的顾客满意。

网站的数据挖掘和数据挖掘的差异并不大，很多方法和分析思想都可以进行类比并应用。所不同的是网站的数据格式有很大一部分来自于点击流，因而对电子商务网站进行数据挖掘所做的主要工作是数据准备。目前，有很多厂商正在致力于开发专门用于网站挖掘的软件。Web 挖掘会成为数据挖掘未来的发展趋势之一。

1.3.2 文本挖掘

另一个发展趋势则是文本挖掘。随着文本数据出现爆炸式的增长，如何挖掘文本，从文本中提炼出有效的、隐含的信息成为研究热点。尽管目前已出现不少文本挖掘工具，但其功能依然有限，难以满足应用需求。在企业和机构越来越需要文本挖掘潜在信息支持企业分析和决策的今天，文本挖掘技术的研究和应用将成为未来重要发展方向。

2. 专利挖掘概念

2.1 专利挖掘的概念以及作用

所谓专利挖掘，其实就是指在产品技术研发中，对所取得的技术成果从技术和法律层面进行剖析、整理、拆分和筛选，从而进一步确定申请专利的技术创新点和技术方案。专利挖掘的目的可分为成果保护型和包围拦截型。成果保护型是指将技术创新成果申请专利以进行法律化、权力化，有效保护企业的技术研发成果不被他人抄袭复制；包围拦截型是指针对竞争对手的技术或产品路线进行研究，进而制定相应的专利挖掘规划和技术研发策略，提前设置外围专利，干扰和遏制竞争对手的专利策略。

2.2 专利挖掘与数据挖掘的关系

随着科学技术的不断发展，储存在电子设备中的数据量正以指数速度增长。大量数据中包含着许多有效信息。但是在数据当中，可利用的有用数据少之又少。因为人们希望从大量数据中分析出知识，所以需要一种高效、快速、准确的数据分析方法从大量数据当中提取出所需要的知识，数据挖掘技术应运而生。数据挖掘技术需要处理的主要问题就是在庞大的数据库存储的海量数据中找出有价值的信息，并对其加以分析。贡献是从数据库中寻找有价值的信息，并将数据总结归纳成有意义的结构，作为决策的依据。而专利（patent）起源于拉丁文，是公开的意思，现在的含义是指一项发明造向国家审批机关提出专利申请，经依法审查合格后向专利申请人授予的在规定的时间内对该项发明创造享有的专有权。专利挖掘是从创新成果中提炼出有专利申请的技术创新点和方案。数据挖掘的广义观点：数据挖掘就是从存放在数据库，数据仓库或其他信息库中的大量的数据中挖掘有趣知识的过程[4]。由此可见，专利挖掘是在数据挖掘的基础上进行的，在检索专利词条时用到的数据和文本都属于数据，而数据挖掘更加广泛，其检索方向和结果会根据词条的变化而变化，不一定出现专利的相关信息。

3. 专利挖掘的方法

3.1 专利挖掘的途径方法

从一般角度来说，专利挖掘主要可分为两种：从项目任务出发和从某一创新点出发。

专利挖掘的重要研究途径便是从项目任务出发，该途径从项目的任务出发，按找出完成任务的组成、分析各组成的技术要素、找出各技术要素的创新点、根据创新点总结技术方案的次序进行。

第二种途径则是从某一创新点出发的方法来进行专利挖掘。与第一种方式不同，该途径是从项目的某创新点出发，按找出该创新点的关联因素、找出各关联因素其他创新点、根据其他创新点总结技术方案的次序进行。

若按照以上两种途径完成挖掘，则会形成若干个大相径庭的技术方案，在这些技术方案中，专利授权要求是最基本的特征，由此便能够产生大量的专利申请素材，企业的专利部门可以依照以上两种方法的钻研所得出的结论并在此基础上分析筛选，从而确定专利申请的主题。从整体上讲，两个挖掘途径的出发点不同，因此使用者可以根据不同的出发点选择使用。两者可以单独使用，也可以有取舍地联合使用。

3.2 专利挖掘技术方法

专利挖掘主要包括以下两种技术：一种基于自然语言处理技术，通常指分类技术；另一种是信息检索技术。基于分类技术在专利挖掘中应用的频率高及其重要性，这里主要介绍文本分类技术以及相关研究。

3.2.1 文本分类

文本分类就是将未标注类别的文档分到已定义好的类别中去的一种方法。文本分类系统从某种意义上讲也是一种分类器——目的是实现对文档标注类别信息，而文本分类系统通常也都是采用指导学习的方法进行构造。主要操作步骤是：①准备一部分标注了类别信息的训练样本文档集合；②在若干训练样本的基础中上，结合某种学习算法训练分类模型的参数，即可得到文本分类系统；③用这个分类系统对新的文档进行分类，从而进一步实现自动对未知样本进行分类。[5]

文本分类的方法的发展历程分为两个阶段：基于规则的文本分类、基于统计机器学习模型的文本分类[6]。而基于统计机器学习模型的文本分类方法克服了基于规则系统的不足，不需人工操作，可以很快地适应各种应用，同时在分类效率和准确率上均有很大提高。

3.2.2 特征选取方法

文本的特征选取的方法有很多例如文档频度 DF（DocumentFrequeney）、类别频度 CF（ClassFrequeney）、信息增益（informationGain）等。[7]

文档频度，就是指一个特征在语料中出现的文档数（DF）按照文本频度的大小排序，根据某一个阈值，去掉超低频词，选取前 N 个特征词。文档频度的前提是假设低频词没有信息量。这种方法的优点有很多，例如：减少特征空间的维数、算法简单、计算量小、易于实现；而缺点也恰恰是某些低频词可能含有大量的信息，去掉会影响分类效果。

类别频度是指一个特征在语料中出现的类别数，按照类别频度大小排序，从而设定阈值，去掉超高频以及超低频的特征词。类别频度有重要的前提假设：大多数类别中都出现或只在个别类别中出现的词含有的信息量对分类贡献不大。

信息增益是指计算特征含有的信息量和对预测样本类别所能提供的信息量。它考虑了一个词出现或不出现对类别提供的信息量差别，这种方法在分类任务中效果不错，但计算量很大。

3.2.3 特征权重的计算方法

特征权重计算是为文本特征词赋予一定的权重，得到文本特征向量。常见的几种特征选取的方法有：布尔权重、词频权重、tf × idf－权重、tfc－权重等。

3.2.4 分类器

分类器有很多种，常用的有 KNN 分类器、最大熵、支持向量机、贝叶斯等，他们的存在可以应用于大量文本分类问题，有助于提高工作效率[8]。

4. 专利挖掘现有软件

4.1 我国专利分析软件及其功能介绍

我国常用的专利分析软件有 PIAS 专利信息分析系统、东方灵盾中外专利检索及战略分析平台、大为 PatentEX 专利信息创新平台和恒和顿 HIT—恒库。

表 4.1 常用专利分析工具简介

分析软件名称	简介
PIAS 专利信息分析系统	该系统可以二次加工专利信息，利用信息可以对技术的申请人状况、发展趋势以及专利战略方面的要素比如专利保护地域等进行定量、定性分析。 该系统使用专利战略的不同视角透视专利技术，进行统计分析并处理大量的专利文献数据，从而呈现各种形象直观的数据图像与表格，并且提供高效又清楚的情报
东方灵盾中外专利检索及战略分析平台	该平台具有个性化的检索和分析功能，可以有效地争对用户的需求，做到对专利信息的全面性与准确性，以及准确地统计分析检索结果。 该平台能够对专利权人申请状况、技术发展趋势、专利保护地域等专利战略方面的要素进行多层次的统计分析。统计结果既可以显示为不同维度的饼状、柱状、曲线图和各种表格形式，方便用户直观地、综合地了解各技术领域的竞争态势和发展趋势，从而加深挖掘程度和高效利用专利信息带来的战略价值
大为 PatentEX 专利信息创新平台	该软件有自定义矩阵分析、专利增长率分析、引证分析、存活期分析、引证分析、技术生命周期分析、定量分析等分析功能。对任意专利进行统计、分析、排序，从而不仅可以方便地找出核心专利，而且可以了解技术创新、发展的趋势

续表

分析软件名称	简介
恒和顿 HIT—恒库	对专利信息的检索、管理与分析是该专利分析系统的特点。该系统不仅可以争对专利项目制作多种统计图表，而且能够在图像中进行关于图像方面的控制和其他操作，如对图例的控制以及标题注释还有颜色、维度、数据等。最重要的是可以满足用户需要，自动生成不同样式的统计报告，在报告中会清晰地呈现出各种重要的图表和统计信息，从而为用户带来有价值的情报信息

通过比较这四种软件，发现目前我国专利分析软件普遍都拥有且比较成熟的技术有两种。一是基本统计分析。依照专利文献的特征，分别从不同的统计维度出发对文献的数据、发展趋势和技术创新等进行统计解释，分析结果常常以各种统计图表、报告和报表的形式呈现，我国的这几款软件都具有自己独特的、成熟的、比较全面的统计维度以及统计图表结果。二是引证分析技术。引证分析是指对目标专利的引用专利情况和目标专利被引用的情况进行分析，以揭示相关专利之间的关系，反映特定技术领域的生命周期，以及竞争对手之间技术相互依赖的关系[9]。引证分析技术已经成为我国大多数专利分析软件的一项基本完善、普遍使用的技术。引证分析主要依据的是数据之间的关系，从而深入到信息方面的分析，最后以不同引证分析形式对结果进行统计与呈现，通常见的有引证地图、引证表与引证树等。当然，随着数据的快速增长和更新，引证分析的方法也需要不断地拓展与创新，从而对专利文献的数据进行更深层次的分析，与时俱进。

4.2 与国外软件对比

目前的我国专利挖掘软件仍停留在统计分析和引用分析层面，国外部分软件提供了少量的文本挖掘功能。深度专利挖掘仍需要借助文本挖掘软件或利用 Java 语言自行编写程序。这里对国内外现有的专利分析软件进行对比分析，了解专利挖掘软件现状。专利分析软件大都是集成系统，其功能涵盖了专利检索、专利下载、专利分析、专利管理以及软件系统管理等。

中国目前专利分析软件主要有：PIAS 专利信息分析系统、东方灵盾中外专利检索及战略分析平台、大为 PatentEX 专利信息创新平台、恒和顿 HIT—恒库等。其中，PIAS 专利信息分析系统是由国家知识产权局开发的，情报和信息相对比较可信和直观；东方灵盾公司的分析软件相比国内其他软件，具有更加强大而个性化的检索和分析功能；大为 PatentEX 和恒和顿系统都较为稳定。在统计分析和引用分析方面，国内软件均较为成熟，专利地图也制作的直观且清晰，但深入挖掘功能不足。

而国外的专利分析软件起步较早，目前主要有：Derwent Analytics、TDA、Aureka、VantagePoint、Patentlab－Ⅱ、BizInt Smart Charts、STN AnaVist、Focust、Invention Machine。国外的软件多是细节性地针对不同的需求应运而生，相对而言自动化程度高，功能也十分全面。

目前就中外专利分析软件的比较而言，国内的专利分析软件在数据库的信息量、自动化的程度、数据挖掘的深度上都不如国外软件发展地那么成熟，各个软件的功能倾向性也没有那么强，专利挖掘和专利地图制作也以国外软件较为领先，但国外专利软件在文本挖掘应用方面也存在一些空白。我国专利分析软件要有新的突破不仅要借鉴国外的方法技术，还需要进一步将文本挖掘技术应用到专利挖掘中，实现更深入的分析。

5. 专利挖掘目前的难点以及未来发展空间

5.1 专利挖掘的难点

5.1.1 专利普通词汇识别

对于专有名词的检测包括以下几个方法：利用命名实体的内部规律，设计规则并进行识别；建立统计模型，利用人工标注语料库进行参数训练，然后把新词识别的问题当作序列标记的问题进行解码等方法。[10]普通新词，就是新涌现的词汇，这种直接影响对专利理解的词汇未被收录到分词词典中，在进行专利检索的过程中新词识别会遇到以下几个难点：①专有新名词未被进行特殊标记，以欧美人名为例，大写在检索中更容易辨识，而中文姓名同文本一样；②专有名词有歧义理解，中文的人名和地名经常会分不清，比如咸阳、秦岭等；③新词组词结构过于随意，在检索过程中无规律可循；④由于多音字或者断句关系，新词用字与上下文联系干扰，例如武汉市长江大桥。

5.1.2 生僻术语抽取识别

术语抽取的研究可以归纳为3个方面：一般的抽取方法研究、错误来源分析和纠正以及生僻术语。一般的专利术语抽取从专利中提取出重要技术相关词汇。Tseng Yuenhsien等的短语抽取方法相对而言较为简单，主要依靠词频和单词间的包含关系。[11]在专利的术语抽取研究中，错误的抽取一般有两部分构成，一部分是正确的抽取结果，一部分是错误的抽取结果的左边界或者右边界造成的干扰。术语抽取研究是制约专利挖掘领域发展的基础，尽管近几年专利领域的发展势头一直不错，但是很多研究的方面仍有许多没有攻破的难点。术语抽取的研究就是最为代表的难点之一。术语抽取研究的难点不仅仅体现在工具与技术难，更需要应用有效的试验措施进行验证，构建标准答案的集合是最重要也是最难的部分。从现状来看，面向生僻术语识别的标准答案在术语抽取研究中很稀少，而现如今的专利发展已经不仅仅局限于大众化的专利，相较于一般的术语，由于生僻术语作为一类特别的术语抽取的研究对象，其抽取难度会更大。最主要的原因是现有的高词频统计的各种统计量在处理低词频的候选生僻术语时会引入很多噪声。这在一定程度上影响到了相关研究的一般的文本挖掘研究的规范，成为制约该领域发展的主要问题。

5.2 我国专利分析软件发展空间分析

基于研究，目前我国专利分析软件有一定的成果但还不成熟的功能有聚类分析与数据深度挖掘技术。聚类分析以主题地图的形式可视化展示，比如 Aureka 信息平台中的专利地图（Aureka ThemeScape）提供了一种文本分析工具，该工具以分析的专利样本为基础，对其中的相关词汇的词频应用聚类分析生成主题（词汇）地形图以此来描述专利技术主题分布情况[12]。专利地图通常用等高线做图，以此作为全图绘制的基准。用点来表示需要分析的样本数据中的专利文献，通过这一种方法，内容类似的专利文献都聚集在一起，就会形成类似于山峰的形状，在图中，不同的山峰区域表示不同的专利群，而在相同的山峰区域内表示某一特定技术主题中聚集的相应的专利群。利用文本聚类分析，研究人员在阅读文献的过程中，只需要点击相关山峰内的一点，就可以快速浏览文献相关的专利信息，而且能够在较短的时间内将类似概念的专利聚类，按照概念间的关系形成树状结构，来分析技术间的相关关系。然而我国在运用聚类分析这一功能方面相对国外来说还具有较大的提升空间，对于专利软件开发商来说，应该多多重视聚类分析功能，将其相关的特点完美地融入我国的专利分析软件之中，为广大的使用者提供便捷。

关于数据深度挖掘功能，我国的专利分析软件在这一方面也有巨大的潜力。数据挖掘领域在专利评估中具有至关重要的作用，其主要是通过分析超链接引用关系和算法研究进行处理数据。其中 Google 提出的 Page - Rank 算法和美国的 Kleinberg 提出的 HITS 算法在确定评估重要性方面非常成功[13]。国外的 VantagePoint、Derwent Analytics、TDA 和 Focust 几种专利分析软件都可以对样本数据进行可视化的深度挖掘。数据深度挖掘能够深层次地挖掘专利信息，这种软件不仅仅停留在文本挖掘方面，还采用了多种技术对数据进行挖掘。目前，我国的专利分析软件还不能做到深度挖掘数据，并且将结果运用在多种统计分析的图表之中。因此，在数据深度挖掘方面，我们可以借鉴国外在此领域应用较好的几种软件，来对我国的专利分析软件功能进行提高。

此外，我国管理分析软件尚处于空白阶段的功能是区域产业专利分析。专利资源区域分析和产业分析是专利服务的一个重要方面，能够有效地帮助地方政府全面了解本地区专利资源状况，为政府进一步优化专利区域和产业布局提供基础性导向参考[14]。随着科学技术的发展，专利分析软件被广泛地应用在许多领域和技术的分析上，比如在手机、汽车以及转基因等技术领域方面。然而目前我国的专利分析软件在对区域产业以及经济领域方面的分析是不多见的，通常只能应用在某一种技术分析上。因此，对于我国的专利软件开发商而言，可以在进一步优化原有专利软件系统功能的同时，开发具有针对区域产业专利分析的工具，满足专业化的需求，将专利分析运用在区域产业经济等的发展上，帮助研究人员便捷地了解全国各地每个区域每一块产业发展的现状与展望，帮助经济快速发展，为我国社会经济的发展和繁荣提供一定的技术支持。

6. 小结

本文由数据挖掘入手，介绍了专利挖掘以及其与数据挖掘的关系，重点介绍了目前专利挖掘的现状、研究方法以及分析软件等。通过对国内专利分析软件功能现状分析发现，目前我国专利分析软件普遍具备的功能有基本统计分析，即定量和定性分析，还有引证分析。虽然这些技术已经成熟，但也不是十分完美，我们应该一方面征集用户的体验感受，另一方面关注数据的更新等，从而不断进步。许多问题还需要进一步解决，但是随着研究的深入与实用化，专利挖掘将能够更好地发现专利信息中隐含的技术知识，推动科技创新。

参考文献

[1] 数据挖掘研究现状及趋势．中南大学信息科学与工程学院湖南长沙

[2] 李菁菁，邵培基，黄亦潇．数据挖掘在中国的现状和发展研究．管理工程学报 2004（3）：10-15

[3] 毛国军，段丽娟，王实等．数据挖掘原理与算法．清华大学，2006

[4] Iayyad U. M.，Shapiro G. P. Advances in Knowledge Discovery and Data Mining. California：AAA/MIT Press，1996

[5] 陈文亮．面向文本分类的文本特征学习技术研究．东北大学，2005

[6] 王会珍．文本内容分类和主题追踪关键技术研究．东北大学，2008

[7] 陈文亮．面向文本分类的文本特征学习技术研究．东北大学，2005

[8] 王磊，沈金波，专利情报分析方法研究．图书馆学研究，2006（11），2-11。

[9] 张静，刘细文，柯贤能，黎江，国内外专利分析工具功能比较研究．情报理论与实践，第 31 卷 2008 年第 1 期，141-145

[10] 刘晓东．刘大有数据挖掘专利综述电子学报 2003，12，（12A）

[11] 屈鹏．国内外专利挖掘研究（2005－2014）综述国书情报工作，2014，20（58）：131-137

[12] 陈燕，邓鹏，李芳. AUREKA 信息平台介绍. 中国发明与专利，2007（5），63-64
[13] 张龙晖，大数据时代的专利分析. 信息系统工程，2014（2），148-149
[14] 袁任远，孙付东，杨林，张艺，刘亚竹，李博，于岩，冯超. 专利质量评价模型研究——区域知产业专利分析中. 现代商贸工业，2015（8），34-35 页。

生物医药集群企业合作研发网络演化研究报告

北方工业大学：纪璇　吴丹　何宇辉

指导教师：李晨光 讲师

［摘　要］ 在竞争激烈的生物医药产业中，企业如果仅仅依靠自身的研发资源和技术，并不能满足技术创新以及产品研发的需要，必须加强与外界的合作，以满足自身的发展。而京津冀具有加快生物医药企业合作发展的良好基础和明显优势，合作空间很大。本研究就目前京津冀生物医药集群企业的合作研发网络进行深入研究，对如何提高京津冀生物医药集群企业合作，达到资源最大化利用，使京津冀生物医药产业健康蓬勃发展具有重要意义。

［关键词］ 创新网络；生物医药；结构演化

1. 选题背景

生物医药是国家政府对于安全性管制要求极高的行业，同时也是国家和经济发展水平的体现。而生物医药企业的核心竞争力在于企业的技术研发实力和创新能力。Rothwell 指出网络创新是继技术推动模式、需求拉动模式、交互模式、综合模式后的第五代创新模式，是未来创新研究的主导方向[1]。随着科学技术研究从“线性模式”到“网络模式”的转变，生物医药这个看似传统的行业实际上也渐渐由以供应链生产关系为主导的传统网络模式，逐渐向技术研发合作创新的网络模式转变。生物医药网络是以医药企业本身及与其合作的企业、高校和科研院所作为结点，线性连接所形成的随机网络结构。传统的生物医药企业网络结点主要包括医药企业、科研机构、大学、地方政府、制药机构、运输机构、医院及零售商[2]。生物医药企业之间或企业、科研机构、高等院校之间的联合技术创新来形成创新网络，能够有利于高效地发挥人才优势，提升研发准确度，降低研发成本，和形成企业原始性创新技术的自主研发能力。

2. 方案论证

对生物医药集群企业相关的专利成果进行检索统计，利用文本和数据挖掘技术，构建基于专利共享的合作网络，并对该网络进行拓扑分析。观测生物医药集群企业合作研发网络演化过程，揭示我国生物医药集群企业合作研发网络的演化机理，阐述未来合作研发的战略定位，最后给出政策建议。

3. 研究方法

首先，对目前生物医药集群企业合作研发网络目前发展现状及研究现状进行分析。

其次，针对生物医药行业的主要领域，包括疫苗和制药等，对相关的专利数据和专利人检索并统计分析。

再次，依据专利数据，绘制生物医药集群企业合作研发网络，进行拓扑研究。

最后，基于复杂网络理论，针对我国生物医药集群企业合作研发现状及其网络演化过程进行深入研究，揭示我国生物医药集群企业合作研发网络的演化机理，阐述未来合作研发的战略定位，最后给出建议。

4. 研究成果

4.1 京津冀生物医药集群合作网络的发展现状

通过查阅京津冀24家大型上市医药生物企业的年报，我们获取了一些重要的商业数据。这些数据可以从一些方面反映出京津冀生物医药集群合作网络的发展现状。表4.1为京津冀代表性医药生物企业的关联方情况。

表4.1　京津冀代表性医药生物企业关联方情况

企业名称	2007（数量）	覆盖地区	关联方类型	2014（数量）	覆盖地区	关联方类型
国药股份	8	北京、天津	子公司	44	北京、天津、河北	子公司、研究所、其他医药企业
华润双鹤	7	北京	子公司、研究所	11	北京、天津、河北	子公司、研究所、其他医药企业

续表

企业名称	2007（数量）	覆盖地区	关联方类型	2014（数量）	覆盖地区	关联方类型
力生制药	8	天津、河北	子公司	13	北京、天津、河北	子公司、研究所、其他医药企业
天士力	12	天津	子公司	49	北京、天津、河北	子公司、研究所、其他医药企业
天坛生物	3	北京	子公司、研究所	19	北京、天津、河北	子公司、研究所、其他医药企业
天药股份	5	天津	子公司	19	北京、天津	子公司、研究所、其他医药企业
中新药业	9	天津	子公司	51	北京、天津、河北	子公司、研究所、其他医药企业
中源协和	16	天津	子公司	54	北京、天津、河北	子公司、研究所、其他医药企业

同时，对近年来京津冀生物医药专利研发情况进行调查可以发现，一些专利是企业、大学和公共医疗机构共同合作研发的。

以上数据表现出，在早期，京津冀生物医药产业以大型核心医药企业为核心，而供应商与分销商围绕着这些有一定实力的大型企业为中心形成网络。这些企业都有自己的研发中心，创新技术靠企业自身研发。后来，由于企业自身研发进度较为缓慢、效率低下，企业逐渐发现自身的创新能力不足，无法跟随由技术起主导作用的市场，认为技术研发需要外部力量支持，于是寻求与高校、研究所、公共医疗机构等合作。现在表现为有技术研发能力的供应商为大型生物医药企业提供支持，企业之间以及企业和高校、研究所之间保持着紧密的合作研究关系，达到了产学研合作的目标。

在这样的背景之下，京津冀生物医药创新网络逐渐形成。在这个创新网络当中，大学和公共医疗机构是京津冀生物医药集群合作研发网络中的关键节点，这些节点具有重要的意义，它们是整个网络中科技的传导者和企业之间的联系者，企业通过这些大学和公共医疗机构能够相互传递创新科技，将新的科技和新的产品迅速推向市场。由此，科技力量居于京津冀生物医药产业的核心地位，通过产业相关者的合作研发，整个网络中的知识流通将可以快速进行，效率和资源利用率不断提高，这对于整个京津冀生物医药产业的发展具有重要的意义。

4.2 京津冀地区各自发展变化

（1）北京地区发展现状。近年来，北京医药产业增长迅速，收益大幅度增加，行业的集中度越来越高，是生物医药成果的主要诞生地。并且拥有大量优秀人才以及丰富的关键技术平台，其中上市医药企业 14 家，100 多家专注研发机构。其生物医药产业园区在诊断试剂、抗体药物、疫苗等生物技术领域属于国际先进水平，还研制出首个基因工程重组戊肝疫苗和禽流感检测试剂；其 SARS 疫苗和人用禽流感疫苗研发实力也处于世界前列，与此同时北京地区也在甲肝、乙肝、乙脑、麻风腮联合疫苗等生物制品上居于国内的主导地位。

（2）天津地区发展现状。天津地区近年来发展速度较快，研发水平也有显著的提高。已有 500 多家医药企业，并且有一批都获得了国家政策、资金和项目等多方面的支持。近来还吸引了许多海内外研发团队的加入。尤其在中药方面居于全国领先水平。

（3）河北地区发展现状。河北地区其化学原料总产量占据了全国的一半，许多产品的技术工艺、生产规模、成本控制都在国内领先，也获得许多国际先进水平的研究成果。并且获得了医药方面的多项殊荣，许多集团都是国家级的重点实验室。在 2015 年 5 月还开展了“五大工程”助力河北生物医药产业发展。

4.3 京津冀生物医药创新网络发展遇到的问题

第一，地方保护主义阻断不同地区企业间合作。由于京津冀地区并不隶属于同一个省或直辖市管辖，地方保护主义影响了不同地区企业之间的合作。不同地区的政策，例如税收、发展方向不同，使得企业之间无法正常合作，更进一步导致资源分配不合理、利益分配不均衡等情况发生，使得企业间的合作变得困难。最终使创新网络中的成员相互之间合作研发不足。

第二，创新网络中的产学研合作动力不足。这表现为技术研发成功到最终转化成为产品投入市场的时间较长，一些新研发的专利不能够及时与生物医药企业达成合作，并最终转化为产品。在科学技术为主导的生物医药市场，最新技术不能得到利用便是一种资源的浪费，而技术的落后势必会影响企业的发展。这对于整个创新网络来说是不利的，会影响创新网络的效率和资源利用率。

第三，仍存在一些医药企业排除在生物医药创新网络之外。通过上文的调查，可以注意到，一些近两年兴起的生物医药企业由于存在时间较短，与外部力量的合作不足，仍然排除在生物医药创新网络之外，京津冀地区的创新网络并不完整。从一定程度上来说，创新网络的不完整阻碍了整个创新网络的发展。

通过调研分析发现，最初几年，京津冀跨区域的合作并不是很多，都是由各地区大型医药企业为核心的生产供应网络，如：北京地区同仁堂、双鹭药业、双鹤药业；天津地区红日药业、中新药业、天士力；河北以岭药业、常山药业等，这些企业相互之间没有形成创新网络，都有自己的技术研发中心。

随着京津冀一体化发展，区域生物医药技术研发合作已经开始密切，特别是高校和科研院所的参与，如：北京中医药大学、解放军军事医学科学研究院、中科院、清华大学、北京大学、天津大学、南开大学等。这使得多家企业争相与这些科研单位合作，原本分散的子网通过大学和科研院所整合为一个技术研发创新网络。

整体来看，在今年北京首个生物医药产业园落户了河北沧州，天津医药集团控股河北德泽龙医药，2014 年京津冀一体化蓝皮书的发布也加强了京津冀之间的合作。还有京廊津塘高新技术产业带和京津冀生物医药产业带的形成，都象征着京津冀生物医药网络结构越来越趋向于完整化。同时为了推进京津冀生物医药产业化示范区的建设，政府下发了京津冀生物医药产业化示范区优惠政策，其中包括：①人才鼓励政策，设立“领军人才引进专项基金”，并对其进行实质奖励。②机构和项目支持政策，对项目材料进行免税政策，以及项目资金支持和补贴。③金融支持政策，建立“生物医药产业发展基金”，对于生物医药的证券交易公司给予最高 500 万元的一次性补贴。京津冀生物医药产业迅速发展的同时，也加强了三地区之间的合作。目前，京津冀生物医药产业化示范区已拥有了 870 余家科技型生物医药企业，产业化专项和重大成果转化 10 余项，15 个新药获得了生产批件，产业规模年均增长了 40%。

4.4 研究设计

4.4.1 获取数据

以京津冀生物医药上市企业名录为关键字，查询国家统计局专利检索系统，得到 103 家企业、高校、研究院所及中介服务机构间合作的研发关系，从而确定创新网络拓扑结构。我们运用矩阵的形式，通过 Ucinet6.0 软件得到京津冀医药的创新网络拓扑结构。通过数据的采集和绘制，我们发现京津冀医药企业之间已经产生了小范围、局域性的合作关系网络，医药企业通过相互的合作来提升自己的产品质量和创新能力。但这种合作所包含的企业少和局域性导致了医药技术的局域性。

4.4.2 创新网络关系图

基于邻接矩阵网络拓扑结构生成机制，根据已经得到的数据和掌握的京津冀医药企业专利合作关系绘制出创新网络拓扑结构图（如图 4.1 所示）。从节点度、介数、接近度、特征向量、聚集系数和子图等几个指标可以分析生物医药创新网络的中心性，进而可以判断网络中节点的重要性程度。我们剔除非关键技术创新组件即非专利性质的创新节点（如物流、零售等），得到基于专利合作研发的京津冀生物医药创新网络。图 4.1 中红色为京津冀生物医药企业，蓝色为高校和研究院所，有了各大高校和生物研究所与医药企业的合作，京津冀地区（除个别非常成熟的大企业）

都已经形成了各自的生物医药创新网络雏形。

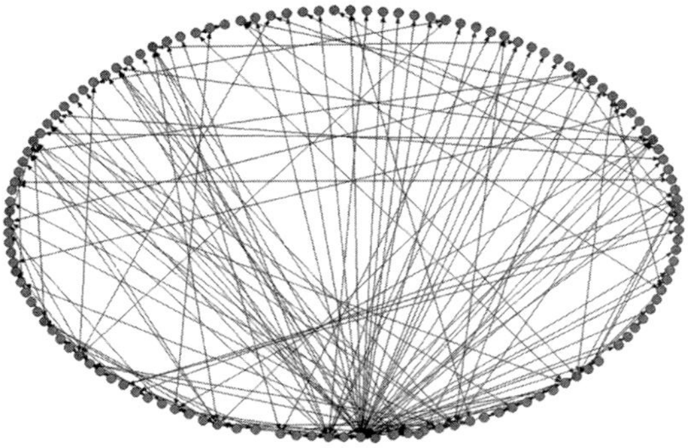

图 4.1 京津冀生物医药创新网络拓扑结构图

4.4.3 结果分析

在京津冀生物医药创新网络中，生物技术研究所和高校成了重要的结点（图 4.1 中蓝色结点度较大）。通过生物研究所和高校，各大医药企业的关联度更强了，医药技术的创新和也会随之变得简单。特别是中国人民解放军军事医学科学院与北京地区生物医药、技术工程及生物制药企业合作达数十家，这充分体现了生物创新研究机构对医药企业创新发展的重要性（如图 4.2 所示）。

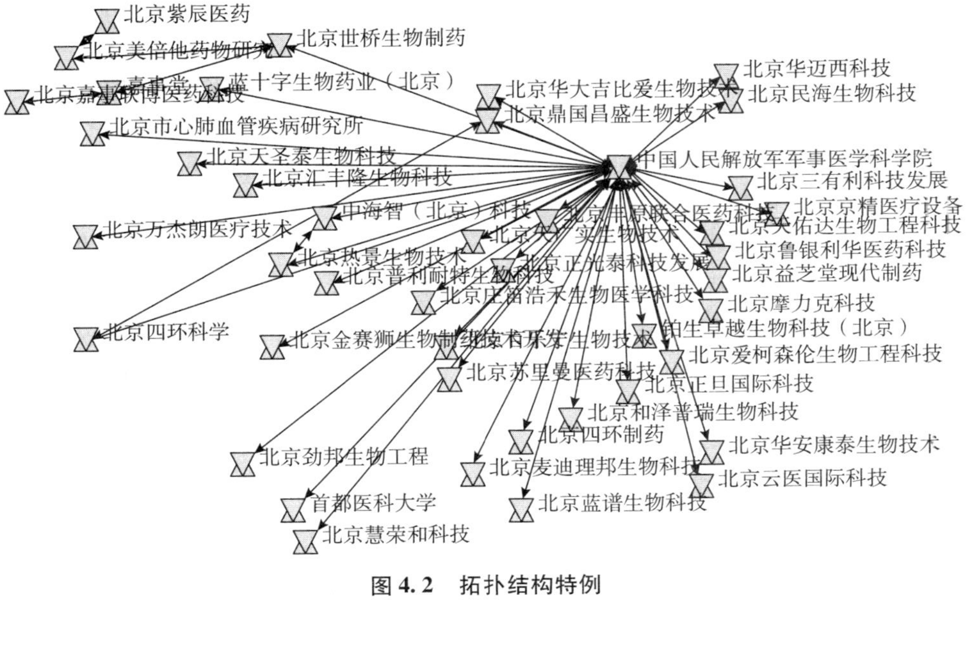

图 4.2 拓扑结构特例

网络拓扑结构分析过程中发现，北京中医药大学作为一个京津冀网络中的一个创新结点，联结了北京同仁堂等6个医药企业，北京同仁堂也作为一个结点，联结了中国中医研究院等6个企业，这样北京中医药大学就可以通过北京同仁堂联系到其他的5个创新结点，通过结点之间的多次合作，每个企业都可以选择更加适合企业医药科学技术发展的合作伙伴，这样既降低了合作成本，也增加了合作的成功率。通过进一步分析发现，以北京中医药大学为中心，已经形成了一个医药创新合作发展的小群体，通称子网，可以通过子网内相互的沟通联系，来满足企业对于其他合作伙伴的需求。子网内结点在与外部发生技术合作行为时，带动该结点所在子网迅速与其他子网连接，最终形成连通网络，促进京津冀跨域生物医药创新网络的形成。

4.5 研究结果

针对以上问题，提出以下几点对策和建议。

（1）政府作为京津冀生物医药创新网络的引导者，应对创新网络的发展做出正确的引导和决策。为保证整个创新网络的发展，政府应该成立京津冀生物医药产业区，消除地方保护主义对创新网络的影响，同时将生物医药的资源投入向生物医药创新网络中的关键节点例如大学、研究所和公共医疗机构倾斜，并保证这些关键节点健康发展。

（2）企业、大学、研究所和公共医疗机构在创新网络的大背景下，应该加强互相之间的联系。创新技术的产品化是创新网络效率的关键所在，紧密的合作研发关系可以保证新技术能够迅速投入市场。同时，一些排除在创新网络之外的企业应该加强与外部力量的合作，这样会使自身得到外部的力量支持，尤其是创新力量，这对整个创新网络的发展也是非常重要的。整个创新网络的紧密联系，使得资源得到充分的利用，所有生物医药企业能够共同发展，最终使创新网络健康发展。

（3）增加京津冀生物医药产业资源投入。生物医药产业作为21世纪的重要产业，和人类的健康息息相关，为保证整个产业健康地发展，应该得到更多的关注和更多的资源倾斜。因此，政府应颁布相关政策和发展规划，将资源向生物医药产业倾斜。更多的资源投入对于生物医药产业来说是必要的，能够加速创新网络的创新过程。

5. 创新点

生物医药技术的发展在一定程度上体现了国家的发展，也决定了人民的生活水平。我们通过对京津冀跨域生物医药创新网络拓扑结构的研究，发现了这类创新网络演化的企业弥补自身研发能力不足和满足高校、科研院所技术转化需求的动因，以及拓扑结构中高校和科研院所的技术优势地位。京津冀跨域生物医药创新网络现在正处于发展阶段，如果医药企业可以合理利用创新网络，通过省际产学研合作，达到互利互惠的效果，那么对于京津冀生物医药企业创新能力提升，乃至中国生物医药科技工程创新发展，都是一个重要契机。

参考文献

［1］ Rothwell R. Successful industrial innovation：critical factors for the 1990s ［J］. R&D Management，1992，22（3）：221-239

［2］ 王飞. 生物医药创新网络演化机理研究——以上海张江为例. 科研管理，2012，33（2）：48-54

社会化商务的营销策略研究

北方工业大学：谭婕　赵俊如　田静雯　曾庆睿　张茉迪

指导教师：童泽林 讲师

［提　要］基于各种文献整理，社会化商务可定义为通过社会化媒体的平台，消费者的消费行为很大程度上受社会化媒体的影响从而产生的利益相关者之间的交互活动。社会化商务的营销本质是消费者在发生一系列消费行为过程中最大化的排除或降低消费品在市场流通过程中出现的阻碍，使消费者购物效率提升，商家获得利润率也同时提升。在这里我们针对所说的排除阻碍，从三方面提出社会化商务的营销策略，一是通过消费品本身，二是外界对于其刺激以及引领。

［关键词］社会化媒体；营销策略；交互活动

1. 产品营销

首先从消费品本身来说，要一直保持甚是增加利益相关者之间的社会交互活动，产品的高效迭代是一项重要因素。对于消费者来说产品有用性是形成交互活动的基础，有了基础，再加上产品的新颖性对于消费者形成社会交互的刺激，使利益相关者发生交互活动。因为新颖性感知的刺激会使人对产品产生更多的不确定性从而引发更深的兴趣，促进人们通过社会交互来消除这种不确定性感知。最后，产品趣味性感知又会促使人们与其他人进行分享，从而形成社会交互。

而同时这种基于社会化媒体的产品迭代成本也会相对减小到最低，产品快速的推动上线，上线后会通过用户反馈和用户行为分析不断地进行新产品改进更新并且达到一定的高效高产量高质量，这样从产品本身的角度已经做到了最好，社会交互活动也才可以稳定长久的展开。

例如依附于 Facebook 平台而生的最受用户追捧的社交游戏公司——Zynga 公司。由此公司还应运而生了一个词叫作“Zynga 速度”。从产品、运营到市场，这可以称得上一家全能型的企业。Zynga 最早洞悉了社交网络时代游戏公司成功的真正秘诀——与其苦心孤诣创作游戏，不如将其当作互联网产品快速经营。Zynga 通过快速推出产品并以更快的速度对产品进行维护和更新，同时，通过已有渠道和广告推广让游戏最大限度地接触到用户。这让作为游戏公司的Zynga就像最大限度具备了互联网的基因，另辟蹊径，不必像传统游戏公司那样，以产品创意作为核心。

另外还有一些不走寻常路的商家通过对产品使用一些夸张甚是负面的噱头或方式来夺取了消费者的目光。从那家在三里屯以奇葩价格而生的乐纯酸奶，到带着“小米”帽子却否认与小米有任何关系的爱空间互联网家装中心，再到本着一直做“免费”于亿万网民的奇虎360，这些看似无联系的企业却都用着背道而驰的方式抓住了消费者们时时存在着的猎奇的目光，增加了关注度，并通过当今社会化媒体的应用进行着社会交互，也产生了高额利润。

2. 企业家营销

当今我们已经转型到Web2.0的时代，并还在向更深层次转型。在Web2.0的模式下，利益相关者通过社会化媒体的平台能够打破时间和地域的限制，分享各种观点。因此消费者可以得到自己需要的信息也可以将自己的观点分享出去。如此开放的模式让我们从产品外部开辟了另一条无限拓宽的营销之路。

跳开产品本身，一些商家通过一些非常规的营销策略来刺激着消费者的关注，并且产生了意想不到的正面效果。现如今一个企业的形象不光只是呈现在消费者面前外在的表象，更多的人文因素越发吸引着消费者的目光。当然许多个性张扬的企业家也注意到了这一点，开始打破利用名人效应的宣传代言来得到关注度的固有躯壳，而是利用自身形象的魅力来传播并且提升品牌的影响力。说出那句“我为自己代言”的聚美优品CEO陈欧参加某台的真人秀节目，通过在节目中优质的表现力使本身已经拥有了庞大粉丝群体的他再次引起广泛关注，同时也使观念对其称赞有加。而陈欧的个人微博粉丝关注度已经达到了1055万，在这样庞大数字的支撑下，陈欧在四个月内就通过微博向粉丝发福利二十多次，且金额在千万以上，并且还十分亲民地录制视频讲述如何参与抢福利的活动以及窍门。企业家自身的魅力再加上通过一些社会化媒体的平台让商家与消费者之间更加紧密地产生交互活动，从而使双方都可获得了不可小觑的利益结果。

3. 情感营销

对于一个企业来说，要建立能够与消费者之间的长久的交互共赢需要一种很牢固的纽带来维持这层关系。而在当今的消费市场当中，更多的消费行为渐渐从理性走向了感性的层面。消费者追求的不再只是简单地性价比，对于一个品牌、一个企业带给自身的情感层面的享受，会越发深刻的促使他们形成社会化的交互活动。这也就意味着一个情感消费时代的到来。

在这里针对人们的情感消费产生了第三种情感营销策略。我们不得不承认那些由古至今一直延续下来的无论是国外的国内的奢侈品老字号都带有一层人文因素，消费者对这些品牌的忠诚度可能已经从单纯的喜爱变成了带有情感的购买习惯。越来越多的企业其实很早就从人们的情感入手来抓住客源。而当今互联网时代的到来，通过更多的社会化媒体的平台，情感营销得以深入进行。被众人捧在手里以爱为名的品牌——可口可乐的情感营销可以说是极具代表性，也是极为成功的，通过一种极富创意的方式与消费者之间形成了十分深厚的情感纽带。可口可乐一直倡导的是“积极乐观，美好生活”，通过各种与爱相关的主题，进行与爱相关的公益事件，制作出传达爱的视频在各大社会化媒体的平台上广泛传播。在一次以金融危机为背景，主题为“一次快乐的邂逅”的活动中，可口可乐不仅通过电台等方式做了广告，其制作的关于一位102高龄老人以及众多普通人，还无所忌有网坛明星萨芬、纳达尔，西班牙财政大臣佩德罗等名人为一位新生婴儿送上幸福生活祝福的纪录片，在各大媒体平台上传播。在最后可口可乐公司还把所有祝福制作成精美的册子，送给孩子的家长；等孩子长大，与他们分享这个关于爱的故事，可口可乐这个品牌也因此影响着数代人，与数代人之间因为这种爱的情感形成纽带，使品牌深入人心。

因为有着金融危机的背景，可口可乐公司的情感营销在Youtube上一个月的浏览量达到了100万次以上；全球113个国家近40万人浏览活动网页，留下近1.6万祝福信息；Facebook上用户自发创建超过30个相关群组。而此次活动可口可乐公司并没有在Facebook上面有任何广告费用的支出，但却吸引着大量的博客、网站等社会化媒体自发的纷纷报道传播此次事件。而这些数字背后的实际的影响力是在可口可乐公司以爱为名的带领下，让人们忘记了金融危机所带来的痛苦，积极乐观的面对生活，可口可乐品牌形象也更加深入人心，由此也获得了更加深远持久的获利能力。

当今这个社会化媒体日益成熟并被广泛应用的背景下，越发开放的平台促使着越发活跃的用户，在各个市场中基于各种各样的兴趣点积极地参与其中。这些利益相关者也正在依此番交互活动不断刷新着更加骄人的战绩。

爱空间：互联网装修模式评述

北方工业大学：曾庆睿
指导教师：童泽林 讲师

［摘　要］在中国网民数量呈直线式增长和互联网普及率的不断增加的大时代背景下，家装行业也出现了转型的苗头。他们在传统家装的基础上，结合 O2O 办公模式，开创出互联网装修这样一个利用互联网平台使消费者了解到家装从推广、销售到装修进度监视的一系列工作。而这种全新的“互联网＋家装模式”依旧备受质疑。

［关键词］互联网装修；传统家装；小米

1. 爱空间简介

爱空间科技（北京）有限公司由陈炜先生联合家居行业巨头、互联网产业基金于 2014 年创立并率先提出互联网家装概念，是中国第一家标准化家装互联网公司。爱空间所提出并主打的互联网家装是指利用互联网完成线上交易和装修全程监控，使客户实现线下体验和交付的新型家装模式，将传统家装存在的价格不透明、工期冗长、成本浪费的问题，改变成为可定价、定期的标准化家装。

当然初生牛犊的爱空间可以在短时间迅速被大众熟知，除了依靠其开创性的完成家装由线下到线上的“不怕虎”大胆创新外，它自身有效利用争议进行的炒作营销也帮助它成功将互联网装修模式在行业里和消费者群体里推广。

2015 年 2 月 9 日，顺为资本向爱空间注资 6000 万。这家风投公司不仅由小米科技创始人、董事长兼首席执行官雷军所创建并担任董事长，还隶属于小米旗下。因此顺位资本的此次注资成功为爱空间冠上了“小米家装”的帽子。虽然 2015 年 3 月雷军现身两会时有公开表态称小米从来没做过家装，“我说装修的问题很多，给了他（爱空间创始人陈炜）一点建议，他觉得建议不错，就创办了一家公司‘爱空间’，公司运营一段时间后，顺为资本进行了一些投资，但‘爱空间’跟小米没有一点关系。”但这次争议无疑让爱空间借助小米科技的影响力以及雷军的热度成功吸引了人们的眼球并在家装界打开了一片天地。而且，值得一提的是，在如今的爱空间装修网站的首页还可以看到“小米家装”的字样，显然他们还对小米科技带来的甜头意犹未尽。

2. 爱空间的商业模式

2.1 互联网装修模式

互联网装修模式作为爱空间科技（北京）有限公司的创建基石以及主打的商业模式，该商业模式将O2O办公模式引入到家装行业，实现了推动家装行业向互联网+发展的作用。从公司创建之初被创始人陈炜提出并实行的一年多的时间里，互联网装修模式得到了不断的完善与补充，而其最初的“699新房套餐”依旧在热销。这款套餐主打的是廉价且快速的销售策略，向客户作出了以699元/的价格在20天时间内完成从毛坯到精装的全过程。

当然，除了面向毛坯房的老牌家装套餐，爱空间还推出了专门针对旧房装修的新的装修套餐，即“119+699旧房家装套餐”。这一套餐只是在原有的套餐基础上增加了8天的从旧房到毛坯房的施工期，并多收取了119元/的装修费用。这样的效率和价格在家装市场依旧是占据优势的。

当然，作为主打互联网的装修公司，如果简单地以价格低和时间快取胜，那就低估了爱空间的实力和内涵。爱空间采取的是全包型装修，这必然会使消费者对装修所用的材料（主材、辅材）、房屋的空间配置以及装修的进度和质量产生担忧。传统家装的全包业务中往往会出现这样一种现象，即使选择了全包业务的屋主依旧会陪同装修公司购买材料并时常到场检查进度和施工质量。为了解决全包业务存在的问题，帮助消费者解决这一类困惑，使全包真正成为帮助雇主节省精力和时间的一种途径，爱空间发挥了其互联网装修的特点，借助于互联网优势，使其装修达到透明化和系统化。在爱空间的官方主页上详细地写明爱空间装修选用的主辅材料的品牌与图片，并且有一张详尽的装修进程时间图，为消费者提供一份一目了然的装修计划。在装修的施工过程中，爱空间还会提供一对一的管家式服务，进行工人施工进度的实时播报，以达到施工质量更加透明的效果。除此之外，爱空间的装修工人均为爱空间公司自有，且由公司统一培训，这样会为装修质量上一份保险。

显然，互联网模式的引入，增强了家装过程的透明化，也为消费者监督房屋施工进程和质量提供了便捷。

2.2 城市合伙人计划

继推出互联网装修模式而一炮而红并由此带来大批订单后，爱空间又乘胜追击启动了城市合伙人计划。

所谓的“城市合伙人计划”是指爱空间在入驻每个城市时建立合资公司，邀请合伙人投资入股当地的爱空间公司，合伙人将占据公司股份的40%，当地公司需要完成所有家装的落地签单和实施工作。陈炜坦言，互联网的发展让他发现，在向其他城市扩张的过程中，需要的是创始人，而不仅仅是职业经理人。“我们这种形式可以说是介于直营和加盟中间。”陈炜解释道，“我们招合伙人不是招加盟商也不是找代理商，而是在当地城市设立一个控股的子公司，合资公司的业务操作、运营流程全部由当地合伙人负责。但是供应链和管理体系会直接‘搬’过去。”他认为，总部直接派一个职业经理人去到入驻的城市不会把效率做到最高，而加盟商由于有老板心态，所以投入效率最高。作为老板，陈炜自然会用老板的心态、老板的权利和老板的收益来进行决策并保证分公司与总部统一的模式和标准。

2.3 客户合伙人

与城市合伙人的出现原因类似，客户合伙人也是爱空间为了入驻新城市而采取的一种独特的商业手段。

该计划的目的在于发展培养种子用户——首批有价值的用户。爱空间计划在每一个新进入的城市里寻找100名种子客户。这些客户只需购买爱空间的F码（爱空间的一个装修资格，客户无须再另外支付装修订金，即可锁定装修资格）并完成装修且做到将其装修故事进行分享、将装修好的房间作为样板间展示的任务，即可获得以699元为基数，1年获得10倍、3年共计获得30倍（即699x30）的奖励。

除此之外，陈炜还强调，客户合伙人除了资金的奖励外，还可以参加各地分公司的会议，可以了解爱空间3款产品的成本价和研发价格。

3. 爱空间商业模式前景评论

2015年2月初CNNIC发布的《第35次中国互联网络发展状况统计报告》中显示，截至2014年底，中国网民规模已达6.49亿人，全年共计新增网民3117万人，互联网普及率为47.9%。手机网民规模达5.57亿，较2013年底增加5672万人。数据清晰地展现出了互联网在中国的迅速发展以及电商主宰未来的必然趋势。生存在这种环境中，依托于互联网的商业模式的发展道路自然会更加顺畅。

爱空间，作为一家首先将互联网概念引入到家装行业的公司，无疑在传统家装市场上占据着先机。利用线上推广将家装产业链变得透明，同时也借助互联网完成了消费者对于装修工程全方位的监督，再结合廉价迅速的装修套餐，爱空间的互联网装修模式无疑成功地在家装市场上占有了一定的份额。不得不承认，作为第一个敢吃螃蟹的人，陈炜领衔的爱空间利用互联网服务的优势成功的迎来了开门红，不过随着互联网家装模式的产生，越来越多的老家装公司也顺势调整了自己的服务模式，线上服务已经成了行业趋势。在佛山，近40所家居建材行业的龙头企业已开始组团行动，这其中包括知名互联网家具企业林氏木业、中国管道建材龙头联塑集团，他们共同组建创立了一个以“打造比小米家装性价比更高的家装平台”为目标的新的互联网家装平台，这个平台已于2016年5月上线。面对如雨后春笋般的涌出的大量互联网家装公司，爱空间应如何才能保住自己新领域创始者的优势呢?

目前来看，爱空间的商业模式略显简单，主打的产品仅为上述的两款针对毛坯房和旧房的套餐，它们的优点上文已经阐述了，不过作为全包的装修业务，它们也同时存在一些缺点。虽然全包业务中的很多东西都可以根据雇主的房屋结构进行私人化的设计，但是许多套餐内的家具却不可以依照雇主的个人喜好进行更换，只能在套餐内的选项里选择。这无疑限制了许多年轻用户展现个性的机会。另外，仅有的两项套餐又似乎有点单薄，很难满足复杂的要求。不过爱空间在单平方米的装修价格不变的基础上，还在不断地优化其装修使用的主辅材料，同时也在扩充其家装套餐中的内容。

对于一家刚刚成立不到两年的公司，爱空间这样的成绩可圈可点。但是，爱空间没有沾沾自喜，还在以惊人的创造力不断刷新这个行业的标准，还在不断地完善自己的服务，还在不断拓宽自己的业务范围和公司规模，会在陈炜的带领下不断发展壮大。

企业家对品牌传播的影响力

北方工业大学：田静雯
指导教师：童泽林 讲师

[**摘　要**] 随着经济的日益发展，各品牌在产品质量和技术方面都相差不大，如何在众多类似的品牌中脱颖而出成了企业关注的焦点。而企业家为自己代言的新形式已经成了大家突破这个瓶颈的新策略。这个看似新的方式其实本质并不新，因为企业家对品牌的影响随着企业的建立就已经逐渐形成，只是近期企业对消费者越来越强化这一观点，可见企业家对品牌传播的影响力越来越大。

[**关键词**] 企业家；传播品牌；营销策略

品牌广告的一般思路是邀请明星、专家或名人代言。但如今越来越多的企业家们代替明星，走上台前，为自己的企业代言。相比于其他名人代言策略，企业家代言取得了很好的效果。

1. 企业家微博营销

贾跃亭，乐视网创始人、CEO，是中国领先的3G手机电视服务商，中国领先的互联网电视服务提供商，他所创办的乐视网于2010年8月12日在A股上市，成为首家上市的视频网站。在视频网站领域发展甚好的他也开始研发乐视网络电视、乐视手机。对于家电行业来说，网络电视确实是一个创新，大家也说这是乔布斯留下来的一个难题。贾跃亭曾经在了几年前发布一篇文章——《致三星电视的一封信》，并在发文之后的短短一段时间打败了三星电视。而在2015年九月，他再次发文《致苹果的一封信》。信中他指出苹果系统由于封闭性而造成的缺点以及他在乐视手机中对这些缺点的改进。不得不说，无论产品如何，无论宣传的方式是不是炒作，贾跃亭和他的乐视手机的知名度已经大大提升了。

贾跃亭通过演讲和年轻人都爱玩的微博来宣传自己的形象以及自己的产品。在微博中，不仅他自己发布消息，还让他的演员妻子及妻子在娱乐圈众多挚友纷纷转发，大家齐心协力把贾跃亭这个人展示在了大众面前，尤其是展示在了手机市场的销售目标群体中。我相信众多明星的众多粉丝其中的大部分不会因为自己所追的明星做的广告而消费，但是会因此关注，从而了解到贾跃亭这个人。手机市场的产品，尤其是国产并且还是跨行的品牌的产品，做出来的使用效果不会有太多本质上的差别，即这个差别不足以改变我们的生活方式，所以，在国产手机选择中，除去产品的差异，消费者更加偏好于对品牌的喜好度，而企业家是其公司品牌最好的代言人。作为代言人重要的不是自吹自擂自己的产品有多好，而是传递其本身就是一个充满人格魅力而且值得信任的企业家。

2. 企业家魅力营销

同样是跨行业的国产手机品牌，格力手机最近也火了一把。原因是传言格力集团的董事长董明珠将会用其照片作为开机画面，并且在相册内置 99 张自己的照片。尽管在网友积极地讨论下她已经辟谣，声称并没有内置 99 张照片，而且认为格力手机用自己的照片做开机画面不是为了省广告费，因为自己是格力手机的创始人，这是对消费者的尊重。无论真相是怎样的，格力手机突然闯进了人们的认知世界。在 2016 年的 3 月份，大家只是猜测格力生产了手机，而在仅仅不到半年的时间里，由于董明珠的消费自己企业家形象的策略，使人们不仅知道了格力手机，并且引起了关注和兴趣。

董明珠的消费自己企业家形象的厉害之处不仅仅在于传播格力手机，更在于销售空调。早在营销格力手机之前，她就曾亲自出演格力空调的广告。广告中她与万达集团董事长王建林对话，强调了其中央空调十分省电。虽然不涉及我们家用的空调，但是老百姓看到这样的广告内心会顿时感到踏实。董明珠和王健林作为两个优秀集团的董事长，互相认同。换言之，连王健林都相信董明珠卖的空调，大家是不是更可以对格力空调放心购买了。

由“中关村在线”发布的《2014～2015 中国空调市场研究年度报告》中指出，2014 年中国空调市场依旧保持着格力一家独大，其余品牌激烈竞争的市场格局。具体来看，本年度格力以 38. 3% 的关注比例继续成为市场最受消费者关注的空调品牌，关注优势稳固。与此同时在 ZOL 排行榜上，格力空调的销售量以及占有率都是排名第一。种种数据充分说明了在董明珠和王健林合伙格力空调代言的情况下，老百姓对格力空调的喜好偏向性大大增加。即使在经济不景气的大背景下，同时夏季多雨又凉爽、空调市场十分惨淡的情况下，格力空调依然保持着优势。

由此可见，企业家在产品营销的过程中所发挥的重要作用。这种作用自带一种光环，承载着一个品牌的可信度和知名度。大众也会因为信任这个企业家，从而信任他所生产的产品。当然这是在各品牌产品本身没有特别大的区别的情况下，但这种情况尤其适合中国市场，适合中国市场的国产手机、国产汽车、国产家电等。很多品牌的质量都很好，消费者在购买时并不清楚自己更加偏好哪一款，在选择困难症的情境下，企业家形象的重要性逐渐显现出来。因为它会大大增加消费者的偏好度，在面临选择时，选择自己更加信任和了解的品牌。

3. 企业家公共事件营销

其实，企业家对品牌的传播影响力不仅仅体现在企业家为其自己的产品代言做广告上，也体现在一个公共事件中，企业家处理状况的态度对其品牌带来影响，也影响着公众对企业家这个人和他的产品的看法。我们耳熟能详的海尔集团老总砸冰箱事件就是一个特别好的说明。在多年前海尔集团董事长张瑞敏能有这样的举措——毅然决然地把质量不合格的冰箱当众砸烂，我们常常评价说这体现出了海尔成为民族品牌的决心，体现了企业文化。但是我们更可以看到这是张瑞敏的态度，虽然他无意想要炒作，但是因为他的态度、他的行为，老百姓对海尔产品更加放心。企业家的行为和态度影响着人们对海尔产品的看法。消费者由原本的投诉抱怨，到后来的信任，又使海尔一跃成为全球大品牌。可见，无论企业家是有意还是无意用自己来宣传营销，其影响力在品牌传播中是显而易见的。

综上所述，企业家对品牌传播起到了重要的引导作用，尤其是针对同一水平的品牌和产品，企业家的对品牌的传播起到了影响消费者偏好的作用。这种作用无论是否刻意，只要展现在公众面前，就会造成一定社会反映。所以企业家们不用过于自吹自擂自己的产品，但要用心做一个道德高尚、踏实严谨的好榜样，自然会用自己的魅力影响消费者对品牌的看法。一个建立了良好形象的企业家在对品牌传播的影响力发挥着不可小觑的作用。

异军突起的草根品牌——乐纯酸奶案例研究

北方工业大学：赵浚如
指导教师：童泽林 讲师

[摘　要] 随着经济日益发展，越来越多的草根品牌开始出现，但资金缺乏、渠道闭塞等问题一直在制约着草根品牌的发展。为此，以乐纯酸奶为研究对象，通过案例分析的方法，研究发现乐纯酸奶的成功主要在于合理布局产品所经历的铺垫、爆发、维护三个阶段，以低成本起到四两拨千斤的作用。乐纯酸奶的成功之道将为其他草根品牌的发展创新提供有益的借鉴。

[关键词] 草根品牌；乐纯酸奶；营销策略

从零开始，草根出身的乐纯酸奶，以个位数的员工，可以被称为手工作坊的规模，用不到一年的时间和极少的金钱使其微博和微信粉丝数超过 4 万名，值得关注的是，日本著名品牌明治酸奶的粉丝仅有 5 千多。其中一篇宣传文章《三里屯多了一家价格很奇葩的酸奶公司》在朋友圈广为流传，3 天内就获得了超过十万的阅读量。虽然乐纯酸奶的价格高于伊利、蒙牛等行业大牌高端酸奶的平均售价，但它依旧收获了超高的人气和口碑，上市初期酸奶订单就已排到三个月以后。

乐纯的爆红及其销量口碑双丰收绝非偶然，我们细观乐纯酸奶本身乃至整个品牌会发现，产品自身长期积累的高品质标准和众多的超乎预期的售货服务融合在一起，经过巧妙宣传运用变成了一部叫好又叫座的精良大片。乐纯本身也因此在短短几个月的时间内扩大了知名度、提高了影响力，最终以产品高销量收获了利润。乐纯酸奶是草根品牌中以四两拨千斤之势获得成功的案例之一。

乐纯酸奶从前期研发到后期的品牌维护共经历三个阶段，我们将它分为：铺垫阶段、爆发阶段、维护阶段。

1. 铺垫阶段

作为美食博主出身的创始人张喃喃在发现国内现有高标准健康酸奶的短缺后，

以众策之法在美食圈中成功试水乐纯酸奶，在不断举办的圈内试吃中一次又一次的创新与完善，最终伴随着好评声成功走向了大众视野。

法国知名西餐西点学校蓝带国际学院的毕业生张喃喃，是一个对于美食有着苛刻且执着要求的狂热爱好者。然而当她从国外学成毕业后并没有选择本专业，而是一门心思地扑在了酸奶上。究其原因其实很简单，纵观当时的国内酸奶业，从众多知名品牌爆发三聚氰胺事件开始，皮鞋制老酸奶、奶源等问题在众多大品牌中屡见不鲜。整个行业中能够做到全透明严标准的高品质酸奶少之又少。在国外吃过了非常纯净的酸奶，踏入国门的她吃遍超市里所有可以买到的酸奶都没有找到自己所满意的那种。用她的话不客气地说就是"吃起来一股子的添加剂味和老皮鞋口感"。此时，为了自己的舌头和身体能够尝到一份美味的健康的酸奶，靠自己的双手是最好的解决办法。

真正开始自己动手做酸奶之前，张喃喃对于北京地区比较常见的二十几种酸奶进行了详细的测评，并得出了"读酸奶配料表就一个原则：表里最好只有我们认识的词，成分品种越简单越好。认真，投入，描述。像对待一瓶红酒那样对待酸奶"的结论。同时这个结论也产生了张喃喃对于酸奶的五条态度：

（1）只采购最高品质的牛奶做酸奶，奶源质量必须达到或超过欧美国家标准；

（2）只采购新鲜的大自然水果和天然食材作配料；

（3）为了保证新鲜和活性乳酸菌的存活，必须在发酵完成后的5天内饮用完毕；

（4）只使用高活性进口乳酸菌，保证每毫升酸奶的活性乳酸菌含量大于1亿个，达到养乐多的水准；

（5）坚决不使用任何人工合成添加剂。

与此同时，张喃喃也发起了寻找好酸奶的活动，乐纯酸奶的诞生正是如此。在活动期间，很多热心的酸奶爱好者若是发现好喝的或者口感纯正的酸奶会第一时间想到张喃喃并反馈给她，一条条建议的累加下，乐纯也在一步步成长。不同的人、不同的标准、不同的口感，随着越来越多的人加入寻找好酸奶的活动后，纯净口感、高质量原料、精良制作工艺等标准也在逐渐清晰起来。在众策阶段中，张喃喃以美食圈中爱好者们挑剔的舌头和精准的眼光作为标尺，不断测量着乐纯自身的品质。最终以"没有刺鼻的酸气；用了好牛奶，口味上不加糖也应该有乳糖带来的淡淡甜味；口感上不用添加任何增稠剂就应该有浓稠的质地，而在入口瞬间却会自然地化开。回味上，舌苔清爽干净，而不会有人工添加的酸奶那样泛苦并黏滞舌苔。"满足了创始人和参与测评的美食爱好者们的严要求。

（1）原味酸奶乳含量大于99%，调味酸奶大于85%；

（2）蛋白质含量大于2.2%，并避免过多的额外添加蛋白；

（3）无增稠或凝固添加物、无防腐剂、香精、甜味剂、色素、乳化剂、稳定剂；

（4）只能冷藏保鲜，最多21天。

在试验阶段为了找到最佳的口味，乐纯团队前后试制了4000多杯，最终确定了目前的4种配方。找来国内外各家的发酵菌，反复比对，最终在基本发酵菌（嗜热链球菌和保加利亚乳杆菌）的基础上，又增加了3株益生菌（干酪乳杆菌zhang、乳双歧杆菌V9、植物乳杆菌p-8），最终通过益生和美的发酵菌弥补了国产牛奶蛋白质低醇香绵密不足的缺憾。

乐纯酸奶第一次作为成品面向大众是通过一次微博小规模订购，那些一直关注着乐纯成长、关注着张喃喃发展的美食爱好者们成了第一批顾客。即使当时乐纯酸奶的售价为90元四盒，也就是说22.5元120ml，这个价格相当于普通酸奶的近10倍。但总共120盒酸奶在不到一个小时内被大家一抢而空。不出所料，这次的小规模订购使乐纯酸奶获得了很多来自圈内的或专业或草根的中肯评价。当抢到乐纯酸奶的用户吃了以后，一个接着一个地在微博上发出五星级好评，他们中甚至还有许多是吃遍世界酸奶的资深酸奶吃货。“味道极纯”“就是我想要的”“业界良心”这些来自圈内的评价越来越多地出现在微博上，伴着叫好声乐纯酸奶带着这些“圈儿内”的好口碑成功出现在公众的视野中。

2. 爆发阶段

收获了小圈子内的成功并没有使乐纯酸奶就此止步，乐纯针对大众市场的一些调整、新媒体营销手段的运用，为更多的消费者打开了了解、尝试这个带着专业性的酸奶的大门，爆发式增长的订单为乐纯带来了高利润。

虽然在小圈子获得成功后，乐纯走向公众的路变得容易了许多。但原有的口碑终究会消磨光，乐纯酸奶在研发改进上选择了继续上路。在这之后的六个月里，乐纯团队消耗了整整3000盒研发实验品，从包装、配方、原材料等各个方面进行了大大的改进。

（1）一盒的分量从原来的120ml增量25%，提升到了150ml；

（2）原味酸奶升级为了口感更加浓厚的滤乳清酸奶（即希腊酸奶），但这也意味着原来做两盒的成本现在只能做一盒；

（3）使用整颗栗子、新鲜的黄柠檬和青柠檬以及新研发的椰子玫瑰。

除此之外，乐纯将价格改为更为大众所接受的12元一盒。让大众能够在合理的价位接受这个来自小众的新品牌。

除了自身产品拥有高品质及更迎合大众的价位外，成功运用新媒体的宣传为乐纯的成长增力不少。

乐纯的宣传文章以大家通俗易懂的语言向普通消费者介绍了乐纯酸奶从实验到改进直至收获了小规模订购成功的全过程。更是详细列举出了一条条乐纯酸奶超过市面上大多数酸奶制作标准，同时还有参与前期订购的消费者的反馈。文章以奇葩价格为开头，这个看似贬义的词汇相较其他一味夸赞自身产品的词语更加吸引消费者的注意，再加上对前期微博订购火爆场面的解释，文章为这些美食圈外的消费者提供了一条最能接近专业性美食的渠道，这个渠道拉近的不仅是消费者与美食间的距离，更是乐纯酸奶和消费者之间的距离。

除此之外，乐纯酸奶更是打出转发微信至朋友圈可获得一年的优惠折扣的广告，这无疑让更多人因为折扣而对其进行免费宣传，除去很多对产品有深度了解的人，很多人正是因此看到文章开始对乐纯酸奶产生兴趣，进而选择购买。短时间内的高额转发量使得乐纯酸奶在短时间内获得了超高的关注，而供不应求的产品也让更多人迫不及待地想下单。

一种产品的多种特性让多方面的人在短期对它产生了浓厚的兴趣，收入的高增也随之而来了。

3. 维护阶段

已经逐渐步入正轨的乐纯酸奶没有抛弃最初“公开、透明、参与”的原则，相反，在持续的经营保持原有标准不变的前提下，乐纯依旧在不断和消费者进行着有机互动，旨在增强客户亲密度、参与感以及产品的附加价值，更重要的是一条条的建议正在被乐纯不断吸取，使乐纯一直在成长。

乐纯 CFO Denny 曾经提到，“过去几年中国食品行业爆出的种种坏事件，都在不断打击消费者对于食品安全的信心，厂商永远站在消费者的对立面。而乐纯与用户之间更多的是平等关系，作为一个毫无背景的小食品厂商，公开与透明是获得消费者信赖的最佳路径。乐纯的产品好不好另说，但如何让消费者感知并相信，才是我们需要解决的问题。”

由此乐纯酸奶诞生了三个原则：“公开、透明、参与”，而为了更好地让那些不了解酸奶、不了解乐纯的消费者愿意尝试乐纯走近乐纯，更好地体会到乐纯原则，乐纯团队了三件事。

第一件事情是生产流程的透明化，他们在寸土寸金的北京三里屯 Village 设立了一个 35 平方米的体验中心，接近 80% 的面积都是生产空间，与用户之间只隔一层透明玻璃。用户甚至在马路边就能透过玻璃门和玻璃墙，清楚地看到整个生产流程，整个空间完全向用户开放。他们可以巡视所有原材料和设备，与生产员工聊天沟通，了解关心的知识和信息。

第二件事情是完整公开酸奶的产品配方，他们在产品研发上面花费的大量时间和成本，但是正式销售的产品配方都完全向用户公开。不仅仅是基础的配方表，他们会把每一种原料用了多少克、如何制作的以及具体细节步骤的温度、时间等，全部都会分享给用户。即便用户想要自己制作，也完全没有问题。

第三件事情是让用户参与到产品中来，乐纯的本质是基于社交平台进行营销与销售，是基于用户参与的品牌，奶源是粉丝帮忙介绍，员工是从粉丝群体里中招募的，品牌设计、定价都有用户参与其中。甚至在至关重要的产品研发过程中，也会不断邀请热心用户试吃，然后根据用户的反馈进行口味的调整。从群众中来，到群众中去，发挥社群力量与产品思维，不断创造惊喜，可能是给乐纯的一个适合的总结。

这三件事后，了解乐纯高品质原料、严格工艺的不再仅是小范围内的几十个人，更多的普通消费者也在不断了解和熟知。同时，乐纯的本质是基于社交平台进行营销与销售，是基于用户参与的品牌。让大家都参与进来，把这款酸奶的 VI、配料、奶源、发酵菌种、工艺全部和盘托出，让诸多的酸奶大神都参与进来，选址、找奶源、选设备、尝试大家建议的各种配方，比对国内外各种发酵菌……好酸奶就是这样雕琢出来的。在三里屯店开业前的半年里，乐纯就已经开展了有机市集粉丝品尝、微信圈征集建议，改进配方等活动，这份持久的互动，让消费者对于乐纯的关注度不会一下消失，甚至可以一直保持高关注，让乐纯酸奶时时刻刻融入生活中。

当乐纯酸奶通过一篇几千字的文章走入公众视线，被消费者选择性接受时，人们只是因产品的某种特质而产生兴趣选择购买。只有企业通过对产品自身与当今人民兴趣所在点的合理运用，赋予了除产品本身价值外的附加价值，人们才能对产品保持持久的关注度。一次很好的宣传推广会为企业带来短期利益，而为产品赋予了附加价值会让企业最大限度地避免了昙花一现的现象。

除自身是味道纯正满足高要求的美食外，近乎苛刻的原料采购和零杂质的添加让乐纯具有了纯天然绿色食品的性质，让它以一份纯天然饮品的身份出现在了关注健康的人群视线中。精准的制作工艺也成为美食爱好者们茶余饭后的谈资。对外坦诚的公布制作工艺和配方让很多动手达人跃跃欲试。美食爱好者的高评价、超高的人气、独特的手工制作方法、公开的制作方法和配料都让乐纯酸奶变得与众不同，这份与众不同在某些方面已经超过了其酸奶本身，更让乐纯酸奶，被赋予一种价值，并逐步形成酸奶文化，让大家选择其产品不仅仅是因为好喝健康更是因为其产品引领了一股小资风尚。一款款用心甄选原料、全民参与的制作过程以及超高的人气和关注度都使乐纯酸奶已经不单单是一瓶餐前饭后的饮品，高于行业大品牌酸奶的价格、高于行业标准的品质让手工制作的乐纯酸奶一跃变成了酸奶业的“奢侈品”。但乐纯的价位远不及皮包、衣服动辄万元乃至几十万元，乐纯的奢侈在于其考究的选料和用心之作的态度，这是人人都可以负担得起的，没有添加的有益菌奢侈品。

高关注和人气让关于乐纯酸奶的文化应运而生，从而使企业发生了从产品越轨到企业文化的创立的转变。最终受益的，除了品尝到美味酸奶的消费者，最大的赢家就是乐纯本身了。

所以，无论是耗费巨大的研发费用，还是高额的冷鲜配送以及高品质的原料采购，都因为其越轨行为而成为乐纯酸奶面对消费者的一个巨大筹码、一个巨大的吸引力，让消费者对产品产生兴趣并愿意更多的了解产品，从而使得乐纯酸奶在销售上供不应求。就像乐纯酸奶自己所说的那样，乐纯酸奶正一步步产生自己的品牌文化，成为酸奶中大家买得起的奢侈品。

在当今这个消费者渴望新鲜事物，寻求刺激信息的时代，草根品牌在以质量为前提下，选择自己适合的营销手段，会以很少的成本获得最大的利润，使企业快速提高产品的销量和知名度，让利润在短期内收获爆发式增长。

股权激励的动机与实施效果研究

北方工业大学：郝彬　吕东颖　李萍　叶博文　耿爱颖
指导教师：陈旭霞 讲师

［摘　要］随着经济的发展以及公司股权的日益分散，关于公司治理的问题渐渐暴露在公众面前。为了解决股东与经营者之间的代理问题，近些年越来越多的公司选择采用股权激励这种手段来激励员工。但是就股权激励的效果来看，反而出现了许多负面的影响以及现象，这与人们最开始的预期相差较大。因此，本课题采用了案例研究的方法，分析了我国上市公司在股权激励中存在的问题，并且结合现有文献，从公司治理的角度提出了一些建议。

［关键词］公司治理；股权激励；效果

1. 选题背景

股权激励是一种通过经营者获得公司股权的形式，使他们能够以股东的身份参与企业决策、分享利润、承担风险，从而勤勉尽责地为公司的长期发展服务的一种激励方法。相对于欧美国家，我国实行股权激励的时间较晚，现阶段股权激励模式主要以“股票期权”和“限制性股票”这两种方式为主。由于引入时间较短，股权激励在具体实务中存在许多问题，例如一些公司高管利用股权激励进行舞弊，实行股权激励反而对于公司经营产生了负面效果等。这些问题逐渐引起了社会公众以及学者们的关注，因此本课题对于公司实行股权激励的效果进行分析与研究，并对于如何改善和提高股权激励的效果提出相应对策和建议。

2. 研究方案论证

2.1　研究内容和目标

2.1.1　研究内容

随着公司控制权与所有权的分离，管理层与股东之间的代理问题成为公司治理中的一个重要问题，而激励是解决代理问题的基本途径和方式。股权激励作为一种激励机制，在国内外得到了广泛的应用。市场对股权激励总体上持积极态度，股权激励也得到了政府部门的高度关注。

虽然不断有上市公司推出股权激励计划，但是仍有相当数量的公司未选择股权激励。带着对这一现象的疑问，我们进行了以下几项研究。

（1）选择股权激励的上市公司的特点；

（2）上市公司选择股权激励的动机和深层原因；

（3）上市公司股权激励的实施效果；

（4）国有控股上市公司、民营控股上市公司、高新技术企业、非高新技术企业等不同类型的上市公司或者不同行业的上市公司启用股权激励计划的效果的区别对公司业绩会产生的影响。

2.1.2 研究目标

在上述研究内容的相关范围内，本课题将充分展开分析和调研，以实现以下研究目标。

（1）深入研究不同公司进行股权激励的案例，研究不同的行权条件下进行股权激励产生的不同效果；

（2）根据不同企业的规模和行业特点，对进行股权激励的公司动机进行分析，并且提出改进的措施；

（3）公开发表学术论文3篇，完成研究报告1份。

2.2 研究方案

2.2.1 研究方法

本项目主要采用案例分析方法，通过互联网、数据库和调研等途径收集相关资料，在公司年报数据的基础上，围绕选题展开研究。

2.2.2 研究设计

（1）本课题名称为“股权激励的动机与实施效果研究”，结合不同公司的案例，分析不同规模和行业特点下不同公司进行股权激励的行权条件及产生的不同效果，并提出相应的改进对策和措施。

（2）文献收集与整理。本课题首先充分利用学校丰富的数据库资源，围绕研究主题广泛收集资料，深化课题组成员对研究主题和研究方法的认知和掌握程度；其次从互联网上收集和整理相关的研究成果，对公司的数据指标进行了总结和分析，作为对本课题研究的辅助；再次，还购置了一部分期刊资料，促使课题组完成课题研究的主要内容，实现研究目标。

（3）实践调研。利用暑期专业实习的机会，实地进行调研，收集相关的研究资料。

2.3 研究可行性

本课题组成员均为会计学专业本科生，在校期间主要学习会计、财务管理知识，接受过会计学相关研究方法和工具的实训，而且对公司的股权激励措施有一定的兴趣和了解。此外，本课题组成员相互协作性良好，并愿意为该项工作付出努力。这为本课题研究奠定了较为坚实的基础。

3. 研究过程

3.1 做好课题组织工作

本课题的最终顺利完成需要成员之间的相互协作和共同努力，因此做好课题组织工作就至关重要。所以，本课题组十分重视并完成以下工作。

（1）认真讨论研究内容，明确研究目标，制定整体规划，按计划完成相关任务；

（2）依据课题组成员的知识结构和特长，实施成员分工负责制。其中，组长负责总体协调工作，而且高年级学生负责联络低年级学生；

（3）确定共同研讨和交流的时间，在指导老师的辅助下学习相关专业知识，探讨研究内容的关键细节，协调各负责部分的研究工作；

（4）制定课题组研究工作的纪律要求，提高课题组的工作效率，避免无效或重复的工作。

3.2 制定工作计划

制定切实可行的工作计划，提高研究效率是本课题整体规划的重要内容。本课题组成员在经过充分讨论后得出以下工作计划。

（1）2014 年 11 ~ 12 月，确定研究目标，搜集股权激励相关文献，对股权激励形成初步理解；

（2）2015 年 1 ~ 2 月，通过对文献的分析以及各行业实施股权激励公司的相关公告的收集与比较，初步确定此课题的研究方向；

（3）2015 年 3 ~ 5 月，确定论文分组，各个小组自行搜集资料并整理分析，经由与指导老师讨论确定最终的研究方向；

（4）2015 年 6 ~ 7 月，利用暑假时间调研，撰写初稿；

（5）2015 年 8～9 月，修改拟发表论文并投稿；

（6）2015 年 10 月，撰写课题研究报告初稿；

（7）2015 年 11～12 月，修改完成课题研究报告，申请结题鉴定；

（8）课题研究的整个过程，小组成员需每周或每两周召开讨论会，汇报研究进展。

4. 研究成果

本课题分为三个子课题，分别以 A、B、C 三家实施股权激励的上市公司[①]为例，对股权激励动机及实施效果进行研究。

4.1 股权激励方式及行权条件探索之路

本课题以 A 公司股权激励为例，对其股权激励方式及行权条件进行初步探索与分析。

4.1.1 案例背景

A 股份有限公司在 2006 年首次决定对公司员工以限制性股票方式进行股权激励。然而，由于 A 公司 2008 年、2009 年每日收盘价的向后复权[②]年均价低于 2007 年每日收盘价的向后复盘年均价；2008 年扣除非经常性损益后的净利润较 2007 年下降幅度超过 15%，均不符合首期激励计划业绩指标规定，因此，A 公司 2007 年、2008 年股权激励计划失败。2010 年，A 公司再次提出股权激励计划，本次股权激励方式及行权条件皆有调整。A 公司以股票期权方式进行股权激励，并且行权条件增加了净资产收益率这一指标。最终，本次股权激励方式及行权条件设置均取得成功。

4.1.2 案例分析

A 公司 2011、2012、2013 年净利润增长率为 32.15%、126.53%、47.73%[③]，草案中的净利润增长率为 20%、20.83%、20.69%。可以明显看出 A 公司各年净利润增长率均高于草案中各年行权指标，A 公司 2011、2012、2013 年净资产收益率为 18.17%、19.66%、19.66%，草案中的净利润收益率为 14%、15%、15%，可以看出 A 公司净资产收益率的财务指标也完全符合草案中的行权条件。

---

① 本案例分析所涉及的公司已作匿名处理，但不影响所使用数据的真实性，也不影响本文提出的观点和结论。

② 以除权前的股价为基准（即除权前的股价不变），将除权后的股价向上调整。

③ 本案例分析所涉及的相关数据及行业平均数据均来自公开网站披露的信息，或对公开网站披露的数据进行换算而得出。

4.1.3 研究结论

从A公司股权激励计划的探索之路可以看出，企业应当充分了解自身规模和行业特点，并结合市场的发展与公司未来几年的业绩预测，制定出适合于自身特点的股权激励方式及行权条件。企业间可以互相借鉴股权激励方法，但不能完全照搬其他企业的制度。股权激励计划是把双刃剑，假如使用不当，则会给企业带来负面影响，给员工带来负面情绪，最终反而导致人才流失。

4.2 高频率的股权激励是否有效

本课题以B公司股权激励为例，对其多次股权激励效果进行比较研究，探索连续多次股权激励对企业是否真的有效。

4.2.1 案例背景

B股份有限公司于1993年10月向社会公开发行股票，并于11月19日在上海证券交易所上市交易。公司自2009年起5年内连续推出四期股权激励，而且在第四期中还增设了限制性股票的激励方式。B公司实行股权激励的行权条件主要是“净资产收益率”和“净利润增长率”这两个财务指标。净资产收益率指标从首次股权激励到第四期股权激励一直保持10%的要求，但净利润增长率由首次股权激励的18%降至第四期股权激励的15%。

4.2.1 案例分析

2010年的应收账款增长率为36.21%，比2009年的7.21增长4倍之多。存货增长率也由2009年的13.50增长到2010年的17.52，2010年的净利润增长率和收入增长率分别高达105.46%和83.72%。然后，进一步观察数据我们发现，2011~2013年四个指标都趋向稳定。应收账款周转率稳定在21.92~28.21之间，存货周转率稳定在9.14~11.81之间，净利润增长率稳定在19.55%~29.15%之间，收入增长率稳定在8.30%左右。在2011~2013这三年里，指标尽管也有小的波动，但是幅度远远小于2010年。此外，2014年的各项指标比以往年度均有所下降，尤其是营业收入增长率从2013年的8.30%下降到2014年的2.65%，净利润增长率也从2013年的27.31%下降至2014年的20.55%。

4.2.3 研究结论

基于对B公司应收账款周转率、存货周转率、净利润增长率和收入增长率的分析，我们认为B公司高频率的股权激励并没有达到其预期的效果。仅在首次股权激励后的第一年产生明显效果，而其后各期激励的效果却并不明显。此外，B公司尝试引入限制性股票这一新的激励方式也尚未取得良好收益。

因此，我们认为上市公司在股权激励时，应当结合其自身特点，考虑激励频率所带来的影响。适当频率的股权激励不仅能达到企业预期的效果，还能避免出现激励边际效用递减的可能性。此外，公司在探索使用新的激励方式时，需要结合实际情况及时分析判断，及时做出调整，以免产生不良效果。

4.3 依赖财务指标的股权激励计划研究

本课题以C公司股权激励为例，针对其连续三次实施的以财务指标为主要手段的股权激励进行研究，探索该类企业的股权激励试试效果。

4.3.1 案例背景

2010年，C股份有限公司成功上市，在此后的3年时间里，分别颁布了3次股票期权激励计划。该公司行权条件主要依赖两个指标，一是净利润增长率，二是加权平均净资产收益率。而以第二次股权激励为例，行权条件中净利润指标以2011年为基数，在已知2011年净利润及净利润指标的情况下，可以换算出行权条件中2012～2014年净利润指标的环比增长率应达到200%、53%、30%。但如前文所述，该行业2013年、2014年的平均净利润增长率仅为2.35%、－34.54%。而在2014年，行业净利润呈现负增长的情况下，该公司自身在2014年净利润增长率却高达51.6%而达到了行权要求。

4.3.2 案例分析

该年该公司净利润的正向增长似乎与应收账款有着某种联系。由数据显示，应收账款占流动资产比重虽然没有持续增长，但在2012～2014年中，比重从8%增加至26%，甚至应收账款的绝对额在2014年也达到了177034万元，增幅较前几年尤为明显。除此之外，数据显示，该公司应收账款周转率从2011年的17.29大幅度减小至2014年的4.73，每年减小的幅度非常明显，也就是说从2011年开始，该公司扩大了赊销范围，进而增加了营业收入。

4.3.3 研究结论

基于对该公司应收账款相关指标的分析，我们认为该公司迫于过高的行权指标压力，存在为达到解锁条件而有意扩大赊销范围的可能性，虽然也不排除该公司开拓市场增加销售等因素。也就是说，该公司经营成果可能并不代表其真实的盈利能力，投资者对于其发展前景的预测会大打折扣。而盲目增加应收账款还会增加公司的风险，进而影响企业健康发展，这显然与股权激励计划的初衷相违背。

因此，我们建议上市公司制定的股权激励计划行权条件应减少对财务指标的依赖，且财务指标最好以行业均值为标杆，结合企业自身的发展趋势来确定，避免经营者盲目追求业绩。此外，上市公司应当根据自身经营特点适当引入非财务指标，从而实现对公司更全面的考核。

5. 研究创新点

本课题的研究创新点主要表现在以下几方面。

（1）具体从股权激励方式、行权条件、频率等方面积极探索，了解其现状并对其带来的激励效果进行具体分析。研究方向细小深入，从而得出相应的结论和建议。

（2）在研究方面列举出相应的实例，并对举例公司做匿名处理。通过分析严格精确的财务数据得出结论，用事实说话，力求有凭有据。

（3）在研究过程中，调查了我国多个行业股权激励的方案及其效果，其中涉及医疗、科技、电器等领域。从大量的数据中寻找不寻常的案例。前期的大量而深入的铺垫工作使我国股权激励的现状更加清晰，为本课题的结论得到更多的例证。

6. 存在的问题和发展方向

6.1 存在的问题

由于研究时间相对较短和资源的相对有限，本课题只是对股权激励的几个简单方面进行探索，还有大量的问题等待我们去发现和解决。给出的结论和建议也相对单薄，欠缺更多有实务价值的建议。而且，本课题所研究的股权激励都是在中国上市的股份有限公司，未来我们还可以将发展方向扩大，探索其他国家对股权激励的运用。

6.2 发展方向

未来我国的股份有限公司会更加频繁多样的运用股权激励方式进行激励，运用中应结合自身特点建立符合自身发展的策略。虽然股票期权目前运用广泛，但不能忽略限制性股票未来广阔的发展空间。今后，可结合现实情况和发展趋势将股权激励研究得更加透彻和细致入微。

参考文献

[1] 林大庞，苏冬蔚．股权激励与公司业绩—基于盈余管理视角的新研究．金融研究，2011（11）：162－177

[2] 胡国强，彭家生．股权激励与财务重述—基于中国A股上市公司的经验研究．财经科学，2009（11）：39－46

[3] 阎达五，王建英．上市公司利润操纵行为的财务指标特征研究．财务与会计，2001（10）：21－24

[4] 吕长江，郑慧莲，严明珠，徐静静．上市公司股权激励制度设计：是激励还是福利．管理世界．2009（9）133－149

[5] 李曜．股票期权与限制性股票股权激励方式的比较研究．经济管理，2008（23－24）：11－18

[6] 邓毅，马颖．薪酬的边际激励效用递减规律和薪酬制度创新．经济经纬，2003（3）：40－42

[7] 刘广生，马悦．中国上市公司实施股权激励的效果．中国软科学，2013（7）：110－121

[8] 梁雯雯，朱文莉．限制性股票与股票期权的比较分析．中国集体经济，2009（12）（上）：89－90

基于公共价值的政府绩效审计指标体系研究的研究报告

北方工业大学：张晨　白蒙蒙　李碧馨　康雅淑　池晓娟
指导教师：程晋烽 讲师

［**摘　要**］我国政府目前强调加强社会建设，建立健全基本公共服务体系，加强社会管理能力建设，创新社会管理机制。这和西方国家强调的公共价值创造有相通之处。而公共价值作为政府产生的一种特殊绩效，在进行政府绩效评估时可以以公共价值评估为基础进行研究。

［**关键词**］公共价值；政府绩效；平衡计分卡

1. 公共价值与政府绩效

1.1　政府与公共价值关系

美国的总统里根说过：政府并不是解决问题的方法，政府本身就是问题所在。政府的问题最重要的是明确自身存在的价值，确定自己的角色。政府存在的理由在于为社会公众提供永续的服务，其服务的目标则在于创造公共价值。政府运用公共资源以满足公共需求和对社会产生实际利益的过程中，由于环境和公共需求的变动不居，产出的公共价值是否符合民众的需要，将会影响其政策的正当性，所以政府部门在政策规划及管理战略上应保有公共价值的愿景。

1.2　政府绩效评估工具——公共价值评估

目前，我国政府正积极从管制型政府向服务型政府转变，这是运用市场机制和社会力量为社会公众提供公共服务、创造公共价值，并体现其自身公共性的一种政府模式安排。而公共价值绩效评估作为政府治理工具，体现了现代治理内涵和民主行政的趋势。服务型政府与公共价值绩效评估两者存在着共同的理论意蕴和价值追求。公共价值绩效评估体系是一个体多元、指标合理、标准适当、方法科学的有机体系，其各个要素要体现了服务型政府的价值取向和体制秉性，在各方面能区别于传统管制型政府模式下的效率评估和责任考核，整个体系必须以增进公共利益、提高公众满意度为根本目标选择。

2. 公共价值研究方向

2.1 公共价值研究现状

在近些年，对于公共价值的研究快速增长，公共价值和其概念的发展以及相关的发表文献陆续产生，根据这些文献，一些关键领域的分歧开始被研究和探讨，这牵连到未来的研究和实践（见表2.1）。

表2.1　公共价值文献研究方向统计

研究方向	数量
理论	32
一般规范性应用	9
特定规范性应用	20
分析框架方向（PV）	8
研究	4

表2.1可以看出，公共价值的研究是多元化的，其中理论方向的研究是数量最多的，这说明根据广泛的审查范围发现定性和定量数据方面都有相关的缺陷，不能就一个方面给予人们很好的解释，因此相关人员决定采用叙事的方式，这有利于纳入更广泛的文献类型中。

2.2 公共价值研究路径

通过对相关文献进行总结分类，针对不同的理念进行梳理，找出公共价值研究的三条路径，对于每条研究路径进行分析谈论。

2.2.1 PV与PVs研究路径

自从公共价值的概念被提出之后，公共价值的概念在学术上和实践中日益受到大家的认可，但是对于公共价值的定义一直没有一个明确的界定。根据现有文献中对于公共价值的词义分析可以分为结果主导公共价值（PV）和共识主导公共价值（PVs）。这是公共价值研究的两个不同路径，相关研究人员的关注焦点也有所不同。

2.2.2　生成与制度视角路径研究

第二条路径我们基于对公共价值定义的分析，从研究路径视角出发进行讨论。在标准条件下，Moore 的作品可以被提炼成一系列的命题，包括以下内容：①政府资助机构（以及其中的个人）应该明白，阐明并不断检讨其公共价值目标；②战略规划和管理实践应朝向产生公共价值；③公共价值目标不能还原为缩小（也就是专门的货币）的利益概念。可以提炼出分析公共价值，当前转向公共价值研究的核心是关注其合法性的管理进程和输出。联系到当前不同类型的公共价值的文献，公共价值直接从公共协商的过程中生成原则寻求授权行动，这部分称为公共价值生成视角，Moore 和 Stoker 的文章体现了这种方法。这部分工作试图寻求杰出人物的价值，通过核心和衍生价值反对政府的各种机构，他们的行为以及他们和公众彼此接触的方式，称为公共价值制度视角。

2.2.3　实证与规范研究路径

通过对文献的分析研究以及对公共价值研究的探讨，公共性的实证与规范研究为第三条路径，由此得出对于公共价值的体现。"实证公共性"解释了在他们的政治和经济权威基础上的组织，而"规范的公共"旨在查明、订正或激发公众价值。这条路径研究有几个关键的基本原理将公众价值观纳入公共管理的讨论：①公共价值不仅仅是集体的私人价值；②更重要的是公共价值市场的表达缺失；③公共价值的事实或公共利益理念并不足够忽略或假设他们不能系统地研究；④政府服务有时提供的东西不容易实现操作和参与有效市场，即个人对集体利益的承诺。虽然规范公共性的工具到目前为止，主要集中在公共价值观、规范公共性的概念引出通过公共性政治和经济权力。我们的目的是开发一个更丰富、更全面的公共性理论方法，这种方法显示了规范和实证的公共性理论的联系，实现公共价值观。

2.2.4　公共价值路径研究对中国启示

关于公共价值路径研究有两个重要事实，这在我国未来公共价值的发展有着至关重要的作用。第一，不论这件事情的衡量是简单还是复杂，都在很大程度上取决于精力投入多少。事实上有许多价值在开始时十分抽象，看上去十分困难或很难测量，但最后都屈服于努力的过程并且发展了符合他们的测量方法。例如，警察认为衡量人们主观的对犯罪的恐惧感是不可能的。但是我们就如何去创造这些衡量方法，知道了哪种治安活动能够帮助公民减少这种恐惧感，这样可以更好地创造公共价值。第二，在公共价值核算体制的发展中，我们既能持有长期也能持有短期的观点。如果我们为了发展和快速使用公共价值核算而采用短期态度，我们将很可能会因为已确定的概念、度量方法以及数据库受到限制。通常这种短期核算将会带来很大的限制与偏见。如果我们采取长期态度，我们能够给予自己更多的空间去发展一个完整的公共价值系统，这种系统能够更好地表示出真正产生的公共价值，但是，这需要我国政府保持长期的耐心来等待公共价值带来有效的成果。

3. 基于政府绩效的公共价值评估框架

3.1 公共价值评估主体

在私有企业中，价值创造的结果能够通过利润进行有效的衡量。这种收支数字是一种价值的评估标准，因为消费者是价值评估主体，精确的价格作为评估的标准能够使消费者进行明确的评估活动。在公共部门，政府与私企一样，需要有一个精确的评估公共价值的标准。公民作为公共价值的评估主体，产生不同的公共价值评估维度，政府根据评估主体对公共价值的不同需求创造公共价值，只有归纳总结出不同公民的公共价值评估标准，才能够使政府明确创造公共价值的理论基础。

3.2 公共价值评估客体

通过同时将生产过程与实际产出值作为公共价值评估客体能够帮助评估主体明确评估对象，有效高效的对公共价值进行评估，并且促使政府管理者研究出新的能够完成既定目标的方法，产生更多的公共价值。

3.4 公共价值评估指标

3.4.1 通过公共价值账户模型创造指标

Mark H. Moore 以私有企业中利润表为模型，提出了公共价值账户模型。这个模型涵盖了公共价值账户体系的主要概念分类，可以为政府组织创造一个利润等价物。具体账户如表 3.1。通过公共价值账户模型可以建立一个大致的指标体系。这主要是依据账户的右侧内容。作为公共价值评估指标出发点的公共机构任务是公民期望一个特定公共机构产出的主要公共价值。公共机构任务除了包括完成公民赋予的任务，也包括完成任务过程中对成本的削减。作为纳税者的公民更会要求生产公共价值的成本降低。

表 3.1　　公共价值账户

公共价值账户	
耗用的公共资产与相关成本	产生的公共价值
财政成本	公共机构任务
公益精神	客户满意度
公共权利	正义与公平性

3.4.2 通过战略三角与平衡计分卡连接创造指标

平衡记分卡作为一项战略性的管理制度，促进公司或政府机关之战略及愿景能具体地达成目标，将原本属于管理者才能订定的战略、愿景，转化为人民可以实际感受到的公共价值衡量指标，形成共识，并与其他相关制度相配合，发挥集体力量，将之与战略相连接，运用各目标间的因果关系等，合并为组织的战略目标管理，战略行动架构具体成形，创造多赢的境地。

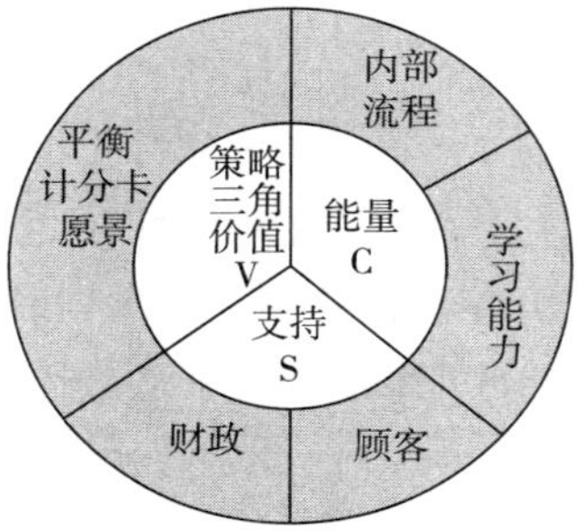

图 3.1 平衡计分卡与战略三角结合

4. 公共价值评估方法——公共价值平衡计分卡

公共价值计分卡是马克穆尔在其论著《认识公共价值》中提出的，它脱胎于平衡计分卡并在其基础上针对非营利组织和公共部门做出改进。公共价值计分卡由一个简单的三维框架组成，即价值使命、授权环境和运营能力（见表 4.1）。

表 4.1 公共价值计分卡

	战略主题	总体任务	辅助目标
价值使命	认清公共价值	公共部门或者非营利组织的社会目标，例如： 改变社会总体状况 减少犯罪 减少青少年早孕 婴儿健康状况 减少世界人口死亡率	1. 人类生活幸福指数 2. 为儿童提供免疫防护的数量 3. 对婴儿进行常规身体检查 4. 确保非洲地区麻疹疫苗接种达到一定水平
控股权环境	创造授权环境	1. 上游顾客和第三方付款者 2. 建立与资助者的双赢关系 3. 关注其他政府慈善组织、税收局、审计机构	1. 监控物质和财力资源的利用情况 2. 记录提供物质财政资源的人 3. 提高上游顾客的满意度确保他们的购买力

续表

	战略主题	总体任务	辅助目标
运营能力	提升组织计划的高效性和影响力	1. 创新的产品与服务 2. 和其他非营利组织（代理机构）的合作关系 3. 组织学习能力 4. 员工的精神面貌和能力 5. 确保财务完整性	和对组织提供帮助的组织在共享目标或者有能力方面进行衡量对比 1. 运营成本（与竞争者比较） 2. 利用衡量理想产量和理想结果的方法 3. 管理中被滥用，诈骗，浪费了的相关估计的财力数字提升标准活动中的产量

第一，价值使命，即组织努力创造的最终价值。在营利组织中，它可能是财务方面的目标，例如股东财富最大化或者提升可持续营利能力。然而对于非营利组织来说，价值通常是某些社会目标，例如提升人们的生活幸福指数或者改善社会总体情况，这不是简单的财务目标，它们必须被当作明确且重要的社会目标来完成。

第二个关键点就是授权环境——上游顾客或者第三方付款人。不同于营利组织强调下游客户——普通的订货客户，也就是我们传统意义上理解的消费者，非营利组织更看重上游顾客，即提供原材料和零部件的供应商，作为非营利组织的主要经济和资料来源，这些供应商直接影响了组织的生产能力，因此他们的重要性不可忽视。

第三点集中在运营能力上，即组织通过内部人力资源和生产资源的配置组合而创造价值的能力，组织应该利用最少的资源，在最短的时间内创造出尽可能多的产品。非营利组织经常需要从其他组织中获得帮助，他们几乎不能独立取得社会成果，所以必须找到提升计划高效性和影响力的改进方法。

穆尔认为政府在社会中的角色不应该仅仅是规则制定者、服务提供者、社会安全网络构建者，更应该是公共价值的创造者，包括政治、社会和经济在内的公共范围内的塑造者。随着市场经济的稳健发展、行政体制改革深化、政府职能的转变、国际竞争加剧以及公民民主意识和参与意识增强，公众对公共部门的管理提出了更高要求，对公共部门回应公众服务需求的呼声高涨，我国政府管理者迫切需要树立公共管理思想并采取全面高效的绩效衡量方法。作为一个较为完善的战略执行系统，公共价值计分卡将公共价值实现作为核心，为政府行动提供授权的合法性支持，充分发挥公共部门的运营能力，为其未来的战略执行和公共服务的改进提供了指导，帮助政府更好地完成治理工作。

5. 提高公共价值绩效

5.1 强调“以人为本”的理念

公共价值的确定和创造过程是一个政府、集体组织与公民进行协商并与利益相关者合作的过程，这一过程将打开政府和其他治理主体沟通协作的管道。战略三角模型中的“合法性和支持”基于“以人为本”的理念，同时战略三角中三个层面相互的联系则为这一理念在中国的具体实施提供了借鉴。

5.2 协调成本与效率之间的关系

在公共社会中，绩效成果就是指成本变化引起效益变化的程度。当成本上升时，绩效也会随之上涨，但产生的边际效益即效率一定是逐渐减少的。一个约定俗称的政策：为了取得更大的效益，应该牺牲一些效率。成本与效益之间呈正相关，因此效益与成本之间呈负相关。当政府的某个项目的效率增加时，成本是下降的趋势。当效益增长时，人们往往会有没必要在该领域花费如此之多资金的感觉，如果遵纪守法的情况大为改观的话，就没有必要在打击罪犯领域投入较大的成本。如果某一项目的效益呈降低趋势，那么支出则可能下降。

5.3 公共价值实用主义

以“公共价值实用主义”为基础，看重问题的本质、背景及可得的技术和资源对于策略选择的重要性。一方面，在公共行政中积极引入治理创新机制，摒弃传统官僚制的束缚和新公共管理对于效率的过分强调，以创造公共价值为目的，整合创新元素，为建设创新型政府提供理论依据。另一方面，从资源有效配置和提高行政效率的视角，以公共价值为基础推动行政体制改革和政府职能转变，逐渐向社会和市场放权，从而形成多元主体共同创造公共价值的机制。

参考文献

[1] MOORE M H . Recognizing Public Value: Developing a Public Value Account and a Public Value Scorecard [M] . Harvard University Press, 2003, 3

[2] MOORE M. Creating Public Value: Strategic Management in Government [M] . Cambridge, MA: Harvard University Press, 1995

[3] Mark H. Moore, Hauser Center for Nonprofit Organizations Kennedy School of Government “Public Value Accounting: Establishing a Philosophical Basis.” Center for Integrative Leadership, July, 2012: p2-p33

[4] 曹俊德．三圈理论的核心思想及决策方案论意义．国家行政学院学报，2010.
[5] 马克穆尔．创造公共价值：政府战略管理（英文版）．北京：清华大学出版社，2003. 52. 1-402
[6] 董礼胜，王少泉．穆尔的公共价值管理理论述评．青海社会科学，2014，(3)：19-26
[7] 尹文嘉．公共价值管理：西方公共管理发展的新动向．天府新论，2009（6）．91-92
[8] 张梦茜．公共价值视角下服务型政府建设的路径选择研究．发展，2013（12）
[9] 王学军，张弘．公共价值的研究路径与前沿问题．公共管理学报，2013（02)：126-147
[10] 娄兆锋，曹冬英．公共价值管理理论与第三条道路理论相关性研究．山东行政学院学报，2015（01)：30-34

北京地区高新技术企业发展问题研究的研究报告

北方工业大学：丁蔷　杨玥　任姝雅　金梦琳　陶亦康

指导教师：郭兰英 副教授

［**摘　要**］本课题在了解国家对高新技术研发的目标规划和给予各种扶持的基础上，对北京地区各类高新技术企业在运用有关政策、发挥地区优势和人才优势，形成上市公司，对当地经济发展的贡献，进一步发展的战略及解决发展过程中存在的问题进行了比较系统的研究。

［**关键词**］高新技术企业；发展；战略

1. 北京地区高新技术企业发展现状

1.1　高新技术企业的地位

根据2008年国家颁布的《高新技术企业认定管理办法》的规定，高新技术企业是指在国家颁布的《国家重点支持的高新技术领域》范围内，持续进行研究开发与技术成果转化，形成企业核心自主知识产权，并以此为基础开展经营活动的企业，是知识密集、技术密集的经济实体。高新技术的应用领域较为广泛，主要涉及电子信息技术、生物与新医药技术、航空航天技术、新材料技术、高技术服务业、新能源及节能技术、资源与环境技术等新技术领域。

高新技术已经成为我国经济发展主要的增长点，党的十八大明确提出要推进高新技术产业化，深化科技体制改革，推动科技和经济紧密结合，加快建设国家创新体系，高新技术企业对国民经济增长的作用越来越大。

1988年5月经国务院批准，北京建立了我国第一家新技术开发试验区——中关村科技园区的前身。经过近30年的发展建设，在中关村科技园区已经聚集以联想、百度为代表的高新技术企业近2万家，形成了下一代互联网、移动互联网和新一代移动通信、卫星应用、生物和健康、节能环保、轨道交通等六大优势产业集群，集成电路、新材料、高端装备与通用航空、新能源和新能源汽车等四大潜力产业集群和高端发展的现代服务业，成为首都跨行政区的高端产业功能区。

据北京市科学技术委员会官网公布的数据，截至2015年3月底，北京市经认定的高新技术企业已有10404家，占全国高新技术企业数量达20%，技术先进型服务企业76家，获得2014~2016年国家高新技术企业证书的1641家。北京辖区上市公司共244家，其中主板公司132家，中小板公司42家，创业板公司70家。列入2014年国家火炬计划重点的上市高新技术企业98家，其中北京地区占据了50多家。在近期的资料中显示，在最近等待上市的1000多家企业中有近700家都是北京的高新技术企业。从这些数据可以看到作为“科技北京”标志的北京高新技术企业，从数量、规模和质量等方面均在全国居于领先地位。

1.2 行业分布广

从北京地区高新技术企业上市的行业分布看，分布在生物医学、先进制造、新材料、现代农业、环境与资源、新能源与高效节能、电子信息等不同的领域。其中生物医学占23%、电子信息占21%、先进制造占16%、现代农业占15%、新材料占10%、新能源与高效节能10%、环境与资源占5%。从以上分布数据可以看出，在电子信息、生物医学、先进制造和现代农业这四个与人们生活息息相关的高新技术企业分布较多，而环境资源、新材料、新能源与高效节能等领域的高新技术企业分布较少。

1.3 中小型高新技术企业发展的优势

北京作为我国重要的科技创新中心，依托其政治、文化、地理和人才等方面的优势，在中小型高新技术企业发展方面具有独特的优势，地方政府也在发展新兴产业，特别是中小型高新技术企业的发展方面给予了强有力的政策扶持，对中小型高新技术企业给予了特殊的优惠政策。

（1）多项惠利政策出台。在“十二五”时期，北京市进一步加强对中小企业的引导和支持，并出台《中华人民共和国中小企业促进法》，为北京市中小企业的发展提供了法律保障，在支持和引导非公经济、发展创业投资引导基金等方面出台了相关政策。

（2）投融资渠道进一步拓宽。北京市率先在全国建立中小企业创业投资引导基金，设立了市级中小企业再担保公司，惠及近12000多家中小企业和农户，财政资金也逐步扩大。新三板试点优先股将为挂牌企业提供又一融资方式。一方面，政府鼓励金融机构对中小企业在财政上提供帮助，推动银行、信用担保社、小额贷款公司的设立，使中小企业投融资服务平台覆盖全市。另一方面，积极建立企业信用信息体系，同时发行中小企业集合债券、票据、信托。

（3）专业化社会服务体系进一步完善。目前北京市包括16个区县均已建立了中小企业服务中心，认定了100多家中小企业技术中心，国家重点实验室、科学技术研发中心达到100多家，最大程度上支持着中小企业创新能力的建设。包括北京市中小企业网在内的多个门户网站，形成了覆盖全市的中小企业网络。此外，专业化的培训队伍和顾问团队致力于为中小企业提供培训和咨询服务。

1.4 政府对高新技术企业的扶持不均衡

国家大力推动高新技术产业发展，对上市高新技术企业融资有一系列的扶持政策，使得上市高新技术企业在并不缺少资金的情形下，仍然获得大额的专项资金扶持。例如，北京久其软件股份有限公司2012～2014年度，确认政府补贴收入382万元、335万元和85万元，北京北纬通信科技股份有限公司2012～2014年度，确认补贴收入133万元、188万元和614万元，而民营北京绵世集团投资股份有限公司这项指标3年均为零。大多数民营的高新技术企业规模小、资金少、技术力量薄弱，加之存在严重的信息不对称等问题，使得这些民营高新技术企业融资困难，存在一定的融资缺口，导致了新技术、新产品开发研究缓慢，科技成果产业化低。

1.5 企业收款难，资金拖欠问题严重

这一问题是所有企业目前面临的最大发展障碍。资金的拖欠严重影响了企业的资金周转，妨碍了企业的正常发展。特别是民营中小型高新技术企业，在自身发展所需要的资金欠缺、难以融资的环境下，只能通过企业自身的利润积累滚动发展。如果资金不能很快回笼，就会严重影响中小型高新技术企业的资本积累和再投入，不能很快地将最新科研成果转化为产业，贻误时机，增加了企业的风险，甚至使部分新生的中小型科技企业难以生存。

1.6 内部管理机制不完善，员工流动性大

无论是经营者还是企业职工，对企业稳定地进行生产经营活动都至关重要。大企业持续正常的运作往往依靠完善的制度，而中小企业往往对个体力量的依赖性更大，企业的发展更多地依靠每个人的能动性，缺乏系统、完善的管理制度体系和完整的人力资源管理体系，不利于中小企业有针对性、有计划地引进人才。产品的市场营销能力欠缺，高新技术产品不能成功推向市场，企业发展举步维艰；中小型高新技术企业由于资金匮乏、内部管理机制不完善，致使员工流动性大，其发展受到了很大程度的制约。

1.7 融资利用率较低

目前大多数上市公司偏好股权融资，但这种融资偏好并不符合上市公司股东利益最大化的要求，加之滥用资本的行为及因此造成的资本使用效率低下，影响到上市公司的盈利水平，从而影响公众投资的回报。

虽然国家大力推动高新技术产业发展，但大多数高新技术企业规模小、资金少、技术力量薄弱，加之我国的资本市场不发达，存在严重的信息不对称等问题，使得我国高新技术企业融资困难，存在着较为严重的融资缺口，导致了新产品开发缓慢，研究停滞，科技成果产业化低。

2. 北京地区高新技术企业发展战略

通过对北京地区高新技术企业发展战略的现状分析，本次研究着重关注了高新技术企业的应对措施，比较系统地探求企业快速健康发展的策略。

2.1 改善融资环境，完善相关政策

一是应加大政府对高新技术企业研究和开发资金投入的力度，积极鼓励高新技术产业的发展；二是金融机构对高新技术企业的贷款，政府可以给予相应的贴息支持，减少金融机构的风险；三是制定产业、税收和金融优惠政策，鼓励风险投资对高新技术企业的资金投入，制定风险投资基金法，对风险投资进行宏观控制与引导，规范与监管；四是政府应加大监管力度，约束上市公司不当的融资行为，建立约束机制和激励机制，为高新技术企业融资创造良好的环境。

2.2 完善融资体系

深入推进“数字园区”“一站式服务”“联合治理”“随需服务”等服务创新，通过设立创新基金、实施专利和标准战略、保护知识产权等系列活动，营造企业创新的良好环境。同时，通过开放实验室、建设科技租赁平台、组建产业联盟、技术联盟等形式，探索以企业为主体、市场为导向、产学研互动的多元创新模式，区域创新逐步向网络化、集群化方向发展，形成一个完整的体系，开拓市场。

2.3 完善公司治理结构，加强企业自身管理

上市公司应选择合理的融资渠道以适应公司的长期发展，避免由于股权融资的过度偏好影响公司的经营业绩和持续盈利能力；应根据企业自身特点、经营战略，

合理选择融资手段，实现企业长期、健康地发展。例如，在股权筹资的同时，积极探索众筹融资的新路子，能在一定程度上突破我国场外市场发展的瓶颈，拓宽企业的融资渠道，缩短融资时间，减少中介费用。同时要不断提高自身实力，从风险投资、创业板市场、信用担保体系和银行机构等方面不断改善金融环境，从根本上解决高新技术企业的融资问题。

2.4 加强中小企业培训和社会服务力度

根据中小企业的发展需求，政府、社会和企业应共同设立培训机制，可通过大量案例、数据库来进行中小企业管理研究，从而提供人力资源、财务管理、市场营销等方面的培训和专业性知识咨询服务。为吸纳更多专业人才，中小企业和高校间可建立灵活的人才培训合作机制，充分利用各种教育资源，培养中小企业发展所需的中高级管理人才。此外，政府应搭建社会化服务平台，通过行业协会、商会的电子报刊和每月定期举办的“管理沙龙”，以及和其他社会机构合办的培训班等，向广大中小企业传递最新的管理信息，传授专业知识，提高人才专业技能。

2.5 高新技术企业人才政策

（1）北京行政区域内的高等学校、科研机构的应届毕业生受聘于中关村科技园区内的高新技术企业，可以直接办理本市常住户口。

（2）凡经北京市《来京投资企业及其高级管理人员认定办法》认定的来京投资企业高级管理人员，企业可以为其申请一次性购房专项奖励；购房专项奖励标准为来京投资企业高级管理人员本人购房时间上一年度缴纳个人所得税数额地方留成部分的80%。

（3）来京投资企业的高级管理人员的子女在京参加高考可与北京籍考生同等对待；来京投资企业职工及子女可参加北京市普通高中毕业会考；来京投资企业申请其在京职工子女入本市中小学借读，由区县教育行政主管部门按照有关规定就近安排。

（4）市财政预算中安排专项资金，用于软件企业高级管理人员和技术人员兴办高新技术企业或增加本企业资本金投入以及个人第一次购买住房、轿车的资金补助，补助标准不超过个人上年已纳个人所得税的80%。

（5）对改制和境内外上市的中关村高新技术企业分别一次性给予20万元、50万元和200万元的资金补贴。

2.6 强化成本管理和知识管理意识

在增强传统激励机制的基础上，应强化知识激励机制在人才管理中的作用，提高人才管理水平；在社会层面上，建立起中小型高新技术企业之间的合作机制，细化企业分工，实现优势互补；在企业内部通过优化资源配置、提高资源利用率和强化内部协作，降低运作成本、提高企业竞争力；通过构建知识战略，促进知识共享和重视知识激励建立和健全知识管理体系，提高知识对企业发展的贡献。

参考文献

[1] 赵玉林．高技术产业经济学．北京：中国经济出版社，2004

[2] 焦珊．我国企业研发的障碍因素及对策分析．科技管理研究，2010，6：18-19

[3] 李红．德国发展高技术产业的经验及启示．安徽科技，2011，4：41-42

[4] 钱爱民，周子元．经营性资产质量评价的指标体系与检验．管理观察，2009，10：50-52

[5] 李伟铭，黎春燕．高技术产业发展与政策研究．北京：科学出版社，2011

[6] 景威铭，北京高新技术企业发展现状浅析．城市经济，2013，28：91

[7] 张正华，王宇．云南省高新技术企业上市的现状与企业发展研究．云南财贸学院财报，2005，3：45-47

[8] 姚利辉，曹立新，刘桂．我国上市公司融资偏好探析．湖南科技大学学报（社会科学版），2010，6：90-93

[9] 高威威．我国上市公司股权融资偏好的成因及效应分析．中国集体经济，2008，16：103-104

[10] 李雪静．众筹融资模式的发展探析．上海金融学院学报，2013，6：73-75

[11] 柏亮．众筹服务行业白皮书（2014）．北京：中国经济出版社，2014

营业税改征增值税对试点企业的影响研究

北方工业大学：李慧滢　马君冉　王碧玉　魏小玉
指导教师：李宜 讲师

[**摘　要**] 自2015年年初起，项目组成员就“营改增”给当下社会各行业创造的机遇以及各类问题进行讨论，分析“营改增”后对不同行业的不同影响，以及这些影响产生的原因，并对造成的不利影响提出解决方案等，为今后全行业实施“营改增”提供一定的参考。

[**关键词**] 营业税改征增值税；试点企业；影响研究

自2012年1月1日起，国家首先在上海交通运输业和部分现代服务业开始营业税改征增值税试点，2015年“营改增”扩围到建筑业。作为我国税制的一次重大改革，新行业进入增值税试点，既有积极的意义，同时又伴随着或多或少的一些问题。

1. “营改增”政策的背景

增值税（Value-added tax）是以商品（含应税劳务）在流转过程中产生的增值额作为计税依据而征收的一种流转税。从计税原理上说，增值税是对商品生产、流通、劳务服务中多个环节的新增价值或商品的附加值征收的一种流转税。实行价外税，也就是由消费者负担，有增值才征税没增值不征税。增值税制度起源于1918年德国的隆西蒙斯和美国的亚当斯的学说，但其真正受到欧洲各国政府广泛的重视是在20世纪60年代初。1954年法国首次确立并开征增值税，由于增值税征税范围广泛，计税合理，能显著增加财政收入，很快流行世界各国。我国于1979年开始选择了部分城市对农业机具、机械等行业进行增值税的试点，到1983年，在全国的国营和集体工业企业中试行。1984年改革税制，把增值税从原来的工商税分离出来，独立设置税种，并逐步扩大征收范围，增值税在我国正式建立增值税制度，经过近10年的完善，1993年12月13日国务院颁布《中华人民共和国增值税暂行条例》，构建起生产型增值税体系，是我国第一大税。

营业税（Business tax）是国家对工商营利事业按营业额征收的税，是对在中国境内提供应税劳务、转让无形资产或销售不动产的单位和个人，就其所取得的营业额征收。营业税属于流转税制中的一个主要税种。营业税起源甚早，如中国明代的门摊、课铁，清代的铺间房税等税，皆属营业税性质，尚未命名营业税。欧洲中世纪政府对营业商户每年征收一定金额才准予营业，称为许可金。后因许可金不论营业商户营业规模之大小均无区别，负担不均，1791 年法国始改许可金为营业税，以税其营业额大小征收。其后，各国相继仿效。1931 年，中国国民党政府制定营业税法，开征此税。新中国成立后，废止旧的营业税，于 1950 年公布《工商业税暂行条例》。其中规定，凡在中国境内的工商营利事业，均应按营业额于营业行为所在地缴纳营业税。1958 ~ 1984 年，营业税不作为独立税种，而在试行的工商统一税及后来试行的工商税中设置若干税目征收。1984 年恢复征收营业税。1993 年 12 月 13 日国务院发布《中华人民共和国营业税暂行条款》，自 1994 年 1 月 1 日起施行。

1994 年起，我国为促进经济发展和财政收入发挥了重要的作用，将增值税和营业税这两种最为重要的流转税税种实施分立并行。我国增值税的税基主要是第二产业中的工业和第三产业中的批发零售业的增加值，营业税的税基是第二产业中的建筑业和第三产业中除批发零售业外的其他行业的流转额。因此，在我国，增值税和营业税的收入水平以及两者相对比重的变化都和我国的产业结构有着直接的关系。然而，随着市场经济的建立和发展，这种存在内在不合理性和缺陷的做法，对经济运行造成扭曲，不利于经济结构优化。

2. “营改增”对不同行业的影响

“营改增”对各行各业产生多种机遇和挑战。这些机遇既有相似之处，有存在大小不一的异处。下面，我们分别进行讨论。

2.1 “营改增”对建筑施工企业的影响

对建筑施工企业而言，“营改增”既减少了各环节的重复纳税又提高企业利润率。实施营改增之前，企业购买原材料的过程中事先包含了增值税，但是这些原材料却不能够以进项税额的形式进行抵扣，并且要在有关工程结束之后，企业再次对这些原材料缴纳营业税，由此造成了重复纳税。实施营改增之后，建筑施工企业购买的原材料等均可以以进项税额的形式进行抵扣，使重复纳税的问题得以解决，促进了建筑施工行业的加快发展。另外，营改增之后，企业的原材料、固定资产的成本为不含税价格，在减低企业营业成本之后，使建筑施工企业的利润率提高。然而，

“营改增”也带来了主要两点问题。限制纳税地点以及时间以及造成企业流动资金趋紧。因此，我们通过讨论研究提出做好纳税筹划，健全发票管理机制等建议来缓解带来的危机。

2.2 “营改增”对邮政业的影响

对邮政业而言，“营改增”主要带来了这几个问题：部分邮政企业税负不降反升，会计人员工作难度加大，中小规模邮政企业存在政策劣势。邮政业的业务特点使得增值税进项税额发票难以获取，同时，一般约占邮政企业总成本40%的人工成本不含在可抵扣的进项税额中，大量无法抵扣的进项税额使得部分邮政企业应纳税额上升、税负提高。增值税的会计处理相对于营业税较为复杂，实施“营改增”会增加缺乏处理缴纳增值税业务经验的会计人员工作难度。中小规模邮政企业存在政策带来的竞争劣势：只能享受增值税免税政策，不能享受增值税零税率。但若降低人工成本，重视增值税专用发票的获取，加强对会计人员的培训并专设负责国际快递业务的运输公司，可以在一定程度上解决“营改增”给邮政业带来的问题。

2.3 “营改增”对交通运输业的影响

对交通运输业而言，“营改增”主要存在四个方面影响。首先，实行“营改增”以前，营业税的计税依据为营业税应税劳务营业额，再根据营业税应税劳务额使用的税率，计算营业税。而实行“营改增”后，增值税的计税依据为生产经营活动中产生的全部增值额。“营改增”后，增值税的税负不仅与销项税额有关，还与购买商品时所缴纳的进项税额有关。对于交通运输业来说，只有外购劳务成本、外购机器设备价款和燃料费等的进项税额是可以抵扣的，像职工薪酬、保险费、路桥费的进项税额是不可以抵扣的。所以，对于交通运输业来说，“营改增”的计税依据改变，会使交通运输业负税增加。其次，实施“营改增”后，交通运输业的一般纳税人，以前根据含税收入的3%缴纳营业税，变更为根据不含税收入的11%缴纳增值税，可以享受抵扣政策。而对于小规模纳税人来说，以前根据含税收入的3%缴纳营业税，变更为按不含税收入的3%缴纳增值税，不可以享受抵扣政策。对于交通运输企业来说，可以抵扣的进项税额占营业收入的比重较小，所以负税率是有所上升的。再次，在实行“营改增”政策前，利润表中的营业收入是包括营业税的，而“营改增”后利润表中的营业收入为不含税收入。交通运输企业实行“营改增”后的实际情况是，其承担的税负反而增加，导致企业利润随之降低。最后，营改增后交通运输业一般纳税人购买交通运输工具可以享受进项税额全额抵扣的优惠，在一定程度上推动了交通运输企业购买运输工具的计划，从而扩大公司规模，加快企业发展。而小规模纳税人尚不可以享受进项税额全额抵扣的优惠，但也可以通过达到一般纳税人要求进而享受到全额抵扣的优惠。

2.4 “营改增”对电信企业的影响

营业税改征增值税前，电信企业征收营业税的计税依据为营业收入，税改后，由价内税转变为价外税，计税依据为不含税营业收入，运营商基本不可能通过提高收费标准增加收入。因此，增值税的价税分离会导致电信企业营业收入下降。另外，“营改增”在一定程度上会降低电信企业的成本。由于电信企业成本费用中折旧摊销所占比率很高，而税改之前购进的设备不能抵扣进项税，意味着税负增加利润减少。因此成本费用下降程度小于收入下降程度，企业整体会税负提高利润下降。

税改之后，有效地解决了服务类业营业税的重复征税问题，一定程度上减轻会企业的税收负担。另外，营改增后，打通了交通运输业上下游的税收抵扣链条，减少重复征税，为交通运输业提供了一个更加公平的税收环境，促进产业结构的转型升级，淘汰落后产能，突破创新业务模式，实现可持续发展。然后，税改后，咨询见证类行业由5%的营业税税率转变为6%的增值税税率，这一税率转变可以视作一个比较高的税率增长，改善税收环境完善税收政策。最后，税改后，有形动产租赁行业的税率由5%上升到了17%，从税率变化来看，税收有了极大的提高，但由于此行业的特殊性，一般纳税人在融资租赁时增值税中有3%的部分实行即征即退的政策因此，减轻了有形动产租赁公司的一部分税负。

“营改增”对各行各业的影响不同，既有好处也有坏处。我们要客观分析对于不同行业的具体影响，不能一概而论。从全行业来讲，“营改增”虽然会造成一些企业因无法获得进项税额发票，而不能抵扣销项税额的情况，但是“营改增”确实是一项减税措施。

3. “营改增”仍然存在的问题

“营改增”后进项税额抵扣仍存在需要解决的问题。其一，在“营改增”的条件下，进项税额抵扣不充分、不真实。我国虽然逐渐增加“营改增”试点地区，但目前为止试点实施还是只涉及了9个省市和3个计划单列市的交通运输业和部分现代服务业。没有在全国范围和所有行业中普遍实行，这就造成试点地区的企业如果在非试点地区进行购进和支出，以及试点地区的非税改项目的购进支出，就无法进行进项税额抵扣，这些情况在企业正常的生产经营中十分普遍，最终导致企业的这种外购支出等产生的进项税额抵扣不够完整和真实。其二，试点企业抵扣链条断裂。由于受到多种因素的影响，企业符合抵扣条件的购进支出不是都可以获得增值税专用发票的，这样就会造成抵扣链条的断裂，最终增加企业的税负情况。经过大量调查，参考文献实例，我们提出几个解决方案。第一，建立与完善财政补偿机制，这对增进企业税负公平、提高试点企业积极性能发挥重要作用。第二，解决企业取得增值税专用发票难的问题，对于难以取得增值税专用发票的普遍原因，政府和财税部门应着力解决，如出具专门文件指导小规模纳税企业进行进项税额抵扣，只有这样，才能使企业的进项税额得到真实，充分的抵扣。第三，适时扩围“营改增”试点，在条件成熟的时候，建议逐渐扩大“营改增”改革范围到其他地区以及其他行业，最终实现全国范围内的全行业“营改增”转型。

本项目针对目前“营改增”实施现状，从三个方面提出相应的建议：第一，加强员工规范纳税的意识，从企业的内部开始调整，由增强取得可抵扣增值税票据的意识，进而实现税负减少的初衷；第二，促进行业业劳务专业化发展，不仅可以节约人力成本，还可以对进项税额进行抵扣；第三，加强企业财务人员的专业教育，使财务人员能更好地处理税改后的各项财税工作。这些建议都是为了可以更好地发挥“营改增”的减税初衷，并促进行业规模化发展。

综上，本项目调研了营改增政策的试点背景及相关政策规定；借助分析认识营业税改征增值税的重大意义；通过资料调研、数据统计等完成营改增对行业发展的综合分析，完成具体税改试点行业——建筑施工企业、交通运输业、邮政业等的问题及影响研究，完成营改增后一些具体问题如进项税额抵扣等的探讨；就税改企业要做好的应对工作、营改增政策及配套措施的完善提出相关建议和意见。

关于我国内部控制信息披露质量的研究报告

北方工业大学：魏阳彬　马怡君　西然　范文达

指导教师：刘桂春 讲师

［摘　要］本课题以我国深市上市公司在强制披露下内控信息披露质量的变化为研究对象，以上市公司年度审计报告以及内控审计报告为基础，从深市主板、中小企业版和创业板企业等三个角度对内控信息披露的情况进行了具体的分析，建议从提高管理者对于内控信息披露的认识、加大对内控信息披露的监管力度等方面来改善我国内部控制信息披露的现状。

［关键词］上市公司；内部控制；信息披露；审计意见

1. 选题背景

2001 年底，美国爆发了对整个会计行业造成巨大影响的"安然事件"。自该事件曝光以来，美国又相继爆出环球通信、世界通信、施乐、默克制药等国际性大型上市公司的会计造假丑闻，并且有愈演愈烈之势。安然事件发生后，为提高会计信息质量，加强对公司的监管，美国国会出台了由总统签署的《2002 年公众公司会计改革和投资者保护法案》，该法案强调了对于内部控制的监管，包括注册会计师对于内部控制缺陷的披露发表审计意见。而在我国，随着 2008 年《企业内部控制基本规范》的正式颁布以及 2010 年企业内部控制配套指引的推出，上市公司如何结合自身情况实施内部控制规范及其配套指引成了一项重大而迫切的课题。西方国家已经将上市公司内部控制制度建设和规范内部控制信息披露作为完善资本市场的重中之亘。而我国上市公司也开始关注内部控制制度对于自身企业经营的重要性，投资者也越来越看重年报中的内部控制信息披露的数量和质量问题。本课题对于我国内部控制信息披露质量研究主要包括以下五个方面：①我国深市上市公司内部控制信息披露质量的衡量标准；②我国深市上市公司内部控制信息披露质量的评价方法；③我国深市上市公司内部控制信息披露质量的影响因素；④我国深市上市公司内部控制信息披露的经济后果研究；⑤内部控制信息披露质量的改进建议。

具体研究首先从我国深市上市公司的内部控制报告及相关文献研究入手，通过对近三年不同行业性质上市公司内控报告内容的回顾，发现理清与归纳总结内控信息披露中存在的问题，为研究寻找突破口和创新点。

在阅读了大量的上市公司内部控制报告的基础上，我们确定了主要分析与研究的问题，随后开始进行数据的整理分析归纳。对研究的样本上市公司进行电话访谈或暑期等实地调查，调研了若干家上市公司内部控制的实施现状。同时通过相关数据库获取数据，然后对有关数据进行分析，确定内部控制信息披露存在的问题所在。

通过本课题的研究，我们试图为上市公司内部控制信息披露质量的改进提出相应的建议。这对于提高上市公司内控信息质量，加强企业核心竞争能力，保证广大信息使用者的根本利益，从而促进资本市场良性发展具有深远的现实意义。

本课题研究的有关数据主要来源于上海证券交易所和深证证券交易所，并对数据进行了筛选，保证数据的准确可靠。

2. 研究目的与意义

2.1 研究目的

内部控制是公司内部各种形式管理控制的总称。为了了解内部控制的设计是否适当、执行是否有效，企业管理当局或内部审计机构要根据一定的标准对单位内部控制设计和执行的有效性进行评估，并应对外披露内部控制信息及评估结果，这就是内部控制信息披露。

企业内控信息的本质从其作用来看，是企业要素投入主体了解企业管理层对企业经营和财务状况以及生产要素增减变动情况的依据，也是要素投入主体对企业经营过程加以监督和控制的手段。在企业中，谁掌握了对企业生存、发展至关重要的关键性资源，谁就掌握了企业中的权利或控制权，谁就应该在企业内部控制中占据主导地位。但是，在信息不对称的条件下，拥有关键性资源的要素主体可能不具有信息优势，因此，要想在企业内部控制中占据事实上的主导地位，还必须掌握内控信息。

长期以来，出于种种原因，我国上市公司对内部控制及其信息披露没有足够的认识，缺乏内部控制理念。内部控制在企业中往往形成虚设、流于形式，难以产生应有的作用。这种由于企业内部控制不严，在很大程度上导致了企业所提供的会计信息不能及时、准确地反映企业实际的生产经营情况和财产物资状况，甚至导致财务信息的使用者做出错误的决策。因此，我们从学生的角度出发，对我国上市公司近三年的内控报告进行整理分析，希望从中找出内控评价报告存在的共性问题，并以此进行分析，最终提出我们的建议，希望能够起到建言献策的作用。

2.2 研究意义

建立和完善内部控制信息披露有着重要的意义。近年来，我国证券市场上出现了一系列上市公司财务舞弊案，例如：中国纺织品公司洪良国际、中国电器制造商广东科龙电器、中国航油（新加坡）有限公司造假案件，这些层出不穷的舞弊现象极大地影响了会计报告信息使用者的利益和资本市场的健康发展。违法事件的层出不穷，其中一个很重要的原因是上市公司内部控制的严重缺位或失灵。内部控制是影响公司经营状况和会计信息可靠性的重要因素。愈发严重的造假丑闻使我国监管机构和各界人士已经逐步意识到上市公司内部控制信息披露的重要性。基于此方面的考虑，2008 年 6 月 28 日财政部、证监会等五部委又联合发布了我国第一部《企业内部控制基本规范》，它的地位相当于中国的萨班斯法案。其目的是通过对内部控制信息披露的监管来促使上市公司完善内部控制，促进内部控制信息披露的规范性。在信息不对称的证券市场，内部控制信息有效的披露不仅可以降低信息不对称程度，而且有助于投资者了解上市公司的内部控制情况并对自身的投资风险做出判断，进而做出科学判断。内部控制信息披露是企业内部控制体系中的重要一环，其完善有助于内控体系的建立健全，并促使内控发挥应有的职能。从上市公司自身的角度来看，内部控制信息披露可以改善企业自身的管理、减少舞弊。通过上市公司所披露的内控信息，监管机构可以评估上市公司的运作是否健康，对上市公司的内部控制体系总体评估，发现问题并采取相应措施要求上市公司建立相关的制度。内部控制的好坏与财务报告质量有一定的互动关系，企业有了健全、完善、有效的内部控制，财务报告信息的质量才有可能得到保证。因此，内部控制信息对于投资者来说是一项重要的决策依据。

现阶段内部控制制度的披露主体主要是上市公司，使得内部控制信息披露成为资本市场上重要的披露制度之一。这将有利于上市公司内部控制信息披露水平的提高，有助于解决投资者和管理层之间的信息不对称问题，增加企业透明度，提高企业形象。与此同时，增加资本市场的透明度和有效性。对于上市公司而言，真实的内部控制信息披露可以促使管理层关注内部控制的不足，控制公司风险，提高管理水平。内部控制信息披露同样有利于公司治理的完善，有利于股东了解管理层受托责任的履行状况和公司控制结构的漏洞，并进一步明确治理结构的不足。综上所述，建立和健全内部控制信息披露制度对于我国公司管理和资本市场等的发展和完善有着重要的意义。

3. 方案论证：我国上市公司内控信息披露存在的问题和解决方案

3.1 内部控制体系不健全

我国对内部控制信息披露关注相比较于西方国家起步较晚。上海证券交易所2006年出台了《上交所指引》；深圳证券交易所2007年出台了《上市公司内部控制指引》；2008年6月28日财政部、证监会等五部委又联合发布了我国第一部《企业内部控制基本规范》，根据这一规范，上市公司应当对企业内部控制的有效性进行自我评价，披露年度自我评价报告，并聘请具有证券、期货业务资格的中介机构对内部控制的有效性进行审计，这标志着我国上市公司的内部控制信息披露由自主自愿转变为强制性披露，满足了监管机构和外部信息使用者的需求，维护了信息使用者的合法权益。

但是《上市公司内部控制索引》和《企业内部控制基本规范》从内容上来说都比较笼统，仅仅有一个大体的框架结构而并没有对具体内容做出详细的说明和要求，并且这些规定都没有强制性的要求，大都运用“应当”“应该”这一类语气缓和的词语，这使得每个企业对于披露的内容和披露的详细程度有很大的选择性和规避性。

通过对深市主板的数据分析，深圳证券交易所2012年、2013年、2014年的475家上市公司披露内控报告的数量分别是293、351、466。披露比率分别为62.20%、73.28%、97.08%，呈逐年上升趋势。虽然各个比例都是呈上升趋势，但内控披露的状况还是不容乐观，聘请事务所占披露内部控制评价报告的最高比例也没有过半。内控报告被事务所审计的数量少之又少，这使得内控报告的可靠性、真实性和合法性都不能得到合理的保证。由于缺少事务所对公司内部控制执行情况有效性的再鉴定，使得企业在出具内部控制自我评价报告时更具有主观和随意性，大多数公司不愿意披露内控中存在的问题，而更加的倾向于披露利好的消息或者不具有任何实质性内容的信息。因此外部的会计信息使用者无法通过阅读公司的内部控制报告做出合理的决策，信息使用者的权益也就得不到根本的保证。内部控制体系不健全使得内控信息披露质量大打折扣。

3.2 内部控制信息透明度不高

通过对深市主板的数据分析，2012年、2013年、2014年上市公司明确区分一般、重要和重大内控缺陷公司的数量分别为0、31、58家，比率分别为0%、6.97%和12.45%，披露比率非常低。一方面，尽管深圳证券交易所颁布了《上市公司内部控制索引》，但其中对于信息披露标准的设定并不明确，我国的内控信息披露的规范性不高，这使得上市公司在披露内控信息时的随意性增强。另一方面，上市公司在自身利益的驱动下，更加倾向于通过提供透明度不高、质量低的内控信息来达到其特定的目的，如为了提高投资者的信心，当企业经营不善及各种风险较高时，上市公司往往会选择不披露或者规避这些问题来稳定投资者的信心，因为一旦增强这部分内控信息披露的透明度，上市公司很可能加速灭亡。上述两方面的原因都导致了我国上市公司对于内控缺陷问题的披露并不积极且信息透明度不高。

3.3 企业自身因素

通过对深市主板的数据分析，深圳证券交易所475家上市公司对内控问题的说明情况并不乐观。2012年、2013年和2014年对内控问题说明清楚的上市公司数量分别为119、83、71，占披露内控报告公司数量的比例分别为29.58%、18.65%和15.24%，比率非常低，并且2012年、2013年和2014年这三年的数据是呈下降趋势的。在竞争日益激烈的今天，很多公司都会通过粉饰财务信息的形式来增强投资者和潜在投资者的信心，或者通过此方法掩盖公司本身存在的财务问题，一个企业如果披露了太多自身的缺点，就会影响到它的经济利益，基于此，公司更不愿意把自身存在的问题清晰地公布于世。这些数据也显示了我国上市公司内部控制信息披露存在披露形式的任意性、披露信息没有实质性内容、形式主义等问题。大多数公司对其内部控制缺陷信息的披露的描述较为简单，很少一部分公司真正披露出公司所存在的重大的内部控制缺陷或者对内控问题进行清楚地说明，披露的内控信息含量很低，很多都是些空话、套话，缺少实质性的内容，往往只是流于形式，很难真正为各利益相关者提供出决策有用的增量信息。例如：2009年胜利股份在披露内控缺陷时的描述为“目前，公司各产业正处于快速发展阶段，公司在集团管控的深入研究上还存在不足，特别是在集权管控和放权经营的收放平衡上，如何做到更为有效需进一步加强研究；二是重点参股公司在对外宣传上，参照上市公司信息披露标准的执行方面提醒不足。”虽然该公司披露了缺陷或者漏洞，但该描述表述的都是些无关痛痒的问题，并没有涉及实质性的问题，对于内控信息使用者而言，这些信息是没有任何利用价值的。对于内控中存在的问题含糊不清的说明是目前内控信息披露的一个通病。

3.4 外部信息使用者对于内部控制信息的需求不高并缺乏知识性

对于公司而言，内部控制的概念并没有让公司内的所有人所熟知和理解，因此更别说是查阅者在阅读报告的时候，例如年报，人们都会把大多数的精力放在那些可观的数字上，比如关注利润、资产、负债所对应的数字。通过这些数字信息看出一个公司的盈利情况和财务状况，尤其是对普通读者来说，这比分析内控缺陷披露报告获得信息要实际得多。但是，正是由于这些外部信息使用者对于内控缺陷的概念知识了解的匮乏导致他们并不是很重视，所以间接造成上市公司对于缺陷披露的敷衍。

3.5 内部控制成本因素

进行内部控制会要求企业投入一定的资金来维持内部控制的需求。在日常的经营活动中，内部控制监督所产生的职工薪酬和其他管理费用，会使企业的经济成本上升，直接影响盈利。而且，在期末编制内部控制报告时，也需要投入大量的人力物力来保证内部控制的进行和准确性，这些投入又并不会导致利润增加。综合上述诸多成本因素，绝大多数的上市公司都不会很严格的执行内部控制监督的工作，这样也就很少有完整可靠的内控信息报告将缺陷披露出来。

4. 研究方法

此次我们小组对我国上市公司内部控制信息披露的研究以年报、内部控制自评报告和调研资料为依据，以规范研究法为工具，以揭示发生规律、提供经验证据为目的，针对自评报告的格式、内容、质量特征及影响因素展开讨论。通过互联网、数据库和调研等途径收集相关资料，在大量的数据基础上，围绕选题展开研究。主要包括以下几方面。

4.1 文献研究

对以往相关类型的文献进行回顾，理清与内部控制的相关概念，为本文研究寻找突破口和创新点。

4.2 收集与分析数据

对我国上市公司内部控制报告进行细致研读，结合文献研究的突破口和创新点，发掘和整理此次论文撰写所需要的重点数据。我们此次论文的数据来源于近三年的深市主板内部控制自我评价报告及审计报告。对于收集的数据，我们从三个角度进行了分类分析，具体分类如下。

4.2.1 以自我评价报告为研究对象

以是否披露内部控制评价的程序和方法、是否披露内部控制缺陷的认定标准、是否明确区分一般、重要和重大内控缺陷、是否明确说明内部控制有效、对内部控制问题的说明是否清楚明确、如果有内控缺陷，内控缺陷是否有具体的整改计划、整改措施是否有实质性的内容这些指标为统计依据，对指标进行赋值，随后进行统计分析。

4.2.2　以内部监督管理的董事会、监事会、独立董事的意见为研究对象

对是否披露董事会、监事会、独立董事的意见进行赋值，并统计分析。

4.2.3　以外部监督管理的审计报告为研究对象

以是否披露内部控制鉴证报告、外部审计报告的会计师事务所的名称为统计指标，对相应指标进行赋值并统计分析。

4.3　拟定论文整体架构和文章主线

在课题实施过程中我们小组的每一位成员在指导老师的带领下，不断地观察、发现、挖掘、总结、反思、修正、完善。按照课题初定的实验目的要求，阅读学校图书馆相关专业文献资料及国内外各大搜索引擎搜集到的资料，通过小组讨论及定期与指导老师交流思想的形式使我们的论文撰写更具有针对性和前瞻性。保证文章的质量，在规定的时间内尽早发表。

5. 研究结果

5.1　提高管理者对于内控信息披露的认识

上市公司应该通过组织培训学习，使管理者提高对于内部控制信息披露的认识。让管理者意识到，披露内控信息并不是必然会增加企业的负担，反而可以起到强化公司管理的作用。只有这样，上市公司才愿意披露有实质性内容的，对信息使用者有用的内控信息，使得内控信息披露制度起到相应的作用和带来效益。

5.2　完善内部控制的有关规定

我国目前对内部控制信息披露的控制已有了较为完备的规范体系，2010 年 4 月 26 日，根据国家有关法律法规，财政部会同证监会、审计署、银监会、保监会制定了《企业内部控制基本规范》；深圳证券交易所自 2007 年 7 月 1 日起施行《深圳证券交易所上市公司内部控制指引》，这标志着中国企业内部控制法制化体系已初步建成。但通过阅读这些规范，不难发现它们对于内控信息披露的陈述一般都是以“应该，可以”的口吻来规定的，例如：《企业内部控制基本规范》中的陈述为“上市公司‘应该’披露年度自评报告，并‘可’聘请具有证券、期货业务资格的会计师事

务所对内部控制的有效性进行审计。”深交所的《指引》中对自我评价报告披露的内容规定“自我评价报告至少‘应’包括以下内容：说明内部控制缺陷和异常事项的改进措施（‘如适用’），说明上一年度的内部控制缺陷及异常事项的改善进展情况（‘如适用’）。”这些“应该”“可以”等非强制性的语言使得上市公司对于内部控制披露有很大的随意性、选择性和自主性，这就使得上市公司披露的内控信息并不如《规范》和《指引》中所规定的那样，内控执行的情况不容乐观。因此对于内部控制信息的强制性披露迫在眉睫，相关机关应当完善内控信息披露标准体系，使得上市公司必须依照规范体系披露内控信息，以确保披露信息的质量。

5.3 加大对内部控制信息披露的监管力度

对上市公司报告虚假信息，隐瞒内部控制缺陷或者不披露内部控制信息的情况，应当严厉惩处。对于违反披露制度的行为给予相应的惩罚，实行重大的民事赔偿制度。

5.4 提高信息透明度

为了使上市公司内部控制报告中的缺陷得到更好的披露，高透明度尤为重要。首先，要保证信息的可靠性与准确性，在保证信息的价值基础上提高信息的透明度。其次，保持信息的透明度要求公司的各种经营活动都要在“阳光下进行”，这样外部信息使用者不仅仅可以在年报中了解到可靠的信息，更可以通过内部控制报告了解企业。

5.5 提高外部使用者的概念认知度和信息需求

有需求才会有进步。如果没有人需求这些信息，就不会有公司会提供给大家更多的缺陷信息，形成恶性循环，在内控报告中就越来越少的发现有价值的缺陷信息了。所以，只有推动外部信息使用者的需求，提高使用者对内控信息的概念认知，使人们把更多的注意力放在内部控制缺陷的披露上，这将会使更多企业被潜在要求更加精确地披露更多关于缺陷的信息。

5.6 降低内部控制的控制成本

降低成本、提高利润是每个企业的最终目标。在日常经营的活动中，销售产品、提供服务等都是上市公司的主要成本组成项目，这些成本都是能够通过一朝一夕来降低的。相反，内部控制的成本要容易得多。比如对于内部控制人员的分配，我们可以采用一人多职制度，但是要保证职务不冲突的原则。再如保证内部控制的定期实施，这样可以成初始的内部控制投资得到充分的利用，这也是另一种方式的成本控制。总之，降低内部控制的成本，就会使得更多比例的公司进行内部控制缺陷的披露。

6. 创新点

本课题研究创新点主要表现在以下几个方面。

6.1 自主拟定分析指标

在对国内外大量文献分析研究的基础上，收集整理深圳证券交易所主板477家上市公司内部控制自我评价报告，从报告的角度出发，自主提炼与总结体现内部控制信息披露质量的因素及考核指标。

6.2 研究对象典型、样本量大

本文的研究对象是在深圳证券交易所主板上市的477家上市公司，上市公司往往是行业中经营状况和发展前景比较好的公司，以其内部控制自我评价报告为研究对象更具有代表性、可行性及可分析性，与此同时，此次研究的样本量比较大，对数据分析的精准度及可靠性有一定的保证。

6.3 重新定义了对于企业内部控制是否真正有效的新标准和新思路

把内部控制严格界定在控制风险的范畴内，即内部控制仅是控制风险的过程，不是任何事都去控制。因此在研究中界定了内部控制本质作为内部控制所特有的一种属性，应是针对风险的检查、纠偏、调整和制约系统，确定其核心是制约风险。从而在审核企业是否有效进行内部控制时将其不必要因素排除，并优先有效审核其内部控制实施对于风险控制管理的运行情况。另一方面，在研究测试前，研究组首先准确划分了内部控制工作流程，即从内部控制设计、内部控制执行、内部控制监督三大角度，把复杂多样的内部控制过程归纳为目标确定、风险识别、重大风险评估、董事会意见、风险处理、控制活动、内部监督机制等基本程序项目，形成评测各个企业内部控制是否有效构建与实施情况的整体动态过程审核。

7. 研究前景

加强我国上市公司内部控制信息披露有利于强化风险管理，有利于确保组织目标的实现，同时保证利益相关的合法权益。对当前国内有关公司内部控制信息披露的理论研究来看，我们认为研究比较局限。

我们通过阅读相关文献发现，我国有关内部控制信息披露问题的研究起步晚，受美国规则及国内实务的影响较大，研究还不够深入。大多数学者的研究有一个共同的特点，即仅限于对公司内部控制信息披露状况进行描述性分析，缺少运用模型化的方法对公司内部控制信息披露进行研究。由于描述性分析只能简单地揭示影响内部控制信息披露的因素，所以此种方法有缺陷，对上市公司内部控制信息披露的实证研究还不是很多。并且我们发现国内的上市公司披露内部控制信息，只有极少一部分披露其内部控制存在缺陷或者不足，所以国内的学者们对上市公司内部控制研究现状的分析一般大多集中在是不是披露了、披露的位置、披露的内容是否丰富全面等问题。有关内部控制信息披露现状及改进的研究处于表面化层面。但因为披露存在缺陷的上市公司极少，所以国内学者在研究收益质量、股价与内部控制信息披露之间的关系时不能获取足够的样本，这同样也可能是国内这个方面研究匮乏的一个重要原因，随着国内相关规范的逐步完善改问题可能就会被解决，相应的对于内部控制方面的研究也会更加的呈现多样化的趋势，而不只是描述性的研究。

8. 研究拓展

内部控制作为一个独立的学科，需要构建一个完整且相对稳定的内部控制理论体系，这才能满足内部控制的研究以及实践，而在统一的平台上进行交流。但现实的问题是，如何构建适合企业内部控制实践发展需要的内部控制理论结构体系，其中又应该包括哪些要素、各个组成要素之间如何相互联系、结构如何有效设置等，这都值得我们进一步研究拓展。

参考文献

[1] 左田芳．上市公司内部控制信息披露的问题研究．政策前沿，2010（82）
[2] 张永通．上市公司内部控制质量披露质量研究．财会通信，2009（09）
[3] 王惟谦．企业内部控制对会计信息质量的影响研究．商业经济，2011（23）
[4] 陈留平．蒋冬学，内部控制环境与会计信息质量研究．财会通信，2011（08）
[5] 张倜哲．创业板上市公司内部控制信息披露实证研究．现代商业，2011（30）
[6] 屈瑞燕．浅析我国上市公司内部控制信息披露问题——基于深市创业板的视角．商业会计，2014（02）
[7] 闫红．创业板上市公司内部控制信息披露影响因素探究．现代经济信息，2014（15）
[8] 李娜．中小企业内部控制审计的几点思考．商场现代化，2014（21）
[9] 李萍．探讨中小企业内部控制审计策略．中国经贸，2014（02）
[10] 杨承亮．浅析中小企业内部控制的现状、问题及对策．中小企业管理与科技，2009（02）
[11] 彭晶晶．企业内部控制制度．冶金财务，2005（8）
[12] 郭勇．论民营企业治理结构的创新．青海社会科学，2000（2）

以专业为导向的本科新生导师制度的完善与探索

北方工业大学：陶陶　何凡　段晓君　范瑞婷

指导教师：王丽新 副教授

［摘　要］现如今班导师及小辅导员已逐渐成为新生管理中不可或缺的一部分，但经调查我国多数高校班导师及小辅导员制度不完善。本文通过对会计专业导师制度的分析，揭示了当今班导师及小辅导员制度存在的问题，提出方案完善导师制度，进一步促进学生们的全面发展和健康成长。

［关键词］班导师；小辅导员；制度；专业

当今高校中班导师起到了至关重要的引导作用，但是班导师制度仍存在诸如对“班导师”主观认识不明确等问题，制度也并不完善。应进一步加强本科生班导师队伍的建设，明确班导师的工作职责，多元化开展班导师工作。现在许多高校中小辅导员已逐渐成为新生管理工作中不可或缺的一部分，但是如今的小辅导员制度存在许多问题。在新生管理中应以专业为导向对新生进行引导，这就是班导师及小辅导员的工作任务。

1. 班导师、小辅导员制度的必要性

20 世纪 90 年代，本科生导师制度被引进中国教育，北京大学、浙江大学等多所名校率先推行本科生导师制度。随后，国内很多高校开始纷纷试行，并取得了一定的成绩和效果。班导师制的出现不仅有利于学分制的全面推行，实现教书与育人相结合，也是时代发展的必然要求。

由于大学的生活方式和管理模式与中学截然不同，所以小辅导员是用来弥补辅导员和班导师之间衔接关系的一个至关重要的角色。“小辅导员”制度，即在新生班级中配备专业相近、品学兼优、思想素质良好、能力突出的高年级学生辅助辅导员工作的管理制度。所谓的“小辅导员”，可理解为辅导员助理，辅助辅导员做好新生引导、思想政治教育和日常管理工作[1]。

2. 当前班导师、小辅导员制度存在的问题

2.1 制度不完善

本科生班导师制度作为一种创新的教学管理模式，在聘任班导师时缺乏系统科学的培训制度。如图2.1，目前担任高校班导师工作的虽有经验丰富的老教师，但大多数还是工作年限较短的专业任课年轻教师，与专职的学生工作人员相比，他们没有接受过系统的培训，对班导师的工作职责还比较模糊，很难在短时间内掌握班导师工作的规律和方法，从而进入角色胜任工作，其自身知识理论体系还不足够完善，对于知识的认知程度还有所欠缺，以会计专业为例，不能很好地以专业为向导，有效快速地培养学生严谨的工作态度，认真的学习习惯。

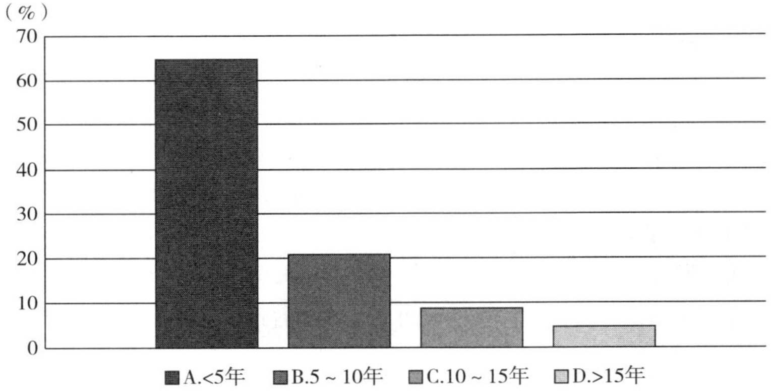

图2.1 导师工作年限

小辅导员制度缺乏完善的选聘机制及培训体系。首先，由于选聘机制不够完善，一些能力不足的学生担任小辅导员，以至于不能正确地引导新生在大学里定位自己的目标，积极有效地学习，完成人生的初步规划。其主要原因有三：一是小辅导员多由资历较浅的高年级学生担任，会计系则由大二年级学生任职，其专业素质及工作能力还远远不够；二是小辅导员选聘条件不够严格；三是我国目前小辅导员角色定位过于综合。其次，没有良好的培养机制，那么小辅导员无法深入了解自己的职责以及工作内容。如此一来，不仅小辅导员的工作不易进行，与班导师的沟通也会出现问题，同学们也不会更好地适应大学生活以及对自己专业的了解。

2.2 制度执行不彻底

尽管各高校对于班导师制度有着明确的规范和要求，然而该制度的执行并不彻底。首先主观认知不正确。就走访调查发现，绝大多数班导师，对于班导师的定位先是专业教师，后是学生导师。其次，大多数班导师与小辅导员之间缺乏交流沟通，没有充分发挥小辅导员协助班导师做好班级建设工作的作用。再则，如图 2.2，绝大多数同学每学期与班导师谈话次数不足三次，还存在一年内班级同学只能见到班导师寥寥数面的问题。

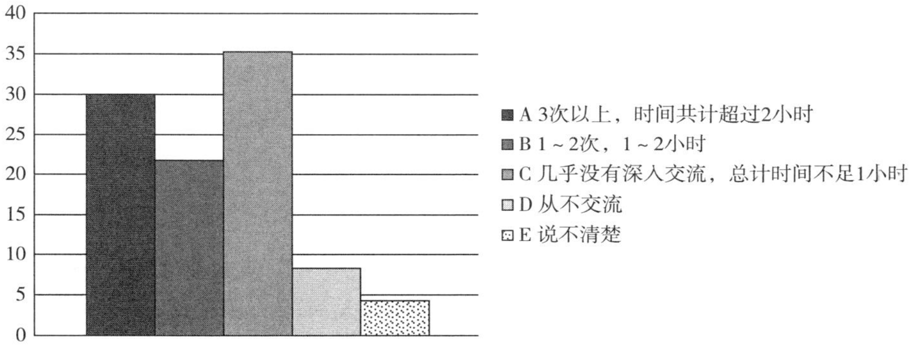

图 2.2　班导师每学期与学生谈话情况

由于高校中小辅导员制度的缺乏以及执行不彻底，所以在工作期间也出现了问题。例如沟通问题。小辅导员不仅应与新生进行沟通同时也要与班导师进行沟通。如若没有良好的沟通，那么三方无法达到一致，对于班导师工作的开展会有阻碍，对于新生适应大学环境也会产生不好的影响。由调查数据可得，随着时间的流逝，小辅导员与班导师及新生的沟通频率越来越低。

2.3 监督考核方式单一

目前各高校对班导师、小辅导员工作情况的监督考核方式单一。如图 2.3，多数高校采用班级学生评分制度，由班级学生对班导师、小辅导员各项工作打分，从而监察其各项工作的开展情况。这种方式具有片面性，不足以有效督促班导师、小辅导员积极开展班级活动，加强对学生心理生理情况的关注，更是在一定程度上打击了班导师、小辅导员工作的积极性和工作热情，导致他们在开展和落实工作时得不到预期效果。

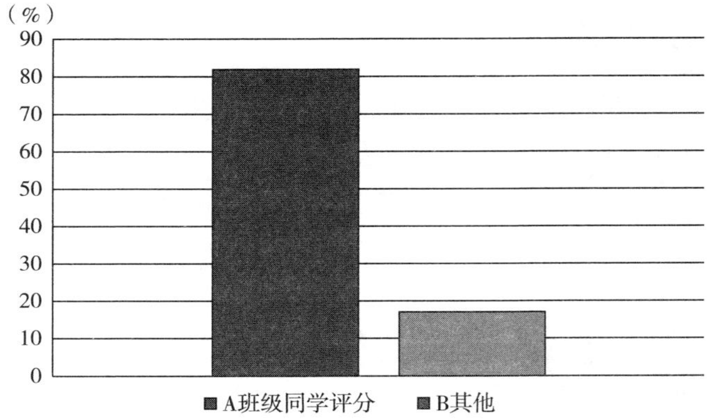

图 2.3　工作情况考核方式

2.4　工作中无专业特色

大学里有众多专业，大致分为工科、理科、商科、文科。这四大类学科专业的培养目标就是不同的。可是如今的班导师、小辅导员工作都是类似的，并没有将本专业特色融入工作中去。如若这样发展下去，那么大一新生对本专业了解会很浅薄，无法深入了解本专业的培养目标以及人才需求。

3. 对于当前制度改善的建议

现如今班导师、小辅导员制度不完善最根本的原因在于对其工作的认识不够充分。因此需要提出对班导师、小辅导员制度改善的建议。在改善制度过程中，应加强班导师、小辅导员的专业导向作用，以更好地为学生服务。

3.1　完善班导师培训、工作及评价奖励机制

在班导师上任前都要进行严格的班导师培训与考核。为此，需要在班导师制度中加强完善班导师培训制度。大学正是人生中最重要的时刻，班导师应当抓住学生的心理引导，使其积极踏入社会。

在班导师制度中应完善对班导师的评估制度。评价内容主要包括班级学风建设情况、学生学习成绩情况、职业资格证书考取情况以及学生对班导师评价情况等。同时，导师要做好相应的工作记录。并针对测评结果中提出的问题，改进下一步的工作计划。

建立及完善班导师的奖励、激励机制，有助于提高班导师的综合素质，充分发

挥班导师的作用。对表现突出的班导师给予荣誉方面的表彰，从而促进班导师们的积极性。多次获得精神奖励以及薪酬奖励的班导师还有机会获得工作奖励，即晋升到更高的职位。认真负责并且有能力的班导师有机会升职，以便更好地管理学生。

3.2 完善小辅导员培训、工作及评价奖励机制

3.2.1 严格选聘程序，规范准入机制

“小辅导员”的选聘应规定小辅导员从成绩优异、学生工作表现突出、德才兼备的复合型人才中选拔与聘用。具体的要求如下：第一，有良好的组织管理和沟通交流能力，在大学生涯中至少担任过一次30人以上的大型活动的组织者；第二，学习成绩优秀、各科均衡发展、专业思想巩固且能起到模范带头作用的同学优先；第三，竞选者应热爱小辅导员这份工作。对符合上述要求的参选者组织面试选拔以确定最终能够胜任的学生。

3.2.2 组织定期培训，规范工作重心

首先，在小辅导员上任之前，学校可制定相应的培训计划：邀请就职过的小辅导员向学弟学妹传授工作经验。普及小辅导员的工作业务知识，了解学校的规章制度、政策及相关规定，熟悉新生入学的相关程序，掌握新生工作的特点、应急事件处理等。其次，每学期组织小辅导员参加素质拓展训练和学习考察，在对小辅导员的培训中，必须让他们掌握学生工作的一般规律、原则和方法，使小辅导员在工作能力、业务水平上能够胜任。

3.2.3 完善评价与奖惩机制

对“小辅导员”的考核，首先实行定期考核。根据“小辅导员”在参与学生工作期间的具体工作表现和工作实效，对其进行定期考核。其次，建立完善的考评方案。考评方案可根据各高等院校学生思想教育和学生管理工作的实际情况，设立相关的量化指标。最后，成立考核委员会或领导小组，对“小辅导员”的工作考核。在为期一年的小辅导员聘任阶段，应每学期进行一次考核。健全激励体制，实行“学生与班导师评价小辅导员”制度，在学期期末对小辅导员进行问卷评价，对工作成绩突出的小辅导员进行表彰和奖励，对不负责任、工作完成不好的小辅导员取消其任职资格。规定小辅导员的工作业绩应作为评优、推优、评定奖学金的重要依据。

3.3 深入执行班导师、小辅导员工作制度

若使班导师、小辅导员工作执行更加彻底，首先需要其确立自己的定位并在执行过程中有正确的认知。班导师具有精深、广博的知识素养和正确、积极的人生态

度，能够激发学生们对自身专业深度探知的热情，对学生的理想信念起着积极的导向作用。小辅导员应结合新生的基本情况对其生活、学习提出合理的建议，向他们提供最大的帮助。此外，班导师与小辅导员的沟通也起着至关重要的作用。在沟通中能更深入了解每个同学的详细情况，并针对每个学生建立一套相应的教育方法。

3.4 多元化监督

多元化监督是以班导师为监督对象，通过对学生的道德伦理，班风学风等各方面能力对班导师、小辅导员工作进行监督，以进一步改善班导师、小辅导员制度。

3.4.1 道德伦理监督，遵循教育教学规律

通过学生的日常表现对班导师、小辅导员进行监督。以会计专业为例，会计职业道德规范中指出，爱岗敬业、诚实守信是身为会计专业学生最基本的素养，学生素养和责任感可以体现出班导师的教育水平及小辅导员的工作情况。

3.4.2 班风学风建设监督

定期组织开展树立良好班风学风的班会活动，通过学生上课出勤率、成绩通过率、优秀率进行班导师、小辅导员监督。例如，会计专业可以通过学生们会计专业活动的参与情况来评价班导师及小辅导员对学生们专业技能的引导。

3.4.3 专业导向监督

以会计专业为例，作为一个专业性较强的学科，会计专业对学生的课业素质要求较高。班导师指导学生了解职业市场、做好职业规划，充分利用自身优势和资源，向用人单位推荐毕业生。通过学生对专业规划的认知对班导师进行监督。

同时为明确小辅导员的分工与职责应将小辅导员大致分成两类：思想政治教育小辅导员和专业学习指导小辅导员。思想政治教育小辅导员负责配合班导师和年级辅导员完成新生入学工作，展开思想政治教育工作，专业学习指导小辅导员负责在专业引导新生科学地构建知识结构，确立发展方向，培养专业技能，拓展自我优势。例如会计专业要培养学生的公认会计原则的选择能力、经济业务事项的透视能力和公认会计原则的理解。会计人员应具备较强的实践能力、更新知识的能力和较强的社会活动能力，从而提高会计就业和岗位发展能力[2]。因此会计专业小辅导员的工作中应着重培养新生的动手能力与实践能力，提前让新生了解本专业的知识与特点。

7. 结论

通过对高校现行导师制度的研究与分析。导师制度体系尚不完善，为改善这些

弊端，高校应以严格对待选聘过程并组织定期培养计划来保证导师的素质能力，以明确班导师及小辅导员的职责与分工，保证工作效率。

参考文献

[1] 陈峥．高职院校新生班级设立助理班主任的实践与探索．中国职业技术教育，2007（17）

[2] 汤长胜．以就业为导向的高职会计专业人才培养研究．安徽商贸职业技术学院学报（社会科学版），2014（01）

我国网络融资模式创新及其风险控制研究的研究报告

北方工业大学：叶姝阳　马文月　覃芳玲　李晨　陈思奇
指导教师：吴伟容 副教授

[摘　要] 随着信息技术的发展，基于互联网平台的网络融资模式为解决中小企业融资问题提供了新的对策。然而其中诸多模式仍处于试水阶段，尚存在一定风险。本课题针对基于电子商务平台、众筹等形式的网络融资模式进行研究，针对其可能存在的风险进行分析并提出可行建议。

[关键词] 网络融资；众筹；电子商务平台；风险控制

1. 研究背景

一直以来融资难都是制约中小企业发展的主要因素之一。然而随着互联网的快速普及和网络经济的迅速发展，网络融资越来越趋于普遍化及常态化，相对于传统的融资模式，网络融资更具有门槛低、效率高、更便捷等特点，成为解决中小企业融资问题的有效途径。

作为从国外引进而来的金融模式，众筹的融资模式更为开放，为更多从事小本经营或创作的人们提供了无限可能，短短几年间便取得了项目数量和募资额度的双重爆发，知名度迅速提升。而基于电子商务平台的网络融资更是由于其低门槛、融资快、低成本等优势越来越受广大企业尤其是中小企业的青睐。

但这些新的融资模式在我国还处于起步阶段，发展尚不成熟，故不可避免地存在一定的风险，在我国还备受争议。网络融资风险控制是我们必须面对的现实命题，对于传统的企业贷款风险防范，国内外学者和银行界都做过深入的研究，但对于网络贷款风险控制的分析和模式设计却涉及较少。在网络融资模式创新过程中，还需要解决一些适用范围、信用评价、网络风险控制等问题，故分析现行网络融资模式的问题所在，并采取一系列有效措施，使得网络融资模式能够得到法律和公众的认可，促进其健康发展并使其成为解决中小企业融资难的有力工具，具有重要的理论与现实意义。

2. 研究内容及方法

本课题中组内成员各自有侧重性的通过观察法、归纳法、分析法以及案例研究法分别从基于电子商务平台的网络融资研究、我国公益众筹的现状与发展研究、通过对比众筹与非法集资的有关众筹模式的监管问题研究以及网络融资模式的风险控制研究等不同角度研究讨论了不同网络融资模式适应我国中小企业融资需要的情况，同时列举我国在实践中存在的一系列问题并探讨其相关风险控制以及解决方案。覃芳玲从基于电子商务平台网络融资的现状及其优势作为插入点，分析了基于电子商务平台的网络融资模式存在的问题及解决办法，为中小型企业的融资发展指明了方向。马文月分析了我国公益众筹的现状，探讨了当前公益众筹中存在的问题，并提出针对性的解决措施与建议。叶姝阳通过对比众筹与非法集资，分析众筹易导致非法集资争议的原因，进而为我国众筹网络筹资模式的健康、规范运行提出一系列风险防范及监管措施。李晨根据我国网络融资发展现状，结合其特点对我国网络融资面临的风险提出了促进网络融资的持续、健康、有效发展的对策及建议。从而较为全面地分析了我国网络融资模式创新特点，并对其风险控制防范提出了大量建设性意见。

3. 研究结果

3.1 覃芳玲:《基于电子商务平台的网络融资模式研究》

网络融资是一种新型的融资模式，利用互联网为企业筹集资金，如互联网金融平台、P2C 互联网小微金融融资平台、众筹平台等。其中，基于电子商务平台的网络融资是指建立在电子商务平台基础上的企业或个人与以商业银行为主的金融机构之间的借贷融资活动。借款人通过网络向电子商务平台填写贷款申请并且递交有关企业或个人的信息资料，最后经金融机构审核由电子商务平台提供的借款人信用评级或者资产情况等信息后发放贷款，是一种数字化新型融资方式，为中小型企业融资发展提供新兴的模式。

基于电子商务平台网络融资的优势有简化贷款程序，免除抵押担保；减少信息不对称；基于电商平台，公平公正。而其也存在诸多问题，如：信息安全隐患、电商无责，信息不准、资金供给渠道过于狭窄等。

文章对于完善基于电子商务平台网络融资模式给出了如下建议：①研发安全技

术，提高信息安全。基于电子商务平台的网络融资模式其所有程序和交易过程都发生在电子商务平台上，所以作为第三方的电商平台应该加强电子商务平台的技术保障，保证平台上所有数据的安全性，使得企业和金融机构的信息不被窃听和盗取，提高中小企业基于电子商务平台网络融资的可行性和安全性。②建立风险共担制。所谓“风险共担制”即为在基于电商平台上进行网络融资的时候出现的所有风险由企业、第三方电子商务平台和金融机构三方共同承担的制度。“风险共担制”能够督促第三方电子商务平台做好自己的本职工作，在筛选信息时能够更加谨慎，严防那些“漏网之鱼”，使基于电子商务平台的网络融资模式能够更好更快地发展。③增强企业发展引导，加大政策帮扶。针对目前基于电子商务平台的网络融资模式中资金供给方单调的问题，首先政府应当开发更多的帮扶政策，鼓励更多的金融机构加入到基于电子商务平台的网络融资模式中，以便为中小企业提供更多的融资项目和融资产品，使资金供给更多元化和丰富化。其次，政府应该增强中小企业在发展创新方面的引导。再次，政府可以采取先重点帮助一部分实力较强且资信良好的中小企业，给他们一些更宽广更有利的帮扶，使这“一部分先强大起来”然后再带动其他周边的一些规模较小的，正处于发展初期或发展迟缓的一些中小企业，为这类中小企业提供必要的融资支持，“以点带面”让大家共同进步，共同发展。

3.2 马文月：《我国公益众筹的现状与发展研究》

相对于传统的融资方式，众筹更为开放，为更多小本经营或创业的人提供了无限的可能。公益众筹作为众筹中的重要部分当前也越发受到追捧，在我国，更是需要这种形式给我国的公益事业注入新的血液。当前众筹平台上已经有了不少成功的公益众筹，极高的参与度展现出众筹给公益带来新的生机。同时随着我国经济的发展，人们开始将更多的目光投向公益领域，愿意为慈善事业尽一份力，而公益众筹的出现恰好迎合了人们的这一愿望，公益众筹的推广是大势所趋。

公益众筹的优势可总结为以下几点：①项目多样，更具吸引力；②程序透明，关注度更高；③效率高，项目进展更迅速。与此同时，其发展受限的原因可分析为以下几点：①法律方面的缺失；②监管不足；③项目设计存在问题。

文章提出发展我国公益众筹的意见及措施如下：①完善法律。中国证券业协会网站2014年12月18日公布了《私募股权众筹融资管理办法（试行）》（征求意见稿），可谓是我国着手推进众筹发展的一个信号，但具体法律条文的推出仍有待时日，与我国当前发展模式和既定的法规制度的冲突有待解决。②加强监管。第一，对公益众筹平台的上线进行严格筛选，保证平台运作的合规与发展的能力。目前，根据《关于促进互联网金融健康发展的指导意见》股权众筹融资业务由证监会负责监管，而公益众筹也需要相关的部门对其负责。第二，建立一个网络信用评级体系，从项目质量、成功率、运营体系等方面对公益众筹平台进行信用评价，公开评价结果以供支持者参考。第三，保证账目的透明化，确定融资平台信息披露的义务。支持者可以及时查询平台运营所有项目的具体账目；有关部门定期对平台运作的所有项目进行审查监督。或者，隔离众筹平台的资金控制，引入第三方进行引导和监管，平台仅起到宣传推广、筛选联系的作用。③项目的设计与实施。第一，融资平台严格把控项目的设计。平台对于创意良好的项目，可以设置专门的设计师，对项目进行改进，以保证项目的最好完成。第二，安排有关部门人员，对于项目经费和实施进行专业研究和审核。由平台转交，审核通过后方可融资，降低项目风险。第三，慈善机构或者有关部门应当给予一定的资金支持，鉴于很多给贫困地区捐款捐物的项目，实施起来另需要雇佣人员和设备等，这样会导致很大一部分资金并没有用到设想的受助人身上，而是在中间环节流失。这时就很需要政府或有关机构的支持，另外也可以利用名人效应，鼓励更多的人加入到公益众筹的行动中来。

3.3 叶姝阳：《众筹网络融资模式的监管问题研究——通过对比众筹与非法集资》

文章总结众筹与非法集资的区别主要存在于以下方面：①参与人态度不同。参与众筹的投资者与项目发起人之间是一种你中有我、我中有你的关系。而非法集资则是通过承诺在一定期限内以货币、实物以及其他方式向出资人还本付息或给予回报从而非法吸收公众存款、进行集资诈骗等行为。集资本身就带有较强的功利性，非法集资也正是利用这一点来实现吸取资金的目的。②对发起项目而言风险承受度不同。股权众筹是以募集资金召集志同道合的人们为目的，不以提供固定回报来制定众筹计划的；会员众筹和交预付款方式的众筹所提供的物质回报也一般是以折扣或其他优惠方式体现，相对而言是一种理性的市场行为，对募集的项目而言资金压力较小。但非法集资一般以提供远高于银行利息、基金信托产品收益率等方式提供回报，因此项目的还款压力非常大，很多项目就是由于承诺的回报太高难以兑现从而丧失信用，导致公司破产。③运作方式不同。众筹是一种新经济的运作形态，从项目的启动、市场定位、众筹计划的发布、产品的研发、产品的制作等各环节都全方位的公布信息，公开透明是众筹的核心。而非法集资项目的发起方公开的信息是非常有限的，即使是上市公司这样的公众公司一般也只对重大的经营行为、关联交易等活动进行信息公开，而且很多是通过年报、半年报等事后方式进行公告的，不够及时。

众筹网络融资易引发非法集资争议的原因分析主要有以下几点：①法律法规的

不完善。②投资者的限定。③众筹平台资金池的操作。文章提出众筹网络融资的风险防范与监管措施如下：①法律的规范。在现有法律法规的基础上，可以通过特殊法规对众筹融资模式的准入条件进行限制。如规定项目上线必须具备证监会的审核意见；筹资的规模占项目总规模的比例；项目发起人的条件以及是否需要提供担保等。对于股权众筹而言，其触犯“擅自发行股票，公司、企业债券罪”的可能性最高。因《解释》第六条规定中的“向社会不特定对象发行、以转让股权等方式变相发行股票”的可解释空间较大，股权众筹很可能被囊括其中，面临刑事制裁的风险。故应当进一步规范解释，详细规定不特定对象的定义并列举变相发行股票的方式，让众筹者有章可循。②借鉴国外先进经验制定相关限制标准。我国的股权众筹平台，应做好需求两端的严格审查和限定，对投资人资格进行严格审查，并告知投资风险，只有经过注册且通过严格审核的投资人才具备资格，才可能看到投资方的项目。同样道理，平台需要对项目发布方的股东信息、产品信息、公司信息进行严格审查，必要时实地查看，做好法律、财务、商务三个方面的尽职调查。在需求对接上，每次只允许不超过200人的投资人看到推介的项目，具体的投资洽谈需要在线下以面对面的方式进行。③众筹网站的资格审查以及资金的使用监管。众筹集资门户是为公众小额集资提供交易机会和配套服务的网站，是监管部门对众筹实施监管的抓手。众筹应当通过集资门户进行，且集资门户必须经过注册。监管机构或者行业协会应当严格制定集资门户的设置条件，并要求其应当在中国证券业协会注册登记。融资平台应保证账目的透明化，确定融资平台信息披露的义务。投资者可以及时查询平台运营项目的具体账目；有关部门定期对平台运作的所有项目进行审查监督。或者，隔离众筹平台的资金控制，引入第三方进行引导和监管，平台仅起到宣传推广、筛选联系的作用。同时，投资者依据众筹获得的证券流通也应当受到限制。为投资者通过众筹平台渠道发行的股份限定一定期限的锁定期，并规定其锁定期后的再转让必须在众筹平台上进行，以此抑制投机行为。

3.4 李晨：《我国网络融资风险控制研究》

随着信息技术的不断发展，基于因特网技术平台的网络融资作为一种创新融资方式逐渐被中小企业接受。但这一新的融资模式在我国还处于起步阶段，发展尚不成熟，不可避免存在一定的风险，在我国还备受争议。网络融资发展过程中表现出来的问题如下：①技术风险；②信用风险；③市场信号风险；④法律风险；⑤监管风险。

文章提出的网络融资风险防范对策如下。

（1）加强网络技术安全的建设。加大网络安全技术投入，加强网络安全技术研发。严格审查，以防黑客非法进入融资平台主机系统和数据库，严防其对网上借贷、移动支付、网上银行及网上客户信息的非法侵入和干扰，确保网络融资运营安全。商业银行应在信息安全技术的研发与推广应用方面投入更多的人力和物力，对不断发生的风险事件加以防范，保护国家金融安全和国家经济安全。在保障网络融资业务安全方面，从技术上、法律上保证在交易过程中能够实现身份的真实性、信息私密性、信息完整性和信息不可否认性。

（2）构建完善的网络信用体系。包括：①构建专门的网络信用平台，对我国中小企业信用情况进行信息的收集、整理、披露和查询，完善中小企业网络征信系统。②中央政府可以联合地方政府和相关企业，收集企业各方面的信用信息，使投资者可以通过相关的数据库轻松了解企业信用信息。例如，建立开放式平台，连接各方信用数据库。③建立专业的第三方评估机构。对于数据库中的企业或者申请贷款的企业，对其进行网络信用评价，给予网络信用评级。④建立网络信息披露机制。对于违约的企业，可以设立相关的处理条例和措施，对企业进行信用评价机制，如建立违约企业信用黑名单，对其进行网络封杀。政府部门可以联合相关的网络信息平台，进行信息披露。违约信息会在网络上被披露，将放大并提高企业的违约成本，从而降低企业违约风险。

（3）建立完整、全面、真实、有效的信息系统。政府部门应当指定网络融资监管机构，并针对涉及网络融资业务的第三方电子商务服务平台的运营情况出台相关管理办法，指引并规定经营者从若干关键层面做好网络平台的自身建设，抵御各类风险。网络平台经营者则应该以政府部门颁布的网络借贷管理办法为纲要，积极开展行业研究并加强自身建设，提高平台的公信力、防风险能力，建立完整、全面、真实、有效的信息系统。同时，政府监管部门应该在管理办法的基础上，出台监管细则，从各个层面监督网络平台的落实情况。

（4）国家完善法律和政策的支持。在现有的法律法规的基础上，可以通过特殊法规对网络融资模式的准入条件进行限制。2014 年 12 月 18 日中国证券业协会《私募股权众筹融资管理办法（试行）》（征求意见稿），对股权众筹的性质、平台准入门槛、投资者准入资格、行业自律作出了规定。2015 年 7 月 31 日，央行发布《非银行支付机构网络支付业务管理办法（征求意见稿）》，2015 年 7 月 18 日，央行等十部委联合发布了《关于促进互联网金融健康发展的指导意见》（以下简称《指导意见》）。监管的号角吹响，互联网金融发展迎来了新的时代。

（5）监管机制的完善。①推进互联网金融实名制建设：对互联网金融参与主体市场准入注册登记管理和参与者实名制是实现对互联网金融监管的关键。②组建互联网金融监管机构：明确互联网金融监管主体。③加强互联网金融监管合作：由于全球经济金融一体化，互联网金融交易存在跨地域、跨行业和跨国境的交易。

4. 研究结论

伴随着互联网的发展、特别是社交网络的崛起，我国的网络融资模式尽管仍处于雏形，却代表了未来发展的新趋势，其独有的特点为解决中小企业融资难问题打开了另一扇窗。

网络融资是科技和时代发展的必然产物，是传统融资方式的有益补充，要建立适合我国国情的网络融资模式，需要多方参与、积极创新、规范秩序、防范风险，从而不断在实践中完善相关制度政策，不断提升企业网络融资意识和能力，丰富融资产品和渠道，改善融资环境，一方面借鉴国外的成功经验，另一方面结合中国自身的资本市场发展状况，让更多的企业参与并获益。

当前我国的公益众筹起步虽好，但更为完善全面的监管措施和平台管理才是促进其健康发展的要求。此外纵使众筹融资与非法集资在实践中有时难以区分，但从根本上否定众筹融资合法性的观点是不恰当的，应多借鉴外国先进经验，划清众筹与非法集资的法律边界。基于电子商务平台的网络融资模式凭借其优势在一定程度上缓解了中小企业融资难的问题，但也仍存在一些问题需要我们共同努力解决。我国作为新兴经济体，若能够有效利用合适的网络融资模式，不仅有助于拓宽中小企业的融资渠道，也将在推动社会进步与经济健康发展方面起到积极作用。

参考文献

[1] 王敏．基于第三方电子商务的中小企业网络融资探讨．中国证券期货，2012（04）：242-243

[2] 魏建伟，谢奉君．网络融资中电子商务平台的作用探析．时代经贸，2013（14）：93-95

[3] 张连起，刘建，郭婷．基于电子商务平台的小微企业融资模式．中国流通经济，2014（08）：49-54

[4] 谭冰．浅谈中小企业融资模式创新——以浙江中小企业网络融资为例．人民论谈，2013（20）：70-71

[5] 众筹数据：2015 年中国众筹行业半年报完整版—来源：网贷之家，盈灿咨询，2015/7/17

[6] 余政－众筹与非法集资之分野探究－江西警察学院学报，2015（2）

[7] 张木兰、闫冰－公益众筹，你会玩儿吗？－公益时报－2014-08-27

[8] 殷华，周明勇－美国 JOBS 法案内容解析及对中国众筹融资法制的影响探析－现代管理科学－2014（10）

[9] 徐小俊．发展新三板股权众筹．中国金融，2015（3）

[10] 刘为波．关于审理非法集资刑事案件具体运用法律问题的解释的理解和适用．人民司法－应用，2011（5）

[11] 杨东，刘翔．互联网金融视阀下我国股权众筹法律规制的完善．贵州民族大学学报（哲学社会科学版），2014（2）

［12］梁清华．我国众筹的法律困境及解决思路．学术研究，2014（9）
［13］网贷之家网贷行业数据，来源：网贷之家 http：//shuju. wangdaizhijia. com 2015/8/17
［14］吴晓光．浅谈商业银行网络融资业务的风险控制．新金融，2011（07）
［15］吴文丹．我国中小企业网络融资发展对策探析．现代商贸工业，2011（09）
［16］关于促进互联网金融健康发展的指导意见．人民银行网站，http：//www. gov. cn/xinwen/2015-07/18
［17］汤皋．规范互联网金融发展与监管的思考．金融会计，2013（12）

利益相关者角度的非营利基金会治理结构研究报告

北方工业大学：张志宇　刘俊杰　沙飞莲　李育
指导教师：于国旺 讲师

[摘　要] 近年来，非营利基金会在我国社会经济发展中发挥着重要的作用。但因其治理结构不完善而导致的诚信危机等现象也随之而来。因此，本课题主要运用规范研究方法，在借鉴国外实践经验的基础上，针对我国非营利基金会治理结构存在的问题提出对策，以提升非营利基金会治理效率和效果。

[关键词] 非营利基金会；治理结构；对策

1. 选题背景

伴随着非营利基金会在中国迅速发展，其治理薄弱问题也随之而来，从郭美美事件到河南省宋庆龄基金会事件，从玉树地震汇缴事件到李连杰壹基金危机，类似的管理人员违规操作、制造虚假信息、公费旅游、公款吃喝、滥用救济金等现象层出不穷。这些问题的产生昭示着基金会治理结构某种程度上已经存在问题。非营利基金会内部治理不完善，外部监督不到位，严重制约了其自身的健康成长。因此，本课题分别从非营利基金会治理结构的研究现状、非营利基金会治理结构的主要问题以及国外非营利基金会治理结构的经验借鉴等方面进行，分析我国非营利基金会治理结构存在的问题，并提出有效的改进对策和措施。

2. 研究方案论证

2.1　研究内容和目标

2.1.1　研究内容

非营利基金会作为非营利组织的一种基本形式，其健全、合理的治理结构是实现其功能、效用的关键。在此前提下，本项目以利益相关者理论为依据，以非营利基金会治理结构为研究对象，分析其存在的主要问题，并在借鉴相关研究成果和国外有益经验的基础上，提出相应的改进对策。本项目主要内容包括：

（1）非营利基金会治理结构的研究现状；

（2）利益相关者理论与非营利基金会治理结构；

（3）我国非营利基金会治理结构的主要问题；

（4）国外非营利基金会治理结构的经验与启示；

（5）我国非营利基金会治理结构的改进对策。

2.1.2 研究目标

在上述研究内容的相关范围内，本课题将充分展开分析和调研，以实现以下研究目标。

（1）深入分析我国非营利基金会治理结构的现状和存在的问题，并有针对性地提出相应对策和措施；

（2）根据美国非营利基金会治理结构的相关做法及经验，并结合我国非营利基金会目前所处的状态，提出相应的启示；

（3）以利益相关者理论为基础，对非营利基金会治理结构进行研究，从而得出相关结论；

（4）公开发表学术论文4篇，完成研究报告1份。

2.2 研究方案

2.2.1 研究方法

本项目主要采用规范研究方法，通过互联网、数据库和调研等途径收集相关资料，在借鉴美国非营利基金会治理结构的相关做法及经验的基础上，紧密围绕选题展开研究。

2.2.2 研究设计

（1）本课题名称为“利益相关者角度的非营利基金会治理结构研究”，其结合我国非营利基金会目前所处的状态，分析了美国非营利基金会治理结构的相关做法及经验，并提出相应的启示和对策。

（2）文献收集与整理。本课题首先充分利用学校丰富的数据库资源，围绕研究主题广泛收集资料，深化课题组成员对研究主题和研究方法的认知和掌握程度；其次从互联网上收集和整理相关的研究成果，作为对本课题研究的辅助；购置部分图书资料，促使课题组完成课题研究的主要内容，实现研究目标。

（3）实践调研。利用课余及假期时间，实地进行调研，收集相关的研究资料。

2.3 研究可行性

本课题组成员均为会计学专业本科生，在校期间已学习过会计学、财务管理等相关课程，接受过会计学研究方法和工具的实训，而且基本修习过《政府与非营利组织会计》课程，具备一定的非营利基金会治理结构理论知识。此外，本课题组成员相互协作性良好，愿意为该项工作付出努力。这为本课题研究奠定了较为坚实的基础。

3. 研究过程

3.1 研究准备阶段

3.2.1 做好课题组织工作

确定选题后，做好课题的组织工作是完成课题研究至关重要的一个环节。经过组员们的探讨和指导老师的指导，最终得到以下重要的实践工作。

（1）认真讨论研究内容，自由发表观点和意见，最终确定研究目标，并制定整体规划，按计划完成相关任务；

（2）依据课题组成员的知识结构和特长，由组内成员分工负责完成任务；

（3）确定共同研讨和交流的时间，在指导老师的帮助下学习相关专业知识，探讨研究内容的关键细节，协调各负责部分的研究工作；

（4）制定课题组研究工作的纪律要求，提高课题组的工作效率，避免无效或重复的工作。

3.2.1 制定工作计划

有效的计划是研究顺利实施的有力保障，经过课题组成员的充分讨论，得到以下工作计划：

（1）2015 年 1 ~ 2 月，搜集整理相关资料，为开展课题研究做好理论准备；

（2）2015 年 3 ~ 5 月，通过互联网和数据库等途径，了解国内外非营利基金会治理结构的制度建设和实践情况；

（3）2015 年 6 ~ 8 月，利用暑期时间进行调研，并撰写拟发表论文初稿；

（4）2015 年 8 ~ 9 月，修改拟发表论文并投稿；

（5）2015 年 10 月，撰写课题研究报告初稿；

（6）2015 年 11 ~ 12 月，修改完成课题研究报告，申请结题鉴定。

3.2 进行实地调研

在掌握了大量的理论知识后，对非营利基金会及其治理结构等有了一定的了解，在此基础上利用暑期时间，组内成员对北京市部分非营利基金会进行了调研，得到相关实践结论。

3.3 总结

该项目以利益相关者理论为依据，以非营利基金会治理结构为研究对象。课题组成员在进行调研后，对相关研究问题进行探讨总结，分析我国非营利基金会治理结构存在的主要问题，提出相应的改进对策。

4. 研究成果

4.1 我国非营利基金会的概念、分类和基本属性

按照我国《基金会管理条例》（2014）的规定，非营利基金会是指利用自然人、法人或者其他组织捐赠的财产，以从事公益事业为目的，按照相关规定成立的非营利性法人。根据是否面向公众募捐，非营利基金会分为公募基金会和非公募基金会，公募基金会按照募捐的地域范围，又分为全国性公募基金会和地方性公募基金会。

国内学者综合了不同法系下对非营利基金会的定义的特点，对非营利基金会给出了一个更为一般的定义：作为人类社会发展中出现的一种重要的组织制度创新形式，非营利基金会是基于捐赠的公益财产以基金形态存续并得到相应的法律认可和保护的非营利组织的一种基本形式，具有明确的公益宗旨和用益，其本质是在捐赠基础上形成的公益财产及其社会关系[1]。

公益性、非营利性、非政府性和基金信托性是非营利基金会区别于企业、政府及其他各类社会组织的基本属性。作为非营利基金会的本质属性，公益性体现在非营利基金会源于捐赠，具有明确的公益宗旨和公益用途。非营利基金会的运作管理及相应的制度规范中存在非营利的分配与收入约束机制、非营利的组织运作和管理机制、非营利的财产保全机制，体现了其非营利性。非政府性在于非营利基金会具有自主、自治和独立性的决策机制，民主、公开和社会性的治理结构，及非垄断的市场竞争性的运作机制。以公益财产为基础，捐赠人与受托人、受益人之间以及由公益捐赠形成的整个社会与非营利基金会之间存在着基金信托关系[1]。

4.2 利益相关者对非营利基金会治理结构的影响

利益相关者理论是指组织的经营管理者为综合平衡各个利益相关者的利益要求而进行的管理活动。该理论以其特有的研究视角，受到了理论界和实务界的重视，被用于非营利基金会治理结构研究。

4.2.1 从外部利益相关者分析非营利基金会治理结构

（1）政府主管部门与非营利基金会有着密不可分的依存关系。一方面，基金会作为一个独立的部门，承担一些政府部门不该做或做不好、企业不愿做或做不好的社会事务，另一方面，基金会由于在管理体制、人员配备等方面严重依赖政府，使其在与政府互动的过程中表现出不足，限制了基金会的发展。因此，政府主管部门应进一步提高管理能力，加强政府监督措施，使政府为基金会治理结构贡献力量。

（2）捐助者作为非营利基金会重要的利益相关者，向基金会提供资金或资产。非营利基金会的运营资金一般来自于政府的投入、社会捐赠及其组织为社会提供服务所获得的收入。因此，捐助者对基金会运作的监督就显得尤为重要。研究发现，监督机制并未给予捐助人以特殊的身份以直接介入非营利组织的内部事务。所以，捐助人应该被给予一定的知情权，参与到非营利基金会的治理中。如此，既能保证基金会治理的公开透明，又能吸引更多的捐助者对基金会进行捐赠，促进基金会治理的良性循环。

（3）受益人是非营利基金会服务的直接接受者，体验和感受基金会提供的服务。对于非营利基金会治理的效果，受益人最具有话语权。加强受益人对非营利基金会的监督，对促进非营利基金会治理结构的健康发展有重大的作用。为了从受益人方面得到最真实有效的建议和意见，非营利基金会应当加强反馈渠道，使受益人话有地方说。

4.2.2 从内部利益相关者分析非营利基金会治理结构

合理的内部治理结构首先表现为结构的清晰性，结构明晰的突出表现是权责清晰，各司其职。对于非营利基金会而言，则体现为理事会、监事会、高级管理层的相互制约。

（1）理事会作为非营利基金会的决策机构，依法行使章程规定的权力，控制和监督基金会的运作。理事会是内部权力机构的重要组成部分，有效的内部治理结构要求严格的理事选任、章程中明确理事的权利和义务、建立有效的决策机制等。

（2）执行机关是指在秘书长领导之下的负责非营利基金会具体事务执行的各具体职能部门，包括管理层、员工及志愿人员等。基金会的运作，需要财务和会计、税务等方面的专业人士，所以对于执行机关的工作人员，要求相关的专业能力和管理经验，工作人员还要有服务于他人的热情，要有一颗公益心。对于非营利基金会的治理来说，要加强非营利基金会的激励机制，提倡物质与精神激励，提高人员的工作绩效。

(3) 监事会作为监督机关，代表受益人的利益和社会公益对理事会的决策及管理层的运作进行监督，同时也监督非营利基金会的行为是否符合捐赠人的意志。对于一个完整的非营利基金会治理结构来说，监事会的设置必不可少。为了弥补政府和企业的不足，慈善基金会作为“第三部门”出现并发展起来，但是由于治理不严很容易被某些人控制而失去公益目的。所以，加强监事会的监督职能十分必要，保证监事对决策和管理活动的参与，使监督贯穿于组织工作的全过程。

4.3 国外非营利基金会治理结构的经验与启示

本课题在系统梳理国外非营利基金会治理结构典型做法的基础上，以美国为例，借鉴其中的有益经验，并结合我国非营利基金会目前所处的状态，提出相应启示。

4.3.1 美国对非营利基金会的定义

美国基金会中心对“基金会”的定义是：“非政府的、非营利的、自有资金（通常来自单一的个人、家庭或公司）并自设董事会管理工作规划的组织，其创办的目的是支持或援助教育、社会、慈善、宗教或其他活动以服务于公共福利，主要途径是通过对其他非营利机构的赞助。”

4.3.2 美国非营利基金会的类型

目前，美国非营利基金会主要有四大类，即社区基金会、独立基金会、公司基金会、运作型基金会。其中社区基金会属于公共慈善机构，独立基金会、公司基金会、运作型基金会等三类基金会被统称为私营基金会[2]。

4.3.3 美国非营利基金会的管理

(1) 设置较低的支出比例标准，允许开展项目相关性投资；

(2) 加强关联交易的监管；

(3) 享受税收优惠的监管[3]。

4.3.4 美国非营利基金会治理结构的经验启示

由于文化传统、国民心理、社会发展模式的差异性，中美在非营利基金会治理结构方面存在较大差异。但是，美国非营利基金会治理结构发展历程中的一些经验做法，对我国仍有一定的启示和借鉴意义。

(1) 立足国情，积极探索中国特色的社会组织发展之路。

各国非营利基金会的发展取决于其文化传统、风俗习惯等历史文化因素。美国非营利基金会的发展更多是由于美国文化崇尚“小政府、大社会”的国家治理原则。如果美国遇到社会问题，就要通过发展非营利基金会进行解决，从而形成了民间主导的慈善事业。美国一直在通过非营利基金会解决政府失灵、市场失灵所产生的社会问题，也有美国学者将其称为仅是做后续修补工作，修补原先的错误。从这个角度而言，我们不应当生搬硬套，重走美国的老路，而应该立足本国国情，积极探索中国特色发展之路。

（2）充分发挥财政税收政策的基础性和导向性作用，努力构建政府与社会组织的合作伙伴关系。

从美国的财政政策来看，政府将大量社会服务外包给非营利基金会，有20%的非营利基金会，其主要收入来源于政府，甚至有些非营利基金会收入的90%都来自政府。从美国的税收政策来看，美国公共慈善机构投资收益免税，私营基金会投资收益的税率也仅仅是1%～2%；民办非营利学校、医院等都具有捐赠税前扣除资格；股权捐赠则根据当天市价，给捐赠者开具捐赠票据用于税前扣除。同时，高额的遗产税也促进了慈善捐赠。可见，我国财税政策在这些方面都还有很大的改进空间。一方面，政府职能转变、政府购买服务应进一步加大力度，增强可操作性；另一方面，要加大对社会组织税收优惠的力度，特别是保值增值的相关税收优惠政策应尽快研究制定。

（3）强化非营利基金会的独立性、竞争性、创新性，加强能力建设[4]。

美国非营利基金会的独立性、竞争性和创新性强调尽量与企业、政府保持一定距离，维持平等地位，以便更好地在企业、政府之外发挥应有的作用。同时，这些非营利基金会强调在竞争中求生存，在创新中求发展，其结果是优胜劣汰，资源得到有效配置。美国20%的非营利基金会占有80%的资源，提供80%的服务。正是由于这种强烈的独立、竞争与创新意识，促使美国非营利基金会积极主动了解公益领域的多元化、个性化需求，及时有效地开展服务活动，表现出其独特优势。与其相比，我们非营利基金会的独立性、竞争性、创新性有待提高，能力建设还任重而道远。从分类指导而言，我们应该引导非营利基金会增强筹集资金和保值增值能力，从运作型向资助型转变，为其创造一个公平竞争的环境，使其成为公益事业的资金提供者。

4.4 我国非营利基金会治理结构问题探讨及对策

4.4.1 治理结构不规范

理想模式下，基金会的内部治理结构由三个团队构成，一个是负责决策的理事会团队，然后是负责执行理事会决议的执行团队，还有就是监督整个理事会工作的监事会团队。但是，我国的非营利基金会，或者没有设董事会、监事会等监督机构，或者董事会结构不合理，董事长与首席执行官是同一个人，监事会成为虚设。

4.4.2 外部监督薄弱

相关法规只规定了捐赠人事后可以追究基金会责任，但这种事后监督不仅不及时，而且也有赖于捐赠人对财产使用情况的知情权。而且该信息仍由基金会内部人员发布，如果其故意掩盖事实，中饱私囊，捐赠人作为外部监督力量，没有识别信息真伪的能力，也就没有控制资金走向的权力。另一方面非营利基金会的受益者大多数是弱势群体，让其进入基金会实行外部监督难以实现。这就再次将捐赠者的财产完全交由基金会的理事支配。

4.4.3 薪酬制度过于严苛

非营利基金会不同于商业公司，它是不以营利为目的的组织，所以对其内部员工也强调完全的“志愿性”。而商业公司伴随着员工绩效的提高会有相应的物质奖励，这也大大提升了员工的工作效率和工作质量。但基金会注重精神激励而缺乏物质激励，所以组织绩效和效率也大大下降。非营利基金会不能和公司一样以利润为衡量标准，因而缺乏一个严格的绩效评估体系。有的非营利基金会即使存在评估体系，也只是一个不科学不合理的体系，没有真正地将绩效与报酬挂钩，机构中干得好与不好都是一个样，对组织成员缺乏有效的激励机制，导致机构效率低下，工作迟滞不前。

4.5 我国非营利基金会治理结构改进对策探讨

4.5.1 加强利益相关方对非营利基金会内部的监督

保障一定的监事和理事为利益相关方的代表，或者在选举监事和理事的过程中，利益相关方应该保留一定的发言权。并当监事或理事有违反条例的行为时，利益相关方有权罢免其职务。除此之外，也应该允许受益人参与法人的内部治理，而参与内部治理的方式，即作为监事的组成人员，对理事会的决策、管理层的执行进行监督。

4.5.2 完善薪酬制度

非营利基金会的薪酬制度可以仿照商业公司进行规定，一方面可以设置多种省级或国家级的荣誉称号和奖项，对工作积极、任务完成较好的监事和理事给予奖励，该方法在于精神鼓励工作人员积极认真地对待工作；另一方面，根据马斯洛的需求理论，从低到高分别满足监事和理事的生理需求、安全需求、社交需求、尊重需求和自我实现需求。尽全力满足他们的预期目标，这样可以大大增强他们的工作积极性。另外，也可以引入绩效评定标准，根据监事和理事完成的任务量和质量对他们的薪酬进行调整，并且对违反规定的员工，给予一定的处罚。

4.5.3 加强监事会监督职能

监事会是非营利基金会内部监督的一支重要力量，所以加强监事会监督职能也变得尤为重要。不仅监事会的选任需要有利益相关者的参与，监事会也应具有足够的经验、能力和专业背景，以独立有效地行驶对公司财务的监督和对管理者履行职务行为的监督。这就使确立监事会独立的法律地位和任职资格变得非常重要。法律必须确立监事会的独立地位，它既不属于政府机关安插在基金会内部的“监视者”，也不是理事会高层管理人员贪污腐败的“护身符”，而是能与他们抗衡的向捐款人、受益人及社会公众负责的“观察员”。从而避免监事与理事恶意串通而损害组织和受赠者的利益。监事必须保持独立，积极履行职责、勇于检举揭发基金会的不良行为，所以，立法部门还应当尽快制定具体可行的补充规定。

5. 研究创新点

本课题的研究创新点主要表现在以下几方面。

（1）基于我国当前国情，并结合国际发展趋势，对我国非营利基金会治理结构进行了研究，而且提出了存在的问题以及相应的改进对策，针对性明显，实际应用性较强；

（2）关注国外非营利基金会治理结构的经验，并积极进行吸收借鉴，以丰富和深化本课题研究成果，因此具有一定的国际视野，顺应国际发展趋势；

（3）从理论和实务的角度对非营利基金会治理结构进行全面研究，提高研究内容的成效。

6. 存在的问题和发展方向

6.1 存在的问题

由于时间、资源以及知识水平的限制，我们对本课题的研究尚欠成熟，研究内容的系统性、深入性还不够强；基于我国特色社会主义市场经济的国情及政策大环境，我们提出的非营利基金会治理结构的改善措施有待进一步结合实务中具体各因素来完善，以提高其可行性。

6.2 发展方向

我国应当一方面顺应国际趋势，不断改进非营利基金会治理结构，从根本上治理非营利基金会运作过程中效率低下、公信力不强、贪污腐败等问题；另一方面，基于我国的国情制定一套具有中国特色的非营利基金会治理结构规范，将非营利基金会做大做强，为老百姓造福。这些都是值得我国理论界和实务界继续深入研究的问题。

参考文献

[1] 王名，徐宇珊．基金会论纲．中国非营利评论，2008（1）
[2] 王劲颖．美国基金会发展与管理的启示与思考——兼论社会组织建设工作．长沙民政职业技术学院学报，2011，18（1）：15-18
[3] 杨团．美国非营利组织管理．中国民政，1999（10）：41-42
[4] 蒋学基．美国社区非政府组织的运行情况及其启示．浙江社会科学，2002（4）：60-64

北京市居民收入主观感知状况研究

北方工业大学：郭鸽　郭婷婷　魏佳琪
指导教师：陈云 副教授

［摘　要］本研究对北京市居民收入及其主观感知状况等一系列问题进行微观调查，运用描述统计方法对北京市居民收入主观感知状况进行描述，运用多项定序 logistic 回归模型对居民收入主观感知的影响因素进行测度，在定量测算基础上提出提升居民收入主观感知的政策意见。

［关键词］收入主观感知；影响因素；多项定序 logistic 回归；微观调查

1. 引言

居民收入分配格局关系到广大民众的生活水平，分配公平程度自然是被广泛关注的话题之一。据世界银行估算，我国基尼系数自 2000 年起已超过 0.4 的国际警戒线，2010 年已攀升至 0.48。目前，我国已成为世界上收入贫富差距较大的国家之一。为防止出现“两头大，中间小”“M 形”社会的收入分布特征，党的十六大、十七大和十八大高度重视并分别提出“以共同富裕为目标，扩大中等收入者比重，提高低收入者收入水平”，“要逐步形成中等收入者占多数的橄榄形分配格局”，“持续扩大中等收入群体比重”。中等收入群体如持续扩大到一定规模，将形成中等收入阶层，中等收入阶层是实现共同富裕的重要社会基础。因此，从国家高度和社会发展角度来看，培育和扩大中等收入群体是实现我国共同富裕目标的关键。

当前，中等收入群体相关的研究成果集中表现在群体特征、群体界定标准、群体作用、扩大群体规模的政策建议等系列定性分析上，缺乏系统的定量测度方法和主观感知调查研究。已有的测度方法多围绕在群体的界定标准上，且我国中等收入者的划分标准也尚不统一，如狄煌（2003）提出家庭人均收入 1 万 ~4 万元的界定标准[1]；人民日报社（2010）提出中等收入者的收入下限为我国人均年可支配收入，上限是下限的 2 倍[2]；李培林（2007）定义家庭人均年收入在 14000 ~ 35000 元之间的即为中等收入家庭[3]；国家发改委社会发展研究所（2012）采用人均可支配收入

（对农村居民采用人均纯收入）口径得出，人均可支配收入介于22000～65000元之间的居民为中等收入者[4]；国家统计局城调总队（2005）依据抽样调查数据提出，家庭收入6万～50万元的标准[5]。以国家统计局城调总队（2005）的标准为例，笔者前期调查结果显示，很多被调查者表示自己“被中产”了，甚至有人认为“这样的界定标准，是为了统计数据好看而已”。因为，对于不同个人而言，低收入者可能会满足地认为自己属于中等收入群体，中等收入者亦有可能将自己归属于低收入或高收入群体，即使收入相同的两个人亦有可能主观感知属于不同群体。

当群体对自己的“中等收入”身份缺乏认同时，群体就很难成为社会的“稳定器”，也不利于建设“橄榄型”社会。因此，从主观感知视角对居民收入状况进行调查、对收入主观感知的影响因素进行测度无疑具有重要的学术价值和现实意义。一方面，通过收入主观感知和客观标准的对比研究，有助于学者们给出更加客观和准确的界定标准；另一方面，通过居民收入主观感知的影响因素测度研究，有助于在现有的客观收入分配格局下，提出提升群体主观认同感、发挥群体社会稳定器作用的有效政策建议，从而提高收入分配结构的稳定性。

2. 调查方案及居民收入主观感知状况

2.1 调查方案

2.1.1 调查对象和调查方法

2013年8月，北方工业大学“地平线调查学社”学生在统计专业老师的指导下，对北京市居民的个体和社会特征、收入和支出、住房状况以及居民对收入等一系列问题的主观感知状况进行了统计问卷设计、问卷调查和数据采集与整理工作。

由于国家统计局2013年开始组织试行一体化住户调查制度，核心改革在于统一城乡调查指标和调查内容。其中，指标统一的关键表现之一是长期在外的农民工收支统计不再在户籍地（农村）由家人代答，而要在常住地（城镇）接受调查。据此本文以北京市（城六区，即老城八区）城镇居民为调查对象，调查对象涵盖在北京市居住一年以上的居民群体（如农民工群体）。根据调查对象的家庭居住地将其分为六个区，分别为东城区（含崇文区）、西城区（含宣武区）、朝阳区、海淀区、丰台区、石景山区。

此次调查采用多重随机抽样方法。首先，根据六个区将调查对象分为六层，依据《北京统计年鉴2013》[6]表3-3公布的《常住人口总量》计算北京市各区常住人口比例，依据此比例分配调查样本量；其次，每个区选择4个独立的样本发放点，避免调查样本之间存在一定的关联性；最后，在每个调查样本点对居民进行简单不重复随机抽样方法抽出最终样本。此次调查共发出问卷 1200 份，收回有效问卷 1000 份。

2.1.2 调查内容

此次调查包括三个部分内容。

第一部分是北京市居民的个体和社会特征调查，主要调查居民的性别、年龄、户籍地（城六区、远郊区县或外地）、政治面貌、受教育程度、参加工作时间、所从事的职业、婚姻状况、家庭成员人数（包括长期一起居住的老人）等信息。

第二部分是北京市居民的收入、支出和居住等情况调查，主要调查居民的个人月收入、家庭年收入、个人年收入、收入的主要来源、目前处于前三位的支出、家庭年收入、家庭住房情况、家庭人均住房面积、家庭私家车等信息，其中个人月收入和个人年收入两个问题是为了相互佐证被调查者有没有给予真实回答。

第三部分是北京市居民对宏观经济、收入状况、宗教信仰等一系列问题的主观感知情况调查，主要调查居民对宏观经济运行、收入差距问题、北京市中等收入群体的界定标准及自我收入感知状况、当前最烦心的事情和是否有宗教信仰等问题。

2.2 调查对象的个体和社会特征分析

此次调查对象中男女比例为 1.1∶1（北京市统计年鉴公布的 2012 年此比例为 1.009∶1）；政治面貌中党员占 31.68%，群众占 57.60%，无党派人士占 5.12%，民主党派占 5.60%；居民的户籍来源地中，城六区占 67.8%，远郊区县占 17.8%，外地籍贯占 14.4%。近八成居民的受教育程度为大专及以上，且以本科学历居多（占 44.5%）；九成多居民婚姻状况为单身或已婚，3% 的居民处于离异状态，4.6% 的为丧偶状态。当前北京市三口之家的家庭最多，占 46.6%，其次为两人家庭占 22.2%，1 人、4 人及 5 人以上家庭分别占 11.0%、13.4% 和 6.7%。

参照国家统计局的行业分类[7]，此次调查将居民从事的职业分为如下几类：公职人员（公务员、国有企业事业单位等）、技术人员（教师、工程师、律师等）、私营企业主（自己经商、个体户等）、军人武警、农林牧渔水利业生产人员、生产和运输设备操作人员及相关人员、外企人员、无业人员和其他。对居民从事的职业进行统计分析，当前北京市居民以公职人员（占 22.7%）、技术人员（占 19.8%）、私营企业主（13.1%）、外企人员（9.6%）居多，这与笔者先前对北京市大学生家长职业进行的调查结果基本一致。

2.3 北京市居民收入及其主观感知状况

北京市居民收入情况如图 2.1 所示，居民收入分布呈现偏态分布，即收入水平越高人口比重越低，符合已有研究结果。54.42% 的居民年收入低于 12 万元，28.25% 的居民年收入处于 12 万 ~24 万元之间；14.45% 的居民年收入处于 24 万 ~60 万元；2.88% 的居民年收入在 60 万元以上。

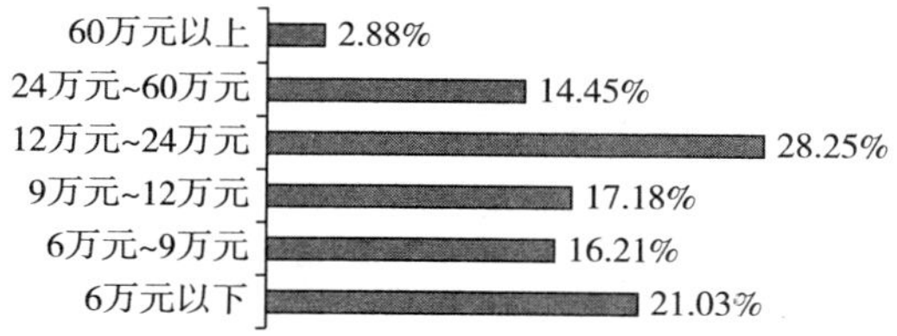

图 2.1　北京市居民年收入分布情况

北京市居民的收入来源情况如图 2.2 所示（限选 2 项），结果显示工资性收入和财产性收入是北京市居民的主要收入来源，选择这两项的居民分别占 75.52% 和 42.40%；其次是经营性收入和转移性收入，选择这两项的居民分别占 17.28% 和 12.48%。可见，财产性收入已成为居民收入的重要来源，转移性收入的作用也在逐渐凸显。

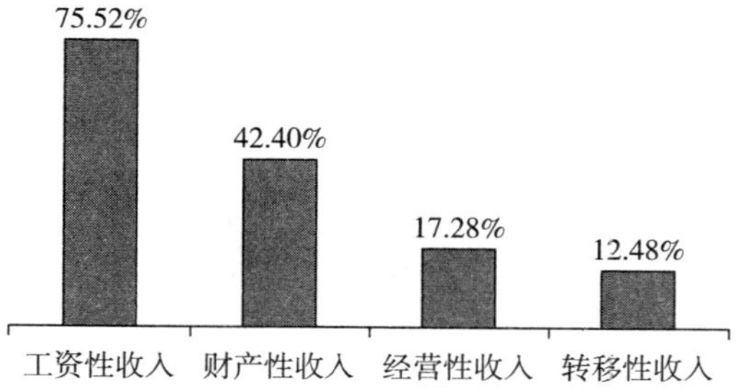

图 2.2　北京市居民收入的来源情况

经济研究多以居民家庭年收入作为衡量收入水平的重要指标。当前北京市居民家庭年收入多集中在 6 万 ~75 万元（合计 85.92%），年收入低于 6 万元的家庭占 7.93%，年收入高于 75 万元的家庭占 6.15%（其中年收入高于 150 万元的家庭占 1.62%），北京市居民家庭年收入分布具有一定的右偏结构，见图 2.3。

国家统计局城调总队（2005）界定我国城市中等收入群体的家庭年收入标准为 6 万 ~50 万元，并预测到 2010 年城市中等收入人群的家庭占全部城市家庭的 14%，到 2020 年城市中等收入的家庭将占全部城市家庭的 45%。依据国家统计局的这一标准和本文调查数据，2013 年北京市中等收入家庭比例高达 72.32%，参照这一标准来看，北京市收入分配结构具有稳定的橄榄型结构。

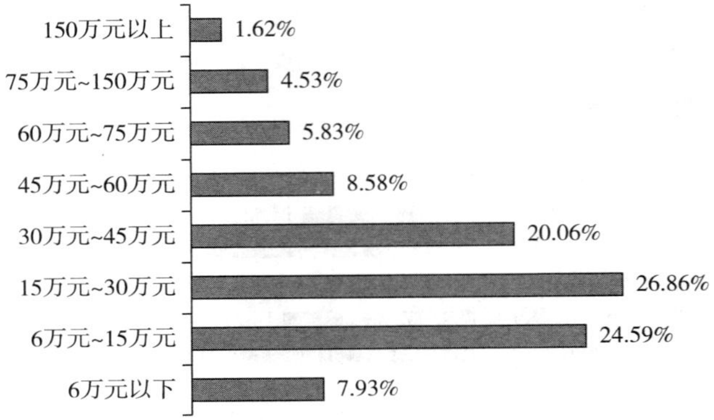

图 2.3　北京市居民家庭年收入分布情况

但是，北京市居民对当前收入差距的感知状况（见图 2.4）显示，82.6% 的居民认为北京市当前收入差距问题严重（含比较严重和严重），16.3% 的居民认为收入差距问题一般。在北京百姓主观看来，当前收入差距问题已然较为严重。

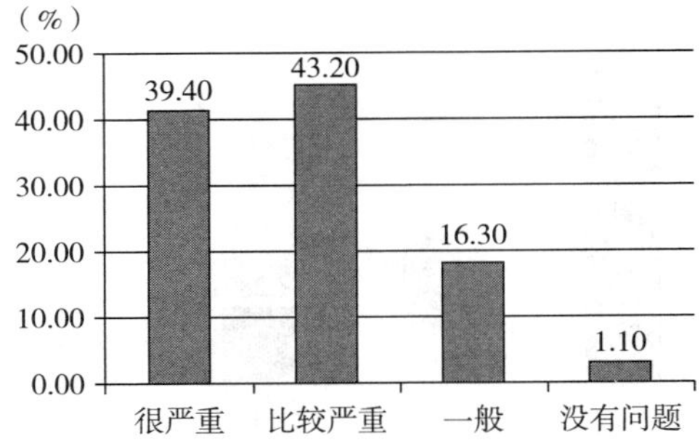

图 2.4　北京市居民对收入差距的感知状况

对中等收入群体的界定指标进行调查，统计结果如图 2.5 所示。选择收入水平指标的居民占 37.73%，其次为职业指标（占 18.78%）、消费及生活水平（占 16.81%）、知识资本（占 14.82%）。可见，在居民眼中收入水平是衡量中等收入群体的重要指标，但不是唯一指标。因此，研究者在界定中等收入群体标准时，不能仅仅采用收入指标，还要考虑诸如当地消费及生活水平等因素。

对中等收入群体应该具备的家庭人均收入水平进行调查，统计结果如图 2.6 所示。结果显示，29.80% 的居民认为家庭人均年收入应该处于 16 万 ~20 万元，21.60% 的居民认为应该处于 21 万 ~25 万元，20.20% 的居民认为应该处于 11 万 ~15 万元。可见，居民内心的家庭人均收入标准差异较大，且要远高于国家统计局提出的家庭年收入界定标准 6 万 ~50 万。

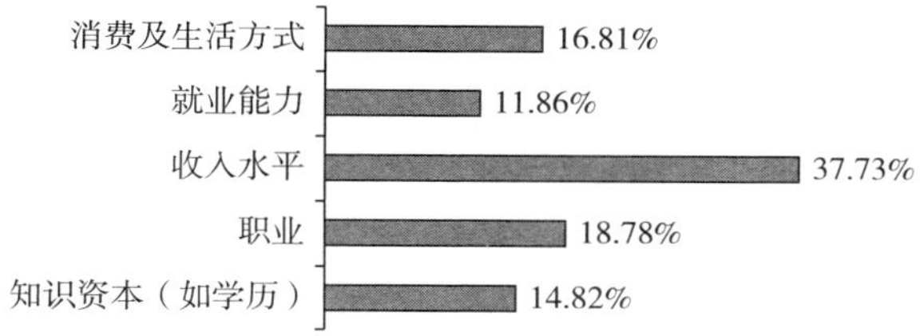

图 2.5　北京市居民对划分中等收入群体指标的看法

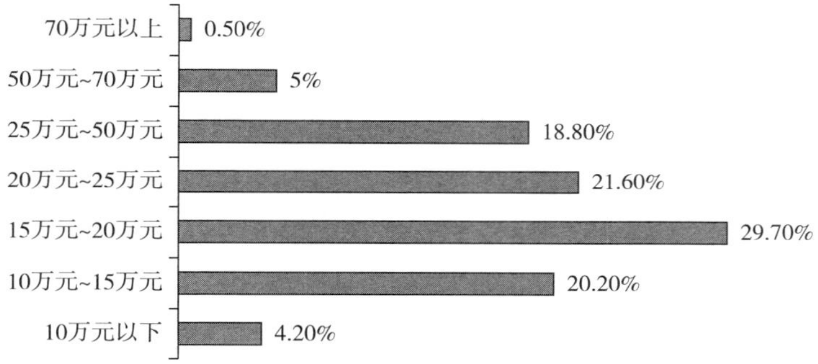

图 2.6　北京市居民对中等收入家庭人均年收入的看法

对居民收入主观感知状况进行调查，结果如图 2.7 所示。结果显示，49.8% 的居民认为自己属于中等收入群体，37.4% 的居民认为自己属于低收入群体，认为自己属于高收入群体和贫困群体的居民比重最低，均占 6.4%。居民主观感知下的收入分布呈现左偏结构，且中等收入群体比重要低于客观标准计算出来的比重。

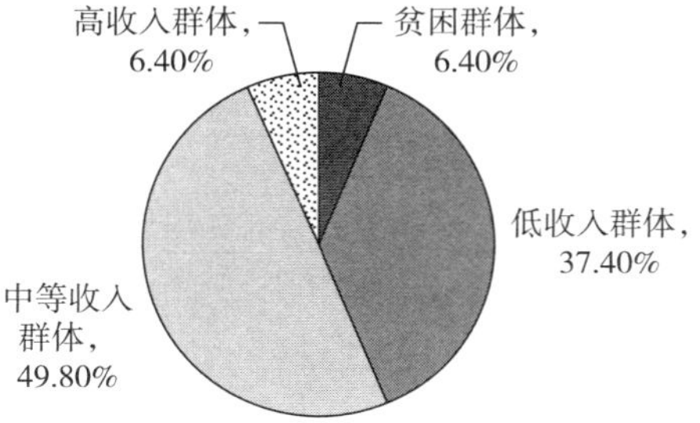

图 2.7　北京市居民收入主观感知状况

3. 居民收入主观感知状况的影响因素测度

3.1 影响因素指标设定及关系初判

居民的个人和社会特征如年龄、户籍地、受教育程度、工作时间、职业、婚姻状况、家庭成员数等；收入支出及居住情况，如个人年收入、家庭住房、人均居住面积、私家车拥有等情况；对宏观问题的主观看法，如对经济社会发展的满意度、对当前收入差距问题的看法等；有无宗教信仰等都会影响居民对自己所处收入群体的感知。本研究从上述四方面选取影响因素指标，设定情况如表 3.1 所示。

表 3.1　居民收入主观感知及其影响因素指标设定

因素	赋值
收入主观感知	贫困收入 =1，低收入 =2，中等收入 =3，高收入 =4
个人和社会特征	
性别	男 =1，女 =2
年龄	23 岁及以下 =1，24 - 29 岁 =2，30 - 39 岁 =3，40 - 49 岁 =4，50 - 59 岁 =5，60 岁及以上 =6
户籍地	城六区 =1，远郊区县 =2，外地 =3
受教育程度	初中及以下 =1，高中 =2，大专 =3，本科 =4，硕士及以上 =5
工作时间	不到 1 年 =1，1 - 5 年 =2，6 - 10 年 =3，10 年以上 =4
职业	公职人员 =1，技术人员 =2，私营企业主 =3，军人武警 =4，农林牧渔业 =5，生产运输设备业 =6，外企人员 =7，无业 =8，其他 =9
婚姻状况	已婚 =1，丧偶 =2，离异 =3，单身 =4
家庭人数	1 个 =1，2 个 =2，3 个 =3，4 个 =4，5 个及以上 =5
收入、居住等特征	
个人年收入	原值填写
家庭住房	有自有住房且无贷款 =1，有自有住房但有贷款 =2，无自有住房 =3
住房人均面积	20 平方米及以下 =1，21 ~ 20 平方米 =2，31 ~ 40 平方米 =3，41 平方米及以上 =4
私家车情况	有 =1，无 =2
对宏观问题认知	
经济社会发展	很满意 =1，比较满意 =2，一般 =3，不满意 =4
收入差距问题	很严重 =1，比较严重 =2，一般 =3，没有问题 =4
对宗教信仰问题看法	
是否有宗教信仰	有 =1；无，将来也许有 =2；无，将来也没有 =3

为了初步判断哪些因素影响居民的收入主观感知状况，表3.2显示了不同收入主观感知群体的自变量均值差异。表3.2数据显示，户籍地、受教育程度、年收入、住房人均面积、有无车、对改革开放以来北京所取得的社会发展成就是否满意、觉得北京市当前的收入差距状况如何等7个自变量均值随收入群体不同而呈现差异性。户籍地在城六区的居民较远郊区县和外地的居民更倾向认为自己属于中等、高收入群体；受过高等教育的人更倾向于认为自己是高收入群体；年收入、住房人均面积和有无车与居民收入群体认知的关系很明显，这三个自变量取值越大，居民就越倾向认为自己属于高收入群体；在主观感知自变量方面，中等或高收入群体对改革开放以来北京所取得的社会发展成就更为满意，对北京市目前的收入差距问题并不感到很严重。

表3.2　不同收入主观感知群体的影响因素均值差异

因素变量	贫困群体（Y=1）	低收入群体（Y=2）	中等收入群体（Y=3）	高收入群体（Y=4）
性别	1.44（0.51）	1.46（0.50）	1.45（0.50）	1.23（0.43）
年龄	2.75（1.69）	3.00（1.44）	3.02（1.28）	2.94（1.51）
户籍地	1.69（0.79）	1.49（0.74）	1.39（0.69）	1.23（0.60）
受教育程度	2.81（1.11）	3.17（1.13）	3.67（0.98）	3.89（1.18）
参加工作的时间	2.38（1.26）	2.98（0.97）	2.96（1.03）	2.80（1.16）
所从事的职业	6.88（1.67）	4.09（2.71）	3.28（2.43）	3.43（2.19）
婚姻状况	2.69（1.45）	2.03（1.37）	1.93（1.32）	1.94（1.37）
家庭成员人数	3.44（1.03）	2.84（1.08）	2.82（0.92）	2.94（1.16）
年收入合计	6.07（6.90）	12.28（14.27）	18.02（14.33）	29.77（26.64）
家庭住房情况	1.50（0.52）	1.41（0.49）	1.43（0.50）	1.20（0.41）
住房人均面积	2.31（0.95）	2.32（1.06）	2.54（0.93）	3.17（0.98）
有无车	1.69（0.48）	1.59（0.49）	1.35（0.48）	1.20（0.41）
经济社会发展是否满意	2.19（0.66）	1.82（0.75）	1.66（0.69）	1.51（0.66）
收入差距如何	1.44（0.63）	1.75（0.66）	1.82（0.75）	2.20（0.90）
认为是否要有宗教信仰	1.94（0.77）	1.83（0.81）	1.93（0.80）	1.86（0.73）

注：括号中数字为变量的方差。

3.2 理论测度模型设定

当二分类或多分类变量作为被解释变量出现在回归分析中时，应用一般的线性回归模型将违背此类模型的前提假设，可采用二项或多项logistic回归分析。本研究中，居民的收入主观感知状况分：贫困收入、低收入、中等收入和高收入四种，显然是一个多分类定序变量。根据表3.2初步分析结果可知，该变量与其他多个影响因素之间存在一定的相关性。因此，要研究多种影响因素对居民收入主观感知的效应，需要采用定序多项 logistic 回归模型。

因变量为“认为自己在北京属于什么群体”，以 Y 表示，Y 取值为 1、2、3、4。Logistic 模型假设存在一个隐变量 Y^*，$Y^* = X^T\beta + uY^* = X^T\beta + \mu$，$\beta Y^* = X^T\beta + u$ 为所有的自变量的系数，$uu\mu$ 为残差项服从 Logistic 分布。Logistic 分布函数为，$A\ (z) = \frac{exp\ (z)}{1 + exp\ (z)}$，它的分布函数取值恰好在 0 和 1 之间，因此很适合用于离散选择变量的回归。

隐变量 Y^* 和 Y 的关系如下：

$$Y = \begin{cases} 1, & Y^* \leqslant c_1 \\ 2, & c_1 < Y^* \leqslant c_2 \\ 3, & c_2 < Y^* \leqslant c_3 \\ 4, & Y^* > c_3 \end{cases}$$

其中 c_1、c_2、c_3 为回归的阈值。由于残差项 uuμ 服从 Logistic 分布，因而根据上面 Y^* 和 Y 的关系可以求出因变量 Y 取各个值的概率，如下：

$$Prob(Y = 1) = Prob(Y^* \leqslant c_1) = Prob(u \leqslant c_1 - X^T\beta) = A(c_1 - X^T\beta)$$

$$\begin{aligned} Prob(Y = 2) &= Prob(Y^* \leqslant c_2) = Prob(Y^* \leqslant c_2) = Prob(c_1 - X^T\beta \leqslant \mu \leqslant c_2 - X^T\beta) \\ &= A(c_2 - X^T\beta) - A(c_1 - X^T\beta) \end{aligned}$$

$$\begin{aligned} Prob(Y = 3) &= Prob(Y^* \leqslant c_3) - Prob(Y^* \leqslant c_2) = Prob(c_2 - X^T\beta \leqslant \mu \leqslant c_3 - X^T\beta) \\ &= A(c_3 - X^T\beta) - A(c_2 - X^T\beta) \end{aligned}$$

$$Prob(Y = 4) = 1 - \sum_{i=1}^{3} Prob(Y = i) = 1 - A(c_3 - X^T\beta)$$

以上的定序 Logistic 模型的待估参数为自变量 β 和阈值 c_i，回归参数估计方法为极大似然估计法。

3.3 实证分析

本研究使用 R 软件对问卷数据进行定序 Logistic 回归分析，模型拟合的卡方统计量为 158.87，p 值低于 0.01，表明模型在 1% 的显著性水平下通过了检验，拟合程度较好。

模型的回归系数结果如表 3.3 所示（所有自变量选取的参照项均为第 1 项）。

表 3.3　定序多项 logistic 模型估计及显著性结果

变量	选项	估计值	标准差	Wald 检验	p 值
截距项（阈值）	C_1	3.3313	0.8733	3.81	0.0001
	C_2	−0.1407	0.8474	−0.17	0.8681
	C_3	−3.8654	0.8699	−4.44	0
性别	女	−0.1032	0.2036	-0.51	0.6123
年龄	24～29 岁	0.1903	0.3890	0.49	0.6246
	30～39 岁	0.2365	0.4785	0.49	0.6212
	40～49 岁	−0.1516	0.5477	−0.28	0.7820
	50～59 岁	−0.4975	0.6072	−0.82	0.4126
	60 岁及以上	−0.0611	0.6913	−0.09	0.9296
户籍地	远郊区县	−0.2326	0.2720	−0.86	0.3924
	外地	0.1303	0.3226	0.40	0.6863
受教育程度 *	高中	0.8590	0.5036	1.71	0.0881
	大专	0.7298	0.5007	1.46	0.1449
	本科	1.0019	0.4913	2.04	0.0414
	硕士及以上	1.6034	0.5560	2.88	0.0039
参加工作的时间	1～5 年	−0.4641	0.3944	−1.18	0.2393
	6～10 年	−0.5199	0.4140	−1.26	0.2091
	10 年以上	−0.1220	0.5158	−0.24	0.8130
所从事的职业 *	技术人员	−0.1143	0.2892	−0.40	0.6925
	私营企业主	0.4737	0.3477	1.36	0.1731
	军人武警	−0.1190	0.4463	−0.27	0.7897
	农林牧渔	−0.8264	0.4554	−1.81	0.0695
	生产运输	−1.0098	0.4466	−2.26	0.0238
	外企人员	0.2943	0.3761	0.78	0.4339
	无业	−1.2741	0.4880	−2.61	0.0090
	其他	−1.2323	0.5468	−2.25	0.0242
婚姻状况	丧偶	0.1611	0.4669	0.35	0.7300
	离异	0.2233	0.5490	0.41	0.6843
	单身	-0.2048	0.3058	-0.67	0.5029
家庭成员人数	2 个	−0.1046	0.4039	−0.26	0.7957
	3 个	0.1632	0.3787	0.43	0.6665
	4 个	−0.0863	0.4389	−0.20	0.8441
	5 个及以上	0.2391	0.5456	0.44	0.6612
年收入合计 *	原值	0.0196	0.0075	2.60	0.0093
家庭住房情况	有房有贷款	−0.1548	0.2216	−0.70	0.4849

续表

变量	选项	估计值	标准差	Wald 检验	p 值
家庭人均住房面积 *	21-30 平米	0.4397	0.3005	1.46	0.1435
	31-40 平米	0.4751	0.2964	1.60	0.1090
	41 平米及以上	0.7949	0.3628	2.19	0.0284
有无车 *	无	-0.6000	0.2176	-2.76	0.0058
经济社会发展是否满意 *	比较满意	-0.2491	0.2180	-1.14	0.2531
	一般	-0.7586	0.3157	-2.40	0.0163
	不满意	-1.1243	1.1923	-0.94	0.3457
收入差距如何 *	比较严重	0.2425	0.2235	1.08	0.2779
	一般	0.5813	0.3224	1.80	0.0714
	没有问题	2.0943	0.9038	2.32	0.0205
是否有宗教信仰 *	无，将来也许有	-0.2787	0.2797	-1.00	0.3189
	无，将来也没有	-0.1723	0.2869	-0.60	0.5482

Wald 卡方检验表明，受教育程度、所从事的职业、年收入合计、家庭人均住房面积、家庭有无车、对改革开放以来北京市所取得的社会发展成就是否满意、对北京市当前收入差距问题的看法等主客观因素都是影响居民收入主观感知的显著因素（p 值 <0.10）。性别、年龄、户籍地、参加工作时间、婚姻状况、家庭成员人数、家庭住房情况有无房贷对居民收入的主观感知状况影响并不显著（p 值 >0.10）。

具体来看，居民的个体和社会特征的具体影响如下（以下的分析均在控制其他影响因素相同的条件下进行）。

（1）居民受教育程度显著影响其收入主观感受。较初中及以下学历居民而言，高中学历居民收入主观感受的对数发生比高出 0.8590，大专学历居民无显著差异，本科学历高出 1.0019，硕士及以上学历高出 1.6034。可见，居民的收入主观感受与居民的受教育程度总体上呈正相关关系，受教育程度的提高会提升居民的收入主观感知程度，且硕士及以上学历居民的感受要明显高于其他学历。

（2）相较公职人员而言，职业为技术人员、私营企业主、军人武警、外企人员的收入主观感受不受职业影响，而农林牧渔水利业生产人员、生产运输设备操作人员及相关人员、无业人员及其他职业居民收入主观感受与其职业呈显著负相关，即职业降低了他们的收入主观感受，他们的收入主观感受的对数发生比较公职人员分别降低了 0.8264、1.0098、1.2741、1.2323。可见，劳动密集型行业居民收入主观感知低，无业人员居民的这种感受最强烈。

（3）居民的收入主观感知与其年收入合计呈正相关关系，收入越高居民的收入主观感受也越高。年收入每提高 1 万元，居民收入主观感受的对数发生比提高

0.0196，发生比提高1.0198。

（4）家庭人均住房面积与居民收入主观感受呈现正相关关系，人均住房面积越大，居民的收入主观感受也越高。较人均面积20平方米以下居民而言，人均住房面积为21~30平方米居民的收入主观感受不受该因素影响；当人均住房面积达到31~40平方米（P值为0.1090，此处近似显著）、41平方米及以上时，这一因素将显著提升居民的收入主观感知状况，居民收入主观感受的对数发生比较20平米以下居民分别提高0.4751、0.7949。

（5）家庭是否拥有私家车对居民收入主观感知有显著影响。较拥有私家车的居民而言，无私家车居民收入主观感受的对数发生比降低0.60。

居民的心理感受是受多因素影响的一种复杂效应，该效应一般具有联动性。测算结果显示：较那些对北京市宏观经济运行非常满意的居民来说，感受为一般的居民的收入主观感受的对数发生比会降低0.7586，而其他感受状态的居民之间没有显著差异；较那些认为收入差距问题很严重的居民来说，认为比较严重的居民收入主观感知状况与其没有显著差异，认为收入差距问题一般和没有问题的居民收入主观感受的对数发生比分别会提高0.5813、2.0943。可见，认为收入差距没有问题的居民，其收入主观感受也大大提升；当前来看，宗教信仰对我国居民收入主观感知状况没有显著影响。

5. 研究结论与政策建议

研究发现，北京市居民家庭年收入分布呈现一定的右偏，居民收入主观感知状况分布呈现一定的左偏，且有八成以上居民认为当前收入差距问题严重，即居民收入主观感知分布状态要劣于客观收入分配状态。居民收入主观感知属于信息学、博弈学和心理学范畴，由于信息不对称或信息不充分，居民在感知自己的收入状况时，难免会结合社会发展宏观状况，与周围的亲戚、朋友、同事等收入状况进行横向比较，考虑人力资本差异、行业差异、收入资产差异，结合自我的主观感知对已获得的信息进行系列加工，从而给自己的收入一个定位。研究结论可以进一步具体如下。

5.1 就业存在性别和户籍地歧视，但这并不影响居民的收入主观感知

尽管我国就业时存在性别歧视、户籍歧视，但居民对自己收入的主观感知状况并不受这两个因素影响，这与北京市劳动保障法规完善、就业单位录用职工后要照章办事等有关，很多单位同岗男女职工、同岗不同户籍地职工薪酬不会存在较大差异。除此之外，年龄、工作时间、婚姻状况、家庭人口、宗教信仰等特征亦不影响

居民收入的主观感知状况。

5.2 人力资本能够提升居民的收入主观感知状况，我们要建设学习型社会

受教育程度越高，居民的收入主观感知越高，特别是硕士及以上学历居民的收入主观感知程度最高。教育投资作为人力投资的主要部分，反映出当前知识经济时代，人力资本作为一个重要的经济要素，对经济增长的贡献越来越重要。人力资本相比其他资本具有更大的增值空间，高技术知识程度的人力带来的产出要明显高于技术程度低的人力，因此人力资本越高的群体收入感知也越高。今后，我们要将我国庞大的人力资源转化为人力资本，关键要提高人力素质，形成全民学习、终身学习的学习型社会，全面强化人力资本投资，全面提高人民的素质和能力，把中国建设成人力资本强国。

5.3 职业显著影响居民收入主观感知，要调控行业收入差距

职业对居民收入主观感知影响显著，相比公职人员、技术人员、私营企业主、军人武警、外企人员，劳动密集型行业如农林牧渔水利业生产人员、生产运输设备操作人员及相关人员、无业人员及其他居民的收入主观感知降低，这反映出我国行业收入差距问题突出，特别是劳动密集型行业居民收入报酬低。要调整我国行业收入差距过大问题，打破垄断体制，抑制垄断行业薪酬增长高等不合理现象，规范高管人员薪酬等；对国有及国有控股企业应建立有效的激励与约束机制；确保各地政府制定最低工资标准并执行；特别要深化收入分配体制改革，保证劳动、资本、技术和管理等生产要素按要素贡献大小得到公平合理的回报。

5.4 收入、资产因素是影响居民收入主观感知的主要客观因素

人无恒产则无恒心，除居民收入水平外，居民人均住房面积、拥有出行工具私家车等也是影响居民收入主观感知的重要客观因素。收入水平越高、人均住房面积越大、拥有私家车都会显著提升居民的收入主观感知。特别是，当居民的人均住房面积在30平方米以下时，收入主观感知之间不存在差异，当人均住房面积高于31平方米时，主观感知才出现差异。因此，国家应该实施有效的政策大力发展经济；建立健全居民收入增长长效机制，多渠道促进农民增收；运用经济、法律和行政等手段，从宏观上对房地产业进行指导、监督、调节和控制，同时完善保障性住房政策，使居民有所居；保障城乡居民收入水平、生活质量与经济发展水平相适应。

5.5 居民对宏观问题和收入的主观感知存在联动效应，要从各方面着手增强百姓信心

居民对收入主观感知状况与其对宏观经济运行、收入差距等问题的自我感知之间存在联动效应，都是受居民个体和社会特征影响的一种心理判断活动。国家和政府要从经济增长、居民收入、就业、教育、医疗、卫生、住房、养老等多方面着手，完善系列制度、法律法规等，综合提高百姓信心。

参考文献

[1] 狄煌. 合理界定中等收入者. 经济参考报，2003-2-12（10）

[2] 王兴斌. 提高中等收入者比重，壮大国民旅游主体. 中国青年报，2012-2-17（11）

[3] 李培林. 关于扩大中等收入者比重的若干思考. 红旗文稿，2007（18）：14-15

[4] 国家发改委宏观经济研究院课题组. 扩大中等收入者的比重的实证分析和政策建议. 经济学动态，2012，(5)：12-17

[5] 国家统计局城调总队课题组. 6 万—50 万元：中国城市中等收入群体探究. 数据，2005（6）：39-41

[6] 夏沁芳. 北京统计年鉴. 北京：中国统计出版社，2013

[7] http：//www. stats. gov. cn/zjtj/tjbz/hyflbz/

贝塔值在测定股票市场风险中的应用

北方工业大学：吴迪　安东　赵鹏　何继康
指导教师：崔玉杰 副教授

[摘　要] 本文是以2015年3月1日至2015年5月10日上海证券交易所上市的中信银行的交易数据为样本，采用最小二乘法计算出贝塔系数，并使用均值回归和历史回归的方法对个股的不同时期的贝塔系数预测，并对两者的结果进行了MAD检验，通过比较证实了均值回归的预测结果优于历史回归的预测结果。然后通过对个股不同时期均值回归的分析得到贝塔系数的预测值，从而投资者可以据此来预测证券市场的风险。

[关键词] 贝塔系数；均值回归模型；均值绝对偏差检验

1. 引言及文献综述：

β系数是表示某一证券或证券组合相对于整个证券市场的风险程度的比较指标，所以有时又被称为风险度或反应度。这一系数表示证券收益率受系统因素影响的程度。对于β系数的研究可以追溯到20世纪70年代，国内外的学者都对于β系数进行了大量的实证研究，通过运用统计方法对于证券市场的数据进行定性研究。其中最负盛名的是国外学者Blume在1975年发表的论文《Beta and Their Regression Tendencies》中，在这篇论文中，Blume通过对1926年1月～1968年6月纽交所成功上市的各类股票跟踪调查，不断搜集最新的数据信息，经过理论论证得出在固定时期t计算出的β系数可以对未来进行一定的预测；Gangemi、Robert和Robert在1999年根据摩根士坦利全球市场指数和以英、美为首的西方资本主义国家的股票市场指数进行数量分析，发现不同国家的β系数也在一定程度上符合均值回归模型，进而可以根据这一指标对于不同国家之间的经济情况进行比较。

相比而言，许多国内的学者也对β系数进行过深入研究。2003年，马喜德等人用上交所上市的90只股票为样本数据，通过实证计算对β系数进行分析，并据此得出相关结论，各种股票不同时期的波动率都不为零，表明β系数具有很强的不稳定性。马喜德在2006年进一步论证了深发展这只股票的β系数的波动状态符合均值回归模型。本文对中信银行415个交易日的收益率计算贝塔系数，采用均值回归模型和历史回归模型对贝塔系数进行预测并用MAD对两种预测方法进行比较。而且对同一只股票不同时期的均值回归拟合情况进行了分析。

2. 测定β系数

2.1 β系数的定义法

从数学上看，某个证券的β系数就是某个证券的收益率与市场收益率的协方差除以市场收益率的方差：

$$\beta = \frac{\sigma_{im}}{\sigma_m^2} = \rho_{im}\frac{\sigma_i}{\sigma_m} \tag{1}$$

由上式可以看出，β系数的大小取决于证券本身的标准差、整个市场的标准差以及该证券与整个市场的相关性。

首先对中信银行（601998）和上证指数的日收益率分别求得他们的标准差和相关系数在下表中给出。

表2.1　　中信银行与上证指数系数表

	中信银行（601998）	上证指数
标准差	0.02490	0.01593
相关系数	0.74960	

将上表得出的数据带入公式（1），得出定义法下的中信银行的β系数，即：

$$\beta_{中信银行} = 1.1715$$

2.2 单指数法

β系数可以用以下回归线性模型求得：

$$y = \alpha + \beta x + \varepsilon \tag{2}$$

y为某种股票的收益率；x为市场收益率；∂ 为与y轴的交点；β为回归直线的斜率；ε为随机因素产生的剩余收益率。

数据采用的是2013年8月29日到2015年5月20日的415个交易日的日收益率。应用公式（2）获得单指数法下的中信银行与上证指数的回归方程，即：

$$y = 1.1715x - 0.0045$$

那么β系数就为：$\beta_{中信银行} = 1.1715$

发现与之前的方法计算所得相近，原因在于定义法求β系数是将单指数法的公式进行变形后得到的。

3. β系数的预测及评定

3.1 β系数的预测

资产的预期收益率以及市场组合的收益率都非可观测值，因而β系数只能通过历史数据进行预测。在静态假设下，比较直观的β系数预测方法有历史β预测，均值回归模型等。

3.1.1 历史β模型

在预测β值得时候最简单且最常用的方法就是历史β模型法，该模型的历史β系数是未来$\hat{\beta}$的无偏估计。因此未来的$\hat{\beta}$可以用历史β值来代替。用公式表示为：

$$\hat{\beta}_{i,t} = \beta_{i,t-1}$$

其中$\hat{\beta}_{i,t}$是未来值，$\beta_{i,t-1}$为历史值。

3.1.2 均值回归模型

根据Blume在1975年提出的单只股票的贝塔系数有可能遵循回归过程。通过均值回归模型，如果β系数存在回归趋势的话，并且回归的速度不随时间改变的话，那么预测β系数值将不是不可能的。其模型为：

$$\beta_{i,t} - \beta_{i,t-1} = p - q\beta_{i,t-1} \tag{3}$$

其中$\beta_{i,t}$为第t个周期的观测值、$\beta_{i,t-1}$为$t-1$个观察周期的观测值、q为回归速度、p/q为长期均值。

3.1.3 模型的应用

本文选取2013年9月3日到2015年5月20日中信银行日收益率共415个数据为样本，每5个交易日数据为1期，一共分83期。

首先利用最小二乘估计对83期数据进行时间序列回归计算出每期的贝塔系数，回归系数在1.0左右波动，回归效果较好。下一步把83期贝塔值进行进一步分组并且把对每组的贝塔值进行最小二乘回归，可以得到不同的回归方程，方程中的p、q的值不尽相同，有的在0~1之间遵循均值回归过程下一步我们可以利用均值回归模型对贝塔值进行预测，有的则大于1不遵循回归过程，不能利用均值回归模型对贝塔值进行预测。下一步我们首先对均值回归效果显著地组进行贝塔值预测并计算均值绝对偏差对预测效果进行检验，然后分别对遵循均值回归和不遵循均值回归的组别进行分析。

均值回归模型的假设条件：p、q 越接近 1 说明变量间均值回归性显著，通过调查分析，中国人民银行决定降息时间点前后 β 系数是否具有均值回归显著性情况发生变化，于是对以上 83 个观测器进行分段即 2013 年 9 月 3 日到 2015 年 3 月 1 日为第一阶段，2015 年 3 月 2 日到 2015 年 5 月 20 日作为第二阶段。通过公式（3）计算出两段时间区间内的均值回归模型。

表 3.1 中信银行两阶段均值回归模型

阶段一	阶段二
$\beta_t - \beta_{t-1} = 1.2342 - 1.0393\beta_{t-1}$	$\beta_t - \beta_{t-1} = 0.7489 - 0.7194\beta_{t-1}$

因为阶段一的 p、q 均大于 1，则该阶段内的 β 系数并不是遵循均值回归的，而是随机波动的，在此阶段无法通过 β 系数来对股票的价格进行预测。第二阶段的 β 系数拥有很好的均值回归趋势。

对贝塔系数进行预测：分别用历史 β 模型和均值回归模型对贝塔值进行预测贝塔值。

表 3.2 中信银行贝塔系数历史 β 模型和均值回归模型预测

$\hat{\beta}_{中信银行}$ / 预测期	历史 β 模型	均值回归模型
1	2.7818	1.5295
2	1.5151	1.1741
3	1.2112	1.0889
4	1.3382	1.1244
5	1.1661	1.0761
6	1.4201	1.1474
7	1.0627	1.0471
8	0.6885	0.9413
9	1.0626	1.0471

从上表中可以看出两种方法预测的贝塔系数值不同，下面我们对两种预测方法的准确度进行比较。

3.2 β 预测结果的评估

通过均值绝对偏差（Mean Absolute Deviation，MAD），对预测 $\hat{\beta}$ 的优劣进行评价。

$$MAD = \frac{\sum_{i=1}^{n} |\beta_{\alpha} - \hat{\beta}|}{n} \tag{4}$$

其中，β_{α} 为 t 观测周期的观测值，$\hat{\beta}$ 为预测值。

根据公式（4）对历史 β 模型和均值回归模型预测的结果进行评估，和历史 β 模型相比明显看出利用均值回归模型出的贝塔值与真实值的偏差较小，所以对于遵从均值回归的股票我们用均值回归法对其贝塔值进行预测。

表 3.3　　中信银行贝塔系数预测值 MAD 检验结果

$MAD_{历史回归估计法}$	0.3982
$MAD_{均值回归法}$	0.1763

4. 总结

通过研究分析表明，中信银行的短期 β 系数受宏观经济影响较大，这是因为宏观经济影响具有时效性，可以从历史数据中看出 β 系数趋于均值回归在降息之后的一段时间内是如此的，而在度过该时期后，中信银行的 β 系数便不再趋于均值回归。

通过对影响中信银行 β 系数的宏观因素，进而对上证市场中的银行股票的 β 系数的宏观经济因素进行分析。

4.1 降息与降准

降息与降准这是经常陪伴在银行身边的调控宏观经济的手段，每当我国宏观经济走势不好的时候，中国人民银行便会实施降准或降息，旨在为竭泽而渔的宏观经济注入一股清泉，通过扩大投资或者消费从而带动我国经济向好的方向前进。而这与股票市场的联系在于，股票市场作为中国宏观经济的晴雨表，可以有效地反映出我国在当前的宏观经济走势。那么通过降准或者降息就会为银行板块的股票带来利好，从而使得该板块的股票在接下来的一段时间内可以很好地传递降息与降准带来的涟漪效果，从而可以估计银行板块股票的风险，即银行板块股票的 β 系数将不是随机波动的，而是趋于均值回归的。

4.2 存款保险制度的建立

存款保险制度的确立为我国银行建立了一道安全网，逼迫银行自身降低其坏债比率，使得银行可以健康可持续的发展，最终获益的是我国实体经济。在这一重大利好的刺激下，银行板块股票的风险也是可以预测的，这也同样保证了银行板块股票的 β 系数是趋于均值回归的。

4.3 滞后性

我国宏观经济调控对于我国经济部门的影响存在滞后性，历史数据显示的中信银行的 β 系数趋于均值回归是在 2015 年 3 ~ 5 月，而这有可能是由于在 2015 年 2 月份的降准引起的，而并不是由 3 月初的降息引起的。所以引起中信银行的 β 系数在上述时间段内的 β 系数趋于均值回归的宏观经济因素还待深入研究。

致谢：本课题由北京市本科生科学研究与创业行动计划资金赞助

参考文献

[1] Blume, E. M. Betas and their Regression Tendencies: Some Further Evidence. The Journal of Finance . 1975

[2] Francis, J. Statistical analysis ofrisk surrogates forNYSE stocks. The Journal of Finance . 1979

[3] 罗捷，劳兰珺．中国股票市场随机贝塔的估计．系统管理学报，2008，01：47-50

[4] 马喜德，郑振龙．贝塔系数的均值回归过程．工业技术经济，2006，01：100-101

[5] 袁素平．基于 GARCH 模型的贝塔系数均值回归分析．经济纵横，2007，24：85-87

[6] 何晓群，刘文卿编著．回归分析（第三版）．北京：中国人民大学出版社，2011

[7] 李子奈，潘文卿．计量经济学（第三版）．北京：高等教育出版社，2000

[8] 王清军，黄志文，葛新元．贝塔系数的测算与调整．国信证券，2009. 2. 12

应用指数函数方法求解 KdV 型方程

北方工业大学：张赛　李国放　王宁
指导教师：张智勇 副教授

［**摘　要**］指数函数方法是求解数学物理领域中偏微分方程一种十分有效的方法。本文利用指数函数方法获得了 KdV 型方程新的精确解，并描绘出精确解对应的图像，以便更好地理解其性质。

［**关键词**］指数函数方法；KdV 型方程；精确解

1. 引言

非线性现象是自然界中普遍存在的一种重要现象。非线性科学是随着研究非线性现象问题而形成的一门科学，它的研究主体是孤立子、混沌和分形。在非线性系统中，非线性波动方程的精确求解及解法研究作为非线性科学中的前沿研究课题和热点问题。到目前为止，已经有很多不同类型的非线性发展方程出现在数学和物理科学领域。在此期间，已经有很多专家学者在如何求解非线性方程的精确解方面做了大量有效的工作，构造出多种有效的求解方法如齐次平衡法，反散射法，Tanh 函数法，指数函数法，Lie 群方法等[1-7]。但由于求解非线性波动方程没有也不可能有统一而普遍适用的方法，因此继续寻找一些有效可行的方法依然是一项十分重要和极有价值的工作。

1895 年由荷兰数学家科特韦格（Korteweg）和德弗里斯（de Vries）在研究浅水中小振幅长波运动时共同发现的一种单向运动浅水波偏微分方程，即 KdV 方程

$$u_t + 6uu_x + u_{xxx} = 0.$$

本文主要研究如下 KdV 型方程的精确解

$$u_t + u\ u_x + u^2 u_x + u_{xxx} = 0. \tag{1.1}$$

方程（1.1）在量子场论、等离子物理和固态物理中有着广泛的应用．在文献[8,9]中，作者研究了方程（1.1）的扭状孤波解。本文利用指数函数的方法探索方程（1.1）的精确解。针对求解的过程中所产生的超定的代数确定方程组，我们利用

符号计算软件 Mathematica 来处理，得到方程（1.1）丰富的精确解。

本文的内容安排如下：第二节介绍指数方法的主要思想，第三节利用指数函数方法研究方程（1.1），得到了 6 种指数函数形式的解，并画出对应的图像，观察波的传播状况。最后一节是对本文内容的一个总结。

2. 方法概述

本节以如下的非线性偏微分方程

$$P(u_t, u_x, u_{xx}, u_{xxx}, \cdots) = 0 \tag{2.1}$$

为例来阐述一下指数函数方法的主要思想，详细内容参考[6]在方程（2.1）中，P 为其变元的多项式，并包含非线性项和高阶偏导项，该方法的实施可分为以下几步：

（1）设方程（2.1）具有行波解

$u(x,t) = U(\eta)$，　其中 $\eta = x - vt$。

则方程（2.1）转化为自变量为 η 的非线性常微分方程

$$Q(u', u'', u''', \cdots) = 0. \tag{2.2}$$

（2）假设（2.2）的方程具有如下形式：

$$u(\eta) = \frac{\sum_{n=-d}^{c} a_n \exp(n\eta)}{\sum_{m=-q}^{p} b_m \exp(m\eta)} \tag{2.3}$$

其中 c,d,p 和 q 为待定正整数，a_n 和 b_m 为待定常数。

（3）将（2.3）代入到（2.2）中，然后平衡（2.2）中的非线性项和最高阶导数项的最高次数可以得到 p 和 c 的关系。同理，平衡非线性项和最高阶导数项的最低次数可以得到 q 和 d 的关系。

（4）对 c,d,p 和 q 赋特殊值，并将（2.3）代入（2.2）中可以得到关于 $\exp(i\eta)$ 的方程组，之后，令 $\exp(i\eta)$ 的系数为零，可得到一系列关于 a_n 和 b_m 的代数方程，求解这些代数方程并将结果代入（2.3）中，即可求得（2.1）的解。

3. 方程（1.1）求解

本节利用上述的指数函数方法来求解方程（1.1）。对于该方程，把 $\eta = kx - \omega t$ 代入到方程（1.1）中，可得

$$\omega\ u' + k\ uu' + k\ u^2u' + k^3u''' = 0 \tag{3.1}$$

假设方程（3.1）具有（2.3）形式的解，即：

$$u(\eta) = \frac{a_c exp(c\eta) + \cdots + a_{-d}exp(-d\eta)}{a_p exp(p\eta) + \cdots + a_{-q}exp(-q\eta)} \tag{3.2}$$

为了确定 c 和 p 之间的关系，将（3.2）代入（3.1）后计算可得

$$u''' = \frac{c_1\exp[(7p + c)\eta] + \cdots}{c_2\exp[8p\eta] + \cdots},$$

$$u^2u' = \frac{c_3\exp[(p + 3c)\eta] + \cdots}{c_4\exp[4p\eta] + \cdots} = \frac{c_3\exp[(5p + 3c)\eta] + \cdots}{c_4\exp[8p\eta] + \cdots}.$$

平衡 u''' 和 u^2u' 的最高次数可得 $p = c$. 同理，通过平衡 u''' 和 u^2u' 的最低次数可得 $q = d$. 特别的，令 $p = c = 1$, $d = p = 1$. 此时，方程（3.2）可表示为

$$u(\eta) = \frac{a_1 exp(\eta) + a_0 + a_{-1}exp(-\eta)}{exp(p\eta) + b_0 + b_{-1}exp(-\eta)} \tag{3.3}$$

然后将（3.3）代入到方程（1.1）中，然后令 $\exp(i\eta)$ 的系数为零，即得关于待定系数 a_1，a_0，a_{-1}，b_{-1}，b_0 的代数方程组，借助 Mathematica 软件求解这个方程组，得到如下几种情形的解。

情形 1 得到如下形式的解：

$$u = \frac{e^{-\frac{1}{6}k[t+6x-2a_1(1+a_1)t]}a_0(1 + 2a_1)^2 + e^{-\frac{1}{3}k(t+6x-2a_1(1+a_1)t)}a_1(1 + 2a_1)^2 + (1 + a_1)(a_0 - a_1b_0)(a_0 + (1 + a_1)b_0)}{(1 + 2a_1)^2e^{-\frac{1}{3}k[t+6x-2a_1(1+a_1)t]} + 4a_{-1}a_1 + e^{-\frac{1}{6}k[t+6x-2a_1(1+a_1)t]}b_0 - (a_0 - a_1b_0)(a_0 + (1 + a_1)b_0)}$$

特别的，取 $k = 1, a_1 = 1, a_{-1} = 1, b_0 = 1$ ，方程的解简化为 $u = 1 - \dfrac{4e^t}{4e^t + e^{2x} + e^{-\frac{t}{2}+x}}$ ，其图形见图 3.1。

情形 2 得到如下形式的解：

$$u = \frac{a_0^{\ 2} + e^{kx+\omega t}a_0a_1 - \dfrac{2e^{-kx-\omega t}a_0b_0(-a_0 + a_1b_0)\{-a_0(1 + a_1) + [6k^2 + a_1(2 + 3a_1)]b_0\}}{18k^2b_0 + (1 + 2a_1)(-a_0 + a_1b_0)}}{a_0e^{kx+\omega t} + (a_0 + a_{-1}e^{-kx-\omega t})b_0}.$$

特别的，当 $k = 3, a_{-1} = 1, a_0 = 1, a_1 = 1, b_0 = 1, \omega = -3$, 方程的解为

$u = 1 - \dfrac{1}{1 + e^{-3t+3x} + e^{-6t+6x}}$ ，其图形见图 3.2。

情形 3 方程的解为

$$u = -\frac{1}{2} + \frac{e^k[(\frac{1}{4} - k^2)t + x]a_0}{e^{2k[(\frac{1}{4}-k^2)t+x]} - 2a_{-1}}$$

特别的，当 $a_{-1} = 1, a_0 = 1, k = 1$, 方程的解简化为 $u = -\dfrac{1}{2} + \dfrac{e^{\frac{3t}{4}} + x}{e^{\frac{3t}{2}} + e^{2x}}$ ，其图形

见图 3.3。

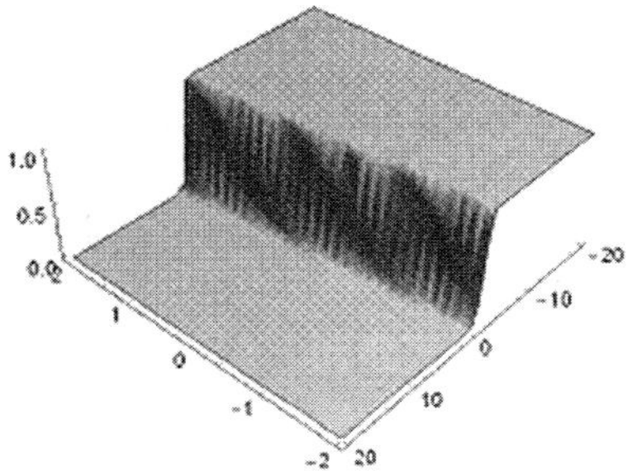

图 3.1 情形 1 的解

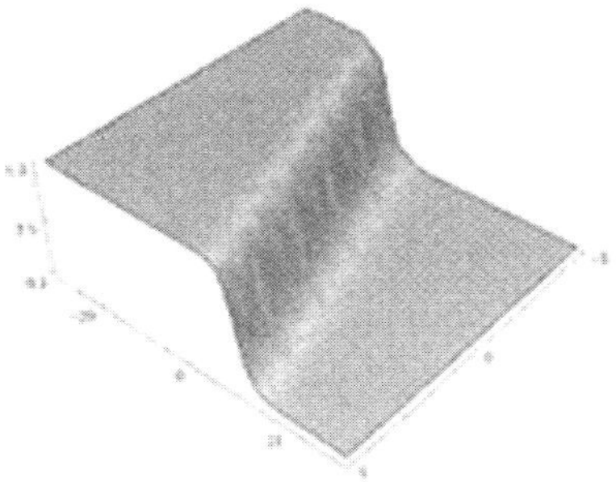

图 3.2 情形 2 的解

情形 4 方程的解为

$$u=-\frac{1}{2}-\frac{48k^2a_{-1}+a_0(-48e^{k[(\frac{1}{4}-k^2)t+x]}k^2+a_0)}{48k^2(e^{\frac{1}{2}k(t-4k^2t+4x)}-2a_{-1})}.$$

特别的，当 $k=2, a_0=2, a_{-1}=-\frac{1}{48}$，方程的解简化为 $u=-\frac{1}{2}+\frac{48e^{\frac{15t}{2}}+2x}{e^{15t}+24e^{4x}}$，其图形见图 3.4。

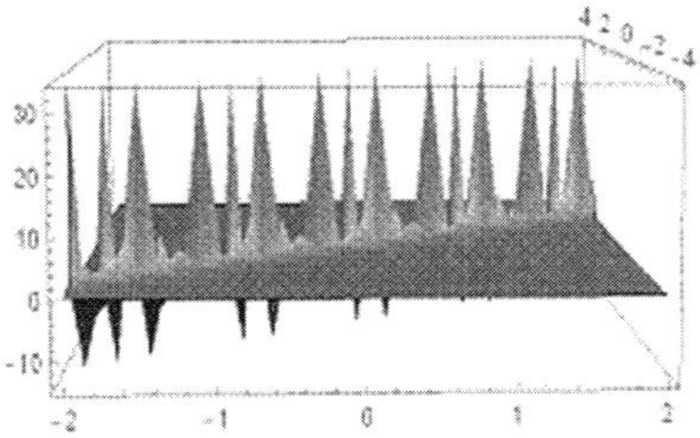

图 3.3 情形 3 的解

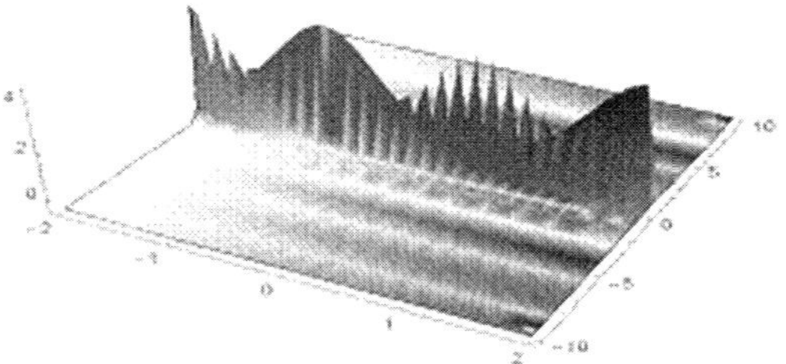

图 3.4 情形 4 的解

情形 5 方程的解为

$$u=a_1+\frac{24k^2b_0(1+2a_1)}{4a_0b_0(1+2a_1)^2+4(1+2a_1)^2e^{k[x-(k^2-a_1-a_1^2)t]}+e^{-k[x-(k^2-a_1-a_1^2)t]}[1+6k^2+4a_1(1+a_1)]b_0^2}.$$

特别的，当 $k=1, a_1=1, b_0=1$，方程的解为 $u=1+\frac{72}{36+15e^{3t-x}+36e^{-3t+x}}$，其图像见图 3.5。

情形 6 方程的解为

$$u=\frac{a_0^{\ 2}+a_0e^{kx+\omega t}a_1}{a_0e^{kx+\omega t}+(1+a_{-1}e^{-kx-\omega t})b_0}.$$

特别的，当 $k=1, \omega=1, a_0=1, a_1=2, b_0=2$，方程的解为 $u=2-\frac{3}{2+e^{t+x}}$，其

图像见图 3. 6。

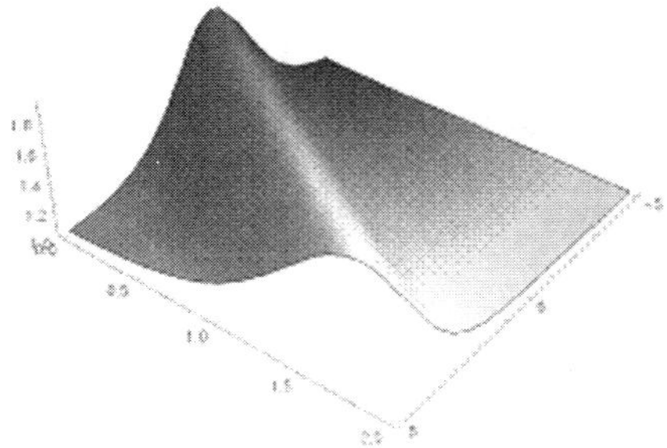

图 3.5　情形 5 的解

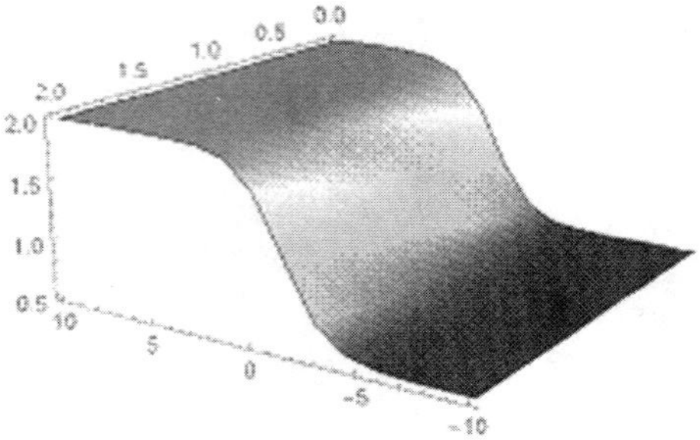

图 3.6　情形 6 的解

4. 总结

本文利用指数函数方法深入系统地分析了 KdV 型方程（1. 1）的精确解，给出新的指数函数形式解，这些解能够加深对该方程的理解，从而促进该方程在物理学等领域中的分析应用，因此本文的工作具有一定的理论意义和应用价值。

5. 创新点

本文创新之处在于对 KDV 方程进行了推广，我们在 KDV 方程的基础上，进行了 KDV 型方程的求解，运用了指数函数法，并借助 Mathematica 数学软件，将解可视化，画出了多个解图，每个解图都表现出了任意时间下、不同地点波的传播形态。根据这些信息，我们可以更深入地理解 KDV 方程，得到更多有价值的信息。

参考文献

[1] M. J. Ablowitz, P. A. Clarkson, Solution, Nonlinear Evolutions and Inverse Scattering, Cambridge University press. New York, 1991

[2] 闫振亚. 复杂非线性波的构造性理论及其应用. 北京：科学出版社，2007

[3] 范恩贵，张鸿庆. 非线性孤子方程的齐次平衡法. 物理学报. 47（1998）333-361

[4] 李志斌，张善卿. 非线性波动方程准确孤立波解的符号计算. 数学物理学报. 17（1997）81-89.

[5] 楼森岳，唐晓艳. 非线性数学物理方程. 北京：科学出版社，2006

[6] He Ji-Huan, Exp-function method for nonlinear wave equations. Chaos, Solitons and Fractals, 30（2006）700-708

[7] G. W. Bluman and S. C. Anco, Symmetry and Integration Methods for Differential Equations. Springer, New York, 2002

[8] B. Dey, Domain wall solution of KdV like equation with higher order nonlinearity [J]. Journal of Physics A: Mathematical and General, 19 (1985) L9-L12

[9] W. G. Zhang, Q. S. Chang, B. G. Jiang, Explicit exact solitary-wave solutions for the compound KdV-Type and compound KdV-Burgers-Type equations with nonlinear terms of any order [J]. Chao, Soliton and Fractal, 13 (2002) 311-319

矩阵的奇异值分解理论及在图像处理中的应用

北方工业大学：杜溦　张梦琪　潘荣男

指导教师：张彩霞 副教授

［**摘　要**］矩阵的奇异值分解（SVD，Singular Value Decomposition）是一种基于特征向量的正交变换，可以将矩阵对角化。其优势在于奇异值具有相对稳定性。由于图像具有矩阵结构，非常适宜对其进行奇异值分解以进行诸如图像增强、图像压缩和图像水印等的处理。

［**关键词**］奇异值分解；图像增强；图像压缩；图像

1. 引言

随着计算机、多媒体和数据通信技术的高速发展，数字图像处理近年来得到了极大的重视和长足的发展，并在科学研究、工业生产、医疗卫生、教育、娱乐、管理和通信方面取得了广泛的应用。一般而言，数字图像处理的主要内容包括图像获取、图像复原、图像增强、图像分割、图像分析、图像重建、图像压缩编码等。

目前数字图像处理技术已经成为计算机科学、信息科学、生物学、军事、通信、工业、医学等学科研究的热点。在日常生活中，图像处理也得到广泛应用。例如电脑人像艺术、电视中的特殊效果、自动售货机钞票的识别、邮政编码的自动识别、交通车辆车牌识别、医学成像设备图像处理和利用指纹、虹膜、面部等特征而进行的身份识别等。

2. 奇异值分解的基本原理

2.1　矩阵的奇异值分解理论的发展历程

对于任意一个 $m \times n$ 的矩阵 A，A^TA 总是一个 n 阶的对称矩阵，而且其特征值都为非负实数。将 A^TA 的特征值表示为非负实数的平方，并按照递减的顺序排列：

$$\sigma_1^2 \geq \sigma_2^2 \geq \cdots \geq \sigma_r^2 > 0, \sigma_{r+1}^2 = \cdots = \sigma_n^2 = 0, r = rank(A) \tag{1}$$

存在 m 阶的正交矩阵 U 与 n 阶的正交矩阵 V 使得：

$$A = U * S * V^T, S = diag(\sigma_1, \cdots, \sigma_r) \tag{2}$$

这个分解就称为 A 的奇异值分解。

2.2 将奇异值分解运用在图像处理中，图像会具有如下几个良好的性质

（1）降维性：一个 $m \times n$ 的图像矩阵通过奇异值分解后表示为 $m+n+1$ 个 r 维向量，若矩阵的秩 r 远小于 m 与 n ，就降低了矩阵的维数；

（2）稳定性：当图像受到旋转、噪声等影响时，图像矩阵的奇异值不会出现较大的变化；

（3）比例不变性：设图像矩阵为 A ，则 αA 的奇异值是 A 的奇异值的 α 倍。

3. 奇异值分解在图像增强中的应用

3.1 关于图像增强

图像增强是图像处理的基本技术，它是指增强突出图像中的某些重点关注的信息，同时抑制某些暂时不太关注的信息。图像增强按其处理的空间不同可以分为两类：空域法和频域法。图像增强效果的评估常以直方图衡量。对于亮度较亮的图像，其直方图的组成成分集中的灰度级级值较高，反之，对于亮度较暗的图像，其直方图的组成成分集中的灰度级级值较低；对于对比度较大的图像，其直方图的组成成分覆盖的灰度级范围较宽，反之，对于对比度较小的图像，其直方图的组成成分覆盖的灰度级范围较窄。另外，观察者的主观评价也是一个重要衡量标准。

3.2 基于奇异值分解的图像增强算法

基于奇异值分解的图像增强算法，是一种类似于同态滤波的图像增强算法。一幅图像可用照明分量与反射分量的乘积来表示。本设计研究的主要是图像亮度的增强。

在图像的奇异值分解中，比较大的奇异值对应的是图像的照明分量，而比较小的奇异值对应的是图像的反射分量。基于奇异值分解的图像亮度增强算法的基本思想，就是采用线性变换增大比较大的奇异值的动态范围，从而实现增强图像的亮度的目的。其公式如下：

$$S = \beta * S \tag{3}$$

当β >1 时，突出了大奇异值对图像的贡献，图像亮度就被增强了。本设计中取多个β来增强图片，从而进行视觉效果对比。

3.3 仿真与结果分析

数字图像的奇异值分解中运用了大量的矩阵运算，而 MATLAB 软件是一款功能很强大的软件，具有超强的数学计算能力和高效率的编程能力等特点，所以本设计采用 MATLAB 软件进行仿真实验。

用于基于奇异值分解的图像增强技术的 MATLAB 函数主要有：①图像数据读取函数；②图像显示函数；③奇异值分解函数；④直方图计算和显示函数。

3.4 运行结果展示

图 3.1 “D: \\flower. jpg” 原图

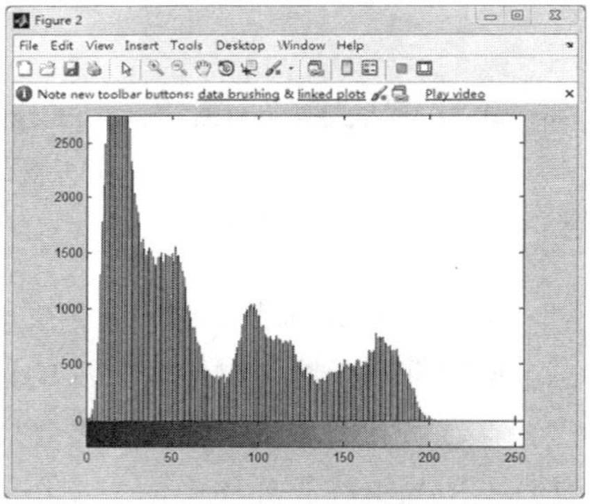

图 3.2 “D: \\flower. jpg” 原图直方图

图 3.3 β =2 时的图像增强处理结果

图 3.4 β =5 时的图像增强处理结果

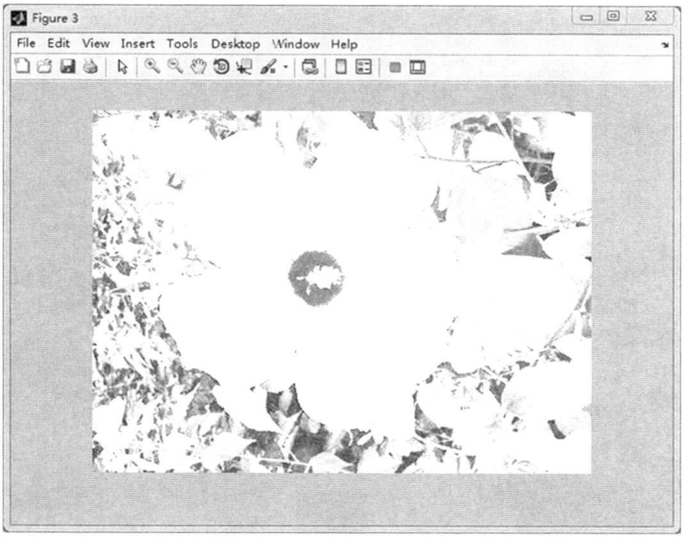

图 3.5　$\beta=12$ 时的图像增强处理结果

图 3.6　“D:\\qinhuaihe.jpg”原图

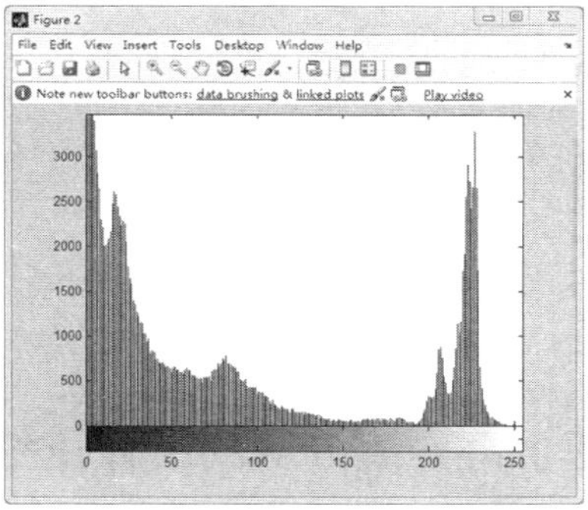

图 3.7　“D:\\qinhuaihe.jpg”原图直方图

图 3.8　$\beta=2$ 时的图像增强处理结果

图 3.9　r 时的图像增强处理结果

图 3.10 （$k<r$）时的图像增强处理结果

4. 基于奇异值分解的图像压缩编码

4.1 图像的压缩

以一幅有 $n \times n$ 个像素点的图画为例，当 n 很大时，如果将这 n^2 个像素点全部传送，虽然得到的图像失真度很低，但是传输的效率也会很低。而我们希望在误差允许范围内，尽可能快的传送数据，且在数据接收端能够根据得到的数据重构图像。另外，大的奇异值对图像的贡献大，小的奇异值对图像的贡献小，所以可以从 r 个较大的特征值，再结合这 k 个奇异值对应的左右酉矩阵向量，来近似表示图像。那么需要传送的像素点就变成了 $k(2n+1)$ 个，如果 $k(2n+1) < n^2$ ，就会提高传输效率。定义图像压缩比为：

$$\rho = \frac{n^2}{k(2n+1)} \tag{4}$$

显然，如果 k 值越小，则压缩比越大，需要传送的像素点也越小，因而传输速度越快，但是得到的图像失真度将越大，反之亦然。

4.2 图像的重构

文中选取了一幅 JPG 图片，命名为 pic，像素为 648 ×991。利用 matlab 先提取出了像素矩阵 A；然后将这个三维数组拆分为三个二维数组，即 R、G、B 三个三原色矩阵，对这三个二维数组利用 SVD 方法，计算其奇异值；选取前 k 个奇异值及其对应的向量，进行图像压缩处理；最后重构图像。为了对比压缩效果和传输时间，分别令 k =10、50、100。k 为选取的奇异值的个数。

4.3 运行结果展示

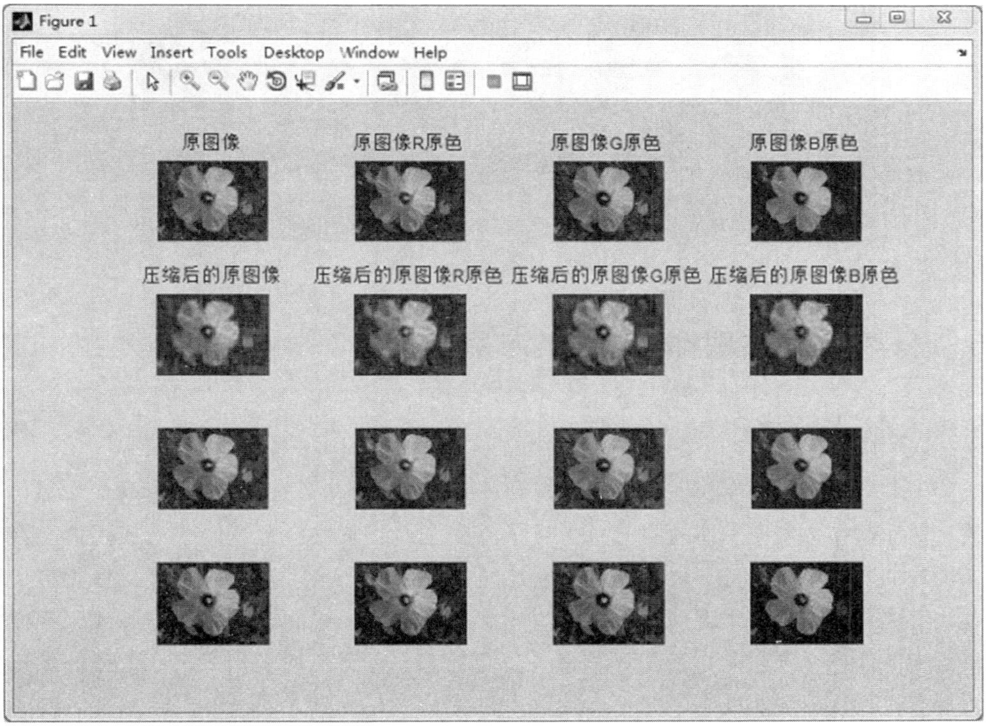

图 4.1 “'D: \\flower. jpg” 在不同压缩比下的图像压缩处理结果

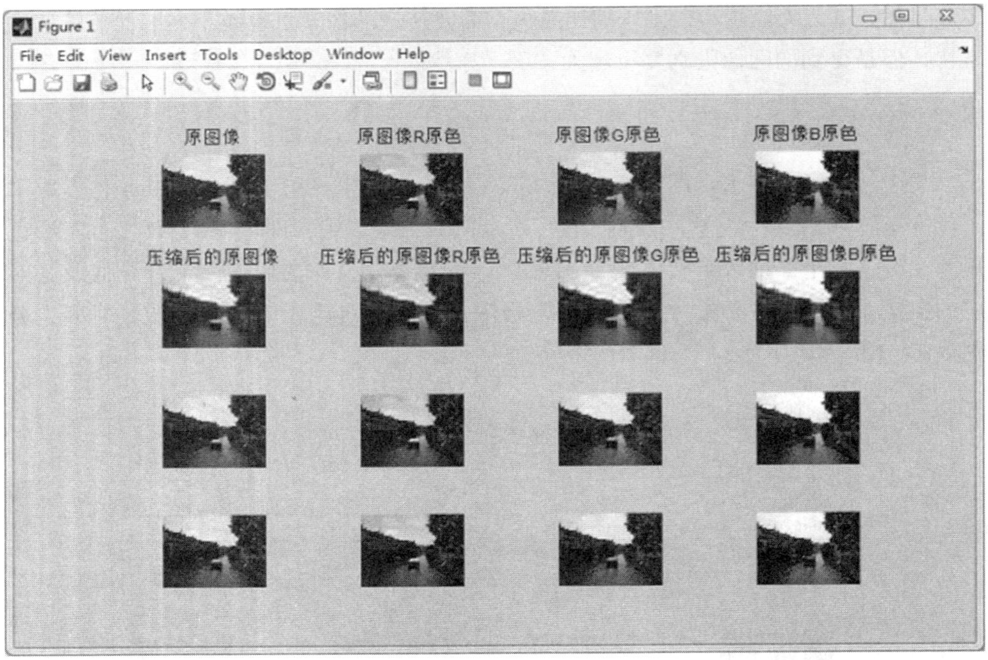

图 4.2 “'D：\\qinhuaihe.jpg” 在不同压缩比下的图像压缩处理结果

5. 奇异值分解在图像水印中的应用

5.1 关于图像水印

随着信息技术的高速发展，图像等一系列多媒体作品开始纷纷采用网络途径传播。然而这在带来便利性的同时也带来了不安全性，某些有恶意的个人或团体会在未经作品所有者的许可下对作品进行非法复制和篡改。水印技术可为版权保护提供有效解决办法。水印[6]就是向被保护的数字对象嵌入某些能证明版权归属或跟踪侵权行为的信息，可以是作者的序列号、公司标志、有意义的文本等。一个良好的水印具有以下几个性质。

可证明性：水印能嵌入到被保护的对象中，并能在需要的时候提取出来，提供完全没有争议的版权证明。

不可感知性：这里指的是视觉上的不可见性，即嵌入水印后的图像与原始图像在视觉上几乎没有区别。

鲁棒性：也称稳定性，指水印经过各种有意或无意的攻击后，失真不严重，可以清晰辨别，抗干扰能力强。

在水印的提取中，常用峰值信噪比衡量被提取的水印的图像质量，用归一化相关系数衡量被提取的水印的可识别性。

峰值信噪比的定义为：

$$PSNR = 10 \times \lg \frac{255^2}{MSE} \tag{5}$$

其中 $MSE = \frac{\sum_{i=1}^{m}\sum_{j=1}^{n}[w'(i,j) - w(i,j)]^2}{m \times n}$，$w'(i,j)$ 为提取的水印像素值，$w(i,j)$ 为原始水印像素值，m、n 为水印图像的宽度和高度。峰值信噪比值越大，提取的水印图像与原水印图像质量差别越小。

归一化相关系数的定义为：

$$NC(w,w') = \frac{\sum_{i=1}^{m}\sum_{j=1}^{n} w(i,j)w'(i,j)}{\sqrt{\sum_{i=1}^{m}\sum_{j=1}^{n} w(i,j)^2}\sqrt{\sum_{i=1}^{m}\sum_{j=1}^{n} w'(i,j)^2}} \tag{6}$$

归一化相关系数越接近 1 就代表提取的水印图像越接近原始水印图像。

5.2 基于奇异值分解的图像水印算法

由于图像的奇异值具有良好的稳定性，当图像受到轻微的扰动，奇异值不会出现剧烈的变化，图像的视觉效果不会受到影响。因此，可以把奇异值分解应用于图像水印技术中。

5.2.1 水印的嵌入

为了使未授权用户无法破译水印图像的内容，水印嵌入前需对其进行加密处理。水印图像的加密就是采用某种特殊算法改变原始图像信息。本设计采用的加密算法为置乱法——将水印图像矩阵以竖直方向为轴做镜像。

基于奇异值分解的图像水印的嵌入的基本思想是将水印图像嵌入到原始图像矩阵的奇异值中。设 W 和 A 分别为水印图像矩阵和原始图像矩阵，则通过以下四个步骤可以实现水印的嵌入。

（1）对原始图像矩阵 A 进行奇异值分解，得到两个正交矩阵 U、V（即左、右奇异向量）和一个对角阵 S（即奇异值）；

（2）将水印图像矩阵 W 以一定的叠加强度 α 叠加到对角阵 S 上，得到新矩阵 S'；

（3）对新矩阵 S' 进行奇异值分解，得到两个正交矩阵 U_1、V_1 和一个对角阵 S_1；

（4）将矩阵 U、S_1 和 V^T 相乘，得到包含水印的图像 $\hat{A}$。

5.2.2 水印的检测

在水印的检测过程中，只要获得了加密算法、矩阵 U_1 、S 、V_1 和可能已经遭到几何失真等损坏的包含水印的图像 A^* ，就可以通过简单的逆过程提取出可能已经遭到损坏的水印图像 W^* ，然后再通过对比提取的水印图像和原始水印图像的相似度，就可以实现检测目的。相似度越接近 1 就代表提取的水印图像越接近原始水印图像。水印检测的具体步骤如下：

（1）读取可能已遭损坏的包含水印的图像 A^* ，对其进行奇异值分解，得到矩阵 U^* 、$S_1{}^*$ 和 V^* ；

（2）将矩阵 U_1 、$S_1{}^*$ 和 $V_1{}^T$ 相乘，得到中间矩阵；

（3）获得水印图像；

（4）水印图像的解密。

5.3 仿真与结果分析

根据上述基于奇异值分解的水印嵌入和检测算法步骤，利用 MATLAB 软件编程，任意选取一幅图像进行水印处理，用到的 MATLAB 函数主要有图像数据读取函数、图像显示函数、奇异值分解函数，还有一些攻击函数。攻击测试对于评价一种水印技术的优劣程度来说是非常有必要的。常用的攻击函数有：①图像旋转函数；②图像裁剪函数。

选取“logo. tif”图像作为水印图像，如图 5.1 所示。

选取“lenna. jpg”图像作为原始图像，如图 5.2 所示。

图 5.1 水印图

图 5.2 原始图

将水印图像嵌入原始图像中，得到的结果图如图 5.3 所示。

测试在“旋转”“加噪”两种不同攻击方式下时，提取水印图像的效果。

图 5.3　嵌入水印后的图

图 5.4　顺时针旋转 90°及提取出的水印图

图 5.5　旋转 180°及提取出的水印图

图 5.6　添加椒盐噪声及提取出的水印图

计算提取出的水印图像与原始水印图像的峰值信噪比及归一化相关系数，结果如下。

表 5.1　　不同攻击方式时的图像峰值信噪比和归一化相关系数表

攻击方式	峰值信噪比	归一化相关系数
顺时针旋转 90°	79.3874	0.99851
旋转 180°	79.3874	0.99851
添加椒盐噪声	61.4717	0.91984

由以上实验结果可以看出，嵌入了水印后的图像与原图像在视觉效果上没有明显差别；嵌入了水印后的图像经过旋转攻击或者椒盐噪声攻击后，从中提取出的水印仍和原水印非常相似。这些都说明了基于奇异值分解的图像水印算法拥有良好的不可见性和鲁棒性。

6. 结论

本课题主要研究了基于奇异值分解的图像增强、图像压缩和图像水印等图像处理算法。图像增强的基本原理是通过增大较大的奇异值的动态范围来增强图像的亮度。压缩的基本原理是忽略较小奇异值，用较少元素的压缩矩阵生成原图像的近似图像。水印的基本原理是利用奇异值的良好稳定性，将水印图像嵌入到原图像矩阵的奇异值中，并能轻易从中提取。大量的仿真结果都说明了，将奇异值分解应用于图像增强、图像压缩和图像水印领域中，是一种行之有效的方法。它能使图像具有更好的视觉效果、更好的压缩率、更好的鲁棒性。但有一点不足，矩阵的奇异值分解运算比较大，特别是当图像尺寸比较大，图像矩阵维数比较大时，运算速度会受到较大影响。通常采用的方案是将图像矩阵分解为子块，并为每个子块自适应地选择合适的奇异值数目。

参考文献

[1] 姚敏．数字图像处理．北京：机械工业出版社，2006

[2] 陈建龙，周建华，韩瑞珠，周后型．线性代数．北京：科学出版社，2007

[3] 张磊，毕靖，郭莲英．MATLAB 实用教程．北京：人民邮电出版社，2008

[4] 廖文彬，基于矩阵奇异值分解的图像压缩方法研究．四川：成都理工大学，2007

[5] 王怀光，张培林，张云强，任国全．基于奇异值分解和小波变换的图像压缩算法．火炮发射与控制学报．2012（04）

[6] 许芹，袁小平，许金林．基于奇异值分解的指纹图像增强．安徽科技学院学报，2010，24（2）：21-23

[7] 王成优，侯正信．JPEG 图像压缩编码及其 MATLAB 仿真实现．电子测量技术，2007，30（1）：135-137

[8] 宋锋．基于 SVD 变换图像压缩的 VC 实现．电脑知识与技术，2010，6（10）：2483-2486

[9] 刘瑞祯，谭铁牛．数字图像水印研究综述．通信学报，2000，21（8）：39-48

[10] 柯汉平，黄伟凡．MATLAB 在数字水印技术中的应用．计算机与数字工程，2009，37（2）：117-120

[11] PodilchukCI，DelpEJ. Digital watermarking：algorithms and applications. IEEE Signal Processing Magazine .2001，7（3）：11-19

[12] CHANG Chin-chen，TSAIPiyu，LIN Chia-chen. SVD -based Digital Image Watermarking Scheme. Pattern Recognition .2005，27（13）：139-147

[13] Paul GHoward，and J. S. Vitter. Arithmetic coding for data compression. Proceedings of the IEEE .1994，12（4）：24-29

[14] Ghazy R. A.，El-Fishawy N. A.，Hadhoud M. M.，DessoukyM. I，El-SamieF. E. A. An Efficient Block-by-Block SVD-Based Image Watermarking Scheme. National Radio Science Conference（NRSC ‘07）. 2007

探索云计算的新应用

北方工业大学：金柯　刚睿鹏　赵亮　吴锦河　赵川东
指导教师：吴宏锋 副教授

[摘　要] 现阶段，我国高校的教学系统无法满足教学需求，也不可避免地出现成本高、更新速度慢的问题。利用云计算技术构建教学辅助系统，利用云平台进行存储，能够降低运行成本，提高教学质量与管理水平。本文主要从云计算的特点、优势、应用前景等方面讨论其对教育信息化的影响。作为整合教育资源的有力手段，云计算必然会在高等院校和教育网络中有越来越多的应用。

[关键词] 云计算；虚拟；教学辅助系统；分布式

1. 引言

云计算被视为科技业的下一次革命，它将带来工作方式和商业模式的根本性改变。对于大企业而言，如果将云计算的强大功能引入企业的数据中心，将传统的IT基础架构为私有云，使IT的基础架构作为可以轻松访问的服务来交付。这将极大地降低成本并且最大限度地提高IT效益；对于中小企业，云计算意味着巨大的商业机遇，他们可以借助云计算在更高的层面上和大企业竞争。计算带来了云端的办公室——更强的计算能力但无须购买软件，省却本地安装和维护。那些对计算需求量越来越大的中小企业，不再试图去买价格高昂的硬件，而是从云计算供应商那里租用计算能力。在避免了硬件投资的同时，公司的技术部门也无须为忙乱不堪的技术维护而头痛，节省下来的时间可以进行更多的业务创新。

作为云计算最初的应用实践者——教育领域，对于云计算的推广似乎有点低调，但其潜在市场不容忽视。从目前的高校教育发展状况尤其是国内的高校来看，教师和学生之间的信息传递不通畅，缺乏有效的交流，教学信息资源的共享得不到有效的保证，形成信息“孤岛”；另一方面，教学系统在对学生信息的管理及对教师的教学、学生作业的检查与成绩考核测评等方面功能还不完善；并且大多数高等院校都是自己投资购置大量的基础设施建设校园网，来推进信息化应用，但从实际情况来看，这些巨额投资的回报率较低，而且很难跟上信息技术的发展步伐。本文主要探索云计算技术在教学辅助系统中的应用，这样一来，访问云服务就可得到所需的信息与应用，通过云计算平台，将分布在学校的信息资源虚拟地组织起来，在应用层实现资源共享，使得学校高效地进行教学，提高教学水平，同时也为解决上述问题提供技术支持。

2. 云计算

2.1 定义

云计算（cloud computing，也作云端运算）最初是在2006年8月9日由Google首席执行官埃里克·施密特（Eric Schmidt）在搜索引擎大会（SES San Jose 2006）首次提出，IBM、Amazon、微软、NIST等对其都有自己的定义，其中比较典型的是：云计算是一种模型，它可以实现随时随地、便捷地、随需应变地从可配置计算资源共享池中获取所需的资源（例如网络、服务器、存储、应用及服务），资源能够快速供应并释放，使管理资源的工作量和与服务提供商的交互减小到最低限度。

狭义的云计算是指IT基础设施的交付和使用模式，指通过网络以按需、易扩展的方式获得所需的资源（硬件、平台、软件）。

广义的云计算是指服务的交付和使用模式，指通过网络以按需、易扩展的方式获得所需的服务。这种服务可以是IT和软件、互联网相关的，也可以是任意其他的服务。

2.2 分类

云计算可以按照各种维度来分类，常见的分类如下。

按照是否公开发布服务可以分成公有云（Public Cloud）、混合云（Hybrid Cloud）和私有云（Private Cloud）。

按照服务类型（Xaas）可以分成：基础架构即服务（Infrastructure as a Service，IaaS）、平台即服务（Platform as a Service，PaaS）、软件即服务（Software as a Service，SaaS）等。

2.3 优势

（1）高性价比

云计算系统具有比现在集中式系统更好的性能价格比。计算中心不再需要花费巨额的费用就能获得高效能计算。

（2）高可靠性

冗余是信息技术所必须得必要条件。云计算系统具有高度容错机制，由于计算和存储是交由“计算云”去完成，而“计算云”本身是高度的弹性系统，具有无可比拟的冗余性能。

（3）高可扩展性

添置一台性能更高的大型机，或者添置一台性能相同的大型机的费用都比添加几台 PC 的费用高得多。

（4）高协调性

多数应用本身可以是分布式的，同一任务的各协调部门不必在同一个地方，从而协同性大大提高。

（5）高度自治性

通过自动化配置管理服务，可以按需自动调配服务，以及根据需要自动增加，减少服务的数量。

（6）高度灵活性

能够兼容不同硬件厂商的产品，兼容低配置机器和外设而获得高性能计算。

3. 教学辅助系统的构建探究

3.1 需求分析

在如今的高校，确实存在以下一些问题。一是随着高校扩招学生人数剧增，校园软硬件设施无法跟进，教学资源无法满足需求，师生交流、课堂辅导、资料共享、作业批改等问题也较为不便。在高校经常出现这样的情况：学生想选修某门课程，但由于教学资源的限制和学校教学的规划这门课程开设的时间、人数有一定的限制，可能这门课程开设的时间刚好与其他课程冲突，或者人数超过了限制而无法选上，而下学期又有其他的教学计划或者没有开设这门课，所以学生只好放弃选课。二是有些课程无须占用课室等教学资源，学生可以根据一些 PPT、视频等多媒体资料自主学习并完成测试。三是一节课的时间是有限的，难免有时无法完成教学任务，尤其是实验课，学生希望课外也可以使用资源来完成课堂上尚未完成的学习。四是学校的在线学习平台存在资源重复建设、资金浪费和教学个性化不强等问题。为了给学生提供更便利、优质、全方位的服务，发挥系统优势，整合资源和资金，建设更高效、实用、个性化的网络教学系统，提出了基于云计算的网络教学系统的设计方法。

3.2 教学辅助系统的构想

本教学辅助系统是课堂教学活动网络辅助平台，结合了先进的计算机技术、网络技术、现代教育思想的特点，提供一体化、系统化的教学服务。教师、学生或者是管理员通过校园网登录到本系统，就可以享受到本系统全方面的服务，既可以满足师生在学习、科研上的需求，也可以为学生、教师的娱乐、生活方面提供便利。

教师可以随时随地根据管理自己的教学资源，并调取公用资源信息调整自己的教学计划，及时得到学生对课程的反馈。教师可以根据计划和需要对资源进行分拆、整合、重组，达到最佳的资源管理效果。

学生可以通过本系统与教师及时通信，包括网络即时通信服务、电子邮件服务、在线答疑服务等形式，让自己的疑问得到解答，可以将自己对课程的反馈及时发送给老师，以便老师制定更符合自己需求的教学计划等。也可以通过网络课堂，不受时间、地点、学科的限制学习自己感兴趣的内容，更加满足每个学生更贴切的需求。

教务管理人员可以利用云计算平台更快速地为教师排课及监考安排，还可以更合理地为同学们选课，减少服务器无响应问题，为教师和学生提供便利，节约时间和成本，更能体现出个性化教育的特点。

管理人员根据个人信息的不同赋予不同的权限，保护了个人的隐私，大大地提高了安全性，防止师生信息的泄露。

图 3.1 即基于云计算基础上的教学辅助系统的整体构想图：

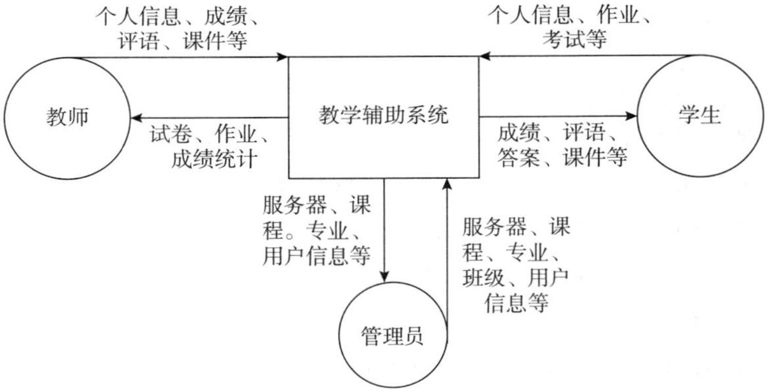

图 3.1 教学辅助系统数据流图

3.3 基本系统结构

云计算的核心技术是海量数据分布存储技术。云计算的构建目的在于同时为大量用户服务，因此云计算系统采用分布式存储的方式存储数据，用冗余存储的方式保证数据的可靠性。云计算实际上是服务器虚拟化技术和基础架构即服务两者的结合。其核心是将某一或某几个数据中心的计算资源虚拟化之后，向用户提供计算资源租用形式的服务。

根据对当前教学系统的改革，及教师与学生对教学系统的需求，本文构建的基于云计算基础上的教学辅助系统的设计遵循经济性原则实用性原则和高效性原则。主要由云计算服务器、负载均衡设备、WEB 服务器和数据库存储服务器等四部分组成。

3.3.1 云计算服务器

云计算服务器是整个系统扩展性的核心部分。本系统将学员的在线学习教学资源全部存放到云服务器上，通过云计算服务器的高性能、高可靠和可扩展等特性，保证系统高效与稳定地运行。

3.3.2 负载均衡设备

负载均衡设备主要根据学习者访问需求，动态地完成网络带宽和硬件资源的调度与分配。

3.3.3 WEB 服务器

WEB 服务器是用户访问学习的入口，分为主 WEB 服务器和专业 WEB 服务器，其中主 WEB 服务器是完成学员查看信息、登录系统、验证等功能，专业 WEB 服务器主要由负载均衡设备进行分流，学员根据网络流量被平均分配到不同专业 WEB 服务器上进行学习。

3.3.4 数据库存储服务器

数据库存储服务器分为公共服务器和专业服务器。公共服务器主要记录用户信息，访问记录等公共信息；而专业服务器则记载不同专业的专业信息、学习记载、作业考试信息等。

如图 3.2 所示：

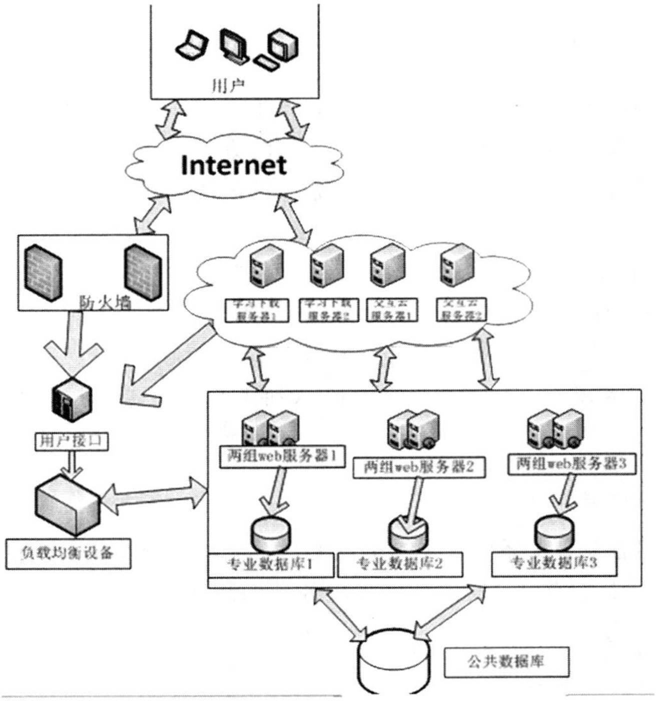

图 3.2

4. 教学辅助系统的设计实现

4.1 教学辅助系统的功能模块

根据云计算能提供高性能计算资源、海量存储空间以及优质技术服务等特点。本系统主要由学生选课、虚拟课堂、云计算服务器、系统管理四个模块组成。

（1）学生选课：学生根据学校的教学要求或者自己的兴趣爱好选择某门课程，后台根据教室容量等因素对学生进行审核，并对审核通过的学生进行统计并打印，中签后学生可登录系统查询课程。

（2）虚拟课堂：未中签的同学或对课程有强烈兴趣的同学可通过教师发布的学习进度来完成网络学习任务，同时系统也会记录学生学习的整个过程，并以此为依据给定学生成绩。成绩通过后即可同样获得学分。学生在学习过程中需要大量的存储空间和计算资源，因此本系统将在线学习、资源下载，即时通信等功能利用云服务实现，有效地提高了远程教学的质量。

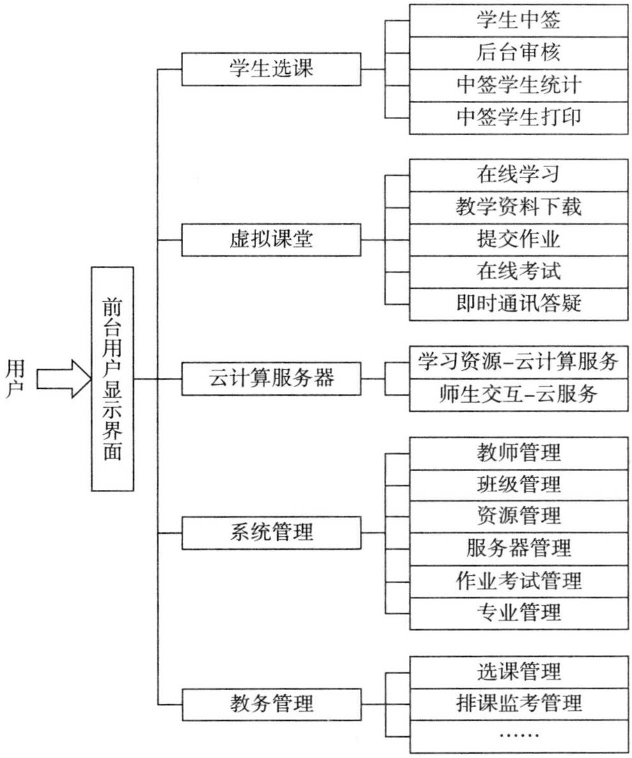

图 4.1

（3）学习资源——云计算服务：云计算可以提供高校远程教学系统新的硬件构建模式，针对这一特点，我们把所有的在线视频，在线下载全部放到云服务器上，满足了学生访问量大、访问频繁的需求。传统的建设中，通常需要高性能的服务器，高速网络宽带，防火墙以及负载均衡设备，而云服务模式可以大大地节约以上开销，并且能够保证硬件设备、网络宽带、安全存储、复杂计算等核心问题的真正解决。

（4）师生交互——云服务：云计算可以提供新的软件资源开发模式，我们利用计算的这一特点，把老师与学生之间、教师与教师之间、学生与学生之间的通信交流全部通过云服务实现，利用 XML 技术在数据层的基础数据交换，并实现以下功能：网络即时通信服务、电子邮件服务、在线答疑服务等。通过软件即服务（SAAS）这种云计算的模式可以节省购买或开发系列功能模块的费用，有效地降低了成本。

（5）系统管理：它是整个远程教学系统的控制管理端，可以监控系统每个模块功能运行的情况，对系统前台的学员信息、试题信息、课程信息、专业信息、服务器地址可以实现整体设置，系统管理中可以动态调配整个系统中的众多资源，利用负载均衡器达到有效地分配均衡资源。

（6）教务管理：目前高校都实行学分制，传统的C/S模式的选课系统以及传统数据库部署方式无法真正满足学分选课的实际需求，利用云计算的基本定义，对学分选课系统的硬件设备进行虚拟化设置和分布化部署，在虚拟化平台上对硬件资源进行合理化规划，构建出多个虚拟服务器，通过轮询算法，最小连接数解决负载均衡算法协助扩大前台应用和后台数据库的并发数，保证了系统应用的质量，解决了服务器经常无法响应的问题；排课监考对于教务管理来说也是一个不小的问题，通过云计算平台，在前期统计好所有的参数的初始化数据化后，利用学校空闲时间进行大范围的分布式计算，云计算平台就能很快得出一张排课监考的原始表，管理人员根据初始表进一步修正和调整，这样大大地提高了效率。

4.2 运作流程

系统中教师、学生和系统管理员向系统提交对应信息进入系统，根据不同用户身份拥有的不同权限进行对应操作。

4.2.1 师生交互

教师在每节课前可以向“云端”上传本节课的预习内容，学生在“云端”下载预习内容后，也可将自己期望本节课的课程内容反馈给教师，教师可结合学生的反馈内容调整自己的教学内容，达到更有针对性教学的效果；在课堂上教师可利用本系统进行点名，提问等进行课堂互动，也可进行在线考试；在课后，教师可以将本节课的课件，授课视频，学习资料等存储在“云端”，学生可以对作业，考试及资料进行下载，然后将自己的作业，对课件等学习资料的疑问，见解等上传到“云端”，教师可在“云端”对作业进行批阅，改变了目前大多数高校不能在教学系统对学生作业进行批改并反馈给学生的弊端。同时，教师和学生还可以进行一对一、一对多、多对多的实时交互，以文字或语音的形式来交流思想和观点，更能满足学生多样化的学习需求。

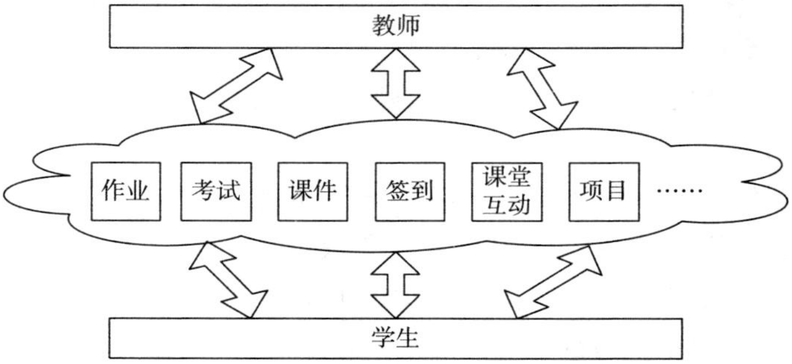

图 4.2 教学辅助系统中的师生交互示意图

4.2.2 学生交流

学生向系统提交对应信息后进入系统，系统根据提交的信息赋予学生权限。学生利用校园网进入系统后，可以满足在学校内的各种学习、娱乐、生活等需求。学生间可以进行相互交流，将自己的资源上传到“云端”，进行权限设置，让有需要的同学参考使用，同学也可进行评论等，也可将自己手中的信息与同学进行共享。比如：学生在举办活动后，可以将活动的策划，总结等上传到“云端”，不同学院之间可以借鉴，吸取经验，大大地提高了信息的利用率，让更多的老师同学受益。

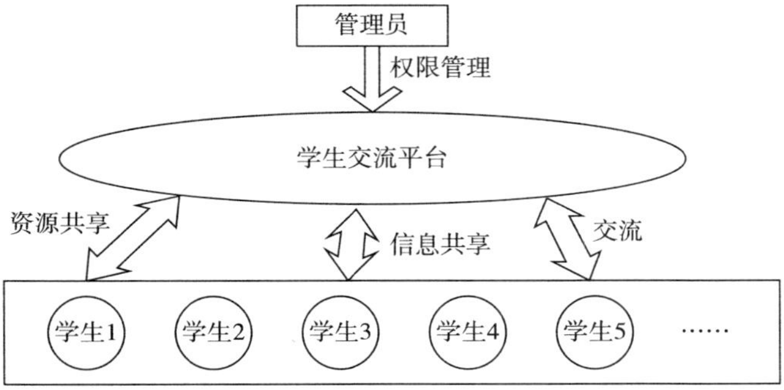

图 4.3 学生交流示意图

4.2.3 教师互动

目前，不管是高校还是研究机构，都存在教育信息资源只共享不建设的局面，在网络中不仅没有集中存放教育资源的地方，而且多媒体、视频、声音等各种资源还存在大量的副本，浪费了宝贵的计算机资源。我们可以在系统中组件一个类似于GFS的公共云，不仅可以集中信息拒绝冗余，还可以共建互补，节约人力物力，促进学术交流，营造学术范围，为学术研究创造便利。另外对存取资源也提出了变革式方法：把资源存放在安全的“云”中，随时随地通过手机、PDA等轻量级设备获取“云”的海量存储能力和极强的计算分析能力。现有的云计算模式已经解决了大量节点实效问题、容错问题以及集中管理问题，用GFS存储文件、用BigTable分布式大规模数据库管理系统管理数据都是成熟的技术，集中的、安全可靠的教育信息资源存储与共享将为教育信息化过程提速。另外，教师在学校除了进行科研外，更重要的是进行教学工作，教师登录系统后可以进行交流，分享自己的教学经验等，新老师可以向老教师“取经”来提高自己的教学水平。图4.4是教师互动平台。

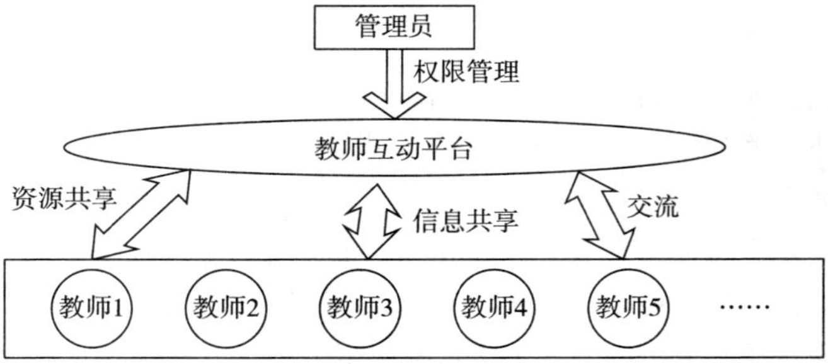

图 4.4 教师互动示意图

5. 研究结论

云计算因为其虚拟化技术及海量存储成了近几年的“热词”，它在许多方面产生了极大的影响，比如说：它拉低了电影特效制作的门槛，特效渲染工作可以同时交给全世界各地的工作室分别完成，节省了时间与成本；它解决了高清监控存储难题，将原有的存储资源存放在虚拟资源池，使存储在整个网络有了更加广阔的存储空间；同时，它也改变了医疗行业，从挂号到病例管理、从传统的询问病情到借助云系统会诊。这一切的创新技术，弥补了传统医疗上的很多漏洞，同时也方便了患者和医生。它在教学行业也早已引起重视。

为了适应现代化发展的需求，云计算对网络教学改革有很大的启发价值，积极推动云计算的 IT 部署和交付模式在网络教学改革中的作用是十分必要的。采用云计算，可以将网络中分散的、零散的资源聚集起来，进行统一调度和管理，形成一个计算资源池向用户提供按需服务，可以解决高校当前信息化管理的问题，提高信息化管理的效率；多媒体教学网络由于其随心所欲地不受时空限制索取、传播和交换信息的优势为学校提供了理想的教学环境，给学习方式带来了深刻的变革；基于云计算基础上的教学辅助系统提供了一种网络学习策略，它以多媒体和网络技术为依托并提供了一种在线的学习方式，更能发挥学习者的主观能动性，突出学习者个性，对后现代主义教育观有重要意义。

6. 项目特点

6.1 个性化

面对学生自主学习的诉求，基于云计算的网络教学不仅可以让学习者发挥主观能动性，还可以让学习者根据自己的知识结构来安排学习计划和学习进度，在线学习即“网络课堂”的建立可以让学生不必拘泥于本专业的课程要求，可以根据自己兴趣选择自己感兴趣的课程，不受时间、地点、课程的要求，实现“个性化教育”。师生之间一对一的及时交流，让学校的教育更加针对学生个人，更加突出个性化。

6.2 共享化

云计算的核心技术就是海量数据分布存储，将教学资源上传到“云端”，形成资源池、资源的共享为有需要的师生提供了便利，也解决了当前大多数教学系统数据吞吐量不强、无法承载过多的多媒体数据流的问题。

6.3 快捷化

计算机多媒体技术能使以往靠多种设备、技术才能实现的课堂多媒体教学与现代通信设施形成网络，构成全方位、多渠道、交互式的教育系统，使人们在传递和交换信息时不再是利用单一信息媒体，用户可以随心所欲地不受时空限制索取、传播和交换信息。多媒体教学网络由于其优越的功能为学校提供了理想的教学环境，给学习方式带来了深刻的变革。

6.4 信息化

基于云计算的教学辅助系统解决了学校资源重复建设、资金浪费、教学个性化不强的问题，可以为学生提供更加便利、优质、全方位的服务，资源池的构建将学校的资源聚集起来，进行统一调度和管理，解决了高校当前信息化管理不强的问题，同时，也提高了信息化管理的效率，系统的成立也更加满足现在信息化教育的需求。

参考文献

[1] Jiawei Han. 数据挖掘概念与技术. 北京：机械工业出版社，2012
[2] 吴朱华. 云计算核心技术剖析. 北京：人民邮电出版社，2011
[3] J. W. Rittinghouse，J. F. Ransome. 云计算实现、管理与安全. 北京：机械工业出版社，2010
[4] 宫明明. 一种基于云存储的辅助教学系统的设计. 青岛职业技术学院学报，2012
[5] 钟晓流，宋述强，胡敏等. 第四次教育革命视域中的智慧教育生态构建. 远程教育杂志，2015
[6] 范佳，闫石. 云计算辅助教学的应用. 科技创新导报，2014

故宫太和殿结构研究

北方工业大学：康怡扬　段雨童　程乐　白雪悦　邓立
指导教师：王建省 教授

［摘　要］本文以太和殿为例，分析传统古建筑与仿古建筑结构特点，建立了结构的整体模型。研究结果表明，在恒载作用下，结构底部位移量微小，顶层位移最大，木结构的位移约为仿古结构的2.6倍。在地震作用下，结构位移最大值出现在第三层，木结构的位移数值达到仿古结构的3倍。木结构受水平荷载、竖向荷载影响较大。

［关键词］结构分析；结构对比；位移计算

1. 选题背景

中国古建筑是我国悠久文化遗产的组成部分，是古代劳动人民伟大创造的结晶。这些建筑具有合理的建筑结构形式，独特的建筑风格和巧思多变的设计手法，其辉煌成就在国际上久享盛名。北京故宫，作为汉族宫殿建筑之精华，它是中国无与伦比的古代建筑杰作，其中北京故宫太和殿是故宫外庭三大殿中最大的一座，也是故宫中最高大的一座宫殿。太和殿位于故宫南北中轴线的显要位置，建于明永乐十八年（1420年），清康熙三十四年（1695年）重建，殿高35.05米，面积2377平方米，共55间，72根大柱，是故宫中最高大的建筑。太和殿作为象征中国封建皇权至高无上的皇家建筑，其建筑制式之高，规格之大，质量之精粹，无不冠绝全国。

自太和殿建成后，距它90公里范围内就发生过6级以上强烈地震7次。其中1730年北京西郊6.5级地震，震中距太和殿15公里；1665年通县6.5级地震，震中距太和殿20公里；1679年三河平谷8级地震，震中距太和殿仅45公里。这些大震都曾使北京遭到严重破坏，多次震动金銮殿，都不曾遭到破坏。该宫殿技术含量高，施工过程复杂，堪称古建筑的集大成者，对它的研究可以推广到其他古建筑。

2. 方案论证

通过 SAP2000 对结构进行内力计算。经查证，确实有木结构工程通过该软件进行分析的案例。该工程所有梁与柱均采用花旗松胶合木，强度等级根据我国《木结构设计规范》取值，钢材根据《钢结构设计规范》取值。经验算，木构件与钢构件的应力和挠跨比均满足规范要求，且与其他软件计算结果对比相差不大[1]。此外，此工程还进行了地震作用验算，采用振型分解反应谱法进行了模态分析。

因此，该项目通过 SAP2000 对结构进行内力分析的方案可行。并计划先用 AUTOCAD 进行建模，再用 SAP2000 确定截面与材料，并根据 SAP2000 的计算结果统计数据。

3. 研究方法

3.1 太和殿结构分析

3.1.1 SAP2000 模型分析

将 CAD 建立的模型导入 SAP2000，首先进行材料和截面属性的设置。木结构重量密度 $5.9kN/m^3$，弹性模量 1.239×10^4 MPa，泊松比 0.3，线膨胀系数 6.5×10^{-6}；C30 混凝土重量密度 $25kN/m^3$，弹性模量 3×10^5 MPa，泊松比 0.2，线膨胀系数 10^{-5}。

根据规范[2]，对永久荷载采用标准值作为代表值，对可变荷载采用标准值、组合值、频遇值或准永久组合值作为代表值。永久荷载标准值，对结构自重，可变结构构件的设计尺寸与材料单位体积的自重计算确定。可变荷载组合值，应为可变荷载标准值乘以荷载组合值系数。正常使用极限状态按频遇组合设计时，应采用频遇值、准永久值作为可变荷载的代表值。

（1）对于标准组合荷载效应组合的设计值 S 应按下式采用：

$$S = S_{GK} + S_{Q1k} + \sum_{i=2}^{n} \Psi_{Ci} S_{Qik} \qquad (1)$$

注：组合中的设计值仅适用于荷载与荷载效应为线性的情况。

3.1.2 地震荷载

地震反应谱用于求解结构的最大地震反应。在本质上，地震动反应谱反映了地震动的频谱特征，同时，它又描述了结构地震反应的基本特征[3]。为了便于应用，采用最大地震影响系数 α_{max} 为纵坐标的反应谱，可表示为：

$$\alpha = \frac{mS_a}{G} = \frac{F}{G} = \frac{S_a}{g} \tag{2}$$

3.1.3 荷载工况

设永久荷载为 DL，活荷载为 LL，X 方向地震荷载为 F_{EK}。根据荷载规范[2]和抗震荷载规范[4]，设防烈度为 8（0.2g），地震影响系数最大值取 0.08，场地特征周期 0.4；恒荷载分项系数 1.2；活荷载分项系数 1.4，活荷载的组合系数 0.5，地面粗糙度为 B 级，阻尼比为 0.05。

设定如图 3.1、图 3.2 所示的以下荷载工况：

（1）1.2DL + 1.4LL

（2）1..3DL + 1.0 F_{EK} +0.5LL

3.2 太和殿框架主体结构抗震性能研究

3.2.1 有限元模型

项目的第二篇论文采用有限元方法研究了太和殿主体支撑结构的抗震性能。首先，本文着重突出了木材本身的各项异性，如以 BEAM188 梁单元模拟梁、柱。BEAM188 属于铁摩辛科梁，采用了相对自由度原理考虑了横向剪切变形，每个节点有 7 个自由度，实质上为实体单元。其次，在材料选用方面通过大量阅读参考文献选择了与太和殿最为接近的材料—白桦木，其材料参数如表 3.1 所示。本文重点考虑了太和殿本身结构形式的稳定性，因而本文分析结果更大程度上还原了木结构本身的结构特性。图 3.1 为太和殿骨架结构模型。图 3.2、图 3.3 分别为柱、梁的截面属性。

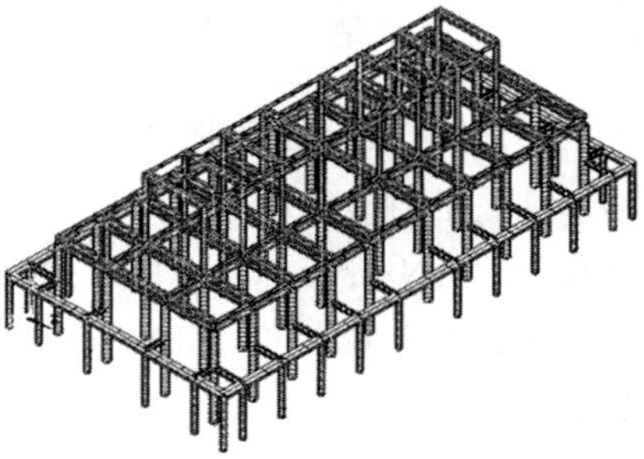

图 3.1 太和殿骨架结构模型

表 3.1 本结构的相关参数

密度 Kg/m^3	弹性模量（MPa）			剪切模量（MPa）			泊松比		
ρ	E_L	E_T	E_R	G_{TL}	G_{LR}	G_{RT}	μ_{TL}	μ_{LR}	μ_{RT}
650	9702	1955	1955	609	971	218	0.352	0.106	0.352

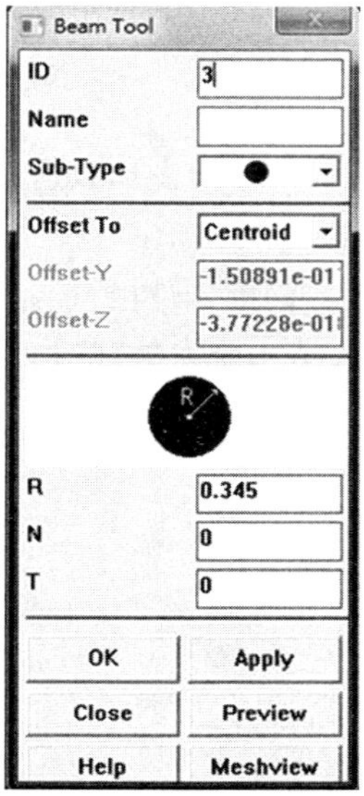

图 3.2　柱截面属性图

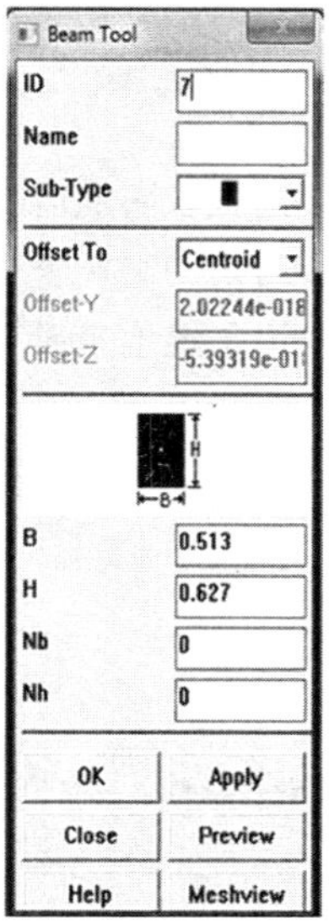

图 3.3　梁截面属性图

3.2.2　地震反应谱分析

谱分析是一种将模态分析结果和已知谱联系起来的计算结构响应的分析方法，主要用于确定结构对随机载荷或随时间变化载荷的动力响应。谱分析可分为时间——历程分析和频域的谱分析。时间——历程谱分析主要应用瞬态动力学分析。谱分析可以代替费时的时间——历程分析，主要用于确定结构对随机载荷或时间变化载荷（地震、风载、海洋波浪、喷气发动机推力、火箭发动机振动等）的动力响应情况。

地震反应谱用于求解结构的最大地震反应，在本质上反映了地震动的频谱特性。影响反应谱的主要因素是地震动强度及频谱特性，前者决定谱的幅值，后者决定谱的形状。

3.2.3　框架结构的侧移

框架结构的侧移主要是由水平荷载引起，由剪切变形引起的侧移和弯曲变形引起的侧移组成。在近似计算中，一般只需计算由杆件弯曲变形引起的侧移[5]。

按 D 值法计算任一层间侧移的公式为：

$$\Delta_j = \frac{V_j}{\sum D_{ij}} \tag{3}$$

框架某曾处总侧移计算公式为：

$$\Delta_i = \sum_{i=1}^{i} \Delta i \tag{4}$$

顶点侧移是所有各层侧移之和。[6]

3.2.4 模型计算

太和殿所处位置抗震设防烈度为8度，设计基本地震加载速度为0.20g，场地类别为Ⅱ类，设计地震为第一组。整个结构施加在x方向上的地震作用，柱底连接方式为刚接。从太和殿结构布置上来看，结构高度方向上构件质量与刚度没有太大差异，节点处多用榫卯连接，能够承受较大的荷载，结构受力破坏时，节点处能够产生塑性铰来抵抗部分刚度变形，从而起到抗震减震作用。

4. 研究结果

4.1 太和殿的结构分析

4.1.1 位移

木结构框架与仿古结构的主要位移、转角数据经筛选选出了具有代表性的数据分别如表4.1、表4.2所示；表4.1为木结构框架在竖向荷载与地震荷载作用下的位移，表4.2为仿古结构框架在竖向荷载与地震荷载作用下的位移。

表4.1 木结构框架位移数据表

节点	输出工况	工况类别	位移（mm）
117	DEAD	LinStatic	-0.250155
117	QUAKE	LinStatic	-31.560724
118	DEAD	LinStatic	-18.077362
118	QUAKE	LinStatic	-46.413676
119	QUAKE	LinStatic	31.141748
120	QUAKE	LinStatic	30.657387
121	DEAD	LinStatic	0.00000195
121	QUAKE	LinStatic	16.278624
122	DEAD	LinStatic	-0.000022
122	QUAKE	LinStatic	15.982614

表4.2 仿古结构框架位移数据表

节点	输出工况	工况类别	位移（mm）
117	DEAD	LinStatic	-0.120388
117	QUAKE	LinStatic	-9.124459
118	DEAD	LinStatic	-6.91794
118	QUAKE	LinStatic	-14.787264

续表

节点	输出工况	工况类别	位移（mm）
119	DEAD	LinStatic	-0. 121174
119	QUAKE	LinStatic	8. 922993
120	DEAD	LinStatic	-6. 918725
120	QUAKE	LinStatic	3. 253603
122	DEAD	LinStatic	-6. 919518
122	QUAKE	LinStatic	15. 292324

4. 1. 2　内力图

内力图中分别包括了受力图、合成剪力、合成弯矩以及挠度。由图可以看出位于不同层高的构件内力分布情况。

（1）木结构各梁柱内力图

木结构框架内力图如下图所示。图 4. 1、图 4. 2、图 4. 3 分别为框架轴力图、剪力图、弯矩图。

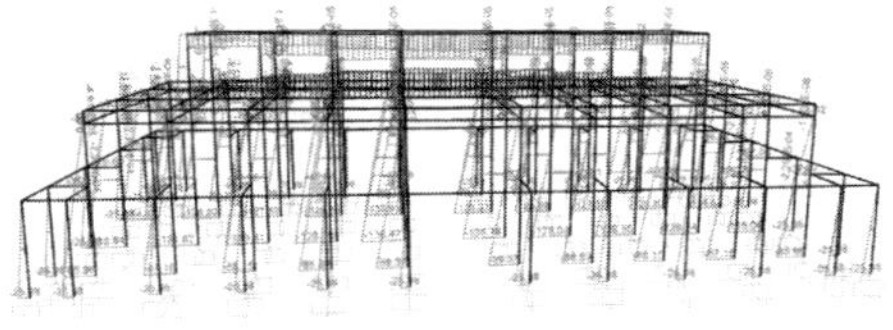

图 4. 1　木结构框架轴力图

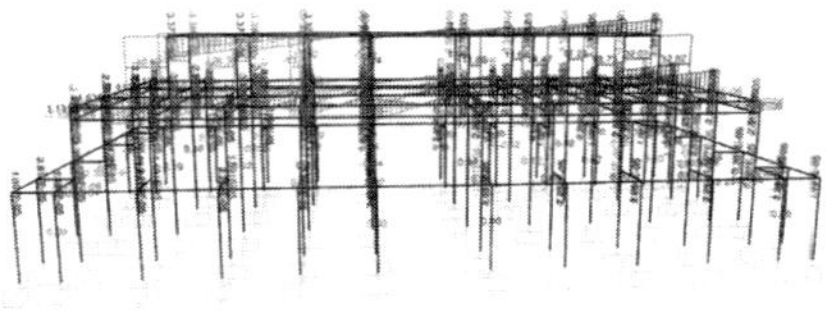

图 4. 2　木结构框架剪力图

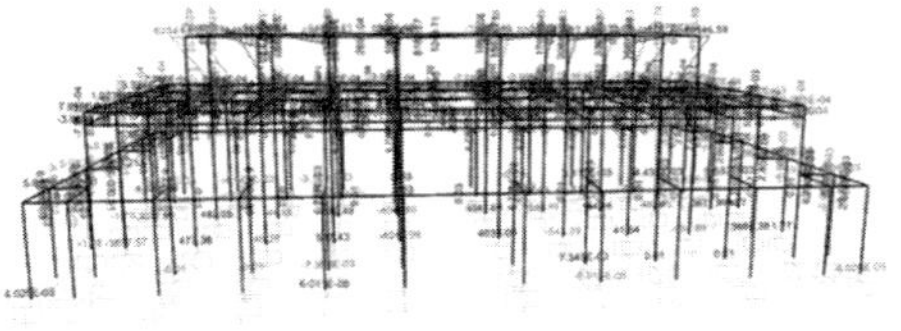

图 4. 3　木结构框架弯矩图

（2）仿古结构内力图

仿古结构框架轴力图、剪力图分别入如下图图 4. 4、图 4. 5 所示。

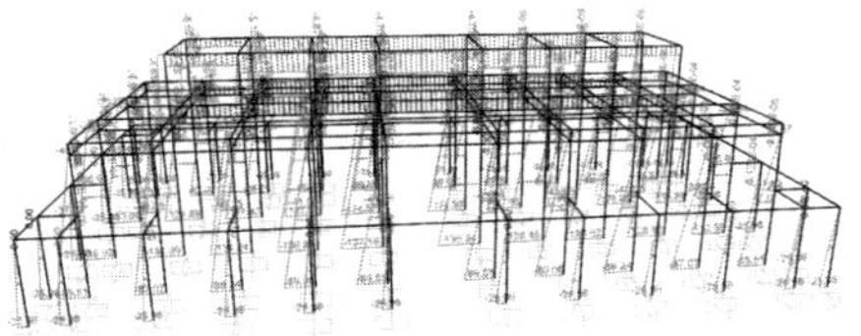

图 4. 4　仿古结构框架轴力图

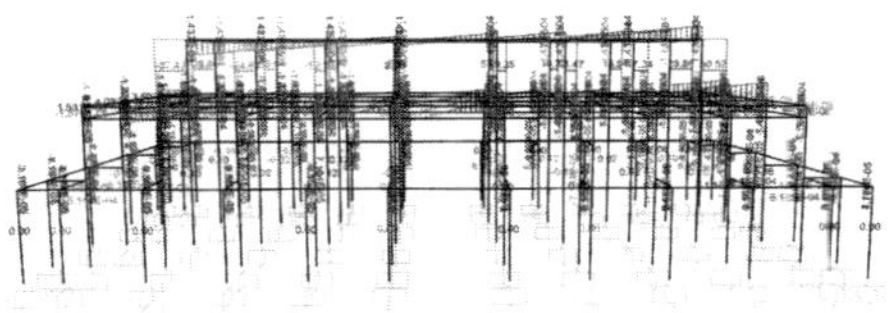

图 4. 5　仿古结构框架剪力图

4.1.3 变形对比

图4.6、图4.7分别为地震与恒荷载作用下两种结构的最大位移对比图。分析结果表明，在地震作用下，结构底部发生微小位移，上层发生位移较大，且在第三层发生突变。在恒载作用下，结构的位移由下至上逐层增大，且顶层的位移增量最大。

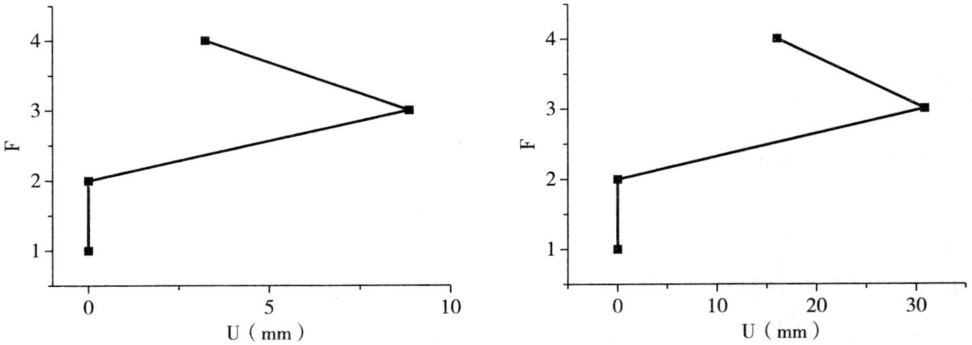

图4.6　X方向地震作用下楼层最大位移曲线对比〔仿古结构框架（左）木结构框架（右）〕

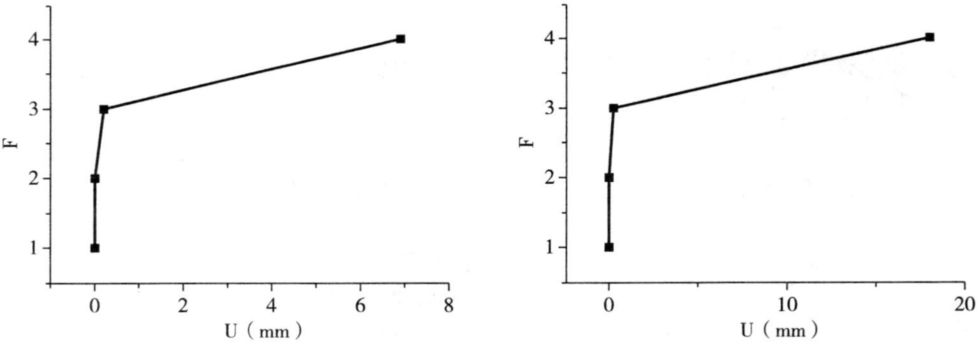

图4.7　恒载作用下层间最大位移对比〔仿古结构框架（左）木结构框架（右）〕

木结构框架位移数据见表4.1所示，仿古结构框架位移数据见表4.2所示。表4.3为两种结构在荷载作用下的最大位移。地震作用下两种结构的最大位移发生在第三层，恒载作用下的最大位移发生在第四层；木结构的位移约为仿古结构的3倍；而在地震作用下达到近3倍。与恒载作用相比，在地震作用下与木结构的位移增量比仿古结构的位移增量明显增大。

表4.3　两种形式结构变形对比

结构	地震作用下的最大侧移（mm）	恒载作用下的最大位移（mm）
木结构框架	46.4137	18.0774
仿古结构框架	15.2923	6.9000

经分析，在木结构中，地震荷载对木结构有明显影响，位移增大了1.5倍；在仿古结构中，竖向荷载起主导作用。木结构的位移量始终大于仿古结构，前者约为后者的3倍。

4.2 有限元法对太和殿框架主体结构抗震性能研究

4.2.1 结果分析

如图4.8为在x向地震作用下x轴上的位移。从图上可以看出结构整体内没有发生较大位移，这是由于在柱根与柱顶石之间，柱头与平板枋之间，平板枋与斗栱之间为叠加放置，在水平地震作用下，彼此间通过滑移产生减震效果[7]。一层和二层周围由斗栱相连，在竖向地震作用下，节点处可产生塑性铰，产生良好减震效果。而梁、柱之间，榫、卯之间的静摩擦力也减小了结构在地震作用下产生的位移。太和殿殿堂式结构在立面布置既遵循受力均衡对称的原则，又选择低而宽的稳重造型，类似与现代建筑抗震构造措施中的控制宽高比，增强了结构的整体稳定性。

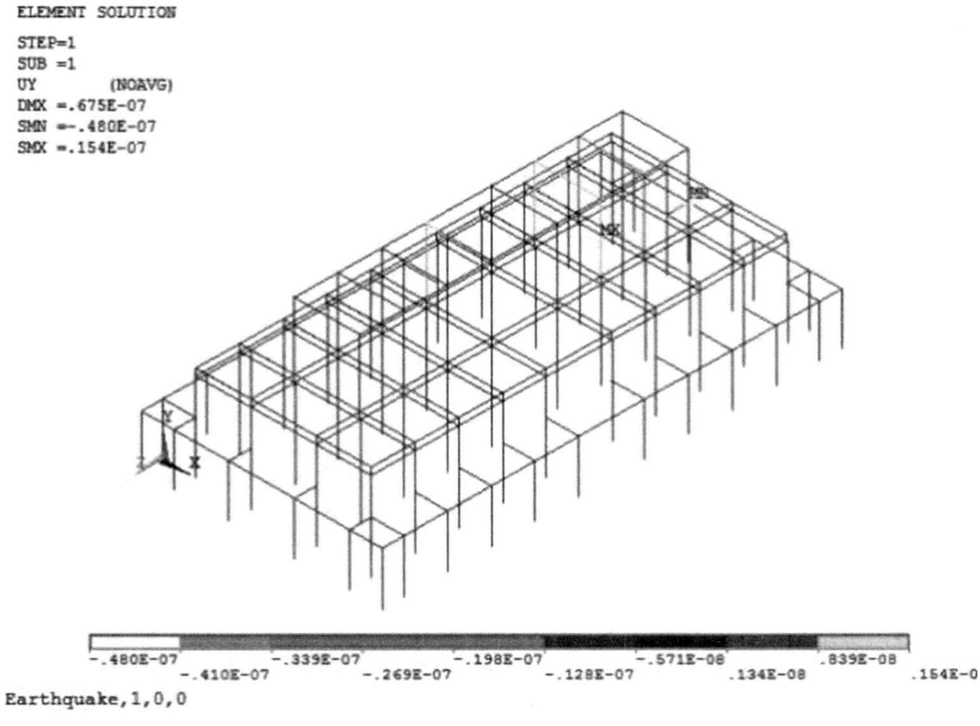

图4.8 地震作用下结构x方向上的位移

图4.9为x轴上的地震作用弯矩图，从图上可知，弯矩最大发生在柱底部分，最不利位置在4层童柱部分，由于1、2由殿内金柱贯通相连，其间的连接性和稳定性较强，3层由斗栱和七架梁相连，斗栱本身具有抗震减震性能，一定程度上也增加了其稳定性。而4层由童柱和七架梁组成，童柱搭接在其上，削弱了其与下部结构的连接性，使其在地震作用下易产生较大位移。

图4.9　x向地震作用下弯矩图

4.3　结论

（1）相同条件下，地震作用对木结构框架的影响更大。仿古结构主要受竖向荷载控制；木结构框架主要由水平荷载控制。

（2）地震作用下结构位移在太和殿结构体系中的第三层发生突变，应在第三层进行适当调整，提高抗震性能，保证结构整体的稳定性。

（3）竖向荷载作用下，框架的最大位移发生在顶层。虽然仿古结构的自重较大，但承载能力仍优于木结构，可见对原有木结构进行改造修缮具有重要意义。

（4）木结构由于其材料的各向异性，本身在抵抗地震作用上能力较强，同时也体现了我国古建筑的科学性、艺术性、历史性。

（5）木结构由梁、柱等构件组成，而梁、柱等结构组成的框架体系之间巧妙的连接使其在地震作用下不会产生过大的位移和变形，也增加了结构的整体稳定性。

（6）变形、弯矩变化较大处多发生在上部结构，因此在后期对结构加固维修时应多考虑上部结构的局部稳定性，从而增强结构的整体稳定。

5. 创新点

本文的创新之处在于将木结构与仿古结构的分析数据作了对比，主要对北京故宫太和殿进行分析，总结故宫太和殿的结构形式、设计要求、构造方式、框架结构。中国古代建筑的高超技艺大体上是工匠之间口传身授，虽然多有经典作品，可是作为一个群体，他们长期以来没有得到足够的重视，古建筑力学方面的专业研究更是少之又少。现如今，人们越来越关注中国古代建筑，中国古代建筑有着悠久的历史和稳定的系统，通过中国的古代建筑，可以清晰地反映出中国传统文化思想的脉络。随着时代的发展现在人们对中国传统民居的研究越来越广泛、深入，研究的角度也越来越丰富。

以太和殿这一最具代表性的木构架古建筑为研究对象，以木结构和仿古结构的对比为切入点进行计算。在此次研究中，不仅对原来所学的知识进行了总结，同时也在研究中学到了更多建筑学相关的知识。

参考文献

[1] 金旭，李洪鹏．上海某木结构设计与计算分析．建筑结构，2010，40（1）：104-106
[2] GB50009-2012 建筑结构荷载规范．北京：中国建筑工业出版社，2012
[3] 方东平，俞茂宏，宫本裕等．木结构古建筑结构特性的实验研究．工程力学，2007，17（2）：75-83
[4] GB50011-2010 建筑抗震设计规范．北京：中国建筑工业出版社，2010
[5] 包世华．新编高层建筑结构．北京：中国水利水电出版社，2001
[6] 邱永亮，徐永强．水平地震作用下二阶效应对框架侧移的影响分析．陕西建筑，2005（8）：10-14
[7] 周乾，闫维明，纪金豹．故宫太和殿抗震构造研究．土木工程学报，2013，46（1）：117-122

软弱围岩隧道钢纤维混凝土衬砌承载特性模型试验研究

北方工业大学：戴瑞　王一吉　王乾　李婧　刘秋爽
指导教师：崔光耀 副教授

［摘　要］为满足软弱围岩隧道开挖后尽快封闭岩面、适应一定变形及提供足够支护力的要求，通过素混凝土、钢筋混凝土及钢纤维混凝土衬砌力学行为室内模型试验，对钢纤维混凝土衬砌的承载特性进行研究。研究结果表明：钢纤维混凝土衬砌初裂荷载提高了20%，极限荷载得到较大提高；掺入钢纤维后衬砌结构韧性增强，初裂后仍能抵抗一定变形并较大降低变形速率，与素混凝土、钢筋混凝土相比可承受更大的变形；钢纤维混凝土衬砌初裂后承载特性曲线缓慢上升，至2倍初裂荷载时仍无收敛迹象，素混凝土快速收敛，钢筋混凝土在一定缓慢上升后快速趋于收敛，软弱围岩条件下，钢纤维混凝土初支在一定变形后可与围岩特征曲线相交，达到围岩——结构稳定状态，是一种力学性能良好的快速支护材料。研究成果对软弱围岩隧道的设计与施工都具有重要的意义。

［关键词］隧道工程；软弱围岩；钢纤维混凝土；承载特性；模型试验

1. 引言

随着我国国民经济的持续快速发展，交通基础工程蓬勃开展起来，公路和铁路不断向高海拔、高纬度、高地震烈度区延伸，交通工程隧线比不断提高。随着隧道工程向“长、深、地质条件复杂”方向发展，对衬砌结构的力学性能提出了越来越高的要求。在软弱围岩条件下，隧道开挖后要求尽快封闭岩面、适应一定变形及提供足够支护力，喷射钢纤维混凝土施工便捷、力学性能优异，是普通初支（钢筋网＋喷射混凝土）的有利替代支护材料。

国内外有关专家、学者对软弱围岩隧道变形控制、钢纤维混凝土衬砌受力特性进行了一些研究[1-15]，主要有：软弱围岩隧道的变形特征、掌子面稳定性及控制技术等[1-3]；钢纤维混凝土单层衬砌支护数值模拟及模型试验，钢纤维混凝土二衬防渗、抗裂性能等[4-9]；钢纤维混凝土基本力学性能等[10-13]；钢纤维混凝土管片基本力学性能及试验等[14-15]。本文依托广甘高速杨家山隧道绢云母千枚岩Ⅴ级围岩段，对软弱围岩条件下钢纤维混凝土衬砌的承载特性进行试验研究，这对软弱围岩隧道的变形控制技术具有重要的意义。

2. 杨家山隧道绢云千枚岩段概况

2.1 绢云千枚岩岩性

杨家山隧道部分洞身段穿越志留系绢云母千枚岩段，Ⅴ级围岩，岩体为鳞片变晶结构、千枚状构造，较破碎，抗压强度5~6.5MPa，遇水软化，如图2.1所示。

图2.1 绢云母千枚岩

2.2 隧道结构设计

杨家山隧道为马蹄形断面，跨度12.54m，高度9.79m。绢云母千枚岩Ⅴ级围岩段结构设计：初期支护为I18钢架@80、φ8钢筋网、φ22药卷锚杆30cm厚C25喷砼；二衬为40cm厚C25钢砼。拟采用30cm厚CF25钢纤维混凝土替代原设计（φ8钢筋网+30cm厚C25喷砼）。

3. 试验方案设计

3.1 相似设计

试验在立式钢板模型试验台架内进行，试验台架尺寸为4.3m（长）×3.7m

（宽）×0.5m（厚），隧道模型轴线与试验台架厚度方向一致。为尽量消除试验台架的边界效应，试验台架长度应大于6倍隧道跨度，故几何相似比取为20。

实际工程CF25钢纤维混凝土弹性模量为：2.5 ~ 3.15 × 104MPa，模型初支拟采用石膏混合材料模拟，弹性模量为：1.05 ~ 1.7 × 103MPa，故弹模相似比取为20。

根据相似准则推导其他参数相似比，见表3.1所示。

表3.1　　试验参数相似比

项目	参数	相似比
材料特性	应力	20
	应变	1
	抗拉强度	20
	抗压强度	20
	弹性模量	20
	泊松比	1
	内摩擦角	1
	容重	1
几何特性	几何长度	20
	线位移	20

3.2　试验设备及材料

立式钢板模型试验台架（图3.1）、隧道衬砌模型（厚1.5cm，见图3.2）、围岩相似材料（Ⅴ级）、压力盒〔DYB-1型微型压力传感器，见图3.3（a）〕、位移计〔YHD型位移传感器，见图3.3（b）〕及静态应变采集仪等。

图3.1　试验台架

图 3.2 衬砌模型

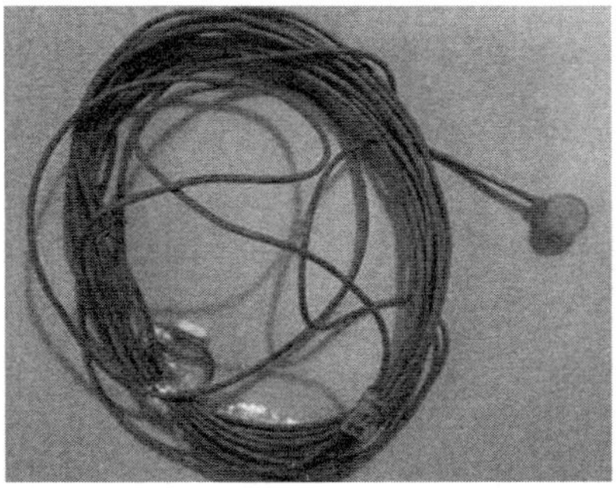

(a) 微型压力盒

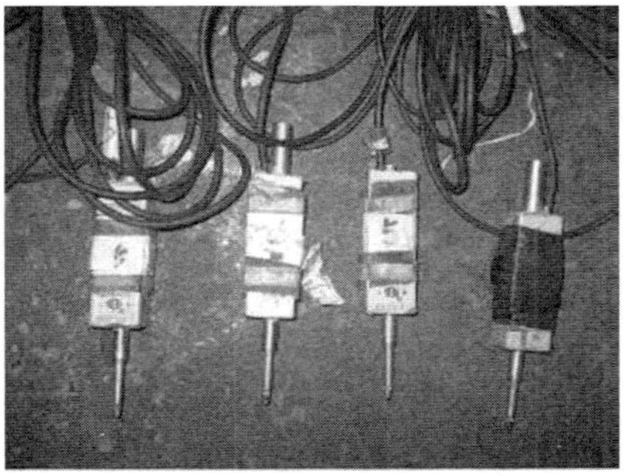

(b) 位移计

图 3.3 测试传感器

围岩相似材料采用重晶石粉、机油、河砂、石英砂和松香按一定比例配置而成，围岩物理力学参数见表 3.2 所示。

表 3.2 围岩物理力学参数

材料名称	E/MPa	μ	γ/（kN · m⁻³）	c/kPa	φ/（°）
原型围岩	1210	0.41	18	120	23
围岩相似材料	58.4	0.43	18.7	5.7	25

本次试验采用原型钢筋混凝土的强度等级为 C25，水膏比为 0.686，钢筋网用直径 0.5mm 成品钢丝网模拟，如图 3.4 所示。

本次实验采用原型钢纤维混凝土的强度等级为 CF25，水膏比为 0.588，采用特制试验用钢纤维模拟实际钢纤维，并适量加入白乳胶用以提高钢纤维与石膏间的黏结力，如图 3.5 所示。

图 3.4 双层钢丝网

（a）工程用钢纤维

（b）试验用钢纤维

图 3.5 钢纤维

钢筋混凝土和钢纤维混凝土衬砌物理力学参数见表 3.3 所示。

表 3.3 衬砌物理力学参数

材料名称		γ/（kN · m^{-3}）	E/MPa	μ
钢筋混凝土	原型衬砌	25	29500	0.2
	相似材料	24.3	1382	0.2
钢纤维混凝土	原型衬砌	25	29500	0.2
	相似材料	24.6	1360	0.2

3.3 试验分组及测点布置

试验分为素混凝土衬砌、钢筋混凝土衬砌和钢纤维混凝土衬砌 3 组，每组 3 个试件。钢纤维掺量根据弯曲韧性试验确定为 42 kg/m^3。

为研究钢纤维混凝土衬砌的受力承载特性，并考虑到衬砌试件为对称结构、承受对称荷载，故测点设置于围岩与衬砌结构接触的典型位置（拱顶、左拱脚、左边墙中及仰拱中)。测点见图 3.6 所示。

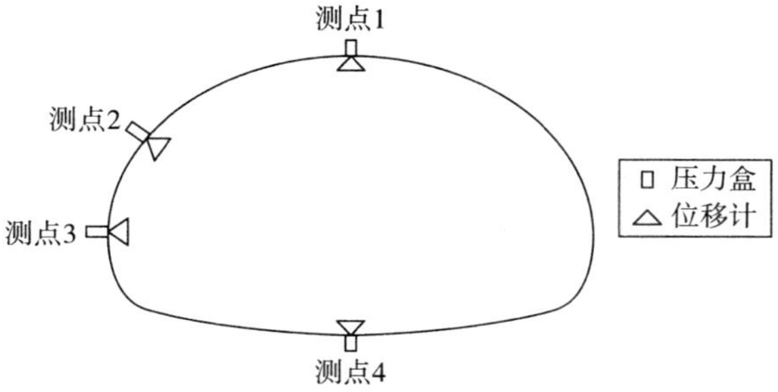

图 3.6　测点布置

3.4　试验过程

(1) 填土至衬砌仰拱底部高度，每填 20cm 土进行夯实，通过控制夯实次数准确的实现围岩相似材料密度的模拟；

(2) 埋设衬砌模型，同时布设微型压力盒和位移计；

(3) 填土至地表指定高度；

(4) 通过液压装置将设计好的荷载分级 (2t/级) 加置于千斤顶，再通过反力装置和荷载分配梁将荷载均匀地传给围岩。试验台架侧向的大刚度板用以传递被动土压力；

(5) 逐级加载过程至衬砌结构破坏 (以裂缝贯通衬砌为标志) 为止。

4. 试验结果及数据分析

4.1　破坏过程

衬砌结构在荷载作用下的破坏规律大致相同。首先，在拱顶或仰拱中部内侧出现第 1 条纵向裂缝 (素混凝土衬砌和钢筋混凝土衬砌初裂荷载均为 10t；钢纤维混凝土衬砌初裂荷载为 12t)，随着荷载的增加，裂缝宽度不断增加，并不断向衬砌外侧扩展；其次，衬砌边墙中部或墙脚出现一些细小的纵向裂缝，随着荷载的增加，裂缝宽度和深度也在不断增大；最后，拱顶或仰拱中部纵向裂缝贯穿整个结构，衬砌结构完全破坏。

虽然衬砌结构整体破坏规律相似，但钢纤维混凝土衬砌、钢筋混凝土衬砌及素混凝土衬砌结构破坏的发展过程及结构破坏的最终状态却大不相同。

（1）素混凝土衬砌

素混凝土衬砌在拱顶内侧产生第一条纵向裂缝，随着荷载的增加，在仰拱中部、左右边墙脚出现纵向裂缝，裂缝的宽度和深度迅速扩大，最终拱顶处的第 1 条裂缝贯穿整个结构，衬砌结构完全破坏，至此衬砌结构裂缝数目为 4 条。素混凝土衬砌开裂如图 4. 1 和图 4. 2 所示。

（a）第 1 条裂缝（拱顶）

（b）第 2 条裂缝（仰拱）

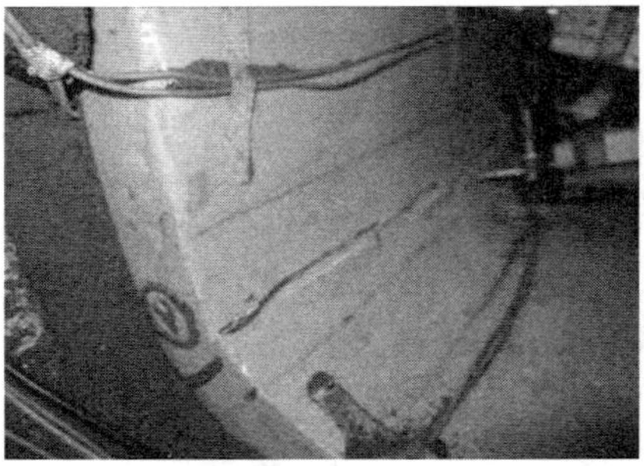

（c）第 3 条裂缝（左墙脚）

图 4. 1　素混凝土衬砌裂缝

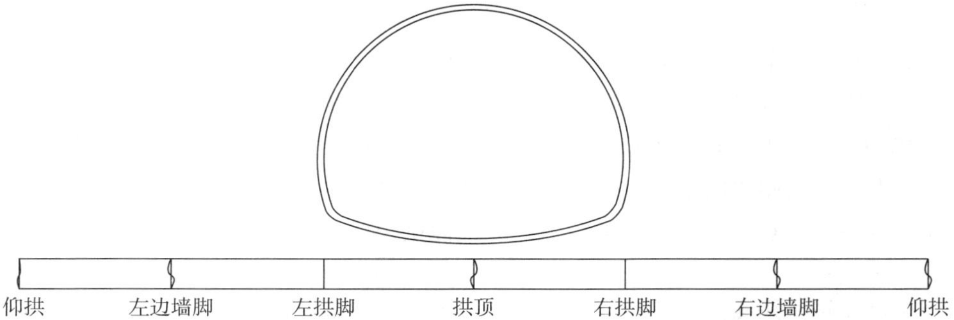

图 4. 2　素混凝土衬砌裂缝分布图

（2）钢筋混凝土衬砌

钢筋混凝土衬砌在仰拱中部内侧产生第一条纵向裂缝，随着荷载的增加，裂缝宽度和深度逐渐增加，随后在拱顶、左右边墙脚出现纵向裂缝；继续增加荷载，在衬砌左右拱腰、边墙、仰拱部位逐渐出现纵向裂缝，至结构破坏时裂缝数目为 9 条。由于钢筋网的抑制作用，裂缝发展比素混凝土衬砌变的曲折，延缓了衬砌结构的破坏。钢筋混凝土衬砌开裂如图 4.3 和图 4.4 所示。

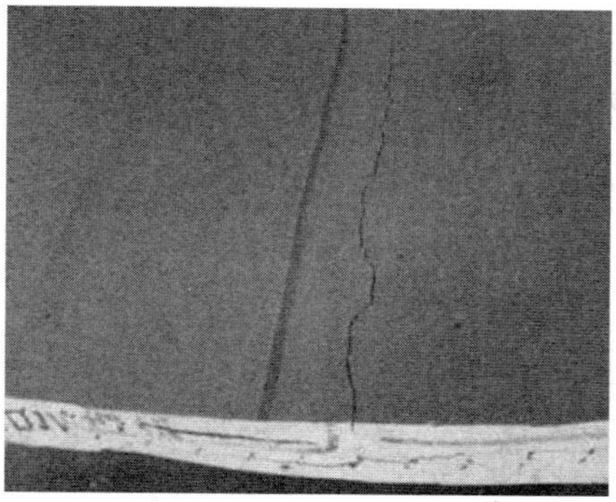
（a）第 1 条裂缝（仰拱）

（b）第 3 条裂缝（左墙脚）

图 4.3　钢筋混凝土衬砌裂缝

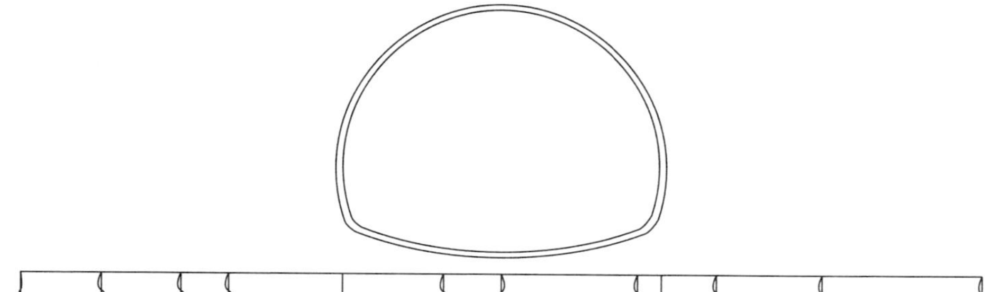

图 4.4　钢筋混凝土衬砌裂缝分布图

（3）钢纤维混凝土衬砌

钢纤维混凝土衬砌首先在拱顶出现一条十分细小的纵向裂缝，随着荷载的增加，由于钢纤维的抑制作用，裂缝的深度缓慢增加，并且裂缝发展的路径也变得曲折，延缓了结构的破坏，当达到截面高度的 80% 之后时，裂缝的深度变化不大而宽度不断增大。荷载继续增加，在仰拱、拱顶、边墙等部位出现裂缝，再继续增加荷载，结构的其他部位也逐渐出现纵向裂缝。最后，裂缝数目达到 12 条之多，结构仍没发生突然的坍塌。钢纤维混凝土衬砌开裂如图 4.5 和图 4.6 所示。

钢纤维混凝土衬砌由于钢纤维对结构抗裂性能的贡献，初裂荷载有所提高（约 20%）。

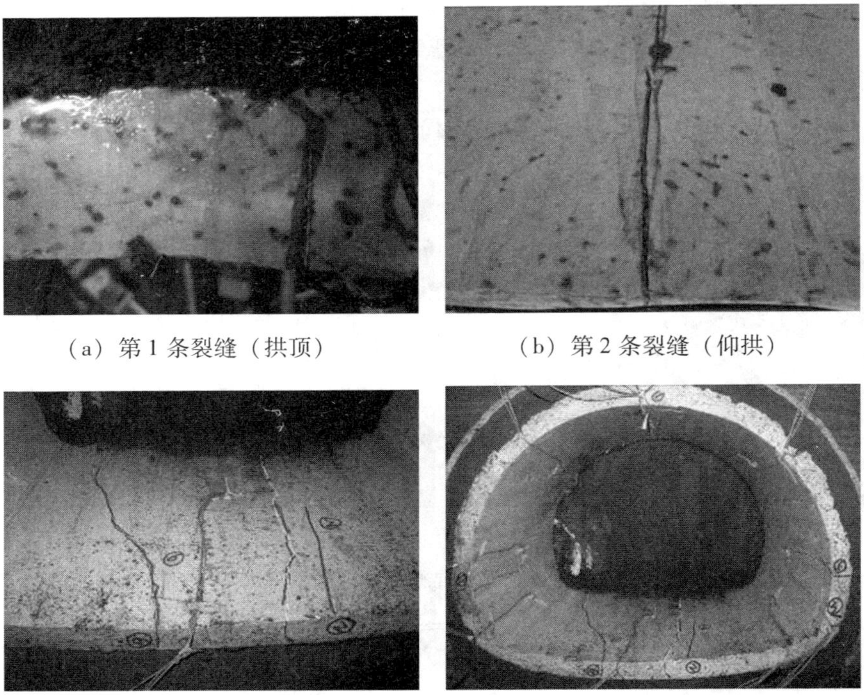

（a）第 1 条裂缝（拱顶）

（b）第 2 条裂缝（仰拱）

（c）局部多点开裂（仰拱）

（d）结构的最终破坏状态

图 4.5　钢纤维混凝土衬砌裂缝

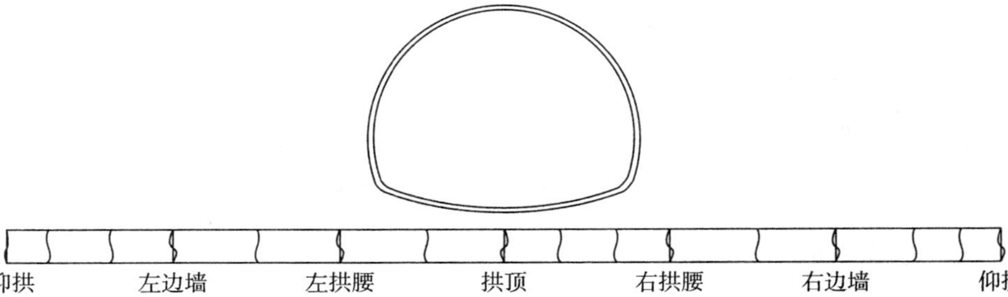

图 4.6　钢纤维混凝土衬砌裂缝分布图

4.2　接触压力

提取各测点接触压力（围岩与衬砌），绘制接触压力与荷载关系曲线，如图 4.7 所示。

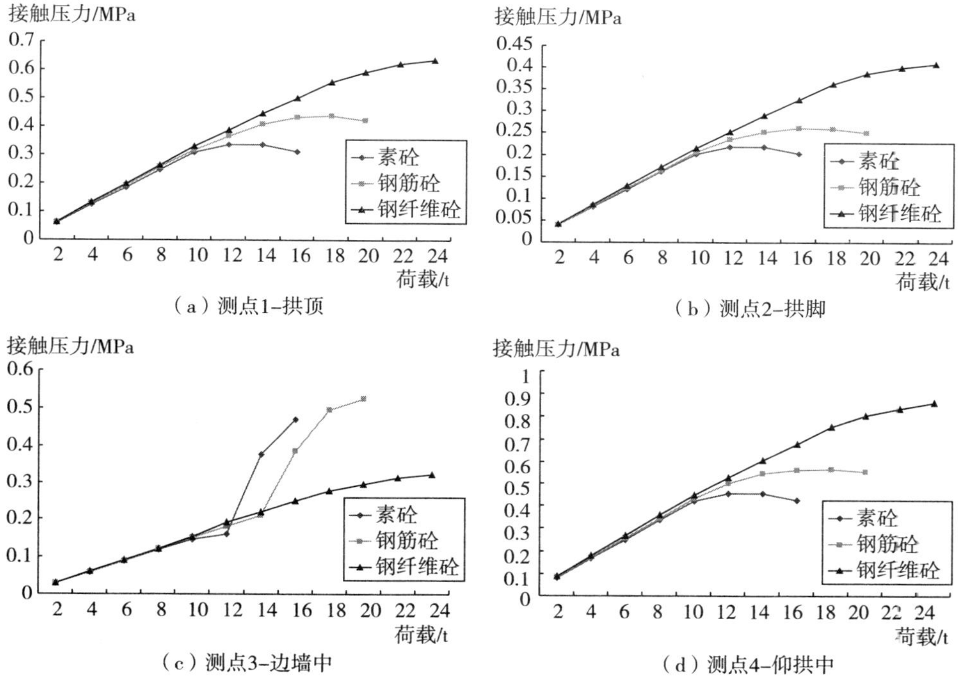

（a）测点1-拱顶
（b）测点2-拱脚
（c）测点3-边墙中
（d）测点4-仰拱中

图 4.7　接触压力与荷载的变化曲线

由图 4.6 可知，实际作用在衬砌结构上的土压力比理论计算值要小（约为荷载——结构模型理论值的 60% ~70%），荷载由围岩和衬砌结构共同承担。

接触压力随荷载的增加而增加，当荷载达到初裂荷载时衬砌结构在拱顶或仰拱部位出现裂缝，接触压力增长速率放缓。由于钢纤维混凝土具有良好的抗裂性和控制变形能力，整个衬砌结构受力分布更加均匀，衬砌开裂后仍可继续承受荷载至 2 倍初裂荷载仍不坍塌。

图 4.7（c）中，素混凝土衬砌和钢筋混凝土衬砌边墙中部接触压力分别在荷载 12t 和 14t 时急剧变大，此时衬砌结构刚出现初裂缝，断面扁平率突然降低，边墙部位急剧向围岩方向挤入，造成此处接触压力急剧变大。

4.3　径向位移

提取各测点径向位移，绘制径向位移与荷载关系曲线，如图 4.8 所示。

由图 4.8 可知，衬砌结构径向位移随荷载的增加而增加。在初裂荷载前，径向位移与荷载基本呈线性关系；初裂荷载后，衬砌结构径向位移增长速率明显增大，素混凝土大于钢筋混凝土，钢筋混凝土大于钢纤维混凝土。相同荷载作用下，素混凝土径向位移大于钢筋混凝土，钢筋混凝土大于钢纤维混凝土。这说明钢纤维混凝土衬砌韧性、抗裂性以及控制结构变形能力都明显好于钢筋混凝土和素混凝土衬砌。

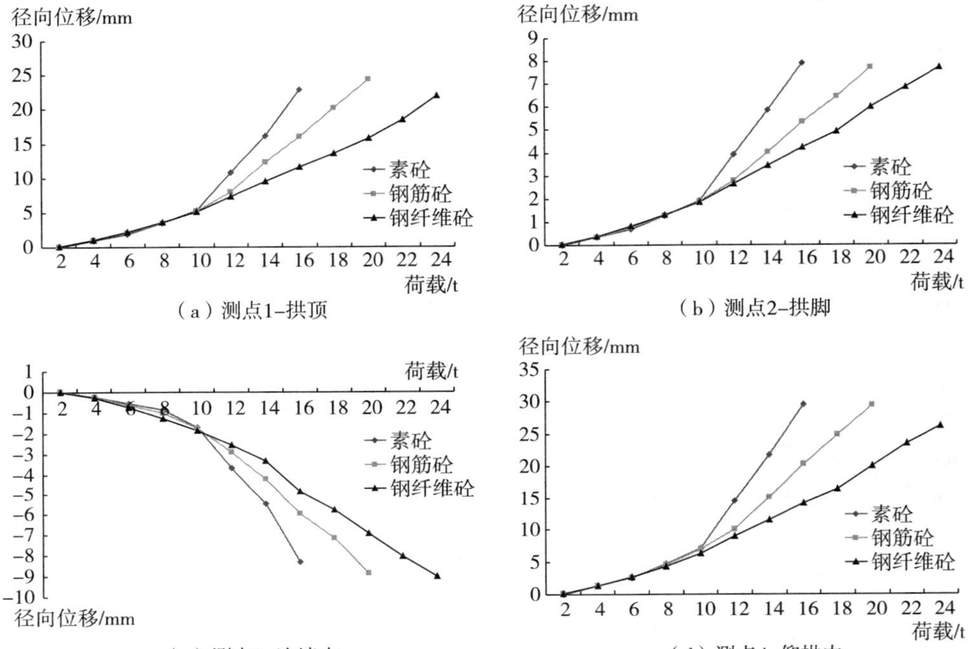

（a）测点1–拱顶　（b）测点2–拱脚

（c）测点3–边墙中　（d）测点4–仰拱中

图 4.8　径向位移与荷载的变化曲线

4.4　承载特性

提取各测点加载过程中的接触压力与径向位移，绘制衬砌结构承载特性曲线，如图 4.9 所示。

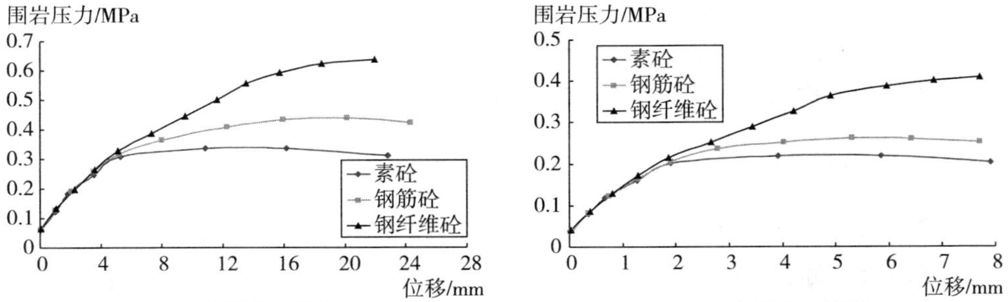

（a）测点1–拱顶　（b）测点2–拱脚

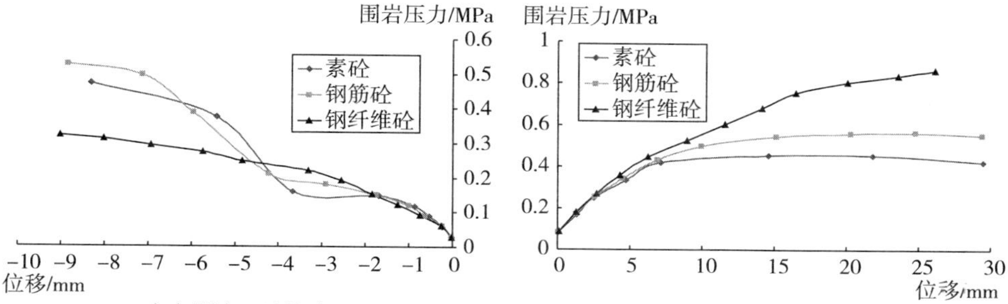

（c）测点3-边墙中　（d）测点4-仰拱中

图 4.9　衬砌结构承载特性曲线

由图4.9可知，加载过程中，拱顶、拱脚及仰拱中部测点不断向隧道内部方向变形，三测点承载特性曲线规律一致；边墙中部测点不断向围岩方向变形，其承载特性曲线异于其他三测点。下面以拱顶和边墙中部测点为例，进行衬砌结构承载特性分析。

（1）拱顶

素混凝土和钢筋混凝土衬砌在达到初裂荷载后，测点径向位移增长速率突增。素混凝土很快达到极限承载能力（与初裂荷载相差无几），钢筋混凝土极限荷载比初裂荷载提高了约50%。

钢纤维混凝土衬砌达到初裂荷载后，测点径向位移增长速率有所增加，结构仍具有较高的承载能力，在承受2倍初裂荷载时，结构仍未坍塌。这说明掺入钢纤维后明显提高了衬砌结构的承载能力和变形能力。

（2）边墙中部

加载过程中，边墙部位衬砌向围岩方向变形，在变形过程中由于受到围岩的约束，使得作用在衬砌结构上的接触压力不断变大。

由于钢纤维混凝土良好的抗裂性，使得钢纤维混凝土衬砌初裂荷载后仍可承担较大的弯矩，边墙中部径向位移远小于素混凝土和钢筋混凝土，进而也减小了接触压力。

5. 结论

本文通过素混凝土、钢筋混凝土及钢纤维混凝土衬砌力学行为室内模型试验，对钢纤维混凝土衬砌的承载特性进行研究，得出以下结论。

（1）素混凝土衬砌初裂后，裂缝的宽度和深度迅速扩大，很快达到极限承载能力（与初裂荷载相差无几），结构破坏，破坏时裂缝数目为4条；钢筋混凝土衬砌初裂后，随着荷载的增加，裂缝宽度和深度逐渐增加，至结构破坏时裂缝数目为 9 条，极限荷载比初裂荷载提高了约 1 倍；钢纤维混凝土衬砌初裂（初裂荷载比素混凝土和钢筋混凝土衬砌提高约 20%）后，随着荷载的增加，由于钢纤维的抑制作用，裂缝的深度缓慢增加，并且裂缝发展的路径也变得曲折，延缓了结构的破坏，至 2 倍初裂荷载时，裂缝数目为 12 条，结构仍未坍塌。

（2）实际作用在衬砌结构上的土压力比理论计算值要小（约为荷载——结构模型理论值的 60% ~70%），荷载由围岩和衬砌结构共同承担。由于钢纤维混凝土具有良好的抗裂性和控制变形能力，初裂荷载后仍可承担较大的弯矩，开裂的截面刚度降低，致使结构应力重分布，至结构破坏时可达到多点开裂状态。

（3）掺入钢纤维后衬砌结构韧性增强，初裂后仍能抵抗一定变形并较大降低变形速率，与素混凝土、钢筋混凝土相比可承担更大的变形。

（4）素混凝土衬砌初裂后承载特性曲线快速收敛；钢筋混凝土衬砌初裂后承载特性曲线在一定缓慢上升后快速趋于收敛；钢纤维混凝土衬砌初裂后承载特性曲线缓慢上升，至 2 倍初裂荷载时仍无收敛迹象。因此，在软弱围岩条件下，钢纤维混凝土初支在一定变形后可与围岩特征曲线相交，达到围岩——结构稳定状态，是一种力学性能良好的快速支护材料。

参考文献

[1] 李鹏飞，赵勇，刘建友．隧道软弱围岩变形特征与控制方法．中国铁道科学，2014，35（5）：55-61

[2] 朱永全，李文江，赵勇．软弱围岩隧道稳定性变形控制技术．北京：人民交通出版社，2012

[3] 徐前卫，马静，朱合华，等．软弱破碎隧道围岩开挖面稳定性的拟三维模型试验研究．岩土工程学报，2011，33（z1）：465-470

[4] 杜国平，刘新荣，李晓红，等．隧道单层衬砌结构稳定性现场试验及变形控制．重庆大学学报，2013，36（12）：79-85，91

[5] 宋艳，朱珍德，张慧慧．深埋隧道喷射钢纤维混凝土支护的数值模拟．水利与建筑工程学报，2013，11（2）：204-208

[6] 宋战平，刘京，吴焕通，等．长陡斜井钢纤维喷射混凝土单层衬砌试验研究．西安建筑科技大学学报（自然科学版），2013，45（3）：348-355

[7] 韩涛，杨维好，任彦龙，等．钢骨钢纤维高强砼井壁水平承载特征的计算和试验．中国矿业大学学报，2012，41（2）：205-211

[8] 宋卫民．隧道二衬纤维混凝土防渗抗裂性能研究（硕士学位论文）．中南大学．2013

[9] 刘新荣，祝云华，李晓红，等．隧道钢纤维喷射混凝土单层衬砌试验研究．岩土力学，2009，30（8）：2319-2323

[10] 丁一宁，刘思国．钢纤维自密实混凝土弯曲韧性和剪切韧性试验研究．土木工程学报，2010，43（11）：55-63

[11] PASSUELLO A，MORICONI G，SHAH SP. Cracking behavior of concrete with shrinkage reducing admixtures

and PVA fibers. Cement & Concrete Composites, 2009 (39): 699-704

[12] BOGHOSSIAN E, WEGNER L D. Use of flax fiber to reduce plastic shrinkage cracking in concrete. Cement & Concrete Composites, 2008 (30): 929-937

[13] KIM J H J, PARK C G, LEE S W, et al. Effects of the geometry of recycled PET fiber-reinforcement on shrinkage cracking of cement-based composites. Composites: Part B, 2008 (38): 442-450

[14] 闫治国，朱合华，梁利．火灾高温下隧道衬砌管片力学性能试验．同济大学学报（自然科学版），2012，40（6）：823-828

Yan Zhiguo, Zhu Hehua, Liang Li. Experimental study on mechanical performance of lining segments in fire-accidents. Journal of Tongji University (Natural Science Edition), 2012, 40 (6): 823-828.

[15] 刘赫凯，丁一宁．钢纤维自密实混凝土管片力学性能的试验研究．建筑材料学报，2011，14（1）：10-13，21

高校建筑节能评价研究报告

北方工业大学：吴铜　高艳　谢澜谊　游永建　侯向阳
指导教师：赵玉清 高级实验师

［摘　要］高校在培养人才的同时，也消耗了大量的能源资源。建设节约型校园是高校发展中面临的重要任务之一。本文结合具体的工程实例，阐述了中水源热泵技术、太阳能光热和光电技术、能源回收利用技术等可再生能源技术在不同类型建筑中的应用，并对建筑节能评价方法进行了比较和总结。为高校建筑节能提供参考。
［关键词］热泵技术；太阳能利用技术；能源回收技术；节能减排；节能评价

1. 研究背景

21 世纪以来，我国高等教育规模在不断地扩大，在校人数、建筑面积和教学实验设备等急剧增加。校园建筑体型庞大，建筑类型繁多，全国校园能耗占社会总能耗的 8%[1]。其中能耗较高的建筑主要有图书馆、体育馆、教学楼、学生公寓、学生浴室以及宾馆等。每名在校大学生的能耗值是社会普通人员的 4 倍[1]。目前还没有专门针对高校建筑节能方面的统一技术规定和措施，使得高校建筑能源浪费现象较为普遍。这既增加了高校的教学成本，也阻碍了高校节约型校园的建设。因此，对节能技术在高校中建筑进行节能应用研究，对推动高校科学发展和促进国家节能减排计划实现有着重要意义。

建筑节能是指在建筑中提高能源利用效率，用有限的资源和最小的能源消费代价取得最大的经济和社会效应。建筑节能具体是指节约采暖供热、空调制冷、采光照明以及调节室内空气、湿度、改变居室环境质量的能源消耗，还包括利用太阳能、地热（水）能源的综合技术工程[2]。

1.1　国外建筑节能研究现状

国外对建筑节能方面的研究和应用起步比较早。从 20 世纪 70 年代开始，欧美等发达国家开始注重建筑能耗系统方面的研究，政府也开始注重制定能源方面的法律规范。绿色建筑、可持续建筑、高性能建筑逐步产生。美国有“节能之星”标准(Energy Star),在不增加初期投资的前提下可以节省30%~50%的能源消耗,可以节省50%的建造时间。

美国绿色建筑委员会(USGBC)颁发的LEED绿色建筑认证是目前国际上最为先进和具实践性的绿色建筑认证评分体系。该体系将帮助项目小组明确绿色建筑的目标,制订切实可行的设计策略,使项目在能源消耗、室内空气质量、生态、环保等方面达到国际认证体系LEEDT的指标和标准,为项目今后的用户提供高质量、低维护、健康舒适的办公和居住环境。从而增强项目在市场上的竞争力,使投资商获得丰厚的经济效益和社会效益。LEED绿色建筑认证细则包括六方面的内容:①可持续建筑场地;②节水;③能源利用和环境;④材料和资源;⑤室内环境质量;⑥创新设计方法。各系统所占比例见图1.1。

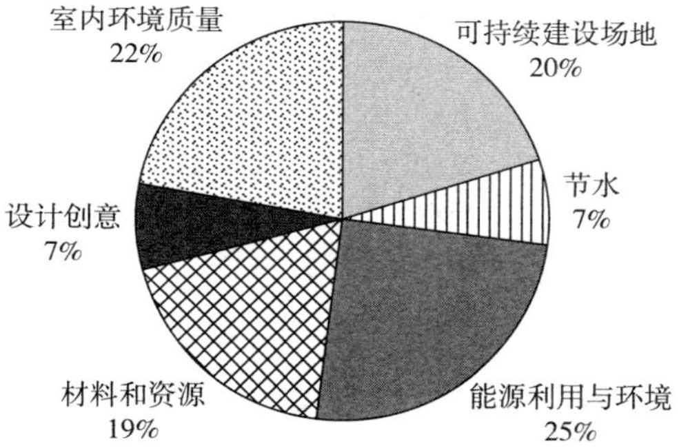

图1.1 LEED评价各系统所占比例

1.2 国内建筑节能研究现状

我国节能工作起步比较晚,能源浪费现象严重。从社会能源消费的构成来看,建筑能耗、工业能耗和交通能耗是能源消耗大户,其中建筑能耗已达到能源消耗总量的33%。

我国的建筑节能主要在太阳能利用、围护结构、节能建筑、设备节能和采光照明等几个方面,从规划、设计、施工和使用各方面进行研究,提出了太阳能热水、太阳墙系统、复合窗体、节能窗、室内综合热量的利用等节能方法[2]。

目前,我国与建筑工程相关的建筑节能系列标准共有27项(5项设计标准、工程施工质量验收标准1项、评价标准1项、检测标准2项、节能改造标准3项,其他相关辅助标准15项),基础标准5项,通用标准5项,专用标准17项。其中,现行标准21项,在编标准6项,如表1.1所示。国家住建部也正在引入LEED认证系统。

我国制定的《绿色奥运建筑评估体系》《中国生态住宅技术评估手册》和上海之前通过的《绿色生态小区导则》都在一定程度上借鉴了LEED认证系统。

表1.1　　我国现行建筑节能相关标准

分类	序号	编号	名称
基础标准	1	GB50178—1993	《建筑气候区划标准》
	2	JGJ35—1987	《建筑气象参数标准》
	3	JG/T358—2012	《建筑能耗数据分类及表示方法》
	4	GB 在编	《建筑节能基本术语标准》
	5	GB 在编	《建筑节能气象参数标准》
通用标准	1	GB50189—2005	《公共建筑节能设计标准》
	2	GB/T50411—2007	《建筑节能工程施工质量验收规范》
	3	JGJ26—2010	《严寒和寒冷地区居住建筑节能设计标准》
	4	JGJ75—2012	《夏热冬暖地区居住建筑节能设计标准》
	5	JGJ134—2010	《夏热冬冷地区居住建筑节能设计标准》
专用标准（工程标准）	1	GB/T50668—2011	《节能建筑评价标准》
	2	GB/T50824—2013	《农村居住建筑节能设计标准》
	3	JGJ/T129—2012	《既有居住建筑节能改造技术规程》
	4	JGJ/T132—2009	《居住建筑节能检测标准》
	5	JGJ/T154—2007	《民用建筑能耗数据采集标准》
	6	JGJ176—2009	《公共建筑节能改造技术规范》
	7	JGJ/T177—2009	《公共建筑节能检测标准》
	8	JGJ/T288—2012	《建筑能效标识技术标准》
	9	CJJ/T185—2012	《城镇供热系统节能技术规范》
	10	（在编）	《公共建筑能耗远程监测系统技术规程》
	11	（在编）	《城市照明节能评价标准》
专用标准（产品标准）	1	GB19576—2004	《单元式空气调节机能效限定值及能源效率等级》
	2	GB19577—2004	《冷水机组能效限定值及能源效率等级》
	3	GB21454—2008	《多联式空调（热泵）机组能效限定值及能源效率等级》
	4	GB21455—2008	《转速可控型房间空气调节器能效限定值及能源效率等级》
	5	GB 在编	《节能量测量和验证技术要求居住建筑供暖系统》
	6	JG 在编	《既有采暖居住建筑节能改造能效测评方法》

1.3　国内外建筑节能发展的不同之处

国外建筑节能大部分是通过提升建筑围护结构和暖通系统、照明系统、热水供应系统的性能来实现节能目标，最近，一些国家也通过加强可再生能源使用比例来达到建筑节能的目的，尤其是欧洲，在建筑节能方面最大化地利用可再生能源、自然资源的丰富经验值得鉴。我国在墙体、屋顶、窗户的传热系数和冷水机组等建筑设备的效率要求方面，比欧美略低，且建筑节能的国家标准在可再生能源使用方面无强制要求。

我国的建筑节能设计标准作为建筑节能标准体系的核心，技术内容覆盖尚不够全面。目前主要包括围护结构和暖通空调系统两部分，而发达国家的节能设计标准，还分别包括热水供应系统、照明系统、可再生能源系统、建筑维护等。技术内容较为综合、系统的建筑节能标准可操作性强，有利于推动建筑节能。

1.4 本课题的主要研究内容

基于上述建筑节能方面的现有条件和我国的具体情况，高校可以参照公共建筑节能标准来实施节能设计和运行管理。我国在可再生能源应用方面的技术要求覆盖不全，结合高校建筑能耗特点，本课题在可再生能源应用技术方面开展研究，以期推动我国高校节约型校园建设工作的实施。

2. 研究内容

可再生能源（Renewable Energy）为来自大自然的能源，例如太阳能、风力、潮汐能、地热能等，是取之不尽用之不竭的能源，是相对于会穷尽的不可再生能源的一种能源，对环境无害或危害极小，而且资源分布广泛，适宜就地开发利用。高校建筑具有种类多、功能多、建筑体量大、分布面积广等特点，适合可再生能源技术的应用。

2.1 中水源热泵技术

高校的污水大多数都要经过处理后变为中水再利用，中水温度一年四季比较稳定（12℃ ~22℃），含有可利用的能量。利用热泵技术将其中的热量回收利用，可以实现废水能量的零排放。合理的污水处理系统把污水全部处理成中水，能够实现污水零排放。

2.1.1 工程概况

该工程为北方工大中水源热泵替代传统燃气锅炉供热水改造项目，本校现有在校生 15000 人，生活热水用水点主要为学生浴室和校内宾馆。学生浴室有 250 个淋浴喷头，洗浴热水温度为 40℃，每天开放时间为 7 小时；该校宾馆共有 132 个标准间，全天 24 小时供热水。目前热源为 2.1MW 真空燃气锅炉 1 台，并配有 70 吨的贮热水箱。热水日平均用水量 160m^3。

现有中水处理站日处理中水量 900 吨，正常情况下，全校污水全部处理后成为中水再利用。中水平均温度25℃。基于浴室和中水站现有的条件，设计了用中水水源热泵为学生浴室和宾馆提供洗浴用热水，从而取代现有燃气锅炉。中水经过热泵提取热量后，温度降低为3℃～5℃，用于冲洗和绿地浇灌，从而实现废水能量的零排放。

2.1.2　系统流程及设计要点

浴室洗浴用热水供水温度为40℃，宾馆热水供水温度为55℃。平时以热泵制取热水，燃气锅炉在事故时备用。设计要点：

（1）用热量与中水可提取热量的热平衡

水源热泵稳定工作的条件是要有足够的水量和合适的温度。本工程中水日处理水量为900m^3，热水日平均用水量160m^3。经热平衡计算，中水冬季可利用的热量为4.24×10^7kJ，热水日需热量为4.14×10^7kJ。说明利用中水蕴含的热量理论上可以满足需热量。

（2）污水系统、中水系统、热泵系统的合理配置

污水系统、中水系统、热泵系统的联合运行要求三个系统的设备高度匹配。污水来源白天流量大，夜间流量小甚至断流，这就要求污水存储池的容积要满足中水处理设备的24小时连续运行要求，本工程污水存储池容积为650m^3。中水存储在水箱中（600m^3）。本工程热泵制热水的总制热量1000kW，热水储水箱容积为110m^3。

由于中水池的容积与热泵运行时的蒸发温度有关，需要经过分析确定中水池的容积。

中水池水温度与容量的关系见图2.1。可以看出，随着水池容积的增加，水温波动范围减小，当水池容积为600m^3时，水温在12℃～22℃之间，有利于热泵在较高的性能范围内运行。

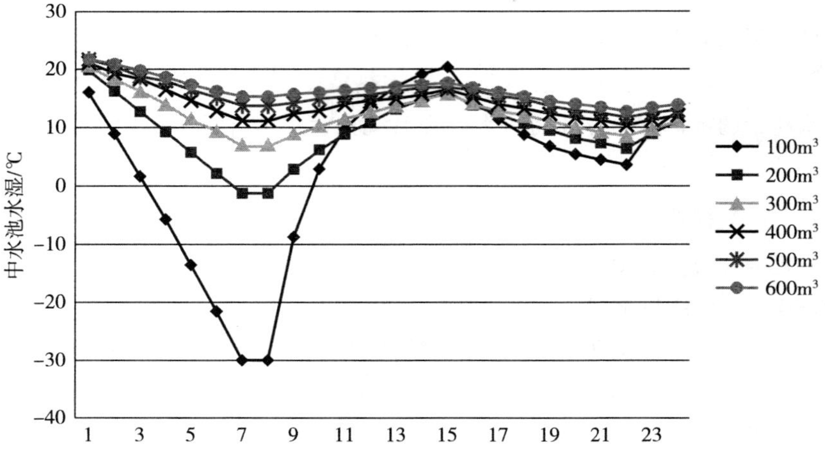

图2.1　冬季中水温度与水池容积的关系

(3) 可靠的控制系统

利用热泵技术从中水中提取热量供给洗浴用水，集成了污水处理、热泵技术、热水供应、控制技术多项专业技术。多个系统的联合协调运行需要完善的控制系统才能实现。自控系统要做到自动化程度高、技术稳定可靠、便于操作。本工程采用了 PLC 控制技术，采用德国西门子控制器。对系统相应设备的温度、液位、运行时间、用电量进行了采集、显示及控制，整个系统实现一键开机、无人值守、故障自动报警等功能，确保系统安全可靠稳定运行。

2.1.3 经济性、节能环保性分析

(1) 经济性分析

费用年值包括年固定费用与年运行费用，年固定费用是指系统各设备的总投资在使用年限内每年消耗的费用；年运行费用包括能源费、维修费等。其计算式为[2]：

$$F_A = \sum_{j=1}^{N} i \frac{(1+i)^m}{(1+i)^m - 1} k_j + C \qquad (1)$$

式中，F_A为动态法计算的年计算费用，元/a；N为系统设备的种类数；K_j为系统设备（编号为 j）的投资额，元；m为系统设备使用年限，$m = 15a$；C为系统的年运行费用，元/a；i为部门内部的标准收益率，$i = 8\%$。

表 2.1　　两种系统经济性比较

名称	初投资（万元）	年固定费用（万元）	年运行费用（万元）	费用年值（万元）
中水源热泵	81.25	9.5	37.0	46.5
燃气锅炉	62.5	7.3	45.0	52.3

从表 2.1 可以看出，与燃气锅炉供热方案相比，中水源热泵系统初投资高 23%，年运行费用低 18%。投资回收期为 3 年。说明采用中水源热泵技术制取生活热水在经济性方面是可行的。

(2) 节能环保性分析

中水源热泵机组每日节省燃气量为[3]：

$$M_1 = M_b - M_H = \frac{Q_R}{q_b}\left(\frac{1}{\eta_b} - \frac{1}{\eta_e \times COP}\right) \qquad (2)$$

式中：M_1为中水源热泵机组供热方案每日节约燃气量，m^3；M_b为燃气锅炉供热水每天平均耗燃气量，m^3；M_H为污水源热泵机组供热消耗电量折合的燃气量，m^3；Q_R为热泵机组每天的供热量，取 $Q_R = 4.14 \times 10^7$kJ；q_b为天然气的热值；η_b为燃气锅炉热效率，取 90%；η_e为电力输入效率，取 30%。根据公式（6）计算得知，中水源热泵系统每天节约天然气量 515.4m^3，1m^3天然气可折算成 1.527kg 标准煤[4]，则每天节约的天然气相当于 787kg 标准煤，年运行时间按 300d 计，则全年节省天然气

$1.55 \times 10^5 m^3$，即节省标准煤 237t，有害气体污染物减排量见表 2.2。

表 2.2 年污染物减排量 t/a

污染物	CO_2	NO_x	SO_2	粉尘
减排量	649.29	0.94	7.83	4.72

2.2 太阳能光热技术

北京地区的太阳能资源丰富，年太阳辐照量超过 5000 - 6000MJ/m²，为利用太阳能提供了极好的自然条件[5]。

（1）太阳能光付发电技术

光伏建筑一体化可分为两大类：一类是光伏方阵与建筑的结合。另一类是光伏方阵与建筑的集成。如光电瓦屋顶、光电幕墙和光电采光顶等。在这两种方式中，光伏方阵与建筑的结合是一种常用的形式，特别是与建筑屋面的结合。对于校园建筑，利用太阳能发电可用于照明或实验，太阳能光热制取生活热水，是有效的节能措施。

（2）光伏建筑一体化技术方案

在本校第二教学楼的不透明屋顶设置了太阳能电池板，除了发电功能之外，还有效阻挡了太阳辐射，减少了夏季顶层房间的空调冷负荷。第二教学楼的老虎窗上也设置了太阳能电池板，根据室内的采光及遮阳需求安装太阳能面积板的角度位置。见图 2.2。

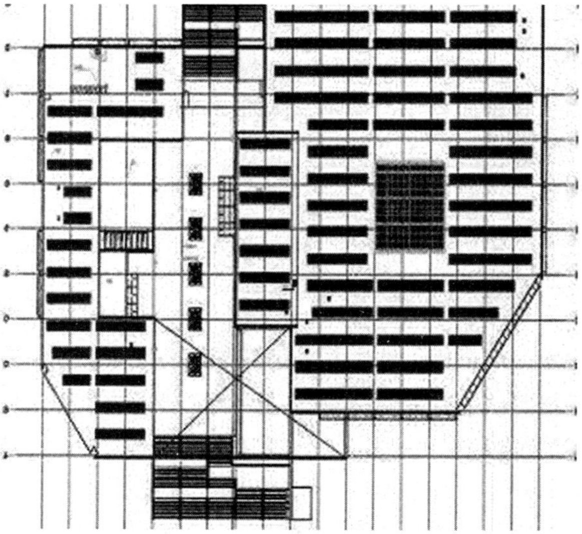

图 2.2 第二教学楼屋顶的太阳能光伏方阵

在第四教学楼的屋顶钢架和低区的南向遮阳钢架上设置了水平太阳能电池板。两栋教学楼安装电池板总计2000块，面积3260m²。根据计算，结构可以承担增加的电池板及附件的重量。见图2.3。

图2.3 第四教学楼屋顶钢架及水平遮阳架的太阳能光伏板

(3) 节能减排效果

第二、四教学楼的太阳能转换成电能用于该楼及邻近建筑的照明，多余的可在后期并网。月平均发电量见图2.4。平均总发电量470kWP，年发电量56.6万kWh，折合标准煤5094吨，年总CO_2减排量13346吨[6]。

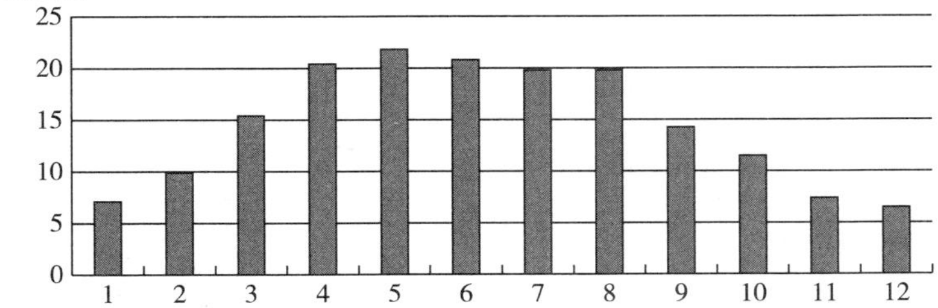

图2.4 每平方米每月平均发电量

2.3 太阳能光热技术

新建的第十一学生公寓屋顶设置了太阳能集热器，见图2.5。用于制取洗浴热水。集热器数量为431块，总面积为646m²，储热水箱40m³，供本楼的学生全天洗浴用水。按照全日太阳平均辐射照量 17MJ/m²[6]，集热器效率以 50% 计，每年按照 300 天计算，年平均利用热量为 1647GJ，折合标煤为 157t。图 2.6 为太阳能热水系统原理图。

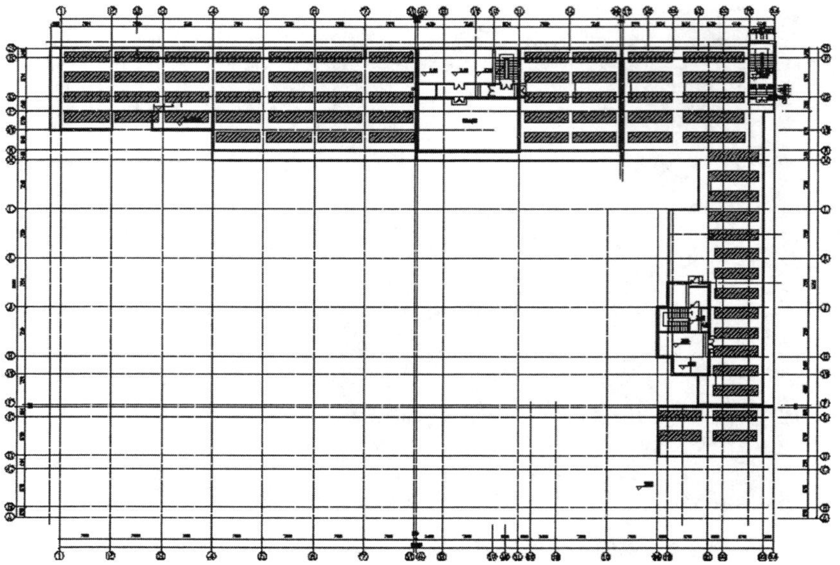

图 2.5　第十一学生公寓屋顶太阳能集热管

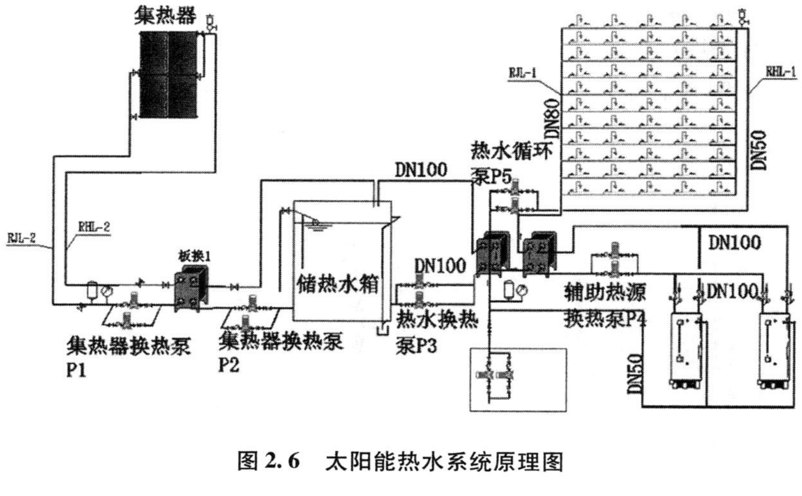

图 2.6　太阳能热水系统原理图

2.4　能量回收利用技术

建筑能量回收主要有几方面：空调冷凝热回收、排风热回收。针对不同功能的建筑应采取不同的回收方案。

空调房间的排风热回收

对于大型的人员密集的公共建筑，如图书馆、教学楼等，建筑采暖、空调负荷较高，暖通设计方案通常采用集中的全空气系统，或者采用风机盘管加新风系统。根据及《公共建筑节能设计标准》要求，新风量大于20000m^3/h，应设置集中排风系统，并有热回收装置。本校的图书馆、教学楼新风系统均设有带回收装置的新风机组，或设有新风换气机。全校空调机组新风量加上新风机组总风量约为100000m$^{3/h}$，采用热回收装置后，可节约空调总能耗20%左右。全年按照夏季90天冬季120天空调时间计算，热回收装置的效率按70%，全年平均回收热量为2944GJ，折合电量为81.7万KWh。

2.5 空调冷凝热回收

以本校体育馆为例，建筑面积为13800m^2，馆内设有地下游泳池1个，无观众区。地上一层、二层分别是羽毛球馆和网球馆及办公室附属用房。

（1）负荷特点分析

对于体育馆，尤其是带有游泳池的综合体育馆，冬季采暖、夏季空调、生活热水、池水加热负荷较高。其特点是夏季则冷热负荷并存，冬季及过渡季全部为热负荷；且冷热负荷量差值不大。该建筑的负荷见表2.3[7]。

表2.3　体育馆不同季节耗能　kW

季节	冬季	夏季	春秋季
池水加热	350	305	324
洗浴热水加热	312	290	307
池区地板采暖	80	—	—
池区风供冷（热）	400	319	—
其他房间供冷	—	420	—
其他房间供热	550	—	—
总热负荷	1692	595	631
总冷负荷	0	739	0

（2）方案选择及节能特点

结合体育馆的负荷特点，设计了能源塔加水源热泵的方案。见图2.7。节能体现在几方面：第一，夏季实现免费供冷，即空调房间的冷凝热用于加热池水和洗浴热水，第二，采用能源塔辅助供热，在过渡季利用热泵及能源塔加热池水和洗浴热水，热泵的性能系数较高，节能效果显著。图2.8为由为北京某公司的水源热泵制热时性能系数与功率曲线图。可以看出当蒸发器进水温度是5℃时，热泵的COP值为4.9。

在过渡季，蒸发器进水温度范围为5℃～26℃，热泵的COP值范围为4.9～6.0之间。第三，利用热泵加能源塔，在夜间利用低谷电蓄热制取洗浴热水，存储在热水箱内，节约运行费用。

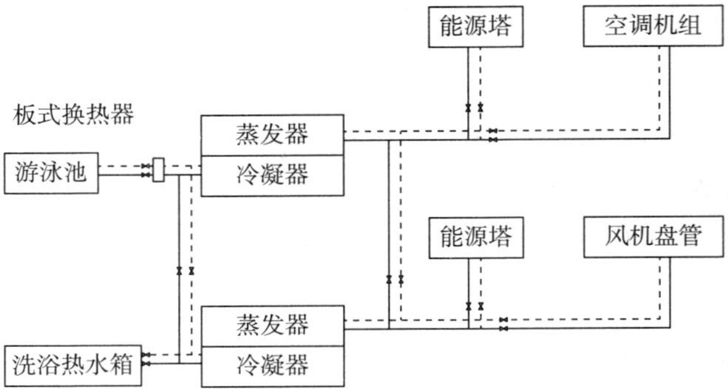

图 2.7　能源塔加热泵机组供冷、供热原理图

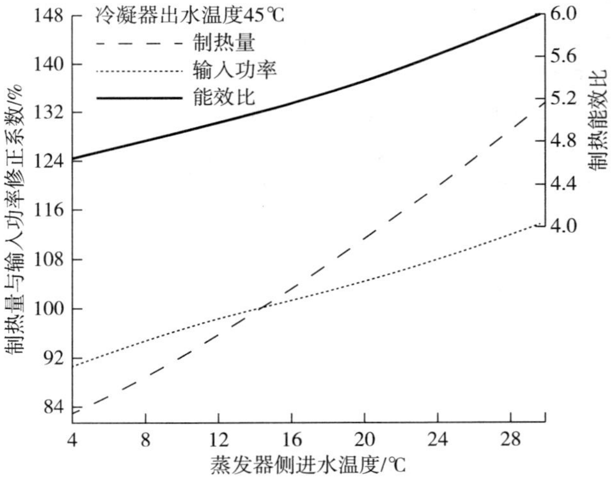

图 2.8　热泵制热时的性能曲线

（3）节能效果分析

经计算，该方案同传统的冷水机组制取冷水用于空调供冷，燃气供热水方案相比较，空调制冷、加热生活热水和游泳池水，每年可节约标煤241吨，折合电量为68.99万kWh。

3. 研究结果

我校采用可再生能源技术建筑节能效果的汇总见表3.1。我校全年用电量统计见图3.1，年总用电量为1771万KWh。采用节能技术节约电量为全校总用电量的18%。每年CO_2减排量为2932吨。

表3.1　　节能量节能减排量汇总

节能技术类型	年节约量折合标煤（t）	年节电量（万KWh）	年减排量CO_2（t）	节电比例（%）
热泵制取浴室热水	245	70	639	3.95
光伏电照明	197	56.6	514	3.19
能源塔及冷凝热回收	241	68.99	628	3.89
光热制取洗浴热水	157	44.9	409	2.53
排风热回收	285	81.7	742	4.61
总计	1125	322	2932	18.17

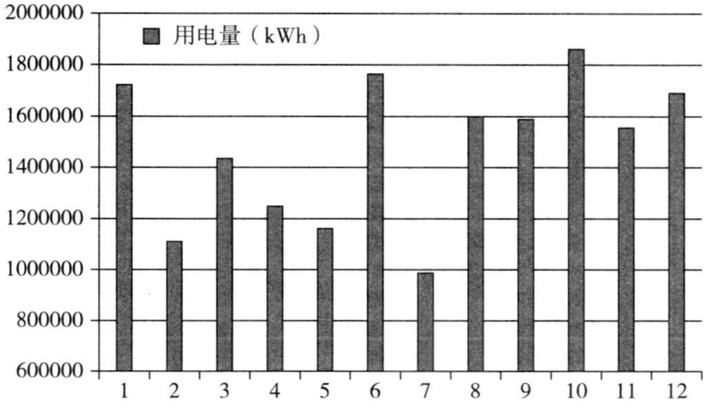

图3.1　全校每月总用电量统计图

4. 创新点及研究总结

通过实施可再生能源的综合利用和集成，在建筑节能方面有以下三点可以为全国其他高校提供参考：

第一，利用热泵技术制取生活热水系统集成了污水处理、热泵技术、热水供应、控制技术多项专业技术，不但节约了自来水用水量，而且实现校园废水能量零排放。

第二，太阳能光电、光热技术、能量回收利用技术等可再生能源综合利用与集成用于高校建筑中，可节约用电 18%。

第三，高校在校学生应通过学习全面了解节能技术，提升节能意识，对节约型校园建设有重要的推动作用。

大学校园建筑具有种类多、功能多、建筑体量大、分布面积广等特点，研究其能耗特点及适用的节能技术不仅对于节约型校园的建设具有重要的作用，而且对大学生节能减排意识的提升具有重要意义。在高校中应大力推广建筑节能技术的应用和宣传，重视节能减排科技创新和人才的培育，在节约型社会建设中发挥积极作用。

参考文献

[1] 谭洪卫，徐钰琳，胡承益，等．全球气候变化应对与我国高校校园建筑节能监管［J］．建筑热能通风空调，2010，29（1）：36-40

[2] 黄德中，沈吉宝．建筑节能技术综述．太阳能学报［J］，2007.6：682-687

[3] 申传涛，彭冬根，胡松，等．南昌市污水源热泵系统工程实例与应用可行性分析［J］．可再生能源，2014，32（2）：1510-1514

[4] 周志平，李念平．某大型公共建筑污水源热泵应用分析［J］．建筑技术，2013，44（4）：362-364

[5] 刘爽．太阳能资源利用与太阳能建筑发展［J］．科技成果纵横，2007，（6）：39-40

[6] Chunxia Jia，Technical and Economic Analysis of BIPV Project in a University Campus of Beijing［C］，Advanced Materials Research Vols. 450-451（2012）pp 1477-1481

[7] 吕冰等．带游泳池的综合体育馆暖通节能设计［J］．节能，2013，（1）：22-25

基于 Sketch Up 与 Arc GIS 的虚拟校园建设

北方工业大学：徐佳新　李肖飞　王天群　张悦　江芸倩
指导教师：张敬宗 副教授

[摘　要] 随着校园信息化建设发展迅速，虚拟校园成为校园信息化建设的重要组成部分，虚拟校园可以真实、立体地展现三维校园场景，浏览者可以借助于虚拟校园，直观、详细地了解校园环境。论文通过免棱镜全站仪进行数据采集，采用 Sketch Up 与 Arc GIS 软件对虚拟校园的建设进行探讨和研究，实现北方工业大学部分建筑虚拟校园的建设，为学校提供三维可视化的参考信息，为在校学生乃至社会提供一个丰富多彩的学习和了解学校的窗口。

[关键字] 虚拟校园；数字化；免棱镜全站仪

1. 前言

随着虚拟现实技术和计算机网络技术的发展，使用虚拟现实技术制作的三维立体模型在各个领域得到了普遍的使用与发展。虚拟现实技术是目前可以实现直观有效地表达客观世界的主要方法之一，在建筑、家居装饰、市政交通、城乡规划和地理信息系统等诸多领域得到了广泛的应用。

近年来校园信息化建设发展迅速，虚拟校园作为校园信息化建设的重要组成部分，在我国各大高校中，实现大学校园的数字化、虚拟化以及对虚拟校园的研究与构建也越来越多。将虚拟现实技术应用于数字校园建设具有重要意义，虚拟校园打破了以往单一、模糊、枯燥的 2D 平面校园的限制，真实、立体地展现了三维校园场景。浏览者可以借助于虚拟校园，直观、详细地了解校园内各个区域，对校园环境产生身临其境的感觉，能感受到栩栩如生的校园实体，如各大主要教学楼、图书馆楼、办公楼、体育场、餐厅、道路及绿化带等。

虚拟校园建设有利于学校的招生宣传，提高学校的知名度，对高考生和家长了解学校、大学新生熟悉学校环境、快速适应学校生活都有着积极的作用。本研究的主要目的是实现虚拟校园的建设，为学校的招生、宣传、规划、建设、管理等提供可视化的参考信息。

建筑物建模方法有很多，采用免棱镜全站仪采集数据，通过软件建模具有效率高、成本低和精度高的特点，所以本项目采用免棱镜全站仪配合软件进行模型建立，并取得了良好的效果[1]。

2. 控制测量

在一定区域内，为大地测量、摄影测量、地形测量和工程测量建立控制网所进行的测量。包括：①平面控制测量，是为测定控制点平面坐标而进行的；②高程控制测量，为测定控制点高程而进行的[5]。

平面控制网常用三角测量、导线测量、三边测量和边角测量方法建立。高程控制网主要用水准测量和三角高程测量方法建立。

2.1 与控制测量有关的主要技术要求

在城市等地区，一般应在国家控制点的基础上，根据测区的大小、城市规划和施工测量的要求，布设不同等级的城市平面控制网，以供地形测图和施工放样使用[6]。

按 1985 年《城市测量规范》，城市平面控制网的主要技术要求如表 2.1、表 2.2 所示[7]。

表 2.1 城市导线及图根导线的主要技术要求

等级	测角中的误差（"）	方位角闭合差（"）	附合导线长度（km）	平均边长（m）	测距中的误差（mm）	全场相对中误差
一级	±5	$\pm 10\sqrt{n}$	3.6	300	±15	1：14000
二级	±8	$\pm 16\sqrt{n}$	2.4	200	±15	1：10000
三级	±12	$\pm 24\sqrt{n}$	1.5	120	±15	1：6000
图根	±30	$\pm 60\sqrt{n}$				1：2000

表 2.2 城市水准测量及图根水准测量主要技术要求

等级	每 km 高差中误差（mm）	附合路线长度（km）	水准仪型号	水准尺	观测次数（附合或者环行）	往返较差或环线闭合差（mm）	
						平地	山地
二等	±2		DS1	因瓦	往返观测	$\pm 4\sqrt{L}$	
三等	±6	45	DS3	双面		$\pm 12\sqrt{L}$	$\pm 4\sqrt{n}$
四等	±10	15	DS3	双面	单程测量	$\pm 20\sqrt{L}$	$\pm 6\sqrt{n}$
图根	±20	5	DS10			$\pm 40\sqrt{L}$	$\pm 12\sqrt{n}$

2.2 导线测量

2.2.1 导线测量概述

将测区内相邻控制点连成直线而构成的折线，称为导线。这些控制点，称为导线点。导线测量就是依次测量各导线边的长度和各转折角值；根据起算数据，推算各边的坐标方位角，从而求出各导线点的坐标。

导线测量是建立小地区平面控制网常用的一种方法[2]。

2.2.2 闭合导线

起讫于同一已知点的导线，称为闭合导线。此种布设形式，本身存在着严密的几何条件，具有检核作用。

本次测量我们选取建筑物北侧外一点，设其为 1 点坐标（100，100，100），并且其相邻 2 点与 1 点坐标方位角为 90 度。因此采用闭合导线法布设并计算各导线点坐标。

据此，在建筑物周围选取 13 个控制点，并予以标记，如图 2.1 所示。

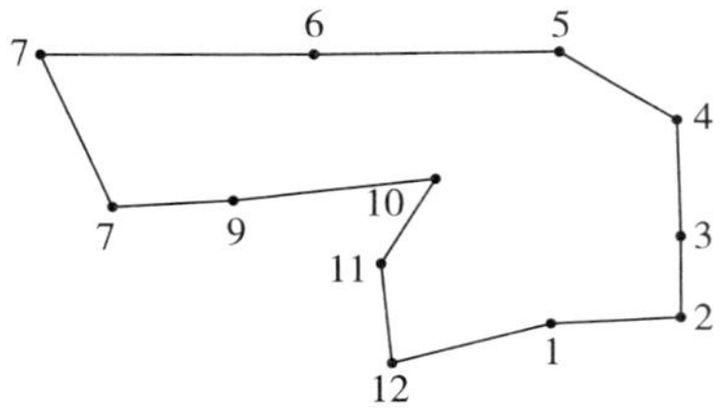

图 2.1 控制点分布图

运用免棱镜全站仪的有棱镜功能配合棱镜对各控制点进行量边与测角的外业工作。通过闭合导线内业计算，得到控制点的最终坐标如表 2.3 所示：

表 2.3 各点平面坐标

测站	坐标值	
	x（m）	y（m）
1	100	100
2	101.601	52.19613501
3	62.574	51.62326989
4	62.562	51.27244631
5	29.984	60.77673778
6	29.751	114.5955072

续表

测站	坐标值	
7	28.801	175.3367017
8	14.528	161.0638366
9	16.633	133.592578
10	15.000	82.61999346
11	45.498	103.5615846
12	71.461	113.596243

2.3 高程控制测量

三、四等水准测量除用于国家高程控制网的加密外，还用于建立小地区首级高程控制网以及建筑施工区内工程测量及变形观测的基本控制。三、四等水准点的高程应从附近的一、二等水准点引测。独立测区可采用闭合水准路线。

2.3.1 三、四等水准测量的观测方法

后视水准尺基本分化，使圆水准器气泡居中，读取上、下丝度数和，转动微倾螺旋，使符合水准气泡居中，读取中丝度数；

前视水准尺基本分化，读取上、下丝度数和，转动微倾螺旋，使符合水准气泡居中，读取中丝度数；

前视水准尺辅助分化，转动微倾螺旋，使符合水准气泡居中，读取中丝度数；

后视水准尺辅助分化，转动微倾螺旋，使符合水准气泡居中，读取中丝度数。按顺序观测，记录入表 2.4 并计算结果。

表 2.4　　观测记录表

测站编号	点号	后尺 下丝 / 上丝 后视距 视距差 d	前尺 下丝 / 上丝 前视距 累计差	水准尺读数 黑面	水准尺读数 红面
1	1－2	133.4	139.4	141.8	142.1
		150.4	156.3	155	155.1
		－17	－16.9		
		－0.1	－0.1		
2	2－3	125.3	134.9	136.5	136.9
		147.6	157.1	143.4	143.6
		－22.3	－22.2		
		－0.1	－0.2		

续表

测站编号	点号	后尺 下丝 / 上丝 后视距 视距差 d	前尺 下丝 / 上丝 前视距 累计差	水准尺读数 黑面	水准尺读数 红面
3	3－4	136	142.2	141.3	141.7
		146.6	152.9	147.5	147.9
		－10.6	－10.7		
		0.1	－0.1		
4	4－5	119.4	141	128.1	128.5
		136.3	157.8	149.5	149.8
		－16.9	－16.8		
		－0.1	－0.2		
5	5－6	135.6	128	149.4	149.8
		163	155.6	141.3	141.5
		－27.4	－27.6		
		0.2	0		
6	6－7	136.5	122.9	150.6	151.5
		165	151.2	139.3	139.4
		－28.5	－28.3		
		－0.2	－0.2		
7	7－8	139	135	148	148.8
		157	153.1	143.8	144
		－18	－18.1		
		0.1	－0.1		
8	8－9	138.6	147.9	145.5	145.8
		149.3	158.7	147.9	148
		－10.7	－10.8		
		0.1	0		
9	9－10	133.8	141.4	147	147.5
		158.9	166.5	153.9	154.1
		－25.1	－25.1		
		0	0		
10	10－11	141.5	129.4	151.5	151.8
		161.4	149.3	139.4	139.6
		－19.9	－19.9		
		0	0		

续表

测站编号	点号	后尺 下丝 / 上丝		前尺 下丝 / 上丝		水准尺读数	
		后视距 / 视距差 d		前视距 / 累计差		黑面	红面
11	11-12	143.2		129.4		150.8	151.1
		161.4		147.7		140.9	141
		-18.2		-18.3			
		0.1		0.1			
12	12-1	139.1		129.5		142.8	143
		146.5		136.6		133	133.1
		-7.4		-7.1			
		-0.3		-0.2			

2.4 各控制点坐标

根据上述各数据统计及计算结果，得出所选各控制点坐标，如表 2.5 所示。

表 2.5　　　　各控制点坐标

测站	坐标值	
	x（m）	y（m）
1	100	100
2	101.601	52.19613501
3	62.574	51.62326989
4	62.562	51.27244631
5	29.984	60.77673778
6	29.751	114.5955072
7	28.801	175.3367017
8	14.528	161.0638366
9	16.633	133.592578
10	15.000	82.61999346
11	45.498	103.5615846
12	71.461	113.596243

3. 碎部测量（detail survey）

基于上述测量并计算所得各控制点及其坐标，开始碎部测量的外业工作。碎部测量就是测定碎部点的平面位置和高程。

碎部测量是根据比例尺要求，运用地图综合原理，利用图根控制点对地物、地貌等地形图要素的特征点，用测图仪器进行测定并对照实地用等高线、地物、地貌符号和高程注记、地理注记等绘制成地形图的测量工作[3]。

3.1 碎部点的选择

碎部点应选地物、地貌的特征点。对于地物，碎部点应选在地物轮廓线的方向变化处，如房角点、道路转折点、交叉点、河岸线转弯点以及独立地物的中心点等。连接这些特征点，便得到与实地相似的地物形状。由于地物形状极不规则，一般规定主要地物凸凹部分在图上大于 0.4mm 均应表示出来，小于 0.4mm 时可用直线连接。对于地貌来说，碎部点应选在最能反映地貌特征的山脊线、山谷线等地性线上，如山顶、鞍部、山脊、山谷、山坡、山脚等坡度变化及方向变化处。根据这些特征点的高程勾绘等高线，即可将地貌在图上表示出来。

本作业所测建筑物碎部点整体分为平面碎部点及立面碎部点两部分[4]。

3.2 使用全站仪进行立面各点的碎部测量

运用全站仪的无棱镜模式对立面各碎部点进行数据采集和记录。

根据上述方法将全站仪首先置于 1 号控制点，将棱镜置于 2 号控制点，对中整平，新建作业后，将全站仪对准 2 号点棱镜后，用直尺量取全站仪及棱镜高度，记录数据，输入相关数据开始测量作业。同理依靠第二教学楼周围记录的 7 个控制点，记录并采集所有立面碎部点的数据信息。

4. 成图

将全站仪中记录的相关数据进行保存并导出存入计算机中，得到 TXT 文档，将得到的 . txt 文件修改格式为 . dat 文件，并导入 CAD 软件，连接并绘制相关的平面图及立面图。

这次我们运用南方 CASS7.0 成图系统完成对数据的整理编辑，将全站仪中所记录数据的 txt 文件改为 dat 文件，打开南方 CASS7.0 成图系统，在菜单绘图处理一项中选择展野外点点号，将全站仪记录的所有平面数据 dat 文件用展野外点点号菜单载入成图系统，对所有点号数据进行顺序连接，最终得到建筑外围平面图，如图 4.1 所示。

同上所述，将背立面数据以及正立面数据载入成图系统并编辑，最终得到正立面及背立面图，如图 4.2、图 4.3 所示。

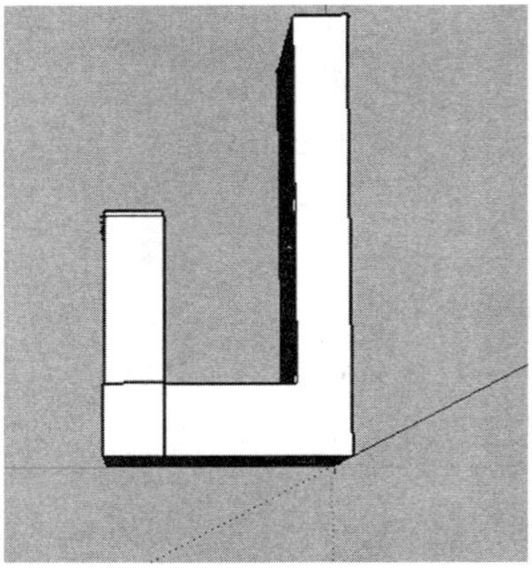

图 4.1　建筑外围平面图

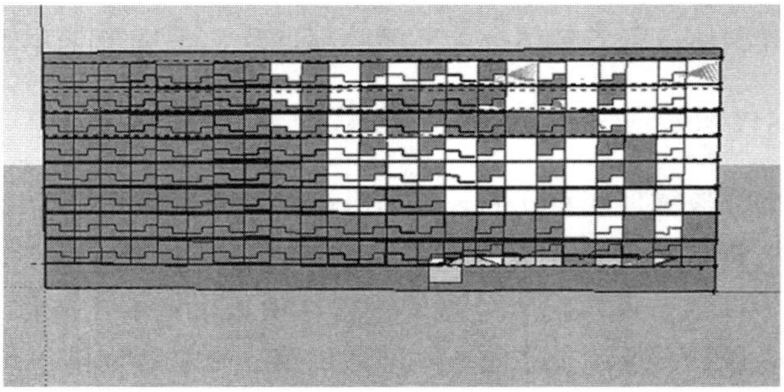

图 4.2　正立面

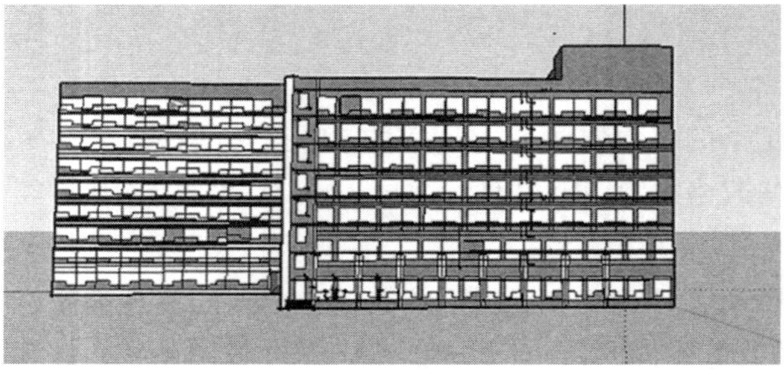

图 4.3　背立面

5. 建立模型

AutoCAD2004 和 Google Sketch Up V6.0.515 Pro 都是现下非常好的数据建模软件

AutoCAD 是目前应用广泛的 CAD 软件，具有完善的图形绘制功能、强大的图形编辑功能，可采用多种方式进行二次开发或用户定制，可进行多种图形格式的转换，具有较强的数据交换能力，同时支持多种硬件设备和操作平台，还可以通过多种应用软件适应于建筑、机械、测绘、电子、服装以及航空航天等行业的设计需求。

Google Sketch Up 是一套直接面向设计方案创作过程的设计工具，其创作过程不仅能够充分表达设计师的思想，而且完全满足与客户即时交流的需要，使得设计师可以直接在电脑上进行十分直观的构思，是三维建筑设计方案创作的优秀工具。在 Sketch Up 中建立三维模型就像我们使用铅笔在图纸上作图一般，Sketch Up 本身能自动识别你的这些线条，加以自动捕捉。它的建模流程简单明了，就是画线成面，而后挤压成型。这也是建筑建模最常用的方法。

通过 CAD 软件，对已绘成的平面图和立面图进行建筑建模，得到建筑物的整体图，如图 5.1 所示。

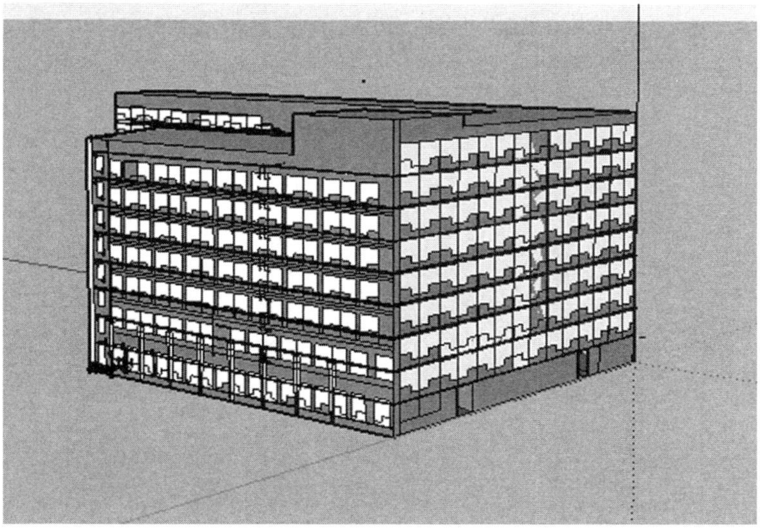

图 5.1　建筑物的整体图

6. 结论

采用 Sketch Up 与 Arc GIS 软件对虚拟校园的建设进行探讨和研究，实现北方工业大学部分建筑虚拟校园的建设，熟练掌握三、四等水准测量、导线控制测量、碎部测量等测量作业方法。将全站仪中记录的相关数据进行保存并导出存入计算机中得到 txt 文档，将得到的 . txt 文件修改格式为 . dat 文件，并导入 CAD 软件，连接并绘制相关的平面图以及立面图，运用 Sketch Up 形成三维立体模型。

参考文献

[1] 李青岳，陈永奇. 工程测量学［M］. 北京：测绘出版社，1984
[2] 张正禄. 吴栋材等. 精密工程测量［M］. 北京：测绘出版社，1992
[3] 覃辉等. 土木工程测量［M］. 上海：同济大学出版社，2004
[4] 于来法等. 实时经纬仪工业测量系统［M］. 北京：测绘出版社，1996
[5] 顾孝烈. 城市与工程控制网设计［M］. 上海：同济大学出版社，1991
[6] 工程测量规范 GB 50026-2007. 中华人民共和国国家标准［S］. 北京：中国设计出版社，2008
[7] 城市测量规范 CJJ 8-99. 中华人民共和国行业标准［S］. 北京：中国建筑工业出版社，1999
[8] 宁津生等. 测绘学概论［M］. 武汉：武汉大学出版社，2004
[9] 李德仁. 误差处理和可靠性理论［M］. 北京：测绘出版社，1988
[10] 王京卫，杨风雷，郭秋英. 基于免棱镜全站仪的古建筑文物测绘方法［R］. 山东建筑大学学报，2011
[11] 林立. 免棱镜全站仪在已有建筑测绘中的应用方法［R］. 河北工业科技，2010
[12] 朱万里. 全站仪在工程测量中的精度与误差分析［R］. 新疆煤炭设计研究院，2011

北方工业大学“相约晨光”活动推广方案

北方工业大学：刘琳　韩叶浓　司镠绰

指导教师：江凡 讲师

[摘　要] 以北方工业大学“相约晨光”活动问卷调查为线索，分析当前本校校园文化活动的现状，探讨了学生对于“相约晨光”活动的态度和需求，为北方工业大学“相约晨光”活动制订宣传推广方案，以使活动具有更高的知名度、认知度，并吸引更多同学参与到活动中。

[关键词] 相约晨光；校园文化；品牌；大学生

1. 推广目的

校园文化作为一种环境教育力量，对学生的健康成长有着巨大的影响。对于我校来说，体现校园精神的校园文化还有很大的发展空间，通过校园推广的形式将更深入学生之中，以学生为出发点，了解学生需求，征集学生意见，旨在陶冶学生情操，构建学生健康人格，全面提高学生素质。

2. 背景分析

2.1 “相约晨光”活动介绍

“相约晨光”是北方工业大学学生会在2013年体育节活动的基础上深化开发和完善后推出的一项活动，以“新学年，新气象，我运动，我健康”为口号，力图营造良好的运动氛围，提升同学们的锻炼意识，养成早睡早起、积极运动的良好生活习惯。同时本活动也是校园“Y计划”的重要组成部分，旨在通过良好生活习惯的培养，解决大学生进入大二之后面临的迷茫、懈怠等问题。

目前，“相约晨光”活动处在校园推广阶段，活动的目标群体以大一、大二学生为主，同时辐射全校，旨在鼓励同学们在“Y 计划”的指引下坚持参加晨读、晨练活动；珍惜学习时间，锻炼身体，提高身体素质，为未来打下坚实基础。

2.2 “相约晨光”活动现状

通过前期工作的问卷调查，我们得出以下观点。

2.2.1 活动宣传和推广的空间很大

大一、大二的学生对“相约晨光”活动了解不够，实际参与的积极性不高。调查显示，大二学生约有 73% 的学生听说过“相约晨光”活动，而大一学生只有大约 46% 的学生听说过。大二约有 60% 的同学参与过活动，大一约有 50% 参与过活动，分别占到总体人数的 43.7% 和 22.95%。大二的认知度与参与度均明显高于大一。

大二同学是“相约晨光”活动的主要参与者，但目前知名度和与情况还不够理想，活动还有进一步品牌化和推广的空间。对于大一的同学，他们是活动后续的主要参与者，不到 50% 的知名度不利于来年活动的开展，因此同样需要针对他们来加大宣传推广的力度。

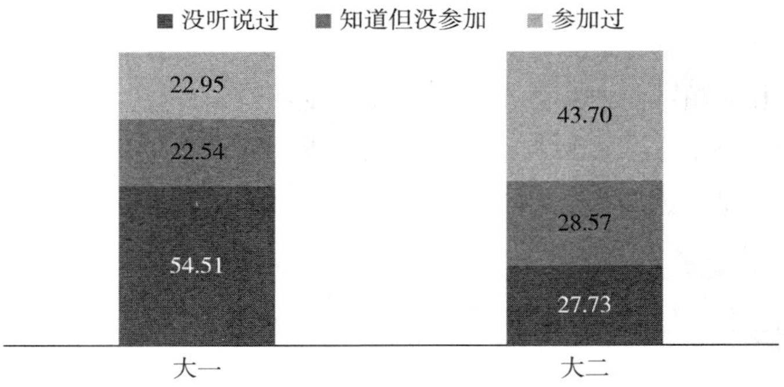

图 2.1 大一、大二听说并参加过“相约晨光”活动的比例（%）

2.2.2 沟通会比较顺畅（意义比较认可）

通过调查我们发现，同学们对于活动的评价和认识以正面居多，超过半数的同学认为活动为锻炼提供了机会，也有接近一半的同学认为活动能够帮助自己养成好的习惯。但是，平均也有近五分之一的同学认为活动过于形式，其中活动的主要参与者——大二同学持本看法的比例更高，达到 23.7%；同时还有 15% 的同学认为活动没有得到真正落实。

同学们对活动的态度可以说明，活动有着较好的开展基础，有超过半数的同学还是能够正确理解活动的意义。但是活动还存在着一些问题，品牌形象没有树立，因此有一定数量的负面评价，有待于在今后的工作中有针对性地解决。

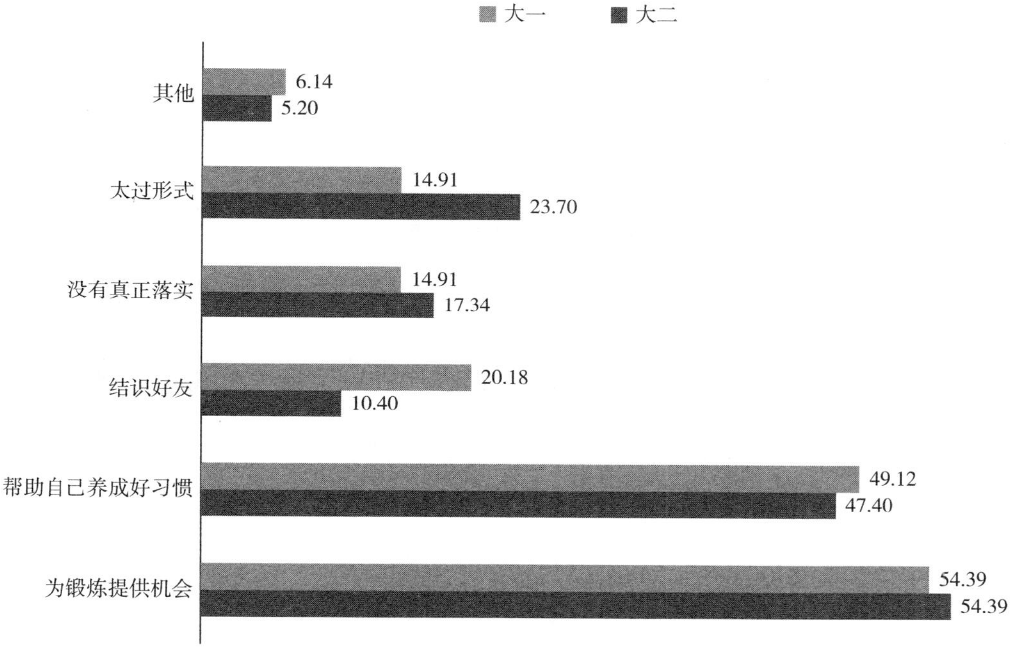

图 2.2　对“相约晨光”活动的印象（%）

2.2.3　宣传手段要采用柔性传播

数据显示，大一、大二的参与同学均有超过 40% 有着锻炼身体的目的。但动机是多元的，有 41.1% 的大一同学认为自己参加活动有被学校强制的因素，而大二同学这样认为的比例仅有 25%；同时，大二同学有 34.6% 的比例是因为同学的邀请而参加活动，大一的这个比例仅为 14.3%。

大一同学因强制而出勤的比例远高于大二。学校用强制的方式对同学们提出要求，确实在提升出勤率上有着很好的效果。但值得思考的问题是，仍有近半同学表示是为了锻炼身体而参加活动，这说明若能够从思想层面理解活动的意义和价值，也能够对同学们的行动起到激励作用。

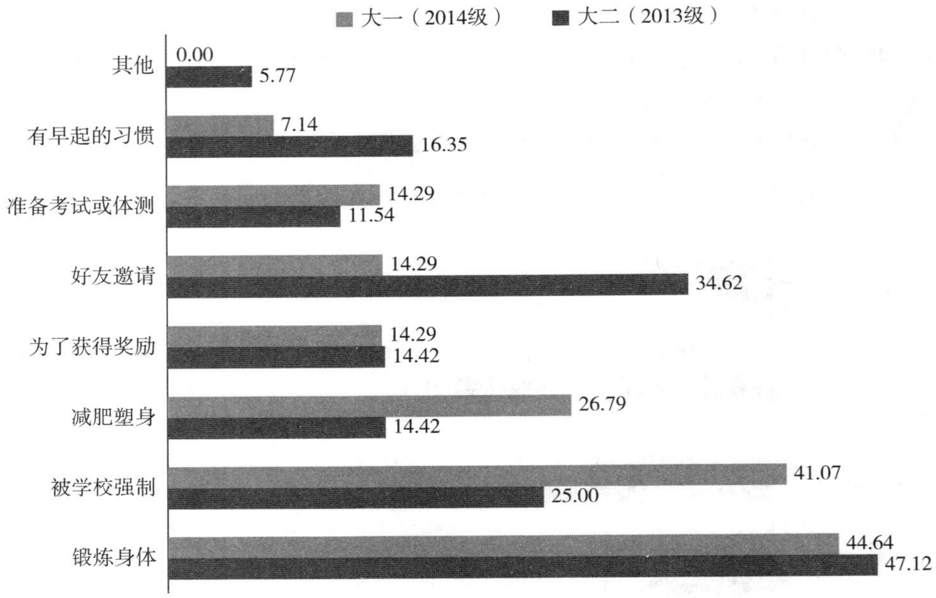

图 2.3 参加“相约晨光”活动的原因（%）

3. “相约晨光”品牌 SWOT 分析

3.1 优势分析

品牌定位积极向上、充满阳光、追求卓越，改善心智模式和学会系统思考。学生对品牌有一定的认知，对活动意义比较认可。学生们内心有良好的积极的愿望，品牌的沟通会较为顺畅。

3.2 劣势分析

需要建立受众人群对“相约晨光”品牌新的认知；需要规避常规化的强制措施，避免学生的反感情绪。

3.3 机会分析

以一种感性的方式来打动同学们参与到“相约晨光”的活动中来。为学校“严肃、严格、严谨”的校风注入更多人文气质和活泼气氛。Y 计划的推广已经在学生中有了一定的基础，学校积极创造各种条件，为活动推行扫除障碍。

3.4 威胁分析

天气越来越冷，空气质量让人担忧，早起成为一件难事。多数人无法克服晚睡的习惯。

4. 目标受众洞察

4.1 目标群体描述

大一、大二学生是此次活动的目标群体，刚刚升入大学的他们正逐步适应着校园生活，对校园生活有新鲜感，上进心强，有短期的学习目标，并愿意为之努力，但是有时不能坚持。他们平时有晚睡的习惯，不喜欢早起，内心有改变的愿望，但缺少动力。社交圈子小是他们喜欢搭伴的原因，通常同一个宿舍或几个同学一起集体行动。通过前期群体访谈我们了解到，他们对未来还没有明确的规划，有些迷茫。对于“相约晨光”活动的态度，他们内心是认可的，但缺少行动。这给我们提供了两个启示：

（1）我们是倾听者、是伙伴，应该以这样的身份与学生沟通，以对成长有利的利益点吸引学生主动参与；

（2）学生中理工科学生较多，成绩优良，有非常好的生活习惯，只是内心有些懈怠和放松，用一种正能量的传播方式定会“唤醒”他们沉睡的心灵。意见领袖的带动会产生“乘数效应”。

5. 推广策略

5.1 品牌定位及策略

5.1.1 品牌定位

“相约晨光”活动品牌表象是早起、晨读、晨练，本质上是坚持、定向积累、达成目标。从对目标群体的分析来看，有晨读晨练意愿的同学不参加的原因只是没有毅力坚持或者缺少伙伴的带动。我们可以以一种感性的方式来打动同学们参与到“相约晨光”的活动中来，或者即便不参与其中，也能使同学们对这个活动的品牌理念有所了解。

品牌口号：“清晨最美，当有你在”，就是以感性的方式呼吁同学们参加到“相约晨光”的活动中来。希望大家以一种享受的态度面对生活，带着一颗发现的心去体会清晨早起的美好和乐趣。

5.1.2 品牌建立策略

以稀缺性创造品牌，以基于真实故事的互动吸引目标群体。两条主线：晨读、晨练及相关延展活动，一静、一动，一个养心、一个修身；在传播策略中，以对成长有利的利益点吸引学生主动参与；通过优秀学生的真实故事和表率作用，形成多个以兴趣为核心的群体；在传播调性上，以智慧、幽默为主。

5.1.3 品牌传播策略

品牌传播策略分为三个阶段目标，即认知阶段、体验阶段、认可阶段。

认知阶段：理念传播，了解、认知“相约晨光”的品牌价值理念，消除抵触心理。

体验阶段：以学生的典型事例和故事进行传播，产生共鸣，改变学生态度，激发参与欲望。

认可阶段：通过品牌的力量，让学生主动参与传播并影响身边的同学，积淀形成校园文化。

5.1.4 “相约晨光”品牌构建过程

以视频广告启动，短时间高效的方式产生印象，线下海报宣传加深印象，形成规模效应，线下活动加深体验，将会有第一批忠实顾客产生；第二年上半年跟踪第一批顾客行为，对他们的效果（身材、学习成绩等）突出口碑传播，用真实的案例影响第二批顾客，300～500 人影响3000 人；第二年下半年对3000 人行为固化，行为加深，大家已了解晨练晨读的好处，学校更多地在软硬件上支持，广告量逐渐减少，形成品牌；第三年，3000 人会影响全部学生，此时不用广告，大多数人就已形成习惯，进而校园文化形成。

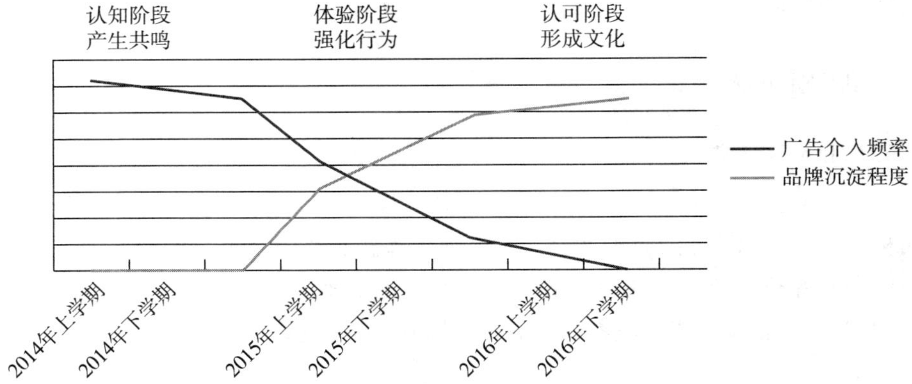

图 5.1

5.2 总体传播策略

在充分利用校园媒体的同时，新媒体也是关键。由于目标群体的集中性，总体传播策略将以视频或微电影 + 平面广告 + 活动 + 新媒体的形式呈现。

希望引起校内学生们的关注，从而激发内心改变的欲望和向上的动力。“相约晨光”活动可以唤起同学们对晨读晨练的认同感和积极性，利用好早晨的时光，养成早起的生活习惯，形成正能量的校园文化。

我们希望以“发现”为主题，鼓励学生建立对生活的积极态度，倡导学生去发现生活、爱生活、享受生活。希望同学们自我激发生命、学习潜能，发现自己，重新审视自己。

5.2.1 微电影或视频创意

微电影《清晨最美》内容梗概：

全片没有旁白，只有背景音乐和影像。拍摄北方工业大学的清晨，捕捉校园从天黑到天亮一切都苏醒起来的各处细节。

天亮前，在食堂准备学生早餐的大妈们，宿舍的宿管、保洁阿姨，校园的安保人员，扑棱棱飞的鸟，发呆的猫狗，空无一人的操场……背景音乐轻柔舒缓。

天亮后，各个公寓大门打开了，教学楼的大门也打开了。操场上有人来晨跑、打球……食堂有人在吃饭；教学楼里有人在学习；校园里有人在诵读；猫蹭着早起的同学骗走一根火腿肠；狗在追逐嬉戏……背景音乐激扬有朝气。

最后一幕出现“相约晨光”的 slogan。

不仅可以作为“相约晨光”活动的广告片，也可以是北方工业大学的纪录片，进行推广。

5.2.2 平面创意

主题：“独白”系列

相约晨光，我们一起来“发现”

经过访谈、调查，我们得知目标群体对于能够有毅力早起的同学是抱有一种非常肯定的态度的，可以大力提倡这种榜样精神。

拍下参与“相约晨光”活动的同学们晨读、晨练的细节，分享他们参与“相约晨光”的体会。在平面广告中提炼出属于他们的“发现”，并且添加他们的学院、班级、姓名等信息。目标群体可以从广告中看到身边的同学，海报也会更有感染力。

每隔一段时间，我们还会配合季节变化，进行同类型的新的平面的投放，让“发现”系列平面广告具有长期性，从而加深“相约晨光”品牌的影响力。

图 5.2

主题：“被窝”系列

这组平面广告的创意来自《被窝是青春的坟墓》一文的篇名，希望以这种符合大学生语境的话语，提醒同学们积极参与到“相约晨光”的活动中来。

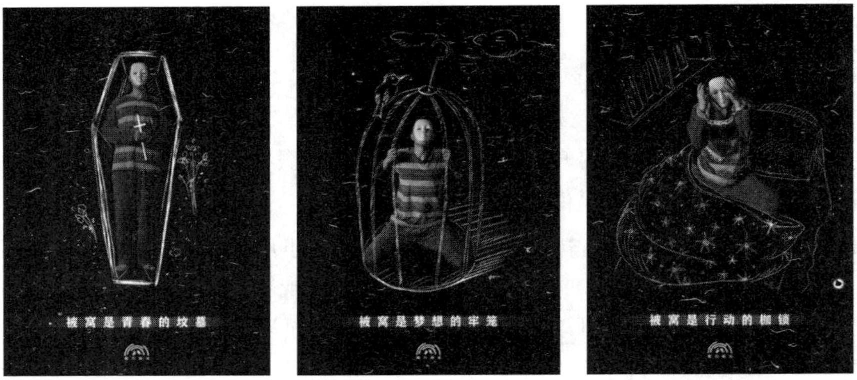

图 5.3　被窝是青春的坟墓：坟墓中，一个年轻人露出一个头

被窝是梦想的牢笼：年轻人躺在牢笼里伸出手挣扎。主色调黑色，牢笼白色线条。

被窝是行动的桎梏：年轻人戴着手铐脚镣躺在床上。

5.2.3 新媒体

微信活动：以集赞有奖的方式，鼓励参与“相约晨光”活动的同学们上传图片，至朋友圈，分享晨读晨练的美好感受。通过活动带动更多人一同参与其中，加深品牌影响力，增加互动性，让“发现”的主题更加有参与感。

活动形式：参与“相约晨光”活动，随手拍下清晨的美好。上传朋友圈，发起话题#相约晨光·发现#并附上自己参与活动的感受，将清晨那不期而遇的美好表达出来。集齐10个赞即可截图发送给“相约晨光”公众号，获得小礼品一份。

微博活动：通过微博，参与“相约晨光”活动的同学们可以上传图片，分享晨读晨练的美好感受，参与话题即可得奖，从而带动周围的小伙伴们一同参与到活动中来。引发话题，加深品牌影响力，增加互动性，让“发现”的主题更加有参与。

活动形式：参与“相约晨光”活动，随手拍下清晨的美好。上传微博，发起话题#相约晨光·发现#并附上自己参与活动的感受，将清晨那不期而遇的美好表达出来。关注“相约晨光”官方微博并@相约晨光，即可参与抽奖，有机会获得小礼品一份。

5.3 活动内涵

活动作为“发现”主题的延伸，其核心并不是摄影比赛，而是一种分享。如一个寝室的男生都来打篮球，发张他们的合影，增进同学间的感情；或者吃了一顿喜爱的早餐，分享那种满足感。发图片的时候可以随意表达自己的感受，比如一个“早”字都可以。

走不曾走过的路，看不曾看过的风景。“相约晨光”活动带给我们的正是一种对生活积极向上的态度。分享这种生活态度，号召朋友们一起参与，享受清晨的美好时光。

6. 总结

本文以前期调研成果为根据，通过对目标群体洞察以及一系列的营销策划推广，基本实现了“相约晨光”活动的目的，让“相约晨光”品牌拥有更大的影响力，成为北方工业大学具有深远影响力的人文关怀品牌，力争为中国高校大学生素质教育探索出一种新模式。

参考文献

[1] 李瑾凤．浅谈校园文化建设［J］．教育与职业，2004（29）：32-33

[2] 梁莺．感性诉求广告的消费者心理学基础探析［J］．今日南国旬刊，2010（03）

基础日语学习过程中的语法误用研究

北方工业大学：焦璇飞　崔妍　曹珊　常婧　闫伊梦
指导教师：张爱 副教授

［**摘　要**］本文分成两个研究小组，对国内外15所高校本科300名日语专业学生为对象，对大学生学习日语过程中的语法误用进行了调查。通过调查可知，基础日语学习过程中语法误用的两大难题分别是相近词语和副词的正确使用，造成语法误用问题的原因主要是对词汇理解不够透彻，花费时间较少，不能完全掌握词汇的用法。而正确的使用副词和语法可以让我们的日语更加地道，我们认为，学好日语最重要的是掌握好每一个小的词汇，正确地使用每个词语。

［**关键词**］学习难题；语法误用；近义词、副词使用

随着中国与日本广泛、频繁的经济贸易往来，很多人加入到了日语学习的行列中。对于多数人来说，学好日语是一个难题。任何一种语言技能的形成都必须以一定的语言材料为基础，而积累语言材料首先就要丰富词汇。词汇是语言的建筑材料，离开了词汇，语言就失去了实际意义。语言的学习是需要长时间的积累和沉淀的，在学习的过程难免会遇到困难，而在学习基础日语的过程中，由于日语学习者一般不会花费过多的时间在词汇方面，词汇的语法误用则是最常出现的问题，而一个词语的误用可能使一个句子的意思完全不同，一个副词的恰当的使用也可以让我们的日语更加地道。我们就近义词和副词的使用两方面进行了调查研究，以便提高日语学习者在词汇学习上的重视程度。

1. 有关调查

2015年1～3月，北方工业大学“基础日语学习过程中的语法误用研究”课题组，分成两个调查小组，分别对基础日语学习过程中近义词的区别使用和副词的使用两方面进行了调查研究。首先，两个调查小组分别搜集了日语词汇部分专项练习，并根据这些易混易错的题型制作了问卷，并且针对日语专业的学生在生活中自身学

习情况和掌握程度，围绕当前高校日语专业本科生基础日语学习过程中遇到的难题进行了问卷调查，调查的对象是国内外15所开设日语专业的高校的300名日语专业1～3年级学生，他们至少有近一年的日语学习经历。问卷的内容包括基础日语学习中意思相近的词汇、形式相近的词汇以及副词的使用。测试工具是通过分发问卷以及网络渠道进行的。参与近义词的区别使用测试的8所高校是北京语言大学、北京第二外国语大学、山东大学、吉林大学、北方工业大学、延边大学、辽宁大学、中央民族大学的200名同学。参与副词的使用测试的11所高校是北方工业大学、北京语言大学、北京第二外国语大学、北京物资学院、暨南大学、北京联合大学、延边大学、北京农学院、首都经济贸易大学、大阪经济法科、东京理科大学。

2. 日语学习的基本状况

2.1 日语学习现状

从两个研究小组的调查结果来看，绝大多人在进入大学之前未正式学习过日语，只有一部分学生多少接触过一些日语。学习日语的原因也很多，其中不少学生学日语是因为对语言感兴趣或接触过日本动漫影视作品，占到总人数的43.75%，服从调剂的占到了37.5%，随便报志愿的则占了18.75%。而且很大一部分同学表示，即使学了日语也还是没培养出对日语的兴趣，在学习中没有积极性，导致学习很被动，遇到的困难越来越多，不知道如何解决。对日语学习有浓厚兴趣的同学表示学习过程中充满了乐趣，觉得学习的过程就是享受的过程，日语水平也变得越来越高了。由此可见，兴趣是最好的老师。学习过程中遇到困难是难免的，重要的是我们如何去解决困难，而浓厚的兴趣可以培养学生的求知欲，激发学生强大的学习动力，促使他们顽强拼搏，努力学习。

2.2 副词的使用的学习现状

首先，副词的使用研究小组通过调查研究了解了同学们的自身学习状况。根据调查数据显示，同学们在课余时间在日语学习上平均花费的时间56.25%都在1小时以内，25%在1～2小时，18.75%在2～3小时，3～4小时的比例为0。从这一结果来看，同学们平时学习日语的时间较少。

对于副词的了解及其应用上面，47.92%的同学表示大概了解副词的特征用法，不清楚的也占了47.92%，而非常了解的只有4.16%，占极少部分。而认为自己对副词部分掌握完全没问题的同学就更少了，仅仅2.08%，还算凑合的占62.5%，依然有35.42%的同学表示根本不会，说明同学们对副词部分的掌握确实还存在很大的问题。从问卷测试结果来看，每一道题的错误率都很高，情况还是很不乐观的，即使是对日语有浓厚兴趣的同学在正确使用副词方面也没有很大的信心，可见，日语学习者在学习过程中很大程度上忽视了词汇尤其是副词的学习，而语言正是由一个一个词语堆积而成，恰如其分地使用副词会让我们的语言更加生动。同学们对于副词的掌握还是需要投入更多的时间，牢记每一个副词的正确使用方法。

2.3 近义词的使用的学习现状

其次，日语中有许多的近义词，一些词语的区别从中文意思是完全看不出的，但由于受到母语的影响，我们很难转变思维模式，从日语的角度来区别，容易导致误用现象，这也将是一大难点。于是近义词误用研究小组也通过问卷调查，研究了同学们的学习状况。从测试结果看出，基础日语学习过程中语法误用的问题对日语学习者还是很难的，在对问题答案采用二选一正确率50%的情况下，平均错误率接近60%。虽然词语意思相近，容易混淆，做题时一不小心就会出错，但我们发现根本原因还是因为对每个词掌握得不够透彻，学习态度不够端正。在对近义词的学习的态度的调查里，63.25%的同学表示，近义词意思差不多，区别不明显，而且词汇量大，即使记忆也容易弄混，不值得花时间学习，30.4%的人表示出现的会尽量去记忆，但不会专门去整理学习，剩下的6.35%的人表示会好好记住每个词的用法。一大部分的同学认为近义词在日语的学习中并不重要，与其花时间精力学习词汇不如练习听力语法之类的。我们从具体的例子中来看看区别近义词词义的重要性吧。

以问卷调查的第4题为例：

一年前に（貸し　借りた）本が今日返ってきた。

「貸す」→「借りる」

「貸す」和「借りる」均为他动词，表示“借贷”之意。

区别

（1）表示“借出”时，一般用「貸す」，不用「借りる」。

（2）表示“借入”时，一般用「借りる」，不用「貸す」。

（3）当「貸す」后续「～てください」或「～てもらう」，表示请求或劝诱的意义时，原来的“借出”将变为“借入”，即“物的出处”将发生改变。(「～に貸した」）变为“别人借给我”了，即表示“借入”。

从此题可以看出，如果不能正确却区分貸す和借りる的意思，句子意思就会完全改变，所以，近义词的学习具有重要的意义。

3. 词汇的学习方式及重要性

英国语言学家威尔金斯（D. A. Wilkins）曾经说过："没有语法，人们表达的事物寥寥无几；而没有词汇，人们将无法表达任何事物。"掌握了语法你未必就能说日语，但掌握了词汇你就几乎就可以说任何话。由此可见词汇在语言学习中的重要性。可是多年来，由于受结构主义的影响，日语词汇教学停留在孤立的教单词、记词义的低效益的水平上，学生学得枯燥乏味、兴趣全无，在学习过程中普遍觉得词汇记忆比较困难，难记易忘，记错、记混、遗忘的情况常有发生，因而难以形成一定的词汇积累，影响了听、说、读、写能力和初步交际能力的形成。了解和掌握词汇记忆方法的重要性日益凸显出来。

我们从近义词和副词的使用两个小方面着手调查研究发现，学生之所以不重视词汇，是因为词汇的学习是一件很枯燥的事，而且容易混淆，不易记忆，久而久之，不会的积累得越来越多，慢慢地影响到了日语其他方面的学习。这就需要我们端正态度，认识到词汇学习的重要性，并找到适合自己的学习方法，比如联想记忆法，学习中利用日语词汇本身的关系和各种媒介，通过串联归类，纵横联系，辨析分解，充分展开联想，力求在脑际建立相互依存的知识结构，从而战胜遗忘，正确记忆。日语词汇记忆法还有很多，在日常学习中应善于研究和总结，综合运用多种方法，找到最适合自己的方法，必定会大大提高记忆效果，高效率地掌握词汇的用法。

总之，词汇在语言学习中是很重要的，要学好一门语言除了要有大量的词汇量，更需要进一步掌握每一个词汇的使用方法。我们要从思想上意识到词汇的重要性，并付诸实践，认真学好词汇。

参考文献

[1] 目黒真実．会話で学ぶ日本語文型辞書［M］．林洪，北京：外语教学与研究出版社，2003
[2] 郭光威．略谈高校图书馆的社会化发展［J］．鲁行经院学报，2002，(3)：126
[3] 小学館辞典編集部編．使い方の分かる類語例解辞書［Z］．小学館，1994

文学中隐藏的抑郁情绪分析

北方工业大学：王婧　卢梅
指导教师：冯雷 讲师

［**摘　要**］对于文学作品的分析，往往从其中某个人物身上切入最为直接。从情感入手，从文本中提取并判断其中隐藏着的自身的某种感情因素的影响，成为理性分析作家本身携有的情绪的关键。从文学作品、社会背景及相关问题尽可能全面地进行分析，力求达到研究目的。

［**关键词**］抑郁色彩；女性作家；调查；文本分析

1. 选题背景

随着社会经济政治的稳步发展与提高，文化发展与精神培养成为当今社会人们开始重视的关键方面之一。但不可否认，当今生存压力不复往日，但生活压力却与日俱增。不论是工作学习还是恋爱结婚，无论是事业有成的社会人士，还是劳碌奔波的工薪阶层，在不断改善生活条件的同时，对精神建设的忽视依然存在。这种忽视不仅仅把是指对于心理问题的了解与界定，更多的是对于问题的情感转移。负面情绪如果不能够得到良好的疏导，都会进一步累积，成为抑郁心理的一部分。这里我们要谈的就不仅仅是医学范围所规定的抑郁定义，而是关乎生活的情绪色彩。这种情绪的普遍性与疏导困难程度成正比，越来越多的人受到抑郁情绪的影响，不仅对自己的生活、他人的生活，甚至对自己的生命都产生了非常大的威胁。在这样一个社会背景中，谈“抑郁”色变，不仅是在文学上，似乎在广义上已成为一类黑暗面的代名词，在生活中如影随形。更多的人将两者完全画上等号，混为一谈。讳疾忌医是最要不得的应对措施，应该正面分析这种情绪存在的合理性，并在合理性中寻求其中有利的一面。其中，作为针对现实生活最强有力且符合的再现、源于生活又高于生活的文学，成为研究切入点的不二选择。鲜有文章真正抛却个人主观色彩，深入探究文学背后那些潜藏已久的独特心理——抑郁色彩。中国悠久的历史，庞大的作家群，尤其是个性鲜明的女性作家群体，她们作品中的女性人物除去本身强烈表达的感情之外，还有着埋藏内心或是表露在外的精神抑郁。从正面深入发掘，以此减轻其在社会中唯恐避之不及的氛围，并寻求其有利的应用。

2. 方案论证

2.1 从作家自身情绪的纾解论证

对于任何文学作品的解读，我们都无法仅仅从字里行间看出全部情态。要真正体会一个作家的作品，就必须去触碰、感受其自身的感情世界。作家借助作品向我们反映他的情感，我们又透过他的自身感情去体会文本。然而有些作品中的情感与作家自身情感是具有差异性的，有时甚至是相悖的。更多的时候我们必须要考虑到作家自身的生活背景以及产生这种生活背景的社会背景[1]。从这样一个角度分析，对于近代中国30年时期极富有典型性的女性作家群体，从社会地位或是当时的自身条件来说，更有她们留下的作品作为佐证，如此种种都是能够分析其隐藏情感中的抑郁色彩的有利条件。找寻到作品与作家自身情感的差异性和产生这些差异的原因，品味作家的情感生活，也就是对一个时代社会历史的深致体验[2]。政治经济作为文化发展的基础，要具体分析，中国现代文学30年时期的作品就必然要进行当时政治经济情况的调查。30年时期的政治比较动荡，时局不稳，经济同政治同步波动，女性作家一方面受社会现实的制约，无法畅快彻底地进行情感表达。这种束缚感与今天社会中无形的压力有相似性。这样分析所得到的结果也有一定的可信度。同时，作为女性作家个体而言，出于社会地位的制约，其自身不尽相同却又有共同点。女性作家的成长环境不同，产生心理印象与暗示反映到其作品中也会有极大的反差。但从某个共通处看，成长环境多有不顺遂的情况。而在成长过程与后续创作构成中，也因为爱情、亲情、友情的缩影在作品中得到一定的抒发与宣泄。

2.2 作品中塑造的人物或表达情感的隐藏情绪

文学作品中所塑造的人物，不仅仅是作家自身的缩影，更多的是结合了作者身边的朋友、家人，或是眼见耳听的故事主人公的性格特点。当作者通过塑造一个人物来支撑其一部文学作品的时候，这个人物所具有一切思维感情，文学作品中一切文字渲染出的氛围，构架出的社会结构，都是作者创造的。无论是萧红还是林徽因、张爱玲等，30年时期任何女性作家具有的女性意识也好，社会责任感也罢，或者深藏在内心深处无法诉说的受制约与现实状况的情感，都会通过自己笔下的人物的语言、动作、环境、故事的发展走向一一展现。她们通过多种手法，不仅直接对现实诟病抨击，表达自己的不满来抒发情绪，更多的是隐藏在平和文字背后的浓浓抑郁色彩。社会现实对她们的社会地位或是制约，她们通过文本中人物生活得水深火热来体现。这种看似是描写群体现象的背后，实际上也是作者对长期以来自身受到相近来源压力与束缚的内心情感的表达。不顺心意的情感生活，她们通过对环境的烘托，运用比喻、借代、侧面描写、反面衬托等手法，寓情于景，情景交融地将自己的情感表达孕育其中。

3. 研究方法

3.1 文本分析

对于情感的探究，首先就是要从文本进行分析。文本分析很难达到最初目的，最关键的是在分析文本中容易产生“肢解文本”的问题，也就是对于一篇文章断章取义，仅凭一两句话就断定整个文本的情感基调与政治立场。

3.1.1 研究对象著作直接分析

通过多种途径，以研究对象自身所著文本为蓝本进行基础分析，可以直接从中得到相关信息。在萧红的《生死场》中，女性的自然存在是动物性存在。如麻面婆，作者总是用那些蠢笨的动物来形容她：“眼睛大得那样可怕，比起牛的眼睛来更大”，“那样，麻面婆是一只母熊了！母熊带着草类进洞”，“让麻面婆说话，就像让猪说话一样，也许她喉咙组织法和猪相同，她总是发着猪声”。金枝是“米田上的稻草人”，是“一个垃圾桶”；月英是“一只患病的猫儿”[3]。文中将女性都赋予了动物性的代表，即使月英，这位村里最美丽最温柔的女人也不例外。作者这些有意无意的描写正是很明显的抑郁色彩的体现，女性思想的萌发与传统观点残酷现实的冲撞，不仅奠定了全文的悲剧基础，也象征了女性以动物的方式支配生命的特征，自我定义的矛盾是让文中描写充斥着作者自身无处抒发的悲凉愤懑情绪的关键因素。连长久以来一直被视为女性生命意义及价值体现的“生育”，在作品中的描写也是令人发指的。作者或许是有意地把女性的生育与动物的交配、生产交织在一起，对于“生”与“死”的描写是纯粹动物性的。文中常采用人与动物对照性描写，这种对比，根本意义是在进行类比，隐藏在背后的则是女性整体生存状态的非人性、动物性。

3.1.2 通过他人转述或人物传记等文本进行情感分析

对于一个三维立体的人来说，全面的分析应该建立在多角度、多视维、多立场上进行。换句话说，仅对研究对象自身所著文本的分析得出的结论可能是片面的。因此，我们需要从他人的视角来判断这个问题的真假虚实，来判断面对同样一个人，是否我们所读出的抑郁情感是作者真正想要表达的，是否符合研究对象性格。“萧红给人总体印象，不轻易谈笑，不轻易谈自己，也不轻易暴露自己的内心”[4]。在谈到她的小说中对于女性状态的描写时，胡风形容，就是“蚊子似地生活着，糊糊涂涂地生殖，乱七八糟地死亡”[5]。女性作家群体在现实中相近的状况，不难想象笔者在运用诸如“糊糊涂涂、乱七八糟、死亡”等这类并不带有积极色彩词汇时内心的压抑与郁卒情绪。

3.2 通过同时期女性作家照片或相关影视作品分析

作家通过文字描绘场景、人物等，构成一个世界构架。而影视或照片则直观展现出最正面直接的抑郁色彩与压抑情绪，直接表现画面的节奏、主题和情绪等，从而烘托气氛。在气氛中探寻情绪来源。

张爱玲在她众多照片中是最典型的姿势：下巴微微上扬，双手或叉腰或收在腹前方，眼神犀利却像含笑，不达眼底。身材姣好，轮廓分明。许多人将这张照片定义为对张爱玲的第一印象——高傲的、冷艳的，不好相处，难以亲近的。从照片上下巴的姿势确是如此，有一种睥睨芸芸众生，怜天下苦难人，讽天下虚伪鬼的姿态。但在这样一种犀利的背后，分析到她背后蕴藏着什么样真正的情绪才是我们要追求的重点。高傲不过是她的保护色，真正要隐藏起来的是柔软的内心与因为这点柔软而备受伤害，无论是年轻时来自家庭、成长中来自社会，还是人生中来自爱情等，种种伤害汇聚起来，最终压倒她的一种海啸一样的抑郁心理。这样压抑的情绪，隐藏在犀利尖锐看似冷艳的背后，不过是竖起了一身的刺，隐藏起最深的苦痛挣扎。

图 3.1　张爱玲

4. 研究结果

该研究的目的就是让人们能够正视所谓的抑郁色彩，证明文学中这种情绪的常见性，找到合理的疏导方式。从30年时期中国有代表性的女性作家的作品来看，似乎抑郁色彩在每部作品中都或多或少有所体现。

首先认识到其抑郁情绪对自身的作用。在今天看来或者不足为奇，出于猎奇心理描写再黑暗、再阴沉都有人追捧。但在女性意识刚刚萌芽不久的社会，她们在笔下的人物上，字句之间流露出的女性意识，毫无疑问是一种更深层的意义，推动着女性主义的发展，让更多的人开始探究本我，寻找真正的情绪所在，不再只是华美的词句进行包裹和柔软的抒情。必须要指出的是，这样一种情绪色彩，在她们所取得的文学成就中扮演的是强有力的催化剂与必需品角色。她们在消耗自己精神力的同时，转化出的抑郁色彩成就了那些鲜活的人物，塑造出属于自己又属于一个时代的价值存在。

然而从另一个角度，也可以说是这种抑郁色彩成就了她们的人生轨迹。在以往女性作家诗歌、散文种种美文中，对希望的追求、对美好的感悟中，这样的文学风格蕴含的情感诉求是别具一格的。在文学体裁越来越丰富的今天，最初的抑郁色彩如何作用在文章中不得考究，但是她们的作品作为女性作家代表作，拥有一定文学地位的同时，也能够起到保障这种情感诉求表达在作品中得到存活的概率，对于文学的丰富性是至关重要的。

最后，在已成事实的分析后，能得出一系列的经验，从而应用到日常生活中，抒发自己由于多方压力导致的抑郁情绪，有利于心理健康。

5. 创新点

5.1 研究内容的特殊性

我们希望通过这样一次探究和深入分析有关固定时间段文学中的心理精神抑郁的表现，影响、推动并延展到其他方面，不仅是30年时期的女性文学，各类时期、各个作家群体，甚至是文学领域之外的各类商业化范畴。深入社会，将心理精神抑郁从正面分析，而非着重讨论其不良影响，以致谈其色变。

5.2 研究对象的针对性

本文并没有大范围应用，也没有强调其普遍性，而是从某个特殊时期的特殊群体入手，更有针对性地总结出的观点，也相对有特殊性。范围应用有条件限制，结合时代背景、个人因素，尽可能全面地进行客观理性的分析。

参考文献

[1] 孔德洁．作家作品中情感与自身情感相比较［D］．安徽大学文学院，2012
[2] 孔德洁．作家作品中情感与自身情感相比较［D］．安徽大学文学院，2012
[3] 萧红．《生死场》［M］．沈阳：辽宁人民出版社，2014
[4] 李洁吾．《萧红在北京的时候》［M］．哈尔滨：黑龙江大学出版社，2011
[5] 胡风．读后记〔A〕．萧红全集〔C〕．哈尔滨：哈尔滨出版社，1991

我国法律谈判现状研究及制度建议

北方工业大学：薛晶霞　杨予琪　王雅玲　孙佳溪　李静
指导教师：何然 讲师

［摘　要］法律谈判是由律师代理当事人参加，运用法律知识和诉讼经验，借助律师的技能和谈判技巧实施的庭外博弈。本文对法律谈判的定义进行界定，并分析非诉讼解决机制的理论基础入手，对在法律实务中刑事、民事、劳动、环境及行政纠纷进行分析，得出法律谈判的价值所在。

［关键词］非诉讼解决机制；博弈理论；纠纷解决方式；刑事；民事

生活中因政治、经济、财产、地位、感情等因素而引发的矛盾与争端无处不在，相应地，解决的途径也有很多，不管解决的过程、形式和结果如何，在一定程度上都会体现出谈判的成分。在中国古汉语和《词源》中关于“谈判”的公认含义指相关各方对有待解决的重大问题进行的会谈。现代汉语中的“谈判”既是名词，又是动词，但其所指向的都是就共同关心的问题互相磋商，交换意见，寻求解决的途径和达成协议的过程。“到了20世纪30年代，伴随着ADR开始在美国盛行，法律谈判作为一种新类型谈判也逐渐从民间运用走向制度化、大规模的运用。”如今法律谈判越来越多地被运用到实践中，它有利于减轻司法机关的负担，其程序简、成本低、灵活高效的优势有利于促进双方当事人沟通从而和平解决争端，这种将法律知识、法律技能和人际交往融合在一起并最终达到预期目的解决纠纷的方式具有重要的现实意义。

要了解法律谈判，首先应该搞清楚什么是谈判。“英文中的negotiation有协商、谈判、流通、转让等多重含义”。法律谈判当然也是谈判，但是严格意义上说并非是谈判的一种分类，“法律”两个字的出现意味着其内容必定与法律有关，是围绕同一话题，运用法律知识和技能，共同提出一种解决问题最佳方案的过程。

1. 法律谈判的定义

1.1　法律谈判的定义

理论研究中对于法律谈判的定义至今没有通说。目前国内学术界关于法律谈判的研究主要集中在一般性介绍层面，范愉教授在《非诉讼纠纷解决机制研究》以及《ADR 原理与实务》两本著作中概括性地介绍了谈判的概念、原则、优点、局限、谈判技巧和伦理道德等问题。

何主宇在为《法律谈判》一书所作前言中，将法律谈判理解为："律师凭借其专业知识与职业技能代理当事人与对方当事人或代理律师对纠纷的解决方案进行沟通和妥协，是由律师代理运用法律知识和诉讼经验对法庭诉讼的各种可能后果进行全面评价后借助律师的技能（如法律研究技能、案情研究技能、证据挖掘技能、答辩技能、代理技能等）和谈判技巧实施的庭外博弈。"这是目前为止关于法律谈判较为全面的定义，虽不是通说，但是可以确定的是律师作为主要参与者，运用技能解决纠纷是法律谈判的特色，这一定义点出了这方面的本质。"法律谈判的最终目的是争取庭外和解，核心是充分尊重并体现当事人的意思自治，基本过程是沟通、协作、竞争、妥协，实现条件是律师的法律知识与职业技能。"纠纷谈判过程中，律师应最大限度地做到使当事人的自由判断与理性决策渗透到纠纷解决的各个环节，为双方提供协商与和解的机会。

1.2 法律谈判的特征和类型

法律谈判的特征可以归结为：一是从属性，利益需求是人们进行谈判的动机，也是谈判产生的原因和谈判的终点。二是具有法律规范性和程序非规范性特征。规范性主要表现在：任何一方都不能无视法律的存在而提出无礼的诉求，也不能以非法的理由和借口迫使对方就范。而非规范性是没有严格的程序和模式。三是复合性，法律谈判经常融于私人谈判、商业谈判和政治谈判之中。

1.3 法律谈判与相邻近的概念界定

通常意义上所说的非诉讼纠纷解决机制有谈判、调解和仲裁。但是，法律谈判有别于调解、仲裁、审判等纠纷解决方式，从自愿性、拘束力、程序是否正式与公开情况等来看都有所区别。笔者认为最明显的体现在以下两点：首先法律谈判没有严格的纠纷解决程序，双方当事人可以自主协商约定程序；与其他方法相比，法律谈判拥有允许当事方自行控制谈判的进程和结果的优势。第二点也是最重要的一点，就是法律谈判没有作为调解者的中立第三方，只是双方当事人在自主自愿的基础上进行交涉。律师作为双方当事人的代理人就纠纷的主要事项和解决方案进行交涉，着重于发现针对双方潜在的利益和目标的解决方案，在法律范围内主动实现互动，各方通过妥协将立场和要求相互靠近，以求实现双方当事人的最大化的利益。而现有的司法裁判、调解制度以及仲裁制度是以权威第三方的身份介入其中，"事实上，区分有第三方介入的不同的纠纷解决方法之关键在于中立的第三方是否有权强加某一解决方案给各当事方或仅是协助争议的各方自行达成解决方案。”前一种做法通常被称为裁决或仲裁，后一种做法最常见的例子就是调解，由中立的第三方作出裁决、仲裁和调解，都是由争议双方选择某一第三方作为协调人，这与法律谈判有着显著差别。

2. 非诉解决机制的特点

“法治并不必然是以单一的国家权力及其价值观为基准的法律规则之治，多元化的价值理念、多元化的行为模式以及多元化的纠纷解决方式将会使现代法治更富有活力。”在当下，诉讼被普遍认为是纠纷解决的首要途径时，非诉讼解决机制作为诉讼之外的非规范性纠纷解决方式出现，以其解决纠纷的高效性、简易性为纠纷解决提供了一个新视角。由于市场经济加速发展，人们出于效益驱使与利益多元化的目的，给予了非诉讼解决机制作为多种非诉争端解决机制之一更多发展的可能性。非诉讼解决机制以意思自治为基础，对当事人解决纠纷有重大的现实意义。

2.1 意思自治，发挥当事人主义

非诉讼解决机制以沟通协商为前提，是当事人自主选择纠纷解决模式的过程，是当事人自治为理论基础的一种纠纷解决模式。当事人自治原则是指当事人有选择的自由，这种选择自由不仅包括当事人对自身权利义务的承受上，也包括纠纷发生后双方对处理纠纷的方式的选择上。非诉讼解决机制中以律师与当事人的沟通为主要内容，当事人在律师详细告知案件具体进展下享有充分的选择权。在谈判预备时，律师在对案件的法律冲突焦点和证据强弱评估之后预测案件的发展情况，向当事人列出最有可能的案件结果，由当事人选择自己更为满意的一种结果后，最终由律师制订相应的谈判方案。在谈判过程中每一个谈判环节的发展律师都必须详尽地告知当事人，律师的每一次要求和妥协也都基于当事人的同意和授权，当事人在整个谈判中无论对于谈判方案的选择还是谈判中采取何种举措都处于主动地位。在双方律师达成一致的情况下，对于执行的时间、地点当事人依照协议进行商议，其执行的灵活性较诉讼的强制性来说更能体现当事人意思自治。

2.2 实现正义的要求

非诉讼解决机制最核心最直接的功能在于解决纠纷，而非诉讼解决机制的独特性体现在其解决纠纷的彻底性。如法理学家博登海默在《法理学——法律哲学与法

律方法》中所言："正义有张普罗透斯的脸，变幻无常、随时可呈现出不同形状并且极具不相同的面貌。"真相往往难以到达，诉讼是仅对于诉讼争议焦点开展调查的诉讼方式，它遵循程序正义，讲求证据取得的合法性，关注纠纷解决程序的正当性，并由此获得结果的有效性。在这样的解决方式下，审判的真相不可能与实际的真相完全吻合，很容易导致当事人在此次诉讼终结后又提起另一个诉讼，出现诉不了事的现象。非诉讼解决机制在没有第三方参与的情况下由双方当事人针对案件进行交涉，谈判内容不仅涉及案件争议焦点，同时探讨产生争议背后的情理原因，使得谈判结果兼顾解决争议和疏通当事人情感，使当事人对解决结果心服口服，有效解决诉不了事的问题，达到实体正义的要求。另一方面非诉讼解决机制相对于诉讼规则适用于全体而言，针对特定主体的争端解决需求选择特定的解决方案，符合其最大利益的选择正义。

2.3 实现诉讼与非诉解决方式的自由过渡

诉讼因其程序的合法性，国家强制力保障等优点成为争端解决的主要方式，但诉讼严格的程序化要求使其自由价值的实现受到了一定的限制。调解在成本、程序、周期等方面有显著优点，但因其调解结果以当事人共同认同感为基础，以道德为约束，具有结论与执行的不确定性，一旦当事人不再认同调解结果，就需转入诉讼程序，效率相对于直接诉讼反而更低。

非诉讼解决机制由于其程序的规定实现了诉讼与调解的自由过渡。非诉讼解决机制分为诉前谈判和诉中谈判。诉前谈判是指纠纷在进入诉讼程序前，当事人约定避开诉讼进行和解。诉中谈判是指在诉讼程序进行到某阶段时，当事人双方认为不必要进行诉讼转而进行谈判。诉讼中谈判根据当事人的需要由诉讼程序转为自由协商，尊重当事人意愿，权利执行也得到保障，同时法律谈判通过处理不必要进入诉讼程序的案件，分流法院压力，节约了因诉讼而产生的配置司法人员、按照诉讼程序等产生的司法成本，为司法改革提供了一个稳定发展的时间和环境。

2.4 非诉讼解决机制的和解性与保密性

在纠纷解决过程中，许多当事人非常注重信誉和社会地位的保护，隐私显得尤为重要。诉讼中案件以公开为一般原则，以不公开为特殊情形，不公开审理的案件也要公开判决，因此无法为当事人的隐私做全面保障。非诉讼解决机制仅仅是当事人及其律师之间根据争议焦点进行讨价还价，不涉及第三方，其谈判程序的非公开性使得大量涉及当事人个人隐私和商业秘密的民事纠纷在不透露给公众的情况下秘密解决，因此，非诉讼解决机制符合保护隐私的需要，有效地减轻了双方当事人可能面对的舆论压力，更容易被人们选择。在非诉讼解决机制中双方律师基于道德诚信、互相信任、以和为贵的思想通过理性的协商、交流、对话，避免当事人情绪主导处理结果，针对诉讼中利益的对抗性与态度的敌对性有利于缓和其带来的相互之间的不信任与社会关系的紧张。非诉讼解决机制的推广改变了当事人对法律教育和法律职业的传统思维模式，促进司法观念的变革，在保护当事人隐私的同时保持双方合作关系的持续发展，带来双赢的结果。

2.5 非诉讼解决机制的现实易行性

非诉讼解决机制是在没有第三方参与下的双方当事人自愿平等协商纠纷解决方式，它在成本、风险、耗时方面有着独特的优点。首先，诉讼与非诉讼解决机制的成本相比，当事人的诉讼成本包括法院收费、代理费、诉讼补助费等，其总额有时候甚至超过诉讼标的额，并且诉讼成本中只有部分可以由侵害方补偿，这就意味着诉讼收益可能为负。非诉讼解决机制由于其成本仅仅用在当事人双方交涉、救济的实施，避免了在第三方法院的花费，显然非诉讼解决机制成本在一般情况下较低，更利于当事人选择。其次，非诉讼解决机制是双方基于法律、成本、风险的博弈，双方律师在谈判开始前已经对风险进行评估，从而决定选择何种方式解决纠纷，其风险具有预见性。反观公力救济则存在较多的不确定因素，判决在有些情形下不具有终局性，对生效的民事判决除申请再审外，当事人可申请申诉，法院提出再审、检察院也可以提出抗诉。同时执行难也令人们倾向于法律谈判。最后，一个普通的民事案件通常要经过起诉—受理——审—二审—再审—执行，虽然法律规定审限，但在实践中诉讼时限通常过分迟延，由此带给当事人的心理压力也不可估计，而非诉讼解决机制虽无明确规定，但在实践中一般历时 3 个月，并且由于高效性，迅速产生结果，可以减轻当事人的心理压力。

3. 法律谈判在实际纠纷中的运用价值

在法律谈判过程中，律师根据当事人利益诉求就制定纷解决方案并与对方进行沟通和协调，运用法律知识及从业经验对各种可能后果进行综合评判，凭借职业技能进行法庭外之博弈。律师就纠纷的主要事项和解决方案进行交涉，以求最大化地实现双方当事人的利益。在法律实务中，涉事纠纷主要是民事纠纷、环境纠纷、刑事纠纷、劳动纠纷及行政纠纷五大方面。

3.1 我国民事领域内法律谈判的现状分析

目前，在我国民事法律谈判是法律谈判中运用最为广泛的一种谈判类型。在选择采用法律谈判的方式解决的纠纷中，有近六成属于民事领域内的法律谈判。

尤其在近几年中，随着人民对非诉讼解决方式的认识越来越清晰，将法律谈判应用于民事纠纷的选择也被越来越多人所青睐。

3.1.1 民事法律谈判的种类

由于民事法律纠纷的范围较为广泛，形式也多种多样，因此为了方便分析和理解，本文将民事法律谈判分为四个基本类型：合同谈判；国际民事纠纷谈判；婚姻家庭纠纷谈判和其他民事纠纷谈判。

（1）合同谈判

合同谈判是民事法律谈判中最为常见的法律谈判类型之一。且在合同问题的处理中，当事人通常是以法律谈判为主，以诉讼方式为辅的。合同谈判是指，律师在双方当事人之间实施策略以求得到和解的过程。这种类型的谈判在货物买卖、产权交易、不动产交易以及雇佣合同、营业性合同中广为运用。从法律的角度说，合同谈判是双方当事人的自愿交换，遵守着交易中的契约自由原则。合同谈判具有四个方面的特点：一是，大部分合同都是建立在合意和互利的基础上；二是，合同谈判在各种商务因素全面了解的基础上会大大增强谈判者在谈判中的影响和作用；三是，谈判有可能进一步对谈判方交流的关系和长期的交往产生影响，当事人处于谋求长期合作的考虑，谈判往往也是双方和谐关系的开端；四是，谈判中存在的攻击、恐吓以及不讲道理，也有可能会导致解决方案失败。

（2）国际民事纠纷谈判

本文所讲的国际民事纠纷谈判，主要是指国际私法所涉及的民事纠纷。目前我国在这类纠纷中，适用法律谈判手段解决问题的情况也比较常见。国际民事纠纷有三个明显的特征：一是，这类争端通常涉及文化方面的差异和分歧，难以简单判断对错；二是，各个对于同一法律问题或相同范围的法律问题的规定存在差异，不能简单适用国内法，而要考虑到外国法律的域内效力问题，所以较为复杂和特殊；三是，各国对于法律适用的冲突规则，即适用哪一国家法律的问题也存在分歧。这些特征也就导致国际民事法律谈判与其他民事法律谈判也存在明显的区别。在这种类型的法律谈判中，除一般的民事谈判技巧意外，通常还要注意谈判中的各国语言、文化的差异，甚至还要考虑到各国政治因素的影响。

（3）婚姻家庭纠纷谈判

与合同谈判一样，婚姻、家庭纠纷的法律谈判在实践中的应用十分普遍：它被广泛运用于处理婚姻家庭关系以及双方当事人之间的权利和义务的问题中。主要包括婚约同居纠纷、结婚纠纷以及离婚纠纷（离婚纠纷本身又包括离婚纠纷、离婚后财产纠纷、离婚后损害赔偿纠纷、共同财产分割纠纷、子女抚养纠纷等一系列的矛盾纠纷）。法律谈判手段之所以能在这类纠纷中被广泛应用，主要是因为在婚姻家庭纠纷的谈判过程中，双方当事人经常存在情绪上和心理上的问题，甚至于心理和情绪因素是这类民事纠纷的最重要的争议焦点，因此诉讼程序或调解、仲裁等其他非诉讼方式在这类案件中所发挥的作用不及灵活性较大的谈判方式。同时，以谈判方式解决婚姻家庭纠纷问题较诉讼方式来说更为柔和，这也为将来双方的相互交往和和好提供了可能性。

（4）其他民事纠纷谈判

本文中其他民事纠纷是指除了合同纠纷、国际民事纠纷、婚姻家庭纠纷以外的其他民事纠纷，既包括物权纠纷也包括债权纠纷，既包括人身关系纠纷也包括财产关系纠纷。对于除以上分析的三种民事纠纷以外的其他民事纠纷，法律谈判也是解决问题的一种有效方式。虽然，目前我国人民在解决这些民事纠纷中通常习惯于采用诉讼手段，但是随着人们法律素质和律师谈判能力的提高，法律谈判越来越成为人们解决普通民事纠纷的一种常用手段。甚至，一些律师已经将法律谈判作为诉讼前的必要过程，能够通过法律谈判解决的民事问题就尽量不要通过民事诉讼的方式解决。

3.1.2 我国民事领域内法律谈判现状的原因分析

我国民事法律谈判之所以较为普遍，主要是由于民事纠纷的自身特性和法律谈判的特点两方面因素的共同作用。在本文的第二部分，我们已经对法律谈判的特点以及其与其他诉讼或非诉讼方式的优势与劣势进行过比较，因此就不多作赘述，只对民事纠纷的自身特性问题进行分析和讨论。

笔者认为，对于法律谈判在我国民事纠纷领域运用较为广泛现象的原因主要可以分为以下几个方面：

一是，民法意思自治原则的要求。与其他部门法强调“法定”不同（如刑法强调的罪刑法定原则、诉讼法强调的程序法定原则等），民法强调的是意思自治原则。民法中意思自治原则的主旨是当事人意志决定论，即当事人有权依据其自我意志做出自由选择，当事人的自我意志可以而且应该成为约束契约关系的准则。其中，不言而喻的一点就是：当事人可以而且应该对依据其自我意志做出的选择负责任。而法律谈判是以协商和沟通为前提的，它的运行过程是当事人自主选择纠纷解决模式的过程，是双方当事人自愿与合意谈判协商过程，是当事人意志自由的结果，这与民法的意思自治原则相符合，也是当事人自我意志体现得最为明显的一种纠纷解决模式。谈判中的主体具有法定范围内的广泛的行为自由：纠纷中的当事人可以选择谈判或者不谈判，也可以自主地选择法律谈判适用的规则和法律。同时，谈判中双方当事人可以在法律的范围内自主行事，通过自主协商而达成的合意也具有优秀于其他任意性法律规范的效力，具有法定的契约效力。也就是说，法律谈判的始终都有自由、沟通和协商的精神贯穿其中，在所有纠纷解决方式中最为符合民法的意思自治原则要求，这就使民事谈判的适用广泛起来。

二是，与刑法、环境法纠纷相比，民事纠纷损害的利益相对较轻，有通过私力救济的方式，即法律谈判方式解决纠纷的可行性。刑法是对重要的人身权（如生命权、健康权等）和重要的财产性权利进行救济的法律，维护的法益较为严重，甚至涉及社会公共利益问题。环境法也是如此，虽然环境法具有一定的私法性质，但同时也具有公法的特征，如工厂排放不经处理的污水造成河流的污染，这其中侵害的法益就不再仅仅局限于某一个或几个特定人，而是涉及了社会公共利益。对于这些较为严重的侵权问题，必须由国家通过法律法规加以详细地规定，并由国家强制力保障实施，以保证这些法益不被侵犯。但是民事纠纷主要涉及的是当事人之间的财产问题以及不严重的人身权利问题，不存在犯罪的发生，因此有通过私力救济来解决纠纷的可能性。这样做，一方面有利于节约司法资源、减轻诉讼负担，另一方面，也使纠纷的解决更具有灵活性，可以适应各种复杂的纠纷情况。

三是，与其他纠纷不同，民事纠纷大量涉及当事人的个人隐私和商业、技术秘密，不适宜诉讼。例如，婚姻纠纷所涉及的个人感情、私生活内容，合同纠纷中某公司产品的营销策略、某种食品的秘制配方等，都属于不适宜公开的问题。但是，诉讼和调解、仲裁等非诉讼解决方式都会导致第三方的介入，从而使秘密和隐私被泄露的可能性加大。尤其是在通过诉讼方式解决纠纷的情况下，诉讼本身所要求的公开性与这些民事纠纷的私密性相冲突，虽然解决了纠纷，但由于其在保护秘密和隐私上存在的缺陷而不被当事人当作首选方案。就这方面而言，法律谈判具有独特的优越性。一方面，法律谈判的主体只限定于当事人双方，这就最大限度地保证了秘密和隐私不被泄露。另一方面，谈判的结果和过程无须向任何人或任何机构公开，只要双方当事人达成合意，也无须接受任何形式的质询。这样一来，民事纠纷中的隐私和商业秘密就得到了保护，法律谈判也因此受到民事纠纷当事人的青睐。

除此以外，民事纠纷中适于使用谈判方式特质还有很多，比如时间因素、情感因素、费用因素等。正是我国民事纠纷的这些特质的共同作用，形成了我国目前民事领域内法律谈判方式被广泛应用的现状。

3.2 我国环境法领域内法律谈判的现状分析

环境领域内的法律谈判是法律谈判的一项重要内容。然而，在我国环境纠纷的解决主要还是依靠诉讼和仲裁两种途径，对于环境纠纷谈判则较少运用于实践当中。但是，随着近些年来环境法律的不断完善、鉴定技术的发展以及社会的需求，环境纠纷谈判在实践中的应用也逐渐增加。

3.2.1 环境领域内法律谈判的范围

在环境纠纷的解决中，并没有对诉讼机制或非诉讼机制的适用范围进行明确规定，当事人可以通过自主选择决定。从内容上来讲，环境领域内的法律谈判主要包括两大类：环境污染纠纷的谈判、自然资源纠纷的谈判。其中环境污染纠纷谈判包括水污染纠纷、大气污染纠纷、固体废弃物污染纠纷和噪声污染纠纷；而自然资源纠纷的谈判则包括水资源纠纷、矿产资源纠纷、渔业资源纠纷等。而在现实生活中，人们选择什么样的纠纷解决方式，往往需要考虑多重因素。

一是各种环境纠纷解决机制本身的特性以及优势和劣势。比如，在现代社会中，诉讼代表着国家司法权的行使，它是一种公力性的纠纷解决机制，相对于其他纠纷解决方式来说，具有正规性、权威性、强制执行性等比较优势。但另一方面，诉讼也具有如下缺点，如诉讼量激增与积案（诉讼“爆炸”和诉讼迟延）、诉讼费用高昂、诉讼程序僵化低效等。因此，法律谈判的纠纷解决机制作为一种补充形式得以适用。相对于诉讼而言法律谈判的方式具有很多优势，如有利于及时、迅速、低成本、高效益地解决环境纠纷，有利于人际关系的良好和维护社会和谐等。

二是具体环境纠纷本身的特性，如规模、复杂程度、解决纠纷所需要的时间、人力、物力、财力的消耗，争端各方的实力、文化传统和社会心理等。只有将这些因素进行综合的分析和认识，才能最终确定环境纠纷谈判的适用范围。

3.2.2 我国环境领域内法律谈判现状的原因分析

我国目前在环境领域内的法律谈判应用并不十分广泛，且多集中于噪声污染、水污染等常见纠纷，导致这种情形的因素有很多。

一是，环境纠纷中当事人双方地位、实力的不平等。当事人之间的地位失衡是制约环境纠纷谈判的一大重要因素。对社会秩序影响较大的、比较严重的环境纠纷，大多发生在受害居民与污染性企业或制定不科学决策的政府之间。受害居民与企业相比，无论是在技术、组织及经济实力上，还是在信息占有、举证能力、社会资源、权利主张途径上均处于明显弱势。与政府相比，无论是在法律地位还是意见和建议的执行效果、维权难度等方面来讲，更是相差悬殊。受害者为纠纷解决所付出的成本相对较高，失败风险较大，在环境纠纷中往往处于被动地位。而法律谈判本身就是当事人双方相互博弈的过程，但在这类环境纠纷的谈判中，双方地位的悬殊导致受害者根本不具有相互博弈的筹码，谈判成功的可能性也会很低。因此，双方当事人地位的失衡是导致环境纠纷谈判难以为继的重要原因。

二是，纠纷的主体具有不确定性。这种不确定性一方面表现在环境纠纷中加害主体具有多元性。由于环境问题通常较为复杂，因此加害主体往往不是单一的主体，而是由多个主体共同作用的结果。另一方面，受害人具有不确定性。在环境纠纷中，受害人很可能不是某个个体，而是不特定的多数人。如在河流污染纠纷中，每一个在该河流中取水的人都可能是受害人。更不要说如并未造成私人权益受损，而仅造成公共环境的破坏的情况，在这种情况下，环境纠纷的受害人就更加不确定了。虽然有关法律规定了可以代表受害人维权的社会团体，但是能够符合法律规定要求的社会团体数量较少，而侵犯不确定人利益的环境纠纷又很多，在这种形势下，相关社会团体所能做出的努力就显得有些微弱了。对于法律谈判来说，双方当事人是一个法律谈判可以实施的必备要素，可是环境纠纷中双方当事人的难以确定就更增加了环境纠纷谈判的难度。

三是，产生的原因具有复杂性。引发环境纠纷的原因十分复杂，有直接的也有间接的，而且环境纠纷的原因具有发现的滞后性，这就使法律谈判难以进行。同时，环境纠纷产生的原因具有复杂的科技关联性，对于环境问题的鉴定技术要求很高，目前我国很难达到这种要求。在法律谈判中，如果不能对责任进行明确的区分，甚至不能确定环境问题产生的原因，就很难使双方妥协。此外，没有明确的证据，就很难将纠纷诉诸诉讼程序，而如果缺乏了诉讼程序作为最后的保障，法律谈判即使失败，加害人也无须承担任何后果，这就是受害人在这类谈判中丧失了主动权。这也是法律谈判难以运用于环境纠纷的原因之一。

四是，环境纠纷具有社会性。由于环境纠纷所涉及的人数众多，影响范围广，所涉及的利益冲突广泛而尖锐，导致环境纠纷具有非常强的社会性，在处理时往往难以平衡各方的利益。在农村因环境污染引发的社会冲突迅速增加，这类事件由于影响面广、危害程度重，又具有突发性，人们的心理承受力较低，因而更容易爆发群体性事件。而对于环境纠纷的这一特性，如果想要单靠当事人之间谈判来解决问题，显然是十分吃力的。

当然，虽然环境纠纷中存在于法律谈判不相适应的地方，但是我们不能完全否定法律谈判在环境纠纷领域内的作用。法律谈判灵活的程序、较低的费用以及时间上的节约等都是对环境纠纷的处理极为有利的。而且上诉环境纠纷与法律谈判不相适应之处，很大程度上是可以通过完善法律制度来解决的。

3.3 我国刑法领域内法律谈判的现状分析

刑事方面的法律谈判主要是针对可自诉案件。自诉案件是由被害人自己或其法定代理人、近亲属向人民法院直接提起诉讼。其范围为刑事诉讼法第170条规定的告诉才处理的案件；被害人有证据证明的轻微刑事案件；被害人有证据证明对被告人侵犯自己人身权利、财产权利的行为应当依法追究刑事责任，而公安机关或者人民检察院不予追究被告人刑事责任的三类案件以及最高人民法院《解释》确定的具体的自诉案件。主要包括：侮辱、诽谤案，暴力干涉婚姻自由案，虐待案，侵占案，故意伤害案（轻伤），遗弃案等。自诉案件在一定程度上减轻了检察院、法院的负担，但却也给被害人带来了很多困难。

首先产生是被害人在举证方面面临着重重困难。第一，查证主体资格缺乏法律规定。举证的前提是查证、取证，而前提是主体具有查证的权限或资格。在公诉制度中，我国现行刑事诉讼法明确设定了人民法院、人民检察院和公安机关收集、调取证据的职权，并相应地规定了有关单位和个人如实提供证据的义务。而在自诉制度中，这种职权在法律中却未有规定，这明显加大了被害人举证的难度。第二，自诉人获取对定案有重要影响的证据的能力有限。以最为常见的轻伤害案件为例，自诉人在一般情况下，能够提交到法庭上的证据包括本人陈述、在场见证人的证言和伤情的鉴定结论，对于其他应有证据，如作案工具，现场痕迹、勘验、检查笔录等具有客观性特征的证据，均难以提供。但是痕迹物证、对痕迹的鉴定、勘验、检查笔录等实物性的证据对于认定案件事实往往起着重要的作用，其证明力往往要大于言辞证据。对于此类证据取证能力的欠缺成为自诉人整个举证环节中最为致命的弱点。第三，自诉方所取得的证据的效力受到过分质疑。在自诉案件中，显然自诉人有提供的证据，要通过法庭调查的程序对自诉人所提供的材料的合法性、客观性和关联性进行审查后确定其是否具有证据的效力。在司法实践中，往往会出现另一种情况，即法官考虑到自诉人身为当事人，与案件有直接的利害关系等原因，过分怀疑自诉人收集的材料的真实性。

其次，受害人在自诉过程中会消耗大量的时间和精力，且举证方面成本太高，这些因素都会给受害人带来过大的压力，更有甚者会放弃诉讼任违法者逍遥法外。这种时候就需要另一种更温和、更有效的方法来解决纠纷——法律谈判。

事实上，对于自诉案件，法律谈判相对于诉讼而言有着不可比拟的优势。

首先，相比于诉讼，在自诉案件中法律谈判可以帮助当事人选择最能接受的伸张正义的方式。大多数自诉案件如果通过诉讼渠道去维权，结果往往是判处缓刑和低额的赔偿金，这对于已经投入大量时间和金钱的被害人来说是得不偿失的。事实上，在刑事案件中，被害人需要的是金钱上的弥补和心灵上的安慰，反观法律谈判，由于其谈判内容的灵活性，其谈判结果往往会比诉讼更有利于被害人。一般来说，作为实施了侵害的一方为了获得被害人一方的原谅，从而免于获刑，会尽量从精神上和金钱上对被害人进行大量补偿。

其次，法律谈判更容易让双方达成共识，解决争议。由于法律谈判在由双方当事人针对刑事案件进行交涉，谈判内容不仅涉及案件争议焦点，同时探讨产生争议背后的情理原因，使得谈判结果兼顾解决争议和疏通当事人情感，使当事人对解决结果心服口服，有效解决诉不了事的问题。还能给予加害人在认识错误后改正的机会。双方面对面交谈也避免了起诉后的针锋相对，缓和了双方的感情。

同时，诉讼则存在较多的不确定因素，受害人很有可能要承担败诉的不利后果，即使胜诉当事人也可能承担执行难的风险。一个普通的刑事案件通常要经过起诉—受理——审—二审—再审—执行，虽然法律规定审限，但在实践中诉讼时限通常过分迟延，由此带给当事人的心理压力也不可估。而法律谈判却无此限制，其高效性在很大程度上减轻了当事人心理压力。在法律谈判中，当事人可以由律师单独出面进行，减轻了被害人的时间消耗和举证负担，由于其成本仅仅用在当事人双方交涉、救济的实施，避免了在法院的花费降低了成本，更利于当事人选择。

综上，自诉在现实中有着很大的操作困难，其高成本、低效率等缺点也使得双方当事人更愿意选择法律谈判，因此律师成为了刑事纠纷解决中不可代替角色。

3.4 我国劳动领域内法律谈判的现状分析

劳动纠纷解决的法律途径有仲裁和诉讼。劳动争议仲裁是劳动争议处理的必经程序，也是诉讼的前置程序，它成本高，且一裁终局，不可再诉，若不能接受不利后果则只能选择向法院撤销裁决。但这对一般劳动者来说无疑是一条低效率又高消耗的途径。诉讼是劳动争议处理过程中是解决纠纷的最后阶段，它会对公司的生产工作和商誉、名誉产生一定影响，且诉讼成本较高，周期长，这对劳动者或公司来讲都不是最佳的选择。

而法律谈判则很好地解决了上述问题。它基于双方自愿，是友好的谈判，不仅成本最低，而且有利于长期合作关系的维护。双方律师会综合利用一切合法因素，为当事人争取最大的利益。

现今，有关劳动纠纷的谈判主要分为两类：一类是劳资谈判，一类是集体谈判。

劳资谈判是针对工作报酬、工作时间及其他雇用条件，雇主和员工代表在适当时间以坦诚态度进行的谈判。

在现代的企业管理中，由于员工与企业的价值观不对等、诉求不一致，或部分企业违规操作、不守法令、极少数员工钻公司规章的漏洞等多种原因，时常会爆发劳资纠纷。对于劳资纠纷，一旦处理不当，往往会给企业带来意想不到的诉讼和麻烦，甚至会严重影响企业的形象和发展。所以劳资谈判如今的地位越来越重要。

集体谈判是指劳方集体性地透过工会，与资方谈判雇佣条件，而资方必须参与，而谈判结果具有法律约束力。其目的是希望劳资双方能够在一个较平等的情况下订立雇佣条件，以保障劳方应有的权益。而集体谈判权就是一些国家及地区赋予劳工的一种权利。集体谈判中，不仅考虑企业员工方面的利益目标，同时也兼顾企业方面的利益目标，从而通过有效的协商和所达成的共识，使双方的利益目标趋向接近，进而使双方通过协商共同受益，是一种双赢性的行为。

企业工会是企业工会会员和职工合法权益的代表者和维护者。符合法律规定的企业工会会使企业在今后管理的规范化更上一个新的台阶，企业规章制度的合法化能够保障企业运营过程中一切有章可循。优秀的工会会保障员工的合法权益，如此企业会大幅度提高对员工的吸引力，同时也可以大幅度提高企业的效益。然而，工会成立在法律上虽然有严格流程，但因其会员是由企业职员发展而来，所以难免会出现“御用工会”的情况。所谓“御用工会”是指由企业老板一手组建并由老板或其家属、亲信担当工会主席，所有行动都围绕老板意愿的工会。“御用工会”的创建不仅可能降低一些企业所认为的不必要的开支和麻烦，还可能不顾企业员工的正当权益从而压榨员工的劳动力。鉴于我国企业工会制度存在弊端，很有可能影响劳方的利益，所以如今我们需要律师参与其中，来对弱势的劳方和强势企业两方进行利益的平衡。

实际上，劳动关系比其他法律关系都要敏感，企业员工与企业之间虽然会因为一些利益冲突而产生矛盾，但是只有极少数的情况下双方才会诉诸法庭。因为企业员工仍然想继续工作下去，而企业则需要良好的信誉，需要积极向上的员工，所以谈判对双方来说都是最好的选择。它让双方心平气和地坐下来商量问题并解决问题，有利于长期劳动关系的维持。法律谈判的高效率特点还可以让劳动者尽快投入工作，也可以保证企业的生产和工作效率。

3.5 我国行政谈判领域内法律谈判的现状分析

所谓行政谈判是指行政主体与行政相对人通过平等地双向沟通，取得共识并达成协议，以达到解决群体性行政争议目的的行为。

行政谈判是行政法律关系，是依据行政法律规范以及双方主体达成的协议。行政谈判主要具有以下特点：①谈判的法律主体之间具有平等性，它是行政管理手段柔性化、民主化的产物；②行政谈判的内容具有合意性，是参与谈判主体之间通过沟通协商并达成协议；③行政谈判法律关系具有法律约束力；④行政谈判作为一种解决纠纷的手段，其根本目的是解决群体性的行政争议，以维护社会的和谐与稳定。

显然，诉讼作为一种司法手段不可能完全实现社会冲突的解决，是有其局限性的。首先，司法为了实现所追求的公正价值，必须具有中立性、独立性、被动性、程序性和终局性，由此而形成的司法程序局限了社会冲突解决的实效性，这使得冲突主体很难放弃并改变对抗社会统治秩序和法律制度的心理和态度，社会的共容性并不因为诉讼结束得以增强，冲突也并不因为诉讼得以避免或者减少。其次，司法的局限性表现在很难达到真正的公正。主要原因就是，诉讼是一种由已知推断未知的过程，法官并不能完全恢复案件发生的整个过程，案件的事实难以恢复原貌。再次，一些情况下，因为诉讼的提起，可能使得相关群体的地位更加不利，突出表现为行政诉讼中的“一着棋赢却满盘棋输”的现象。因此，要实现社会冲突得以完美解决，法律谈判不可避免地成为解决纠纷的重要手段。

目前，我国行政谈判主要是政府项目的谈判。政府项目往往有时间长、金额大、内容复杂、参与主体众多的特征。下面以 PPP 项目为例分析行政谈判的一些特点。

PPP 是指政府公共部门与私营部门合作过程中，让非公共部门所掌握的资源参与提供公共产品和服务，从而实现合作各方达到比预期单独行动更为有利的结果。与 BOT 相比，狭义 PPP 的主要特点是，政府对项目中后期建设管理运营过程参与更深，企业对项目前期科研、立项等阶段参与更深。政府和企业都是全程参与，双方合作的时间更长，信息也更对称。

PPP 具有三大特征：伙伴关系、利益共享、风险共担。

伙伴关系，这是 PPP 最为首要的问题。公共部门之所以和民营部门合作并形成伙伴关系，首先要落实到项目目标一致之上：在某个具体项目上，以最少的资源，实现最多最好的产品或服务的供给。但这还不够，为了能够保持这种伙伴关系的长久与发展，还需要伙伴之间相互为对方考虑问题。

利益共享，除了指共享 PPP 的社会成果，还包括使作为参与者的私人部门、民营企业或机构取得相对平和、长期稳定的投资回报。利益共享显然是伙伴关系的基础之一，如果没有利益共享，也不会有可持续的 PPP 类型的伙伴关系。

风险共担，是利益共享之外伙伴关系的另一个基础。如果没有风险分担，也不可能形成健康而可持续的伙伴关系。

这三大特征的其中两个是基于合作伙伴的特征而来。作为参与者的私人部门、民营企业或机构取得相对平和、长期稳定的投资回报。基于此，在 PPP 谈判中，政府与企业之间是紧密的合作关系。

在 PPP 模式下的项目融资在融资草签特许权协议之前，双方要组成法律小组就特许权协议有争议的内容进行反复谈判，来确定相关条款。

其一，由于 PPP 项目具有长期性、合作性。双方的合同无论最终如何签订都是为了后续的执行进行保障。由于合同需要长期履行，在谈判中最应当注意的是寻找利益平衡点。如果用过分苛刻的条件签订合同，会导致政府后期的毁约。在诉讼过程中，律师往往习惯于对抗性思维，在谈判过程中往往寸土必争，而事实上合作往往是更加富有成效的方式。

其二，由于PPP合同金额大、内容复杂，作为谈判律师不要过分纠结于细枝末节，从宏观角度思考合作。笔者认为，在PPP谈判中有两个比较容易产生谈判僵局的情况：①项目的回报率，②承包经营的合同内容。这两项的计算和细节问题都非常复杂。作为一个合同，律师在起草过程中不可能预见到所有情况，因此在谈判过程中只需要设计出一套合理的风险分担、利益分享的结构。

由于PPP合同是一个复杂的大型合同，需要健全的法律法规制度、专业化机构和人才的支持，保障当事人的经济利益和法律权益得到实现，并确保双方谈判的最终方案具有法律性。一旦谈判成功，则具有法律了效力，双方就可以按照执行方案有效率地实施。

4. 总结

法律谈判是律师根据当事人利益诉求就制订纷解决方案，并与对方进行沟通和协调，运用法律知识及从业经验对各种可能后果进行综合评判，凭借职业技能进行法庭外之博弈。法律谈判作为一种纠纷解决的模式为我国ADR研究提供了一个新的视角，其高效性的优点更是弥补了公力救济方面的不足。尽管法律谈判在我国还是初步发展，有程序上和思维模式上的种种不足，但笔者认为，法律谈判本身有着诉讼无法取代的优势，同时更有利于当事人双方关系的和谐共赢。在社会关系日益复杂的今天，胜诉已经不能代表全部业务，作为律师，更重要的是去考虑如何通过多种方式维护当事人的利益。

我国NGO发展法律政策环境调查研究及制度建议
——以北京市环保NGO为例

北方工业大学：李雨思　刘鹤　王嘉婧　陈依琪　赵轩
指导教师：陈兴华 讲师

［摘　要］随着社会的发展，NGO已经成为重要的社会力量，发挥着举足轻重的作用。然而不论是国家政策、法律法规以及NGO自身建设都存在一定的问题。我们以北京市环保NGO为研究的切入点，通过查阅资料、实地采访等方式，了解环保NGO的发展现状并提出相关立法建议，希望通过我们的课题研究推动NGO的进一步发展。

［关键词］环保NGO；法律政策；立法建议

1. 研究背景

环保NGO，是一种非政府的、非营利性的、志愿从事环境保护公益事业的社会组织。环保NGO的特性又使其在环境保护中能够发挥独特的作用，同时也是对公共权力的一种制衡。在我国，环保NGO起步较晚，发展缓慢，主要受到经济因素、政治体制、思想文化、自身水平、法律制度等方面的制约。针对我国环保NGO在发展中存在诸多问题，课题组选取北京地区典型的具有代表性的几家环保NGO进行实地调研访谈，对各种因素进行了分析，从法律角度提出对环保NGO改革的建议并提出了相应的解决对策，以期改善我国环保NGO的现状，适应我国经济发展和社会主义现代化事业。

2. 研究意义与目的

（1）了解NGO发展的历史背景和对我国社会的影响；

（2）了解NGO组织对我国社会发展的必要性和意义；

（3）选择我国相关环保NGO组织进行访谈，了解环保NGO现状；

（4）从在华国际 NGO 中借鉴相关发展经验；
（5）通过各种因素的分析对我国的环保 NGO 组织提出建议。

3. 研究时间

2015 年 1 月至 2015 年 12 月。

4. 研究方法

4.1 定量研究

本课题主要采用实地考察法、调研访谈法和文献资料法。

4.2 调查对象

中华环保联合会、自然之友、中华环境文化促进会、世界资源研究所。

5. 研究成果

5.1 必要性

自 20 世纪 70 年代末以来，随着改革的深入发展，中国社会利益多元化所带来的社会矛盾变得错综复杂，有时甚至很尖锐。政府为了协调利益、化解矛盾而承受着前所未有的巨大压力。政府对社会生活各领域“大包大揽”的治理方式在社会主义市场经济条件下已难以继续下去。人们（包括政府自身）也越来越认识到政府需要更准确定位。以社会力量来处理社会事务也开始受到关注并逐渐成为共识。NGO 的出现和发展，对于从传统型社会向现代型社会转变的国家来说意义重大。

5.2 重要意义

与国家和政府间组织相比，NGO 有其明显的特点和优势：NGO 更具有公众性，比国家、政府组织少官僚主义而多活力，往往在市场失灵的领域以及国家和政府组织不愿意或不便干预的领域工作。以环保领域为例，促进非政府组织在我国的发展，可以在以下几方面推动我国的社会建设：

（1）向国家及政府间组织提供咨询和信息，引导并参与有利于环保的项目开展；

（2）影响国家和政府间组织有关环境的决策；

（3）促进公众参与环境保护的制度建设；

（4）深入基层普法，维护公众环境权益；

（5）开拓就业门路，扩大就业机会，减轻政府压力；

（6）能广泛深入地收集民众的意见；

（7）有助于促进国际交流与合作；

（8）通过公益诉讼，维护当事人合法权益。

5.3 目前我国NGO发展的障碍

5.3.1 没有资金来源

大多国内NGO都认为资源短缺。特别是资金问题，是制约它们工作的关键因素。

5.3.2 人才缺乏

参加公民社会组织的人才缺乏。许多精英仍然流向企业和政府，而留在公民社会组织工作的职员往往缺乏相应的能力建设。

5.3.3 政策壁垒

长期以来，中国政府对成立非营利性民间组织的限制非常严格，既有资金限制，也有业务主管单位的限制。总之，要成立非营利性民间组织存在很多困难。

5.3.4 机构老化

目前，国内本土的NGO往往是靠一两个创始人的强大意志力在支撑着。他们出于美好的愿望建立起一个机构，但是各方面的壁垒限制了他们的筹款能力，也给他们带来了很大的人才困境。

5.3.5 社会环境障碍

在中国，NGO是一个外来语。西方NGO的发展有着来自文化方面的深厚积淀，包括与市场经济相适应的普遍的公民意识、自治观念、法制观念、契约精神、公益精神等。

5.4 我国环保NGO发展的制度建议

（1）推进改革，实现政社分开，拓展非政府组织的发展空间。制定一部统一的规范NGO的法律；

（2）减少《社会团体登记管理条例》等登记程序方面的法律法规的管理色彩；

（3）完善非政府组织的治理结构和自律机制，加强制度建设；

（4）对非政府组织要进行科学规划，保证其平衡发展；

（5）保持环保非政府组织的独立性；
（6）在管理体制上实行“宽进严管”的运行模式；
（7）开展广泛的国际合作。

6. 创新点

本课题在传统文献资料法的基础上，创新结合实地考察法和调研访谈法。并且，考虑到我国目前 NGO 发展的区域不平衡特征，选取我国 NGO 发展较为前沿的北京作为考察点。课题小组对中华环保联合会、自然之友、中华环境文化促进会、世界资源研究所四家在北京地区的具有典型代表性的环保 NGO 进行实地调研访谈。

7. 结语

我国 NGO 经过改革开放以来的迅速发展，到目前已经取得了长足的进步，在数量和质量上，我国 NGO 都有了一定的基础。但是，由于发展实践仍然较短，而且在 NGO 自身能力、政策环境、法律制度、社会影响等各个方面都存在很多的问题，我国 NGO 要想进一步发展壮大，必须积极采取措施解决这些问题。同时，政府要在法律制度的健全和完善、政策支持、国际合作等方面发挥应有的作用，这样才能有利于我国 NGO 的健康稳定的发展。

可以说，尽管面临众多的问题，但是我国 NGO 的发展是具有很大的潜力的。笔者认为我国 NGO 的进一步发展前景主要包括以下两个方面的内容：一是 NGO 自身综合实力的提升上仍然有巨大的空间，无论是 NGO 服务的范围还是人员的数量都有很大的扩展空间，而且在 NGO 的总体质量上还可以采取本报告提出的各种措施，通过政府和 NGO 自身的努力获得长足的进步；另一方面是我国 NGO 组织的国际化进程，我国目前的 NGO 大多以国内为依托进行服务活动，这是受到自身能力的限制，但是在经过不断的发展后，我国 NGO 应当逐步有实力参与到国际 NGO 的活动中来，扩大国际影响力，也是我国综合实力的体现。

总之，我国环保 NGO 的状况不太令人乐观，在立法上还存在着多方面的问题。面对中国社会的转型和增长的环境压力，环保 NGO 面临着严峻挑战。我国环保 NGO 要想进一步发展壮大，必须积极采取措施解决这些问题，这样才能有利于我国 NGO 的健康稳定的发展。

参考文献

[1] 中华环保联合会. 中国环保民间组织发展状况报告（2008 年环境蓝皮书）

[2] 江莹，郭华．试论环保 NGO 的发展方向［N］．河北大学学报，2006（7）第三期
[3] 吕子瑜．环保 NGO 发展方向和对策研究．中国环境法网，http：//www. zghjzc. org/
[4] 杨开元，刘雪梅，冯忠波．浅谈环保 NGO 组织参与环境保护的法律途径［N］．黑龙江环境通报，2006 第 2 期：11-12
[5] 常中豪．论我国环保 NGO 参与环境保护制度的完善［N］．福州大学学报，2010
[6] 邹锋．我国环境保护中的公众参与研究［N］．苏州大学，2008
[7] 李清伟．非政府组织社会责任探析［J］．政治与法律，2009（02）
[8] 马庆钰．中国非政府组织发展与管理［M］．北京：国家行政学院出版社，2007
[9] 马立．非政府组织发展与政府职能转变［J］．社团理论研究，2006 年第 2 期
[10] 万闻华．NGO 社会支持的公共政策分析［J］．中国行政管理，2004
[11] 黄浩明．我国非政府组织的活动及其作用［M］．中国国际民间组织合作促进会
[12] 刘贞哗．国际政治领域中的非政府组织［M］．天津：天津人民出版社，2005
[13] 范丽珠．全球化下的社会变迁与非政府组织［M］．上海：上海人民出版社，2003
[14] 王名主编．中国民间组织 30 年——走向公民社会［M］．北京：社会科学文献出版社，2008
[15] 褚松燕．中外非政府组织管理体制比较［M］．北京：国家行政学院出版社，2008
[16] 许海英，李锦阳．中国非政府组织筹资问题研究［J］．大连民族学院学，2011（4）：411-414
[17] 邢金竹．多措并举解决非政府组织资金短缺问题［J］．现代经济信息，2012（11）：162
[18] 戴雪文．我国非政府组织人才紧缺原因分析与对策［J］．厦门广播电视大学学报，2015（2）：45-49
[19] 李长春，罗丽华．制度溯源及其意义——公益诉讼原告制度的法系考察［J］．北京航空航天大学学报（社会科学版），2007 年第 3 期
[20] 王灿发，程多威．新《环境保护法》下环境公益诉讼面临的困境及其破解［J］．法律适用，2014 年第 8 期

CMOS温度传感器芯片研究

北方工业大学：毛帅宇　叶彤旸　徐昊宇　邢康伟　朱轩民
指导教师：张晓波 高级实验师

［摘　要］本文研究了基于标准CMOS工艺的集成温度传感器，采用环形振荡器结构，体积小、功耗低、工艺兼容性。设计完成了带隙基准源和低压差线性稳压器LDO电路、与温度和工艺无关的振荡器电路等主要模块。基于CSMC 0.35μm CMOS工艺，采用华大Aether软件平台完成了芯片的电路设计仿真和版图设计。

［关键词］CMOS温度传感器；环形振荡器；带隙基准

1. 引言

近年来随着半导体技术的进步，电路体积越来越小，密度越来越高，像是在生医电子、家用电子、消费类电子等针对散热问题、温度控制、感测已是极为重要的研究方向。如医学上的体温监视系统、物联网的温度检测系统等，突显了温度传感器的重要性及可研究性，而且在计算机系统中都会利用温度传感器来做简单的风扇控制系统。更加注重感测电路的微小化及省电、低价、易于整合、高准确性及高灵敏度等的特性，本项目将朝此方向研究。常见的温度传感器有电阻式温度检测器（RTD）、热电耦合半导体温度传感器等。其中半导体温度传感器具有线性度好、输出变化大、价格低、易于集成等优点。近年来，CMOS半导体工艺制程越来越普及，技术越来越进步，CMOS温度传感器系统陆续被提出，也被称为智能集成传感器[1 2]。

本文设计的温度传感器采用CMOS工艺，能够很容易地集成到大规模集成电路（VLSI）系统中，提供数字输出，而且占用芯片面积相当小，功耗也比较小[3]。这种温度传感器以环形振荡器为基础，利用具有正温度特性的PTAT电流控制环形振荡器的输出信号的频率。这样环形振荡器产生的振荡信号频率就呈正温度特性，然后利用与温度无关的系统时钟信号作为基准信号，通过数字测频电路测量环形振荡器输出信号频率，经过一定的数据转化和校准，得到温度值数据。

2. 温度传感器系统工作原理

温度传感器的系统结构如下图2.1所示，主要由三大部分组成：与温度成正比的PTAT电流源、环形振荡器、测频和校准电路。PTAT是温度检测模块，是温度传感器的核心部分，它产生一个与温度成正比的电流值，该电流被送入环形振荡器中，控制振荡器的振荡频率，使得振荡频率与温度成正比。最后通过测频电路分别测量该信号的频率，输出与温度相关的数字信号。

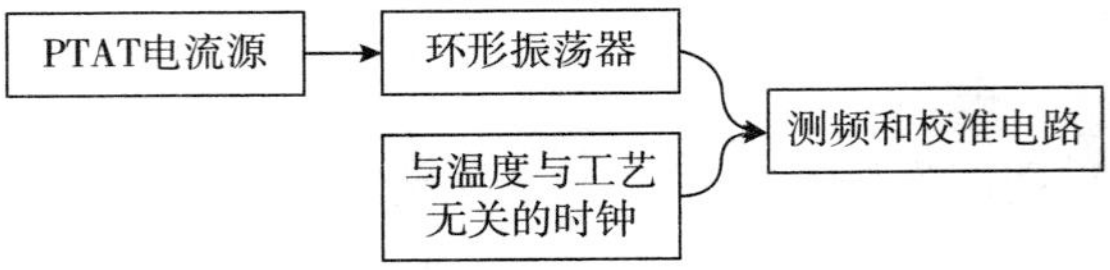

图2.1 温度传感器系统结构图

其中PTAT电流源和环形振荡器及测频和校准电流较为简单，可以参考相关论文进行设计。而如何产生于温度和工艺无关的时钟信号尤为关键，是本项目研究的重点，下面对其进行详细描述。

3. 时钟振荡器基本结构

振荡器在通信、电子、航空航天等领域具有十分广泛的用途。主要的功能是产生一个时钟信号。尤其在电子及通信系统中，振荡器是关键部件，在锁相环电路、时钟恢复电路和频率综合器电路中等更是重中之重。有许多方法能够产生一个时钟信号，比如RC振荡器结构、LC振荡器结构、环形振荡器结构等。但如果没有任何补偿电路，振荡器将持续理想的工作状态。实际上，输出频率将很大程度上受到温度和电路内部参数的影响。为了减轻温度对于振荡器输出的影响，我们进行了如下电路设计。

本设计电路为使用反向器构成环形振荡器的低功耗振荡器，工作电压为2.5～5.5V，正常工作电压为3.3V；正常工作振荡频率为315MHz，频率的误差在4.7%；工作温度范围为－30℃～80℃，高低温下工作频率误差约为±0.3%，工作电流为0.3mA。所设计电路模块简单，由一个LDO电路提供振荡器的工作电压，一个温度补偿电路为电流饥饿型反相器提供可控可调的偏置电流。振荡器输出部分接入电平转换电路，进一步保证振荡器时钟信号的稳定和精确。本电路具有功耗低、工作频率稳定等优点，不足之处在于波形不够规整，导致精确度略有下降。

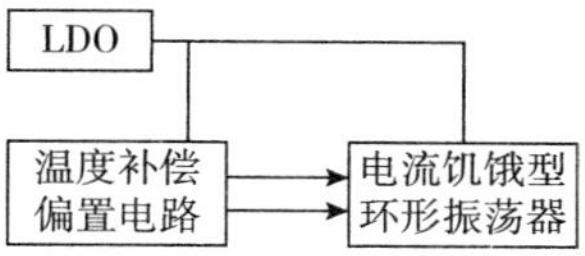

图 3.1　时钟振荡器基本结构

3.1　环形振荡器核心电路

环形振荡器由奇数（三个及以上）个非门输出端和输入端首尾相接，构成环状。这种振荡器线路简单，起振容易。振荡器频率由每个反相器的延迟时间和级联成振荡器的反相器个数决定。每个单元的延迟时间由输入负载电容、通过的电流和施密特触发器阈值电压决定。为保证输出时钟信号的规整，通常会在振荡器尾端加入反相器对信号进行缓冲。

电流饥饿型振荡器不但结构简单，而且可以通过控制反相器偏执电流的大小和负载电容充放电电流大小来灵活地控制振荡频率。本实验使用了电流饥饿型压控环形振荡器电路，如图 3.2，电路的末端加入了一个反相器对输出波形进行缓冲。

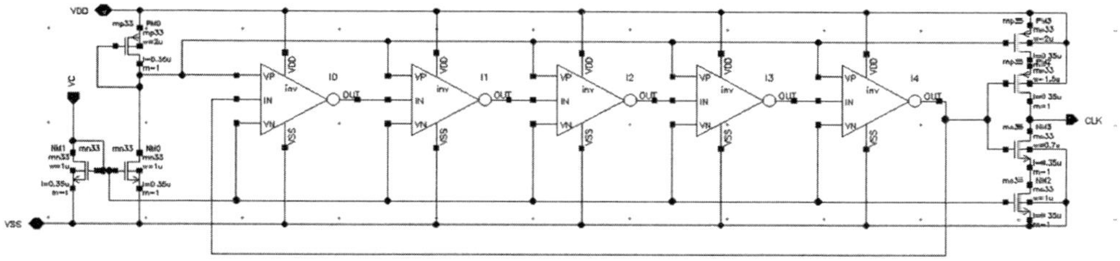

图 3.2　环形振荡器核心电路结构

如公式（1）所示，计算得振荡器输出时钟频率

$$f \approx \frac{I_b}{NC_{OV swing}} \tag{1}$$

公式中 N 为反相器个数，C 为输入负载电容，V 为施密特触发阈值电压，通过调节工作电流保持输出时钟信号稳定。

根据公式可以看出，通过调节振荡器的工作电流大小可以对振荡器进行调节，只要保证电流恒定，就能保证振荡器输出频率工作稳定。

振荡器的平均功率为：

$$P = V_{DD} \times I_{ing} = VDD \times I_D \tag{2}$$

一般来说，电流饥饿型振荡器的输出要经过 1 ~ 2 级反相器缓冲后在输出。在振荡器输出端接一个大电容负载能够显著影响振荡频率或将增益降低到足够小而导致振荡器不再震荡。

3.2 带隙基准及参考电流生成电路

在当前的模拟电路应用上常常需要一个能够不因电源电压以及温度的变化而产生太大变动的稳定参考电压，以提高整体电路的精确度、可靠度及良率，或是提供一参考电压以利监督电源或是其他电路的工作正确性等，是应用极为广泛的重要电路。

带隙参考电压源电路的工作原理为利用电路中产生的电压或电流，设计出具有正温度系数与负温度系数的相关物理量，将其加以适当处理，使其温度效应相互抵销，以得到不随温度变化的电压。

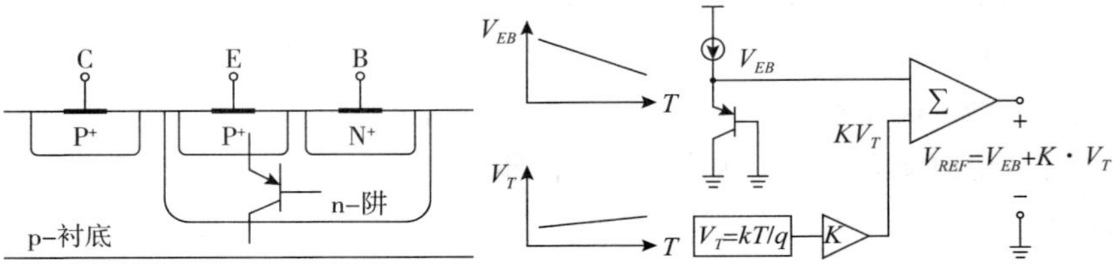

图 3.3 带隙基准源的基本原理图

当前 CMOS 工艺中最常用的带隙基准电压电路是利用工艺中寄生的双极型晶体管中的 V_{EB}是一个负温度系数的物理量（约为-2.2mV/℃），而再利用与温度成正比的物理量 $V_T = kT/q$ 作为我们所需的正温度系数（PTAT，与绝对温度成正比）发生器，其对温度的变化约为 0.085mV/℃，再加以乘上适当的比例系数 K 以相互抵销温度效应，如图 3.3 所示。即：

$$V_{REF} = V_{EB} + K \cdot V_T \tag{3}$$

其中 $K \approx 2.2/0.085 = 25.88$ 。V_T由两个晶体管之间的 V_{EB}差值ΔV_{EB}产生。

由双极型晶体管的电流电压关系可得到如下关系式：

$$V_{EB} = V_T \cdot \ln\left(\frac{I}{I_S}\right) \tag{4}$$

图 3.4 是常见的带隙基准的等效架构电路。利用运算放大器的高增益特性，在负反馈时其输入端电压差几乎为零，即达到虚短的特性，即 $V_1 = V_2$。

利用公式（2），可以导出在电阻 R2 上的压降为：

$$\Delta V_{BE} = V_{EB2} - V_{EB1} = V_T \ln\left(\frac{I_1 A_1}{I_2 A_2}\right) \tag{5}$$

式中，A_1、A_2是 Q1、Q2 管的发射区面积，取 Q1 的面积是 Q2 的 N 倍。

由于 $V_1 = V_2 = V_{EB2}$，则 $V_{R1} = V_{R3}$，$I_1 R_1 = I_2 R_3$，代入（5）式得

$$\Delta V_{BE} = V_T \ln\left(N\frac{R_3}{R_1}\right) \tag{6}$$

于是

$$I_2 = \frac{\Delta V_{BE}}{R_2} = \frac{1}{R_2}V_T \ln\left(N\frac{R_3}{R_1}\right) \tag{7}$$

$$I_1 = I_2\frac{R_3}{R_1} = \frac{R_3}{R_1 R_2}V_T \ln\left(N\frac{R_3}{R_1}\right) \tag{8}$$

故 V_{REF} 为

$$V_{REF} = V_{EB2} + I_1 R_1 = V_{EB2} + \frac{R_3}{R_2}V_T \ln\left(N\frac{R_3}{R_1}\right) \tag{9}$$

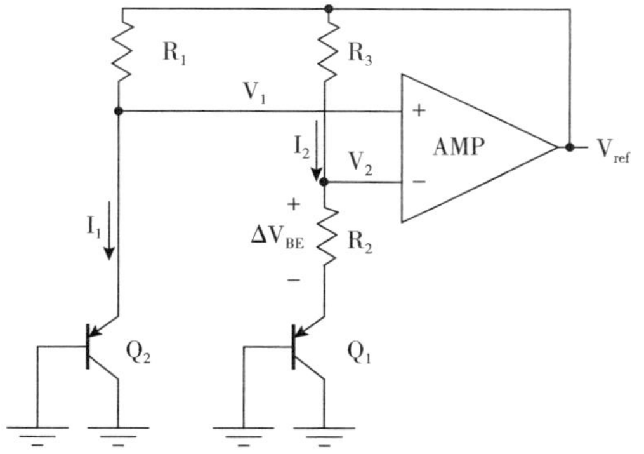

图 3.4　带隙基准电压源等效架构图

从公式（9）可得到基准电压只与 PN 结的正向压降、电阻比值以及 Q1 和 Q2 的发射区面积比有关，当基准建立之后，基准电压与输入电压无关。

无论对于正的或负的温度系数的量，我们推导出的与温度无关的电压都是依赖于双极型器件的指数特性。在 CMOS 工艺中一般采用图 3.8 所示的纵向 PNP 管结构得到所需 PN 结。

N 阱中的 P + 区（与 PMOS 的源漏区相同）作为发射区，N 阱本身作为基区，P 型衬底作为 PNP 管的集电区，因此该晶体管集电极必然接到最负的电源。

在本项目设计中，将带隙基准电路和温度补偿电路放到一起考虑，减小了电路规模，增加了电路匹配性，工艺稳定性更好。电路如图 3.5 所示，电路由五部分组成：启动电路 Start Up，正温度系数电流生成电路 PTAT BIAS，负温度系数电流生戎电路 CTAT BIAS，带隙参考电路 VREF，环形振荡器电流生成电路 IREF。

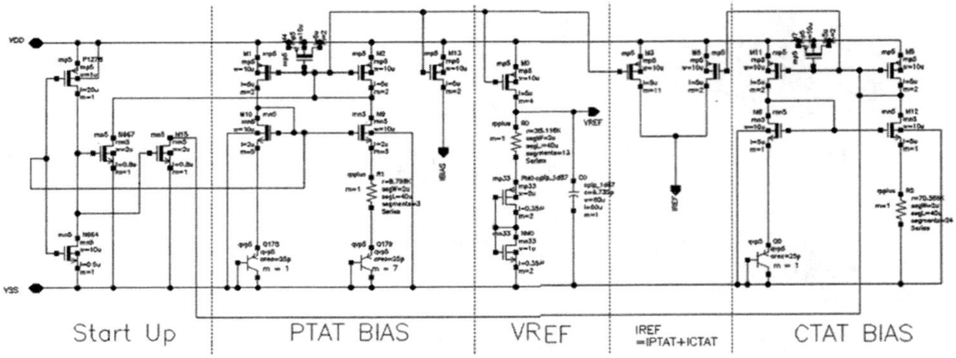

图 3.5　BG5 电路结构

启动电路为电路产生一个开启电流，当后续电路进入正常工作后关断。PTAT 偏置电路即为产生正温度系数电流的电路。由于两晶体管工作在不相等的电流密度下，基极 - 发射极电压差与温度成正比

$$\partial V_{BE} = \frac{k}{q}\ln n \tag{10}$$

CTAT 电路为产生一个负温度系数电流的电路，晶体管具有正温度系数特性，

$$I_{bias} = \frac{V_T \ln n}{R} \tag{11}$$

$$V_{BE} = V_T \ln(I_C/I_S) \tag{12}$$

暂时假设 I_C 保持不变

$$\partial V_{BE} = \frac{\partial V_T}{\partial T}\ln\frac{I_C}{I_S} - \frac{V_T}{I_S}\frac{\partial I_S}{T} \tag{13}$$

$$\frac{V_T}{I_S}\frac{\partial I_S}{T} = (4+m)\frac{V_T}{T} + \frac{E_g}{KT^2}V_T \tag{14}$$

由此可以得到：

$$\frac{\partial V_{BE}}{\partial T} = \frac{V_{BE} - (4+m)V_T - E_g/q}{T} \tag{15}$$

可见，在给定温度 T 下，基极 - 发射极电压温度系数，与 V_{BE} 本身大小有关，为负。

输出的 I_{PTAT} 与 I_{CTAT} 通过 P 管的镜像，和而为一个具有较小正温度系数的电流 I_{REF}，对 IREF 进行温度特性的仿真如图 3.6 所示。

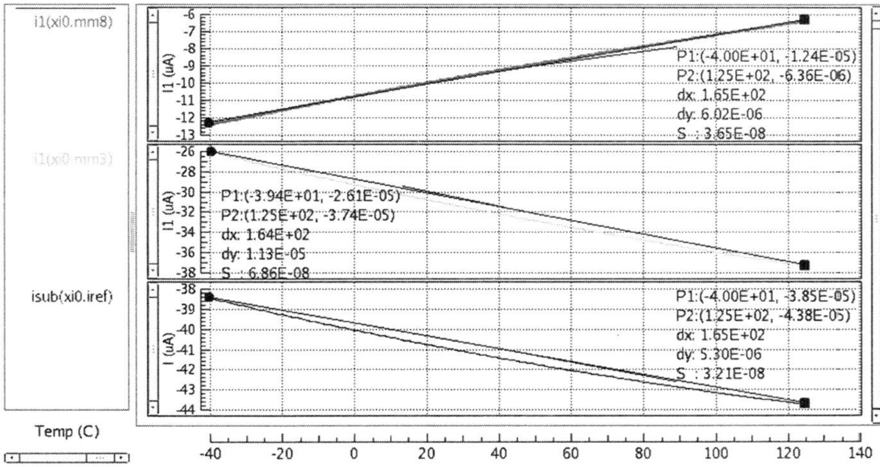

图 3.6　IREF 温度特性仿真

Mm8 曲线为 I_{CTAT}随温度增加而减小了 5μA，mm3 曲线为 I_{PTAT}随温度增加而增加了 10μA，两电流相加的 I_REF 如仿真结果图所示，在-40℃ ~125℃温度区间为增大 5μA 左右。

同时 BG5 电路中还包含一个产生基准电压电路，公式如（9）所示

$$V_{REF} = V_{BE} + \frac{R_2}{R_1}\ln n \tag{16}$$

产生的基准电压 V_{REF}为放大器产生参考电压，进行电源电压特性仿真后，输出基本稳定，随 V_{DD}变化 V_{REF}基本无变化，稳定在 2.2V，工艺角仿真也基本稳定。

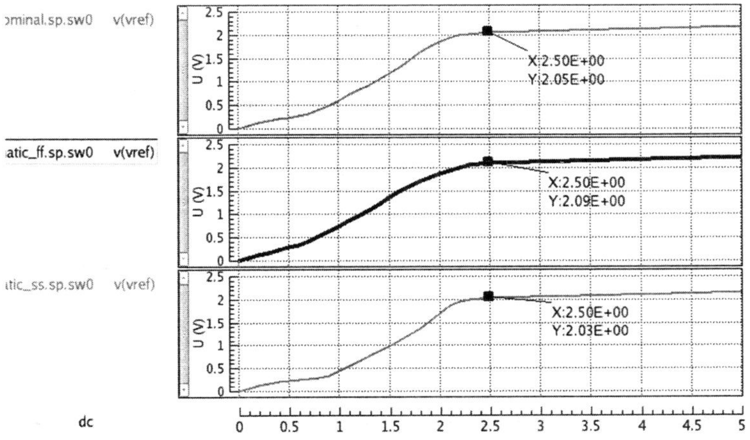

（a）V_{REF}的 DC 工艺角仿真

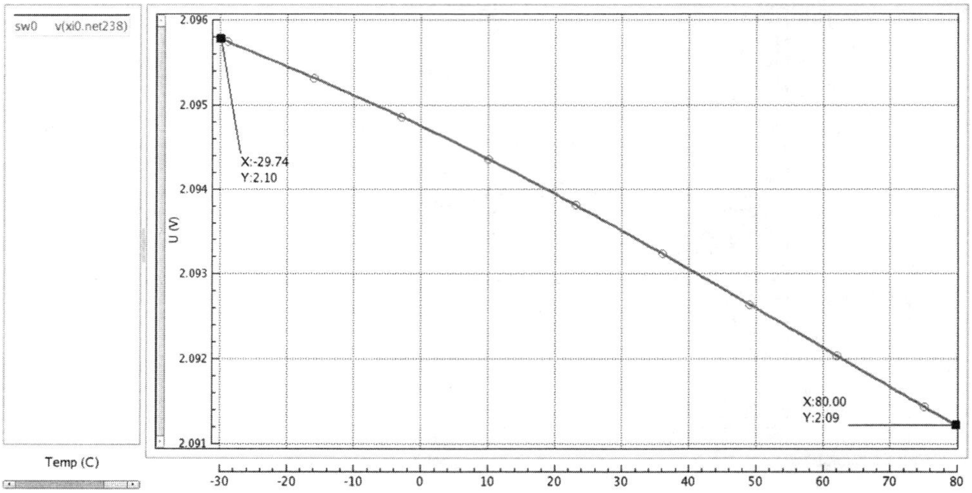

（b）V_{REF}温度特性仿真

图 3.7 带隙基准电路仿真结果

3.3 LDO 电路

图3.8展示了LDO电路结构基本结构。它包括一个温度补偿和偏置电路（BG5）、运算放大器、驱动电流MOS管以及频率补偿电容。BG5电路为环形振荡器提供了偏置电流和基准电压。将基准电压通过一级放大器进行放大，达到振荡器所需的工作电压，使振荡器能够在稳定的工作电压下工作。

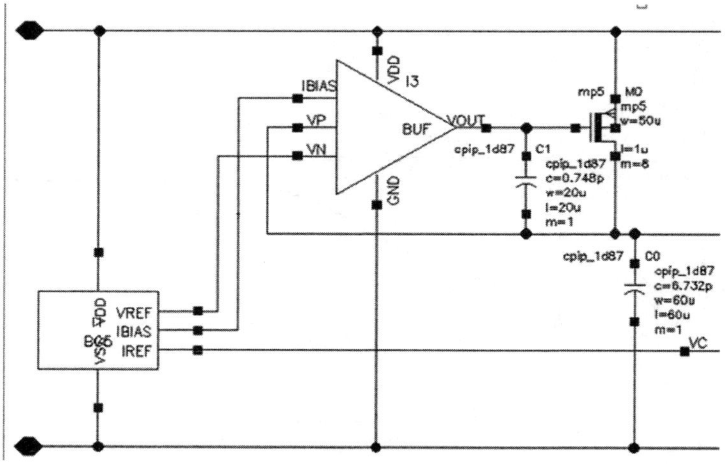

图 3.8 LDO 电路结构

如果给振荡器偏置电流设置为一个恒流源，振荡器的输出频率会随着温度增加而减小。为了保证输出频率的稳定，需要 BG5 电路产生一个有较小的正温度系数的偏置电流。本设计采用了温度补偿的电路结构。

LDO 电路中的 BUF 为运算放大器，其内部结构如图 3.9 所示，采用最常用的二级放大器结构。

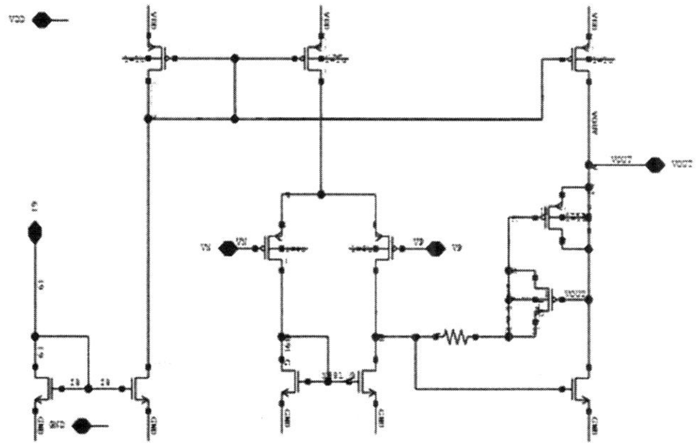

图 3.9　运算放大器电路结构

图 3.10 是运放交流仿真结果，可以得出，运算放大器的直流增益为 85dB，相位裕度为 62，单位增益带宽为 7.89MHz。放大器的稳定性较好。

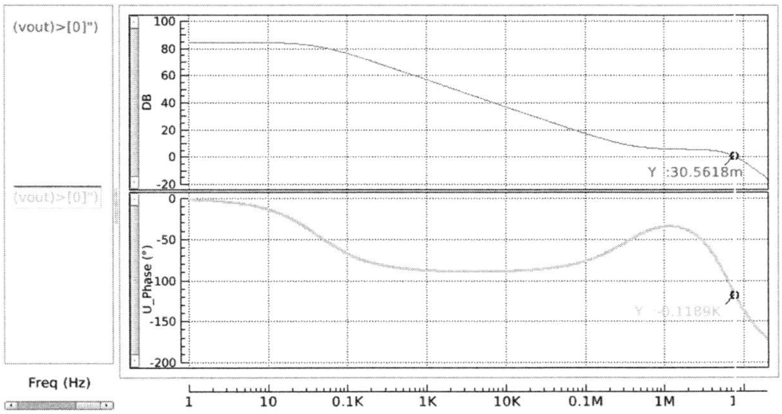

图 3.10　运算放大器的交流特性

共模抑制比 CMRR 越大，则运算放大器的对称性越好。由图 3.11 可以得出，在 1MHz 内运算放大器的共模抑制比为 91.6dB。

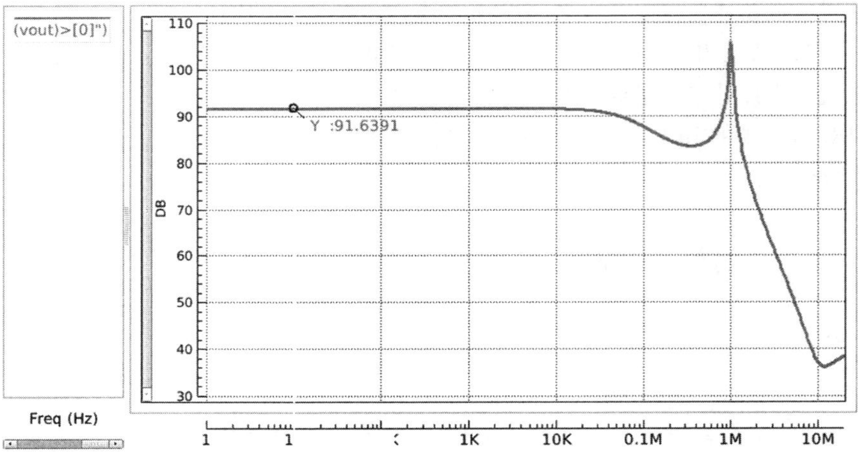

图 3.11　运算放大器的共模抑制比 CMRR 仿真

4. 时钟振荡器整体仿真结果及版图

对时钟电路整体进行输出信号仿真如图 3.12 所示。频谱分析结果如图 3.13 所示。

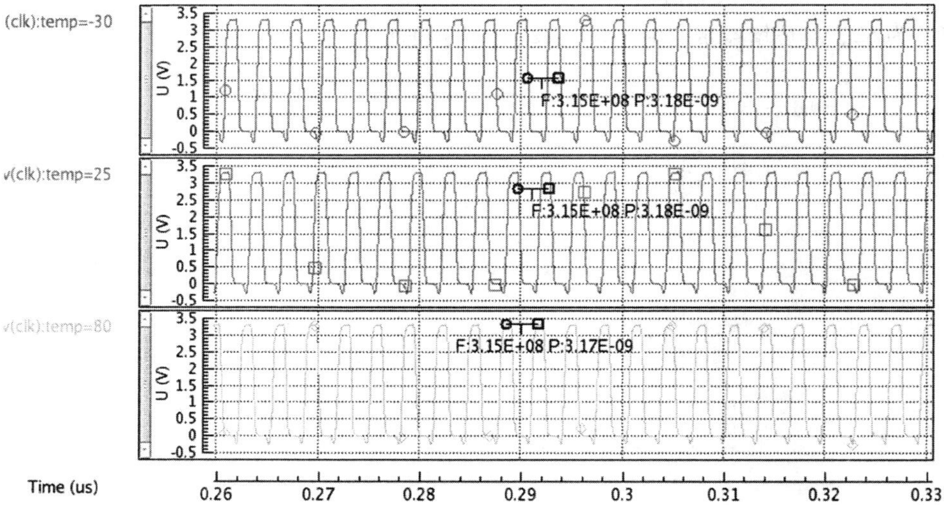

图 3.12　时钟振荡器在不同温度下仿真结果

从图 3.12 和图 3.13 可见，在正常工作电压 3.3V 下，在-30℃ ~80℃温度区间内，本设计的振荡器能够保持315MHz稳定工作。

图3.14是工作电流仿真结果，峰值约为0.5mA，满足设计要求。

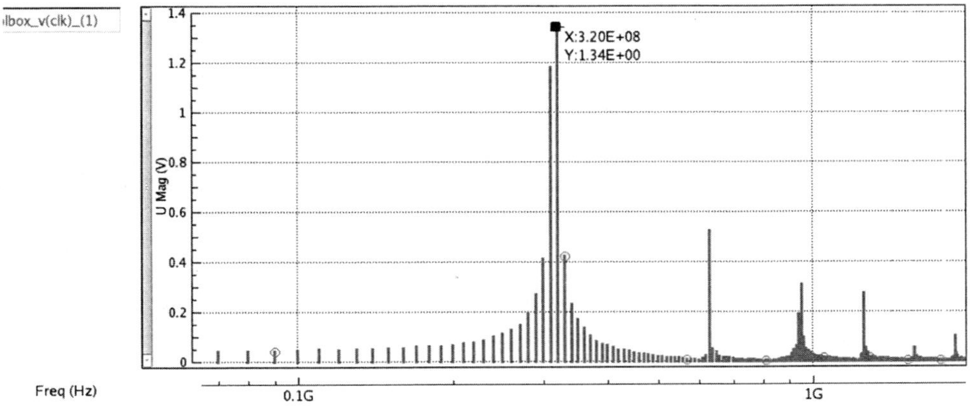

图3.13　时钟振荡器FFT分析结果

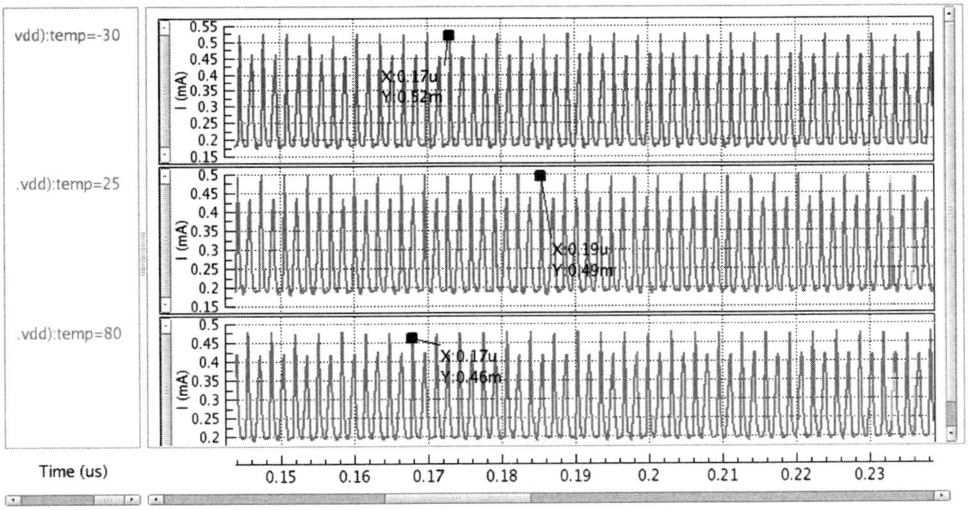

图3.14　工作电流仿真结果

对整个电路进行版图设计，如图3.15所示。在版图设计中考虑了匹配性、对称性，减小工艺离散对结果的影响，提高产品性能。

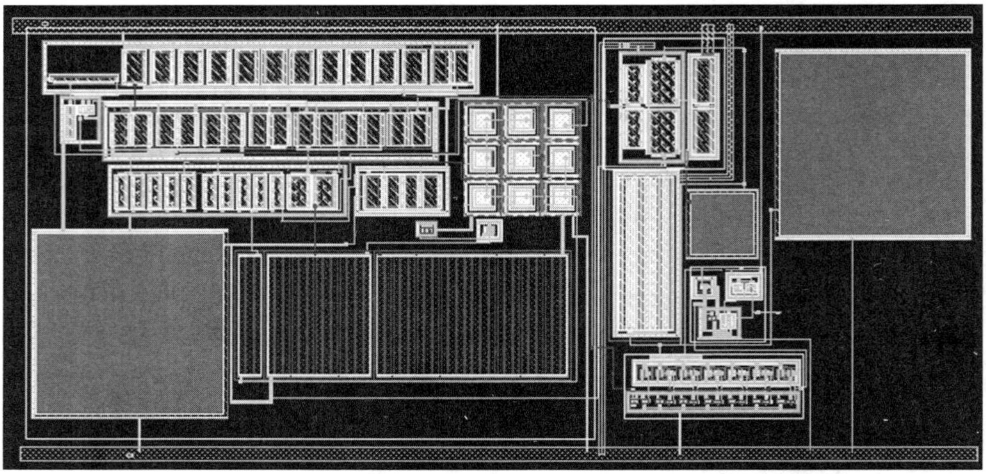

图 3.15 电路整体版图

5. 结论

本项目在 CMOS 温度传感器设计中采用了电流饥饿型环形振荡器结构，影响环形振荡器输出信号的主要是反相器个数造成的反相器内部延迟以及偏置电流的选取。通过控制负载电容的充放电电流的大小可以灵活控制振荡频率。同时，与简单的 RC 电路相比，具有工作电流小、可调性灵活等特点。设计中的温度补偿电路使用了晶体管的特性来产生正负温度系数电流，根据正负补偿的特性合成所需的温度特性电流，结构简单且方便调节所需电流大小。本文的设计是基于华润上华 0.35μm 工艺，仿真工具采用 Aether。仿真结果表明，本振荡器在 3.3V 正常工作电压下，工作电流仅为 0.5mA，且工作频率在-30℃ ~80℃内稳定工作频率为 315MHz，基本实现了设计要求。

参考文献

[1] 张海，勒东明，刘理天．半导体温度传感器研究进展综述［J］．传感器与微系统，2006，25（3）：1－5

[2] 冯晓星，王新安，封君等．在-55 ~125℃范围内误差小于 ±0.3℃硅基温度传感器［J］．半导体学报，2007，28（12）：1972-1978

[3] 林荣．新型低功耗 CMOS 片上温度传感器设计［D］．华南理工大学，2011

[4] Wang Nailong，Zhang Sheng，Zhou Runde. A Novel Built-in CMOS Temperatrure Sensor for VLSI Circuits［J］. Chinese Jounnal of Semiconductors，2004，25（3）：252-255

[5] Hyeonseok Hwang, Chan-Hui Jeong. A 6MHz CMOS Reference Clock Generator with Temperature and Supply Voltage Compensation [J]. IEEE, Solid-State and Integrated Circuit Technology, Vol. 11, pp. 49-52, Oct. 2012

[6] Sahakoon Panyai, Apinunt Thanachayanont. Design and Realization of a Process and Temperature Compensated CMOS Ring Oscillator [J]. IEEE, Electrical Engineering/Electronics, Computer, Telecommunications and Information Technology, Vol. 9, pp. 16-18, May. 2012

高精度绝缘测试仪设计

北方工业大学：刘少杰　高曼　熊访竹　罗莎世　宋璀
指导教师：宁可庆 实验师

[摘　要] 绝缘电阻是我国计量法规定的电气安全检测项目中的强检项目，在电气设备和电子装置的调试、维修过程中，核查绝缘电阻是十分重要的步骤，尤其对于非标准的特殊用途设备。通过测量绝缘电阻，可以及时发现设备绝缘体损坏的情况，比如受潮、老化和贯穿性缺陷等现象，因此应用非常广泛。原有的绝缘测试仪大多为半机械化式，存在阻值测量范围小、精度低、不能一机多用、显示不全等缺点。本文根据以上的缺点，设计了具有测量精度高、分辨力强、抗干扰能力强、读数稳定性好、体积小且携带使用方便、电池通用性强等优点的绝缘测试仪。该绝缘测试仪具有中文界面，能提供多种测试电压，坚固、可靠、易于使用，可广泛用于排障、试运行、预防性维护等各种应用领域。它具有高达 10GΩ 的绝缘电阻测试能力，有 5 个输出电压，从 50V～1000V。

1. 前言

绝缘电阻通常用在设备需要隔开的地方，保证设备的正常工作，但绝缘不是绝对的不导电，而是泄漏电流很小，可以忽略不计。绝缘电阻是电气设备和电气线路最基本的绝缘指标。如果设备的绝缘电阻越低，则泄漏电流越大，造成电能的浪费，严重时导致设备的损坏，因此必须进行检定。

电力系统中，各种电器设备都存在一定的电气绝缘问题，为了用电安全，电器设备的绝缘电阻一般都在兆欧级以上，但绝缘电阻不是永远不变的，因为积污老化也是造成电气设备外绝缘性能下降的主要原因之一。绝缘材料也会在受热时发生老化，致使绝缘电阻值降低，从而造成电器设备漏电或短路事故的发生。通过进行绝缘电阻测量，即可有效避免绝缘故障。所以在设备检修期间，对电器设备的绝缘电阻检测是必要的检测之一。早期对绝缘电阻的测量都是手摇式的，这种摇表主要存在测量电压不稳定、指针式读数不准确以及设备笨重不便携带等缺点。

绝缘电阻测试的准确与否是判断设备好坏的关键因素之一，假如由于外界的原因而造成绝缘电阻下降或者测出设备损坏而误判，会给企业带来很多的损失，所以设计和测试时要注意以下几种情况：

（1）湿度的影响

测量绝缘材料受到很多条件的制约，大气中湿度较大时，绝缘材料会吸收水分，其体积电阻和表面电阻都会显著地减少，耐压强也要降低，同时，介质损耗会增大。因此，测量绝缘电阻要求在干燥的晴天进行，以避免湿度的影响。

（2）温度的影响

绝缘电阻是随温度的变化而变化的，其变化程度又由绝缘的种类决定，一般而言，绝缘电阻和吸收比是随温度的上升而下降的。如果试验数据相差很大，且不合乎试验规程，应根据试验结果，分析绝缘是否有老化或受潮现象，由于绝缘介质材质结构及受潮程度总的变化无一定规律，目前尚无一个标准的关于绝缘电阻、吸收比与温度关系的换算公式。

（3）剩余电荷的影响

剩余电荷是设备在测量完成之后，没有足够的时间接地放电，留在设备中的电荷，在这个时候测量，则会出现错误的测量数据而影响测量的准确性，严重时则会危及人身安全或者设备安全，因此，每测试 1 次绝缘电阻后，要将被测试品充分放电，尽量做到放电的时间大于充电的时间，以利于残余电荷放尽。

（4）表面脏污影响

表面脏污也是影响测量的一个重要因素，绝缘材料表面的脏污、盐雾等各种污秽使绝缘电阻下降，泄漏电流增大，形成绝缘电阻的旁路，因此对于这种情况，在测量之前，需要把绝缘体表面清理干净，这样被测试物准确性就会大大提高。

因此，本文根据以上缺点，设计了一种便携式绝缘测试仪。它由三个部分组成：直流高压发生器、测试回路和显示部分。它具有测量精度高、分辨力强、携带方便等优点，更适合市场需求。

2. 研究目的与思路

随着科技发展与进步，人们发明的小型隐蔽高新技术设备也越来越多，需要检测他们的故障时也就变得比较麻烦，尤其在测量一些常用参数时就显得更加重要。为了能够更加方便地测量野外或暗处的设备，需要更加方便的测量工具。绝缘耐压测试仪对各种高压电气设备、电器元件、绝缘材料进行工频或直流高压下的绝缘 v 强度试验仪器。本项目想法新颖，需求迫切，对于快速发展经济的同时保护好环境很有帮助。针对这种情况，我小组决定制作有此有优良功能的绝缘耐压测试仪。

一个电气系统就好比一个管道系统，电压好比是液体压力，电流好比是液体的流速，而电气绝缘就好比是管壁。绝缘防止电子从导体发生漏泄——其作用的大小是用绝缘电阻表示的。有效的绝缘电阻系统具有高的电阻值，通常大于几个兆欧。差的绝缘系统具有较低的绝缘电阻。绝缘电阻测试仪适于在各种电气设备的保养、维修、试验及检定中作绝缘测试，绝缘阻值分度线均匀清晰、便于准确读数；操作简捷，携带方便；低耗电，用8×1.5V（AA，R6）电池供电，使用时间长；具有电池容量检查功能；有单电压机型和双电压机型，额定电压、量程合理配置成多种规格，适用面广；采用先进数字处理技术，容量大、抗干扰能力强，能满足高压、高阻、大容量负载测试的要求，示值准确、稳定、可靠；具有防震、防潮、防尘结构，适应恶劣工作环境；保护功能完善，能承受短路和被测电容残余电压冲击。

3. 手持式绝缘测试仪的设计

本文中提到的绝缘电阻表主要由三部分组成：第一是直流高压发生器，用以产生一直流高压；第二是测量回路；第三是显示部分。

测量绝缘电阻必须在测量端施加一高压，此高压值在绝缘电阻表国标中规定为50V、100V、250V、500V、1000V、2500V、5000V……

直流高压的产生一般有三种方法：第一种手摇发电机式。目前我国生产的兆欧表约80%是采用这种方法（摇表名称来源）；第二种是通过市电变压器升压，整流得到直流高压，一般市电式兆欧表采用的方法；第三种是利用晶体管振荡式或专用脉宽调制电路来产生直流高压，一般电池式和市电式的绝缘电阻表采用的方法。

本文提出了基于C8051单片机的数字式绝缘电阻测试仪的设计方案。该数字式绝缘电阻测试仪主要由高压发生模块、A/D转换电路、电源电路、单片机系统电路、LCD显示屏等组成。系统原理图如图3.1所示。

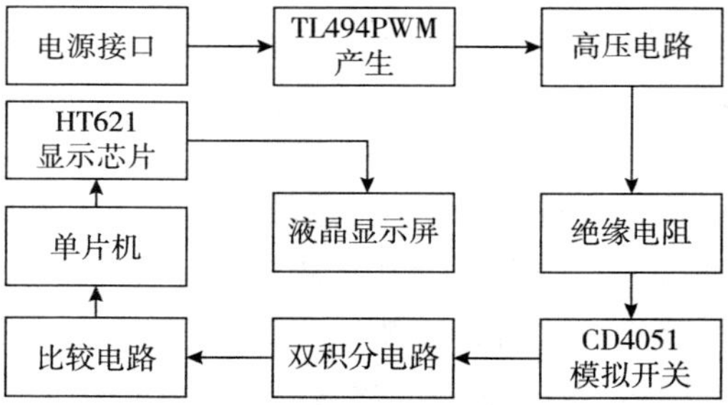

图3.1 系统原理图

高压由 TL494 产生固定频率的 PWM 经一定匝数比的变压器产生，高压部分给绝缘电阻提供电压。绝缘电阻电压采样由双积分电路完成。单片机检测比较器的电平变化来确定反向积分的时间。经过计算得到绝缘电阻的电阻值，然后送入由 HT1621 控制的段式液晶屏显示。

3.1 升压电源模块

测试所需的电源高压由 TL494 产生固定频率的 PWM 经一定匝数比的变压器产生。电路原理如图 3.2 所示工作原理：12V 直流电源经三极管 Q4，在脉冲变压器原边形成交变电压，通过脉冲变压器进行升压，然后通过由 C13、D1、C14、D2 等组成的倍压电路再进行升压和整流，TL494 输出占空比可调的 PWM 波，通过改变此占空，比达到改变输出直流电压的目的。

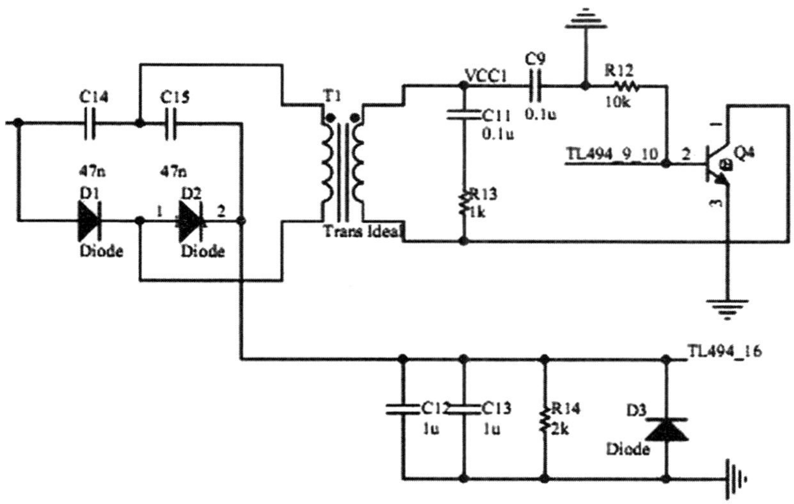

图 3.2　升压电源

3.2 双积分 A/D 电路模块

（1）双积分式 ADC 基本原理

双积分式 ADC 的基本电路如图 3.3 左图所示，运放 A1、R、C 组成积分器，运放 A2 作为比较器。电路先对未知的模拟输入电压 U1 进行固定时间 T1 的积分，然后转为对标准电压 U0 进行反向积分，直到积分输出返回起始值，反向积分时间为 T0。如图 3.3 右图所示，输入电压 U1 越大，则反向积分时间越长。整个采样期间，积分电容 C 上的充电电荷等于放电电荷，因而有

$$\frac{(U_1 \times T_1)}{R \times C} = \frac{(U_0 \times T_0)}{R \times C}$$

$$即: T_0 = \frac{(T_1 \times U_1)}{U_0}$$

由于 U0 及 T1 均为常数，因而反向积分时间 T0 与输入模拟电压 U1 成正比，此期间单片机的内部计数器计数值与信号电压的大小成正比，此计数值就是 U1 所对应的数字量。

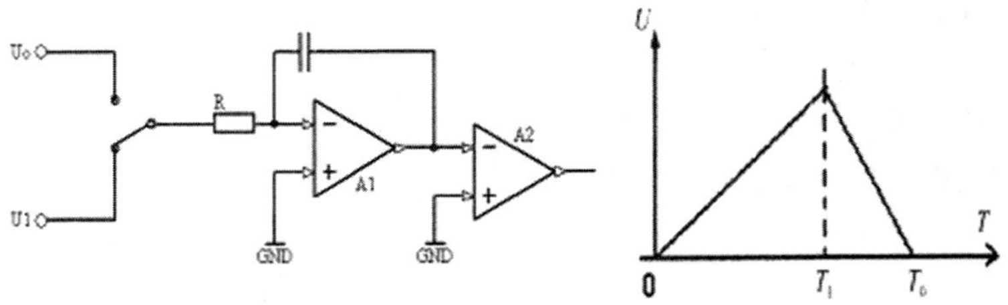

图 3.3　A/D 转换原理图

（2）实用双积分 A/D 转换电路

如图 3.4 所示，运放 OP07、R、C 构成积分电路，运放 10393 为电压比较器，CD4051 是多路选择开关，选择不同的通道输入到积分运放器 OP07 为将要进行 A/D 转换的模拟输入电压。积分电路的输出信号作为比较器的输入信号与比较电压进行比较，当比较器输出翻转信号时，CPU 计数器停止计数，从而获得零点参考电压的计数值，对这个数据进行处理计算后，完成 A/D 转换。

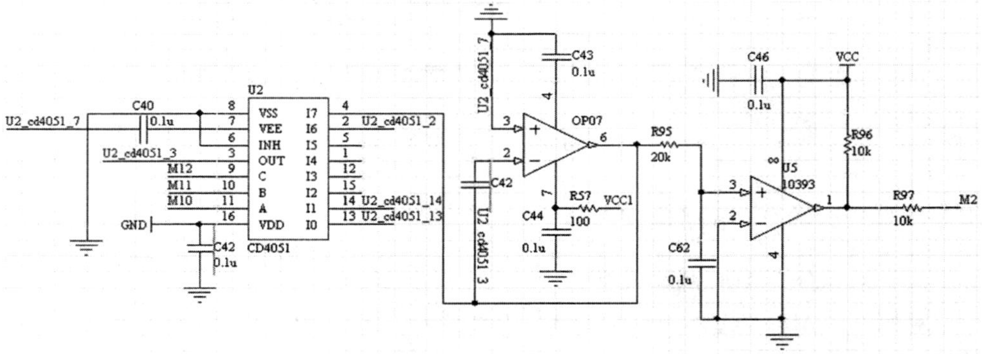

图 3.4　A/D 转换电路图

3.3 显示模块

HT1621是有2.4~5.2V供电的段式液晶屏驱动器，是128点、内存映象和多功能的LCD驱动器，HT1621的软件配置特性使它适用于多种LCD应用场合，包括LCD模块和显示子系统。段式液晶屏具有4个行（COM）及4个列（SEG），段式液晶屏驱动HT1621的信号输出端按一定时序分别发出特定的连续脉冲，供给LCD屏的行列电极做驱动源，从而使被选行与被选列交叉位置上的液晶像素或笔段在电场作用下呈显示状态（遮光或透光）。

4. 产品使用说明

（1）测量前必须将被测设备电源切断，并对地短路放电。决不能让设备带电进行测量，以保证人身和设备的安全。对可能感应出高压电的设备，必须消除这种可能性后，才能进行测量；

（2）被测物表面要清洁。减少接触电阻，确保测量结果的正确性；

（3）使用时应放在平稳、牢固的地方，且远离大的外电流导体和外磁场；

（4）测量设备的绝缘电阻时，还应记下测量时的温度、湿度、被试物的有关状况等，以便于对测量结果进行分析；

（5）读数完毕，将被测设备放电。

5. 当前行业现状

目前国内外对绝缘电阻测试做了很多研究，并且研制出了很多绝缘测试仪。比如，国外比较著名的有德国GMC、日本共立、法国CA、美国FLUKE、美国Tektronix泰克、美国Agileng安捷伦、日本日置、日本菊水等公司，他们各自都是一系列通用的绝缘电阻测试仪，测量范围从数十千欧到几个T欧。另外，国内也有许多厂商，比如天水仪表、杭州远方、上海新建、常州同惠、华谊仪表、南京长盛等；还有台湾地区泰仕公司。从这些公司产品分析，绝缘电阻测试仪发展的方向具有以下几个特点：

（1）便携化：便携化的特点就是测试仪重量轻和体积小。但便携化缺点是测量范围小，最大的也就是几个G；

（2）多量程化：测量不同的绝缘电阻，测试电压也不同，为了能一表多用，方便测量，绝缘电阻测试仪都具有多个测试电压。比如250V、500V、1000V、1500V、

2000V、2500V、5000V、10000V 等测试电压挡位，根据测试对象的不同选择不同的测试电压；

（3）智能化：比如可以进行故障诊断、在测试过程中存储测量结果，可根据测试对象的不同自动切换采样电阻等；

（4）多功能化：许多绝缘电阻测试仪还附带另外一些功能。例如进行电压测量，进行频率测量和电容测量。日本共立的产品可以进行导通和交流电压测量；而法国 CA 公司的产品可进行电压测量、泄漏电流测量和电容测量；

（5）具有通信功能：由于采用自动化元件的升级和相应软件编程的丰富化，绝缘电阻可以和通用计算机进行通信，由计算机对绝缘电阻测试仪进行软件编辑和数据传输。

综上所述，目前国内外研制的绝缘电阻检测仪以这个为目标，为基准向更多功能更全面的方向发展。

6. 推广前景

手持式绝缘测试仪的研究出现，逐步取代了传统手摇式兆欧表，应用上方便灵活，市场份额越来越大。本研究系统的出现将有效改变绝缘测试行业仪表的分配格局，有效促进手持式绝缘测试仪的广泛应用和大力推广，推动绝缘测试智能化的发展。

根据统计，2005～2010 年行业销售数量情况如图 6.1 所示。

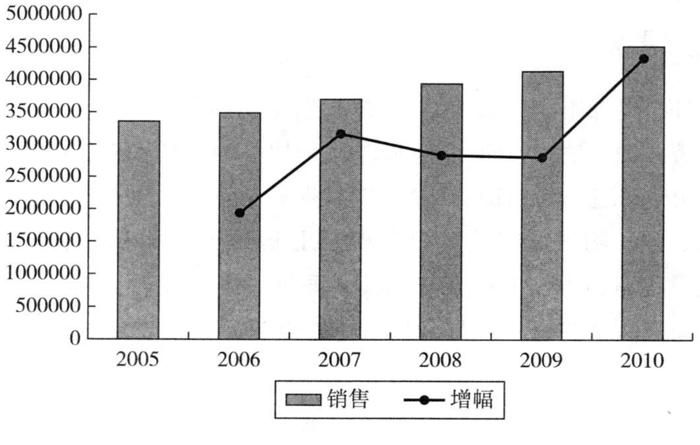

图 6.1　2005～2010 年行业销售数量情况（单位：台）

按照市场份额：手持式绝缘测试仪将占到销售市场的 30%，以每台 800 元人民币计算：每年销售额度将达到12亿人民币，可见市场经济潜力非常大。

无论从工程应用还是市场效益方面来讲，手持式绝缘测试仪具有很好的推广价值和很好的市场前景。

参考文献

[1] 陈杏灿，程汉湘，彭湃等. 便携式绝缘电阻测试仪的设计［J］电工电气，2015（7），46-50

[2] 王勇. 智能型绝缘电阻测试仪［D］西安：西安工程大学出版社，2012

[5] 严璋. 电气绝缘在线检测技术［M］. 西安：水利电力出版社，1995

[6] 李建明，朱康. 高压电气设备试验方法［M］. 北京：中国电力出版社，2001

[7] 阳海华，吴智铭. PC27－1数字式自动量程绝缘电阻表的设计［J］. 微型机与应用，2003（12）：24-26

[8] 张里. 现代电力电子基础［M］. 北京：高等教育出版社，1999

[9] 李军. 基于新型A/D转换原理的称重仪表［J］. 自动化与仪表，1995（6）

[10] 尤得裴. 数字化测量技术［M］. 北京：机械工业出版社，2010

高精度三维环境磁场记录仪

北方工业大学：白扬帆　田常正　黄文博　王宇平
指导教师：蔡希昌 高级工程师

［**摘　要**］为记录空间磁场，研制了高精度三维环境磁场记录仪。

本课题采用磁敏电阻，由探头支架、控制板构成和后台记录软件三部分组成。探头为5个磁敏电阻组成的阵列。控制板为使用STM32模块的智能模块。后台记录软件基于Labview研制，成功实现了环境磁场信息的采集与上传。

［**关键词**］HMC5883L模块；Labview；探头设计；固件设计

1. 课题背景

磁场测量技术是研究磁物理现象的重要手段，随着不断发展，已经逐渐成为一门独立的学科。在科学研究、工业生产、国防建设、生物医学、日常生活等诸多领域，磁场测量尤其是弱磁场的测量，常常起着决定性的作用。测量手段的难易、精度的高低以及经济性等诸多因素，将直接关系到仪器的实用性和推广性。相对于多数环境磁场记录系统，本设计采用较高灵敏度的磁敏电阻和多传感器的前端探头设计；本设计可记录三维磁场，并通过计算求解总磁场；系统架构灵活，系统中的前端探头、采集模块和记录模块可进行更换，方便升级。

本次设计可满足对于微弱环境磁场的测量，其优点可分为以下三点：

（1）多方向测量环境磁场，测量结果准确，误差小；

（2）拥有虚拟界面，并且对于每项测量有提示灯，可减少人为差错；

（3）相对于原本对于环境磁场的测试方法，本套记录仪在设计上十分简单，并且在算法上滤除了部分环境的影响。

2. 方案论证

首先从需求分析的角度对设计需求进行梳理，并研究具体的实现，然后，给出终端部分和后台计算机的总体设计方案，并给出各部分的设计方案。

2.1 需求概述

（1）数据检测功能：能够同时检测多个方向上磁场大小及方向，能够消除部分环境磁场影响，并且测量精度（nT 级别）；

（2）数据显示功能：能够将分析到的数据在上位机上进行显示，并且能绘制磁场大小的图像；

（3）数据存储功能：能够对检测原始数据和分析后的数据进行存储与调用。

根据项目功能需求，硬件部分由探头支架和驱动板构成。探头支架是含有 5 个 HMC5883L 传感器的阵列系统。驱动板是使用了 STM32 模块且带有长线驱动功能的接口单元。固件设计部分包括主程序、阵列接口程序及后台通信程序。通过程序控制探头部分的传感器阵列，完成磁源信息的采集与上传。最后在上位机中显示分析后的数据。

2.2 终端部分方案

硬件方面，以 HMC5883L 传感器为核心，需要完成与单片机 STM32F101C8T6 通信功能、连接后台计算机的通信功能以及人机交互功能模块。下面着重介绍 HMC5883L 模块和传感器的布局。

2.2.1 HMC5883L 模块

传感器采用 HMC5883L 模块。霍尼韦尔 HMC5883L 是一种表面贴装的高集成模块，并带有数字接口的弱磁传感器芯片，应用于低成本罗盘和磁场检测领域。HMC5883L 包括最先进的高分辨率 HMC118X 系列磁阻传感器，并附带霍尼韦尔专利的集成电路包括放大器、自动消磁驱动器、偏差校准、能使罗盘精度控制在 1°～2° 的 12 位模数转换器，简易的 I2C 系列总线接口。

HMC5883L 采用霍尼韦尔各向异性磁阻（AMR）技术，该技术的优点是其他磁传感器技术所无法企及的。这些各向异性传感器具有在轴向高灵敏度和线性高精度的特点。传感器带有的对于正交轴低敏感行的固相结构能用于测量地球磁场的方向和大小，其测量范围从毫高斯到 8 高斯（gauss）。霍尼韦尔的磁传感器在低磁场传感器行业中是高性价比的传感器。其最低探测精度为 0.73mGS。

2.2.2 传感器的布局

在传感器的布局方面要充分考虑到仪器自身的磁场对于传感器的干扰，尽量降低自身的电磁辐射。传感器的布局采用三维坐标轴的方式，把一个长方体的一个顶点确定为坐标原点，然后在坐标轴原点位置，X 轴、Y 轴、Z 轴方向和原点的对角方向的顶点分别布置 AMR 传感器，使其形成一个三角锥，并从每个传感器引出传输线接到采集模块的前端接口电路。以 0 号传感器 S0 的 XYZ 作为参考，将其他传感器的 XYZ 进行归一化处理。这是由于传感器的摆放位置不同，所以其他传感器相对于 0 号传感器的 XYZ 有所不同，需要统一到一个标准。

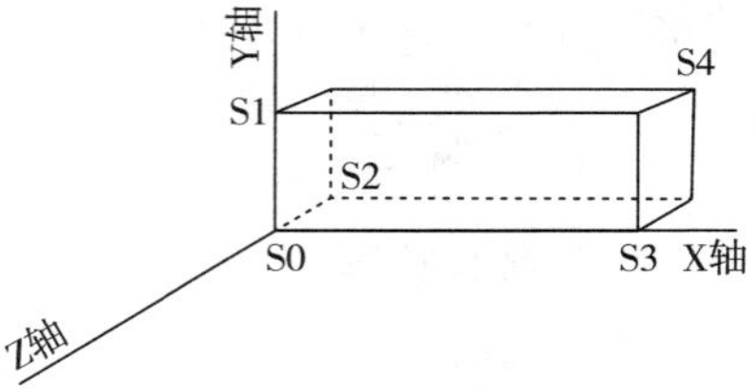

图 2.1　传感器布局图

传感器布局图如图 2.1 所示。

2.3　后台计算机部分

后台控制软件运行在后台计算机中，需实现对所有终端的数据汇总、分析、显示、文件读写等功能。

软件编程使用 LabVIEW 软件，采用状态机的架构思想，具有初始化、采集处理、数据显示、数据保存、界面更新及退出程序等多个状态。其中数据显示又包括数值显示和传感器波形图显示。

2.4　系统功能总结

项目的总体分为前端探头、采集模块和记录模块 3 个部分。对于前端探头而言，其工作所需要的电源由采集系统提供。前端探头位于系统的最前端，使用 5 个 HMC5883L 传感器构成的阵列来测量环境磁场，以提高测量精度。探头通过较长的信号线缆将磁场数据发送给采集模块。较长的信号线可以避免后面的采集模块等对前端探头附近的磁场影响，以提高测量准确度。采集模块处在系统中间位置起到承前启后的作用，一方面与前端探头对接，实现电源、控制及数据信号的传送；另一方面与记录模块通过通信总线进行通信，可在记录信号的控制下实现磁场数据的传送。记录模块处于系统的最后端为软件系统，一方面完成与采集模块的通信；另一方面实现环境磁场数据的分析与显示。

3. 研究内容

3.1　终端部分硬件设计

硬件电路为三部分分别是驱动电路、控制器和通信电路。互相连线如图 3.1 所示。其中，驱动电路实现控制器对前端探头的控制信号的驱动及前端探头的数据信号的驱动，以实现长线传输的需要。控制器选用 STM32F101C8T6。通信电路选用 RS232 电路，以实现与记录系统通信。

图 3.1　硬件系统框图

转接板主要由两个 SN74LVC244A 芯片、一个 SN74LVC245A 芯片和五组对接传感器的接口模块组成。五组接口模块通过约 1 米长的杜邦线直接与探头顶端的五个 HMC5883L 磁场传感器对接。原理图如图 3.2 所示。

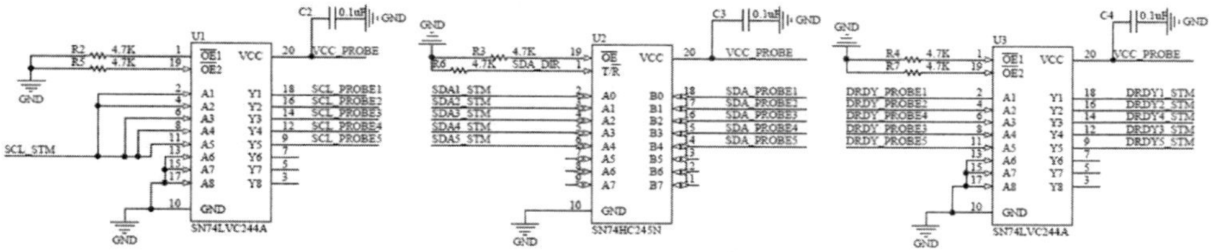

图 3.2　转接电路原理图

终端与后台计算机的接口使用 RS232 电路。RS - 232 属单端信号传送，存在共地噪声和不能抑制共模干扰等问题，因此一般用于 20m 以内的通信。RS232 通信电路选用的芯片为 MAX3232，采用专有低压差发送器输出级。此芯片利用双电荷泵在 3.0V 至 5.5V 电源供电时能够实现真正的 RS - 232 性能，并确保在 120kbps 数据速率，同时保持 RS - 232 输出电平。

3.2　终端部分固件设计

在完成硬件电路设计之后，要进行固件设计，完成应用程序的编程工作。STM32 程序架构采用中断结合查询的机制，并实现状态机控制程序运转的机制。HMC5883L 与 STM32 之间的双向数据通信以及与计算机之间的控制程序。

3.2.1　固件设计

固件设计部分也主要分为三个部分，包括主程序的设计、HMC5883L 驱动程序的设计以及串行通信的设计（这一部分又要考虑到协议的设计、接收和发送程序的设计）。

3.2.2　固件主程序

系统主程序主要是在系统上电后进行的一系列初始化工作，包括对 I/O 口、定时器/计数器、中断系统等特殊功能寄存器赋值，使得数据采集、串口通信、EU -

STM32 模块的数据传输正常。

主程序流程框图如图 3.3 所示。

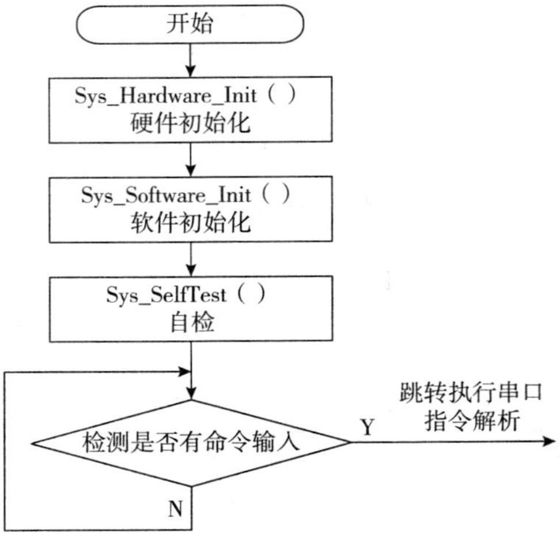

图 3.3　固件主程序流程图

3.2.3　阵列接口程序

在阵列接口程序部分要完成以下部分功能：

（1）HMC5883L 寄存器读写操作。当输入寄存器地址和要写入的寄存器数据时，要同时对所有通道的同一个寄存器写入同一个数据。在输入通道编号和寄存器地址时能够完成读取指定通道的指定寄存器的内容，并且返回寄存器的内容。

（2）HMC5883L 应用层操作。当输入参数通道编号，程序能够读取指定通道的指定寄存器的内容，连续读出 HMC5883 内部角度数据，地址范围 0x3 ~ 0x5，并且返回 XYZ 寄存器的内容。此外，还应该设置函数能够完成读取指定通道的识别寄存器的内容，连续读出 HMC5883 内部角度数据，地址范围 0xa ~ 0xc，返回识别寄存器的内容。

（3）连续 set/reset 操作。

3.2.4　后台通信程序

使用自定义的软件协议实现后台计算机与终端 STM32 的通信。具体命令分为五字节命令和六字节命令两种。

五字节命令如表 3.1 所示。其中，校验和采用求和取整（取低 8 位）方式进行。

表 3.1　五字节命令

帧头 1B	从机地址 1B	命令 1B	校验和 1B	帧尾 1B
7EH	固定为 01	CMD	计算前四个字节	E7H

CMD 为 8 位，分为如下七种：

（1） RS422 测试命令（TEST）0x66

（2） 主机查询终端命令（SAQ）0x99

（3） 主机给终端的停止采集命令（STOP）0x22

（4） 主机给终端的确认命令（CONFIM）0x88（取消）

（5） 主机给终端的数据上传命令（DATU）0xAA

（6） 主机给终端的模拟数据上传命令（DATUS）0xCC

（7） 主机查询终端的固件版本信息（TVER）0xDD

六字节命令如表 3.2 所示，主要用于数据采集。

表 3.2　六字节命令

帧头 1B	从机地址 1B	命令 1B	通道编号 1B	校验和 1B	帧尾 1B
7EH	固定为 01	CMD	目前支持 8 路	计算前四个字节	E7H

3.3　后台计算机部分软件设计

Labview 程序采用状态机的设计方法，将过程分解为多个状态机，并利用按钮操作进行状态机的切换，具体不再赘述。

4. 研究结果

4.1　硬件部分

组装完毕的整个装置如图 4.1 所示。其中，蓝色部分为探头，白色壳体内含控制与采集电路。

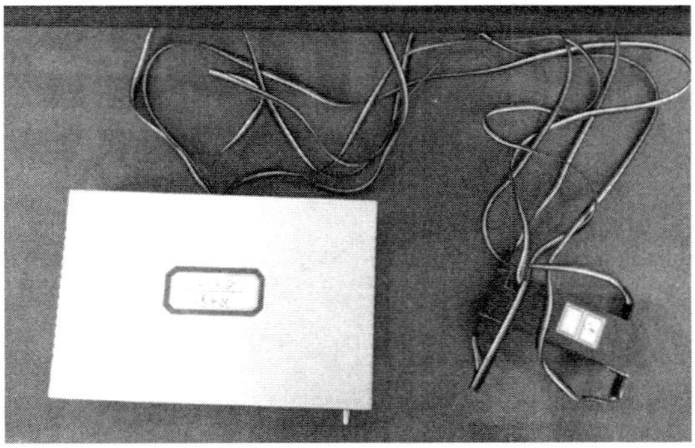

图 4.1　硬件实物图

4.2 后台控制软件

打开 Labview 前面板界面如图 4.2 所示。

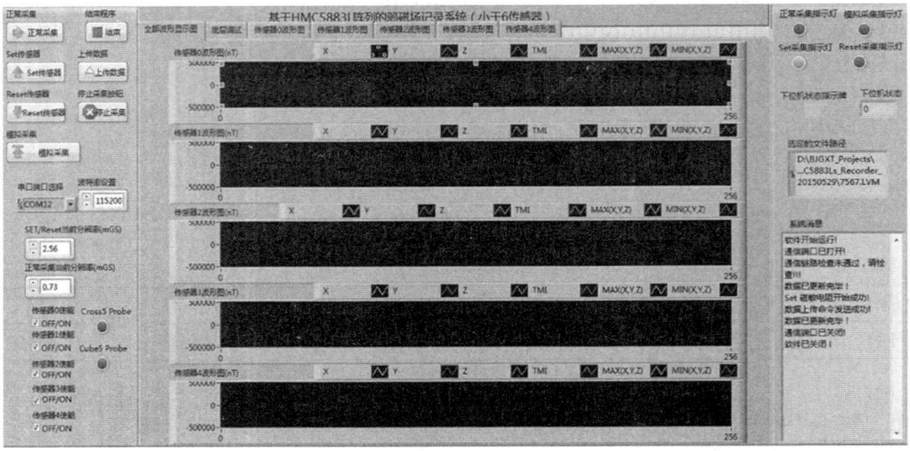

图 4.2 Labview 前面板界面

界面左端为各种操作按钮，包括数据的采集模式、上传与停止，串口与波特率的选择以及各采集模式下的分辨率大小。界面中间位置是传感器波形的显示部分，其中包括全部传感器波形显示图页面、底层调试页面以及各传感器具体波形图页面。界面右端主要对系统状态的显示，包括各种采集模式下的指示灯显示、下位机状态指示牌与终端数据以及系统消息与存放文件的路径。

底层调试界面如图 4.3 所示。

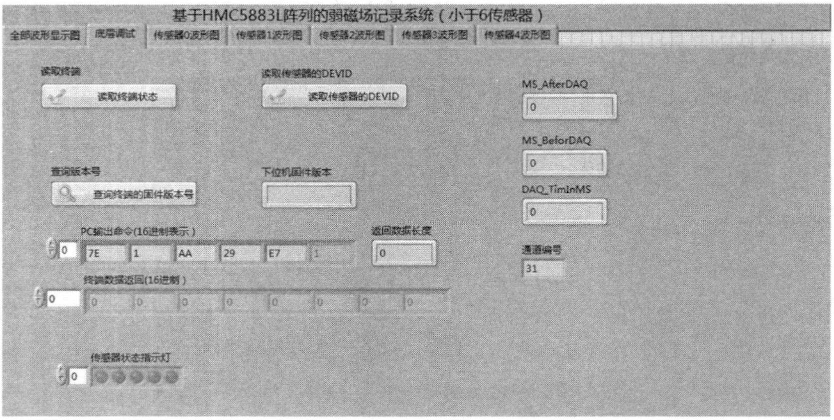

图 4.3 底层调试界面

程序框图主框架是以状态机为基础的选择框架，并包括以下状态。

（1）“Initialize”：初始化状态。该状态下的程序图如图 4.4 所示。

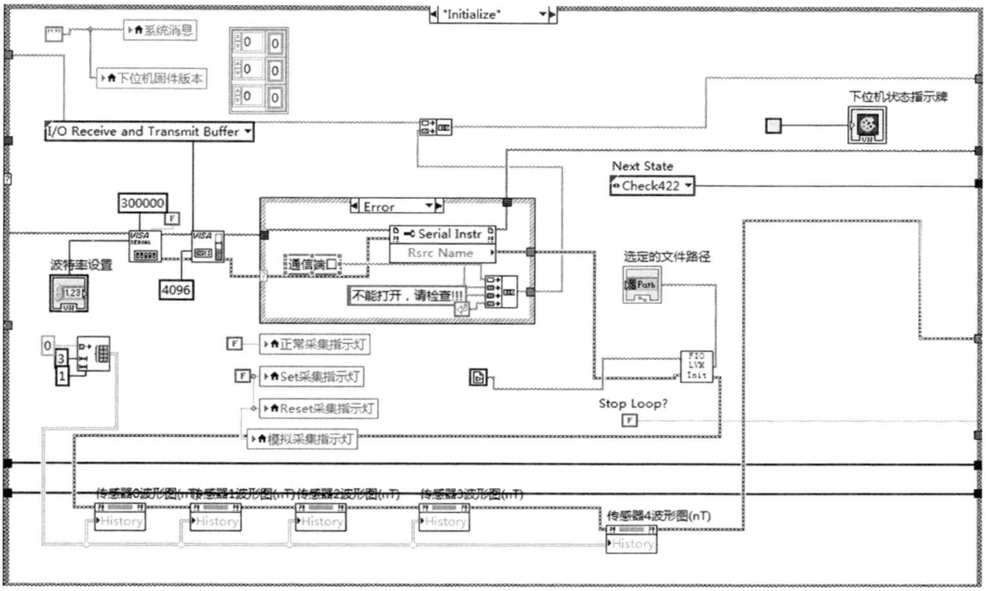

图 4.4　初始化状态的程序图

系统上电后，运行程序并选择文件存放路径，之后对通信进行检查。若通信端口能够打开，并能通过自检，系统消息便提示通信端口打开，程序正常运行，状态机指示牌为蓝色。否则会提示通信端口不能打开，程序不能正常运行。

（2）“Check422”：检测串口能否打开。该状态下的程序图如图 4.5 所示。

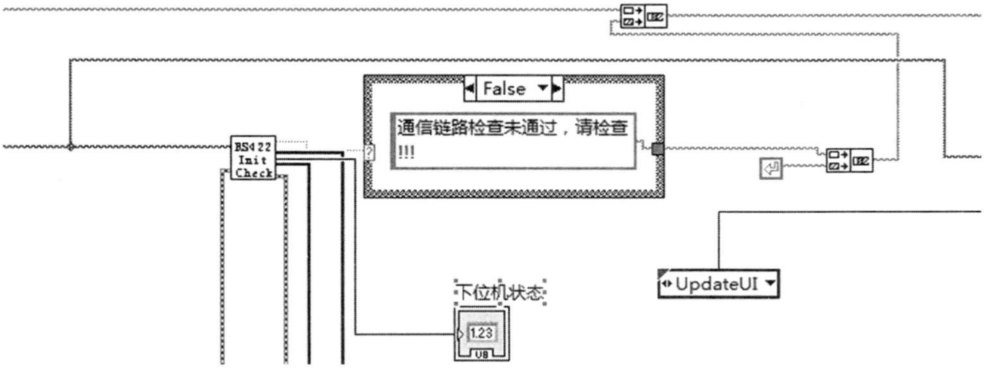

图 4.5　check422 状态下的程序图

上述程序框图中包含一个“RS422InitCheck”子程序，该子程序的程序框图如图4.6所示。

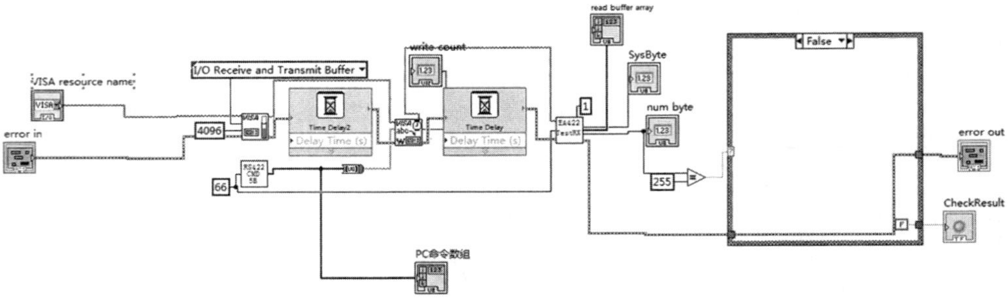

图 4.6 RS422InitCheck 状态下的程序图

该子程序是将串口发送过来的数据与协议中规定的数据进行比较，如果相同输出“T”，否则输出“F”。

（3）“PressKey”：按键状态。当前面板某按键被按下，那么根据该状态下的设定，对应的按键进入对应的状态，如图4.7所示。

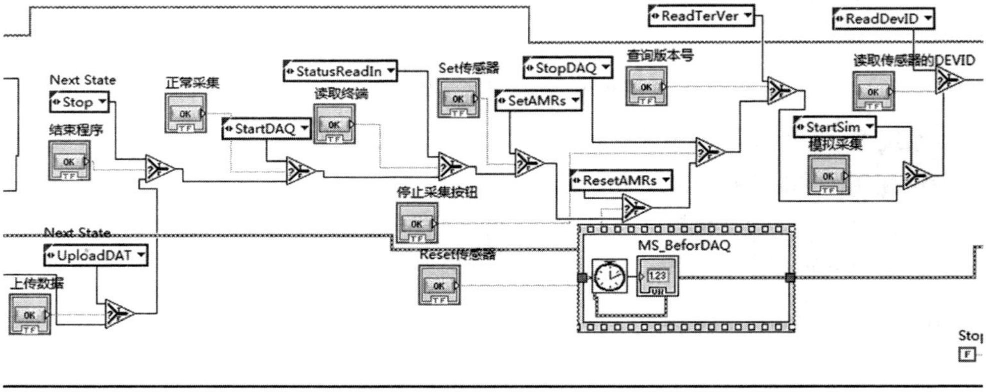

图 4.7 PressKey 状态下的程序图

（4）“StartSim”：模拟采集状态。当前面板模拟采集按钮按下时，执行该状态，前面板模拟采集指示灯变亮。

（5）“SetAMRs”：Set 传感器采集状态。当前面板 Set 传感器采集按钮按下时，执行该状态，前面板 Set 传感器采集指示灯变亮。

（6）“ResetAMRs”：Reset 传感器采集状态。当前面板 Reset 传感器采集按钮按下时，执行该状态，前面板 Reset 传感器采集指示灯变亮。

（7）“StartDAQ”：正常采集状态。当前面板正常采集按钮按下时，执行该状态，前面板正常采集指示灯变亮。

（8）“UploadDAT”：上传数据状态。当前面板正常采集按钮按下时，执行该状态。

（9）“UpdateFile”：将处理后的数据写入到文件中。

（10）“UpdateUI”：将处理后的数据以波形图的形式进行显示。

（11）“StatusReadIn”：读取终端状态。

（12）“ReadTerVer”：读取固件版本号。

（13）“ReadDevID”：读取传感器的DevID。

（14）“StopDAQ”：停止采集状态。

（15）“Stop”：结束程序。

4.3 成果概述

（1）完成终端的硬件3套；

（2）完成单片机的固件程序和控制软件共1套；

（3）已成功测试环境磁场，效果良好；

（4）申请专利两项：一种环境磁场记录装置；一种非屏蔽环境下对磁传感器阵列进行校准的方法。

5. 创新点概述

相对于多数环境磁场记录系统，本记录仪具备较高的精度，其原因在于采用较高灵敏度的磁敏电阻和多传感器的前端探头设计；本记录仪可记录三维磁场，并通过计算求解总磁场；系统架构灵活，系统中的前端探头、采集模块和记录模块可进行更换，方便升级。

参考文献

[1] 张朝阳，肖昌汉，阎辉．磁性目标的单点磁梯度张量定位方法［D］．海军工程大学电气与信息工程学院，430033

[2] 张明吉，王三胜．基于SQUID梯度计的单磁源定位及磁矩反演误差分析［D］．北京：北京航空航天大学仪器科学与光电工程学院，100191

[3] 李江全，聂晶，梁习卉子．单片机串口通信及测控应用实战详解［M］．北京：人民邮电出版社，2004

[4] 张秀关．单片机与计算机串口通信实践［M］．北京：电子工业出版社，2013

[5] 何立民．单片机应用技术选编8［M］．北京：北京航空航天出版社，2000

[6] 杜春雷. ARM 体系结构与编程［M］. 北京：清华大学出版社，2003
[7] 宋岩译. Cortex - M3 权威指南［M］. 北京：北京航空航天大学出版社，2009
[8] 张昌达. 航空磁力梯度张量测量 - 航空磁测技术的最新进展［D］. 工程地球物理学报，2006（5）
[9] 吴招才. 磁力梯度张量及在磁偶极子定位中的应用［D］，2009
[10] 王金根，龚沈光，刘胜道. 磁性目标的高精度建模方法［D］. 海军工程大学学报，2001（3）

基于 Zigbee 的电视安全观看距离监测系统

北方工业大学：王博维　张冉　邹鑫　安凯

指导教师：邢志强 副教授

［摘　要］长时间近距离观看电子设备成为目前青少年近视率迅速增加的主要原因。逐渐靠近电子屏幕经常是无意识的，针对这一问题，本文设计了一种基于 Zigbee 和单片机的智能监测系统，可以有效监测观看者观看电视等大屏幕的距离是否安全。通过结合声音提醒、继电器切断视频信号两级控制，即实现了智能监控的功能，也具有很好的用户体验。测试表明，系统工作稳定可靠，很好地满足了功能需求。

［关键词］安全距离；Zigbee；智能监测

1. 引言

随着多媒体技术的飞速发展，电子显示设备越来越多，人们观看电子显示屏的时间也越来越长。虽然屏幕变大了，但由于多媒体的趣味性，人们距离屏幕也越来更近，特别是对小学及婴幼儿，视力下降迅速。据统计，人们向电子屏幕的逐步靠近经常是无意识的，如果能随时监测电子屏幕与观看者的距离，在观看者靠近屏幕达到一定的限度时，能够主动提示观看者远离屏幕，将可以大大缓解这一问题。本文针研究了一种基于 Zigbee 技术的电子屏幕安全观距离监测系统，实现了上述需求，在一定程度上可以降低由于观看电子屏幕带来的视力下降。

ZigBee 技术基于 IEEE802. 15. 4 标准可以实现短距离、低功耗的无线通信，可同时接入多个目标，安装简易，操作快捷方便。ZigBee 工作在 2. 4GHz、868MHz 和 915 MHz3 个频段上，具有较高的传输速率，传输距离一般在 10 ~ 75 米的范围内，针对该项目 Zibgee 具有很多优点。首先，Zibgee 不高的传输速率决定了其在功耗上也不会太高，事实上 ZigBee 发射功率仅为 1mW，若采用了休眠模式，则功耗更低。其次，Zibgee 非常可靠和安全，使用了碰撞避免策略，避开了发送数据的竞争和冲突。MAC 层则采用了完全确认的数据传输模式，每个发送的数据包都必须等待接收方的确认信息，如果传输过程中出现问题可以进行重发。ZigBee 拥有循环冗余校验（CRC）

的数据包完整性检查功能，保证了数据在传输过程中的错误可以及时地得到修正。最后 ZigBee 模块的成本非常低，并且延时短，可以应用于多个领域。目前在我们的生活中 Zibgee 的应用已经越来越多。

本文所设计的装置来对人们在近距离看电视时给予提示，它通过将 zigbee 技术与热释传感器结合，可以在人们长时间（30 秒）靠近观看电视时发出警告音，如果在 30 秒内仍然不远离电视，将切断电视信号，当观看者离开后又恢复连接，既不影响正常观看电视，又可大大减小视力下降的概率。

2. 系统硬件设计

2.1 系统结构

基于 Zigbee 技术的电子屏幕安全观看距离监测系统如图 2.1 所示，由观看距离监测端（简称监测端）和视频信号控制端（简称控制端）两部分组成：①监测端：由人体感应传感器及 Zigbee 发送电路组成。监测终端与电子屏幕在同一立面放置，用于实时监测观看者与电子屏幕的距离，并通过 Zigbee 发送电路将监测信息发送给视频信号控制端。②控制端：由 Zigbee 接收电路、蜂鸣器、继电器及相应的外围电路组成。控制端接收来自发送端的监测信息，并对信息进行处理，当监测距离远于设定门限时，保持连接状态，当监测到的距离近于门限，采取预定视频控制策略，对观看者进行警示。

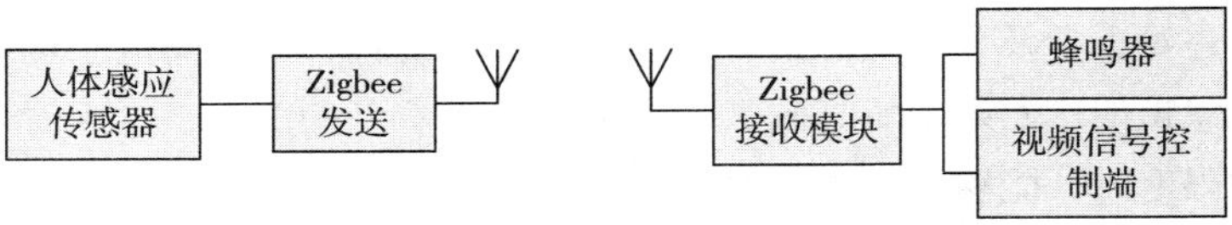

图 2.1 监测系统硬件组成框图

选择 Zigbee 电路主要考虑其低能耗及组网便捷性。本文所设计电子屏幕安全观看距离监测系统属于智能家居的一个分支，而 Zigbee 是智能家居中连接传感器以及中心控制单元的重要选择之一。

本系统的基本工作流程如下：观看距离监测端的人体感应传感器始终监测观看者距离电子屏幕的距离，当观看者距离电子屏幕低于 3 米时（该距离可以通过调节人体感应传感器的电位器进行改变），监测端进入报警模式，发送报警信息；监测端继续监测观看者距离电子屏幕的距离，直到观看者回到安全观看距离之外（3 米），监测端返回安全模式，发送安全信息。控制端的 Zigbee 接收电路接收到报警信息后，在 30s 内，控制端接收到来自监测端的安全信息，则控制端恢复初始状态；30s 后仍未收到安全信息，控制端进行声音提醒；40s 内仍然未收到安全信息，控制端则控制继电器切断视频信号，观看者离开报警区域，则接通视频信号。

2.2 系统硬件设计

系统的硬件分为控制端和监测端两部分电路。监测端主要包括单片机最小系统、热释传感器和 Zigbee 模块电路三个组成部分；控制端则包括单片机最小系统、Zigbee 模块电路、蜂鸣器和继电器组成。两部分的电路原理图如图 2.2 所示，单片机采用 At89s52 芯片，Zigbee 模块以 cc2530 芯片为核心。系统的关键部件是 zigbee 模块，由微处理器、外围扩展器件、读写芯片、射频天线、串行通信接口等几部分组成。其所需的电源为 3.3 ~3.9V，有多个 IO 口可进行操作。

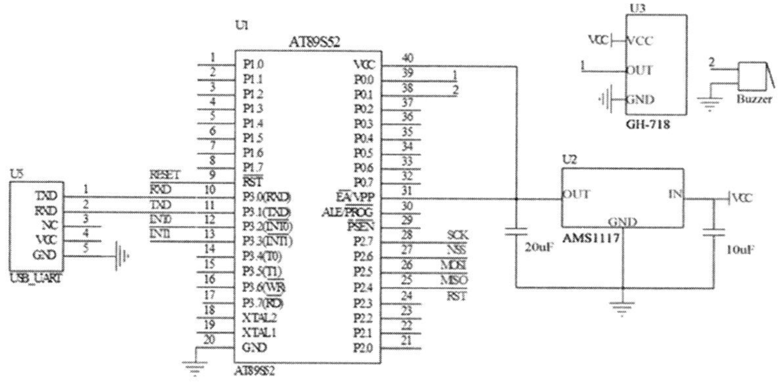

(a) 发端

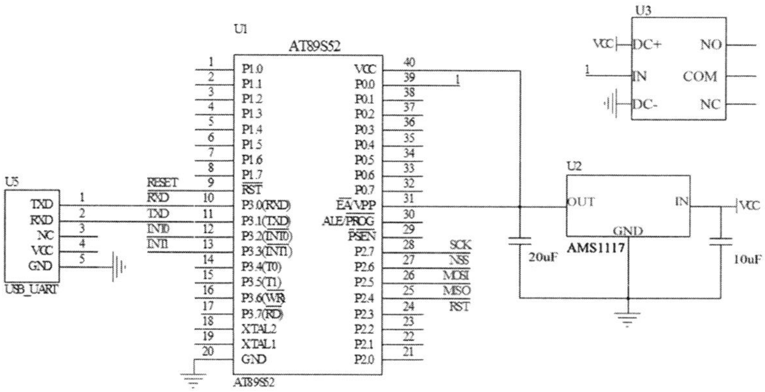

(b) 收端

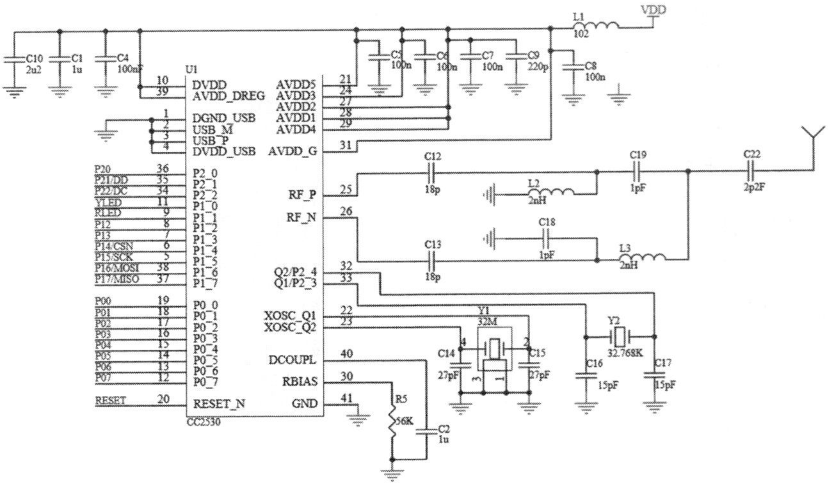

（c）Zigbee 模块电路

图 2.2　电路原理图

3. 系统软件设计

按照上文所述系统结构，本系统的软件也包括监测端程序设计和控制端程序设计两部分，分别描述如下。

3.1　监测端程序设计

（1）系统上电之后进行系统初始化，该初始化包括单片机初始化、Zigbee 发射电路初始化以及系统工作状态初始化（报警标志位置 0）。

（2）监测端的热释传感器始终监测观看者距离电子屏幕的距离，当观看者距离电子屏幕低于 3 米时（该距离可以通过调节人体感应传感器的电位器进行改变），热释传感器电路将输出低电平，单片机检测到该低电平后，将报警标志位置 1，同时将报警信息数据送至 Zigbee 发送缓冲区，Zigbee 完成组网后，将这一报警信息发送给控制端。

（3）监测端继续检测热释传感器，当观看者回到安全观看距离之外（3 米），热释传感器输出电平拉高，单片机检测到此高电平后，判断报警标志位为 1 还是为 0，如果报警标志位为 0，则不做任何操作；如果报警标志位为 1，则将报警标志位置 0，同时将安全信息送至 Zigbee 发送缓冲区，由 Zigbee 电路将安全信息发送到控制端。

监测端的程序流程图如图 3.1 所示。

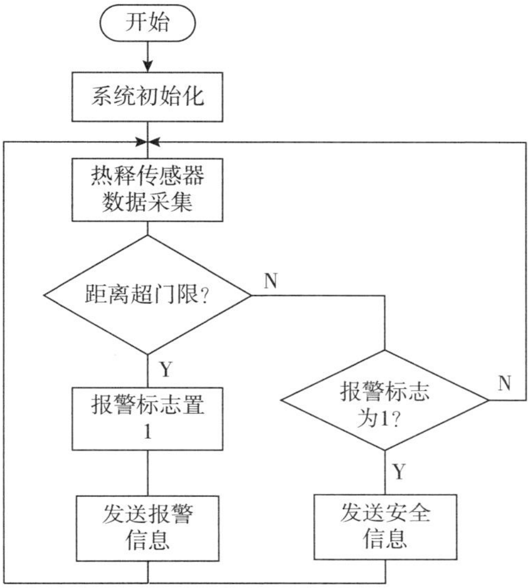

图 3.1 监测端程序流程图

3.2 控制端程序设计

控制端程序主要通过状态机来实现，包括的主要状态如下（状态转换图如图 3.2 所示）。

（1）安全状态

控制端上电复位之后，进行系统初始化，包括计时器清 0，状态标识位置 0，即进入安全状态。

（2）预警状态

控制端主控单元实时监测 Zigbee 接收端，当接收到报警信号后，即将状态标志位置 1，同时启动定时器。当定时器计时时间小于 30s，且接收到安全信号后，控制端将从预警状态跳转回安全状态。

（3）声音报警状态

在预警状态下，当定时器计时时间超过 30s，控制端将状态标志位置 2，同时启动蜂鸣器进行声音提醒。在计时时间小于 40s，且接收到安全信号，则控制端将跳转回安全状态。

（4）强制状态

在声音报警状态下，当计时时间超过 40s，则控制端将状态标志位置 3，通过控制继电器切断视频信号。收到安全信号后，则跳转至安全状态，恢复视频信号连通。

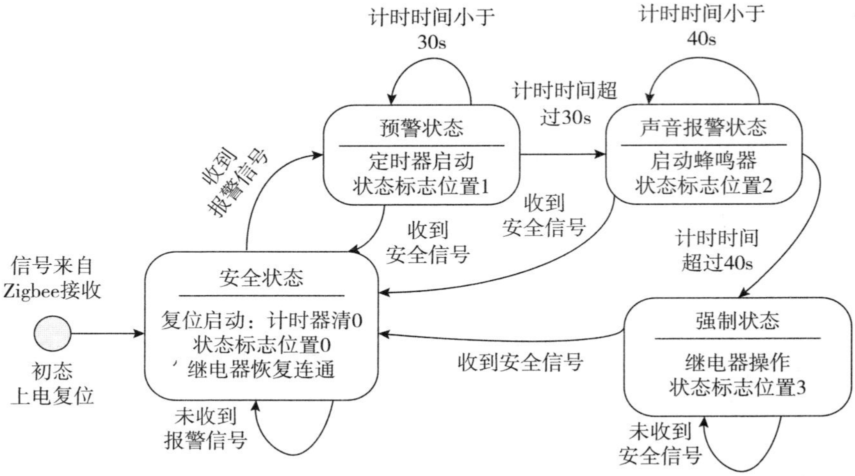

图 3.2　控制端状态机转换图

4. 研究成果

监控端和控制端的实物图如图 4.1 和图 4.2 所示

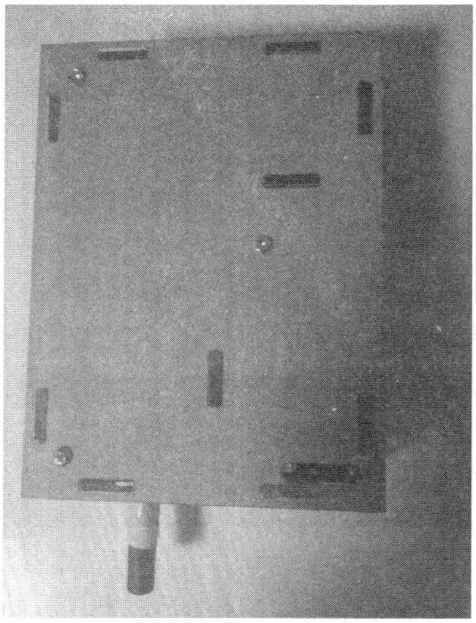

图 4.1

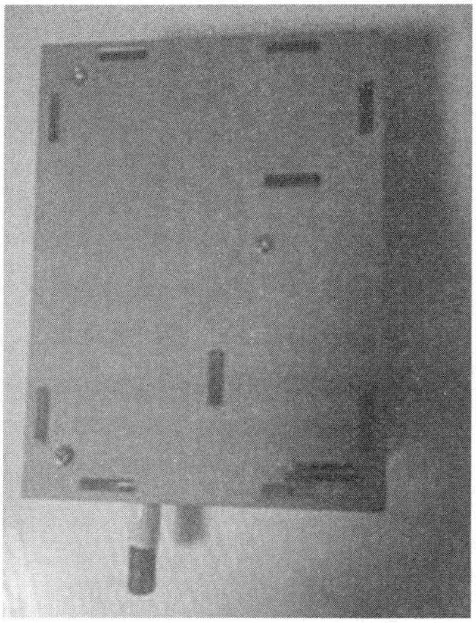

图 4.2

其中通过监控端将信息发送到控制端在控制端中有继电器可以使用，从而达到对视频信号的切断和打开。继电器实物如图 4.3 所示。

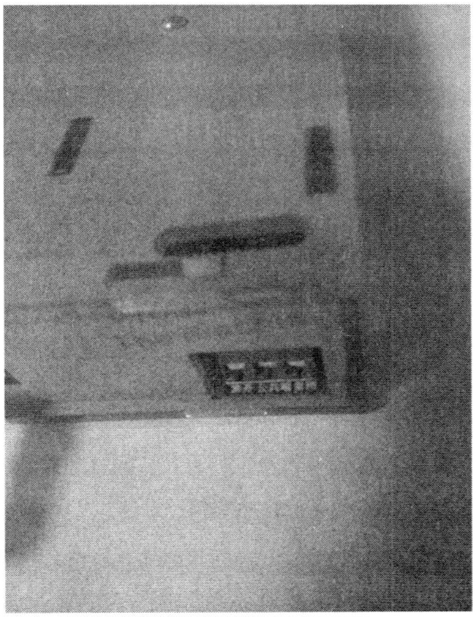

图 4.3

5. 总结

本文研究设计了一种基于 Zigbee 技术的电子屏幕安全观看距离监测控系统，通过成本低廉的单片机、热释传感器、继电器，结合 Zigbee 电路模块，实现了对电子屏幕观看者实际观看距离的实时监测和距离低于门限的智能提醒。系统基于 Zigbee 技术，可以与智能家居系统无缝融合，通过结合声音提醒、继电器切断视频信号两级控制，实现了智能监控中很好的用户体验。

参考文献

[1] 陈杨，吴海燕．基于 Zigbee 的智能家居实时监控系统的设计．电子技术与软件工程，2015，08：65-68

[2] 张开生，田开元，吕明，等．基于物联网技术的农业大棚环境监控系统设计．西安科技大学学报，2015，06：35-40

[3] 俞坤师，谷山强，冯万兴．基于 ZigBee 的电场仪选址系统的设计与开发．测控技术，2015，12：78-83

[4] 卞勇．基于 Zigbee 技术的家庭智能无线网络研究．电脑知识与技术，2015，06：15-20

基于视频处理技术的人机交互系统实现研究报告

北方工业大学：沈阳太　袁枫　罗军　赵玉生

指导教师：叶青 副教授

［摘　要］本文通过使用 Kinect 摄像头捕捉色彩和深度信息来捕捉人体动作，从而与电脑中的游戏产生互动。通过对色彩信息进行肤色识别和二值化并使用帧间差分法去除非运动的人体部分；通过将从色彩信息中提取出的人体特征映射到深度信息上，获得人体动作在深度上的信息，将两者结合得到手部在三维上的坐标信息从而提取出运动特征；根据连续多帧手部坐标的变化进行判定，与系统产生交互。实验结果表明，该系统可以实时有效地识别动作并与游戏进行交互，实现了体感的人机互动系统。该系统具有广泛的应用前景，除应用于娱乐领域外，在安全、医疗等方面也有广泛的应用价值。

［关键词］人机交互；深度信息；肤色识别；Kinect 摄像头

1. 引言

随着科技进步，人机交互在软件和硬件上都有了很大的发展，更加智能的人机交互系统成了人们重视的研究方向。以往的人机交互往往需要人们将自己希望的行为转换成机器指令通过键盘输入等方法传输给系统，而如今人们在研究如何能够跨过中间的一步，系统能够直接识别人的行为，通过捕捉人体的动作[1-2]、语音[3-4]、表情[5-6]等信息来达到人们的目的。智能的人机交互可以省去以往人机交互时的物理上的限制，给使用者带来更方便舒适的使用体验。

本文通过使用 Kinect 摄像头来实现体感游戏。游戏内容为射击类型游戏，即人体运动“打中”的位置和深度达到移动目标的判定，就能判定为射击成功一次。Kinect 由于不受光照变化和复杂背景干扰而受到国内外研究者的关注[7-8]。本文通过获取色彩和深度信息来对人的动作进行识别，其中色彩信息主要用来对人体运动部分进行定位及追踪；深度信息用来提取人体在深度上的运动。最终判断获得的动作特征是否在游戏中的判定范围内，来达到体感游戏的目的。

2. Kinect 摄像头

Kinect 是由微软开发，于 2010 年 10 月发售，应用于 Xbox360 主机的周边设备，并于 2012 年 2 月发布面向 Windows 开发的“Kinect for Windows”。硬件方面，Kinect 共拥有 3 个镜头：最大支持 1280×960 分辨率的 RGB 彩色摄像机；红外发射器；最大支持 640×480 的分辨率红外线 CMOS 摄像机。其中红外发射器和红外线 CMOS 摄像机组成的 3D 结构光深度传感器可以实现对深度信息的提取。同时 Kinect 还拥有阵列式麦克风，由四个麦克风同时收音，用于语音识别和声源定位。

3. 基于 Kinect 提取深度信息的手部运动识别人机交互系统的实现

要实现基于应用 Kinect 提取深度信息的手部运动识别人机交互系统主要分为 4 个模块。首先需要打开 Kinect 的色彩数据流和深度数据流，先对色彩数据提取出的数据进行高斯滤波、形态学滤波等去除噪声和无用信息；然后进行肤色识别和二值化并用帧间差分法去除非运动部分获取运动的手部部分；利用轮廓识别、重心定标来提取运动人体的坐标信息；其次将提取出的轮廓映射到深度信息上，获取对应的深度数据并求出轮廓内深度数据的平均值；最后结合坐标信息和深度信息获得运动人体在三维上的坐标与系统判定比较产生交互，实现体感游戏的目的。

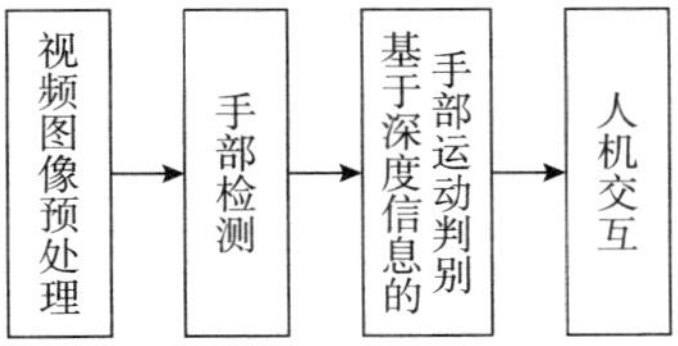

图 3.1 基于 Kinect 的体感人机交互系统框图

3.1 视频图像预处理

视频图像预处理包括初始化 Kinect 和去噪，获得彩色和深度图像。

本系统去噪方法主要使用了高斯滤波和形态学滤波。

高斯滤波通过对每个像素的相邻像素进行加权平均，用其结果来代替该点像素，作用主要为平滑整体图像。在图像处理中，高斯滤波主要有两种方法，一种为在时域上用离散化窗口滑窗卷积，另一种为将图像进行傅里叶变换并进行低通滤波。本系统由于在时域进行加权平均计算量过大，使用在频域进行低通滤波的方法。

形态学滤波使用腐蚀和膨胀两种操作。先进行腐蚀再进行膨胀操作可以去除毛刺和离散点，称为开操作；先进行膨胀再进行腐蚀操作可以缝合断裂处，称为闭操作。本系统需要去除无用的噪音、毛刺，所以使用开操作。

3.2 手部检测

手部检测先对运动的物体进行肤色识别和二值化，然后使用帧间差分法提取彩色图像中的运动物体，提取手部信息。

3.2.1 肤色识别和二值化

肤色识别通过将色彩图像由 RGB 格式转换为 Ycrcb 格式[9]，如图 3.2 所示在 crcb 空间上找到符合人体皮肤色彩的区域，获取的色彩信息若在范围之内则判别为人体皮肤。将图像从 RGB 格式转换到 Ycrcb 格式的目的是为了减少亮度（Y）的干扰，使判别更准确。以图 2 位判定范围，对图像进行二值化，获得识别运动手部的二值图像。

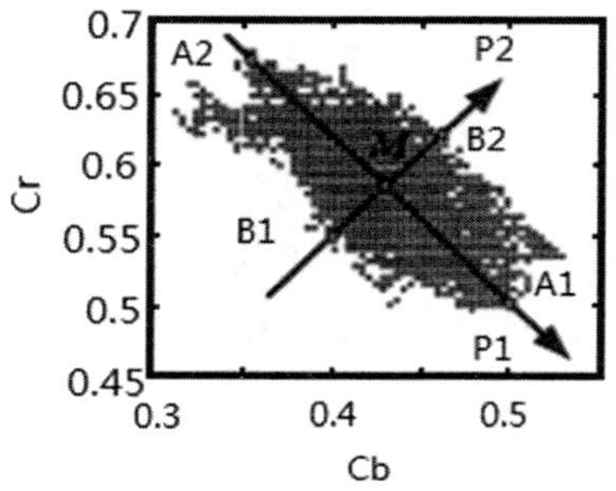

图 3.2 肤色色彩在 crcb 空间上的分布[10]

3.2.2 帧间差分法

本系统需要对运动的手部进行识别，所以背景和没有运动的物体属于无用信息，需要对色彩图像使用帧间差分法去除这部分信息。帧间差分法即将本帧获取的图像与上一帧获取的图像做差，当结果小于阈值则判定为背景，结果大于等于阈值则判定为前景。在本系统中背景即没有运动的物体等无用信息，前景即运动的物体，需要提取出来的部分。

帧间差分法的基本原理可以用下面公式看出：

$|i(t)-i(t-1)|<T$ 判定为背景

$|i(t)-i(t-1)|>=T$ 判定为前景

其中 $i(t)$、$i(t-1)$ 分别为 t、$t-1$ 时刻对应像素点的像素值，T 为阈值。由于相邻两帧间的时间间隔非常短，用前一帧图像作为当前帧的背景模型具有较好的实时性，其背景不积累，且更新速度快、算法简单、计算量小。

3.3 基于深度信息的手部运动判别

基于深度信息的手部运动判别主要为通过轮廓识别和重心定标确定手部的重心，同时绘制轮廓的最小内切矩形并将矩形映射到深度信息图像上，通过矩形中的平均值获得深度信息。

3.3.1 轮廓提取

通过输入一个二值图像，如果一个像素及其相邻的像素值都为255，则这个像素点像素值可用0替代。当对二值图像中所有像素都做以上处理后，只有处于边缘的像素点保持不变，物体内部的像素点像素值全部替代为0，便可得到运动手部的轮廓。

3.3.2 重心定标

在后续的识别中，系统需要提取到手部本帧所在的坐标，配合多帧计算坐标的移动才能识别出手部的动作。首先需要提取的就是手部在平面上的坐标（x，y）。根据轮廓识别提取出的信息来确定运动手部的重心，其主要原理为：

$$M_{pq} = \iint (x^p) * (y^q) f(x,y) dxdy (p,q = 0,1,\cdots\cdots \infty) \quad (1)$$

其中x，y是区域点的坐标（在数字图像中的像素坐标）。令Xc、Yc表示区域重心的坐标，则：

$$X_c = M_{10}/M \quad (2)$$

$$Y_c = M_{01}/M \quad (3)$$

3.3.3 深度信息提取

Kinect 摄像头能够实现深度信息的提取[11-13]，其深度信息提取范围如图3.3所示。其中 Default Range 对 Kinect for Xbox360 和 Kinect for Windows 都适用，而 Near Range 只对 Kinect for Windows 适用。本系统采用 Kinect for Xbox360，所以深度信息提取范围应为0.8m ~ 4m。

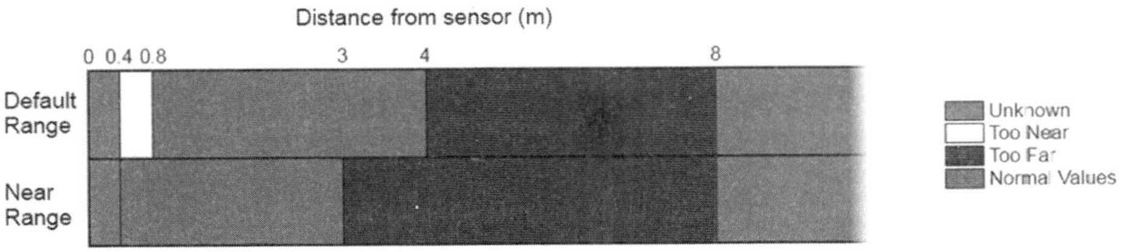

图 3.3 **Kinect 摄像头深度信息提取范围**

要获取深度信息首先要在色彩图像上识别到的轮廓上绘制最小外接矩形，然后映射到深度信息图像上，矩形内的深度数据即为运动人体在深度上的数据。本系统通过对矩形内所有像素的深度值求平均值，来减少矩形内非人体部分深度信息的干扰。于此成功获得了运动手部在三维坐标上的坐标（x，y，z）。

3.4 人机交互

人机交互部分通过判断连续图形中提取的手部在三维上的坐标而识别手部的运动，用以进行系统判定。

数据判定采用分别对平面坐标和深度的变化设定范围，只有当连续多帧内都满足时，系统才会判定成功一次。由于目标是实时移动的，判定范围也需要跟着实时改变。本系统首先对深度坐标 z 做判定。若本帧获得的手部三维坐标为（$X(t)$，$Y(t)$，$Z(t)$），下帧坐标为（$X(t+1)$，$Y(t+1)$，$Z(t+1)$），经过多组实验测试可知，当 $200>z(t)-z(t+1)>50$ 时便判定在这两帧手部是在向镜头前进；当连续 5 帧判定手部做前进运动便能判定手部在深度上满足了判定，同时记录当帧的平面坐标（x，y）。若（x，y）处于运动目标所在的判定范围内，则判定手部进行了一次出拳且击中了目标。而无论只有 z 的变化或（x，y）坐标满足判定都判定为没有击中目标。同时本系统因为选择只记录深度满足后的平面坐标，可以去除从不同方向出拳而产生的误差。

4. 实验结果

本文对基于深度信息的手部识别及追踪进行了研究，在 Kinect 摄像头和 VS2010 和 opencv、Kinect toolkit 函数库的软硬件条件下实现了基于深度信息的体感人机交互系统。系统实测效果的示例如图 4.1 所示。

其中，第一列为摄像头提取到的彩色信息，第二列为提取到的深度信息与手部判定，第三列为电脑上的游戏画面，用以与人产生交互。

在图 4.1（a）的示例中，玩家向没有目标的方向出拳，虽然在深度数据上符合了判定，但是重心坐标并不在两个目标的判定范围内，所以没有判定击中目标。

在图 4.1（b）的示例中，玩家的手停在目标方向，虽然重心坐标在判定范围内，但是手部的运动深度没有满足目标判定，所以判定没有击中目标。

在图 4.1（c）的示例中，玩家向目标 1 坐在方向出拳，由于重心坐标和深度变化范围都符合判定范围，所以成功判定击中目标。同时提取的数据并没有满足目标 2 的判定范围，于是目标 2 没有被击中。

（a）未击中目标示例 1

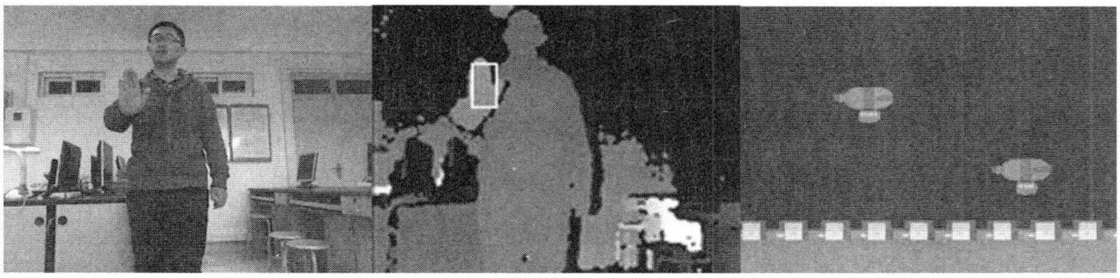

（b）未击中目标示例 2

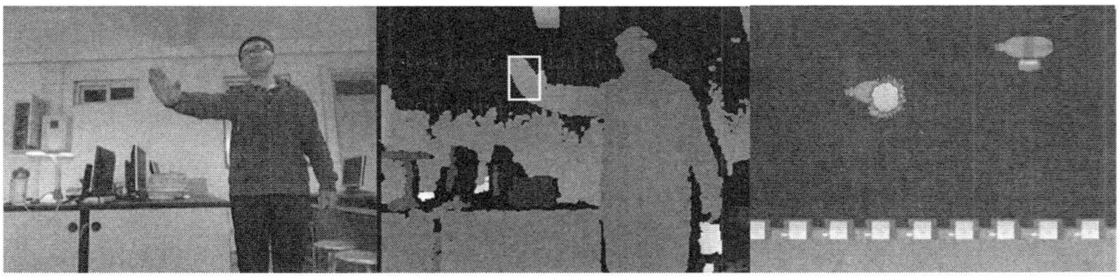

（c）击中目标示例

图 4.1　系统实测效果的示例

经过大量实验验证，本系统能成功实现体感人机交互系统，能够正确地判定手部动作，具有较高准确性；系统判定的时间较快，具有较好的实时性。整体系统通过使用 Kinect 摄像头，结合运用色彩信息和深度信息，配合屏幕上的游戏，实现了体感功能，能够给玩家真实感和代入感。

5. 结论

经测试，本文能够通过使用肤色、深度和位置等信息获取手部在三维上的坐标，结合连续多帧的坐标变化，判断手部的运动特征并基于游戏的判定来产生人机互动。本文提出的基于应用 Kinect 提取深度信息的手部运动识别人机交互系统具有实时性、准确性和应用性。同时，本系统仍有需要优化改良的部分，由于采用肤色识别、帧间差分法，会在判定时出现误差。在今后优化时，可采用骨架识别来对人体进行更精准的定位，同时能够进一步识别人体部位，实现更加智能的体感系统。

参考文献

[1] Sanchit Singh, Sergio A Velastin, HosseinRagheb, "MuHAVi: A Multicamera Human Action Video Dataset for the Evaluation of Action Recognition Methods", 2010 Seventh IEEE International Conference on Advanced Video and Signal Based Surveillance, 48-55

[2] An-An Liu, Member, IEEE, Yu-Ting Su, Ping-Ping Jia, ZanGao, Tong Hao, and Zhao-XuanYang, "Multipe/Single-View Human Action Recognition via Part-Induced Multitask Structural Learning", IEEE TRANSACTIONS ON CYBERNETICS, VOL. 45, NO. 6, JUNE 2015, 1194-1208

[3] VikramjitMitra, Horacio Franco, Martin Graciarena, DimitraVergyri, "Medium-duration modulation cepstral feature for robust speech recognition", 2014 IEEE International Conference on Acoustic, Speech and Signal Processing (ICASSP), 1749-1753

[4] Ahmad A. M. Abushariah, Teddy S. Gunawan, Othman O. Khalifa, "English Digits Speech Recognition System Based on Hidden Markov Models", International Conference on Computer and Communication Engineering (ICCCE 2010), 11-13 May 2010, Kuala Lumpur, Malaysia

[5] Klare, B. F., Burge, M. J., Klontz, J. C., VorderBruegge, R. W., Jain, A. K., "Face Recognition Performance: Role of Demographic Information", IEEE Transactions on information forensics and security, VOL. 7, NO. 6, DECEMBER 2012, 1789 - 1801

[6] Manzoor Ahmad Lone, S. M. Zakariya and Rashid Ali, "Automatic Face Recognition System by Combining Four Individual Algorithms", 2011 International Conference on Computational Intelligence and Communication Systems, 222 - 226

[7] Billy Y. L. Li1 Ajmal S. Mian2 Wanquan Liu1 Aneesh Krishna1, "Using Kinect for Face Recognition Under Varying Poses, Expressions, Illumination and Disguise", 2013 Applications of Computer Vision (WACV), 186-192

[8] GyeongminChoeJaesik Park * Yu-Wing Tai In So Kweon, "Exploiting Shading Cues in Kinect IR Images for Geometry Refinement", 2014 IEEE Conference on Computer Vision and Pattern Recognition, 3922-3929

[9] Chelali, F. Z., Cherabit, N, Djeradi, A., "Face recognition system using skin detection in RGB and YCbCr color space", 2015 2nd World Symposium on Web Applications and Networking (WSWAN), 1-7

[10] GaoJian-po Wang Yu-jian Yang Hao Wu Zhen-yang, "An Elliptical Model Based on KL Transform for Skin Color Detection", JOURNAL OF ELECTRONICS & INFORMATION TECHNOLOGY, 29 (7), 2007

[11] M. SyarafuddinAbd. Manap, R. Sahak, A. Zabidi, I. Yassin and N. Md. Tahir, "Object Detection using Depth Information from Kinect Sensor", 2015 IEEE 11th International Colloquium on Signal Processing & its Applications (CSPA2015), 6-8 Mac. 2015, Kuala Lumpur, Malaysia, 160-163

[12] Lu Xia, Chia-Chih Chen and J. K. Aggarwal, "Human Detection Using Depth Information by Kinect", 2011 IEEE Computer Society Conference on Computer Vision and Pattern Recognition Workshops (CVPRW), 15-22

[13] Ming Zeng, Zhengcun Liu, QinghaoMeng, ZhengbiaoBai, HaiyanJia, "Motion Capture and Reconstruction Based on Depth Information Using Kinect", 2012 5th International Congress on Image and Signal Processing (CISP 2012), 1381-1385

基于视频的嵌入式客流检测装置研制

北方工业大学：郑谐　宋帅　张鹏　王卓然　朱书豪
指导教师：田青 副教授

［摘　要］在现有的行人检测算法的基础上，本文在基于 ARM 的嵌入式系统下采用深度摄像机获取场景的深度信息和彩色信息，使用距离信息的阈值分割方法确定行人头肩部出现的区域，然后对头肩部区域提取梯度直方图特征并采用支持向量机对目标进行分类和识别。

［关键词］ARM；行人检测；JNI

1. 选题背景

1.1 引言

行人检测技术作为智能交通的核心技术，其研究始于 20 世纪 90 年代，且每年都有大量的研究成果出现。随着计算机硬件和视频采集设备的发展，该领域提出了很多具有代表性的行人检测算法[1][2][3]。来自法国的研究人员 Navneet Dalal 和 Bill Triggs[3]2005 年在 CVPR 提出的基于梯度方向直方图和支持向量机的行人检测算法取得了很好的检测效果，目前已成为行人检测领域的经典算法之一。行人检测技术在日常生活中、客流量统计、交通监视等领域有着非常重要的实用价值和广阔的发展前景。

近年来，随着视频采集设备的不断发展，在基于视频的行人检测领域出现了一种新方法——基于深度图的行人检测方法，其为客流检测技术研究提供了一个全新的切入点。该方法通过摄像机从三维立体的角度描述真实场景的深度信息，且不受光照变化和阴影等对检测结果的干扰。此外，还可以利用不同目标之间的距离信息有效地克服在平面图像中容易出现的遮挡造成的影响[4][5][6]。

本文是基于 ARM 的嵌入式平台下使用 OpenCV 开发的行人检测算法，经过测试，取得了较好的效果。下面我们将在第二节介绍系统硬件，第三节中介绍算法在系统上的实现，第四节中介绍系统测试的结果。

1.2 系统硬件平台

ARM 处理器是 Acorn 计算机有限公司推出的一款 RISC 微处理器。ARM 处理器不仅具有低功耗、低成本和高性能等优势，同时具有 CISC（Complex Instruction Set Computer）以及 RISC（Reduced Instruction Set Computer）两种体系架构，可以根据不同的需求来选择使用不同的架构。此外，ARM 处理器在新近推出的架构中可以同时支持 ARM 指令集和 Thumb 指令集，采用双指令集可以更加有效地使用内存空间。目前，搭载 ARM 处理器架构的设备数量也远远超过了 Intel，占领移动终端市场的绝大部分，目前市场上使用用户较多的三星、HTC、iPhone 以及所有的安卓手机都是基于 ARM 架构的。ARM 处理器不仅在移动终端具有不可撼动的地位，在 PC 端也有了新的发展，2011 年时微软就宣布 Windows 将正式支持 ARM 处理器，目前 Windows 8 已可以同时支持 ARM 和 X86 两种架构。

故采用 ARM 处理器的嵌入式系统就具有强大的数据处理能力，且基于 ARM 的嵌入式系统可以在 Linux 等众多操作系统上进行开发，这使其具有极大的开发潜力。

2. 方案论证

本文中行人检测系统通过深度摄像机获取行人的深度信息和彩色信息，再利用 OpenCV 对深度图像进行深度过滤和彩色图像进行行人检测。由于 Android 系统所特有的优点，本文将在 PC 下已经实现的行人检测功能移植到 Android 平台中，借助该系统的 JNI 技术来调用 native 层的行人检测算法。

获取到行人的深度信息后，需要对深度图像进行预处理。深度图像的预处理过程是先剔除由摄像头误差产生深度图像的四个边缘的错误信息，然后再进行开运算用来去除较小的明亮区域在纤细点处分离物体，这样在平滑较大物体的边界的同时并不明显改变其面积。

由于深度图像是将物体的距离值转化为灰度值，而深度摄像机的有效距离为 1m ~ 7m，所以我们对灰度图像设定一个合理的阈值，然后进行二值化处理以进行深度过滤。过滤后可以看到行人的轮廓，并根据轮廓大小提取矩形区域，最终在此矩形区域中进行深度图像的行人检测。图 3.1 为获取的深度图像及其过滤结果。

本文中行人检测算法采用的是 Navneet Dalal 和 Bill Triggs 于 2005 年提出的基于梯度方向直方图和支持向量机的行人检测算法。方向梯度直方图特征通过计算和统计图像局部区域的梯度方向直方图作为该局部图像区域的表征，能够对图像的边缘信息、颜色信息等进行综合描述。HOG 特征计算过程如图 2.1 所示。

图 2.1 HOG 特征计算框图

经过对图像 HOG 特征提取后，对所提取的特征进行 SVM 分类。SVM 分类器的作用就是对不同的特征信息按照一定规则计算出能够对这些特征进行最优分割的超平面，从而实现目标的分类识别。本文选取 5000 个包含头肩特征的正样本和 10000 个负样本进行 SVM 训练。训练流程如图 2.2 所示。

图 2.2 SVM 分类器训练的流程框

3. 研究方法

3.1 系统硬件搭建

Android 是一个以 Linux 为基础的开源移动设备操作系统，主要用于智能手机和平板电脑，由 Google 成立的 Open Handset Alliance（OHA，开放手持设备联盟）持续领导与开发中。Android 已发布的最新版本为 Android 5.1。Android 是基于 Linux 内核的综合操作系统，由于其平台开放性以及由此带来的丰富的 APP 资源，使得 Android 系统获得了众多开发者和消费者的支持。目前，Android 在手机市场已占有较大份额，且发展前景良好。体感是基于体感设备的一项新兴技术，体感设备不仅可以获取空间的深度信息，还可以在此基础上进行即时动态捕捉、影像辨识等。本文应用 RK3288 型号的 Android 开发板与深度摄像头在 Android 4.4 的环境下进行行人检测的开发。硬件搭建如图 3 所示。

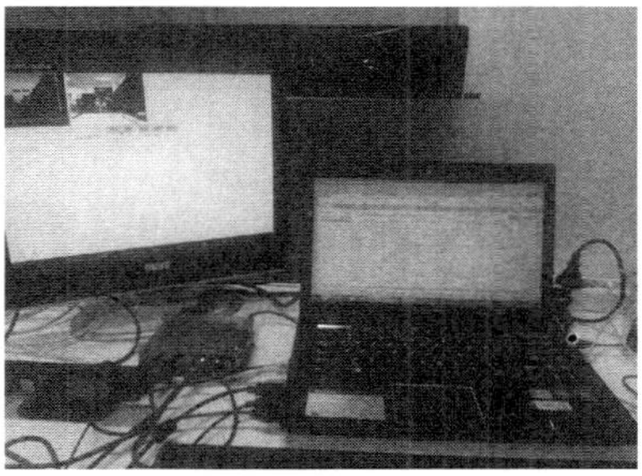

图 3.1 系统硬件搭建

3.2 算法设计

为了实现算法在 Android 平台下的实现，本文通过 JNI 调用 native 层的行人检测算法。JNI 是 Java Native Interface 的缩写，它是一种机制，它可以在 java 程序中调用其他 native 代码，或者使 native 代码调用 java 层的代码。也就是说，JNI 可以使 Android 项目中，java 层与 native 层各自发挥所长并相互配合。Java Native Interface（JNI）是 Java 提供的一个很重要的特性。它使得用诸如 C/C ++ 等语言编写的代码可以与运行于 Java 虚拟机（JVM）中的 Java 代码集成。有些时候，Java 并不能满足你的全部开发需求，比如你希望提高某些关键模块的效率，或者你必须使用某个以 C/C ++ 等 Native 语言编写的程序库。JNI 调用本地代码示意图如图 3.2 所示。

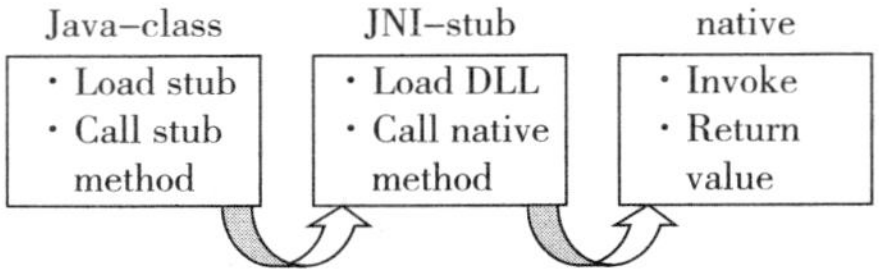

图 3.2　JNI 调用过程示意图

具体的行人检测算法流程图如图 3.3 所示。

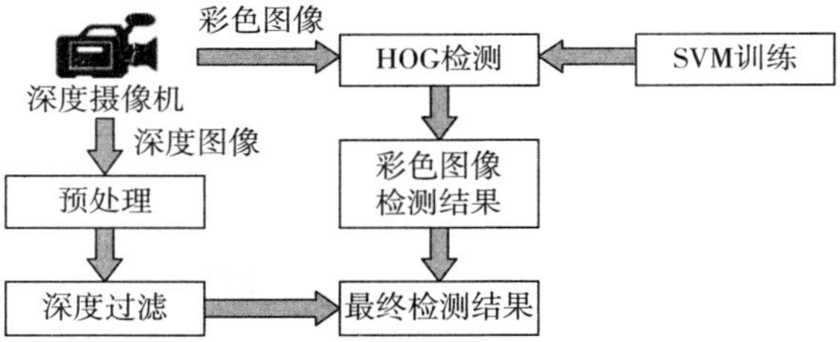

图 3.3　行人检测算法流程图

首先使用深度摄像头获取现实场景的深度图像和彩色图像，然后对深度图像进行预处理，随后使用 OpenCV 对其深度过滤。对深度图像深度过滤过程如图 3.4 所示：

（a）深度图像原图　　　　（b）去除边缘后将图像二值化

（c）开运算

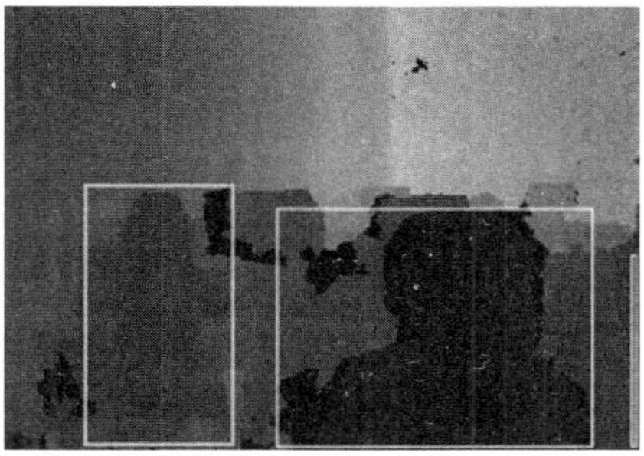

（d）深度图像过滤

图 3.4　深度图像及其过滤结果

然后使用训练好的 SVM 分类器对彩色图像进行 HOG 检测，然后结合对应的深度图像过滤结果得到最终的结果。

4. 研究结果

对系统进行测试，得到如图 7 的检测结果。图 4.1（a）是对真实场景的深度图像过滤后的结果，其中白色方框中的区域设定阈值分割，图 4.1（b）彩色图像中蓝色方框是取深度过滤的区域和 HOG 检测结果的交集的最终结果。可以看出，系统功能运行正常，且达到了行人检测系统应满足的要求。

（a）深度过滤结果

（b）最终结果

图 4.1　检测结果

5. 创新点

体感技术作为计算机视觉方向一项新兴的技术，在发展过程中融合了很多相关的技术基础，而这些相关基础都是建立在体感设备上的。体感摄像头作为体感设备的重要组成成员，在对人体特征检测方面有其独特的优点。本文使用体感摄像头作为的场景中信息采集设备，实现了对行人深度信息的获取，并在此基础上实现了对行人的检测。此外，系统将算法成功移植到了 Android 系统下，使用了 JNI 技术确保了检测算法可以实时处理图像的高效性。

6. 结语

本文在现有行人检测算法的基础上，引入了体感技术，使用体感摄像头作为空间的信息采集设备，设计并实现了基于 ARM 的嵌入式行人检测系统，该系统有效地利用了 Android 所特有的 JNI 技术，对算法进行了优化，极大地提高了执行效率。本文中提出的行人检测算法，通过采集大量的现场图片并标记形成正负样本训练集，随后提取正负样本中人体头肩部区域的 HOG 特征使用 SVM 分类器进行训练，最后采用基于深度图像的阈值分割方法，并结合 SVM 分类器对行人进行目标检测识别。

参考文献

[1] D. Geronimo, A. M. Lopez and A. D. Sappa, et al. Survey of pedestrian detection for advanced driverassistance systems [J]. IEEE Transactionson Pattern Analysis and Machine Intelligence, 2010, 32 (7): 1239-1258

[2] M. Enzweiler, and D. Gavrila. Monocular pedestrian detection: survey and experiments [J]. IEEE Transactions on Pattern Analysis andMachine Intelligence, 2009, 31 (12): 2179-2195

[3] Dalal Navneet, Triggs Bill. Histograms of oriented gradients for human detection [C]. Computer Vision and Pattern Recognition, 2005. CVPR 2005. IEEE Computer Society Conference on. IEEE, 2005, 1: 886-893

[4] Nick C. Tang, Yen-Yu Lin, Ming-Fang Weng, and Hong-Yuan Mark Liao, Cross-Camera Knowledge Transfer for Multiview People Counting. IEEE Transactions on image processing, 2015, 24 (1): 80-93

[5] D. Geronimo, and A. M. Lopez. Vision-based Pedestrian Protection Systems for Intelligent Vehicles, BOOK, 2014

[6] Ikemura S, Fujiyoshi H. Real-time human detection using relational depth similarity features [C]. Computer Vision - ACCV 2010, Lecture Notes in Computer Science. Los Alamitos, CA, United States: IEEE, 2011: 25-38

锚杆长度无损测量方法的初步研究

北方工业大学：李亚舟　张新燕　高金秋
指导教师：王恩成 讲师

［摘　要］锚杆是地下煤矿巷道加固与支护中非常重要的材料。如果锚杆的安装长度没有达到设计要求，其对锚固质量影响很大。基于电磁波在传输过程中形成电驻波的原理进行矿用锚杆长度的无损检测，可以达到快速、准确、简便的目的，适用于大规模的锚杆长度检测。

［关键词］锚杆；电磁波；无损检测

1. 研究背景

随着锚杆锚固在地下煤矿、岩土功能等各个领域的广泛应用，锚杆锚固的质量也越来越受到重视。由于现场施工条件、地质问题、材料质量等因素影响，锚杆锚固质量的检测问题一直没有得到很好的解决。传统的拉拔力试验法，既费时又费力，具有破坏性，而且还只能检测锚固力，无法检测锚杆长度。但是无损检测方法就不同，这种方法不会对锚固锚杆的岩石、煤矿等造成损坏，而且可以实现大面积的快速检测。现在主要用于锚杆无损检测的方法包含超声波法、冲击力波法等，这些方法存在与锚杆耦合的问题，计算及操作具有复杂性，测量结果也会受到测量者的影响。基于电驻波的锚杆无损测量方法，其测量信号为电信号，通过测量探针与被测锚杆的电接触即可实现信号传输与测量，具有体积小、方便操作等特点，可用于煤矿锚杆的大面积检测[1]。

2. 硬件电路设计

2.1　工作原理

利用电驻波测量金属锚杆长度的方法以传输线和天线的等效原理为依据。当终端开路的传输线长度为输入信号波长的1/4时，输入端为波节点。单根金属锚杆可看作直立天线，通过镜像原理等效为对称振子天线，进而可看作终端开路的传输线，因此，可以用传输线理论来测量金属锚杆长度。根据传输线理论，正弦波信号在单根导线上传输至末端会发生全反射，与入射信号叠加后将形成驻波，当导线始端处信号电压第一次达到最小值时，信号的波长为导线长度的4倍。根据这个原理进行锚杆长度测量时，首先通过频率扫描的方法，测得锚杆始端电压的最小值，但是由于在实际测量时，频率扫描信号的电压随着频率的升高，电压值会衰减，且不是恒值，于是在频率扫描信号的输出端添加放大器以实现信号电压的放大，并且通过比较空载与存在锚杆时，相同频率点对应电压值变化最大的电信号的波长为金属锚杆长度的4倍。该方法不仅解决了信号输出不恒定且电信号电压太小不利于检波的缺点，而且测量速度快，对锚杆无损坏，电路简单且与锚杆连接方便。该方法能够快速测量锚杆长度，且不会对锚杆产生损害，电路实现简单，与锚杆耦合连接方便[2]。

2.2 原理图设计

图2.1为锚杆无损检测的原理图，主要包括单片机控制模块、MAX232串口模块、频率扫描信号产生模块、放大模块、检波模块以及显示模块6部分构成。单片机控制模块采用自带AD结构的STC12C5204AD芯片；频率扫描模块采用TI公司生产的CDCE906芯片；放大模块采用芯片OPA691的放大电路；检波模块采用二极管包络检波电路；显示模块则采用液晶屏显示。

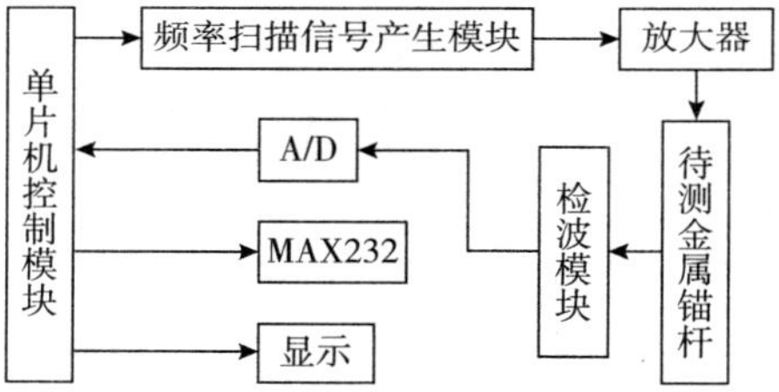

图2.1 锚杆无损检测的原理图

该测量仪的工作流程可以分为以下几个：首先利用单片机控制CDCE906产生频率从10MHz~100MHz的电信号，步长为0.5MHz的方波信号，再将方波信号经过OPA691放大器，使芯片CDCE906输出的信号幅值放大，由于锚杆可以看作单根终端开路的传输线，通过电接触法进入锚杆终端后发生完全反射与入射信号形成电驻波，最后电驻波信号经过检波电路之后进入到A/D模块，经过数模转换后输出，便可得到电压值变化最大时对应的频率值。当测量锚杆长度时，可以先测量同材质已知长度L_0金属锚杆检波电压变化最大值对应的频率点f_0，再测量未知长度L锚杆对应频率变化最大值对应的频率点f，由于电信号的波长 $\lambda=\frac{c}{f}$，金属锚杆的长度 $L=\frac{\lambda}{4}$，所以待测金属锚杆的长度 L：$L=L_0\frac{f_0}{f}$[3]。

本次设计单片机控制模块选用的是具有高速 A/D 转换功能的 C51 单片机芯片 STC12C5204AD。该芯片具有内部 EEPROM 存储功能，可寻址的 USART 模块。EEPROM 模块用于存储原始数据，A/D 模块用于实现检波电压的数据采集，USART 模块用于实现数据的下载，而 STC12C5204AD 不具有 I2C 接口，可以通过自定义 I/O 口为 I2C 接口，实现与具有 SMBus 接口的可编程时钟乘法器芯片 CDCE906 的 I2C 协议通信。CDCE906 内部包含 3 个锁相环结构，每个 PLL 锁相环的输出频率都是通过 M、N、P 控制，所以可使用 I2C 协议通信，使单片机改变 CDCE906 内部 PLL 锁相环的 M、N、P 值，实现输出频率的变化，即输出频率范围为 10MHz ~ 100MHz 的方波信号[4]。

2.3 放大电路设计

由于频率扫描模块输出的电信号的幅值电压会随着频率的升高而减小，不利于检波电路的实现，所以为了实现输出电信号的幅值增大，采用了芯片 OPA691 的放大电路，然后再将电驻波信号传输到检波电路。

TI 公司的 OPA691 是电流反馈型放大器，最主要的特点之一就是其不受增益带宽积的限制，在很宽的频带范围内具有很好的频率稳定性，而电压反馈型放大器则没有此优点。电流反馈型放大器的反馈电阻应根据数据手册在一个特定的范围内选取，而电压反馈放大器的反馈电阻阻值的选取相对宽松一些。一般来说，电压反馈放大器在 10MHz 以下、低增益和小信号条件下会拥有更好的直流精度和失真性能；而电流反馈放大器在 10MHz 以上、高增益和大信号调理中会表现出更好的带宽和失真度。在高速信号调理中，当信号频率大于 10MHz 时，就要考虑选择电流反馈放大器。放大电路的硬件原理图如图 2.2 所示。

此硬件电路图具有抗干扰设计功能，在设计电路板时应采取有效屏蔽措施，防止干扰。该设计使用接地覆铜面，使得各处引脚对地具有相对低的阻抗。将该电路封装在屏蔽罩中，所有引线（地线和输出信号线除外）均通过 SMA 及穿心电容引出，穿心电容的外极接地可以提高屏蔽效果。实测表明，通过增加有效屏蔽，带宽会显著增大[5]。

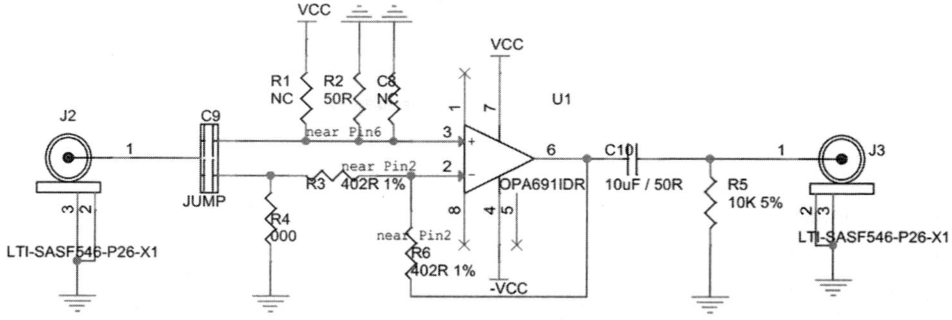

图 2.2 信号放大电路原理图

2.4 检波电路设计

检波电路采用二极管包络检波，锚杆始端处驻波信号为检波电路输入信号，当波长满足 $L = \lambda/4$ 时，锚杆始端处于驻波的波谷，电压最小，当波长不满足 $L = \lambda/4$ 时，检波器的输入信号相当于等幅波，经过检波后，输出的是直流恒定电压。检波电路如图 2.3 所示。

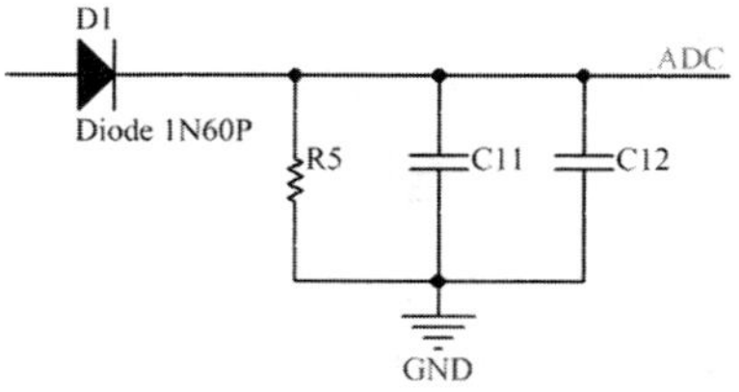

图 2.3 检波电路原理图

2.5 频率生成模块与单片机控制模块

单片机是整个电路的控制核心，其电路图如图 2.4 所示。

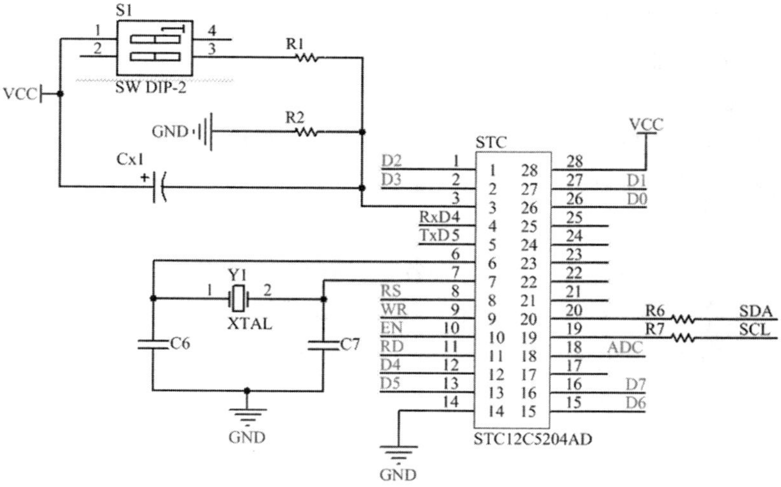

图 2.4 单片机控制模块

频率生成模块如图 2. 5 所示。频率生成模块利用 STC12LE5204AD 单片机控制 CDCE906 产生频率信号。可编程时钟乘法器 CDCE906 是基于锁相环（PLL）模块的频率合成芯片，其内部包含 3 个 PLL 模块，只需一个信号源，便可产生 6 路输出，且每路的输出信号可根据 3 组 PLL 在线编程实现，最高输出频率可达 167MHz。其输入信号可以是时钟晶振信号、单端 LVCMOS 信号或是差分输入信号。时钟晶振的频率范围为 8MHz ~ 54MHz，而单端 LVCMOS 号和差分输入信号可达到 167MHz。本文中采用的外接晶振时钟信号，而外接晶振时钟信号一般需加负载电容，如图 2. 5 中的电容 C1、C2，为产生稳定的输出频率，C1、C2 均取值 18pF。可编程时钟乘法器 CDCE906 具有 IIC 接口，便可采用单片机与 CDCE906 通过 IIC 总线协议进行通信，不具有 SDA、SCL 管脚的 STC12LE5204AD 单片机芯片，可在程序内部对其进行定义，本设计中将单片机的 P1. 1、P1. 2 管脚分别定义为 SCL、SDA 管脚。单片机与 CDCE906 均采用 3. 3V 电压供电，单片机选择 11. 0592MHz 的晶振，CDCE906 则选择 10MHz 的晶振[6]。

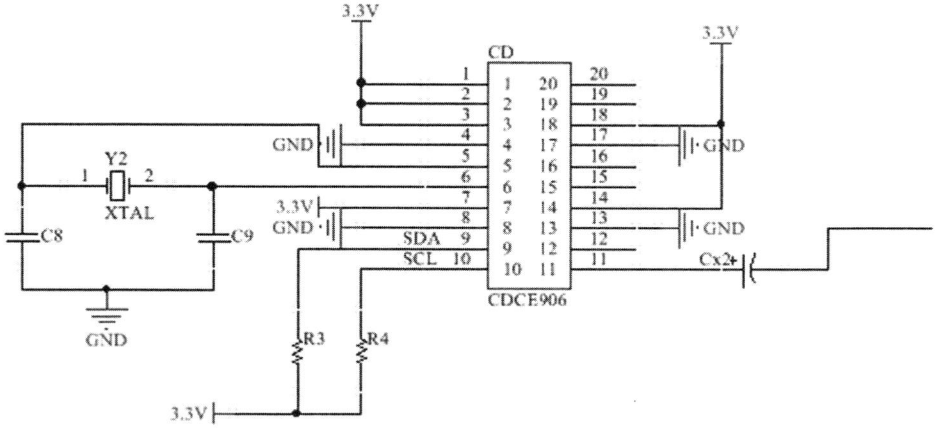

图 2. 5 频率生成模块

2. 6 串口电路

通过 MAX232 串口，将采集的频率值以及电压上传到电脑上。串口电路如图 2. 6 所示。

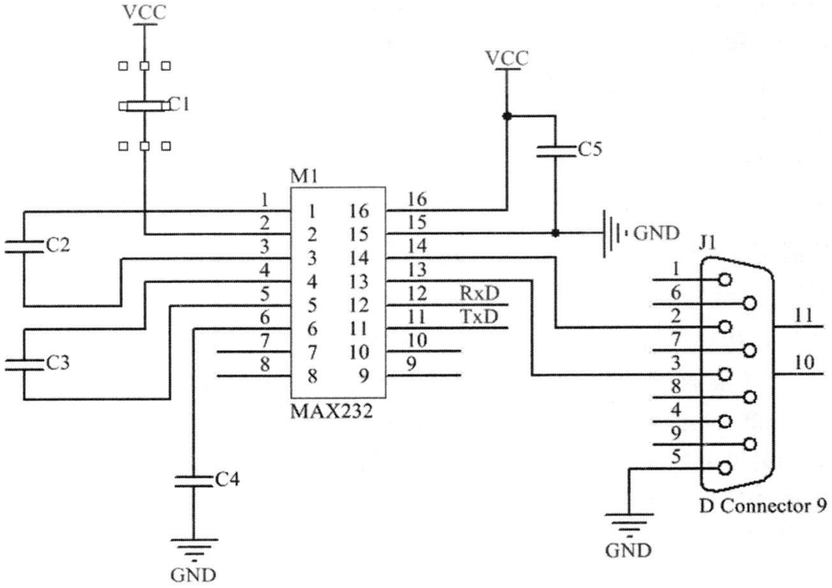

图 2.6　串口电路

3. 软件结构设计

3.1　IIC 总线协议

单片机与 CDCE906 通信采用 IIC 总线协议，IIC 总线是由数据线 SDA 和时钟线两条线构成通信线路，既可发送数据，也可接收数据。在 CPU 与被控 IC 之间、IC 与 IC 之间都可以进行双向传送，最高传送速率可达到 400kpbs，各种被控器件均并联在这条总线上，单每个被控器件都有唯一的地址。在信息传输过程中，IIC 总线上并联的每一个器件既是主控器（或被控器），又是接收器（或发送器），这由其所要完成的功能决定。CPU 发出的控制信号分为地址码和数据码两部分，地址码用于选址，即接通需要控制的电路，数据码是通信内容，这样各控制电路虽在同一条总线上，却又彼此独立，互不相干。

IIC 总线在传输数据的过程中，共用 3 种类型信号：开始信号、应答信号和结束信号。

3.2 CDCE906 控制指令

利用 IIC 总线协议控制器件时，每个器件都有自己的控制指令格式，需按照规定的指令格式才能实现正常通信。

CDCE906 包含两种操作方式：字节写（Byte Write）与块写（Block Write）。CDCE906 的所有字节均有缺省值，如果只需修改其中的少数几个地址，不连续的字节便可以获得想要的结果，建议使用字节写方式。如果需要改动多数字节，块写方式就更为方便。本设计采用的是字节写方式对相应的字节进行修改。

CDCE906 字节写方式的通信协议如图 3.1 所示。其中 S 表示开始条件，Slave Address 为将要写入芯片的地址，通过 S0、S1 控制管脚设置芯片的地址，就可以实现单片机对相对应的 CDCE906 芯片进行读写操作。Wr = 1 表示单片机对芯片进行写操作。CommandCode 的最高位为 0 时，芯片通信方式为块读写方式，最高位为 1 时，芯片通信方式为字节读写方式，CommandCode 的低 7 为读写字节的偏移地址。在对 CDCE906 进行写操作时，都是从低字节向高字节写，写完之后芯片会回馈一个应答信号 ACK，写入为低，未写入高。

1	7	1	1	8	1	8	1	1
S	Slave Address	Wr	A	CommandCode	A	Data Byte	A	P

图 3.1 CDCE906 字节写方式通信协议

3.3 控制程序的设计

单片机控制 CDCE906 芯片的程序流程图如图 3.2 所示，单片机与 CDCE906 芯片是通过 IIC 协议实现通信的，可以利用单片机控制 CDCE906 内部 PLL 的 M、N、P 的值，得到不同频率的方波信号。

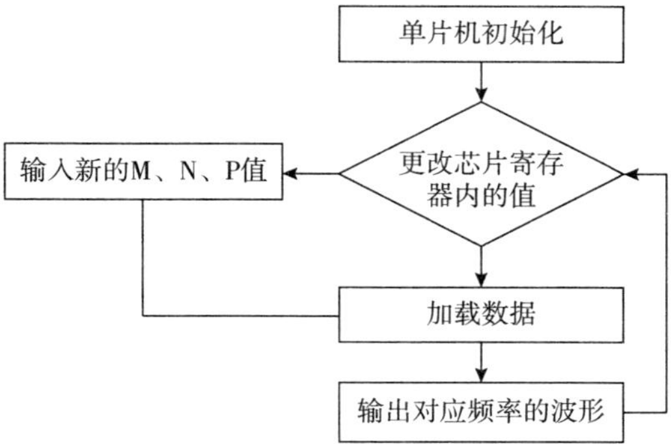

图 3.2 单片机控制 CDCE906 芯片的程序流程图

由于本设计中选用的 STC12LE5204AD 单片机芯片没有 IIC 接口，所以需要自定义，即 sbit SDA = P1^2；sbit SCL = P1^1。

4. 研究结果

通过 MAX232 串口，将采集的频率值以及电压上传到电脑，横坐标为频率 f，纵坐标为电压差 v，在 Origin 中画出对应的关系图形。通过液晶显示屏显示锚杆始端电压值变化最大对应的频率值。根据已知锚杆长度 $L\alpha = 1.085\text{m}$，如图 4.1（a）、图 4.1（b），液晶显示的频率以及 Origin 中的电压——频率图形，则信号在锚杆中的传播速度 $v_g = 4f_a/L_\alpha = 2.78 \times 10 m/s$，图 4.2（a）、图 4.2（b）为待测锚杆始端电压值变化最大值对应的频率 $f_b = 36.5\text{MHz}$ 以及 Origin 中的电压——频率图形，则待测锚杆的长度 $\text{L} = v/4f = 1.90\text{m}$ 而待测锚杆的实际长度为 1.925m，则测量锚杆长度的相对误差为 3.41%，根据以上数据可说明测量仪具有较高的准确性。

（a）　　　　（b）

图 4.1　液晶屏显示频率

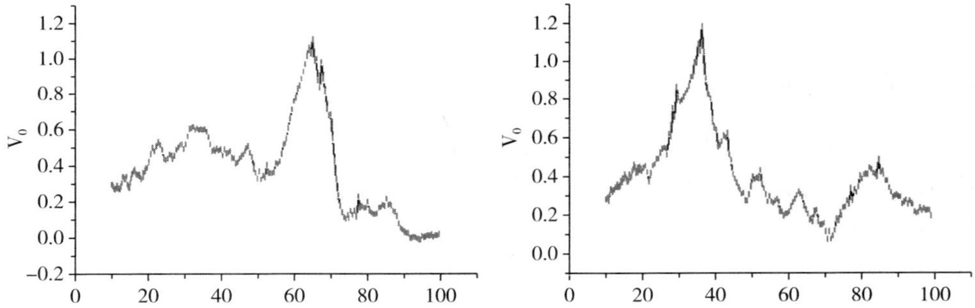

（a）　　　　（b）

（a）实际长度 1.085m 的锚杆　　　　（b）实际长度为 1.925m 的锚杆

图 4.2　电压——频率

5. 结束语

根据电信号在单根开路导体传输形成电驻波的原理，提供了一种无损检测锚杆长度的方法，此方法简单方便，而且易操作，不受测量者的影响且测量精度较高。

设计中的放大电路解决了由于频率升高或是信号在锚杆中传输造成的电信号的幅值衰减。因此，该测量仪具有较大的实用价值。

参考文献

[1] 王子剑，徐钊，房咪咪，等基于电驻波的锚杆长度测量仪设计［J］. 煤矿安全，2012，43（9）：111-113

[2] 徐钊，房咪咪，周红伟，等. 基于电驻波的锚杆长度无损测方法［J］. 工矿自动化，2013，39（9）：112-115

[3] 杨勇，张东方，王运生. 锚杆锚固质量无损检测理论研究与应用［J］. 工程地球物理学报，2010（3）

[4] 任雷，林岩，张干沫阳. 基于 CPLD 的 OMAP-L137 与 ADS1178 数据通信设计［J］. 单片机与嵌入式系统应用，2009，8：26-28

[5] 刘大年，吴晓霞，蒋泽润，梁其超，岳欣. 200MHz 宽带放大电路的设计［J］. 信息通信，2015，06：58-59

[6] 杨立永，杨日杰，董云龙. 基于 CDCE949 的可控频率源设计与实现［J］. 电子设计工程，2011，05：4-6

[7] 赵博，李林，姬红兵. CDCE906 倍频性能分析（A）. 西安电子科技大学，2011

模拟放大器电路研究

北方工业大学：刘大年
指导教师：黄明 讲师

［**摘　要**］本文对放大电路研究了运算放大器的种类、运算放大器的详细评价指标及其应用调整方法。在此过程中，以辩证的态度对待典型芯片说明书、官方参考文档，广泛查阅资料，从原理上分析结果原因，以便于今后设计放大电路优选方案。

［**关键词**］放大电路设计；运算放大器参数

1. 选题背景

电子技术的不断发展，使其对放大电路的要求也越来越高，其中设计一款合适的放大电路必须对集成运算放大器的模型参数及应用做详细的研究。本文研究了多种类型放大器的模型和参数，对关键应用特性参数进行分析，以便于今后设计放大电路优选方案。

2. 运算放大器的种类

2.1　通用放大器

一般认为，在对参数没有特殊要求情况下的价廉且应用广泛、互换型号的运放叫通用放大器。我们叫它为通用运放高速放大器。就拿增益带宽积这一个指标来说，通用放大器的范围一般在0.1～400MHz。

2.2　高速放大器

高速放大器的增益带宽积至少50MHz，最高可到7000MHz。

2.3　全差动放大器

全差动放大器有差分输入脚IN＋和IN-，差分输出脚OUT＋和OUT-，除此之外还有一个输入脚，称之为 V_{OCM}。如图 2.1 所示。

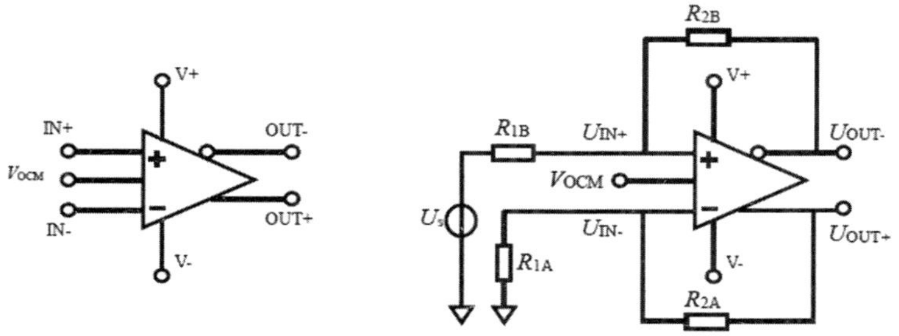

图 2.1　全差分运放以及全差分运放组成的单端转差分放大电路

$$U_{OUT+} - U_{OUT-} = A_{uo}(U_{IN+} - U_{IN-}) \tag{1-1}$$

$$\frac{U_{OUT+} - U_{OUT-}}{2} = V_{OCM} \tag{1-2}$$

式（1-1）很容易理解。

式（1-2）是一个新概念，当你在 Vocm 端接入一个电压，那么差分输出的两个端子的共模电压（即两个差分输出信号的平均值）将等于你输入的 Vocm。这可以理解为，两个差分输出端子，将围绕着输入的 Vcom 波动。这个功能将常用于输出电平的移位。为了区别这两种运放，2 入 1 出的可以称为标准运放，2 入 2 出的可以称为全差分运放。

2.4　精密放大器

运算放大器精度指标主要有以下几项：失调电压、温漂、噪声、线性度等。普通运放输入失调电压为 mV 级，OP07 只有 20uv 左右，温漂、噪声也不到 1uv。主要应用在仪表等输入级小信号放大。

2.5　音频放大器

音频放大器高保真、低失真。一个好的音频放大器的-3dB 带宽将在 20Hz ~ 20kHz 左右（正常人的听觉频率范围）。各种运放由于其内部结构的不同，产生的失真成分也不同，所以音色特点也有一定的区别。偏干、偏冷、细腻温暖、冷艳亮丽。相同型号，不同厂家生产的芯片在听感上也会有所差别。所以价格差距也会比较大。比如，同样是 NE5532，TI 生产的要 0.29 元；Philips 生产的要 4 ~ 5 元；而美国大 S 厂家生产的则要多至 8 ~ 10 元。

2.6 可变增益放大器

比如压控增益放大器，放大器的增益由外部施加的电压 Vg 连续控制。有 dB 线性控制和 V/V 线性控制两种。有的是正控制——Vg 越大，增益越大；有的是负控制——Vg 越大，增益越小。压控放大器用途很广泛。其中一个主要应用是自动增益控制 AGC。有些芯片为此还内嵌了输出有效值检测环节，以直流电压表征输出幅度，此电压如果回送到负控制的压控增益放大器的 Vg 脚，可以方便实现 AGC 功能——输入幅度大范围改变时，输出幅度几乎不变。录音笔中一般都具备这种功能：距离说话者远也罢、近也罢，录下的声音大小几乎是一致的。

2.7 差动放大器

由一个运放和若干个激光校准电阻对集成在一起的电路，而其中的电阻值选择均以容易形成差动放大器为目的。多数如 AD8276 一般，包含 4 个激光校准的电阻，也有 5 个电阻、6 个电阻甚至更多电阻的，主要用于信号减法（比如电流检出）、精确增益、信号差分转单端、电平位移等。如图 2.2 所示。

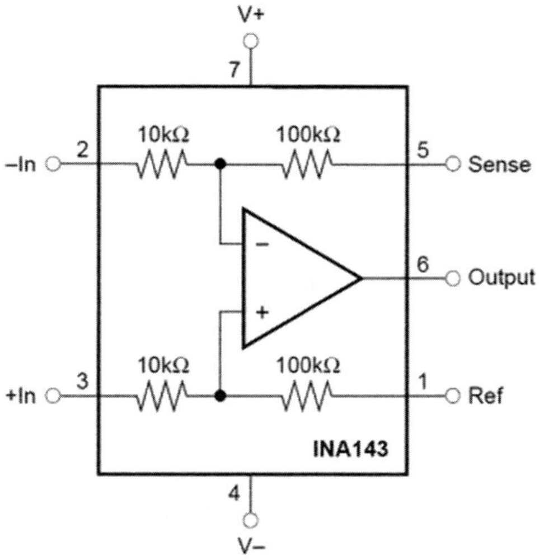

图 2.2 差动放大器 INA143（TI）

2.8 仪表放大器

有高阻差分输入，输出有单端的，也有查分的，增益一般可以用一个外部电阻，由用户选择设定。常用于仪器仪表的最前端，和传感器直接接触。仪表放大器内部通常具有2个或者更多的运放，最典型的是三运放结构。仪表放大器具有极高的共模抑制比——对信号的差值极为敏感而对共模量不敏感，还有极高的输入电阻。但是他的输入管脚有工作限制，第一不得悬空，第二不能承受太高的电压。

2.9 隔离放大器

隔离放大器是一种特殊的测量放大电路，其输入、输出和电源电路之间没有直接电路耦合，即信号在传输过程中没有公共的接地端。

3. 运算放大器的参数指标详解

3.1 输入失调电压

在运放的应用中，不可避免地会碰到运放的输入失调电压Vos问题，尤其对直流信号进行放大时，由于输入失调电压Vos的存在，放大电路的输出端总会叠加我们不期望的误差。如图3.1所示。

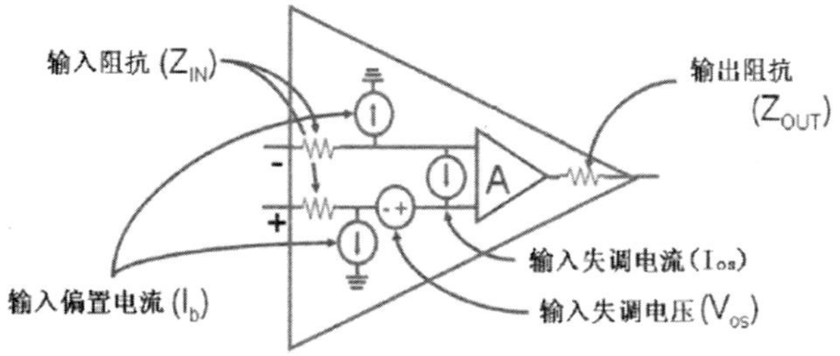

图3.1 运算放大器参数

理想情况下，当运放两个输入端的输入电压相同时，运放的输出电压应为0V，但实际情况确是，即使两输入端的电压相同，放大电路也会有一个小的电压输出。如图3.2，这就是由运放的输入失调电压引起的。

严格的定义为，在运放开环使用时，加载在两个输入端之间的直流电压使得放大器直流输出电压为0。

运放的输入失调电压来源于运放差分输入级两个管子的不匹配。如图3.3所示，受工艺水平的限制，这个不匹配是不可避免的。差分输入级的不匹配还会引起很多其他的问题。

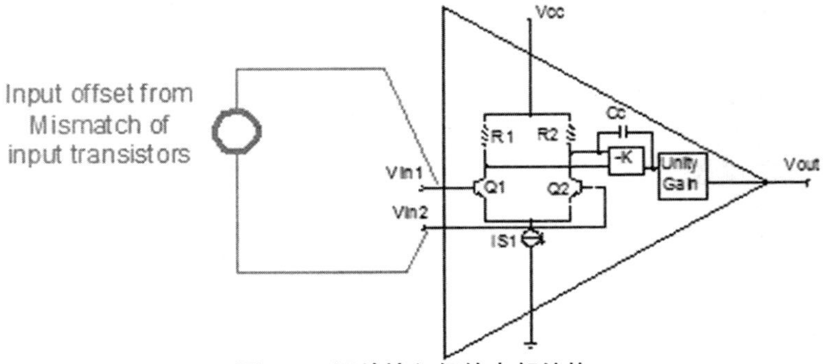

图 3.2　运放输入级的内部结构

下面是测量电路和测试方法。经实际测量，这个电路的测量结果还是很准确的。C1 是超前补偿电容以防止电路的振荡，根据实际电路选择。OP2 是测试辅助运放，需选低偏置电压和低偏置电流的运放。

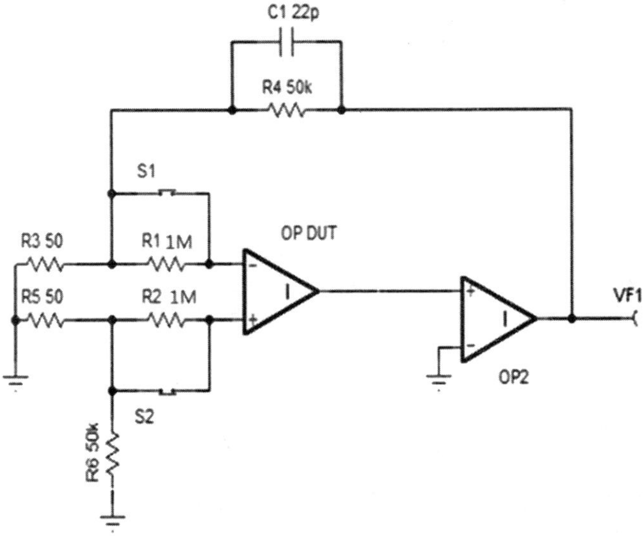

图 3.3　运放的失调电压测量电路

关闭 S1 和 S2，测试出 OP2 运放的输出电压记下 Vout。则输入失调电压为

$$V_{os} = V_{out}(\frac{R_3}{R_4 + R_3})$$

3.2　输入偏置电流

输入偏置电流 Ib 是由于运放两个输入极都有漏电流（我们暂且称之为漏电流）

的存在。如图3.4所示。我们可以理解为，理想运放的各个输入端都串联进了一个电流源，这两个电流源的电流值一般不相同。也就是说，实际的运入，会有电流流入或流出运放的输入端的（与理想运放的虚断不太一样）。那么输入偏置电流就定义这两个电流的平均值，这个很好理解。输入失调电流则定义为两个电流的差。

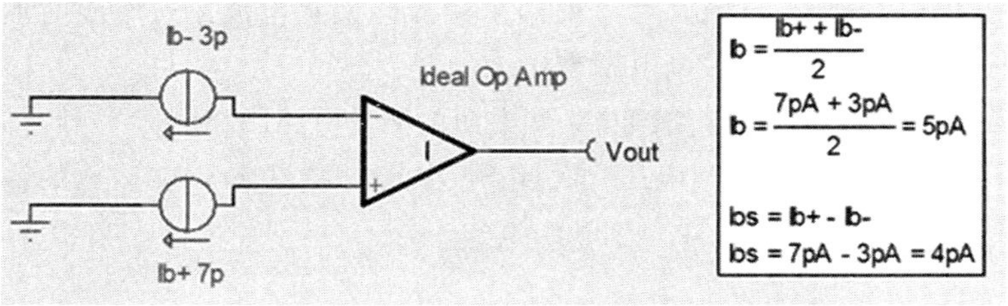

图3.4　输入偏置电流Ib

我们要深究一下这个电流的来源。那我们就要看一下运入的输入级了，运放的输入级一般采用差分输入（电压反馈运放）。采用的管子，要么是Bipolar（三级管），要么是场效应管（FET）。如图3.5所示，对于Bipolar，要使其工作在线性区，就要给基极提供偏置电压，或者说要有比较大的基极电流，也就是常说的，三极管是电流控制器件。那么其偏置电流就来源于输入级的三极管的基极电流，由于工艺上很难做到两个管子的完全匹配，所以这两个管子Q1和Q2的基极电流总是有这么点差别，也就是输入的失调电流。Bipolar输入的运放这两个值还是很可观的，也就是比较大的，进行电路设计时不得不考虑的。而对于FET输入的运放，由于其是电压控制电流器件，可以说它的栅极电流是很小的，一般会在fA级，但不幸的是，它的每个输入引脚都有一对ESD保护二极管。这两个二极管都是有漏电流的。漏电流一般会比FET的栅极电流大得多，这也成为FET输入运放的偏置电流的来源。

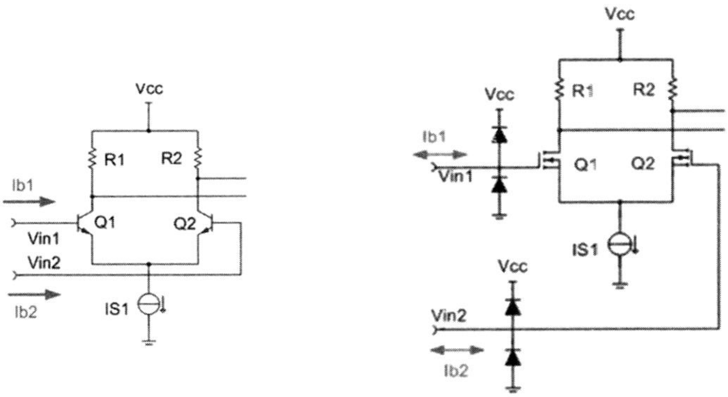

图3.5　造成输入偏置电流的运放输入级

上面分析了定义和来源，下面就要说说这两个参数对电路的影响了。输入偏置电流会流过外面的电阻网络，从而转化成运放的失调电压，再经运放化后就到了运入的输出端，造成了运放的输入误差。这也就说明了，在反向放大电路中，为什么要在运放的同相输入端连一个电阻再接地。并且这个电阻要等于反向输入端的电阻和反馈电阻并联后的值。这就是为了使两个输入端偏置电流流过电阻时形成的电压值相等，从而使它们引入的失调电压为0。

对于偏置电流的测量，电路图与失调电压的测量电路图相同。

（1）首先测试运放的失调电压。关闭S1和S2，测试出OP2运放的输出电压记下Vout。则输入失调电压为：

$$V_{os} = V_{out}\left(\frac{R_3}{R_4 + R_3}\right)$$

（2）打开S2，待测运放的Ib+流入R2，会形成一个附加的失调电压Vos1，测试出OP2运放的输出电压记下Vout1。则运放同向输入失调电压为：

$$I_{b+} = (V_{out1} - V_{out}) * \left(\frac{R_3}{R_4 + R_3}\right) / R_2$$

（3）关闭S2，打开S1，待测运放的Ib－流入R1，会形成一个附加的失调电压Vos2，测试出OP2运放的输出电压记下Vout2。则运放反向输入失调电压为：

$$I_{b-} = (V_{out} - V_{out2}) * \left(\frac{R_3}{R_4 + R_3}\right) / R_1$$

（4）运放输入偏置电流为：

$$I_b = \frac{(I_{b+}) + (I_{b-})}{2}$$

运放输入失调电流为：

$$I_{os} = (I_{b+}) - (I_{b-})$$

3.3 共模抑制比（CMRR）

运放的共模拟制比是常被关注的一个运放参数，尤其是在差分放大器和仪表放大器中。在此，讨论运放的共模抑制比以及CMRR带来给运放的误差。

运放的共模输入电压是指运放的两个输入引脚电压的平均值，注意是“平均值”，这一点很重要。如图3.6所示。

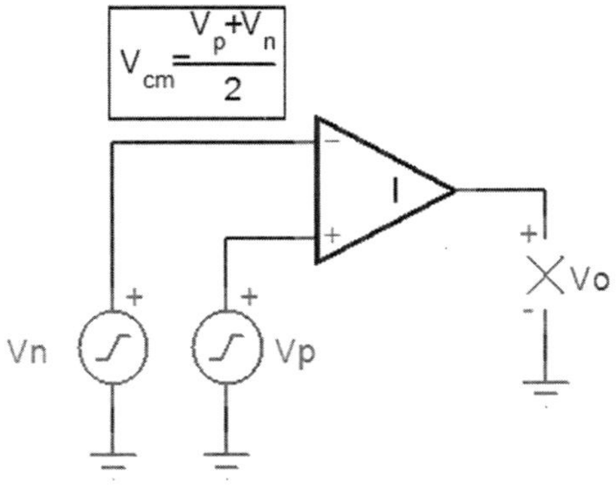

图 3.6 共模电压图示

在理想运放中，运放的差模放大倍数为无穷大，共模放大倍数为 0。而实际运放的差模放大倍数也不会是无穷大，共模放大倍数也不会是零。运放的共模抑制比（CMRR）是差模增益与共模增益的比，如下式：

$$CMRR = \frac{A_{dm}}{A_{cm}}$$

3.4 全功率带宽（FPBW）

全功率带宽的重要程度堪比增益带宽积，虽然只是一个数学推导。

对于一个输出为正弦波的信号，输出电压可表示为：

$$Vout = Vp * sin(2\pi ft)$$

这个输出电压对时间求导可得：

$$\cdot\ dV/dt = 2\pi f \cdot V_p \cdot cos(2\pi ft)$$

$$\cdot\ (dV/dt)max = 2\pi f V_p$$

上式的 max 是指在求导后的余弦信号在 t = 0 时得到最大值。这个很好理解，也就是说原正弦信号在 t = 0 时压摆率最大（信号导数的最大值）。

可以看出 dV/dt 表示的压摆率，跟信号的频序有关，还与信号的输出幅值有关。上式中，如果 Vp 是运放的输出满幅值，则上式可表示为：

$$\cdot\ SlewRate = (dV/dt)_{max} = 2\pi \cdot FPBW \cdot V_p$$

$$\cdot\ FPBW = SlewRate/2\pi V_p$$

此时 FPBW 就是运放的满功率带宽了。它太重要了。如果想在 100Khz 以内得到正弦波的 10Vo-p 振幅，按照公式需要转换速率的是 6.3v/us 以上的 OP。可以看出，满功率带宽由压摆率和输出信号的幅值决定的，也就是压摆率一定的情况下，输出信号的幅值越大，全功率带宽越小。

3.5 输出短路电流

运放的输出短路电流是用来表明运放输出级输入或灌入电流的能力，这一指标表明了运放的驱动能力。一般的运放最大输出短路电流在几十个 mA 的水平，看上去不算很小。但在一些情况下也会引起问题。

表 3.1 是 OPA376 的输出短路电流，看得出拉电流（源电流）和灌电流（陷电流）是不同的，一个是 30mA，另一个是 50mA。

表 3.1　　OPA376 的输出短路电流

PARAMETERS	CONDITIONS	OPA376，OPA2376，OPA4376			UNIT
		MIN	TYP	MAX	
Short-Circuit Current			+30/-50		mA

运放的输出短路电流在反映一个重要的性能，就是驱动负载的能力，尤其是当输出信号幅值比较大时，负载电阻较小时，如一个输入 20Vpp 的正弦波信号，加在一个 100ohm 上时，则加在负载上的电流有效值为 7.07V/100ohm = 70.7mA。

另一种的确定电流驱动能力的方法是使用输出电流和输出电压图。图 3.7 显示了 TI 公司的 LMH6642 的输出电流和输出电压图。对于大多数器件，通常会对源电流（图 a）和阱电流（图 b）这两种情况分别给出一张图。

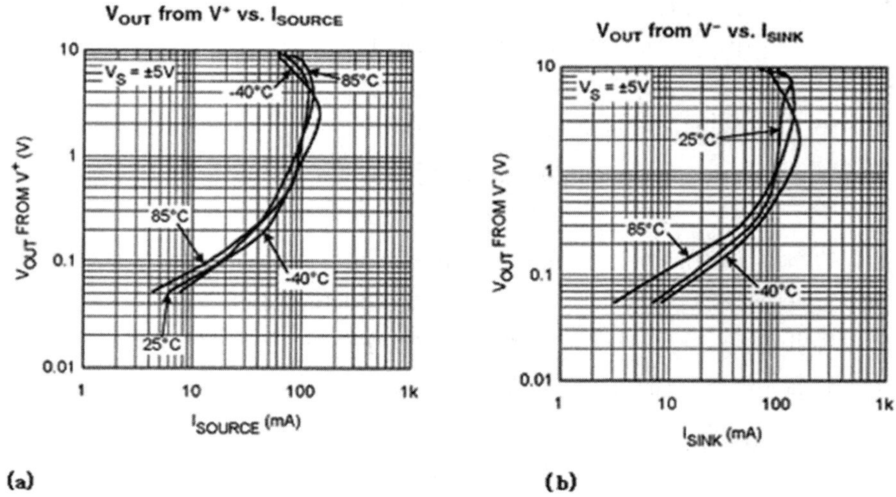

图 3.7　LMH6642 的输出特征

运用这种图，就能够估算出对于给定的输出摆幅运放所能提供的电流。这些图由芯片厂商用来显示放大器的输出电流能力与输出电压之间的关系。

4. 偏置电压的调零方法

以下介绍在输入侧进行的调零方法。

4.1 反相端输入，而同相端接地

对于输入的信号，如果从反相端输入，而同相端接地，则有以下两种电路图4.1、图4.2进行调零。

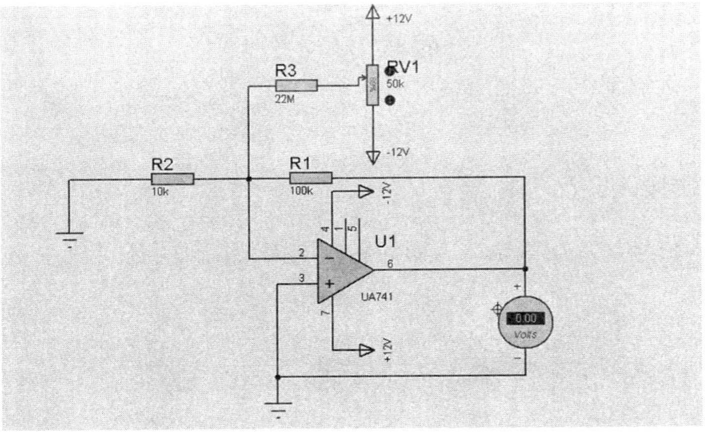

图 4.1

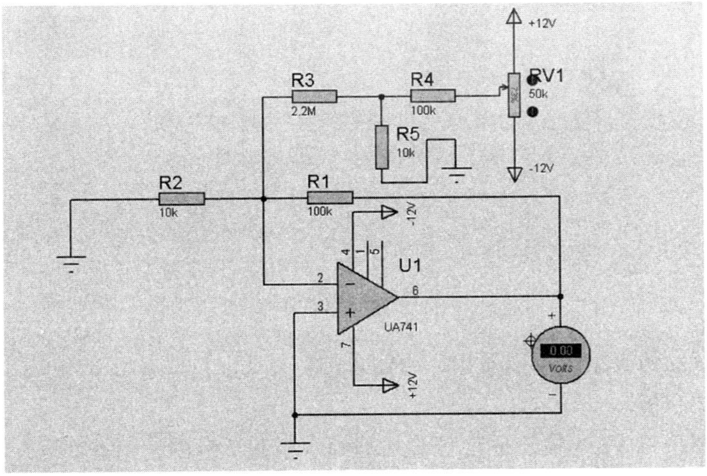

图 4.2

从两个图的仿真结果可以看出，当输入的信号为0时，输出的信号也为0，达到调零的目的。

对于图4.1：设Va为换算成信号输入端的电压调节范围，则有

$$V_a = \pm \frac{R_2 R_1}{(R_2 + R_1) R_3} \cdot V$$

其中V为运放工作时的电压绝对值（运放必须是双电源供电，且两电源的绝对值相等）。

对于图4.2：设Va为换算成信号输入端的电压调节范围，则有

$$V_a = \pm \frac{R_2 R_1}{(R_2 + R_1) R_3} \cdot \frac{R_5}{R_5 + R_4} \cdot V$$

其中V为运放工作时的电压绝对值（运放必须是双电源供电，且两电源的绝对值相等）。

4.2 反向端输入，而同相端空闲

对于输入信号从反向端输入，而同相端空闲的电路，还可以采用如下的调零方法。

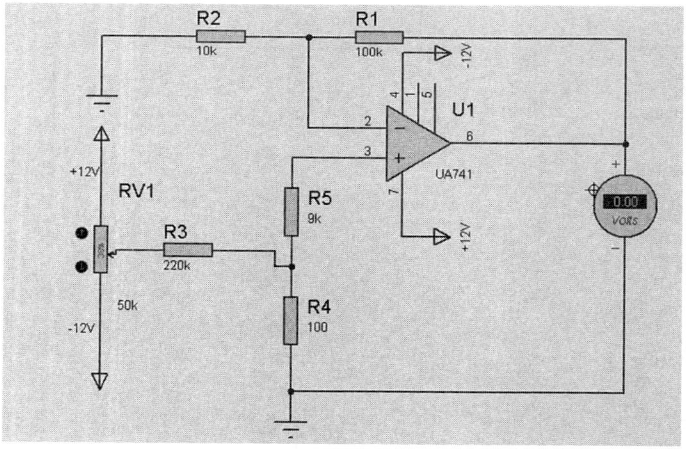

图4.3

由图4.3的仿真结果可以看出，当输入的信号为0时，输出的电压也为0，从而达到了调零的目的。

对于此图：设Va为换算成信号输入端的电压调节范围，则有

$$V_a = \pm \frac{R_4}{(R_3 + R_4)} \cdot V$$

4.3 同相端输入

对于同相端输入的信号，可以用如下电路图进行调零。

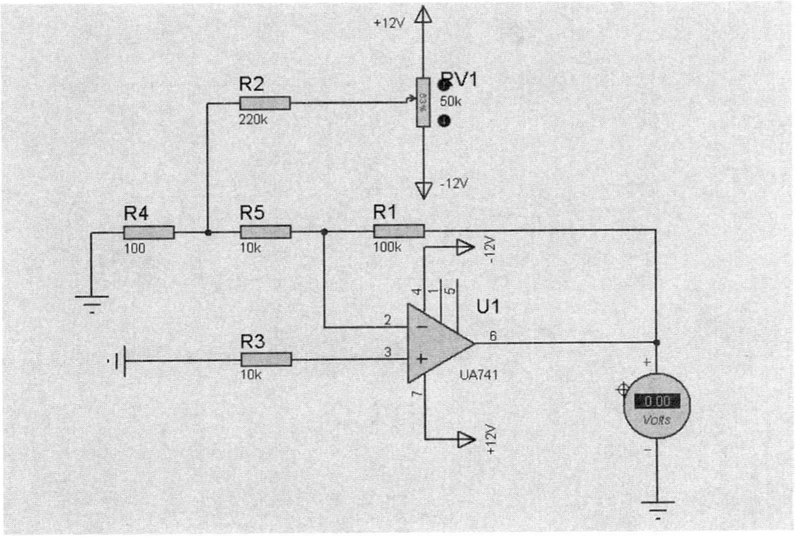

图 4.4

由图 4.4 的仿真结果可以看出，当输入信号为 0 时，输出也为 0，从而达到了调零的目的。

对于此图：设 Va 为换算成信号输入端的电压调节范围，则有

$$V_a = \pm \frac{R_4}{(R_2 + R_4)} \cdot \frac{R_1}{R_1 + R_4 + R_5} \cdot V$$

4.4 电压跟随器

对于电压跟随器，可以用图 4.5 的电路图进行调零。

由图 4.5 的仿真结果可以看出，当输入信号为 0 时，输出也为 0，从而达到了调零的目的。

对于此图：设 Va 为换算成信号输入端的电压调节范围，则有

$$V_a = \pm \frac{R_1}{(R_1 + R_2)} \cdot V$$

因此可以得到 ±7mV 左右的零点移动。

上述的几种调零方法，对于由于温度引起的零点漂移也可以适用。

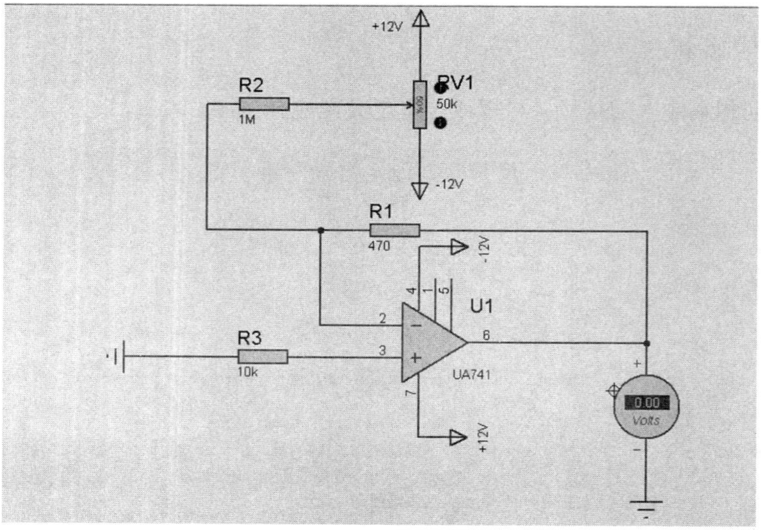

图 4.5

5. 小结

通过这次实验室项目，我获得了进入实验室的机会，能够亲身接触并体验到工程上的东西。跟着老师做项目，接触到了实验室先进的仪器、设备，让我开阔了眼界，对实验室的研究方向有了初步的认识。总之，这是一次难得的机会。明年我还会继续参加学校实验室项目！

参考文献

[1] 王镇道，陈迪平，朱小莉．双极性集成宽带放大器设计［J］．半导体技术，第 26 卷第 12 期

[2] TI 公司．德州仪器半导体技术（上海）有限公司大学计划．德州仪器高性能模拟器件高校应用指南，2013 年 8 月

[3] TI 公司．OPA691 Datasheet. opa691. pdf

[4] 童诗白，华成英．模拟电子技术基础（第四版）［M］．北京：高等教育出版社，2006

[5] 德州仪器公司在线支持社区．TI 员工：Wayne Xu．运放参数的详细解释和分析．http：//www. deyisupport. com/

[6] ADI 中文技术论坛．杨建国．西安交通大学．你好，放大器，2014. https：//ezchina. analog. com/community/amplifiers

数字图像处理双语教学仿真平台

北方工业大学：刘生辉　张瑶

指导教师：臧淼 讲师

[摘　要] 数字图像处理（Digital Image Processing）是通过计算机对图像进行去除噪声、增强、复原、分割、提取特征等处理的方法和技术，被广泛地应用于农牧业、林业、环境、军事、工业和医学等各个领域。基于数字图像处理的双语教学仿真平台正是为了满足数字图像处理学习而设计的，系统基于 Matlab 开发，并给出了许多仿真实例，有利于提高学生的学习效率。

[关键词] 数字图像处理；双语教学；仿真平台；计算机

1. 选题背景

近年来，随着信息技术的不断发展和机器视觉应用领域的不断扩展，许多领域对数字图像处理相关技术的人才需求越来越大，“数字图像处理”课程作为高校计算机、电子信息、自动化等相关专业的一门专业选修课程，越来越受到学生的欢迎，但是该课程偏重理论分析，理论实现的方法部分涉及较少，学生普遍感到概念抽象，难以理解，学习效果没有达到预期。另一方面，为了与国际接轨，很多学校引入英文教材授课，更增加了教学困难。为解决此问题，本文设计并实现了数字图像处理课程双语教学仿真平台，力求通过增加学生直观的认识，提高学生的学习兴趣。

2. 系统设计

本系统基于 MATLAB 设计了图像处理技术基础算法和应用实例两部分，基础算法部分包括文件基本操作、文件编辑、图像代数运算、图像增强、图像复原、彩色图像处理、图像压缩、形态学处理，综合实例部分给出了 X 光图像增强、指纹识别、染色体图像分析等实际应用实例。系统功能方框图如图 2. 1 所示。本文重点以图像融合和图像配准为例，介绍系统综合应用实例模块。

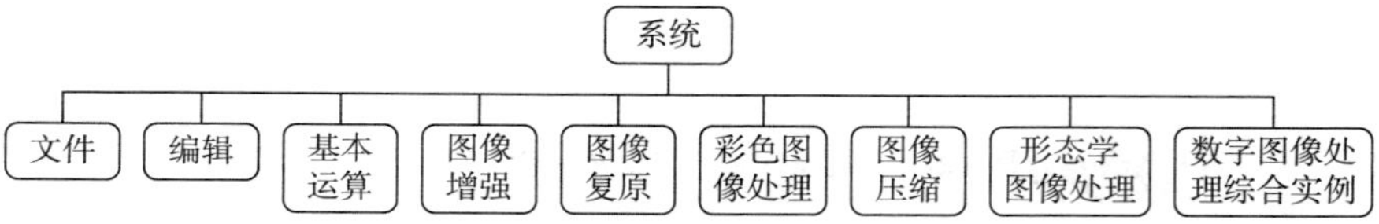

图 2.1　系统功能框架

3. 图像配准模块设计

图像配准在图像处理、医学图像设计、军事、遥感等诸多领域有着应用广泛。其基本原理是寻找两幅图像中一一对应的点，并在图像之间建立联系。例如，有两幅二维图像 I_1 和 I_2 ，其中 I_1 为待配准图像，I_2 为参考图像，$I_1(x,y)$ 和 $I_2(x,y)$ 分别表示图像 I_1 和 I_2 在各自对应点（x,y）处的灰度值，那么图像 I_1 和 I_2 的配准关系可表示为：

$$I_2(x,y) = I_1(f(x,y)) \quad \text{（公式 1）}$$

其中，f 代表二维空间几何变换。

3.1　图像配准基本原理

图像匹配算子主要用于提取两幅配准图像中的角点。角点，又称为兴趣点，是像素点在其邻域内的各个方向上灰度变化量大于设定阈值的点。它是一种重要的图像特征点，包含了图像中丰富的二维结构信息，广泛应用于各种图像处理技术中。角点最大的优点是：它所代表的局部结构关系信息不会因为视角的不同而改变，这在物体识别上很有用。用于图像配准的算子很多，如 Moravec 算子、Harris 算子、小波分析算子、Forstner 算子等。本文使用 Harris 算子实现角点检测。

Harris 算子是 Harris 和 Stephens 在 1998 年提出的一种基于信号的点特征提取算子。其前身是 Moravec 算子。其基本思想是：在图像中设计一个局部检测窗口，当该窗口沿各个方向做微小移动时，考察窗口的平均能量变化，当该能量变化超过设定的阈值时，就将窗口的中心像素点提取为角点。受到信号处理自相关函数的启发，在给出一幅图像某一自相关矩阵时，给出与自相关函数相联系的矩阵 M。M 矩阵的特征值是自相关函数的一阶曲率，如果两个曲率值（分别在 X、Y 方向）都高，那么就认为该点是兴趣点。设图像用 I 表示，Harris 算子处理过程如下：

$$M = \sum_{x,y} w(x,y)\begin{bmatrix} I_x^{\ 2} & I_xI_y \\ I_xI_y & I_y^{\ 2} \end{bmatrix} = w(x,y) \otimes \begin{bmatrix} I_x^{\ 2} & I_xI_y \\ I_xI_y & I_y^{\ 2} \end{bmatrix} \quad \text{（公式 2）}$$

其中 I_x 为 x 方向上的梯度，I_y 为 y 方向上的梯度，$\otimes$ 表示卷积运算，$w(u,v)$ 选择高斯模板窗口，用于平滑图像窗口，提高抗噪能力，表示为：

$$w(x,y) = \frac{1}{2\pi\sigma^2}e^{-(x^2+y^2)/2\sigma^2} \qquad (公式 3)$$

图像 I 中像素（m，n）的变化值 $E(m,n)$ 用 Taylor 级数展开算法去近似选取任意方向，即为角点检测公式：

$$\begin{aligned} E(m,n) &= \sum_{x,y} w(x,y)\left[I(x+m,y+n) - I(x,y)\right]^2 \\ &= \sum_{x,y} w(x,y)\left[I_x m + I_y n + O(m^2,n^2)\right]^2 \\ &\cong [m,n]M\begin{bmatrix} m \\ n \end{bmatrix} \end{aligned} \qquad (公式 4)$$

矩阵 M 的两个特征向量 l_a 和 l_b 与矩阵 M 的主曲率成正比，利用 l_a、l_b 来表征变化最快和最慢的两个方向，则有三种情况，l_a、l_b 都比较快，那么表示检测到了角点。l_a 比 l_b 表征变化快，则表示检测到边；l_a 比 l_b 表征变化慢，说明高斯 windows 中的图像接近平坦。我们用角点响应函数来判定角点质量：

$$R = \det(M) - k * [tr(M)]^2 \qquad (公式 5)$$

其中，$\det(M)$ 表示矩阵 M 的行列式，$tr(M)$ 表示矩阵的迹，k 为常数，k 常取 0.04 - 0.06R 表示图中相应像素点的兴趣值。当目标像素点的 R 值大于给的阈值时，该像素点即为角点。

3.2 系统框架设计

本系统有三个基本模块（如图 3.1 所示），即 Harris 角点检测、角点匹配和基于角点检测的图像配准，系统框架如图 3.1 所示。图像配准步骤：首先，在 Matlab GUI 界面中读入图像并进行预处理如灰度化，然后对两幅图像分别进行角点检测；其次，用得到角点的位置计算匹配点；最后，利用得到的匹配点进行图像的配准操作，对匹配角点进行数字标记。Harris 角点检测是图像配准的基础，为图像配准提供依据。角点匹配为图像配准做基础，将图像中所有的角点用红色点标记出来，最后图像配准体现算法正确性和显示实验结果。

图 3.1　系统框架

3.3 系统实现

Harris 角点检测取目标像素点为中心的一小部分，计算该部分沿任何方向移动后的灰度变化，并用解析形式表达。当两个特征值均较小时，表明目标点附近区域为

“平坦区域”；当特征值一大一小时，表明在“边缘”；两个值都比较大时为角点。Harris 角点检测中计算兴趣点响应函数的关键代码为：

```
% 求图像 x、y 方向的梯度
    Ix = conv2 (im, dx, 'same');
    Iy = conv2 (im, dy, 'same');
% 确定高斯模板
    g = fspecial ('gaussian', max [1, fix (6 * s_ I + 1)), s_ I];
% 确定矩阵 M 中各元素
    Ix2 = conv2 (Ix. ^2, g, 'same');
    Iy2 = conv2 (Ix. ^2, g, 'same');
    Ixy = conv2 (Ix. * Iy, g, 'same');
% 计算兴趣点响应函数
    cim = (Ix2. * Iy2 - Ixy. ^2) ./ (Ix2 + Iy2 + eps);
```

得到兴趣点响应函数后，在 3×3 邻域内找到大于给定阈值的局部极值点即可输出 Harris 角点。

当 Harris 角点检测完成后，就要进行图像配准，即匹配过程。匹配过程是先得到角点相对于该图像的位置坐标，然后以该坐标为中心，分别取附近的 8 个像素值，与另一幅图像进行匹配，找出距离最小的点作为匹配点。图像配准流程如图 3.2 所示。

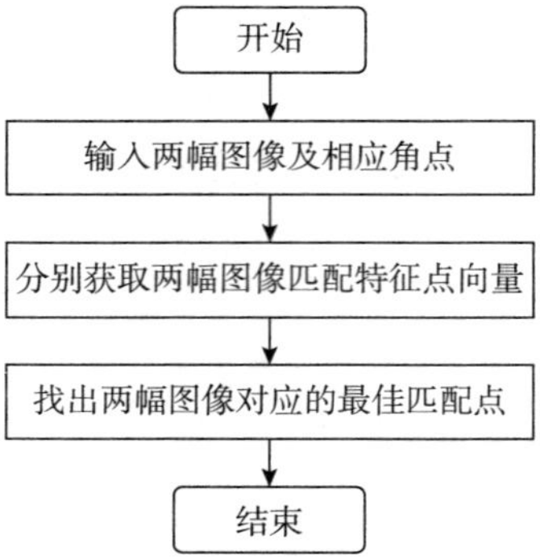

图 3.2　图像配准流程图

匹配点的显示可以使用 rectangle（）函数实现，该函数功能是创建二维矩形对象，可使用两个输入参数，如 rectangle（'Position'，［x，y，w，h］），第一个参数“position”指定第二个参数的实际含义，第二个参数给出待绘制矩形的位置和大小，本例表示从点（x，y）开始绘制一个宽 w 高 h 的矩形。

3.4 实验结果

图 3.3 给出了两幅图像的角点检测结果，图像中符合条件的特征点用红色标记标出。

图 3.3 角点检测结果

为了便于匹配和研究的方便，对于每个成功配准的兴趣点以数字代号进行标识，从图 3.4 中可以很清楚地看到两幅图片中以相同代号标识的兴趣点进行了配准，并将实验结果利用 MATLAB 图形用户界面进行展示，实验结果表明利用 Harris 角点算法进行图像配准，可以提高配准的稳定性和准确度。

图 3.4 兴趣点标记

4. 图像融合模块设计

图像融合技术是数字图像处理技术的一个重要组成部分，被广泛应用于地图拼接、全景图像处理和虚拟现实等领域。

4.1 图像融合原理

图像融合技术包括两个部分，即“无缝合成”和“图像配准”。在进行图像融合时，成像过程中可能会受到各种因素的影响，得到的图像间存在着相对的几何差异。

本文采用的图像融合算法是小波变换法算法，能够同时提供信号在时域和频域中的信息，得到的融合图像清晰且细节丰富，在图像处理方面应用广泛。

小波变换公式表示为：

$$W_f(x,y) = \int_{-\infty}^{+\infty} f(t)\varphi_{x,y}(t)dt = \frac{1}{\sqrt{x}}\int_{-\infty}^{+\infty} f(t)\varphi\left(\frac{t-y}{x}\right)dt \quad \text{（公式 6）}$$

其逆变换为：

$$f(t) = \frac{1}{C_\varphi}\int_{-\infty}^{+\infty}\int_{-\infty}^{+\infty} x^{-2} W_f(x,y)\varphi_{x,y}(t)dxdy$$

$$C_\varphi = \int_{-\infty}^{+\infty} \frac{|\varphi(\omega)|^2}{\omega}d\omega < \infty, \varphi(\omega) = \int_{-\infty}^{+\infty}\varphi(t)e^{-j\omega t}dt \quad \text{（公式 7）}$$

其中，φ 为傅里叶变换，C 、φ 取有限。

图像融合可以利用小波分析的方法，首先对输入的图像信号加以分解。使将要被分解的信号利用小波分析的方法，通过一组尺度不同的带通滤波器进行滤波，使信号分解。当信号分解成不同频带后，提取不同频带的小波系数重构图像，实现图像融合。

4.2 程序设计流程

图像融合程序流程如图 4.1 所示，图像融合包括以下步骤：①读入两幅图像；②对两幅图像进行预处理，如图像增强；③将预处理后的图像利用小波算法分解得到小波系数；④利用小波系数融合图像，本文使用直接加权平均的方法将两幅图像的小波系数融合；⑤利用新的小波系数重构图像，得到融合的图像。

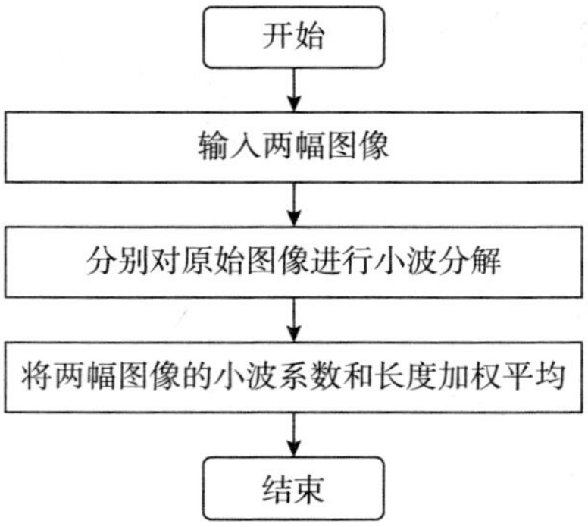

图 4.1 图像融合流程图

其中，小波分解使用 wavedec2 函数实现，该函数功能是实现图像即二维信号的多层分解，也称多尺度分解。该函数使用格式如：［c，s］＝wavedec2（X，N，'wname')，其中输入参数 X 表示输入图像；wname 表示使用的小波基函数，其选择应根据实际情况，本文使用“sym4”小波；N 表示分解的层数。输出参数 c 为各层分解系数，s 为各层分解系数的长度，也就是大小。

小波重构使用 waverec2 函数实现，使用格式如：Y = waverec2（c，s，'wname'），其中输入参数 c，s，'wname'的定义与 wavedec2 函数中的参数定义相同；Y 表示重构后的图像。

4.3 实验结果和分析

融合结果如图 4.2 所示，第三幅图像实现了前两幅图像的自然融合，验证了本文方法的可行性。

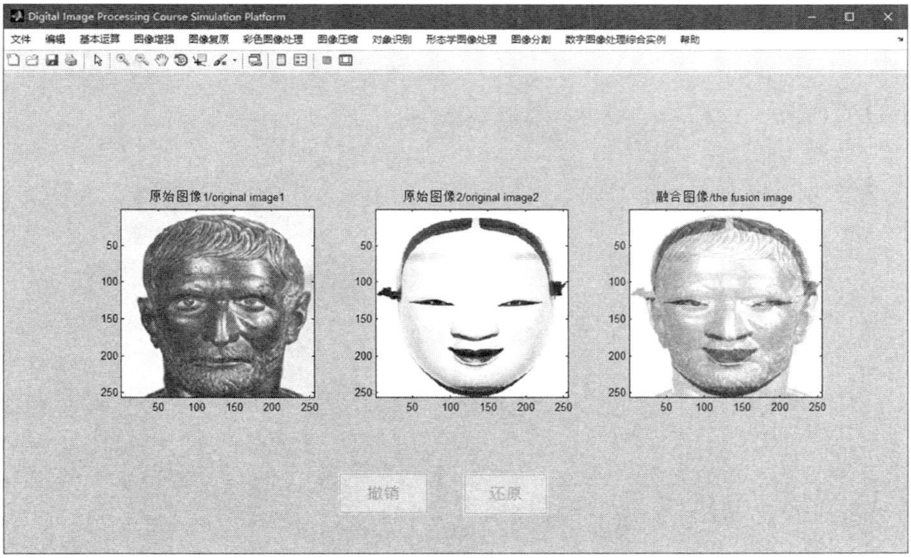

图 4.2 融合结果

5. 研究结果

本系统基于 Matlab 实现了数字图像处理基础算法和典型实例，包括图像的基本运算、图像增强、图像复原、彩色图像处理等八个模块，其中每个模块还包括相应的具体操作。通过本系统仿真使学生对图像处理效果有一个直观的认识，从而激发学生的学习兴趣。

参考文献

[1] 基于 Harris 角点的图像配准算法研究．东北石油大学．毕业设计论文

[2] BUNT P ADELSON E H. A. multiresolution spline with application to image mosaics [J]. ACM Transactions on Craphics. 1983, 2 (4): 217-236

[3] 唐烁，缪源．基于 Harris 角点的图像匹配算法．微型机与应用，2013（2）

[4] 常丽萍，翼小平．分块的基于 Harris 角点检测的图像配准方法．电视技术，2013（1）：45-47

[5] Chris Harris Mike Stephens. A Combined Corner and Edge Detector. 4th Alvey Vision Conference. 1988, 147-151

[6] 高健，黄心汉，彭刚，等．基于 Harris 角点和高斯差分的特征点提取算法 [J]．模式识别与人工智能，2008，21（2）：171-176

[7] 冈萨雷斯．数字图像处理（MATLAB）版．北京：机械工业出版社，2015

[8] 陈晓，唐诗华．基于 Matlab 的图像融合方法及性能评价．地理空间信息，2014，12（6）

[9] 杨帆．数字图像处理与分析（第二版）[M]．北京：北京航空航天大学出版社，2010

智能化道路节能照明系统的设计研究报告

北方工业大学：吕恒宇 刁虹雪 栾文南
指导教师：赵徐森 高级实验师

［摘　要］基于电力载波的智能化道路节能照明系统以其覆盖范围广、方便快捷、无需布线等优势逐渐成为一种不可替代的监控方式。本设计选择以MSP430单片机为核心控制器，通过电力线完成高速数据传输，给出了基于电力载波芯片HLPLCS520F的通信模块设计和各个硬件模块的具体实现。系统优势在于只需一部主机就可以达到对多部从机的控制，无论是照明系统的亮度控制还是故障检测，都能轻松掌握，大大降低了管理难度。

［关键词］电力载波通信；MSP430单片机；HLPLCS520F；照明

1. 引言

电力线载波通信是电力系统特有的通信方式，利用现有电力线，通过载波方式高速传输模拟或数字信号的技术。而低压电力线载波技术是通过低220V/50Hz交流线路实现的双向通信却不需要线路投资的有线通信方式。其最大特点：不需要重新架设网络，只要有电线，就能进行数据传递，成了解决智能家居数据传输的最佳方案之一。随着家庭智能系统这个话题的兴起，也给PLC技术的发展带来了一个新的舞台，给无须重新架线的电力载波通信带来了机遇。

本文设计了一种基于电力载波通信的路灯控制系统。该系统结合了电力载波通信特有的优势和路灯的特点，利用电力载波通信来对整个路灯控制系统进行监控，使得控制中心能及时监测路灯的运行情况，为整个路灯的及时高效运行提供了新的解决方案。

本设计采用MSP430单片机和HLPLCS520F电力载波芯片构成的主从结构的节点控制器。设计了包括系统的电源电路、载波通信模块电路、发送功率放大电路、接收滤波电路、载波信号耦合电路、过零检测电路等系统的硬件电路。控制方式分为自动和手动两种模式，通过按键对这两种模式进行选择。在进入手动模式后，自动模式不起作用，通过按下主机上的对应按键可以达到对两个从机的控制；同理在进入自动模式后，手动模式不起作用，系统通过传感器捕捉光照强度发出指令，从而控制调节照明电路的亮度。

2. 基于电力载波的智能化道路节能照明系统方案设计

本系统由主从结构的一部主机和两个分机组成，主机上设有两个按键和4个显示灯，分别用来完成手动模式和自动模式的转换。按键1默认为上电自动模式，按一下便手动模式，进入手动模式后，按键2默认为开灯，按一下则关灯。在自动模式下，系统通过光敏电阻捕捉环境亮度，将光信号转化为电压信号，再由MSP430G2553单片机的AD对电压信号进行采集，程序设置为将该电压信号与预设的电压值进行比较，进而对从机发出指令，自动调节从机上灯光的亮度。

主机上的LED1和LED2用来反映两部从机的状态，若从机1出现故障，则LED1灯亮，若从机2出现故障，则LED2灯亮。当从机数量很多的时候，可以通过主机轻松检测到是哪部分发生故障。LED3和LED4用来显示该系统处于自动模式下还是手动模式，LED3亮则系统处于自动模式；LED4亮则系统处于手动模式。

电力载波模块电源要求低电压、大电流、瞬时响应能力好。本系统设计了9V的线性电源（变压器供电）给模块供电。另外单片机的工作电压为3.3V，系统设计将9V电压输出通过稳压芯片LM1117-3.3稳到3.3V，供单片机使用。数据通信传输原理如图2.1所示。

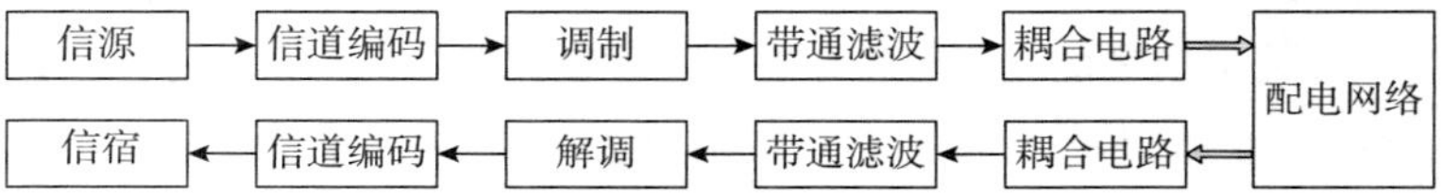

图2.1　数据通信传输原理图

主机部分系统结构连接图如图2.2所示。

接口定义：P1.1连接模块串口接收端，P1.2连接模块串口发送端，完成数据的发送和接收（发送数据和接收不能同时进行），中心频率72KHz，FSK调制，带宽10K。模块工作时，根据Z/N口电平高低选择过零发送还是正常发送模式。正常模式载波有效数据670Byte/s；过零模式载波有效数据100Byte/s。过零模式必须提供过零信号。RST为载波模块复位端。

从机部分系统结构连接图如图2.3所示。

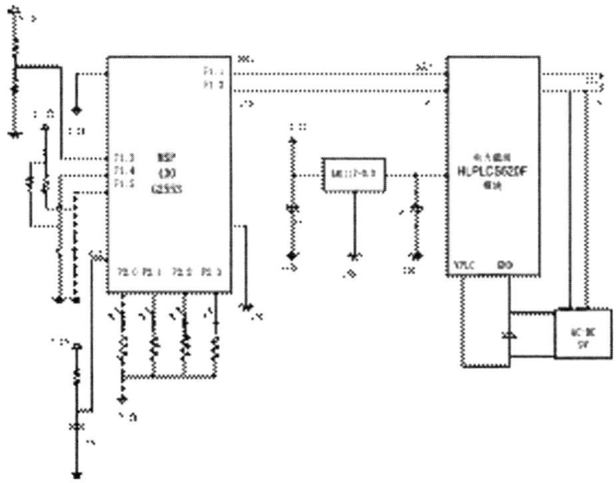

图 2.2　主机部分系统结构连接图

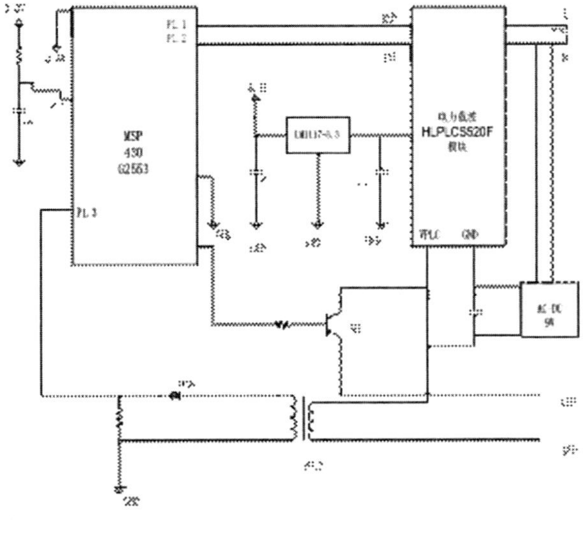

图 2.3　从机部分系统结构连接图

3. 电力线载波通信

3.1　FSK 频移键控调制解调

FSK（Frequency-shift keying）在中低速数据传输中得到了广泛应用，技术上的

FSK 有两个分类：相干和非相干的 FSK。最常见的是用两个频率承载二进制 0 和 1 的双频 FSK 系统。FSK 发送部分框图如图 3. 1 所示。

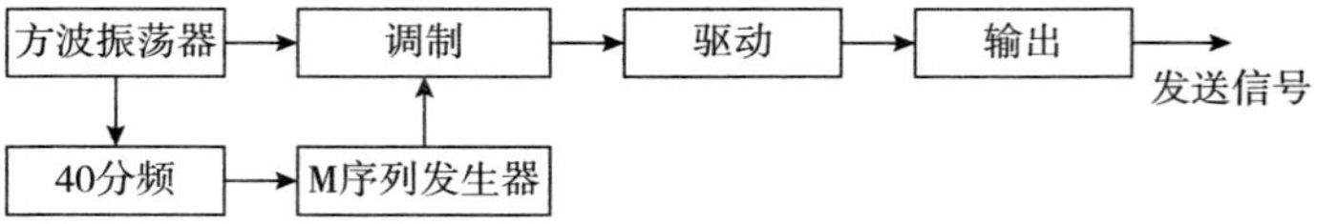

图 3. 1　FSK 发送部分框图

3. 2　FSK 频移键控解调

在高斯白噪声信道环境下，FSK 滤波非相干解调性能较相干 FSK 的性能要差，但在无线衰落环境下，FSK 滤波非相干解调却表现出较好的稳健性。FSK 接收部分框图如图 3. 2 所示：

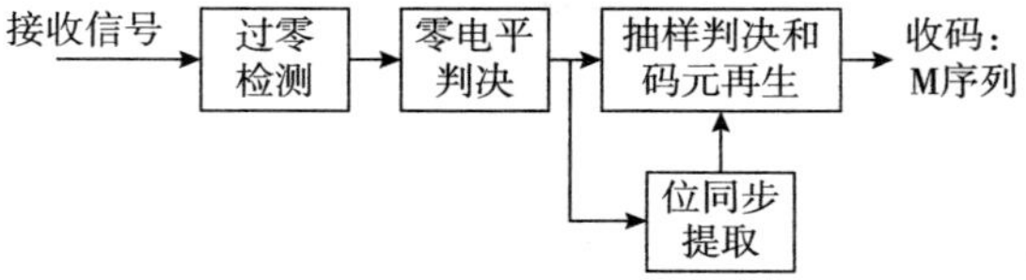

图 3. 2　FSK 接收部分框图

3. 3　电力载波芯片

HLPLCS520F 是一颗专为电力线载波通信设计的高集成度的 FSK 调制与解调芯片。芯片内部集成高速数字信号处理器（DSP）和 FSK 调制解调器，具有较低的灵敏度和强的抗干扰性能，可适应各种复杂的电力线信道环境。芯片内部结构如图 3. 3 所示。

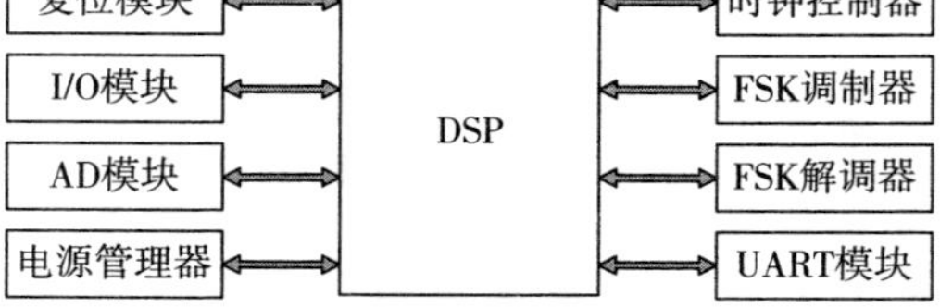

图 3. 3　芯片内部结构

基于 HLPLCS520F 设计的载波通信模块，采用 FSK 通信方式，软件采用超级模糊算法，即使传输信号被干扰或丢失达 40%，也能准确还原出原载波信号，通信稳定，抗干扰能力超强。载波中心频率 72K，模块可以在过零发送模式和正常发送模式间自由切换。

通过 Z/N 口可使模块在正常发送模式和过零发送模式之间相互切换。Z/N 为高电平模块正常发送，Z/N 为低电平模块过零发送。需要注意的是，模块在过零发送模式下，必须提供过零信号才会发送数据。模块有过零检测电路，需要接入 220V 交流信号才能正确产生过零信号，所以在过零模式下必须接入 220V 交流信号。模块背面有高低电平短接点，可直接短接设置串口速率和发送模式，也可连接外部控制器来设置。

4. 电力载波模块设计

电力载波模块硬件部分包括载波耦合电路、发送功率放大电路（用于调制）、接收滤波放大电路（用于解调）和过零检测电路。

4.1 发送功率放大电路

发送功率放大电路采用一颗 P 沟道 Mos 管和一颗 N 沟道 Mos 管组合作为放大驱动芯片，将 5V 的方波 FSK_ OUT 信号提升到 VPLC 电压的方波信号，然后经过 L1 和 C2 组成的滤波器将方波转换成正弦波信号。R7、R8 为 Mos 管过流保护电阻，在变压器供电，发送功率不大的情况下可省略。TS1 是 P 沟道 Mos 管反向保护二极管。如图 4.1 所示。

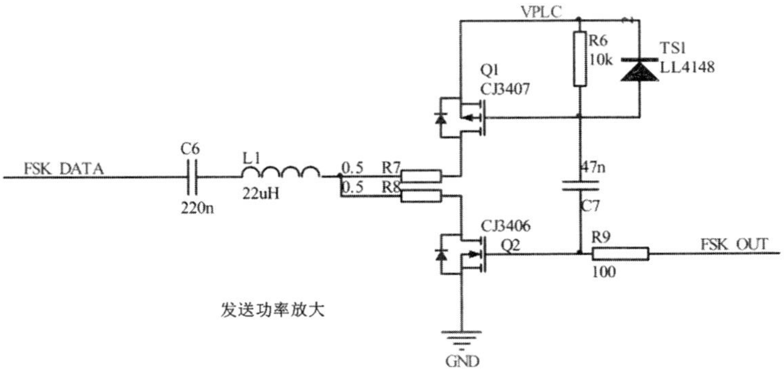

图 4.1 发送功率放大

4.2 接收滤波放大电路

接收滤波电路前端采用 RLC 带通滤波器设计，后经 2 级三极管放大，再进过一个三极管整形，将正弦小信号放大整形成方波信号给载波芯片解析。D3 是两只二极管的复合管，将两只二极管方向并接连到 GND 限制信号幅度，保护后端放大短路。如图 4. 2 所示。

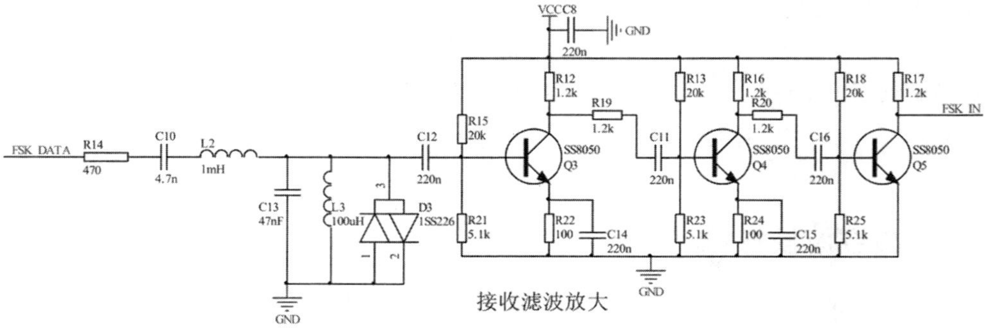

图 4. 2　接收滤波放大

4. 3　载波信号耦合电路

所谓耦合电路就是低压电力线路与载波信号发送和载波信号接收电路之间信号连接方式的电路，通过耦合电路来实现信号的交链。根据信号种类和电路环境，采用正确的耦合方式对信号的正常传输将起到至关重要的作用。

载波信号耦合变压器采用 1mH 的耦合线圈，安规电容 C10 的容量应 >0. 1uF，耐压不小于 275V。如图 4. 3 所示。

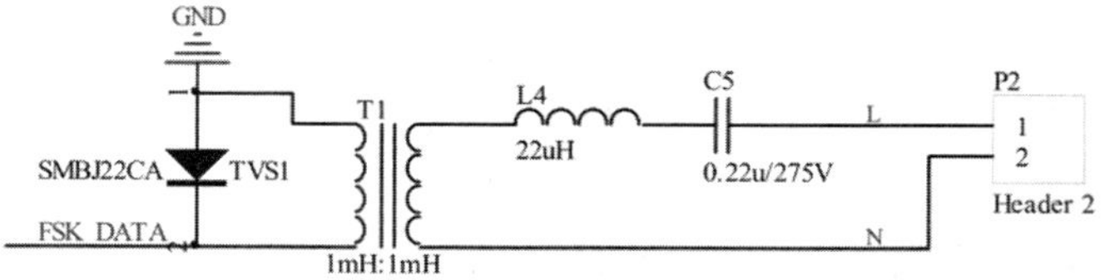

图 4. 3　载波信号耦合

4. 4　过零检测电路

过零检测电路，220V 交流信号驱动光耦产生过零信号，芯片过零检测为上升沿和下降沿有效。如图 4. 4 所示：

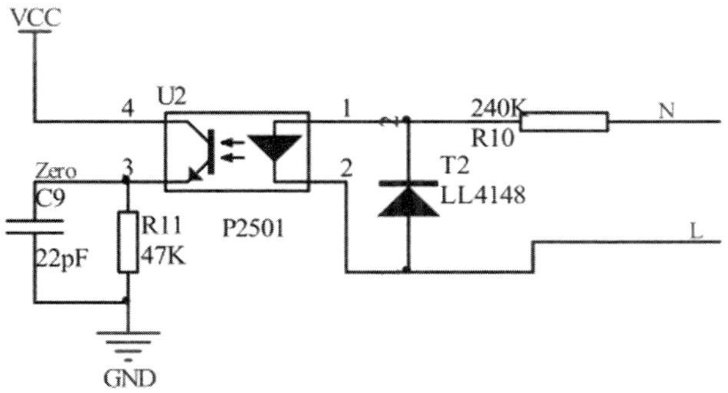

图 4.4 过零检测

5. 软件设计

实现载波信号的发送和接收：在自动模式下，系统通过光敏电阻捕捉环境亮度，将光信号转化为电压信号，再由 MSP430G2553 单片机的 AD 对电压信号进行采集，程序设置为将该电压信号与预设的电压值进行比较，进而对从机发出指令，自动调节从机上灯光的亮度。如图 5.1 所示。

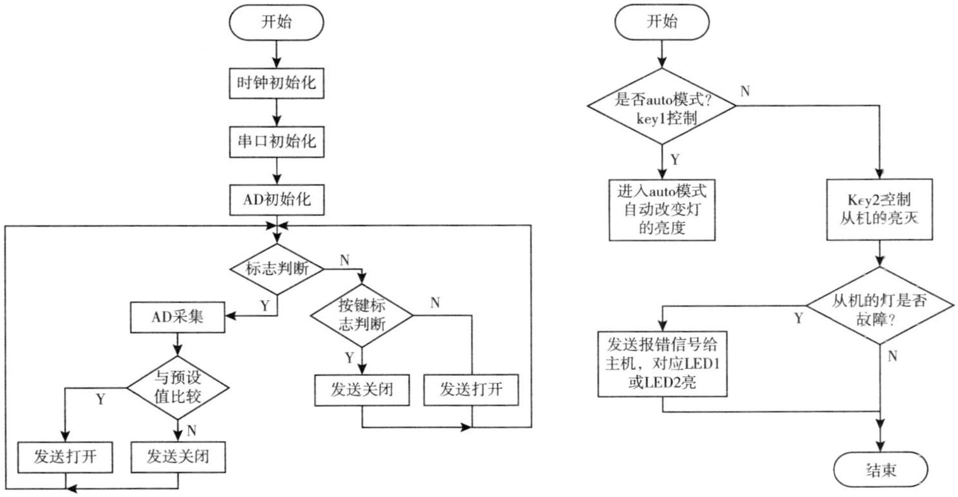

图 5.1 载波信号的发送和接收

实现从机工作状态的监控：主机上的 LED1 和 LED2 用来反映两部从机的状态，若从机 1 出现故障，则 LED1 灯亮，若从机 2 出现故障，则 LED2 灯亮。LED3 和 LED4 用来显示该系统处于自动模式下还是手动模式下，LED3 亮则系统处于自动模式；LED4 亮则系统处于手动模式。

6. 系统测试

模块可直接用5V 电源驱动，模块上电（复位）时 S1、S2 会同时闪烁一次，模块进入正常工作。

如果发送数据时 S1 不闪烁，需检查 RXD、TXD 和用户的收发端是否接反；如果模块工作在过零模式下，还应确认交流 220V 信号是否正确接入。

如果模块接收不到数据，可以直接将两只通信模块的 L 和 N 对接（L 接 L，N 接 N），不接入 220V 网络，发送选择正常模式测试模块的收发，确认模块的收发功能是否正常。收发正常后再接入 220V 线路测试。如图 6. 1 所示。

图 6. 1　系统测试实景图

经过软、硬件调试后，系统成功实现了通过主电路对从电路的控制，发送端可以准确高效地向接收端通过电力线发送和接收数据。在手动模式下，可以控制照明系统的打开和关断；在自动模式下，系统通过光敏电阻捕捉环境亮度，将光信号转化为电压信号，再由 MSP430G2553 单片机的 AD 对电压信号进行采集，程序设置为将该电压信号与预设的电压值进行比较，进而对从机发出指令，自动调节从机上灯光的亮度。

7. 结语

本设计实现的是基于 HLPLCS520F 载波通信模块的照明系统的设计，采用 FSK

通信方式，主要实现两点之间通过电力线载波通信进行数据传输，使管理者能够轻松监控照明系统的状态以及故障检测，从而达到节约电能的目的。系统由主从结构的一部主机和两个分机组成，主机上设有两个按键和4个显示灯，分别用来完成手动模式和自动模式的转换以及两部从机的状态的监测。在自动模式下，系统可以自动根据周围环境亮度来调整LED照明系统的亮度。

该照明系统的设计软硬件结合，在完成硬件和软件设计之后，测试结果为发送端可以准确高效地向接收端通过电力线发送数据，具有很好的抗干扰特性，可靠性强。

参考文献

[1] 成建生．基于电力线通信模式的LON控制器的设计［J］．电测与仪表，2011

[2] 杨帅，薛岚．采用Lon Works电力载波技术的控制器［J］．低压电器，2011

[3] 杨帅，薛岚．基于中断方式LON节点处理器SPI接口设计［J］．自动化与仪表，2008

[4] 魏小龙．MSP430系列单片机接口技术及系统设计实例［M］．北京：北京航空航天大学出版社，2002

[5] 杜建华，张认成．基于低压电力载波通信的温度采集系统．［J］仪表技术与传感器．2007

[6] 姜亚南，杨帅，魏天勇，等．基于电力线通信技术的城市路灯节能监控系统［J］．水电能源科学，2011